网络信息法学研究

Journal of Cyber and Information Law

主编
周汉华
执行主编
周辉

Cyber Law

2021年 第2期
【总第10期】

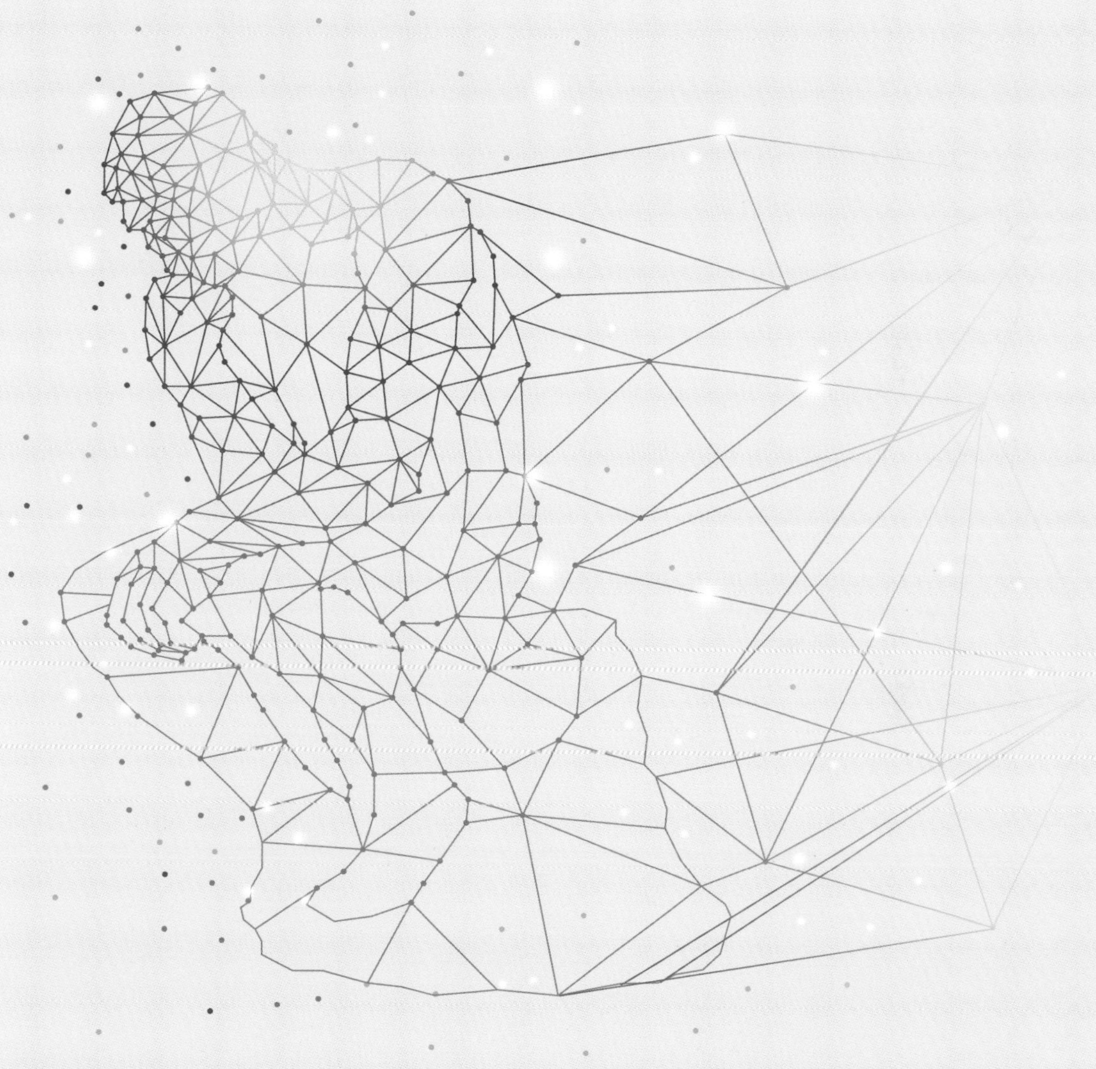

中国社会科学出版社

图书在版编目（CIP）数据

网络信息法学研究．2021年．第2期：总第10期／周汉华主编．—北京：中国社会科学出版社，2021．12

ISBN 978－7－5203－9664－6

Ⅰ．①网… Ⅱ．①周… Ⅲ．①计算机网络—科学技术管理法规—研究—中国②信息法—研究—中国 Ⅳ．①D922．174②D922．84

中国版本图书馆CIP数据核字（2022）第017444号

出 版 人　赵剑英
责任编辑　梁剑琴　许　琳
责任校对　李　硕
责任印制　郝美娜

出　　版　中国社会科学出版社
社　　址　北京鼓楼西大街甲158号
邮　　编　100720
网　　址　http://www.csspw.cn
发 行 部　010－84083685
门 市 部　010－84029450
经　　销　新华书店及其他书店

印刷装订　北京君升印刷有限公司
版　　次　2021年12月第1版
印　　次　2021年12月第1次印刷

开　　本　710×1000　1/16
印　　张　19.5
字　　数　304千字
定　　价　118.00元

《网络信息法学研究》编辑委员会

卷 首 语

周汉华

互联网是一场革命，正在引发经济、社会、政治生活全面变革，无远弗届。互联网扁平化、去中心化的结构及不断进步的信息技术，带来了信息传播方式的巨大变化，推动了平台经济和网络社会的快速发展，给传统生产方式、销售方式及社会结构造成直接冲击，从而使政府管理方式面临巨大挑战。

法律规则是现实社会关系的反映，需要稳定和可预期。而相对于不断变化发展的社会生产，法律规则又具有一定的滞后性。在规则的稳定性与社会的变动性之间，需要通过立法、执法、司法活动寻求某种平衡，以减小两者之间的张力。在互联网时代，法律的滞后性更加显著，传统法律理念、制度、技术等面临全面挑战，很多法律规定已不适应互联网时代的现实。法律人需要去认识、理解和研究互联网，跟上时代进步的步伐。

首先，互联网具有泛在性、融合化与跨边界特点，使传统的法律效力理论与管辖制度受到挑战。从地域效力来看，在互联网环境下，行为人、行为地、结果发生地、管辖地等发生分离，地域效力难以确定。从对人效力看，目前的法律制度设计是以对人效力理论作为支撑的，而在互联网环境下信息本身成为规范对象，很多情况下只需要管理信息，并不一定需要具体落地到行为人，为此，需要设计一套针对信息进行管理的法律规范，以反映互联网信息管理的现实。

其次，网络中间平台的发展亟须互联网法治的有力回应。作为典型的双边市场，网络中间平台融合生产与消费、信息制造与信息消费的边界，推动大众供给与大众需求的结合，推进交换经济向分享经济过渡，改变了传统生产方式、信息传播方式及社会组织形式，进而引发了传统法律诸多的不适应。其中比较突出的问题有网络中间平台责任认定问题、大数据的使用和隐私权的保护等，这些问题反映了传统法律观念与网络时代新观念的冲突，对传统法律制度的适应性和韧性形成挑战。如何为平台经济发展营造良好的法治环境，以实现产业、市场主体、用户的“多元共赢”，考验着立法者、执法者和司法者的智慧，并成为互联网法治发展的最大驱动力。

再次，传统执法制度是以生产与消费的划分为前提的，执法的主要作用对象是供给端，主要执法手段是事前审批加违规之后的事后制裁。以平台经济为主要内容的互联网经济解构了传统的生产与消费的划分，要求管理环节延伸而不越位，更多通过信息化手段实现过程性监管、信用监管、实时在线监督等，以生产与消费的划分为前提的执法制度因此全面滞后。当前，行政体制改革涌现出很多创新举措，早已超出现行法律对于传统执法的理解和制度设计，而现行法律规定仍然停留在过去，学术研究更是全面落后于现实，新兴学科、交叉学科在传统法学划分中根本找不到位置。互联网法治建设亟须吸收国内外行政管理理论与实践创新成果，实现改革与法治的统一，缩短理论与实践的距离。

最后，随着大数据、云计算、物联网的发展，人工智能时代正以远远超出人们预期的速度来临，主体客体边界将进一步融合，传统法律制度面临更深层次挑战。法律规则与制度如何适应人工智能时代的要求，已成为各国法治领域最为前沿的探索领域。

未来已来。人工智能时代，包括法学研究在内的很多工作都会逐步被机器代替，留给法律人独立从事法学研究工作的时间窗口不会太长，我们更有责任留下对这个时代重大挑战的思考。《网络信息法学研究》作为中国法学会网络与信息法学研究会的会刊，将致力于推动跨学科、跨领域、跨部门融合，促进理论与实务对接，催生新理念新思想，为我国网络信息法学研究与网络信息法律实务打造一个交流互动的平台。

目　　录

特稿

算法治理

互联网治理

研究报告

域外经验

学术评论

会议综述

Special manuscript

特稿

加强数字法治　为数字中国建设保驾护航*

姜　伟

（最高人民法院）

数字经济发展、数字社会治理呼唤加强数字法治。要坚持以习近平新时代中国特色社会主义思想为指导，不断完善数字法治体系；适应数字中国和法治中国建设的新要求，不断推进数字法学理论创新；充分发挥审判职能作用，探索为数字中国建设提供保障的数字正义机制。

习近平总书记高度重视数字中国建设，指出："数字技术正以新理念、新业态、新模式全面融入人类经济、政治、文化、社会、生态文明建设各领域和全过程，给人类生产生活带来广泛而深刻的影响。"数字中国对法治建设也提出更高要求。数字经济发展、数字社会治理呼唤加强数字法治。

坚持以习近平新时代中国特色社会主义思想为指导，不断完善数字法治体系。党中央提出要"迎接数字时代，激活数据要素潜能，推进网络强国建设，加快建设数字经济、数字社会、数字政府，以数字化转型整体驱动生产方式、生活方式和治理方式变革"。按照"法治化规范数字化、数字化赋能法治化"的总体要求，为助力数字中国建设，必须健全数字法治体系，为数字经济发展、数字中国建设保驾护航。一要加强

* 本文原载《人民法院报》2021 年 11 月 1 日第 2 版。

数据法治，健全数据法律体系。要统筹数据安全与数字发展，既强化数据安全保障，也注重数据权益维护。我国已出台《数据安全法》《个人信息保护法》等基础性法律，要将数据安全的制度优势转化为数字治理的实践效果。我们还要不断完善数据法律体系，善于运用法治方式推进数字技术创新应用，有效维护各类社会主体的数字权益，建立以“数据权利”为核心的法律规范体系，科学合理地确定数据各主体的权利义务关系，规范数据使用、交易、收益等基本问题，依靠法治解决新产业新业态新模式带来的新问题新矛盾新纠纷。二要加强网络法治，提高网络空间治理水平。网络空间是数字中国建设的重要场景。当前互联网发展跃升到全面渗透、跨界融合的新阶段。习近平总书记多次强调“互联网不是法外之地”。党的十八大以来，我国坚持依法治网，加快网络立法进程，出台了《网络安全法》等一批法律法规，网络空间法治化持续推进，但与数字中国、法治中国的要求相比，网络法治建设的任务仍然十分繁重，我们要推动依法管网、依法办网、依法上网，确保互联网在法治轨道上健康运行。三要加强人工智能法治，推进数字化与法治化相互融合。人工智能是数字中国建设的重要驱动力量，是当前国际竞争的新焦点。习近平总书记强调，加快发展新一代人工智能是事关我国能否抓住新一轮科技革命和产业变革机遇的战略问题。发展人工智能，法治不能缺位。“人工智能法治”一方面要用法治化规范数字化，确保人工智能在安全可靠可控的轨道上健康发展，另一方面也要用数字化赋能法治化，促进人工智能与法治建设深度融合，在法治领域应用人工智能，提高数字法治的智能化，为人民群众提供智慧便捷高效的法律服务。

适应数字中国和法治中国建设的新要求，不断推进数字法学理论创新。数字中国建设是以习近平同志为核心的党中央做出的重大战略部署。习近平总书记指出：“问题是创新的起点，也是创新的动力源。只有聆听时代的声音，回应时代的呼唤，认真研究解决重大而紧迫的问题，才能真正把握住历史脉络、找到发展规律，推动理论创新。”数字时代的法治建设要认真贯彻落实习近平法治思想，在数字法治实践中总结成熟经验，不断创新发展数字法学理论体系。从事网络、信息、人工智能法治工作的专家学者，特别是法学院校、科研机构、研究组织，有条件有能力更有责任结合数字经济、数字社会、数字政府建设实践情况，集中力量研究数字技术给法治建设带来的新要求新问题新挑战，提炼出能适应数字中国建设需求的新概念新命题新论断，研究数字法治的基础理论问题，推出新方法新机制新平台，加快构建中国特色的数字法学理论体系。

充分发挥审判职能作用，探索为数字中国建设提供保障的数字正义机制。当前，世界百年变局和世纪疫情交织叠加，数字中国建设为我国数字法治的发展带来独特的历史机遇。人民法院的审判工作要顺应信息化、数字化、网络化、智能化发展趋势，以数字正义为数字中国建设保驾护航。在党中央的领导下，我国在世界最早成立了互联网法院，最先出台在线诉讼规则，审理了大量涉数字经济新类型案件，通过公正司法及时规范新技术新业态新模式的有序发展，为推动数字经济高质量发展做出了重要贡献。最高人民法院院长周强表示："推进现代科技与法院工作深度融合，提升互联网法治建设水平，努力创造更高水平的数字正义。"人民法院要紧紧围绕数字中国建设，推进科技创新和司法改革的深度融合，建立健全多元化、数字化、智能化的纠纷解决机制，共同探索适应数字时代需求的诉讼规则、裁判规则和调解规则，不断优化数字时代的司法供给，努力创造更高水平的数字正义，努力让人民群众在每一个司法案件中感受到公平正义。

（责任编辑：刘灿华）

加强网络空间法治建设　推动电子商务规范发展*

侯云灏

（国家互联网信息办公室网络法治局副局长、一级巡视员）

当前，科技革命和产业变革加速演进，新技术、新业态、新平台蓬勃发展，新电商经济已经成为发展最迅猛、创新最活跃、辐射最广泛的经济活动，在优化资源配置、消费需求增长、助力乡村振兴、实现共同富裕等方面发挥着越来越重要的作用。与此同时，电商经济呈现出的数据高度集中、场景应用复杂、技术不断迭代、资本加速聚集的趋势，引发了个人信息泄露、平台治理失范、“大数据杀熟”等一系列新问题新挑战，成为阻碍电商经济健康规范持续发展的难题。规范平台行为，加强数据治理，推动数字经济高质量发展，已经成为摆在我们面前的一项重大课题。

人无信不立，业无信不兴，国无信不强。习近平总书记强调，法治意识、契约精神、守约观念是现代经济活动的重要意识规范，也是信用经济、法治经济的重要要求。近年来，国家网信办以习近平法治思想为指引，深入贯彻落实习近平总书记关于推动数字经济发展和加强网络诚信建设的重要论述，积极推进网络空间法治建设，加强网络诚信建设，规范电商经济活动，会同有关部门开展了大量工作，取得了明显成效。

---

* 本文为作者在首届中国新电商大会新电商诚信论坛上的发言（2021 年 10 月 9 日），收入本刊时略有修改。

一是立法工作有序推进，制度规范逐步完善。坚持促进发展与规范管理相统一，以重点立法项目为牵引，以新技术新应用新业态为重点，及时推进引领性、针对性、系统性、储备性立法战略谋划，完善网络法律规范体系。推动制定出台了《网络安全法》《电子商务法》等多部法律法规。特别是2021年以来，推动制定出台了《数据安全法》《个人信息保护法》《汽车数据安全管理若干规定（试行）》等法律、法规及规章，会同工信部等四部委出台了《互联网信息服务算法推荐管理规定》，为电子商务经济健康发展提供了有力的制度支撑。

二是持续强化网络执法，营造清朗网络空间。坚持依法依规、精准执法。自2019年起，国家网信办连续三年会同工业和信息化部、公安部、市场监管总局开展App违法违规收集使用个人信息专项治理，对人民群众反映强烈的违法违规收集使用个人信息问题进行集中整治。开展“清朗·算法滥用治理”专项行动，规范滥用算法推荐进行信息定向传播的行为，严肃查处利用算法开展违法违规活动的行为，为电子商务经济健康发展营造良好的法治环境。

三是广泛开展网络普法，提升网络法治素养。连续举办国家网络安全宣传周，开展全国网络普法进校园、进企业、进网站等系列普法活动，重点加强对数据安全和个人信息保护领域相关法律法规的宣传推广。通过普法，平台企业、网民的法治观念和规则意识不断增强，为数字经济共建共治共享营造了良好的网络舆论环境和法治保障。

网络法治和网络诚信是促进互联网健康发展的重要手段，也是加强互联网治理的重要基石，互联网治理需要依法治网和以德润网协同发力，既要发挥依法治网的基础性手段作用，筑法治之基、行法治之力、积法治之势，又要发挥道德伦理、践诺守信、诚赢天下的支撑保障作用，注重培育网络空间的法治理念、规则意识、诚信观念，引导互联网企业自觉履行法定义务、社会责任和主体责任，切实做到法治和诚信两者相辅相成、相互促进、相得益彰。

一是完善法规体系，夯实法治根基，为电商经济进一步规范发展提供法治保障。当前，电子商务经济进入快速发展新阶段，涌现出了直播电商、短视频电商、内容电商、社交电商等新业态新模式，也使得电商主体更为多元，服务需求更为多样，法律关系更为复杂。这就要求我们必须准确把握电子商务经济发展的新特点新动向，加快推进《电子商务法》修订工作，健全配套法规，完善电商经济的监管模式，加强平台规则治理，强化知识产权保护，加大消费者权益保护力度，以良法善治推动电子商务经济高质量健康发展。

二是坚持综合施策，净化网络平台，为电商经济进一步规范发展营造公平的市场环境。互联网不是法外之地。我们要加强电子商务领域执法，加强数据安全和个人信息保护，加快理顺电商网络市场监管体制机制，明确各职能主体在电商监管领域的分工与合作。加快构建多职能部门相互协作的国家电子商务监管治理平台，实现对电商主体资格、失信违法主体等数据信息的共享，建立覆盖全网的电商实时监管体系，引导企业和个人主动接受监管，有效遏制电商虚假交易和非法交易。推动建立针对电子商务交易的风险防范和预警机制，引导电子商务主体规范经营。采用大数据、人工智能、区块链等高新技术，对交易数据做信息溯源和关联性分析，监督经营者落实安全主体责任。

三是突出服务保障，引导公平竞争，促进电商经济进一步健康发展。主动发挥行业组织在政府与企业间的桥梁作用，引导企业守法经营、公平竞争，为电商经济特别是跨境电商发展提供服务保障。加强多边双边国际合作，加强与“一带一路”沿线国家和地区的电子商务合作，提升合作水平，共同打造若干畅通安全高效的电子商务大通道。通过多边对话，与各经济体建立互利共赢的合作机制，及时化解跨境电子商务进出口引发的贸易摩擦和纠纷。加大知识产权保护执法，坚决打击跨境电子商务中出现的各种违法侵权行为，实现跨境电子商务在发展中规范、在规范中健康发展，为全球经济复苏注入新动力，为构建网络空间命运共同体做出新贡献。

（责任编辑：周辉、刘灿华）

Algorithmic Governance

算法治理

以反垄断法框架规制“个性化定价”行为之反思

姬　祥

（中国信息通信研究院互联网法律研究中心助理研究员）

内容提要　“个性化定价”现象近些年来成为社会关注的焦点，纳入反垄断框架对其进行规制，可能存在规制范围上的局限性、对价格合理性判断难度较高、“交易相对人”概念的内涵与外延不明确等问题。纳入反不正当竞争法对其进行规制，可能存在上位法依据缺失等问题。对个性化定价行为的规制可以从以下方面考量：第一，从个性化定价算法的定价机制着手，提高算法透明度，审查定价算法中决定价格的因素是否合理合法；第二，从实践中被归类于“大数据杀熟”的案件来看，还可以从规制经营者欺诈性或者误导性行为入手，适用民事法律中的诚实信用原则；第三，在制度设计中应当考量经营者的经营自主权等合法权益，避免对市场造成不恰当的干预。

关键词　大数据杀熟　个性化定价　反垄断法　差别待遇　经营自主权

一　以反垄断框架规制“大数据杀熟”现象之现状

“大数据杀熟”（或称“个性化定价”）现象近些年来成为社会关注的焦点，与之相关的各个规范性文件陆续出台。值得注意的是，例如国务院反垄断委员会发布的《关于平台经济领域的反垄断指南》（以下简称“《平台反垄断指南》”）、[①] 国家互联网信息办公室发布的《互联网信息服务算法推荐管理规定》（以下简称“《算法推荐管理规定》”）、[②] 深圳市人民代表大会常务委员会发布的《深圳经济特区数据条例》，[③] 均将“大数据杀熟”归入反垄断法框架下的“差别待遇”行为来进行规制。并且舆论与社会监督层面似乎也已经广为接受了“应当由反垄断法框架对大数据杀熟现象进行规制”的理念。[④] 与此不同，《个人信息保护法》（以下简称“《个保法》”）从个人信息保护的角度对个性化定价做出了限制，该法第24条第1款规定“个人信息处理者利用个人信息

① 《关于平台经济领域的反垄断指南》第17条：“具有市场支配地位的平台经济领域经营者，可能滥用市场支配地位，无正当理由对交易条件相同的交易相对人实施差别待遇，排除、限制市场竞争。分析是否构成差别待遇，可以考虑以下因素：

（一）基于大数据和算法，根据交易相对人的支付能力、消费偏好、使用习惯等，实行差异性交易价格或者其他交易条件；

（二）实行差异性标准、规则、算法；

（三）实行差异性付款条件和交易方式。

条件相同是指交易相对人之间在交易安全、交易成本、信用状况、所处交易环节、交易持续时间等方面不存在实质性影响交易的差别。平台在交易中获取的交易相对人的隐私信息、交易历史、个体偏好、消费习惯等方面存在的差异不影响认定交易相对人条件相同。

平台经济领域经营者实施差别待遇行为可能具有以下正当理由：

（一）根据交易相对人实际需求且符合正当的交易习惯和行业惯例，实行不同交易条件；

（二）针对新用户在合理期限内开展的优惠活动；

（三）基于平台公平、合理、无歧视的规则实施的随机性交易；

（四）能够证明行为具有正当性的其他理由。”

② 《互联网信息服务算法推荐管理规定》第21条：“算法推荐服务提供者向消费者销售商品或者提供服务的，应当保护消费者公平交易的权利，不得根据消费者的偏好、交易习惯等特征，利用算法在交易价格等交易条件上实施不合理的差别待遇等违法行为。”

③ 《深圳经济特区数据条例》第69条：“市场主体不得利用数据分析，对交易条件相同的交易相对人实施差别待遇，但是有下列情形之一的除外：

（一）根据交易相对人的实际需求，且符合正当的交易习惯和行业惯例，实行不同交易条件的；

（二）针对新用户在合理期限内开展优惠活动的；

（三）基于公平、合理、非歧视规则实施随机性交易的；

（四）法律、法规规定的其他情形。

前款所称交易条件相同，是指交易相对人在交易安全、交易成本、信用状况、交易环节、交易持续时间等方面不存在实质性差别。”

④ 佘颖：《反垄断破除大数据“杀熟”顽疾》，中国经济网，http：//www. ce. cn/xwzx/gnsz/gdxw/202012/23/t20201223_ 36145477. shtml。

进行自动化决策，应当保证决策的透明度和结果公平、公正，不得对个人在交易价格等交易条件上实行不合理的差别待遇”。

笔者认为，用反垄断法框架对大数据杀熟现象进行规制可能存在不妥之处，仍有诸多问题有待辨明。首先，“大数据杀熟”一词带有主观上的贬义，并不能客观地描述“个性化定价”（Personalized pricing）这一市场现象。这样的价值判断，至少应当在对其违法性和不正当性进行分析之后做出，而不是仅仅因为个性化定价对一部分消费者而言是“以一种政治上或者道德上使其不快的方式对财富进行重新分配”就擅下定论。[①] 其次，个性化定价现象背后交织了消费者权益保护、个人信息保护、算法治理、企业经营自主权、市场竞争等诸多问题，采用反垄断法框架对其进行规制是否合适、是否必要，有待进一步厘清。尤其是，企业的定价策略是影响企业取得市场竞争优势的因素之一，市场竞争是“两个或两个以上的市场主体为同一经济利益而进行的角逐行为”[②]，是市场经济体制下的当然现象，充分的市场竞争可以为消费者带来更低价格、更好质量、更好的产品和服务。在市场经济条件下，企业应当享有独立决定以及如何实施其市场经营策略的自由权利，任何不当限制企业经营自由的行为，都与市场经济体制下的经营自由和竞争自由不相协调。[③] 因此，是否适用反垄断法框架对其进行规制，需要进一步判断个性化定价行为是否会损害反垄断法保护的法益。

二　反垄断法框架规制“个性化定价”行为之困境

（一）与反垄断法的立法宗旨不完全兼容

要回答“个性化定价是否应当由反垄断法规制”的问题，首先应当说明的是反垄断法的立法宗旨，这是“对市场经济体制下竞争法所起作

---

① E. Thomas Sullivan, Herbert J. Hovenkamp, Howard A. Shelanski, Christopher Leslie, “SECONDARY-LINE DIFFERENTIAL PRICING AND THE ROBINSON-PATMAN ACT”, *ANTITRUST LAW, POLICY AND PROCEDURE*, 2013, 7th ed, p. 3.

② 参见王晓晔《反垄断法》，法律出版社 2011 年版，第 3 页。

③ 参见王晓晔《反垄断法》，法律出版社 2011 年版，第 80 页。

用的一个宏观性回答"[①]，并且，当法律没有对某一行为的违法性做出明确规定时，立法宗旨也可帮助判断。

1. 反垄断法立法宗旨的域外经验

从域外经验看，美国反托拉斯法的目的是多元的。[②] 美国联邦最高法院 1945 年的一个判决指出，"《谢尔曼法》依据的前提是，不受限制的竞争将产生最好的资源配置、最低的价格、最高的质量和最大的物质进步，同时创造一个有助于维护我们民主的政治和社会制度的环境"[③]，这表明美国反托拉斯法的直接目的是优化资源配置，最终目的是保护消费者和提高社会福利。[④] 在德国，《反对限制竞争法》被誉为"经济宪法"，其根本任务在于反垄断和反对限制竞争，为竞争自由创造环境和条件。[⑤] 此前，欧共体及瑞典、芬兰等国家和地区也将反垄断和保护竞争视为反垄断法的唯一目的。[⑥]

近年来，随着芝加哥学派影响力的增大，[⑦] 世界各国各地区的反垄断法越来越强调资源的优化配置和消费者的社会福利，主流观点认为反垄断法的根本目的在于提高经济效率和消费者的社会福利，"反垄断"本身只是实现这个目的的手段和工具。[⑧] 这一变化最初反映在欧盟委员

① 竞争法是规范市场竞争秩序的法律制度。它有广义和狭义之分。广义的竞争法包括反垄断法和反不正当竞争法，狭义的竞争法一般仅指反垄断法，如欧共体竞争法、英国竞争法等。我国法律体系中的竞争法是广义的，即包括反垄断法和反不正当竞争法。参见王晓晔《反垄断法》，法律出版社 2011 年版，第 24—25 页。

② See Antitrust Jurisprudence, "A Symposium on the Economic, Political and Social Goals of Antitrust Policy", *University of Pennsylvania Law Review*, 1977, Vol. 125, p. 1182.

③ See Marshall C. Howard, *Antitrust and Trade Regulation*, Prentice-Hall, 1983.

④ 参见王晓晔《反垄断法》，法律出版社 2011 年版，第 28、49—50 页。

⑤ See David J. Gerber, *The European Competition law story: some German roles*, 转引自王晓晔《反垄断法》，法律出版社 2011 年版，第 26 页。

⑥ 参见王晓晔《反垄断法》，法律出版社 2011 年版，第 26—27 页。

⑦ 芝加哥学派是美国 20 世纪 50 年代发展起来的一个关于反托拉斯政策和反托拉斯法的学派。按照芝加哥学派的观点，反托拉斯政策的最终目的是最大限度地满足消费者的需要。但现在的理论认为，芝加哥学派过于看好市场的自我调节能力，反对政府干预，忽视了可能的市场失灵。并且仅从大企业的利益出发，不是把竞争作为调节生产和维护市场秩序的手段，而是把限制竞争作为提高大企业效率的手段。后来，出于对芝加哥学派理论缺陷的反思而产生的"后芝加哥学派"，重新承认了市场的复杂性和多样性。不可否认的是，芝加哥学派对于美国反托拉斯政策和法律都产生了深远的影响。参见王晓晔《反垄断法》，法律出版社 2011 年版，第 15—18 页。

⑧ 参见王晓晔《反垄断法》，法律出版社 2011 年版，第 26 页。

会2005年发布的《欧盟委员会竞争总署有关欧共体条约第82条适用于排他性滥用行为的讨论文件》中，“第82条的目的在于保护市场竞争，并以此作为增进消费者福利和确保资源有效配置的手段”[①]。欧盟委员会前竞争委员蒙蒂（Mario Monti）先生曾指出：“竞争政策的目的是通过维护共同体市场上的高度竞争保护消费者的福利。竞争可以导致更低价格、更广泛的商品选择性和技术创新，这些都有利于消费者。”[②] 而德国部分学者仍坚持原有观点，对这一竞争政策的变化进行了批判，认为竞争本身就有诸多益处，在不同的案件中，竞争可实现的目的多种多样，保护竞争本身就应当是反垄断法的目的，而不应当将反垄断法的目的仅仅限定为为了实现一个特定的最终目标。[③] 2020年12月15日，欧盟委员会公布了《数字市场法案》（*The Digital Markets Act*，DMA）的立法提案，DMA与《数字服务法案》（*The Digital Services Act*，DSA）一道，旨在“创建一个更安全的数字空间，保护所有数字服务用户的基本权利”和“建立一个公平的竞争环境，以促进在欧洲单一市场以及全球的创新、增长和竞争”。[④] DMA提案在“理由和目标”一章中写道，“不公平的实践和可竞争性的缺乏导致数字领域低下的效率、更高的价格、更低的质量以及更少的选择和创新，损害了欧洲消费者的利益”[⑤]，表明在最新的欧盟竞争政策中，消费者的福利是其考量的重要因素之一。

2. 我国《反垄断法》的立法宗旨

我国《反垄断法》第1条规定：“为了预防和制止垄断行为，保护

---

① See DG Competition of European Commission, *DG Competition Discussion Paper on the Application of Article 82 of the Treaty to Exclusionary Abuses*, 2005, https://ec.europa.eu/competition/antitrust/art82/discpaper2005.pdf.

② See Extracts from a speech by Mario Monti, *The Future for Competition Policy in the European Union*, London, 9 July 2001, https://ec.europa.eu/commission/presscorner/detail/en/SPEECH_01_340.

③ See Jurgen Basedow, “Konsumentenwohlfahrt und Effizienz-Neue Leitbilder der Wettbewerbspolitik?”, 2007，转引自王晓晔《反垄断法》，法律出版社2011年版，第27页。

④ See European Commission, The Digital Services Act package, https://digital-strategy.ec.europa.eu/en/policies/digital-services-act-package.

⑤ See European Commission, *Proposal for a Regulation of the European parliament and of the Council on Contestable and Fair Markets in the Digital Sector* (*Digital Markets Act*), p. 1, https://ec.europa.eu/info/sites/default/files/proposal-regulation-single-market-digital-services-digital-services-act_en.pdf.

市场公平竞争，提高经济运行效率，维护消费者利益和社会公共利益，促进社会主义市场经济健康发展，制定本法。”从文义来看，我国《反垄断法》的直接目的是预防和制止垄断行为，保护市场公平竞争。间接目的是提高经济运行效率、维护消费者利益和社会公共利益，促进社会主义市场经济健康发展。这其中，间接目的需要通过直接目的的实现而实现，也就是说，反垄断法直接调整的对象是垄断行为等破坏市场自由竞争和公平竞争的行为，通过对此类行为的规制来保障市场竞争秩序，进而保障消费者的合法权益和社会公共利益。通常而言，对破坏市场竞争秩序之外的其他侵害消费者权益的行为或侵害社会公共利益的行为做出调整并非反垄断法的功能。2021 年 10 月 23 日，《反垄断法（修订草案)》（以下简称“《修订草案》”）公开征求意见，在第 10 条第 2 款规定“经营者不得滥用数据和算法、技术、资本优势以及平台规则等排除、限制竞争”，表明《修订草案》在关注到数字经济领域的竞争秩序时，仍着眼于规范经营者具有排除、限制竞争效果的行为。当经营者不合理的“差别待遇”行为指向的对象为消费者时，由于没有下游市场，也就不存在对下游市场的竞争秩序造成损害的情形，因此，不应当由《反垄断法》对这类行为做出评价。

（二）规制范围上存在局限性

适用反垄断法框架规制个性化定价行为，于规制范围上存在局限性。通说认为，个性化定价虽然可能使得社会总福利增加，但由于这部分增加的剩余全部流向经营者，实际上会造成消费者剩余的减少，损害消费者整体福利。[①] 问题在于，这种财富转移方式是否应当由反垄断法规制？当经营者具备相关市场中的市场支配地位甚至垄断地位时，可能

① 代表性的论述，参见周围《人工智能时代个性化定价算法的反垄断法规制》，《武汉大学学报》（哲学社会科学版）2021 年第 1 期；周围《人工智能时代个性化定价行为的反垄断规制——从大数据杀熟展开》，《中国流通经济》2020 年第 5 期；刘佳明《大数据“杀熟”的定性及其法律规制》，《湖南农业大学学报》（社会科学版）2020 年第 1 期；喻玲、兰江华《算法个性化定价的反垄断法规制：基于消费者细分的视角》，《社会科学》2021 年第 1 期。

会滥用这种市场支配地位,[①] 抬高产品价格（垄断高价）以及减少对市场的供给，垄断高价行为的一个特征就是消费者剩余从消费者手中转移到垄断者手中。[②] 在这种情况下，立法者认为消费者有权享受竞争性经济体系的好处，认为消费者有权享有消费者剩余，因此反垄断法中对于垄断高价的规制，就是法律对于“不公平地取得消费者财产行为”的谴责。[③] 值得注意的是，反垄断法谴责的是拥有市场支配地位的企业滥用市场支配地位来完成这种财富转移。因此，是否应当适用反垄断法关于禁止滥用市场支配地位的规定对某一行为进行评价，需要下列步骤进行判断：（1）界定相关市场;[④]（2）判断经营者在相关市场中是否具有市场支配地位;[⑤]（3）该经营者是否实施了滥用市场支配地位的行为;（4）该等滥用市场支配地位的行为是否产生了排除、限制竞争的效果。

实践中，相关市场界定和对经营者市场支配地位的认定非常复杂,[⑥] 由于互联网领域具有双边市场特征、跨界竞争特征等特性,[⑦] 对其相关市场的界定的难度相较传统行业而言更高。而在个性化定价的应用场景中，由于个性化定价算法的普及，任何一个经营者都可以对其用户使

---

① 反垄断法并不谴责市场支配地位本身，而是谴责经营者滥用市场支配地位的行为。参见王晓晔《反垄断法》，法律出版社 2011 年版，第 192 页。

② See Robert H. Lande, “Wealth Transfers as the Original and Primary Concern of Antitrust: The Efficiency Interpretation Challenged”, *Hastings Law Journal*, Vol. 34, 1982, p. 74.

③ See Robert H. Lande, “Wealth Transfers as the Original and Primary Concern of Antitrust: The Efficiency Interpretation Challenged”, *Hastings Law Journal*, Vol. 34, 1982, p. 76.

④ 根据《国务院反垄断委员会关于相关市场界定的指南》第 2 条和第 3 条，相关市场是指经营者在一定时期内就特定商品或者服务（以下统称商品）进行竞争的商品范围和地域范围。在反垄断执法实践中，通常需要界定相关商品市场和相关地域市场。原因在于，任何竞争行为（包括具有或可能具有排除、限制竞争效果的行为）均发生在一定的市场范围内。界定相关市场就是明确经营者竞争的市场范围。在禁止经营者达成垄断协议、禁止经营者滥用市场支配地位、控制具有或者可能具有排除、限制竞争效果的经营者集中等反垄断执法工作中，均可能涉及相关市场的界定问题。科学合理地界定相关市场，对识别竞争者和潜在竞争者、判定经营者市场份额和市场集中度、认定经营者的市场地位、分析经营者的行为对市场竞争的影响、判断经营者行为是否违法以及在违法情况下需承担的法律责任等关键问题，具有重要的作用。

⑤ 根据《反垄断法》第 17 条第 2 款的规定，市场支配地位是指经营者在相关市场内具有能够控制商品价格、数量或者其他交易条件，或者能够阻碍、影响其他经营者进入相关市场能力的市场地位。

⑥ 参见王晓晔《反垄断法的相关市场界定及其技术方法》，法律出版社 2019 年版。

⑦ 参见王晓晔《反垄断法的相关市场界定及其技术方法》，法律出版社 2019 年版，第485—498 页。

用，这时，反垄断法有关滥用市场支配地位的规制框架将不再能够约束不具备市场支配地位的经营者，而不合理的个性化定价仍可能在这类经营者与消费者的交易之间出现。因此，反垄断法针对个性化定价行为的调节范围十分有限，在认定使用个性化定价算法的经营者具有相关市场的市场支配地位之前，反垄断框架无法发挥作用。

值得注意的是，市场监督管理总局起草的《禁止网络不正当竞争行为规定（公开征求意见稿)》（以下简称“《规定》”）第 21 条并不要求行为人系取得市场支配地位的经营者，① 从文义表述来看，该条显然是为规范经营者个性化定价行为所设。但从《规定》第 21 条本身而言，有滥用《反不正当竞争法》第 2 条之嫌疑。《规定》第 21 条的设置在上位法《反不正当竞争法》中没有明确具体的法律依据，个性化定价本身并不属于《反不正当竞争法》第二章明确列举的具体不正当竞争行为，这意味着即使适用《规定》第 21 条，也应当落入《反不正当竞争法》第 2 条原则性规定的范畴。② 然而，在最高人民法院发布的《反不正当竞争法司法解释（征求意见稿)》第 1 条明确，“当事人仅以利益受到损害为由主张适用反不正当竞争法第 2 条，但不能举证证明损害经营者利益的行为扰乱市场竞争秩序的，人民法院依法不予支持”。因此，适用《反不正当竞争法》第 2 条规制的经营者行为，须得是损害经营者利益或消费者利益且扰乱市场秩序的行为。而针对消费者而言的个性化定价行为，是否会造成扰乱市场秩序的结果，有待进一步论证。

---

① 《禁止网络不正当竞争行为规定（公开征求意见稿)》第 21 条：经营者不得利用数据、算法等技术手段，通过收集、分析交易相对方的交易信息、浏览内容及次数、交易时使用的终端设备的品牌及价值等方式，对交易条件相同的交易相对方不合理地提供不同的交易信息，侵害交易相对方的知情权、选择权、公平交易权等，扰乱市场公平交易秩序。交易信息包括交易历史、支付意愿、消费习惯、个体偏好、支付能力、依赖程度、信用状况等。

② 《反不正当竞争法》第 2 条：“经营者在生产经营活动中，应当遵循自愿、平等、公平、诚信的原则，遵守法律和商业道德。

本法所称的不正当竞争行为，是指经营者在生产经营活动中，违反本法规定，扰乱市场竞争秩序，损害其他经营者或者消费者的合法权益的行为。

本法所称的经营者，是指从事商品生产、经营或者提供服务（以下所称商品包括服务）的自然人、法人和非法人组织。”

（三）价格合理性难以判断

进一步而言，即使认定某一经营者具有相关市场的市场支配地位，也需要审查其是否滥用这种市场支配地位对消费者收取不合理的价格。《消费者权益保护法》（以下简称“《消保法》”）第10条保障的公平交易条件是“价格合理”，[①] 而非“统一价格”，也即，合理的价格差异并不会落入本条的规制范围之内。[②] 但是，对“价格本身的合理性”进行判断是非常困难的，其一，决定价格的商业事实总在变动之中，不存在恒久不变的合理价格，[③] 算法定价的场景下，可以说把价格“动态”的特性发挥到了极致。在美国的司法实践中，几乎没有法院在适用反托拉斯法时会考虑被告实际收取的价格，或者依据任何实质性的措施来判断这些价格是否“正确”或者“合理”，反垄断法调整的是定价机制，而非价格本身。[④] 在美国诉阿德斯顿钢管公司案中，威廉·霍华德·塔夫脱（William Howard Taft）法官论述道，由法院来评判实际所收取的价格是否合理，无异于是“在怀疑之海上启航（have set sail on a sea of doubt）”。[⑤] 其二，定价权是企业经营自主权的重要体现。[⑥] 根据《价格法》第6条，“商品价格和服务价格，除依照本法第18条规定适用政府指导价或者政府定价外，实行市场调节价，由经营者依照本法自主制

---

① 《消费者权益保护法》第10条：“消费者享有公平交易的权利。消费者在购买商品或者接受服务时，有权获得质量保障、价格合理、计量正确等公平交易条件，有权拒绝经营者的强制交易行为。”

② 事实上，统一定价往往被认为是一种价格歧视，原因在于，价格与边际成本的比率在不同的商品或服务销售过程中是不同的，如果一个消费者的边际成本低于另一个消费者，那么以相同的价格向两个不同的消费者销售同样的商品或者服务，可能会构成经济学上但非法律上的价格歧视。See E. Thomas Sullivan, Herbert J. Hovenkamp, Howard A. Shelanski, Christopher Leslie, “Secondary-Line Differential Pricine and the Robinson-Patman ACT”, *Antitrust Law, Policy and Procedure*, 2013, 7th ed, p. 1.

③ See United States v. Socony-Vacuum Oil Co. , Inc, 310 U. S. 150 (S. Ct. 1940).

④ 参见［美］克里斯托弗·L. 萨格尔斯《反托拉斯法：案例与解析》，谭袁译，商务印书馆2021年版，第67—72页。

⑤ See United States v. Addyston Pipe & Steel Co. , 85 F. 271, (6th Cir. 1898).

⑥ 刘权、北京三快科技有限公司侵权责任纠纷案，湖南省长沙市中级人民法院（2019）湘01民终9501号民事判决书。

定”，根据《价格法》第11条第1项，“经营者进行价格活动，享有自主制定属于市场调节的价格的权利”。这是依照意思自治原则和合同自由衍生出的经营者合法权利。其三，认定价格合理与否的界限比较模糊，即使在《反垄断法》第17条第1款第（1）项规定的索取垄断高价的情形中，如何确定正常和有效竞争市场条件下应有的价格水平都是“最大的难题”。①

例如，美团会员案例中②，已购买会员资格的消费者可能会比未购得会员资格的消费者面临更高的价格，使得消费者产生严重的不满情绪。“不患寡而患不均”是人性，但笔者认为，不应当仅仅出于没有享受到相对低价而产生的主观感受，就对经营者的经营行为做出法律上的评价。一方面，作为经营者而言，已经取得会员资格的消费者相较于未取得会员资格的消费者有更强的“路径依赖”，前者支付意愿通常较后者更高，经营者为追求更高利润，自然倾向于对前者收取更高的价格。在消费者和该案例的关注者眼中，“2元运费”的定价是经营者应当收取的合理价格，但可能“4元运费”才是相比经营者提供配送服务的成本而言所收取的合理对价，“2元运费”只是经营者为与不具有会员资格的、路径依赖并不强的消费者进行交易（也即“获客”）所采取的优惠手段。已经具有会员资格的人，不属于享受优惠价格的消费者的范围，自然无法享受到相应的优惠价格。另一方面，对已具备会员资格的消费者提供的商品或服务的成本，也可能高于为不具备会员资格的消费者提供的商品或服务的成本，这是由为每位消费者提供的商品或服务的“个性化成本”或者合理的商业策略决定的，并不一定仅以“是否具备会员资格”这一变量来决定。问题应当在于，经营者是否在这个过程中做出了欺诈性或者诱导性的营销手段，其是否如实提供所承诺的优惠，或者是否如实提供了交易相关的信息。例如在携程酒店案中，具备会员资格的原告相较于不具备会员资格的其他消费者面临更高的价格，法院

---

① 参见王晓晔《反垄断法》，法律出版社2011年版，第204页。

② 常亚飞：《风友爆料被集团“割了韭菜”　会员比非会员配送费贵2倍　美团回应：是定位缓存偏差导致　当事人称：无法接受》，2020年12月19日沙息，央广网（http：//china. cnr. cn/yaowen/20201219/t20201219_ 525368656. shtml）。

认为“携程 App 作为中介平台对标的实际价值有如实报告义务，其未如实报告。携程向原告胡女士承诺钻石贵宾享有优惠价，却无价格监管措施，向原告展现了一个溢价 100% 的失实价格，未践行承诺。而且，携程在处理原告投诉时告知原告无法退还全部差价的理由，经调查也与事实不符，存在欺骗。故认定被告存在虚假宣传、价格欺诈和欺骗行为，支持原告退一赔三”①。

如果经营者如实履行优惠承诺且如实提供相关交易信息，其经营行为不因此违法，可由市场进行调节。在美团案中，如果美团如实履行对消费者购买会员资格所做的优惠承诺，且如实提供相关交易信息，那么在合理的范围内对其营销策略和定价策略做出调整，是其作为市场主体的合法权利。如果消费者感知到“不购买会员资格”相较于“购买会员资格”能够享受到更多优惠时，必然会选择前者。经营者如果想要使得更多的消费者购买会员资格，加强消费者路径依赖，就必然要对经营模式进行调整，使得“购买会员资格”相较于“不购买会员资格”能够为消费者提供更多优惠。如此一来，市场机制就可有效地实现对于“个性化定价”行为的调整，而不必由法律对其价格合理性做出判断。

（四）消费者在个性化定价场景下不宜纳入“交易相对人”范畴

《反垄断法》第 17 条第 1 款第（6）项对“差别待遇”行为做出了规定，禁止具有市场支配地位的经营者没有正当理由，对条件相同的交易相对人在交易价格等交易条件上实行差别待遇。《修订草案》第 22 条第 2 款强调了规制的重点在于具有市场支配地位的经营者利用数据、算法、技术和平台规则等对“经营者”进行不合理限制，② 并未采用“交易相对人”的表述。但我国的竞争法体系中，尚未对“交易相对人”的范围做出明确限定，是否应当将消费者纳入“交易相对人”的范畴，有

① 余建华、徐少华：《浙江一女子以携程采集非必要信息“杀熟”诉请退一赔三获支持》，《人民法院报》2021 年 7 月 13 日。

② 《反垄断法（修订草案）》第 22 条第 2 款：“具有市场支配地位的经营者利用数据和算法、技术以及平台规则等设置障碍，对其他经营者进行不合理限制的，属于前款规定的滥用市场支配地位的行为。”

待进一步论证。

德国《反对限制竞争法》第 19 条第（2）款第 1 项规定，如果某一占据市场支配地位的经营者以不公平的方式直接或间接妨碍另一经营者，或在没有任何客观且正当理由的情况下，直接或间接地以不同于对待同类经营者的方式对另一经营者进行区别对待，则该行为系受禁止的占市场支配地位的经营者行为。[①] 可见，德国将差别待遇行为的“交易相对人”范围限定为“经营者”，这一语境下不包括普通的终端消费者。

美国反托拉斯法主要由《罗宾逊—帕特曼法案》（*The Robinson-Patman Act*）对价格歧视行为进行规制，该法规定如果原告证明销售者的价格歧视行为将会导致“竞争性损害”，[②] 则销售者在国内市场上就同一商品向购买者收取不同的价格就是违法的。[③] 该法并未在条文上将购买者限定为经营者，但从历史背景看，《罗宾逊—帕特曼法案》的出台主要是为了刺激美国经济大萧条期间的市场活力，[④] 避免大型连锁零售商通过掠夺性低价排挤小型零售商或者通过差别待遇损害本地小型零售商的利益。[⑤] 因此，从目的解释出发，该法规定的“掠夺性定价”当中的购买者包括消费者，而“差别待遇”中的购买者应当不包括消费者。

我国《价格法》第 14 条第（5）项规定，“经营者提供相同商品或者服务，不得对具有同等交易条件的其他经营者实行价格歧视”，将经

① See Act against Restraints of Competition in the version published on 26 June 2013 [Bundesgesetzblatt (Federal Law Gazette) I, 2013, p. 1750, 3245], as last amended by Article 4 of the Act of 9 July 2021 (Federal Law Gazette I, p. 2506), http://www.gesetze-im-internet.de/englisch_gwb/englisch_gwb.html#p0060.

② 竞争性损害可能以以下两种形式发生：第一，Primary line injury，即掠夺性定价，损害卖方所在市场的竞争秩序；第二，secondary line violations，是差别待遇行为的结果，损害买方所在市场的竞争秩序。See FTC, Price Discrimination: Robinson-Patman Violations, https://www.ftc.gov/tips-advice/competition-guidance/guide-antitrust-laws/price-discrimination-robinson-patman.

③ See 15 U.S. Code § 13, Discrimination in price, services, or facilities, https://www.govinfo.gov/content/pkg/USCODE-2012-title15/html/USCODE-2012-title15-chap1-sec13.htm.

④ See Kenneth G. Elzinga, “The Robinson-Patman Act: A New Deal for Small Business, Regulatory Change in an Atmosphere of Crisis: Current Implications of the Roosevelt Years”, *Academic Press*, pp. 63-64.

⑤ 《罗宾逊—帕特曼法案》常被诟病与美国其他反托拉斯法的思想并不一致，是为了保护特定的竞争者免受激烈的竞争，而不是保护竞争本身。See E. Thomas Sullivan, Herbert J. Hovenkamp, Howard A. Shelanski, Christopher Leslie, “Secondary-Line Differential Pricing and the Robinson-Patman ACT”, *Antitrust Law, Policy and Procedure*, 2013, 7th ed, p. 294.

营者价格歧视行为的交易相对人限定为"其他经营者"。从《平台反垄断指南》意欲规制"大数据杀熟"而言，我国立法机关显然认为消费者属于《反垄断法》所指"交易相对人"的范畴。结合《反垄断法》第6条的规定，第17条的直接目的在于防止具有市场支配地位者滥用该等市场支配地位排除、限制竞争。因此，应当认为，该条所规定之差别待遇行为只有造成排除、限制竞争效果的，反垄断法始得介入。基于意思自治与合同自由原则，经营者对于不同交易相对人是否给予相同交易条件，应当由经营者自行决定。只有当经营者有市场支配地位的情形下，即交易相对人在交易对象选择可能性受到限制或减少的情形下，如无正当理由对交易相对人实行差别待遇时，会使得交易相对人之间的公平竞争受到影响，并且使得竞争秩序受到限制，反垄断法才有介入的必要。此时，由于差别待遇行为须得经由交易相对人的一定行为，才能造成限制、排除竞争的效果，在此规范之下的"交易相对人"语境应当只涵盖"经营者"，而不包括"消费者"。原因在于，"消费者"是"为生活消费需要购买、使用商品或者接受服务"①，而非"在互联网平台内提供商品或者服务"的经营者，对其实行差别待遇行为并不会造成市场竞争秩序的破坏。

在具备市场支配地位的经营者滥用市场支配地位，无正当理由为差别待遇行为的对象，并非"其他经营者"而是"消费者"时，笔者认为，由于该等差别待遇行为不会产生限制、排除竞争的效果，因此不应作为《反垄断法》第17条第1款第（6）项规定之"差别待遇"行为进行规制。如果该等差别待遇行为对部分消费者收取的价格符合"不公平的高价"的要件，应当以《反垄断法》第17条第1款第（1）项规定的"以不公平的高价销售商品"这一剥削性滥用行为进行规制。如果该等差别待遇行为对部分消费者收取的价格符合"没有正当理由，以低于成本的价格销售商品"的要件，也即符合"掠夺性定价行为"的要件时，由于经营者的直接目的是利用低价排挤竞争对手、侵占市场份额，

① 《消费者权益保护法》第2条："消费者为生活消费需要购买、使用商品或者接受服务，其权益受本法保护；本法未作规定的，受其他有关法律、法规保护。"

最终目的在于回收损失或者获取垄断利润,[①] 这一行为应当落入《反垄断法》第 17 条第 1 款第（2）项的规制范围。

当不具备市场地位的经营者无论是对“其他经营者”还是“消费者”实行不合理的差别待遇行为时，虽然可能使得部分交易相对人的交易机会受到限制，但因为交易相对人尚可选择市场中其他经营者进行交易，该等差别待遇行为并不会造成限制、排除竞争的效果。出于尊重经营者享有的意思自治和经营自主权的考量，《反垄断法》在此情形下应当不存在适用的空间。即使是在竞争不那么激烈的市场中，只要市场进入并不存在较高的门槛，差别待遇行为就无法继续，因为“没有什么可以阻止竞争对手向这些消费者提供更加优惠的价格”[②]。

三　不合理个性化定价行为规制路径之探索

如前所述，利用《反垄断法》第 17 条第（6）项对经营者针对消费者进行的不合理个性化定价行为进行规制，既有难度，也无必要。这类于价格上直接侵害消费者合法权益的行为可以由《消保法》《反垄断法》第 17 条第（1）项和第（2）项、《价格法》进行规制。但直接对价格合理性进行判断十分困难，不仅理论上难以找出方法，而且由于定价自主权，经营者对价格总是存在较大的解释空间。在实践中，个性化定价算法使得价格总是在变动中，消费者也不可能详细知悉其他消费者面临的价格情况，因此存证和举证也都较为困难。因此，在规制方式上，笔者认为，对于不合理的个性化定价行为，可以从定价机制而不是价格本身作为切入点，采取以算法透明度（业务规则透明度）为主线的规制方式，对个性化定价算法中影响价格的因素进行审查，例如，定价算法中是否采用了不合理的定价机制（例如是否仅以对手价格作为自己价格的决定条件）；利用个人信息进行自动化决策的算法当中是否包含地域、种族、性别、肤色等歧视性的判断因素。原因在于，如果个性化

① 参见王晓晔《反垄断法》，法律出版社 2011 年版，第 211 页。

② ［美］克里斯托弗 · L. 萨格尔斯：《反托拉斯法：案例与解析》，谭袁译，商务印书馆 2021 年版，第 292 页。

定价算法缺乏透明度，就很难论证主体算法应用行为的合理性，可能会存在其为追求自身利益最大化而对竞争秩序和消费者利益造成损害的风险。同时，经营者与消费者之间的信息不对称可能导致消费者对算法决策的结果缺乏信任和信心，打击消费者参与数字经济活动的积极性，对数字经济的发展造成阻碍。实践中，部分经营者“收到了市场监管总局等部门关于算法的指导意见”①，在电子商务领域中已经有了算法规则公开的良好实践。② 但在缺乏有关透明度的强制性义务时，很难认为有合适的激励机制使得企业能够自发地向消费者提供更多信息。当公司和市场参与者无法克服这些问题，市场缺乏良好有序的生态时，公权力机构应当介入，通过算法合规性审查等强制性手段直接干预企业的不合理行为。除此之外，还需要注意算法透明度审查的深度。例如，法律描述的算法审查更贴近对“业务规则”的审查，而非是对计算机科学意义上的“算法”进行审查，以避免规则违背客观的技术规律从而无法落地实施。目前，《个保法》第24条第1款提出了对利用个人信息进行自动化决策的透明度要求，第54条明确了个人信息处理者的个人信息处理活动进行合规审计的要求，但具体实施方式仍有待进一步明确。具体说来，至少可以从以下六点入手。

第一，算法风险影响评估。企业在利用新算法、优化现有算法开展业务之前，应当对应用算法可能对竞争秩序、消费者权益等造成的风险进行影响评估。第二，建立合适的算法审计机制。由独立第三方对企业拟使用或者拟改进的算法进行审计，规定应用某些高风险算法的企业对相关算法进行定期审计。第三，面向消费者的透明度。在向消费者提供服务时，采用简明的语言告知消费者算法的目的、基本运行原理和可能带来的风险。第四，加强监管机构的技术能力。在有关新技术新应用的执法监管行动中，技术能力的欠缺使得科学监管的要求难以实现，需要补充执法队伍的技术能力，增强对技术细节的理解，才能实现对算法审

① 美团：《让外卖配送算法更透明，让更多声音参与改变》，https：//mp. weixin. qq. com/s/LgXP2IRbyidRSSH9U7q5RQ。

② 美团：《让更多声音参与改变，美团外卖“订单分配”算法公开》，https：//mp. weixin. qq. com/s/qyegF_ r_ SPGnkEdZqkVjxA。

查的目的。第五，避免对经济发展造成阻碍。在对新技术新应用的监管和治理过程中，需要在新的强制性义务设立之前、新的执法行动中对产业和经济发展的影响进行严谨的科学论证，避免“一刀切”的监管方式对产业发展造成阻碍。第六，问责制。问责制的思想在于对有控制权和因此获益的主体施以责任，以达成对其进行约束的目的。随着新技术和新应用迭代的速率越来越快，对算法的使用进行事前审批显然不符合数字经济的发展要求，应当采取风险控制思想相适应的问责制制度，在事中及事后归责的阶段为算法使用者施以合规与否的证明责任。

除了对个性化算法进行审查之外，还应当审查经营者在交易过程中是否恪守诚实信用的原则。《民法典》第 7 条规定，“民事主体从事民事活动，应当遵循诚信原则，秉持诚实，恪守承诺”。《消保法》第 4 条规定，“经营者与消费者进行交易，应当遵循自愿、平等、公平、诚实信用的原则”。《价格法》第 14 条第（4）项规定，“经营者不得利用虚假的或者使人误解的价格手段，诱骗消费者或者其他经营者与其进行交易”。如果消费者面临的价格差异性来源于经营者违背了民事法律关系中诚实信用原则的欺诈性或者误导性行为，应当予以禁止。

此外，由于个性化定价行为必然涉及对消费者个人信息的处理，此类处理活动显然不能适用《个保法》第 13 条第 1 款第（3）项至第（6）项规定的个人信息处理活动的合法性基础。通常情况下，个性化定价服务也不属于“为订立、履行个人作为一方当事人的合同”所“客观必需”的情形，因此亦不能够适用《个保法》第 13 条第 1 款第（2）项“为合同所必需”这一合法性基础。因此，在开展个性化定价业务时，经营者应当取得相关消费者的授权同意，并遵守《个保法》下授权同意的相关义务。

（责任编辑：徐玖玖）

司法人工智能的障碍分析与优化路径[*]

刘若男

（西南政法大学人工智能法学院博士研究生）

内容提要 随着智慧法院工作的持续、深入开展，司法实践之中人机互动效果欠佳的问题逐步凸显。从司法领域内人工智能的应用现状可见，由于司法数据质量低下、算法法律地位不明、算法规制规则缺失等问题，传统的知识图谱构建、自然语言处理和机器学习技术难以应对情况复杂的司法实践。因此，亟须结合人工智能技术原理和法律适用特点，构建法律本体论、法律事理图谱和发展可解释的人工智能以突破技术瓶颈，制定人工智能在司法领域内的法律规则以应对规则缺失的困境，从而保证智慧法院建设背景下公正与效率的平衡，维护司法的权威与尊荣。

关键词 司法人工智能 知识图谱 自然语言处理 法律专家系统 算法规制

一 司法人工智能的历史发展

（一）应用之维：法律人工智能系统的发展历程

1. 法律信息检索系统的发展历程

法律信息检索即对法律法规、司法文书进行结构化处理并存储，以

* 基金项目：重庆市研究生科研创新项目（项目编号：CYS19167）。

达到通过案件关键词检索出相关法条与判例的目的。20世纪60年代，杰拉德·索尔顿（Gerard Salton）开发出具有文本索引、查询处理、结果排序等功能的信息检索系统SMART（Salton's Magic Automatic Retrieval of Text），[①] 与此同时，法律信息检索相关研究正式启动并取得初步成果。

表1　　法律信息检索系统主要研究成果

年份	开发者	系统名称	系统功能
1963	Aspen system 公司，约翰·霍蒂（John Horty）	法律信息检索数据库	可检索美国宾夕法尼亚州卫生保健方面的法律法规[②]
1963	美国空军法务局、IBM公司，约翰·霍蒂（John Horty）	法律信息检索系统	检索与空军有关的法律信息。扩容后可供美国国防部各部门使用[③]
1968	法律研究服务公司（LRS）	检索判例系统	可提供纽约州判例[④]
1968	加拿大蒙特利尔大学	DATUM	由可以检索魁北克地区的判例发展为可检索判例与成文法[⑤]
1970	英国原子能管理局	STATUS	可运用关键词在各类计算机上进行检索[⑥]
1972	美国俄亥俄州律师协会自动化研究公司	Lexis Nexis	可查询美国多个州的成文法和判例[⑦]

① 清华大学—中国工程院知识智能联合研究中心、中国人工智能学会吴文俊人工智能科学技术奖评选基地：《2019人工智能发展报告》，2019年11月。

② Jon Bing, "Legal Text Retrieval Systems the Unsatisfactory State of the Art", *Journal of law, information and science*, Vol. 2, No 1, January 1986.

③ 张力行：《计算机法律信息检索与计算机法律专家系统——理论与实践》，《中外法学》1989年第3期。

④ 张力行：《计算机法律信息检索与计算机法律专家系统——理论与实践》，《中外法学》1989年第3期。

⑤ 张力行：《计算机法律信息检索与计算机法律专家系统——理论与实践》，《中外法学》1989年第3期。

⑥ 周尚君、伍茜：《人工智能司法决策的可能与限度》，《华东政法大学学报》2019年第1期。

⑦ 周尚君、伍茜：《人工智能司法决策的可能与限度》，《华东政法大学学报》2019年第1期。

续表

年份	开发者	系统名称	系统功能
1974	美国司法部	JURIS	可查询联邦成文法规、最高法院判例及司法内部文件①
1975	美国西方法律出版公司	Westlaw	由可检索美国判例全文及美国和欧盟电脑联机的法律信息，发展为可检索联邦成文法、判例及全美法学论文②
1985	北大法律系“计算机辅助法律研究课题组”	《CHINALAW 涉外经济法规查询系统（中英文对照）》	可检索涉外经济法规，是中国法律信息检索的初步尝试③
1985	北大法制信息中心、中天软件技术开发公司	中国法律检索系统	可查询法律法规，是中国最早的法律信息数据库④
1995	北大法制信息中心、中天软件技术开发公司	北大法律信息网	可查询法律法规、司法案例，逐步扩充数据库增加法律期刊、立法动态、法学课程等功能⑤
1998	北大法律信息中心	北大法宝	2002 年，融入法条联想超文本链接技术升级为 3.0 智能版。2004 年，数据库拓展以检索法学期刊等重要资料⑥

由表 1 可知，域内外法律信息检索系统均由单一性、局域性、个别领域性逐步发展为多样性、完整性、系统性的检索系统，其司法数据库不断丰富完善，系统功能不断增加，系统响应速度不断提高，检索结果精确度也不断提升。在我国，法律信息检索系统的性能提升不仅与各级

① 周尚君、伍茜：《人工智能司法决策的可能与限度》，《华东政法大学学报》2019 年第 1 期。

② 张力行：《电脑革命对法律界的冲击》，《北京大学学报》（哲学社会科学版）1986 年第 3 期。

③ 粟牧：《法律信息检索工具的运用实践分析——以“北大法宝”为例》，《湖南大众传媒职业技术学院学报》2005 年第 6 期。

④ 粟牧：《法律信息检索工具的运用实践分析——以“北大法宝”为例》，《湖南大众传媒职业技术学院学报》2005 年第 6 期。

⑤ 粟牧：《法律信息检索工具的运用实践分析——以“北大法宝”为例》，《湖南大众传媒职业技术学院学报》2005 年第 6 期。

⑥ 粟牧：《法律信息检索工具的运用实践分析——以“北大法宝”为例》，《湖南大众传媒职业技术学院学报》2005 年第 6 期。

法院信息化建设的成果密切相关①，也与自然语言处理技术，尤其是语义识别技术和文本分析技术的优化密不可分。尽管如此，法律信息检索系统仍处于发挥辅助性作用的智能化阶段，而离无须用户深度参与，计算机可自动识别、检索的自动化阶段尚有一定距离。究其缘由，一方面是“大量司法数据”尚未能高效转化为“司法大数据”，另一方面则是人工智能技术有待革新。

2. 法律专家系统的发展历程

法律专家系统指运用法律知识并模拟法律专家推理模式，以得出专业化法律意见的系统，其研发与法律逻辑和法律推理过程研究息息相关。

表 2 **法律专家系统主要研究成果**

	年份	开发者	系统名称	系统功能
以可视化方法呈现论辩过程和论证逻辑	1996	H. B. Verheij	Argumed 模型	可视化互动界面呈现对话过程中的证成或废止陈述②
	1997	Jeff Norman, Ronald P. Loui	Room 5 系统	图形参数格式突出论证中的冲突部分③
	2007	Floris Bex, Henry Prakken, Bart Verheij	AVER（论据推理的论证可视化）的理论支持	将案情与法律规则结合起来用可视化形式表示④

① 法院信息化建设实现了大量法律文本的数字化存储，以中国裁判文书网为代表的司法数据库体量不断增大。

② 该系统通过图形化的界面为用户清晰地展现论证的逻辑结构。因该系统利用可废止逻辑建模，该逻辑能够从给定的前提集中建立论证，再对上述论证进行比较筛选，换言之，该系统可同时容纳两个相互对抗的论证，故系统能够反映出对话中被废止或者被证成的陈述。H. B. Verheij, “Artificial Argument Assistants for Defeasible Argumentation”, *Artificial Intelligence*, Vol. 150, No. 1 - 2, November 2003.

③ 该系统通过嵌套表的图形参数格式来描述法律论证过程。其特点在于未将全部论证考虑其中，而是聚焦于实际存在冲突的、需要证明的论证。系统对论证进行结构化处理的目的在于保证论证具有最低限度的合理性，而非为论证合理性提供评价标准，因此，该系统是刻画有限理性的系统。Ronald P. Loui, Jeff Norman, Joe Altepeter, Dan Pinkard, Dan Craven, Jessica Linsday, Mark Foltz, *Progress on Room 5: a Testbed for Public Interactive Semi-Formal Legal Argumentation*, ICAIL'07: Proceedings of the 6th International Conference on Artificial intelligence and Law 1997, pp. 207 - 214.

④ Floris Bex, Henry Prakken, Bart Verheij, *Formalising Argumentative Story-Based Analysis of Evidence*, ICAIL'07: Proceedings of the 11th International Conference on Artificial Intelligence and Law, 2007, pp. 1 - 10.

续表

	年份	开发者	系统名称	系统功能
模拟法律论辩的攻击防御体系	1991	Ashley，Rissland	HYPO 系统	模拟"主张—抗辩—再抗辩"过程，以解决美国商业秘密类案件①
	1994	Tom Gordon	诉答博弈模型	模拟司法冲突中确定的法律和事实问题的过程②
	1998	Arno R. Lodder	DiaLaw 系统	模拟对话过程中双方承诺内容变化的过程③

由表2可知，法律专家系统解决了法律知识获取困难，法律论证过程模拟粗糙，系统运用场景单一等问题，实现了计算机对法律逻辑推理的具象模拟，使得计算机可以完成具有明确前提下的法律适用大前提和小前提间的涵射。然而，法律专家系统也存在一定的局限性，以 DiaLaw 系统为例，其"强迫承诺"机制存在一定的局限，因为在法律论辩过程中，被告并不总是需要对其予以直接否认、间接否认等情况下的内容进行证明，而仅仅在其做出事实抗辩时才对抗辩事实负有举证责任。④ 因此，DiaLaw 系统的机制可能会违背法律诉讼程序设计的初衷，在一定程度上加重被告的举证责任。此外，对于缺乏明确法律法规或者类似案例的情况，计算机就难以对推理过程进行模拟。更重要的是，算法的隐秘性和不可解释性引发了公众对技术侵蚀审判员自由裁量权进而引发审判不公的担忧。

---

① 其前提集为设定的确定案例集，法律论证中"主张—抗辩—再抗辩"的攻击防御结构得以被计算机初步模拟。E. L. Rissland , K. D. Ashley，*A Case Based System for Trade Secrets Law*，Proceedings of the First International Conference on Artificial Intelligence and Law，ACM，1987，pp. 60 – 66.

② Thomas F. Gordon，*The Pleadings Game*：*Formalizing Procedural Justice*，Proceedings of the Fourth International Conference on Artificial Intelligence and Law，ACM，1993，pp. 10 – 19.

③ 该系统描述法律论证过程不仅仅停留在对法律证成过程进行一般性描述上，而从更深层次的对话构建路径考虑，结合理性经济人概念，在保证结论可接受性的同时，设计出推动对话的运作机制。Arno R. Lodder，*Procedural Arguments*，JURIX：The Tenth Conference，1997，pp. 21 – 32.

④ 高翔：《人工智能民事司法应用的法律知识图谱构建——以要件事实型民事裁判论为基础》，《法制与社会发展》2018 年第 6 期。

(二)技术之维:司法人工智能的技术发展

1. 自然语言处理技术

自然语言处理即识别、分析文本的字、词、句、篇章,将非结构化、半结构化的数据转化为结构化数据,以实现人机信息交流。

自然语言处理技术的研究重点在于语音、词法、句法和语义分析。词法分析首先运用构词规则对句子进行切分(分词),再标注出词语的词性(词性标注),然后识别出文本中的地名、机构名、人名等信息(命名实体识别),并且明确文本中代词的指代对象(指代消解)。句法分析运用语法知识分析句子结构,通常将句子重构为树结构以便进一步进行语义理解。语义分析通过建立计算模型来识别语义,其中包括词语语义计算和句子语义计算。自然语言处理技术的运用非常广泛,包括但不限于关键词抽取、文本分类、情景分析和观点挖掘等。在针对法律文本的关键词抽取的过程中,首先进行初步分词,然后进行领域特征的逐步过滤,最终筛选出能够表示出文书关键信息的关键词。可以说,自然语言处理技术有助于呈现高质量的检索结论,能够提升法律信息检索系统的精确度,也为文书自动生成、法律智能推荐、判决信息预测等法律专家系统的开发奠定了坚实的基础。

2. 法律知识图谱

知识图谱是一种以可视化技术和结构化方式描述、建构、挖掘客观世界中概念、实体及其相互间关系的技术。知识图谱用以组织和管理海量信息,其三元组实例以节点表示"头实体"和"尾实体",以"边"表示它们之间的关系。同时,知识本体框架对知识框架进行描述和约束。可以说,三元组实例和知识本体框架共同组成知识图谱。①

法院存储的数据从非结构化转为结构化的过程中,需要经历法律文本预处理、解释文本句法关系等步骤,② 三元组实体关系抽取是其中的

① 项威:《事件知识图谱构建技术与应用综述》,《计算机与现代化》2020 年第 1 期。

② 陈建峡等:《基于知识图谱的司法案件可视化研究与实现》,《湖北工业大学学报》2019 年第 5 期。

重要环节。目前，已有研究提出较为高效的实体关系抽取方法。[①] 由于法律知识图谱专业程度更高，在识别通用的命名实体后，需结合法律专业知识对这些实体进行二次处理，用以定义法律事实描述中诸如罪名、犯罪行为等概念。就法律知识图谱应用的目的不同，其关系定义也有所差异。具体而言，在构建服务于量刑建议类法律专家系统的法律知识图谱时，需要重点考虑与量刑有关的关系类型。例如，根据涉毒类案件贩卖毒品罪、非法持有毒品罪、容留他人吸毒罪的定义，需将"卖""买""持有""容留""吸食"这些描述进行单独定义，因为这些描述不仅关系到此罪与彼罪的定义，还影响到量刑的轻与重。[②]

3. 机器学习

机器学习技术的不断发展，使其在自然语言处理领域的应用取得了突破性的进展。鉴于法律文本具有高度专业性和精练性，以及更高的句子相似度等特点，机器学习于法律文本的应用也解决了长久以来计算机难以准确理解、表达、学习法律文本的难题。

在语义分析层面，研究者提出利用神经网络技术，分析使用 Node2vec 算法编写和句子相似度计算而形成的法律文本的向量空间模型，以通过纳入单词同义词和关联术语的方法从而提高分析结论的准确性。[③] 以司法文书判决预测为例，研究者以中国裁判文书为研究对象，提出判断偏差的度量标准以预测特定案件被误判的可能性。[④] 研究者以越南法律文本为研究对象，运用包括长期短期记忆（LSTM），双向

---

① 刘霄阳：《基于文本挖掘的领域知识图谱构建方法的研究与实现》，硕士专业学位论文，北京交通大学，2019 年。将 CRF 与句法分析树的非限定类型实体关系抽取方法，该方法先利用基于 CRF 的序列标注模型对文本进行特征选择，再结合人工标注训练生成序列标注模型，以完成句子间关系特征词的标注任务。接下来利用句法分析树确定各词汇在句子中的作用，以识别出其中的三元组实体对。最后，利用基于置信度的三元组筛选算法提升抽取结果的质量。

② 陈彦光等：《基于刑事案例的知识图谱构建技术》，《郑州大学学报》（理学版）2019 年第 3 期。

③ Jörg Landthaler, Bernhard Waltl, Patrick Holl, Florian Matthes, "Extending Full Text Search for Legal Document Collections Using Word Embeddings", *Legal Knowledge and Information Systems*, Vol. 294, 2016.

④ Shang Li, Hongli Zhang, Lin Ye, Xiaoding Guo, Binxing Fang, *Evaluating the Rationality of Judicial Decision with LSTM-Based Case Modeling*, 2018 IEEE Third International Conference on Data Science in Cyberspace (DSC), 2018, pp. 392 – 397.

LSTM 以及它们与条件随机场的组合这一基于循环神经网络模型的方法，分析预测法院判决结果并取得一定成果。① 2019 年，研究者在深度网络模型的基础之上进行改进，提出利用混合注意力和卷积网络的深度网络模型 HAC（hybrid attention and CNN model）来实现司法文书预测，使得文本分析既抓取了文本细节的表达，以避免忽略文本中的重要细节性信息，又保证了对文本理解的全局性把握，消除了对文本整体的理解偏差的情况。②

总体而言，机器学习一定程度上解决了人工智能技术应用于司法领域面临的语义难题。随着机器学习研究的不断深入，司法文本的语义识别和法律人工智能系统的结论的精确程度将会不断提升。

二　司法人工智能的瓶颈局限

（一）技术向度：司法人工智能的技术瓶颈

1. 自然语言处理技术语义识别困难

司法领域内自然语言处理技术存在一些弊端。从认知论角度看，自然语言处理可分为两类：基于理性主义的方法和基于经验主义的方法。基于经验主义的方法实际上是统计的方法，即在收集大量数据的前提下，通过统计等方法建立语言模型。由于中国审判模式为规则出发型，在构建司法案件语料库这一问题上呈现出劣势。不同于事实出发型审判模式要求审判员进行严密的逻辑推演和详细的理由论述的司法传统，规则出发型审判模式无论从数据保存还是裁判文书书写上都欠缺严谨性。基于理性主义方法中的语义理解（Semantic Comprehension or Semantic Understanding）技术尚待提升。研发者未能有针对性地根据法律语言的特点，结合司法应用的特殊场景进行技术开发。首先，抽象的法律语言

① Nguyen Truong Son, Le Minh Nguyen, Ho Bao Quoc, Akira Shimazu, *Recognizing logical parts in legal texts using neural architectures*, The 2015 IEEE RIVF International Conference on Computing & Communication Technologies - Research, Innovation, and Vision for Future (RIVF), 2015, pp. 1 -6.

② 王文广等：《基于混合深度神经网络模型的司法文书智能化处理》，《清华大学学报》（自然科学版）2019 年第 7 期。

不可避免地存在一定的模糊性，体现法律价值的原则性规定和法律中的不确定概念难以准确表述。如在刑法中，“罪刑法定”“罪刑相适应”等法律原则难以转化为内涵、外延明确的描述。其次，即使在同一部法律之中，对于同一语言结构，法律文本赋予其不同的含义。最后，各司法文书间的表述也并不完全一致，如刑事司法中，对被告人自首情节的表述有“自动投案”“如实供述罪名”等。① 上述各点，加大了计算机语义理解的难度。此外，现阶段以纯人工方式对案件情节进行标记的方式增加了研发成本，更使此项工作变得举步维艰。②

2. 知识图谱逻辑关系提炼障碍

现有法律知识图谱还停留在比较静态和粗浅的阶段，其无法分析、提炼出法律文本中更为深层的逻辑关系。首先，在文本预处理阶段和在借助依存句法分析算法解释文本句法关系阶段，分词、词性标注和命名实体识别以及抽取句中各成分的依赖关系这四个步骤和构建通用知识图谱中的步骤并无二致，而诸如“善意第三人”“无因管理”等法律专业术语有其特定的含义，和处理自然语言的方法一致将无法有效识别其背后的法律知识，它们在句中的依存关系并不完全能够沿用通用知识图谱里“输入特征向量—预测转化类型—进行转换操作”这一循环往复的流程最终判断和确定。因而，它们可以在判决书中“法院认定事实”部分取得不错的效果，但在“本院认为”的审判员阐释部分，因缺少针对性和科学性的研究方案，将提取出大量低质的法律知识。③ 其次，在构建刑事司法案例知识图谱的过程中，研究者将涉及犯罪情节的定义以犯罪关系与判决结果为依据，构建而成的量刑相关的三元组并存储。这意味着针对不同的罪名需要不同的定义，构建不同的三元组，这将增加图谱构建成本。此外，构建而成的实体关系三元组结合统计学知识，可进一步用于分析简单案件判决的内在结果关联，例如，不同罪名中罚金分布

---

① 王禄生：《司法大数据与人工智能开发的技术障碍》，《中国法律评论》2018 年第 2 期。

② 王禄生：《司法大数据与人工智能开发的技术障碍》，《中国法律评论》2018 年第 2 期。

③ 有学者提出，借助“案件事实型民事裁判理论 + 专家经验”的方法进行分词阶段的设置可能会改善原有分词缺乏专业性、针对性的问题。该思路可资借鉴，是司法人工智能产品契合一线审判者需求的可行开端。参见高翔《人工智能民事司法应用的法律知识图谱构建——以要件事实型民事裁判论为基础》，《法制与社会发展》2018 年第 6 期。

的情况分析表。[1] 但是在民事案件中，由于审判员无论在法律事实认定或者在法律适用中的自由裁量的空间较大，兼具法律效果、社会效果、舆论效果等因素考量，鲜少可以直观的方式展现在图表之中，运用统计学和概率学的知识难以揭示审判逻辑的深层原因。

3. 机器学习技术可解释性存疑

虽然机器学习技术强化了自然语言处理技术的呈现效果，但无论是有监督的机器学习还是无监督的机器学习，其运行流程的可解释性均存在争议。

在有监督的机器学习中，以类案推送为例，其开发思路是在已建成的司法数据库基础之上，利用技术人员对相关案例“贴标签”对每个案例进行结构化的表示。[2] 然而，这种方式的正当性和透明性有待考证。首先，“贴标签”构成了类案推送应用的底层逻辑，无论选择自动推送还是主动搜索方式，均是在业已限定的“标签词”中查询。然而，技术人员并非法律专家，在“贴标签”的过程中难免存在疏漏和误差，无法运用特定关键词精准概括案件，这种技术赋权路径正当性存疑。其次，“贴标签”的规则属于商业行为范畴，受到商业秘密保护，其开发思路和运行流程外界难以探寻，用户亦难以从类案推送结果中相关性序列呈现的方式了解，其透明性存疑。无监督的机器学习使得计算机脱离了开发者的掌控，尽管可以要求开发者公开原始算法，但此后形成的学习模型及机器分析推理逻辑无法做到公开透明，[3] 由此而来的“算法黑箱”问题不可避免，亦可能引发“算法法视”“算法滥用”问题。此外，法律的适用不仅仅涉及对法律知识的运用和对案例的学习，还关乎对法律原则、法律精神、立法目的、典型案件等抽象法律知识的理解、学习与类推，并且需要结合当时的社会发展等情况综合考量。尽管学者就将价值因素融入基于案例的推理方法问题进行过尝试，但还不能实现系统自

① 陈彦光等：《基于刑事案例的知识图谱构建技术》，《郑州大学学报》（理学版）2019 年第 3 期。

② 左卫民：《如何通过人工智能实现类案类判》，《中国法律评论》2018 年第 2 期。

③ 司晓、曹建峰：《论人工智能的民事责任：以自动驾驶汽车和智能机器人为切入点》，《法律科学》2017 年第 5 期。

主、准确运用。[①] 同时，对于机器无法进行类推的质疑[②]亦无成功实践作为回应。上述因素增加了对机器学习技术可信度的质疑。

（二）规则向度：司法人工智能的法律局限

1. 司法数据收集处理环节标准缺失

反思我国司法数据收集、处理现状，可以发现存在数据内容少、质量低等问题。其根本原因在于司法智能化初始阶段，司法数据收集、处理标准缺失，无法形成有效约束机制，导致数据收集、处理的“野蛮生长”“各自为政”。

首先，司法数据内容少，裁判文书说理欠缺。我国现已公布的判决书的情况为：含有说理部分的判决书说理不够详尽，难以反映其中的逻辑关系和推理步骤；含有较为详细说理的判决书中未将对社会效果和政治效果的考量因素载入，难以直接从逻辑上由法律效果推导出法律结论。[③] 其次，我国司法数据质量低。事实出发型审判模式要求法官在裁判文书中进行严密的逻辑推演和详细的理由论述，而我国规则出发型的审判模式更强调适用规则的罗列，因而即使在最高人民法院要求加大裁判文书说理力度之后，我国的司法数据库质量也难以和英美法系国家相提并论。同时，我国司法数据收集只注重结论性数据收集，而忽视了过程性的数据收集。[④] 具体而言，所收集的数据通常只涉及判决书中案件性质、争议焦点和判决结果部分。然而，法官对判决社会效果和政治效果的考量往往体现于合议庭、审判庭、审委会的讨论意见之中，而这些

---

① 唐纳德·伯曼（Donald H. Berman）和卡罗尔·哈夫纳（Carole D. Hafner）对从程序环境、社会目的等因素对法律结论的影响进行研究，同时研究了计算机实现超越先例的判决的路径——通过识别先例中的价值偏好及选择，将此结构反映在不同的因素集合之上，达到扩展先例的应用的目的。该研究有助于将基于案例和基于规则的方法引入以理论建构为中心的通用框架。此外，（T. Bench-Capon）也在研究中表明论点得以支撑不仅仅完全取决于逻辑论证，也受制于其背后所承载的法律价值，因而设计出加入听众的基于价值的论证框架。

② ［美］凯斯·孙斯坦：《人工智能与法律推理》，陆幸福译，《人工智能法学研究》2018 年第 2 期。

③ 左卫民：《关于法律人工智能在中国运用前景的若干思考》，《清华法学》2018 年第 2 期。

④ 施珠妹：《智慧法院建设与“大数据”质量》，《东方论坛—青岛大学学报》（社会科学版）2019 年第 1 期。

意见通常由各级法院以函件、纸质会议记录的形式或其他形式保存于各自系统内部，使得司法数据收集阶段难以获取。上述问题导致司法数据质量低下，可能造成以此为基础的系统分析结果偏差，亦可能引发数据驱动的歧视问题。①

2. 算法法律地位界定不明，算法约束机制缺位

自然语言处理和机器学习技术都离不开算法的编写，在技术层面，算法可理解为输入数据，经过一系列处理步骤后，得到输出结果，这一过程可能引发算法歧视和算法操纵的问题。

算法歧视是算法黑箱工作原理引发的危害性后果，指输出的结果具有歧视性。以COMPAS量刑辅助系统为例，有研究指出该系统的算法用于再犯罪风险评估时，黑人被错误地评估为具有高犯罪风险的概率是白人的两倍。② 算法操纵指算法的广泛使用，侵害了人们独立做出决定的权利。“剑桥分析”（Cambridge Analytic）事件就是一次典型的算法操纵事件。③ 于司法领域而言，国内外已建立以法官判决风格、个人喜好为数据库的算法分析系统，用以预测法官对特定案件的裁判结论。尽管法国《司法改革法》（*Justice Reform Act*）第33条规定对上述行为进行了限制，④ 但无法标本兼治。在司法领域，滥用算法可能导致律师、当事人根据法官的决策偏好制定诉讼策略，例如组织证据、设计庭上表述等，从而影响法官的自由心证，对其裁判结果造成影响。此外，具有类案推送、量刑辅助功能的法律专家系统给予法官建议并辅助其做出决定，这些结论会对法官造成一定程度的心理压力，法官由于牧群效应往往采取听从系统结论的策略。可以说，不透明的算法逻辑在一定程度上替代了法官的经验逻辑。尽管各国均未定义算法的法律地位，但在美国

---

① 数据驱动歧视指用来训练算法的原始数据已经存在偏见，那么由此形成的结论必定带有偏见。

② 朱体正：《人工智能辅助刑事裁判的不确定性风险及其防范——美国威斯康星州诉卢米斯案的启示》，《浙江社会科学》2018年第6期。

③ 孙莹：《人工智能算法规制的原理与方法》，《西南政法大学学报》2020年第1期。

④ 王禄生：《司法大数据应用的法理冲突与价值平衡——从法国司法大数据禁令展开》，《比较法研究》2020年第2期。

的司法判例中已有将算法认定为言论和商业秘密的情况。[①] 无论将其定性为言论还是商业秘密，都是在业已建立的法律框架下将算法这一计算机概念涵盖其中，运用已有的法律进行规制。这一定性对解决算法黑箱、算法歧视和算法操纵问题丝毫无益，利用法学话语不仅赋予其合法性地位，还维护其不透明性，这反而加固了对算法黑箱的保护，埋下算法歧视和算法操纵的祸根。

实践中，我国各地法院倾向于将法律人工智能系统研发工作外包给科技公司等商事主体。由于商事主体利益最大化的价值追求，在算法设计、算法标准确立等环节，容易导致追求经济效率，而忽略司法公正的情况。根据福柯："话语—知识—权力"体系理论分析，随着技术渗透进入司法实务，"技术话语"不断构建"技术知识"，进而形成和维系着"技术权力"。[②] 举例而言，审判辅助系统使得办案流程信息化，可以对流程实行动态监管，这使得"司法话语"得以被行政工作者或者公众观测甚至监控，也就削弱了司法人员对案件处理的独立性和权威性。具备类案推送、量刑辅助等功能的法律专家系统亦削弱了法官的决断权和自由裁量权。

3. 司法人工智能应用对审判责任理论的冲击

人工智能产品引发的责任问题是需要重点考虑的因素，鉴于司法是公平正义的最后一道防线，法律人工智能系统的责任理论考量更应当审慎。有学者在分析人工智能何时当承担责任的时候，提出当区分自动化（automated）机器和自主化（autonomous）机器的观点。意即如果机器能够独立做出决定，人类无须承担全部责任。也有学者主张通过以人类使用人工智能的目的进行划分。即若人类使用的主要目的是提升工作表现，在此过程中人类需监督人工智能，因此人类应对引发的损害承担责任；若人类使用的主要目的是为人类提供便利，此时人类无须监督人工

---

① 朱体正：《人工智能辅助刑事裁判的不确定性风险及其防范——美国威斯康星州诉卢米斯案的启示》，《浙江社会科学》2018 年第 6 期。

② 王禄生：《大数据与人工智能司法应用的话语冲突及其理论解读》，《法学论坛》2018 年第 5 期。

智能，也就无须或者减轻了人类所承担的责任。[①] 尽管法律人工智能系统智能化程度远不及机器人，但上述观点仍为法律人工智能系统实践运用将遭遇的困境提供参考依据。显然，目前的法律人工智能系统是自动化机器，法院对其使用的目的是提高工作效率，因此，按照上述观点得出的结论将是承办法官应当对法律人工智能系统的错误结论承担责任。那么更进一步，我们需要讨论承办法官在何种程度上承担多大的责任。在讨论该种责任与审判责任的关系时，我们将遭遇第一重困境：该种责任的设定是否与法官的审判责任相重合，是否变相加重了法官的义务。我们知道审判责任是审判主体对其所审案件和所做判决承担的法律责任，其中包括事实瑕疵、证据瑕疵、法律瑕疵、文书瑕疵等方面。[②] 在判断法律人工智能系统的错误结论是否属于上述瑕疵时，我们又将面临对系统结论的法律性质进行界定的难题。在区分责任性质和范围时，我们将遭遇第二重困境："算法黑箱"导致难以区分法官失察行为究竟属于重大过失，还是属于无法预见而当免责的情形的困难。因无法解释系统得出结论的全部推理过程，所以无法判断法官是否属于尽到勤勉义务也不能避免因认知水平受限而难以发现系统结论错误的情况。因此，法律人工智能系统结论错误无论在理论分析，还是实践执行层面均给审判责任制度带来冲击。

三　司法人工智能的优化路径

（一）司法人工智能的技术完善路径

1. 构建法律本体论

针对计算机语义识别不够精确，法律知识建模缺乏系统性的问题，有学者提出建立法律本体论的观点。本体是赋予客观世界中的概念以明确、机器可识别的含义，揭示概念间关系，并且支持特定领域共享的模型。引入法律本体论有助于构建出知识层次更为丰富，语义理解更为敏

① ［美］约翰·弗兰克·韦弗：《人工智能机器人的法律责任》，郑志峰译，《财经法学》2019年第1期。

② 陈卫东：《司法责任制改革研究》，《法学杂志》2017年第8期。

锐的概念模型。

1999 年，荷兰莱布尼兹法律中心开发出 FOlaw（Functional Ontology for Law）系统，[①] 重点关注法律推理结构的构建，是优化法律信息检索系统的重要尝试。此后，研究者围绕构建法律本体进行了一系列尝试，例如开发而成的 LRI-Core（A core ontology for law）法律核心本体查询系统。[②] 逐步发展的法律本体运用使得其重用性得以提升，共享效率大大提高。不同于运用布尔模型、向量空间模型、概率模型等传统的信息检索模型，引入法律本体论的语义检索模型支持对本体知识的动态性扩充，进而不断完善丰富各概念及其属性关系。[③] 同时，其包含层级关系的语义信息与本体规则相结合更便于法律推理过程的模拟。较之于知识图谱，引入法律本体论构建的模型所涵盖的法律知识更多元化，可以从整个法律知识领域进行构建，降低了不断调整模型的经济和人力成本。鉴于现有的借助核心概念入手、扩展本体概念模型的核心扩展法，已经丰富了模型知识概念，因而未来，可采用自顶向下和自底而上相结合的方法，选用法律专家普遍认可的专业术语作为本体，结合归纳、聚类和泛化处理等技术自动生成法律领域知识，从而解决法律信息检索系统构建之初法律概念内涵不明的问题，法律信息处理标准不一的问题。

2. 绘制法律事理图谱

2016 年，约斯特（Rospocher）等研究者提出以事件为中心的知识图谱（Event-Centric Knowledge Graph，ECKGs），旨在从新闻报道中提取出事件间的历史演进和因果关系。[④] 2018 年，李（Li）等研究者提出事理图谱概念（Event Evolutionary Graph，EEG），认为事理图谱可以描述

① Valente A, Breaker J, Brouwer P, "Legal Modelling and automated reasoning with ON-LINE", *International Journal of Human Computer Studies*, Vol. 51, No. 6, December 1999.

② Joost Breauker, Andre Valente, Radboud Winkels, "Legal Ontologies in Knowledge Engineering and Information Management", *Artificial Intelligence and Law*, Vol. 12, No. 4, December 2004.

③ 张妮、杨遂全、蒲亦非：《国外人工智能与法律研究进展述评》，《法律方法》2014 年第 2 期。

④ Rospocher M., et al. "Building event centric knowledge graphs from news", *Journal of Web Semantics*, 2016.

事件间的顺承及逻辑关系，可用于预测后续事件。[①] 事理图谱的技术核心在于事件关系抽取，事件关系抽取具体而言分为事件共指关系抽取、事件从属关系抽取、事件时序关系抽取和事件因果关系抽取四部分。[②] 事件共指关系抽取可以识别对同一事件的不同描述，例如，“甲公司收购了乙公司”与“甲公司与乙公司签订收购协议”代表同一事件。该方法可以避免重复的数据分析，促进事件知识融合。事件从属关系抽取可以通过将子事件整合到元事件项下，来描述事件之间的包含关系。例如“甲公司与乙公司签订了买卖合同”与“甲公司承担给付价款的义务”和“乙公司承担给付标的物的义务”即为从属关系事件。事件时序关系抽取即通过时序标注体系构建法律事件间的产生、发展时间线。事件因果关系抽取用以描述事件间相互作用的关系。例如，“乙公司存在给付瑕疵”“乙公司应当承担违约责任”二者间就是因果关系。

可以说，事理图谱是知识图谱的延伸和发展，其产生弥补了知识图谱无法全面刻画法律主体间法律关系的弊端。事理图谱技术可以弥补知识图谱仅能描述名词性实体间属性及关系的不足，挣脱法律文本中静态法律概念的桎梏，借助对谓词性事件关系的描述，深入挖掘法律文本整体，并分析其中的逻辑推理、法律论证，[③] 有助于司法实务中运用人工智能技术构建证据规则库，描述完整的证据链条。

3. 发展可解释的人工智能

自算法歧视、算法操控问题凸显以来，研究者为构建可解释的人工智能模型做出许多贡献。目前，建模方法成果突出，形成了搭建符号深度强化学习（SDRL）框架等方法。符号深度强化学习（SDRL）框架通

① Li Z. , Ding X. , Liu T. , *Constructing narrative event evolutionary graph for script event extraction*, Proceedings of the Twenty-Seventh International Joint Conference on Artificial Intelligence (IJCAI-18), 2018, pp. 4201 –4207.

② Li Z. , Ding X. , Liu T. , *Constructing narrative event evolutionary graph for script event extraction*, Proceedings of the Twenty-Seventh International Joint Conference on Artificial Intelligence (IJCAI-18), 2018, pp. 4201 –4207.

③ 朱福勇等:《基于图谱融合的人工智能司法数据库构建研究》,《扬州大学学报》（人文社会科学版）2019 年第 6 期。

过将符号动作与选项相关联，可以实现任务级的可解释性。[①] 此框架具有计划程序—控制器—元控制器体系结构，分别负责子任务调度、数据驱动的子任务学习和子任务评估。实验结果验证了子任务的可解释性，并提高了数据利用效率。有研究提出“概念激活向量测试”这一算法纠偏机制用以防治算法歧视的观点。[②] TCAV 指一种赋予算法可解释性的方法，“能够直观显示神经网络模型运算所依据的概念及其比重”[③]。TCAV 的目标则是将支撑模型的变量以人类能够理解的诸如颜色、形状等高级概念表现出来，并对各项低阶概念在组成高级概念过程中所占权重进行计算和显示，以实现人工智能的可解释性。非建模的反事实策略也取得了较好的进展。与该领域先前建模的方法不同，CERTIFAI 是一种通用工具，可以应用于任何黑盒模型和任何类型的输入数据。[④] 给定一个模型和一个输入实例，CERTIFAI 使用一种定制的算法来生成反事实，这些反事实可验证可解释性、透明性程度。

（二）司法人工智能的法律规制路径

1. 建立健全司法数据结构化流程规范机制

因为缺乏统一规范的司法数据收集、处理规则，各级法院上传的数据和科技企业收集的数据存在杂乱、低质的问题。为避免“小样本难题”、GIGO（garbage in garbage out）现象和解释数据理论对分析结论的影响，[⑤] 当从规范公开文书、约束抽取过程这两个方面建立健全司法数

---

① Lyu Daoming, Yang Fangkai, Liu Bo, Gustafson Steven, “SDRL: Interpretable and Data-Efficient Deep Reinforcement Learning Leveraging Symbolic Planning”, *AAAI Technical Track: Knowledge Representation and Reasoning*, Vol. 33, No. 01, October 2018.

② Been Kim, Martin Wattenberg, Justin Gilmer, Carrie Cai, James Wexler, Fernanda Viegas, Rory sayres, “Interpretability Beyond Feature Attribution: Quantitative Testing with Concept Activation Vectors (TCAV)”, *Proceedings of the 35 th International Conference on Machine Learning*, Vol. 80, 2018.

③ 《如何让算法解释自己为什么“算法歧视”》，腾讯研究院，https://baijiahao.baidu.com/s? id = 1636252922251697236&wfr = spider&for = pc。

④ Shubham Sharma, Jette Henderson, Joydeep Ghosh, CERTIFAI: *Counterfactual Explanations for Robustness, Transparency, Interpretability, and Fairness of Artificial Intelligence Models*, AIES'20: Proceedings of the AAAI/ACM Conference on AI, Ethics, and Society, 2020, pp. 166 – 172.

⑤ 大数据本质上是庞大的数据集合，在收集之初并没有特定的意义，只有在运用数据分析工具进行分析和挖掘之后才可能生成特定的含义。数据分析工具实质上是理论处理模型的计算机运用。

据结构化全过程规范机制。

对于法律法规和司法解释的结构化推进工作，可以位阶排序方式呈现生效法律法规图示和建立司法解释库的方式进行。具体而言，针对自然语言处理技术无法自动识别失效文本信息这一技术难题，可由最高人民法院主导，对现有法律规制进行全面梳理，剔除失效法律法规后根据法律位阶进行排序，为后续的自然语言识别和绘制法律知识图谱和事理图谱提供权威模版。针对自然语言处理技术难以理解法律概念的多义性和不确定性的问题，可建立司法解释库以供机器进一步挖掘信息规律。司法解释库的建立，使得原本多义性和不确定性的法律概念更为具象，可以为机器学习提供更精确的素材。为保证司法数据抓取工作的质量，当制定统一的司法数据上传规则。首先，保证司法文书依法、全面公开。其次，应健全上传文书管理机制，保证司法文书规范公开。鉴于各级法院对于审查标准规定不一，其审查内容也仅限于判决书和裁定书，因此需要建成统一、完备的上传文书管理规范。根据数据密级分类，全面分享不涉密数据。不仅需要提取结论性的裁判文书，案件办理过程中审委会讨论的会议记录，审判系统内部针对案件处理的讨论记录等过程性文书均应上传，实现案件过程性数据全面存储。切实保证拟录入案件内容的真实性、有效性，对拟录入案件裁判文书说理部分进行审查以确保文书逻辑结构的完整性。

规范化的数据处理和高质量的数据收集同样重要。为避免公开的司法数据被非法利用，2020 年，中国裁判文书网采用用户实名登录的做法。司法数据具有公共利益性质，不当使用会对司法安全构成严重威胁。此外，运用网络爬虫技术获取数据是科技企业的通常做法，因此不能完全禁止其爬取的行为。这就需要在保护包含公共利益的司法数据和确保科技企业良性发展之间找到平衡点。建议制定数据爬取规范以防范基于司法数据的算法滥用事件。法人和非法人主体收集司法数据应当遵循“最小化原则”，针对法人主体工商登记的营业范围设定不同权限的网络爬虫权限。例如：非科技企业的法人和不具备软件开发资质的企业不得使用网络爬虫技术收集公开的司法数据；具备软件开发资质的科技企业根据其业务范围确定其数据爬取的权限并备案。针对确有需要获取司法数据的主体，经最高人民法院和最高人民检察院审核批准，并保证数据不被滥用、转售及非法使用。科技企业在构建司法知识图谱，绘制三元组环节和对实体进行二次处理时，需要建立指导和评估规范，以保证所提取的三元组和针对部门法领域知识的词库标注承接原法律文本的意旨。

2. 设定算法解释请求权

学者提出创设算法解释请求权，认为拉兹所提的“共同善权利观”可为设定算法解释请求权提供理论支撑。① 此种观点可以最大限度地减少算法歧视和算法滥用的发生。算法的飞速发展离不开数据生产者对部分数据权利的让渡，司法领域内的算法结论对判决作用者的财产权甚至是人身权产生影响。因此，要求解释算法的权利实际上是由公共利益作为支撑。

根据司法正义原则，在司法过程中应当审慎地对待每一个司法案件，勤勉地查证法律事实，严密地开展法律论证，最后得出妥当的法律结论。在受算法决策影响的司法审判中，根据互动正义和信息正义的精神，算法决策相对人应当被有尊严地对待，也应当向其提供算法决策的相关信息与解释。只有通过上述方式，才有助于算法决策相对人理解算法决策并检验其是否违背互动正义及信息正义的要求。② 同时，设定算法解释请求权，实际上是加重了算法控制者解释算法结果的责任，其本质是风险转移，即将因算法介入后引发的潜在风险，由算法决策相对人转移至算法控制者。这种配置风险再配置有利于实现实质正义。另外，设定算法解释请求权有利于消弭信息鸿沟。在算法社会，算法控制者编写程序，选择并输入元数据，根据系统结果改良算法，设计系统，这一系列的工作决定了算法控制者在算法的目的构建、使用范围和使用方法等问题上享有垄断地位，可以说算法控制者是算法相关知识的绝对权威。反观算法决策相对人，对于算法原理了解近乎为零。因此，有必要

① 王聪：《“共同善”维度下的算法规制》，《法学》2019 年第 12 期。

② 通常而言，正义观念分为分配正义、矫正正义、个人正义、制度正义、实体正义和程序正义。有学者认为，正义观念还包括互动正义和信息正义。互动正义即个人应当获得决策者的尊重，被有尊严地对待。信息正义即就决策程序及结果向当事人提供相应的信息与解释。

规避两者间因信息不对称而可能引发的算法独裁、算法霸权的风险。

3. 设定程序审查实现司法人工智能损害追责

可以增设法官解释义务和设置专门审查程序方面，解决司法人工智能结论错误的追责问题。

美国威斯康星州最高法院解释表明，对于评估报告提交至法庭的方式，法官如何使用评估报告以及该评估系统的局限性均已事先向法官进行要求和阐释，同时，法官在判决书中对判决理由也进行了详细的论证。[①] 上述程序性规定可资借鉴。于司法领域而言，增设法官的解释说明义务有助于提升裁判结论的可接受性。权利与义务对等的法理可以为此建议提供正当性理由：法官凭借法律人工智能系统生成的辅助性文书节省了办案时间，提高了司法效率，因而其有义务对引入法律人工智能系统可能造成的系统结论错误之风险进行审查。上述做法不仅可以消除当事人对机器辅助司法结论的顾虑，还能够为司法数据收集和学习提供优质的判决模版。

可借鉴《通用数据保护条例》第 40 条和第 42 条的规定，设置专门审查程序对法律人工智能系统进行全生命周期审查。[②] 在监管主体设置层面，可由行政机关授权给由专业技术人员和法律人员组成的机构为专门审查机构，作为客观中立的第三方对法律人工智能系统进行审查。原因如下：首先，法律人工智能系统的结论关涉不特定多数当事人的人身和财产权利，具有公共利益性质。行政机关作为以最大化公益为己任的机关履行审查职能具备绝对正当性。其次，行政机关存在专业知识上的壁垒，因而以授权形式将更有利于建设专业化的审查机构团队，同时，授权的方式也与行政机关机构设置的灵活性特点相匹配，便于行政机关适时地收回授权，以保证行政机关对专门审查机构的控制权和监督权。在监管相对人设置层面，根据《白皮书》精神，需要在防范风险和促进人工智能产业发展中取得平衡。[③] 可以借

① 朱体正:《人工智能辅助刑事裁判的不确定性风险及其防范——美国威斯康星州诉卢米斯案的启示》,《浙江社会科学》2018 年第 6 期。

② 《通用数据保护条例》(*General Data Protection Regulation*),第 40 条、第 42 条。

③ Thilo Hagendorff, *The Ethics of AI Ethics: An Evaluation of Guidelines*, *Minds and Machines* , 2020.

鉴欧盟《影响报告》的规定，在监管人工智能技术的考虑中融入产品流动的市场规律因素，把监管范围扩展至人工智能产品整个生命周期。以产品流入市场的各环节为节点，对诸如开发商、运营商等不同主体设定不同的监管内容。① 随着我国司法智能化工作的深入开展，将对科技企业进一步精细化分工，形成前期法律人工智能系统开发，中期系统运营和后期系统维护的三重规制格局。针对上述不同主体，灵活地制定监管方案也便于为法律人工智能产业发展预留合理空间。在监管内容层面，前期系统开发企业当在法律人工智能系统投入使用前，向审查机构公开算法源代码、元数据、软件测试环境数据、系统测试表现数据等信息。中期系统运营企业需提供系统更新、升级的必要性说明及相关的算法、软件测试环境数据等信息。后期系统维护企业当提供系统维护日志、系统测试表现数据等信息，以供专门机构定期审查。与此同时，审查机构人员履行保密和竞业禁止义务，仅公布系统结论是否有违司法公正的判断。

四　结语

当前，人类正在从互联网时代步入智能化时代。存储、抽取、识别、分析技术能力的提升使得海量数据处理成为可能，数据已成为新一轮技术革命的生产要素。以深度学习为代表的机器学习技术里程碑式的突破，使得人工智能应用以多样化、颠覆性的姿态融入人类社会生活。各国纷纷加快研发人工智能，以期抢占新一轮技术革命的高地。在智能化时代，科技创新与司法实践实现深度融合，优质高效的法律人工智能产品不断涌现。由此而来的法律风险不容忽视，各国亦开始探究智能化背景下司法领域的应对。

在这个重要的历史转型期，当立足于我国现有制度安排和法律法规，对人工智能产业全貌尤其是关键技术、典型系统、代表应用进行周

① Report From The Commission To The European Parliament, The Council And The European Economic And Social Committee: Report on the safety and liability implications of Artificial Intelligence, the Internet of Things and robotics, Brussels, 19. 2. 2020 COM (2020) 64 final.

全、透彻的研究，明确技术发展的历史进程及其瓶颈与极限，结合已有的人工智能发展伦理道德框架和法律适用经验，对司法数据结构化处理、算法本质界定和算法不透明性可能造成的危害等问题的化解，提出针对性的建议，以使我国智慧司法建设行稳致远。

（责任编辑：刘灿华）

美国纽约市行政法典标题20第5章第25分章“自动化就业决策工具”*

王　睿　译

（中国社会科学院大学法学院硕士研究生）

内容提要　本法要求在使用自动化就业决策工具之前要对其进行偏差审计。本法还规定，为做出就业决策而使用自动化就业决策工具筛选申请某职位的员工或候选人，应通知居住在本市的此类员工或候选人。同时，告知此类自动化就业决策工具在评估此类候选人或员工时将采纳的工作资格和特征。违背本法的规定，将受到民事处罚。

关键词　自动化就业决策工具　偏差审计　就业决策　通知

标题20第870条　定义

在本小节中，以下术语具有以下含义：

自动化就业决策工具　“自动化就业决策工具”一词是指从机器学习、统计建模、数据分析或人工智能中得到计算过程，这些过程产生简

* A Local Law to amend the administrative code of the city of New York, in relation to automated employment decision tools, By Council Members Cumbo, Ampry-Samuel, Rosenthal, Cornegy, Kallos, Adams, Louis, Chin, Cabrera, Rose, Gibson, Brannan, Rivera, Levine, Ayala, Miller, Levin and Barron，对纽约市行政法典标题20中的第5章进行了修订，新增加第25分章。

单的结果，包括分数、分类或推荐，用于实质性地协助或取代自由裁量权决策，以做出影响自然人的就业决策。“自动化就业决策工具”不包括不自动、不支持、不实质性协助或取代自由裁量决策流程的工具，也不包括不对自然人产生重大影响的工具，这些工具包括但不限于垃圾邮件过滤器、防火墙、防病毒软件、计算器、电子表格、数据库、数据集或其他数据汇编。

偏差审计　“偏差审计”一词是指独立审计师的公正评估。这种偏差审计包括但不限于测试自动化就业决策工具，以评估该工具对任何组成1类别的人员的不同影响。这些组成1类别的人员需要由雇主根据《美国法典》标题42中第2000条（e）（8）节（c）分节报告，具体体现在《联邦法规法典》标题29中第1602条（7）部分。

就业决策　“就业决策”一词是指筛选本市就业候选人或晋升人员。

标题20第871条　自动化就业决策工具的要求

（a）在本市，雇主或职业介绍所为做出就业决定使用自动化就业决策工具筛选候选人或员工是违法的，除非：

（1）此类工具在使用前一年内进行了偏差审计；以及

（2）在使用该工具之前，雇主或职业介绍所的网站上已经公开了该工具的最新偏差审计结果的摘要，以及适用于偏差审计的工具的公布日期。

（b）需要通知。在本市，任何雇主或职业介绍所使用自动化就业决策工具，筛选已做出申请某职位的就业决定的员工或候选人，应将以下情况逐一通知居住在本市的此类员工或候选人：

（1）通知自动化就业决策工具将用于评估居住在本市的此类员工或候选人。此类通知应在使用自动化就业决策工具前至少十个工作日发出，并允许候选人申请替代性的或经调整的筛选程序；

（2）通知此类自动化就业决策工具在评估此类候选人或员工时将采

纳的工作资格和特征。此类通知应在使用工具前至少10个工作日发出；以及

（3）如果没有在雇主或职业介绍所的网站上披露相关信息，那么应根据候选人或员工的书面请求，提供自动就业决策工具收集数据的类型、此类数据的来源以及雇主或职业介绍所的数据保留政策的相关信息。此类信息应在书面请求后30天内提供。如果根据本节披露的信息将违反地方、州或联邦法律，或干扰执法调查，则不得披露此类信息。

标题20第872条　处罚

（a）任何人违反本小节的任何规定或违反根据本小节颁布的任何规则，对第一次违反行为和在此日发生的每项额外违规行为，应处以不超过500美元的民事罚款，对随后的每次违反行为应处以不少于500美元或不超过1500美元的民事罚款。

（b）违反本节使用自动化就业决策工具的每一天，都将导致对标题20中第871条（a）小节的单独违规行为。

（c）违反标题20中第871条（b）小节第（1）（2）或（3）款，不向候选人或员工发出任何通知将构成单独的违规行为。

（d）追究本节规定的任何民事处罚的诉讼，可以发回给行政审判和听证办公室的内设法庭，或本市指定的可进行此类诉讼的任何机构的内设法庭。

标题20第873条　执行

公司律师或公司律师代表部门指定的其他人，可以在任何有管辖权的法院提起任何适当或必要的诉讼或程序，以纠正违反本小节规定的任何违规行为，包括强制遵守本章的规定或酌情提供的其他救济。

标题20第874条　解释

本分章的规定不应解释为限制任何候选人或员工就已做出的就业决定向任何有管辖权的法院提起民事诉讼的任何权利，或限制人权委员会依法执行标题8中规定的权利。

标题2　这项地方法律于2023年1月1日生效。

（责任编辑：周辉）

Internet Governance
互联网治理

从法的实验到实验的法：A/B 实验对互联网治理的变革效应

朱　悦

（中国社会科学院文化法制研究中心助理研究员）

内容提要　作为互联网时代影响相当广泛、深刻的思想与工具，A/B 实验在情绪操纵、政治传播、大数据杀熟等议题背后发挥了重要作用，自身却鲜有被关注。从政策试点、对照实验与审慎包容/渐进式监管三种治理思想出发，A/B 实验是值得互联网治理吸纳的治理工具。对互联网治理规则的制定和执行而言，A/B 实验有助于科学地制定和执行规则、实时且科学地评估规则、促进规则的“可实验性”。A/B 实验与受到广泛讨论的沙盒治理和个性化治理的联系，进一步体现了实验变革互联网治理的潜力。A/B 实验还受到《个人信息保护法》等法律法规、技术标准和伦理原则的规范。A/B 实验的实用化、规范化和引入治理，可理解为互联网治理由“法的实验”迈向“实验的法”的技术基础和实践体现。

关键词　A/B 实验　互联网法　沙盒治理　个人信息保护法　法律和社会科学

对互联网治理而言，A/B 实验可谓是“最熟悉的陌生人”：一方面，A/B 实验在互联网治理领域的诸多重要议题中发挥了关键作用；另一方面，无论是互联网治理，还是法学的其他领域，均未对 A/B 实验投诸足够的关注。2014 年时，脸书曾将 A/B 实验用于用户情绪操纵/情感计算：通过将约68 万名用户随机分组，并随机操纵用户所见的积极/消极情绪信息占信息流的比重，脸书可以有效地影响用户之后所展现的情绪。① 按王禄生“情感计算应用中施加的影响情感措施只能以‘轻推’为限度，不得直接‘操纵/控制’情感”② 的观点，脸书已突破了此述底线。A/B 实验亦常用于政治传播和大数据杀熟：根据江山等三位学者对2358 起 A/B 实验的汇总分析，A/B 实验既用于微调内容标题、改善政治传播效果，又用于测试针对用户个体特征的差异化定价。③ 实践中，“主要科技［平台］④ 企业每年展开数以千计的实验，利用［实验］结果筛选大部分的产品创新”。⑤ 综上，尽管 A/B 实验融入众多重要议题之中又植根于实践，法学领域至今仍缺乏相应专论；⑥ 间或涉及 A/B 实验者，也只是将实验事例作为行文间的点缀。⑦

本文第一节试述何谓 A/B 实验，回答 A/B 实验是什么、谁在用和有什么用这三个问题。第二节从三种路径出发，将 A/B 实验与互联网治理“嫁接”：A/B 实验可视为互联网中的政策试点，也是近年广受重视的、基于随机对照实验的政策评估方法在互联网治理中的体现，还契合

---

① Kramer, Adam DI, Jamie E. Guillory, and Jeffrey T. Hancock, “Experimental evidence of massive-scale emotional contagion through social networks”, *Proceedings of the National Academy of Sciences* 111. 24, 2014, pp. 8788 – 8790.

② 王禄生：《情感计算的应用困境及其法律规制》，《东方法学》2021 年第4 期。

③ Jiang Shan, John Martin, and Christo Wilson, “Who's the Guinea Pig? Investigating Online A/B/n Tests in-the-Wild”, *Proceedings of the Conference on Fairness, Accountability, and Transparency* (*FAT*), 2019.

④ 方括号为译引者注。下同。

⑤ Azevedo, Eduardo M., et al., “A/B testing with fat tails”, Forthcoming, *Journal of Political Economy*.

⑥ 值得一提的是，即使是在对引入社会科学相当开放的美国法，仍然“漠视”甚或“厌弃”随机对照实验。此处参见 Greiner, D. James, and Andrea Matthews, “Randomized control trials in the United States legal profession”, *Annual Review of Law and Social Science 12*, 2016, pp. 295 – 312。

⑦ 罕见的、专门讨论 A/B 实验的法学论著之一，可参见 Ari Ezra Waldman, *Industry Unbound: The Inside Story of Privacy, Data, and Corporate Power*, Forthcoming, Cambridge University Press。Waldman 认为：科技企业对“用户黏性”的追求，以及科技企业常常利用 A/B 实验提升用户黏性，都是美国数据隐私法律始终难以实现立法目的、切实保护隐私的原因之一。另一相应例外，参见 Luguri, Jamie, and Lior Jacob Strahilevitz, “Shining a light on dark patterns”, *Journal of Legal Analysis 13. 1*, 2021, pp. 43 – 109，两位研究者认为部分 A/B 实验很可能违反了美国《联邦贸易委员会法》。

审慎包容/渐进式的治理思想。第三节探讨 A/B 实验对制定和执行互联网治理规则的意义：A/B 实验有助于科学地制定和执行规则、实时且科学地评估规则、促进规则的“可（A/B）实验性”。对个人信息保护、消费者保护、平台反垄断等治理议题的前沿争论的分析，印证了实验的潜力。第四节进而以沙盒治理和个性化治理为典例，阐明为何 A/B 实验具备变革互联网治理的潜力。第五节从《个人信息保护法》等法律法规和伦理原则出发，分析 A/B 实验的应用边界和规范原则。最后第六节结语，并展望 A/B 实验如何推动“法的实验”向“实验的法”的转变。

一　何为 A/B 实验

就“何为 A/B 实验”，存有多种共识大于歧异的观点。罗谢尔·金（Rochelle King）等三位研究者认为：尽管“A/B 实验采用了一套与商业行话更为一致的、[为 A/B 实验所] 特有的术语”，A/B 实验“本质上是在线实验……是 [在实验组的用户身上] 实施改变，通过与控制组 [的用户] 比较，来测量 [改变的] 效应”①。丹·西罗克（Dan Siroker）等两位从业者则提及：“向不同的人群展示……网站 [或应用] 的不同变体，并测量何种变体最为有效……”② 罗恩·科哈维（Ron Kohavi）等三位研究者的定义更加详尽：“将 [网站、桌面应用、移动应用和电子邮件的] 用户随机分配至 [网站、应用或邮件的] 多种 [版本] 变体……计算度量，以评估不同变体间的差异。”③ 最后，王晔等从业者的定义和描述最为详细：“[A/B 实验是指] ……在同一时间段，给多组用户分别 [随机] 展示优化前和优化后的产品交互设计、产品功能或

① King, Rochelle, Elizabeth F. Churchill, and Caitlin Tan, *Designing with Data: Improving the User Experience with A/B Testing*, O'Reilly, 2017, p. 45.

② Siroker, Dan, and Pete Koomen, *A/B Testing: The Most Powerful Way to Turn Clicks into Customers*, John Wiley & Sons, 2013, p. 8.

③ Kohavi, Ron, Diane Tang, and Ya Xu, *Trustworthy Online Controlled Experiments: A Practical Guide to A/B Testing*, Cambridge University Press, 2020, pp. 6 – 7. 以下著作以几乎完全相同的方式定义 A/B 实验，见 Thomke, Stefan H., *Experimentation Works: The Surprising Power of Business Experiments*, Harvard Business Press, 2020, p. 85。

者策略、算法，并通过数据分析，判断优化前后的产品交互设计、产品功能或者策略、算法在一个或者多个评估指标上是否符合预期的一种试验方法。”① 综之，无论采用何种观点，A/B 实验通常包含以下五方面要素：将用户以随机或其他方式分组，展示在特定属性上依组别不同而有所差异的网站或应用，针对特定用户行为，借助数据分析，特别是基于实验分析或因果识别的数据分析，判断前述差异对用户行为的影响。以下皆以此处定义为展开分析的前提。值得指出的是，一旦取得与预期相符/不符的结果，相应实验、变体或优化通常会迅速推广至更大范围，或者被放弃②。

A/B 实验在平台企业，尤其是超大型平台企业内的应用十分广泛，这至少体现在五个方面。第一，国际层面，谷歌、脸书、亚马逊、微软等超大型平台企业长期采用 A/B 实验“开发产品［和应用］、确定想法的优先级”；③ 国内层面，如王晔等从业者表示，“不仅是互联网明星公司，A/B 测试［实验］开始在各个行业快速普及，并逐渐成为标配”。④ 第二，部分平台企业将 A/B 实验列为企业文化或制度。国际层面，领英堪为典例：截至 2015 年，领英已建立为企业整体所通用的 A/B 实验基础设施，每日实施逾 400 次实验，并推动 A/B 实验成为企业文化的一部分。⑤ 领英还就 A/B 实验发表了大量贯通理论至实践环节的学术研究，并通过持续更新的相关专栏增强 A/B 实验文化的影响力。⑥ 国内层面，字节跳动及旗下产品是重视 A/B 实验的典例，据报道：“头条发布一个新 App［移动应用］，其名字都必须打 N 个包放到各大应用市场进行多

① 王晔等:《A/B 测试：创新始于试验》，机械工业出版社 2019 年版，第 747 页。

② 例如，可参见王晔等《A/B 测试：创新始于试验》，机械工业出版社 2019 年版，第436 页。

③ 例如，可参见 Kohavi, Ron, et al.,“Online controlled experiments at large scale”, *Proceedings of the 19th ACM SIGKDD International Conference on Knowledge Discovery and Data Mining* (KDD), 2013。

④ 王晔等:《A/B 测试：创新始于试验》，机械工业出版社 2019 年版，第 746 页，包括图 2—10。

⑤ Xu Ya, et al.,“From infrastructure to culture: A/B testing challenges in large scale social networks”, *Proceedings of the 21th ACM SIGKDD International Conference on Knowledge Discovery and Data Mining*. 2015，又见 Bojinov, Iavor, Albert Chen, and Min Liu, *The importance of being causal*, Harvard Data Science Review (2020)。

⑥ 例如，可参见 Kohavi, Ron, Diane Tang, and Ya Xu, *Trustworthy Online Controlled Experiments: A Practical Guide to A/B Testing*, Cambridge University Press, 2020，三位作者均曾就职于领英。

次 A/B 测试［实验］而决定……今日头条从起名字开始就运用了数据思维……［今日头条创业团队］采用科学实验的方式，通过数据观测确定了头条的名称。”① 第三，协助企业或其他组织开展 A/B 实验，本身已然构成一个服务产业。例如，前引江山等三位学者研究所根据的 2358 起 A/B 实验相关信息，即来自专事协助开展 A/B 实验的企业 Optimizely。② 第四，A/B 实验协助平台筛选出了大量“黑天鹅”式的、出乎直觉却又能带来显著经济收益的创新，从而深刻影响了平台企业的经营策略和外在形态。③ 第五，如伦勃朗·科宁（Rembrand Koning）等三位学者所揭示：A/B 实验的广泛应用，加快了平台市场竞争中“赢家通吃”的速度——应用 A/B 实验以后，一定时段内页面访问量大于特定阈值或为 0 的企业，占总体比例上升；页面访问量位于特定阈值与 0 之间的企业，占比下降。④ 换言之，A/B 实验改变了平台市场的竞争方式和节奏，甚至足以称为竞争成败的关键因素之一。

A/B 实验的实践应用场景同样十分广泛。实验主体上，按乔什·科斯廷（Josh Costine）未必夸张地总结：“……每个产品、品牌、政治家、慈善组织和社会［组织］都尝试在某个层面操纵，他们也通过开展 A/B 实验，探索如何做到这一点。”⑤ 实验场景上，恰如王晔等所总结：“［对于达到一定发展阶段的企业或组织］A/B 测试试验［实验］可以应用在市场营销、互联网运营和产品迭代等方方面面……如付费广告、应用商店、着陆页、引导页、新用户注册、产品交互设计（UI）、功能、

① 《实验引爆用户增长：A/B 测试最佳实践》，http：//www. woshipm. com/data-analysis/1656851. html。

② Jiang, Shan, John Martin, and Christo Wilson, “Who's the Guinea Pig? Investigating Online A/B/n Tests in-the-Wild”, *Proceedings of the Conference on Fairness, Accountability, and Transparency (FAT)*, 2019.

③ 例如，参见 Azevedo, Eduardo M., et al., “A/B testing with fat tails”, Forthcoming, *Journal of Political Economy*。

④ Koning, Rembrand, Sharique Hasan, and Aaron Chatterji, “Experimentation and startup performance: Evidence from A/B testing”, Forthcoming, *Management Science.*

⑤ Josh Costine, “The Morality of A/B Testing”, https：//techcrunch. com/2014/06/29/ethics-in-a-data-driven-world/.

流程、推荐算法、排序算法、邮件、移动推送和应用内信息等。”① 如付费广告、推荐算法与应用内信息等应用，即与在线广告、算法治理和内容治理等互联网治理议题多有重合。具体到 A/B 实验实践与治理的“交点”，除开文首的三类示例，A/B 实验尚有个人信息保护等与治理关联更加密切的应用：首先，就（信息）隐私偏好，陈龙等三位研究者借助在支付宝上开展的实验发现：随着信息主体注册/使用支付宝的时长增加，主体管理/撤销应用内敏感信息授权的比率相应增加；亦即，信息隐私偏好因使用应用而增强②。其次，Xu Heng 等两位研究者借助A/B 实验发现了多种显著影响信息主体对侵犯个人信息的反感和焦虑程度的“轻推”方式③。最后，就如何在“取得个人［对处理信息］的同意”④的同时，改善信息主体/用户的体验且有效收集信息，从业者卢卡斯·朗（Lucas Long）总结道：应基于页面访问量、用户同意率、用户流失率等指标，借助 A/B 实验不断调整同意窗口组件的位置和展现方式，进而改善用户信任和体验。⑤ 综上，在互联网治理议题自法益理论而至技术实践的各环节，包括个人信息的（财产）价值估计、隐私体验评估和获取主体同意，A/B 实验都可以发挥作用。

综上，A/B 实验具备公认的定义，是互联网及作为互联网代表的平台企业普遍运用的思想和工具，也以暂时不受学术讨论重视、却又贯穿

① 王晔等：《A/B 测试：创新始于试验》，机械工业出版社 2019 年版，第 555—556 页，包括图 1—25。

② 参见 Chen，Long，et al.，*The Data Privacy Paradox and Digital Demand*，2021。

③ 参见 Zhang，Bo，and Heng Xu，“Privacy nudges for mobile applications：Effects on the creepiness emotion and privacy attitudes”，*Proceedings of the 19th ACM Conference on Computer-Supported Cooperative Work & Social Computing*，2016。

④ 原文系针对欧美信息隐私法律而写就。不过，考虑到刚刚通过的《个人信息保护法》中第 13 条（一）的相应规定，原文对研究我国相应法律也有现实意义。

⑤ Lucas Long，“How to A/B Test to Optimize the Data Collection Consent Experience for Users”，https：//infotrust. com/articles/a-b-testing-consent-experiences/. 此处可与《A/B 测试：创新始于试验》第 1300 页比较：“如果你……涉及一些敏感或隐私信息，就会引起用户不良情绪。而一旦这样的情绪产生，用户基于‘避害’的心理，多半会选择拒绝你的服务……降低不良情绪有下面六种常用的方法［包括更好的响应速度、简化操作流程和操作成本、有清晰的说明和温馨的提示、分解复杂行动并在每一步提供反馈、展示能增加安全感的信息、从视觉上弱化引起焦虑感的因素，等等］……”

理论与实践的形式，应用于互联网治理前沿议题。为了更加深切地了解这位“最熟悉的陌生人”、从而将 A/B 实验纳入学术语境下对治理的讨论，有必要从三类主流治理思想出发，说明 A/B 实验为何与之契合，以及 A/B 实验可以相应承担的角色。

二 A/B 实验进入互联网治理的三种思想路径

作为具有鲜明中国特色的治理思想，政策试点的定义包括“政策测试”与“政策生成”：政策测试系指“为验证政策方案的正确性、可行性，并取得实施这些方案的具体化细则，而在一定范围内进行的一种局部性的政策施行活动”；政策生成一般系指“中央政府为寻求新的制度或政策工具而进行的分权式试验，以及地方自行发起的政策试点活动及相应实践等”。[①] 在我国近代史的不同阶段中，基于试点的治理思想都发挥了关键作用。恰如韩博天（Sebastian Heilmann）总结：“［与试验相关的术语或方法］渊源可以追溯到中国共产党革命战争时期。”[②] 因新中国成立以前政策经验而形成的“‘典型试验’‘试点’‘典型示范’‘由点到面’‘点面结合’”等术语，成为“描述中国共产党政策执行工具的关键术语”。[③] 1963 年，《人民日报》发表的总结性社论《典型试验是一个科学的方法》指出：“在我们制订方针政策的时候，必须采取这个科学的方法［典型试验］；在我们执行方针政策的时候，也必须采取这个科学的方法［典型试验］。”[④] 改革开放时期以来，则如秦前红之观察：“……党的十八届三中全会以来，‘但凡重大改革举措，无一不是通过试点来总结推广而成。’”[⑤] 对政策试点在今日治理的应用，江小涓的

① 周望：《中国政策试点研究》，天津人民出版社 2014 年版，第 10 页。周望对政策试点的定义包含内涵和外延两部分，此处仅引用内涵部分。按周望观点，政策试点的外延包含各种形式的试点项目、试验区等。

② ［德］韩博天：《红天鹅：中国非常规决策过程》，石磊译，香港中文大学出版社 2018 年版，第 29 页。

③ ［德］韩博天：《红天鹅：中国非常规决策过程》，石磊译，香港中文大学出版社 2018 年版，第 29—37 页。

④ 《人民日报》社论：《典型试验是一个科学的方法》，《人民日报》1963 年 9 月 20 日。

⑤ 秦前红：《中国政治体制改革“试点”模式需解决好四大问题》，《中国法律评论》2017 年第 4 期。

总结广为人知：一方面，“……试点能够积累经验、测试效果、突破障碍和缓冲压力，是推进改革的有效途径”。另一方面，“试点在中国改革进程中如此重要，但是，学者们对试点的分析研究相对较少……我本以为做这种‘试点—推广效果差异评价’的研究应该不少，但实际上却很少能查到类似文献”。[①] 此外，基于对已有政策试点研究的全面回顾，李壮指出：“……未来研究可以利用我国不同层级、时空、类型的大量试点，基于控制变量和设置对照组的逻辑设计严谨的实验法研究，加上大样本的量化分析法，有益于探索试点成败的因果机制和推动中国试点研究的科学化进程”[②]。综上，政策试点是近代以来我国的主流治理思想之一，A/B 实验既与之契合，亦有助其发展。

在政策试点思想的观照下，A/B 实验可以作为丰富试点形式、评估试点效果的工具。借助 A/B 实验开展政策试点，尤其是互联网治理中的试点，至少可以从试点范围和试点对象两个方面丰富试点的形式。首先，既有的政策试点常常以布置单位试点或划定地域范围的形式施行。如周望对试点类型的总结：政策试点可以分为试点项目和试验区两种类型，“［……］虽然试点项目也是在一定范围内进行的，但这一范围更为抽象，既可以指某一地域内，也可以指某一特定的领域、单位、部门范围内，而试验区则是指地理意义上的区域内。”[③] 相比之下，A/B 实验可以更加灵活的方式界定试点范围。恰如美团平台 A/B 实验实践所示：

---

① 江小涓：《高层到底怎么决策？一位国务院副秘书长的卸任后思考》，https：//mp. weixin. qq. com/s? _ _ biz = MzA5MjM2NDcwMg = = &mid = 2664319526&idx = 2&sn = 17b3bbbe6d79efb8305e4131a023bda4&chksm = 8b54a0d7bc2329c19d9e130d95a8cbb97822074923db12f4b870780a6e555b2a6d43ebec5533&scene = 21#wechat_ redirect。就何谓“试点—推广效果差异评价”，江小涓同时提及：“小规模试点时改变的只是局部均衡，不会改变整个市场的性质，市场价格可以被视为固定不变。但是全面实行后必定会导致全面均衡的改变，从而影响市场价格或者要素供给的均衡，产生不同于小规模试点时的结果。”

② 李壮：《中国政策试点的研究述评与展望——基于 CSSCI 数据库的分析》，《社会主义研究》2018 年第 4 期。

③ 周望：《中国政策试点研究》，天津人民出版社 2014 年版，第 65 页。［德］韩博天：《红天鹅：中国非常规决策过程》一书则将政策试点分为三类：为政策试行而制定的暂行法规、特定政策领域内的示范和试点项目以及被赋予充分自主权的地方行政区。在韩博天的分类意义下，A/B 实验丰富试点范围的作用，主要影响第二、三类试点；A/B 实验丰富实验对象的作用，主要影响第一类试点。

“［出于业务场景的需求］我们［美团］的 A/B 平台建设采取了多种分流策略……［具体的 A/B 实验分流/分组指标包括区域、地理、时间（片）、用户类型，等等］。”[①] 换句话说，借助 A/B 实验开展的政策试点，毋须再局限于特定的单位或地域范围，而可能因时试策、因地试策、乃至因受众特征而精准试策。长远来看，这一点也与刘立之和巴里·温加斯特（Barry Weingast）对国内平台（自）治理崛起的观察相合：通过超越内部区域间边界、提供实时的精准数据，[②] A/B 实验具备强化中央治理能力的潜质。其次，A/B 实验可以大大丰富政策试点的对象范围、为“不断地……检验、测评、修正和调整”政策[③]提供更充分的空间。如前引王晔等总结：A/B 实验可以应用在包括页面、交互、功能、流程、算法、信息在内的，互联网治理不同场景的各方面环节。[④] 于是，借助 A/B 实验，可以实现政策层面的“小步快跑”，在风险可控的范围内实验不同的、很可能是相当细微的修正和调整。此处修正和调整本身，又可以与 A/B 实验在范围上的灵活性结合，极大丰富互联网治理中政策试点可以采取的形式。最后，评估/验收效果同样是政策试点的重要组成部分。A/B 实验上已然成熟的实验方案与评估方法，足以在既有的多样化评估手段以外，提供一种新的、可行的评估方式。[⑤]

基于随机对照（田野[⑥]）实验的政策制定与评估，在世界范围内产生了广泛影响。一方面，如德利亚·巴尔达萨里（Delia Baldassarri）与

---

① 王鹏、启政、连恒：《美团配送 A/B 评估体系建设实践》，https：//tech. meituan. com/2020/05/28/peisong-a-b-test. html。有关实践中分流/分组策略的复杂性，可见 2. 1 分流业务场景需要附图。

② Liu, Lizhi, and Barry R. Weingast, “Taobao, federalism, and the emergence of law, Chinese style”, *Minn. L. Rev.* 102 , 2017, p. 1563.

③ 周望：《中国政策试点研究》，天津人民出版社 2014 年版，第 133 页。

④ 王晔等：《A/B 测试：创新始于试验》，机械工业出版社 2019 年版，第 555—556 页，包括图 1—25。

⑤ 对既有试点评估方法的系统总结，参见周望《中国政策试点研究》，天津人民出版社 2014 年版，第 92 页。“……评估工作通常会灵活采取定量和定性调查分析相结合的形式进行，具体包括机构调查、入户调查、典型调查、实地考察、听取相关汇报、举行座谈会和发放调查问卷等多种手段。各个试验点……也可以开展自评估……”

⑥ 此处“田野”更接近“实地”的含义，唯“Field Experiment”译为“田野实验”已成惯例。

玛丽亚·阿巴斯卡（Maria Abascal）综述所揭示：基于随机对照实验的研究，早已遍及包括经济学、政治学、社会学在内的社会科学各领域①；另一方面，就随机对照实验如何施于田野、用于治理，因相应治理思路而获得2019年诺贝尔经济学奖的埃丝特·迪弗洛（Esther Duflo）有常称为“水管工思路”的阐述：“从［治理思想的］概念证明到实践可扩展的政策……需要许多［在局部范围施行的随机对照］实验……政府和研究者一起尝试、犯错［和创造］……对经济学的良好了解和对当地制度的深入知识，最终导向全国范围的政策改革。”② 恰如李壮所论：“……政策试点作为一种政策测试方式的试验特性与强调控制变量条件进行科学推理的实验法具有很高的契合度。”③ 一定程度上，基于随机对照实验的政策制定与评估可以视为一种更加倚重实验方法与数据分析、同时与政策试点部分有效经验相通的治理思想。具体到这一思想与政策试点间的差异，首先，如韩博天总结：相比政策试点，由社会科学家执行的实验“［……］往往只限于定义试验标准和预先挑选试验组群，试验也仅仅局限于调整政策执行的技术细节……很少涉及［触及实质的］政策内容……”④ 相较之下，我国政策试点“具有转型性质”，“内涵更广泛，目标更宏大［……］它要改造的对象是经济行为、行政行为和国家制度……”⑤ 如此，政策试点治理的视角更为开阔、面向的问题也更加丰富。其次，相较政策试点，随机对照实验在方法论上更加统一（亦

---

① Baldassarri, Delia, and Maria Abascal, “Field experiments across the social sciences”, *Annual Review of Sociology* 43, 2017, pp. 41 – 73.

② Duflo, Esther, “Field experiments and the practice of policy”, *American Economic Review* 110.7, 2020, pp. 1952 – 73. “水管工思路”一语，原出自 Duflo, Esther, “The economist as plumber”, *American Economic Review* 107.5, 2017, pp. 1 – 26。

③ 李壮：《中国政策试点的研究述评与展望——基于CSSCI数据库的分析》，《社会主义研究》2018年第4期。

④ ［德］韩博天：《红天鹅：中国非常规决策过程》，石磊译，香港中文大学出版社2018年版，第56页。值得指出的是，尽管Duflo的研究已经一定程度上突破了韩博天的总结，不过，与我国政策试点相比，随机对照实验所关切的，绝大多数时候依然是相当具体的政策、以及其间技术性细节。就此，可参见 Humphreys, Macartan, and Jeremy M. Weinstein, “Field experiments and the political economy of development”, *Annual Review of Political Science* 12, 2009, pp. 367 – 378。

⑤ ［德］韩博天：《红天鹅：中国非常规决策过程》，石磊译，香港中文大学出版社2018年版，第57页。

因此或有僵化之虞），就实验设计、执行、结果评估与有效性评估等环节，都具备基于严格数理分析的方法和流程。[①] 仅就“科学化”而言，随机对照实验的程度一般更高。

A/B 实验在很大程度上是随机对照实验的思想和方法在互联网场景中的应用。着眼 A/B 实验的论著都会辟出专门章节，讲解如何借助数据分析判断对用户的影响。不妨以国内外相对详细的论著为例：王晔等著作将 A/B 实验决策的统计学实质归结为基于足够的样本量，计算各分组样本均值与其他多种相关统计量，再根据这些统计量比较各组、进行决策[②]；罗恩·科哈维（Ron Kohavi）等三位研究者与从业者则强调“统计学对设计和分析实验至关重要”，并将 A/B 实验背后的统计学归结为在统计学上检验不同组别间的差异。[③] 这与苏珊·阿西（Susan Athey）和吉多·因本斯（Guido Imbens）对随机对照实验的统计学分析之总结完全一致：借助实验设计，尤其是随机化的设计，估计不同分组间系数的差异。实际上，由于现实高度复杂，分析田野中对照实验所需的统计学，常常较分析 A/B 实验更为复杂。当然，这并不意味着 A/B 实验仅仅是随机对照实验的具体应用。首先，由于互联网环境的特性，高效执行 A/B 实验常常需要遵循一些“拇指规则”，比如，“小步快跑”，采取简单的实验设计并高速迭代，通常较其他设计思路为优。[④] 其次，为了让 A/B 实验运转起来，乃至真正成为互联网企业内部决策时的“口头禅”，需要结合企业的技术架构，搭建一整套相应的实验基础设施。[⑤] 这

① 例如，可参见 Athey，Susan，and Guido W. Imbens，“The econometrics of randomized experiments”，*Handbook of Economic Field Experiments*，Vol. 1，North-Holland：2017，pp. 73 – 140。

② 王晔等：《A/B 测试：创新始于试验》，机械工业出版社 2019 年版，第 869—1012 页。

③ Kohavi，Ron，Diane Tang，and Ya Xu，*Trustworthy Online Controlled Experiments：A Practical Guide to A/B Testing*，Cambridge University Press，2020，pp. 4109 – 4265，相应引言见 p. 4109。

④ Kohavi，Ron，et al.，“Seven rules of thumb for web site experimenters”，*Proceedings of the 20th ACM SIGKDD International Conference on Knowledge Discovery and Data Mining*，2014.

⑤ Tang，Diane，et al.，“Overlapping experiment infrastructure：More，better，faster experimentation”，*Proceedings of the 16th ACM SIGKDD International Conference on Knowledge Discovery and Data Mining*，2010. “口头禅”引言，出自原文摘要（第 1 页）：“在谷歌［四位作者当时均就职于谷歌］，实验是实践中的口头禅；我们［以实验］评估几乎所有可能潜在地影响用户体验的变化。”

两点都与随机对照田野实验存在差异。

最后，与 A/B 实验密切相关的，还有在谈论互联网治理时常常作为重要选项，甚或“默认”选项的审慎包容治理与渐进式治理。审慎包容治理，意指“［就审慎包容原则而言］包容就是对新的事物，我们已知远远小于未知，要允许它发展，对发展中出现的问题加以纠正。所谓审慎监管，就是要划出安全的底线，也不允许打着‘互联网+’、共享经济的招牌搞招摇撞骗。要给创业者提供一个能够成长的空间，给企业一个发展新动能的环境”①。一言以蔽之，对包括互联网在内的新业态和新经济，在底线上允许，在发展中纠正。至于渐进式治理，使用频率虽高，学理讨论仍少。贾宇就此有较为概括的定义：“［渐进式治理意味着］‘网络安全是相对而不是绝对的’，牢牢把握网络空间治理的‘时’与‘势’，搭建完善自治、德治、法治等治理手段相融合、多元主体共同参与的网络空间治理体系，坚持比例原则，培育网络社会素养，提升数字经济发展韧性和互联网自我净化能力，避免网络空间治理步入‘管理主义’‘重刑主义’等误区。”② 两类治理思想都更多落在原则层面，需要在实践层面进一步展开。A/B 实验不仅契合两类治理原则，本身亦可成为实践展开原则的典范。仍以王晔等对国内实践的总结与建议为基础，A/B 实验具有三方面特点：精准性、实时性和可回滚/可撤销性。精准性意味着新的治理规则可以先在少量特定个体（比如，总体的 1%）上实施，“避免［……］无法衡量的巨大决策风险”，从而始终坚持比例原则。③ 实时性意味着“［治理实验所需的］数据应当是实时地展现出来，帮助［治理主体］做快速响应”，在更加精细地把握治理的“时”与“势”的同时，也有助于及时发现、纠正涉及治理底线的行为。④ 可回滚/可撤销性则意味着即使是对于效果不理想的治理规则，“［……］不必忍

---

① 李克强：《李克强：以包容审慎的原则对待新业态、新模式》，http：//www. xinhuanet. com/politics/2019lh/2019 －03/15/c_ 1210083405. htm。

② 贾宇：《检察机关参与网络空间治理现代化的实践面向》，《国家检察官学院学报》2021 年第 3 期。

③ 王晔等：《A/B 测试：创新始于试验》，机械工业出版社 2019 年版，第 2088 页。

④ 王晔等：《A/B 测试：创新始于试验》，机械工业出版社 2019 年版，第 1155 页。

受很长时间的后果……可以重新决策，然后［实时］回滚［至实验治理规则之前的情形］”。[①] 一定程度上，这正是以最及时、安全的方式，纠正“发展中出现的问题”。于是，A/B 实验足以成为联结凝练原则与现实（数字）经济、令前者贯通于后者的“通天树”。

三　A/B 实验与互联网规则的制定和执行

对互联网治理规则的制定和执行而言，A/B 实验至少可以发挥三方面作用：更加精确地估计、平衡所涉要件，促进规则的科学制定与执行；在规则制定与执行前后，评估规则是否实现制定时的预期目的、进而为（微）调整规则提供实时参考；促进规则包含更多具备“可（A/B）实验性”的要件。下文主要以个人信息保护为例说明这些作用，辅之以其他重要治理议题上的实例。

首先，就《个人信息保护法》中“非常重要的”[②] 民事责任条款第 69 条而言，是否仍需以立法（例如，制定有关司法解释）形式确定法定赔偿的数额或范围，以及如何认定针对主体（非物质性）损害的赔偿，都是争论不止的问题。如程啸分析：“……在不少情形下，加害人虽然实施了侵害个人信息的行为，受害人却没有财产损失或者难以证明财产损失……［在部分相关案件中法院认为，‘个人信息同时体现着人格利益和财产价值，对个人信息的侵害必然带来承担相应经济赔偿责任’，并相应判处大额赔偿］”[③]。又如姚佳总结：“［在相关案例中］法院支持当事人经济损失赔偿的不在少数。通常情况下，当事人请求赔偿经济损失的数额也较小，往往只有 1 元、2 元等，相当程度上具有一定象征意义。”[④] 刘云对有关问题的域内外现状做了非常详尽的总结：一方

① 王晔等：《A/B 测试：创新始于试验》，机械工业出版社 2019 年版，第 653 页。

② 程啸：《论我国个人信息保护法中的个人信息处理规则》，《清华法学》2021 年第 3 期。随后“法院认为”这一部分的观点，来自作者所引述的“赵鹏与被告北京链家房地产经纪有限公司、宋英华、杨喜东，第三人宋金友一般人格权纠纷案”。相应案件中，法院最终确定经济损失赔偿金额为 10 万元。

③ 程啸：《论侵害个人信息的民事责任》，《暨南大学学报》（哲学社会科学版）2020 年第 2 期。

④ 姚佳：《论个人信息处理者的民事责任》，《清华法学》2021 年第 3 期。

面，“国内外有许多法院［国内北京、上海、天津、浙江等地和法院和美国、德国部分法院］都以损害无法确认而直接驳回原告的赔偿请求”；另一方面，“［……］也有一批法院［包括国内的北京互联网法院以及美国、英国、奥地利和荷兰部分法院］认为原告个人信息权利损害应当获得必要的补偿。”① 如前，“必然带来相应经济赔偿责任”和“具有一定象征意义”之间空白过于广阔，在为自由裁量留下太大空间、已经引起裁判不一致的同时，也为个人信息权益主体和对应信息控制者造成了相当的不确定性，很可能过度阻碍信息流通、影响数字经济发展和社会福利。②

A/B 实验可以在无法证明存在其他财产损失时比较精确地估计个人信息对主体的财产价值，进而为回答是否应设立法定赔偿、具体范围为何，以及在特定案例中认定个人信息损害赔偿提供有用的基准，形成可以围绕浮动的“锚”。就是否设定法定赔偿及其范围，重要的是对信息价值做大约精确，且普遍适用的估计，以确定个人信息究竟是普遍地具备财产价值，还是只有象征性的价值。就此，迈克尔·库默（Michael Kummer）和帕特里克·舒尔特（Patrick Schulte）两位研究者通过对安卓应用市场约 300000 款应用，特别是功能和内容大体一致、仅在收集信息权限和使用价格上有所差别的应用的数据分析，得到三项具有普遍性的结论：第一，用户通常会对个人信息权限赋予一定的价值，当功能内容一致，且价格保持不变，增加收集信息权限导致应用下载量显著下降；第二，用户对单项信息权限赋予的价值较低，一般而言更接近所谓“1 元、2 元”的“象征性价值”；第三，用户对信息赋予的价值随具体

---

① 参见刘云《论个人信息非物质性损害的认定规则》，《经贸法律评论》2021 年第 1 期。有关美国信息隐私侵权非物质性损害之认定与赔偿的复杂现状，又可参见 Haley，Thomas，“Data Protection in Disarray”，95 *Wash. L. Rev.* 1193，2020。欧盟《一般数据保护条例》（简称 GDPR）下的同题研究，则又可参见 Ruohonen，Jukka，and Kalle Hjerppe，“The GDPR Enforcement Fines at Glance”，*arXiv preprint arXiv*：2011，00946，2020。

② 就个人信息保护相应法律对数字经济、特别是个体（用户/消费者）福利与信息处理者的显著不利影响，例如，可分别参见 Zhao，Yu，Pinar Yildirim，and Pradeep K. Chintagunta，*Privacy Regulations and Online Search Friction*：*Evidence from GDPR*，2021 和 Janssen，Rebecca，et al.，*GDPR and the Lost Generation of Innovative Apps*，2021.

场景而不同，在医疗健康等敏感场景中更高。[①] 因此，即使需要设定法定赔偿，范围也不宜至于较大的数量级。[②] 嗣后，尚可通过针对主要类型个人信息开展参与者具代表性之 A/B 实验的方式，将价值基准锚定至更精确的程度。[③] 就在特定案例（或特定场景）中认定个人信息损害赔偿，既需要考虑主体普遍对个人信息所赋予的财产价值，也需要考虑具体事实或场景的特殊性。唐嬛即在金融信贷场景中进行了直接相关的 A/B 实验：通过在某小额贷款平台上对超过 270000 名 A/B 实验用户申请贷款时需要提供的个人信息，再观察实验对用户是否申请、接受贷款的影响，发现在这一场景下，用户对社交媒体账号和雇主联系方式的估值之和超过 200 元。[④] 换言之，如果认为个人信息的财产价值始终是象征性的，至少在部分场景中不符合事实。因此，在制定法定赔偿规则时，有必要以敏感信息或场景为区分做出分别规定。同时，在适用《个人信息保护法》第 69 条时，如果有相同场景下的实验结果，可以作为认定“个人因此受到的损失或者个人信息处理者因此获得的利益”的证据之一、并相应确定损害赔偿责任；如果没有相应实验结果，且上述损失或利益实难认定，是否敏感信息或敏感场景，依然可以作为“根据实际情况确定赔偿数额”时的重要考虑因素之一。

确定个人信息损害赔偿数额、襄助规则制定与执行，不是 A/B 实验可以发挥作用的孤例。如文首所及，借助 A/B 实验首先（在一定范围内）变化价格或收集信息权限等相关条件，再估计变化对用户需求弹性

---

① Kummer, Michael, and Patrick Schulte, “When private information settles the bill: Money and privacy in Google's market for smartphone applications”, *Management Science* 65. 8, 2019, pp. 3470 – 3494. 就估计得到的具体价值，即使是所谓“敏感权限”，也仅在 24—30 欧分（原文单位为欧元，但结果所覆盖范围更广，约合 2—3 元人民币）之间。对个人信息作为“价格”，并从价格理论角度理解个人信息保护问题稍微全面的讨论，亦可参见朱悦《技术与市场之间：试论个人信息最小化原则的理解与适用》，《经贸法律评论》2021 年第 6 期。

② 孙莹：《大规模侵害个人信息高额罚款研究》，《中国法学》2020 年第 5 期。“从另一角度出发，即使民事责任无法充分遏制个人信息侵害行为，特别是大规模的个人信息侵害行为，依然可以通过处以大额行政罚款的方式，弥补民事责任或有的不足”。

③ 例如，可参见以下在支付宝上开展的 A/B 实验，Chen, Long, et al., *The Data Privacy Paradox and Digital Demand*, 2021。

④ Tang, Huan, *The Value of Privacy: Evidence from Online Borrowers*, 2021.

和企业利润的影响，早已属于互联网的“黑技艺”[①] 或“黑模式”之一。作为互联网治理中消费者保护难题的前沿难点，“黑模式”系指“具备故意或非故意地而有阻碍、颠覆或损害消费者自治、决策或选择的效应的用户界面”。[②] 恰如杰米 · 卢古里（Jamie Luguri）和廖尔 · 斯特拉赫维茨（Lior Strahilevitz）两位研究者的大规模实验研究所揭示：一方面，“现在，借助 A/B 实验，企业得以改善和精练［互联网以前的时代里，意图说服、误导或欺骗消费者的相应企业］［制造］黑模式［的工具］”；另一方面，“［……］允许［行政机关］开展此类审查［包括在涉案站点上开展范围有限的 A/B 实验］可以成为针对黑模式的有力制衡工具。”[③] 亦即，通过“以毒攻毒”、在涉案企业用户交互界面上展开精准的、相应属性和用户/消费者行为定义明确的实验，是弥补治理主体与客体间技术与知识差距、更好保护消费者利益的有力工具。对作为互联网治理另一前沿议题的平台反垄断，特别是困难重重的、基于“假定垄断者价格测试”的平台市场界定而言，A/B 实验至少可以回应其间两项难点：其一，测试不再止于“假定”。不妨以在平台市场开展相应经济学测试的“上海食派士商贸发展有限公司行政处罚案”为例，[④] 相比基于配送费和订单量变量、并以简约式模型估计需求弹性有关指标的方式，直接在平台上就配送费和/或佣金开展实验、并实时估计对需求量的影响，在弹性的识别上更加清晰、结论也更加可靠。其

---

① Paras Chopra, *A/B Testing Solutions to Maximize Your Website Conversions*, https: //vwo. com/blog/ab-testing-price-testing/。原文还提出了防止被“恰好是有闲的律师的顾客起诉［的风险］”的实验“技艺”。当然，这并不意味着 A/B 实验用于定价时，总是不正当的。对于 A/B 实验正当地用于互联网产品或服务的弹性估计和相应定价，可参见 Gallo, Amy, “A refresher on price elasticity”, *Harvard Business Review* 21, 2015。

② Luguri, Jamie, and Lior Jacob Strahilevitz, “Shining a light on dark patterns”, *Journal of Legal Analysis* 13. 1 , 2021, pp. 43 – 109. 此述“黑模式”已经成为互联网治理的又一新兴前沿议题，系指“具备故意或非故意地有阻碍、颠覆或损害消费者自治、决策或选择的效应的用户界面”，可参见联邦贸易委员会（FTC），“Bringing Dark Patterns to Light: An FTC Workshop”, https: //www. ftc. gov/news-events/events-calendar/bringing-dark-patterns-light-ftc-workshop。

③ Luguri, Jamie, and Lior Jacob Strahilevitz, “Shining a light on dark patterns”, *Journal of Legal Analysis* 13. 1 , 2021, pp. 43 – 109.

④ 上海食派士商贸发展有限公司行政处罚案［沪市监反垄处（2020）06201901001 号］。相关文书并未完整披露分析的模型设定与数据分析细节，此处分析因而仅及于文书披露内容。

二，对采取免费模式、因而无法采取价格测试的平台，研究者普遍认为“假定垄断者测试［及其考虑价格以外的质量、广告、个人信息保护等维度的变体……］难以［……］作出合理分析，很可能使得该测试法的分析结果具有较大的主观性，甚至违背实践规律而作出错误的判断。”① 然而，鉴于 A/B 实验可以灵活地变动测试可能涉及的各项要素，并实时测量平台内用户的需求变化，这一问题实际可以避免②。恰如研究者罗西·阿比－拉斐赫（Rossi Abi-Rafeh）所叹：“竞争法主管机关［……］应当得以要求进行新的 A/B 实验……想象一个可以要求脸书实验随机提高平台上价格、观察广告商如何转向其他渠道，或者可以［要求脸书实验变化隐私水平］评估脸书是否可以因其垄断势力而成功降低产品隐私质量的世界。”③ 综上，除开个人信息保护，A/B 实验亦可在消费者保护和平台反垄断等互联网治理议题上发挥作用。

其次，作为互联网中判断网站或应用变化对用户行为影响的“利器”，A/B 实验天然适于评估治理规则是否实现制定时的预期目的、进而为调整规则提供实时参考。鉴于 A/B 实验的精准性、实时性和可回滚/可撤销性，这有望令互联网治理规则的制定和执行达到更高的科学水平、达到始终遵从比例原则的要求。个人信息保护与平台反垄断领域的规则，均有如此改善空间。就个人信息保护中的“向信息主体告知处理相关事项”而言，欧盟 GDPR、常与之配套使用的 29 条工作组文件和多个欧盟成员国的数据保护当局指南，均对个人数据控制者需就使用 cookies 追踪向数据主体做出的告知有细致的规定④。尽管如此，如此细

① 陈兵：《平台经济领域相关市场界定方法审视：以〈国务院反垄断委员会关于平台经济领域的反垄断指南〉第四条为中心的解读》，《法治研究》2021 年第 2 期。

② 王晔等：《A/B 测试：创新始于试验》，机械工业出版社 2019 年版，第 555—556 页，包括图 1—25。

③ Rossi Abi-Rafeh，“Software is Eating Competition”，https：//www. competitionpolicyinternational. com/wp-content/uploads/2019/07/Europe-Column-July-Quadriptych-2019 – 1. pdf.

④ Article 29 Data Protection Working Party，“Opinion 04/2012 on Cookie Consent Exemption”，https：//ec. europa. eu/justice/article-29/documentation/opinion-recommendation/files/2012/wp194_ en. pdf. 各国数据保护当局多有更加细致的规定，例如，可参见 An Coimisineir Cosanta Sonrai / The Office of the Data Protection Commissioner，“The Data Protection Commission”，https：//www. dataprotection. ie/sites/default/files/uploads/2020 – 04/Guidance% 20note% 20on% 20cookies% 20and% 20other% 20tracking% 20technologies. pdf。作为比较，作为国内个人信息处理者实践合规重要参考文件之一的《个人信息安全规范》资料性附录 D“隐私政策模板”同样包含“我们如何使用 Cookie 和同类技术”专节。

致规定究竟是否取得实效，长期缺乏扎实的实证研究。奥克萨纳·库雷克（Oksana Kulyk）等四位研究者即以实验弥补了这一空白。简言之，按相应规定、文件与指南，研究者在实验网站上向五组用户分别展示由简至繁的五类 cookies 告知，包括仅告知存在追踪 cookies、在前者基础上增加告知追踪目的、在前者基础上再增加告知 cookies 如何用于相应目的、在前者基础上再增加对第三方 cookies 的告知、以及在前者基础上再增加对第三方如何使用 cookies 的告知，结果，无论如何告知，不同组别用户间离开/继续浏览实验网站的比率、对网站 cookies 的了解程度和对网站的隐私感受都不存在显著差异。[①] 在实验结果基础上的访谈显示：无论如何设计 cookies，用户的感受依然集中于“习惯、疲倦、缺乏信息、理解错误、忽略［告知］、不悦”等话题；邀请用户对五类 cookies 告知排序或两两排序，各类告知在用户看来同样不存在显著差异。[②] 换言之，至少在用户层面，复杂的告知规则缺乏意义。此外，就现实中网站 cookies 告知的整体合规状况而言，GDPR 生效未能导致普遍的合规。[③] 结合实验与更广泛的证据，可以对告知规则形成更全面、准确的理解，避免“想当然”的错误。相应地，《个人信息保护法》对“告知”与（作为个人信息处理合法性基础之一的）“同意”做了分开规定，从而一定程度上淡化了信息处理前告知的效力，于现实更加合适。在对互联网治理议题的实证分析结论常常缺乏定论的现状下，实验的意义更为凸显。譬如，对广泛期待可以解决、或者至少缓解平台（数据）垄断问题的个人信息可携带权，一直有所争论。[④] 即使《个人信息

---

① Kulyk, Oksana, et al., “Has the GDPR hype affected users' reaction to cookie disclaimers?”, *Journal of Cybersecurity* 6.1, 2020, p. tyaa022. 值得一提的是，这一令人“尴尬”的发现，并未因 GDPR 在 2018 年生效而发生显著变化。

② Kulyk, Oksana, et al., “Has the GDPR hype affected users' reaction to cookie disclaimers?”, *Journal of Cybersecurity* 6.1, 2020, p. tyaa022.

③ Nouwens, Midas, et al., “Dark patterns after the GDPR: Scraping consent pop-ups and demonstrating their influence”, *Proceedings of the* 2020 *CHI Conference on Human Factors in Computing Systems*, 2020.

④ 例如，可参见卓力雄《数据携带权：基本概念、问题与中国应对》，《行政法学研究》2019 年第 6 期。又可参见丁晓东《论数据携带权的属性、影响与中国应用》，《法商研究》2020 年第 1 期，其中提及“数据携带权虽然非常值得追求，但也面临争议。综合而言，数据携带权尚未具备成为一种成熟型权利的条件……”

保护法》第 45 条已经有条件地确立了可携带权，后续有关规定是否需要出于网络安全、隐私/个人信息保护等考虑而有所限缩，并未定论。在这种情况下，比较合适的思路，是在主要平台上有限地范围地实验可携带权，综合评估赋权对安全、隐私、平台市场集中程度、用户/平台正当利益等方面的影响。在此基础上，再如丁晓东所言，“将数据携带权视为一种‘柔性权利’或努力目标”①，根据实验结果逐步实现目标。

最后，有关 A/B 实验对互联网治理规则之制定、执行的影响，以上更多集中在“看菜下饭”的层面：对规则中可以实验衡量的要件，以及对本身可以实验评估、调整的规则，宜试则试。A/B 实验的思路与作用，未必需要囿于已有或即有的治理规则；相反，A/B 实验具备显著影响未来治理规则的内在理路和外在形态的潜质。具言之，尽管“对新的事物［包括新业态与新经济］，我们已知远远小于未知……”② 借助具备精准性、实时性和可回滚性/可撤销性的 A/B 实验，治理规则可以在及时监测、纠正可能触达风险底线的尝试的前提下，不断尝试可能更加符合规则预期目标、亦更为符合比例原则等法治原则的变体；同时，只要治理规则的要件可以实验测量、调整，即使在规则通过时刻，相应要件含义仍然模糊、或者影响充满争论，治理各方依然可以通过实验，几乎实时地以小范围落实的方式，探索规则在实践中的含义、并观察规则实际将产生的影响。譬如，尽管《个人信息保护法》第 17 条对告知方式“显著”的要求颇为模糊，基于现有理论进展与实验水平，“显著”能够通过 A/B 实验的方式测量，亦即具有“可实验性”，③ 这一规则便不至于偏离审慎包容或者渐进式的治理原则。在更普遍的层面看来，A/B 实验一方面拓宽了互联网治理规则的可及范围——只要规则的各要件具备可实验性，便不妨一“试（实）”，而不至于造成风险或挫伤创新，另一方面，也将令治理规则及其体系更具（可）实验性。

① 丁晓东：《论数据携带权的属性、影响与中国应用》，《法商研究》2020 年第 1 期。

② 李克强：《李克强：以包容审慎的原则对待新业态、新模式》，http：//www. xinhuanet. com/politics/2019lh/2019 - 03/15/c_ 1210083405. htm。

③ 应浩江、朱悦：《视觉理论在网络法中的应用》，《产权法治研究》，待刊。

四 A/B 实验如何变革互联网治理：以沙盒治理和个性化治理为例

如前，A/B 实验对互联网治理的意义既在于更好地制定与执行规则，更在于变革互联网治理的根本逻辑与模式。这一点在具体的进展实例中体现为：近年来两类引起广泛关注和讨论的、与互联网治理和新技术治理密切相关的新思想，包括沙盒治理和个性化治理（法律）两类思想，均依赖于类似 A/B 实验的思想和方法，亦可因 A/B 实验之思想和方法得到进一步的改善。

就何为沙盒治理，德尔克 · 泽茨勒（Dirk Zetzsche）等四位研究者的概括获得公认：“［沙盒治理作为‘结构性的实验主义’］在最基本的层面上，沙盒为商业主体创造了因不合规而受到监管者‘处罚’的风险较低、而又可以测试产品的环境。相应地，监管者要求应用者采取适当的安全措施，保护市场免于相应商业创新的风险。”① 希拉里 · 艾伦（Hilary Allen）进而提出了“治理沙盒”的表述：“［……］沙盒可能是令监管者实验因政治阻碍而本来无法实施的新监管方式。”② 简言之，沙盒治理既实验特定产品或应用，也实验治理规则本身。德尔克 · 泽茨勒等研究者进一步将实施沙盒治理划分为三个步骤：确定目标，通常包括支持创新、提倡竞争和/或促进经济增长；确定沙盒范围，包括进入沙盒的条件、沙盒包括的行业范围、沙盒包括的用户/消费者范围和移出/主动退出沙盒的条件，等等；以及，实施沙盒。③ 在肯定沙盒治理的多种正面意义，包括促进治理主体与客体沟通、促进创新、促进各地治理规则等意义的同时，德尔克 · 泽茨勒等研究者也对沙盒提出了反思，其

① Zetzsche, Dirk A. , et al. , “Regulating a revolution: From regulatory sandboxes to smart regulation”, *Fordham J. Corp. & Fin. L.* 23 , 2017, p. 31. 原文还对当时推行沙盒治理的国家和地区的范围有较为全面的总结（第 64—68 页，也包括我国中央政府层面和部分地区层面的沙盒治理创新）。

② Allen, Hilary J. , “Regulatory sandboxes”, *Geo. Wash. L. Rev.* 87 , 2019, p. 579.

③ Zetzsche, Dirk A. , et al. , “Regulating a revolution: From regulatory sandboxes to smart regulation”, *Fordham J. Corp. & Fin. L.* 23 , 2017, p. 31.

中之二是“标准化不足”和“透明性不足”。[①] 随后，他们提出了改进沙盒治理、迈向基于多种考量的“智慧治理”的建议。[②] 有趣的是，所谓“智慧治理”背后的考量，与 A/B 实验的思路多有相似，亦可循 A/B 实验之方法而得到更好的实现。按德尔克·泽茨勒等研究者的说法，强调治理主体、客体间相互学习，对可以实时发挥治理功能、执行规则的监管科技（RegTech）的重视，以及对风险程度与治理规则间合乎比例原则三类考量的追求，导致智慧治理具有关注风险基本面/底线、降低进入与实验成本、强调治理阶段性的特征。[③] 不妨与 A/B 实验比较：无论是从实验中学习，还是对风险底线的关注，又或是对始终合乎比例原则的追求，都与 A/B 实验一致；同时，A/B 实验为沙盒提供了更为“标准化”或更具“结构性”的方法，标准化或结构性，又在一定程度上意味着可能实现更标准的治理信息披露和更高的透明度。于是，从比较出发知：沙盒治理及作为其“升级版”的智慧治理与 A/B 实验在思想上高度契合，亦可由 A/B 实验方法受益。

就何为个性化治理规则之（相较过往为新的）核心要素，安东尼·凯西（Anthony Casey）与安东尼·尼布尔特（Anthony Niblett）两位研究者的概述较具代表性：之一，“立法者必须以从未被要求过的方式，知晓［个性化］法律［治理规则］的目的，并准确地陈述这些目的，在这一前提下，［……］数据处理和通信科技进展所导致的，传统的法律和标准为根据［治理客体］所处环境实时更新、改变的微指令所取代的潜在［个性化未来］才有可能实现”；之二，“新的法律［治理规则］的个性化将导致法律［规则］变得高度具体且复杂，新的法律［规则］必须通过使得合规成为可能的形式和时点［和地点］，被翻译/转录并传

---

① Zetzsche, Dirk A., et al., “Regulating a revolution: From regulatory sandboxes to smart regulation”, *Fordham J. Corp. & Fin. L.* 23, 2017, p. 31.

② Zetzsche, Dirk A., et al., “Regulating a revolution: From regulatory sandboxes to smart regulation”, *Fordham J. Corp. & Fin. L.* 23, 2017, p. 31.

③ Zetzsche, Dirk A., et al., “Regulating a revolution: From regulatory sandboxes to smart regulation”, *Fordham J. Corp. & Fin. L.* 23, 2017, p. 31.

输给［治理客体］”。[①] 换言之，在理想的个性化治理革新下，治理主体需要列明所有规则所预期的目的、并确定不同目的的相对重要程度；之后，基于数据处理的进展，可以采取算法/自动化决策等数据分析方式，得到优化目标的规则；最后，按前述对形式、时间和地点的要求，告知治理客体以规则[②]。这一流程的典型实例，是基于大数据处理的实时交通规则[③]。安东尼·凯西与安东尼·尼布尔特还指出，个性化治理依然面临数据质量、歧视与偏见、人是否介入与何时介入、透明度（不足）和由谁提供个性化服务等问题[④]。乔丹·巴里（Jordan Barry）等三位研究者亦指出：目前的机制设计理论水平和运算能力，尚不足以保障普遍施行的个性化治理规则不受（恶意）操纵[⑤]。针对这些问题，安东尼·凯西与乔丹·巴里等研究者的建议高度一致：尽可能增强规则背后的算法透明度，包括且不限于披露算法决策目标、算法代码、所用数据如何选择以及对算法效果的审计结果，等等[⑥]。然而，算法透明能否实现如

① Casey, Anthony J., and Anthony Niblett., “A framework for the new personalization of law”, *U. Chi. L. Rev.* 86, 2019, p. 333.

② 值得指出的是，个性化法律/治理与场景化治理间有着密切的联系，恰如安东尼·凯西和安东尼·尼布尔特两位研究者指出：“［……］个性化法律不过是更加场景化的法律……” Casey, Anthony J., and Anthony Niblett., “A framework for the new personalization of law”, *U. Chi. L. Rev.* 86, 2019, p. 333。因此，对A/B实验用于个性化法律/治理的讨论，在一定程度上也适用于“颗粒度”更低的场景化治理。对场景化治理应用于新技术治理的讨论，可参见丁晓东《论算法的法律规制》，《中国社会科学》2020年第12期。

③ Casey, Anthony J., and Anthony Niblett, “A framework for the new personalization of law”, *U. Chi. L. Rev.* 86, 2019, p. 333.

④ Casey, Anthony J., and Anthony Niblett, “A framework for the new personalization of law”, *U. Chi. L. Rev.* 86, 2019, p. 333. 值得指出的是，由于安东尼·凯西和安东尼·尼布尔特将实施个性化法律的手段主要局限于算法，他们所注意到的问题，相应地也都是算法治理所面对的问题。从算法治理角度对个性化治理的分析以及（未必完全成功的）建议，见Busch, Christoph, “Implementing personalized law: Personalized disclosures in consumer law and data privacy law”, *U. Chi. L. Rev.* 86.2, 2019, pp. 309–331。

⑤ Barry, Jordan M., John William Hatfield, and Scott Duke Kominers, “To thine own self be true? Incentive problems in personalized law”, *Wm. & Mary L. Rev.* 62, 2020, p. 723.

⑥ Casey, Anthony J., and Anthony Niblett, “A framework for the new personalization of law”, *U. Chi. L. Rev.* 86, 2019, p. 333，又参见Barry, Jordan M., John William Hatfield, and Scott Duke Kominers, “To thine own self be true? Incentive problems in personalized law”, *Wm. & Mary L. Rev.* 62, 2020, p. 723。

此之多的、与算法治理目标相似的期许，在很大程度上存疑[①]。就此疑难，成田裕介（Yusuke Narita）和矢田康平（Yata Kohei）的观点极具洞察力："算法即实验"，或者说，作为个性化规则基础的，不断根据环境更新、变化规则（中的要件/参数）的自动化决策过程，同样可以视为附带一定条件的实验过程[②]。因此，可以 A/B 实验背后的统计学思想，对（凯西与尼布尔特所定义的）个性化规则之原理做更加深入的理解。实验还可以拓展检验和实施个性化规则的方式。即使"以从未被要求过的方式，知晓［个性化］法律［治理规则］的目的，并准确地陈述这些目的"和完全透明的要求无法达到，至少，对互联网治理而言，由于 A/B 实验的精准性、实时性和可回滚性/可撤销性，治理主体依然可以从部分的目的出发，通过小范围的、避免巨大决策风险的实验，同样实现根据环境实时检验、更新、改变规则（中的要件/参数）的治理规则，甚至可以实验更新规则目的本身及目标间权重。实际上，这正是在"已知远远小于未知"的环境中生存、发展的互联网企业摸索出的最优"规则"。以上，由比较出发知：个性化治理与 A/B 实验在思想上（至少是隐式地）契合，亦可由 A/B 实验方法受益、扩展。

不妨再进一步。从三者比较出发，沙盒治理的前提是"沙盒"，在隔离安全风险的底线基础上追求创新，但仍受制于创新不足、需要更加灵活；个性化治理的核心特性是灵活，但又受制于对政府、社会与个人的安全风险，需要受到相应规范。从前所述，A/B 实验的思想和方法，能够为二者补上灵活和安全各自的短板，促进二者各自成为更好的治理模式。A/B 实验因而站在治理趋势的交点处，也将是未来互联网（乃至各类新经济、新业态）治理的"必选项"。

---

① 参见沈伟伟《算法透明原则的迷思》，《环球法律评论》2019 年第 6 期，又参见 Kroll，Joshua A.，et al.，"Accountable algorithms"，*U. Pa. L. Rev.* 165，2016，p. 633。

② Narita，Yusuke，and Kohei Yata，"Algorithm is Experiment：Machine Learning，Market Design，and Policy Eligibility Rules"，*arXiv preprint arXiv*：2104. 12909，2021. 值得指出的是，这里的实验不仅仅是修辞层面的类比，还有统计层面的证明。简言之，按个性化规则（及背后算法）的运作机理，控制住用于实时更新、改变规则的变量（即环境变量）后，每一决策即在统计学上相当于局部的实验，而与 A/B 实验背后的统计学思想相通。

五 A/B实验的边界及其规范

如上，A/B实验为善与为恶的潜力皆蔚为可观，自然需要受到相应制约。就（尤基于个体信息的）情绪操纵、政治传播与大数据杀熟等实例，均有直接适用之法律法规。从个体直觉/感受出发，A/B实验也是引起伦理担忧、需要相应规范的对象。如米歇尔·迈耶（Michelle Meyer）等研究者提出的“A/B效应”所示：对公众而言，即使两种（包括无人驾驶、减贫、医疗卫生等领域的）治理规则单独都不会引起厌恶，以A/B实验确定何者更优，依然会引起公众的厌恶。[①] 因此，需要讨论实验的边界和规范：边界关系到能不能实验的问题，规范则是怎么实验的问题。

若仅泛泛而谈A/B实验本身，目前并不存在一般意义上的禁止性规定。然而，部分愈发依赖于A/B实验的行为为法律法规所禁止。政治传播，特别是在其他部分国家所出现的，利用A/B实验测试、“优化”虚假信息（所谓“假新闻”）或煽动性信息之传播效果的行为，[②] 显然为《网络信息内容生态治理规定》第6条等规定所严格禁止。尽管基于完全随机分组的、针对定价的A/B实验未必当然违反现行规定，如果A/B实验基于“区域、地理、时间（片）、用户类型”等更加细致的、很可能构成个人信息的属性而分组，并且缺乏正当理由，则可能违反《个人信息保护法》第24条的规定：“个人信息处理者利用个人信息进行自动化决策，应当保证决策的透明度和结果公平、公正，不得对个人在交易价格等交易条件上实行不合理的差别待遇。”[③] 例如，杰米·卢古里

① Meyer, Michelle N. , et al. , “Objecting to experiments that compare two unobjectionable policies or treatments”, *Proceedings of the National Academy of Sciences* 116.22 , 2019, pp. 10723 - 10728. 值得一提的是，原文还发现厌恶不因教育程度、科学素养或是否对应领域专家而显著改变。

② 例如，可参见Wylie, Christopher. *Mindf * ck: Cambridge Analytica and the Plot to Break America*. Random House, 2019。作为从业者和研究者的怀利（Wylie）在回忆中详细叙述了“剑桥分析”和其他关联组织和个人如何利用实验技巧在脸书等社交媒体上传播“假新闻”或煽动性信息，从而在一定程度上（尽管存在争议）导致了美国的政治极化和选举前后的争论和分裂。

③ 理论上，平台亦有可能依赖A/B实验实施算法共谋等违反其他法律法规的情况。

（Jamie Luguri）和廖尔·斯特拉赫维茨（Lior Strahilevitz）根据实验证据指出的，平台在实验结果基础上、按用户教育水平（一定程度上与时间成本、计算能力和数字素养等影响有效的商品和价格搜寻的因素相关）实行差别待遇这一可能性（这也属于典型的“黑模式”）①，便很难称为“合理”。最后，对类似脸书的情绪操纵/情感实验行为，考虑到个体的情绪/情感信息很可能在《个人信息保护法》第 28 条的意义下关系到“自然人的人格尊严”，从而构成敏感个人信息。在此基础上，即使实验主体取得了第 29 条意义下的“单独同意”或“（如适用）书面同意”，由于第 28 条规定“只有在具有特定的目的和充分的必要性的前提下……个人信息处理者方可处理敏感个人信息”，举证证明以实验形式处理情绪信息为任意特定目的所必要，都将面临严峻的困难②。如果无法证明“充分的必要性”，针对情绪信息或其他敏感个人信息开展实验，即为第 28 条所禁止。

同理，作为相对新兴的思想与技术，针对 A/B 实验的其他规则与伦理原则同样罕见。少量从业者讨论，尽数集中于实验结果是否有效和数据分析是否正确③。对这一空白，本文自法律规则与伦理原则出发，试做两方面初步的回应。

首先，除去如前所述的、相对严格的合法性、正当性等要求外，A/B 实验的许多常见应用，仍可能触及《个人信息保护法》中的其他规定。在并非完全随机、而是一定程度上根据个人信息而分组时，作为个人信息处理者（以下简称“处理者”）的实验者可能需要遵从第 13 条和第 17 条对“同意”和“告知”的要求。其中，第 17 条规定意义下的“告知”包括告知“个人信息的处理目的、处理方式”。因此，作为处

① Luguri, Jamie, and Lior Jacob Strahilevitz, “Shining a light on dark patterns”, *Journal of Legal Analysis* 13.1 , 2021, pp. 43 – 109.

② 值得指出的是，从有相当参照适用意义的文件《常见类型移动互联网应用程序必要个人信息范围规定》出发，[就作为特定目的的、提供应用程序基本功能服务的需要而言] 必要信息的范围认定相当严格。如此，对各类日常生活中常见的处理目的，必要信息范围，均很难合理地扩大解释至包含情感信息。

③ 例如，可参见 Deng, Alex, Jiannan Lu, and Jonthan Litz, “Trustworthy analysis of online a/b tests: Pitfalls, challenges and solutions”, *Proceedings of the Tenth ACM International Conference on Web Search and Data Mining*, 2017。

理者的实验者，需要相应告知实验的目的和实验本身的存在。例如，如果实验基于个人信息分组，所估计差异是不同页面设计对用户访问量或留存时长的影响，告知应当包括类似“出于优化页面体验［即服务目的］，利用［特定类型的］个人信息开展A/B实验［处理方式］”的内容。同时，由于实验通常依赖于实现大数据统计分析的算法，实质是基于自动化统计程序、而对不同用户提供不同的待遇，第24条对“自动化决策”的要求，特别是“保证决策的透明度和结果公平、公正”的要求，一般也适用于A/B实验[①]。如果处理者在第17条意义下的告知足够充分，则可能满足第24条的部分要求。此外，如果基于A/B实验做出第24条意义下的“对个人权益有重大影响的决定”，应当尊重信息主体要求说明实验和退出/拒绝实验的权利[②]。最后，在采取自动化决策方式处理个人信息时，第55条规定处理者应当在“利用个人信息进行自动化决策”前进行个人信息保护影响评估，并记录处理情况。因此，一方面，处理者应当超越结果有效性和分析正确性、从更丰富的维度出发审视A/B实验，包括将实验合法性、正当性、必要性，实验对用户权益的影响和安全风险，以及实验中的安全保障措施等因素纳入考量。

其次，鉴于公众间的“A/B效应”，参照菲利普（Phillips）对田野实验中普遍认可的伦理原则的总结，A/B实验的主体仍宜遵守至少四类伦理原则，包括：不损害原则，确保用户不会因为实验的组间差异、分组（包括分入与排除特定组别）、实验结果、实验环境等原因受到损害；收益/损害成比例原则，如果损害确实可以接受，确保收益/损害的比例足够大；透明原则，向政治、法律和社会等各方面的监督保持开放；以及，最为重要的自治原则，通过知情同意和退出等机制，充分尊重用户的自治，等等。[③] 对应至A/B实验，相应原则可以转化为：确保参与A/B实验的用户不会因为差异性设计、分组、结果和其他实验环境受到损

① 在更加具体的场景中，实验者需要相应满足更多的要求。例如，就（内容）推荐算法开展A/B实验，即需考虑遵从《互联网信息服务算法推荐管理规定（征求建议稿）》的问题。

② 这会影响实验结果的效力（例如，存在选择偏误），但仍可依靠统计学方法在一定程度上弥补。

③ Phillips, Trisha, “Ethics of Field Experiments”, *Annual Review of Political Science* 24, 2021, pp. 277–300.

害；A/B 实验一般不应对用户造成显著的损害，如果不会造成显著损害，但有可能造成使用不便等负面影响，应确保实验可能带来的改进与负面影响的比例足够大；参照《个人信息保护法》规定，增强实验的透明性，例如，可以由第 58 条规定的“独立机构”承担“A/B 实验伦理委员会”的监督职能；以及，以《个人信息保护法》前述条款为基准，通过遵从告知、获取同意、解释说明等处理者义务，充分尊重用户的自治。当然，上述各伦理原则在适用于互联网实验环境时可能需要微调，部分伦理原则的落地，可能也需要通过“基于设计的合规/伦理”来确保实现，这些都是值得日后深入探讨的问题。

最后，有一点尚需指出，从前述“A/B 效应”等研究看来，对实验的广泛负面情绪一旦爆发，很可能对作为实验主体的企业造成极其显著的负面影响。[①] 譬如，脸书的情感操纵 A/B 实验一经揭露，即引起 FTC 的调查风险；[②] A/B 实验本身在《联邦贸易委员会法》下的合法性，亦已引起质疑。[③] 从这一意义上，确保 A/B 实验始终在合法合规、合乎伦理的轨道上发展，即使仅从企业或其他实验者的角度看，也可能是“激励相容”的；从社会的角度来看，及时通过法律法规和伦理“驯服”这一“最熟悉的陌生人”，同样符合整体的利益；A/B 实验在法律与伦理下“温驯”，还是展望实验深刻影响互联网治理的必要前提。

六　结语：从“法的实验”迈向“实验的法”

综上，在介绍何为 A/B 实验、谁在进行 A/B 实验与何种场景可用 A/B 实验的基础上，文章阐明了为何 A/B 实验与多类主流治理思想深度契合。无论是在我国长期作为主流治理思想之一的政策试点，还是在世界范围内方兴未艾的、基于随机对照（田野）实验的政策制定与评

① 例如，可参见 Chatterjee，Subimal，et al.，“Reacting to the scope of a data breach：The differential role of fear and anger”，*Journal of Business Research* 101，2019，pp. 183 – 193。

② 参见 Law360，“Facebook's Controversial Emotion Study May Raise FTC's Ire”，https：//www. law360. com/articles/553647/facebook-s-controversial-emotion-study-may-raise-ftc-s-ire。

③ 例如，可参见 Luguri，Jamie，and Lior Jacob Strahilevitz，“Shining a light on dark patterns”，*Journal of Legal Analysis* 13. 1，2021，pp. 43 – 109。

估，抑或位列我国新经济、新业态长期以来主要治理原则的审慎包容与渐进式治理原则，都与 A/B 实验（的思想）相融贯，亦可由 A/B 实验之方法有所增益。从国内到国外，自物理世界而至互联网，均如此。之后，从更加具体的治理规则，特别是刚刚颁布的《个人信息保护法》以及同样是近来重要治理议题的平台反垄断入手，文章循序阐述了 A/B 实验之于互联网治理规则制定与执行的三类作用：有助于科学地制定和执行规则，有益于实时且科学地评估规则，以及扩充治理规则空间、增进规则的“可（A/B）实验性”。自最后一项作用出发，也将实验与沙盒治理/智慧治理以及个性化治理等两类前沿趋势相观照，文章发现：A/B 实验既站在治理趋势的交点处，也是未来治理的“必选项”。无论是在新技术治理中日渐风靡的“沙盒”，还是越发深入的“个性化”，又或者是其他迭出的新治理趋势，相应体系，都会不可避免地纳入更多具备可实验性的规则，也会更加依赖实验而执行、评估、迭代。从这个意义上，从作为中国视野内、中国语境下主流治理思想与工具之一的政策试点出发，近代史以来的重要政策（当然也包括法律）转型，多可称为“法的实验”；将来，随着互联网经济的继续发展，随着 A/B 实验日渐普遍、受到规范、以至成为治理体系的有机组成部分，在法的实验继续得到坚持的同时，“实验的法”，包括具备高度可实验性的规则和依赖于实验的日常执行，将相应地从作为法的实验的有益补充，到并驾齐驱，再到“实验”与“法”相互交融。这也是标题“从‘法的实验’到‘实验的法’”的含义。

（责任编辑：徐玖玖）

新冠肺炎疫情下互联网医院的发展

李启茂　施嘉琪

［北京市中伦（广州）律师事务所合伙人；
北京市中伦（广州）律师事务所律师］

内容提要　新冠肺炎疫情期间，为降低交叉感染风险，促进优质医疗资源下沉，国家出台系列政策鼓励患者网络就诊，互联网医院凭借其无接触、医疗资源集中等优势，迎来了快速增长期。本文梳理了当前互联网医疗相关法律法规，并分析了互联网医院在实践中可能出现的难点及风险，进而对互联网医疗行业后续政策提出展望。

关键词　互联网医院　远程医疗　互联网诊疗　行业监管　多点执业　处方药销售　医保支付　数据合规

一　引言

2020年1月30日，世界卫生组织（WHO）宣布新冠肺炎疫情已构成"国际关注的突发公共卫生事件"。疫情期间，为了降低线下就诊交叉感染风险，促进优质医疗资源下沉，国家卫生健康委员会出台系列政策鼓励患者网络就诊，互联网医院凭借其无接触、医疗资源集中等优势，迎来了快速增长期。根据央视新闻报道，截至2020年6月底，全国各地已经审批设立互联网医院近600家。2021年3月13日，我国《第十四个五年规划和2035年远景目标纲要》（以下简称"十四五规划"）发布，在健康领域，推进线上线下公共服务共同发展、深度融合，积极发展互联网医院、将符合条件的互联网医疗服务纳入医保支付范围等内容均在“十四五规划”之列。在互联网医院处于高速发展的阶段，本文拟对当前相关法律法规框架进行梳理，并分析该等政策在实践中可能出现的难点及风险。

二 概念辨析

2014 年 8 月国家卫健委发布《关于推进医疗机构远程医疗服务的意见》之后，互联网医院开始陆续设立。但由于此前大部分患者并没有网络就诊的习惯，加之后期缺少相关政策进一步的扶持，互联网医院一度沉寂。新冠肺炎疫情期间，为缓解实体医院压力，避免疫情扩散，相关政策陆续出台，互联网医疗发展进入政策红利期，截至目前，现行相关有效的法律法规、政策汇总如表 1 所示。

表 1 **互联网医疗相关法律法规、政策**

名称	发布日期
《关于组织开展省院合作远程医疗政策试点工作的通知》	2014 年 3 月 11 日
《关于推进医疗机构远程医疗服务的意见》	2014 年 8 月 21 日
《关于积极推进“互联网 +”行动的指导意见》	2015 年 7 月 1 日
《医疗机构管理条例》	2016 年 2 月 6 日
《最高人民法院关于审理非法行医刑事案件具体应用法律若干问题的解释》	2016 年 12 月 16 日
《“健康中国 2030”规划纲要》	2016 年 10 月 25 日
《互联网药品信息服务管理办法》	2017 年 11 月 17 日
《关于促进“互联网 + 医疗健康”发展的意见》	2018 年 4 月 25 日
《互联网诊疗管理办法（试行)》	2018 年 7 月 17 日
《互联网医院管理办法（试行)》	2018 年 7 月 17 日
《远程医疗服务管理规范（试行)》	2018 年 7 月 17 日
《互联网医院基本标准》	2018 年 7 月 17 日
《上海市互联网医院管理办法》	2019 年 7 月 16 日
《关于完善“互联网 +”医疗服务价格和医保支付政策的指导意见》	2019 年 8 月 17 日
《药品管理法（2019 年修订)》	2019 年 8 月 26 日

续表

名称	发布日期
《促进健康产业高质量发展行动纲要（2019—2022）》	2019 年 8 月 28 日
《关于加强信息化支撑新型冠状病毒感染的肺炎疫情防控工作的通知》	2020 年 2 月 3 日
《关于在疫情防控中做好互联网诊疗咨询服务工作的通知》	2020 年 2 月 6 日
《关于深化医疗保障制度改革的意见》	2020 年 2 月 25 日
《关于推进新冠肺炎疫情防控期间开展“互联网＋”医保服务的指导意见》	2020 年 2 月 28 日
《关于支持新业态新模式健康发展激活消费市场带动扩大就业的意见》	2020 年 7 月 14 日
《关于进一步优化营商环境更好服务市场主体的实施意见》	2020 年 7 月 15 日
《关于进一步加强远程医疗网络能力建设的通知》	2020 年 10 月 22 日
《关于积极推进“互联网＋”医疗服务医保支付工作的指导意见》	2020 年 10 月 24 日
《药品网络销售监督管理办法（征求意见稿）》	2020 年 11 月 12 日
《中华人民共和国国民经济和社会发展第十四个五年规划和 2035 年远景目标纲要》	2021 年 3 月 13 日

如上表所示，《互联网诊疗管理办法（试行）》《互联网医院管理办法（试行）》和《远程医疗服务管理规范（试行）》（合称“互联网医疗新规”）于2018 年7 月出台，在此之前相对模糊的“互联网＋医疗”服务概念以全国性文件的方式得以明晰，即“互联网＋医疗”包括三种模式，第一种是服务患者的“互联网诊疗”，第二种是“互联网医院”，第三种是服务医疗机构的“远程医疗”，本文着重分析互联网医院的发展背景和实施难点。“互联网＋医疗”主要的架构具体如图 1 所示：

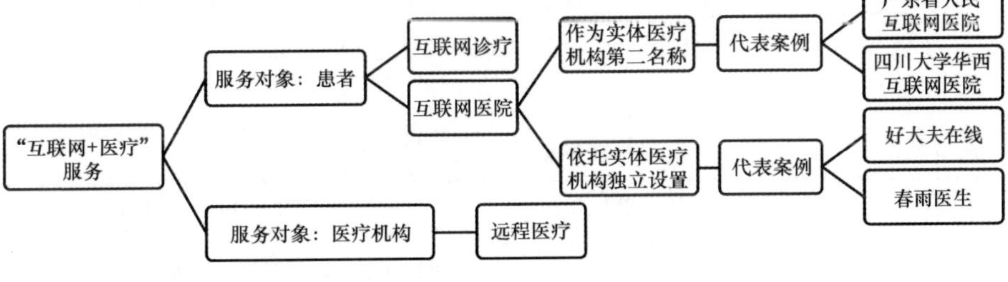

图 1　“互联网＋医疗”服务结构

图片来源：笔者绘制。

三　互联网医院得以快速发展的背景

随着时代和技术的进步，互联网医院的发展迎来了“天时、地利、人和”的时代背景。首先，在技术层面，人工智能、通信技术的成熟尤其是5G技术的推广应用为互联网医院的发展奠定了技术基础，大数据时代亦使得电子病历数据库的建设和储存成为可能；其次，如本文第一部分所示，近年来医疗制度的改革为互联网医院的发展提供了政策环境，互联网医疗政策从互联网诊疗活动准入、执业规则、价格政策、安全管理以及行业监管政策等方面多管齐下，系统全面地推动互联网医疗行业的规范发展；再次，在目标受众方面，网络时代的人民群众特别是中青年人已经适应和习惯了在手机、电脑等电子设备上操作生活的方方面面，包括利用互联网实现医疗目的，新冠肺炎疫情的暴发更迫使患者（或其他医疗健康消费者）养成线上的医疗消费习惯；最后，互联网医疗方便灵活，打破时空限制，可以有效分担门诊压力，优化医疗资源配置和服务流程，这也是互联网医疗市场不断增长的重要原因。

四　实施难点和存在的风险

在“互联网+医疗”服务概念下，三种互联网医疗模式的出现对监管机构形成了强有力的挑战。“互联网医疗新规”发布后，对于各种模式的资质证照、准入要求等规定变得更为明确。我们基于现行法律法规，对三种模式所对应的具体资质要求归纳总结如表2所示。

表2　　三种互联网医疗模式的资质要求

模式	准入资质要求	提供服务的人员及资质要求
远程医疗	合法设置并取得《医疗机构执业许可证》的医疗机构	1. 本机构和其他医疗机构注册的医师； 2. 医师个人不能直接作为受邀方使用信息化技术为本医疗机构外的患者诊疗提供技术支持

续表

模式	准入资质要求	提供服务的人员及资质要求
互联网诊疗	1.《医疗机构执业许可证》 2. 服务方式中获得“互联网诊疗”的批准	1. 本机构注册的医师； 2. 已在国家电子注册系统注册； 3. 医务人员应当进行电子实名认证
互联网医院	1. 作为实体医疗机构第二名称的互联网医院：在《医疗机构执业许可证》中添加互联网医院为第二名称 2. 依托实体医疗机构独立设置的互联网医院：向互联网医院颁发《医疗机构执业许可证》	1. 本机构和其他医疗机构注册的医师； 2. 已在国家电子注册系统注册； 3. 医务人员应当进行电子实名认证

（一）执业医师多点执业

尽管医师多点执业政策已放开，但现实中，实体医院的严格管理使得医师入驻第三方平台存在一定限制，大多数医生作为事业编制的单位员工，即使医师在互联网医院多点执业有政策支持，但其也不可能无视医院的内部管理规定。

根据《关于推进和规范医师多点执业的若干意见》的规定①，医师多点执业的概念为医师于有效注册期内在两个或两个以上医疗机构定期从事执业活动的行为。

“十四五规划”在深化医药卫生体制改革方面提到“实施医师区域注册，推动医师多机构执业”。2017 年 4 月 1 日开始实施的《医师执业注册管理办法》实现的是医师省级行政区划内的自由流动，在省级行政区域内多点执业，仅需进行备案；而对于医师的跨省市执业仍然需要以执业机构为单位进行注册，这对互联网医院的发展造成一定的限制。因

① 国家卫生计生委、国家发展改革委、人力资源社会保障部、国家中医药管理局、中国保监会：《关于推进和规范医师多点执业的若干意见》，规定如下：“二、医师多点执业的资格条件和注册管理。（一）医师多点执业的资格条件。医师多点执业是指医师于有效注册期内在两个或两个以上医疗机构定期从事执业活动的行为。医师参加慈善或公益性巡回医疗、义诊、突发事件或灾害事故医疗救援工作，参与实施基本和重大公共卫生服务项目，不属于本意见规定的医师多点执业。医师外出会诊按照《医师外出会诊管理暂行规定》等有关规定执行。”

为互联网医院设立的意义就在于平衡各地区医疗水平的差异，医疗不发达地区的人们可以“足不出户”享受医疗发达地区的医师提供的优质医疗服务。因此笔者认为，解决互联网医院医师执业问题的关键在于打破跨省执业的壁垒、创建医疗服务共享。根据《互联网医院管理办法（试行)》第 29 条的规定，互联网医院提供诊疗服务的医师，应当依法取得相应执业资质，在依托的实体医疗机构或其他医疗机构注册，具有 3 年以上独立临床工作经验。互联网医院提供服务的医师，应当确保完成主要执业机构规定的诊疗工作。规定并不要求多点执业的医师在实体医疗机构进行备案登记，而是仅在相关医疗机构注册，满足相应的执业资质即可。虽然根据《执业医师法》第 14 条和《处方管理办法》第 8 条的规定，医师可以在注册的执业地点执业，经注册的执业医师在执业地点取得相应的处方权，但我们理解，监管部门出于缓解医疗资源地域分布不平衡的矛盾的考虑，通过《互联网医院管理办法（试行)》对医师执业注册进行适度的放宽，符合在互联网医院提供服务的医师无须进行多点执业备案或注册即可在互联网医院执业，该规定在一定程度上是对过往法律法规对于医师只能在注册执业地点执业和拥有处方权的突破，这也有助于进一步提升执业医师加入互联网医院并提供线上医疗服务的积极性。

（二）处方药销售的监管

根据《药品流通监督管理办法》《互联网药品交易服务审批暂行规定》《国家食品药品监督管理总局关于加强互联网药品销售管理的通知》等相关规定,[①] 药品生产、经营企业不得采用邮售、互联网交易等方式直接向公众销售处方药。在过往很长一段时间内，医疗机构或者第三方医药平台在线销售处方药都受到法律法规的明令禁止。

随着近年来互联网医院的出现和快速的发展，逐渐放开处方药的网

① 国家食品药品监督管理局:《药品流通监督管理办法》，第 21 条规定：“药品生产、经营企业不得采用邮售、互联网交易等方式直接向公众销售处方药。”国家食品药品监督管理局：《互联网药品交易服务审批暂行规定》第 21 条规定：“向个人消费者提供互联网药品交易服务的企业只能在网上销售本企业经营的非处方药，不得向其他企业或者医疗机构销售药品。”

络销售渠道成为不可避免的趋势，立法层面也出现了一定程度的松动。2019 年修订的《药品管理法》也并未将“处方药”列为不得在网络销售的药品类型，为进一步明确立法留下空间。另外，在全国人大常委会办公厅针对修订新《药品管理法》举办的新闻发布会上，国家药监局政策法规司司长刘沛亦提到将对网络销售处方药采取“包容审慎”的态度，药监部门也将按照药品管理法的总原则，进一步明确有关政策，关键核心在于“线上线下要一致”，所以对于网售的主体，必须首先是已取得许可证的实体企业，即线下要有许可证，线上才能够售卖处方药。2020 年 11 月 12 日，根据新修订的《药品管理法》，国家药监局制定《药品网络销售监督管理办法（征求意见稿）》并公开征求意见，《药品网络销售监督管理办法（征求意见稿）》明确了网络销售处方药的条件，即“药品零售企业通过网络销售处方药的，应当确保电子处方来源真实、可靠，并按照有关要求进行处方调剂审核，对已使用的处方进行电子标记”。另外，考虑到网络销售的特殊性，我们认为应对网络销售的处方药提出更严格的要求，比如药品销售网络必须和医疗机构信息系统互联互通，要信息能共享，主要是确保处方的来源真实，保障患者的用药安全。同时，配送上也必须要符合药品经营质量规范的要求。从前述立法动向可见，互联网销售处方药处于逐渐放开的趋势。

（三）医保支付的接入

在当前中国的医疗环境下，公立医院仍承担着主要的门诊服务，但由于患者群相对稳定等原因，公立医院一般不会率先加入发展互联网医疗业务的浪潮中。在此前提下，患者出于对价格的考虑往往会优先选择前往线下公立医院就医。在本次疫情倒逼下，如何从医保层面优化互联网医院落地政策环境成为核心问题。

2020 年 2 月至 2020 年 7 月，包括《关于进一步优化营商环境更好服务市场主体的实施意见》在内的多份文件明确将“互联网 +”医疗服务纳入医保报销范围。2020 年 10 月 24 日，国家医疗保障局发布《关于积极推进“互联网 +”医疗服务医保支付工作的指导意见》，对“互联网 +”医疗服务医保支付工作提出了做好“互联网 +”医疗服务医保协议管理和完善“互联网+”医疗服务医保支付政策等指导意见。“十四五规划”也明确了将符合条件的互联网医疗服务纳入医保支付范围，落实异地就医结算。就广东省而言，广东省医疗保障局也在直播访谈中表示将大力推行“互联网+医保”服务举措。[①] 目前，广东省人民医院等多家省内医院已支持患者使用微信进行医保个账支付。北京、上海、天津等多地的医院也相继开通了线上医保支付业务。

尽管这一举措有效增加了患者线上就诊的积极性，但目前国内医保统筹级别较低、异地医保结算程序复杂的情况依然存在，如何打通各地医保支付对于以跨地区就医为优势的互联网医院而言仍是一大挑战。与此同时，当前医保支付范围仅限于部分较为发达的城市，政策能否切实落实到各个城市仍需要进一步观察。

（四）诊疗范围的判断

根据《互联网诊疗管理办法（试行）》第16条[②]和《互联网医院管理办法（试行）》第19条[③]的规定，医师只能在掌握患者病历资料的前提下，通过互联网医院为部分常见病、慢性病患者提供复诊服务。该规定对互联网诊疗提出了严格的风险控制标准。但是，目前相关文件并未进一步说明如何在实践操作中确定患者属于复诊还是初诊，“部分常见病、慢性病”的具体范围也尚未明确。

国家卫健委于2018年9月14日召开的新闻发布会中表示，未来将依靠正在建立的区域卫生信息平台，以及电子病历的数据库，把电子病

---

① 2020年7月21日，广东省医疗保障局上线广东民声热线直播访谈表示，http://live.cloud.gd.gov.cn/index.php? pid=944。

② 国家卫生健康委员会、国家中医药管理局：《互联网诊疗管理办法（试行）》第16条规定：“医疗机构在线开展部分常见病、慢性病复诊时，医师应当掌握患者病历资料，确定患者在实体医疗机构明确诊断为某种或某几种常见病、慢性病后，可以针对相同诊断进行复诊。当患者出现病情变化需要医务人员亲自诊查时，医疗机构及其医务人员应当立即终止互联网诊疗活动，引导患者到实体医疗机构就诊。”

③ 国家卫生健康委员会、国家中医药管理局：《互联网医院管理办法（试行）》第19条规定：“患者在实体医疗机构就诊，由接诊的医师通过互联网医院邀请其他医师进行会诊时，会诊医师可以出具诊断意见并开具处方；患者未在实体医疗机构就诊，医师只能通过互联网医院为部分常见病、慢性病患者提供复诊服务。互联网医院可以提供家庭医生签约服务。”

历和居民的电子健康档案连接起来。医师可以通过该数据库的信息对患者情况进行判断。然而，在当地的区域卫生信息平台和电子病历的数据库尚未建立前，医师如何掌握病历资料并进行诊断在全国性文件中尚未得到明确解释。但在地方层面，以海南省为例，当地卫健委于2020年5月发布的《海南省互联网医院管理办法（试行）》第36条①已通过列举的方式规定由患者承担证明自己是否为复诊的义务。

（五）出诊医生的真实性及服务质量保障

互联网平台上的出诊医生主要是远程线上办公，有别于线下的面对面就诊，因此，总体而言能够对出诊医生在线医疗服务实施的控制及监管有限。就如何保证出诊医生的真实性，也需要通过各类验证技术进行保障，如人脸识别、账号密码登录等，但目前无法严格保证各类互联网医疗平台上的风险管理程序足以监控出诊医生的真实性、工作表现和服务质量。如果出诊医生未能遵守在线问诊服务有关的合同义务及遵循相关的法律法规，则可能存在一系列隐患。

（六）数据合规

互联网医疗服务将生成并处理大量的个人、交易、群体及行为数据，包括电子病历及其他个人信息。互联网医院面临处理大量数据和维护及保护此类数据所固有的风险与挑战，包括如何保护存储在系统上的数据、防止外部对系统的攻击或者内部员工的欺诈行为、合法收集、使用、提供个人信息等。互联网医院在数据合规方面受到国家对“互联网”和“医疗”行业的双重监管，现行相关有效的监管规定摘录如下：

① 海南省卫生健康委员会：《海南省互联网医院管理办法（试行）》第36条规定：“互联网医院为部分常见病、慢性病患者提供复诊服务的，应至少符合以下条件之一：（一）患者可以提供在实体医疗机构既往就诊病历的电子文档；（二）患者可以提供在其他互联网医院就诊的电子病历；（三）互联网医院经患者授权通过人口健康信息平台或第三方平台获取患者电子健康档案；（四）互联网医院经患者授权通过实体医疗机构获取患者电子病历；（五）患者在执业医师陪同下在互联网医院就诊的；（六）接诊6岁以下儿童并开具互联网儿童用药处方时，应当确定患儿有监护人和相关专业医师陪伴。”

表3 **互联网医院监管相关规定**

名称	生效日期	条款内容
《规范互联网信息服务市场秩序若干规定》	2012年3月15日	第11条　未经用户同意，互联网信息服务提供者不得收集与用户相关、能够单独或者与其他信息结合识别用户的信息（以下简称“用户个人信息”），不得将用户个人信息提供给他人，但是法律、行政法规另有规定的除外 互联网信息服务提供者经用户同意收集用户个人信息的，应当明确告知用户收集和处理用户个人信息的方式、内容和用途，不得收集其提供服务所必需以外的信息，不得将用户个人信息用于其提供服务之外的目的 第12条　互联网信息服务提供者应当妥善保管用户个人信息；保管的用户个人信息泄露或者可能泄露时，应当立即采取补救措施；造成或者可能造成严重后果的，应当立即向准予其互联网信息服务许可或者备案的电信管理机构报告，并配合相关部门进行的调查处理
《关于加强网络信息保护的决定》	2012年12月28日	二、网络服务提供者和其他企业事业单位在业务活动中收集、使用公民个人电子信息，应当遵循合法、正当、必要的原则，明示收集、使用信息的目的、方式和范围，并经被收集者同意，不得违反法律、法规的规定和双方的约定收集、使用信息 网络服务提供者和其他企业事业单位收集、使用公民个人电子信息，应当公开其收集、使用规则
《电信和互联网用户个人信息保护规定》	2013年9月1日	第5条　电信业务经营者、互联网信息服务提供者在提供服务的过程中收集、使用用户个人信息，应当遵循合法、正当、必要的原则
《医疗机构病历管理规定》	2014年1月1日	第6条　医疗机构及其医务人员应当严格保护患者隐私，禁止以非医疗、教学、研究目的泄露患者的病历资料
《人口健康信息管理办法（试行）》	2014年5月5日	第3条　本办法所称人口健康信息，是指依据国家法律法规和工作职责，各级各类医疗卫生计生服务机构在服务和管理过程中产生的人口基本信息、医疗卫生服务信息等人口健康信息 第10条　不得将人口健康信息在境外的服务器中存储，不得托管、租赁在境外的服务器

续表

名称	生效日期	条款内容
《中华人民共和国网络安全法》	2017年6月1日	第41条　网络运营者收集、使用个人信息，应当遵循合法、正当、必要的原则，公开收集、使用规则，明示收集、使用信息的目的、方式和范围，并经被收集者同意 网络运营者不得收集与其提供的服务无关的个人信息，不得违反法律、行政法规的规定和双方的约定收集、使用个人信息，并应当依照法律、行政法规的规定和与用户的约定，处理其保存的个人信息 第42条　网络运营者不得泄露、篡改、毁损其收集的个人信息；未经被收集者同意，不得向他人提供个人信息。但是，经过处理无法识别特定个人且不能复原的除外 网络运营者应当采取技术措施和其他必要措施，确保其收集的个人信息安全，防止信息泄露、毁损、丢失。在发生或者可能发生个人信息泄露、毁损、丢失的情况时，应当立即采取补救措施，按照规定及时告知用户并向有关主管部门报告
《国家健康医疗大数据标准、安全和服务管理办法（试行）》	2018年7月12日	第17条　责任单位应当建立健全相关安全管理制度、操作规程和技术规范，落实“一把手”责任制，加强安全保障体系建设，强化统筹管理和协调监督，保障健康医疗大数据安全 涉及国家秘密的健康医疗大数据的安全、管理和使用等，按照国家有关保密规定执行。责任单位应当建立健全涉及国家秘密的健康医疗大数据管理与使用制度，对制作、审核、登记、拷贝、传输、销毁等环节进行严格管理 第30条　责任单位应当具备符合国家有关规定要求的数据存储、容灾备份和安全管理条件，加强对健康医疗大数据的存储管理。健康医疗大数据应当存储在境内安全可信的服务器上，因业务需要确需向境外提供的，应当按照相关法律法规及有关要求进行安全评估审核
《中华人民共和国民法典》	2021年1月1日	第111条　自然人的个人信息受法律保护。任何组织或者个人需要获取他人个人信息的，应当依法取得并确保信息安全，不得非法收集、使用、加工、传输他人个人信息，不得非法买卖、提供或者公开他人个人信息

五　结语

自新冠肺炎疫情暴发以来，在市场需求和政策双向驱动下，互联网医院进入快速发展时期，成为了未来医疗机构发展的重要方向之一。在享受法律法规及政策带来的红利时，互联网医院也受到相应的制约。在现有的法律框架下厘清互联网医疗行业相关概念及准入标准，了解实践中可能面临的问题，有助于互联网医疗行业进一步发展和完善。随着后续相关技术的不断创新和政策法规的不断完善，我们相信互联网与医疗健康之间的融合将日益规范与深入。

（责任编辑：徐玖玖）

Research
研究报告

《区域全面经济伙伴关系协定》(RCEP)相关规则对电信行业的影响分析

——以电信运营商为视角

杨海波　张茂林

（中国移动集团法律专家；
中国移动集团法律专家）

内容提要　2022年1月1日，《区域全面经济伙伴关系协定》（RCEP）将在包括中国在内的部分成员国间生效。其中，较高水平的电信和电子商务等章节，体现了各成员国在信息通信领域进一步推动市场开放、完善监管体制、开展经贸合作的决心。本文通过对RCEP电信、电子商务相关章节的梳理，对比分析RCEP对我国电信行业的市场开放、互联互通、国内监管等方面产生的影响，对运营商提出建议：应对市场开放，加强国际合作；规范经营行为，充分落实RCEP规则；加强数据管理，完善数据保护框架；做好提前布局，应对更高水平开放。

关键词　区域贸易协定　电信服务　东盟　市场开放　互联互通

2020年11月，《区域全面经济伙伴关系协定》（RCEP）正式签署。其中，较高水平的电信服务和电子商务等章节，体现了各成员国在信息通信领域进一步推动市场开放、加强互联互通、完善监管体制、开展经贸合作的决心，将对我国电信行业的国内监管、市场开放、对外投资等方面产生一定影响。当前，国内电信运营商正在转型升级的关键阶段，国内人口红利见顶，传统电信业务增速缓慢，云计算、DICT 等新兴业务蓬勃发展，电信行业也从传统的管道类业务逐渐向外扩展，涉及越来越多的数据跨境流动、线上个人信息保护等议题。

笔者以电信运营商为视角，从 RCEP 规则中梳理与电信行业直接相关的电信服务附件、电信运营中涉及的电子商务等章节内容，分析其对电信行业的影响，为电信运营商及时调整内部治理，充分落实 RCEP 相关规则对产业竞争、数据保护及市场监管的合规性要求；提前预判投资战略布局，把握 RCEP 等国际经贸协定带来的战略机遇和市场红利提供参考。

一 RCEP 电信服务附件和电子商务章节概述

（一）电信服务附件概述

从 2015 年开始，RCEP 引入了高水平的电信服务规则谈判，经过 18 轮磋商，最终达成包含 23 个条款在内的电信服务专章（见表 1），与金融服务、专业服务一并分别以附件形式纳入服务贸易章节。

从规则文本内容来看，电信服务附件主要规定了三方面内容：一是通过保障互联互通、主要提供者给予非歧视待遇、电杆/管线/专用线路服务的公平接入等条款，确保一国运营商进入他国市场后，能够以非歧视的条件及价格，获得相关基础资源的接入及使用；二是通过监管方法、竞争保障、技术选择等条款，保障市场竞争的充分性和技术选择的灵活性；三是通过独立监管机构、许可等条款，加强电信市场监管的法制化和规范化。

非歧视待遇、公平接入等方面的规则，给电信运营商尤其是主导运营商提出了更高标准的互联互通要求。国际海底电缆系统、电杆、管线和管网的接入、国际移动漫游等规则的制定，将促进区域内电信行业的开放和融合，有利于国内通信设备制造商、电信运营商抢占国际市场，在 RCEP 成员国开拓更多市场份额，值得电信运营商关注。

表 1　**电信服务附件条款列表**

定义	普遍服务
范围	许可
监管方法	稀缺资源的分配和使用
接入和使用	透明度
号码携带	与国际组织的关系
竞争保障	国际海底电缆系统
主要提供者给予的待遇	网络元素的非捆绑
转售	电杆、管线、管网的接入
互联互通	技术选择的灵活性
专用线路服务的提供和定价	国际移动漫游
共址	电信争端解决机制
独立电信监管机构	

（二）电子商务章节概述

RCEP 谈判开始于 2012 年，伴随着跨境电商贸易的高速发展，RCEP 启动了成员国间关于电子商务相关规则的探讨，经过 30 轮谈判，于 2019 年达成涵盖 17 个条款在内的电子商务专章（见表 2）。从规则文本内容来看，电子商务章节除规定了电子认证和签名、在线消费者保护、在线个人信息保护、网络安全等条款外，我国还首次在符合国内法律法规的前提下在自贸协定中纳入数据跨境流动等规定。

表 2　**电子商务章节条款列表**

定义	国内监管框架
原则和目标	海关关税
范围	透明度

续表

定义	国内监管框架
合作	网络安全
无纸化贸易	计算设施的位置
电子认证和电子签名	通过电子方式跨境传输信息
线上消费者保护	电子商务对话
线上个人信息保护	争端解决
非应邀商业电子信息	

二　RCEP 对电信行业的影响分析

（一）扩大电信市场开放，创造区域发展机遇

从 RCEP 成员国电信市场开放承诺来看，包括文莱、柬埔寨、马来西亚、缅甸、菲律宾、泰国等国在内的东盟国家，在前期对我国电信市场开放的基础上，新增开放部分基础和增值电信业务，放宽部分业务的准入条件或提供方式，为我国电信行业海外投资，提供新的机遇（见表 3）。

表 3　　RCEP 项下东盟成员国电信市场开放表（新增）

文莱	在 RCEP 中，由正面清单变为负面清单，对电信全部门进行全面开放；同时对于外资参股的限制，提高到了 51%
柬埔寨	与《中国—东盟自由贸易协定》相比，将以下业务的外资股比不超过 49% 的限制取消： 语音电话服务（CPC 7521）、分组交换数据传输服务（CPC 7523＊＊）、电路交换数据传输服务（CPC 7523＊＊）、电传服务（CPC 7523＊＊）、电报服务（CPC 7522）、传真服务（CPC 7521＊＊ + 7529＊＊）、专线电路租赁业务（CPC 7522＊＊ + 7523＊＊）
马来西亚	由正面清单变为负面清单，开放程度提升；在 RCEP 中没有股权比例的限制
缅甸	新增开放语音电话服务、数据服务、电路交换数据传输服务、传真服务、私人租用电路服务、增值传真服务以及寻呼、电信设备维护等服务

续表

菲律宾	1. 新增开放增值服务中的电子邮件（CPC 7523 ＊ ＊）、增值传真服务（CPC 7523 ＊ ＊）、编码和程序转换以及在线信息或数据（CPC 843 ＊ ＊），其中以商务存在形式入境须符合以下要求：外国股权最高可达 40%；必须在菲律宾监管机构注册，但不允许建立自己的网络；自然人存在形式服务提供者必须是菲律宾公民 2. 开放通过跨境提供模式开展基础电信业务，要求与商业存在模式相同
泰国	新增或进一步放开电报服务、传真服务、专线电路租赁服务、在线信息和数据库检索服务、电信设备销售服务等业务，具体要求详见附表

从我国电信业务对外开放情况来看，2001 年加入 WTO 时，我国开放了 12 项基础电信业务中的 7 项，外资股比不超过 49%，以及 10 项增值电信业务中的 4 项，外资股比不超过 50%；近年来，在 WTO 承诺基础上，我国先后通过自贸区试点及负面清单等多种形式，持续推进电信市场对包括东盟在内的外资企业开放。2014 年，工信部在上海自贸区开展增值电信业务试点，新增开放 4 项增值电信业务，并将除国内互联网虚拟专用网业务外的其他 7 项业务外资股比限制取消，并于 2020 年 6 月，将上海自贸区试点政策推广至全国其他自贸区；2019 年 6 月，我国通过负面清单，在全国范围内放开电子商务、国内多方通信、存储转发类、呼叫中心业务外资股比，大幅提升开放水平。考虑到我国电信市场总体开放形势，我国暂未在 RCEP 框架下对东盟做出更高水平开放承诺（见表 4）。

表 4　**中国电信市场开放清单**

业务类别		对外资开放程度
基础电信业务（共 12 类）	移动通信、固定通信、国内设施、互联网国际数据等 7 类业务	外资不超过 49%
	卫星通信等其他基础电信业务	未对外资开放
	转售业务	外资股比不超过 49%
	接入网业务（试点）	未开放

续表

<table>
<tr><th colspan="2">业务类别</th><th>对外资开放程度</th></tr>
<tr><td rowspan="4">第一类增值电信业务（共4类）</td><td>互联网数据中心业务（云计算）</td><td>CEPA（对港澳资本）下开放50%</td></tr>
<tr><td>内容分发网络业务</td><td>未开放</td></tr>
<tr><td>国内虚拟专用网业务</td><td>自贸区和CEPA下开放50%</td></tr>
<tr><td>互联网接入服务业务</td><td>自贸区和CEPA下广东省开放100%（限为上网用户提供）</td></tr>
<tr><td rowspan="6">第二类增值电信业务（共6类）</td><td>在线数据处理与交易处理业务</td><td>50%，电子商务业务100%</td></tr>
<tr><td>国内多方通信服务业务</td><td>100%</td></tr>
<tr><td>存储转发类业务</td><td>100%</td></tr>
<tr><td>呼叫中心业务</td><td>100%</td></tr>
<tr><td>信息服务业务</td><td>50%，自贸区和CEPA下广东省开放100%（限应用商店）</td></tr>
<tr><td>编码和规程转换业务</td><td>50%</td></tr>
</table>

（二）细化设施接入义务，提升互联互通标准

1. RCEP 规则主要义务

为保障一国运营商进入他国市场后，能够以非歧视的条件及价格，获得相关基础资源的接入及使用，RCEP 电信服务附件对基础运营商（主导运营商）提出各关键要素的接入、使用及互联互通要求，包括：一是从范围来看，涵盖提供服务的全部要素，包括公共电信网络和服务、终端或其他设备（购买或租赁）、服务所需的内部通信、数据库信息、海底电缆系统等基础设施，专用线路、网络元素、电杆、管线、管网等关键元素，通过共址提供基础设施建设的基础和虚拟空间，以及频率和码号等关键资源的市场化分配；二是从接入和使用的条件来看，实质层面强调根据透明、合理、经济可行且充分非捆绑的条款和条件（包括技术标准和规格），以成本导向的费率及时提供，质量不低于主要提供者向其自己、非关联服务提供者、其子公司或其他关联方提供的同类服务；程序层面保障接入、使用及互联互通所适用的程序、协议及参考

报价是可被公众获得的；三是从保留措施来看，允许相关方采取必要措施，保证信息的安全性和机密性、保护公共电信网络或服务终端用户的个人信息、保障公共电信网络和服务提供者的公共服务责任（特别是其网络或服务可使公众普遍获得的能力）、保护公共电信网络或服务的技术完整性；同时明确每一缔约方应当保证其领土内公共电信网络或服务提供者，除为提供此类服务的目的外，不使用或不提供通过互联互通安排所获得的、与用户相关的商业上的敏感或保密信息。

2. 国内立法与实践

从国内立法和实践情况来看，对电信设施和资源的接入使用及互联互通条款，主要分布于《电信条例》《公用电信网间互联管理规定》《电信设备进网管理办法》《无线电管理条例》《无线电管制规定》《电信网码号资源管理办法》等相关规定以及我国加入 WTO 时签署的《电信附件》中，确立适合我国实践的监管框架：一是从范围来看，由主导电信运营商制定网间互联的程序、时限、非捆绑网络元素目录等内容的互联规程，非主导的电信业务经营者的电信网与主导的电信业务经营者的电信网网间互联，互联传输线路必须经由主导的电信业务经营者的管道（孔）、杆路、线缆引入口及槽道等通信设施的，主导的电信业务经营者应当予以配合提供使用，并不得附加任何不合理的条件；二是从接入和使用条件来看，我国相关立法中明确按照技术可行、经济合理、公平公正、相互配合的总体原则进行互联互通，主导运营商应当按照非歧视和透明化的原则，制定相关互联规程，或有公共电信网间互联双方达成协议，并报主管部门审查同意，此外，在频谱和码号等稀缺资源的分配和使用方面，主要由国家按照统一规划、合理开发、科学管理、有偿使用的原则进行管理；三是从保留措施来看，我国立法中①明确公共电信业务经营者发现不良信息，应当立即停止传输，保存有关记录，并向国家有关机关报告；同时明确电信用户依法使用电信的自由和通信秘密受法律保护，除因国家安全或者追查刑事犯罪的需要，由公安机关、国

① 《电信条例》第 61 条："在公共信息服务中，电信业务经营者发现电信网络中传输的信息明显属于本条例第 56 条所列内容的，应当立即停止传输，保存有关记录，并向国家有关机关报告。"

家安全机关或者人民检察院依照法律规定的程序对电信内容进行检查外，任何组织或者个人不得以任何理由对电信内容进行检查。电信业务经营者及其工作人员不得擅自向他人提供电信用户使用电信网络所传输信息的内容。

3. 对比分析

对比 RCEP 与国内立法实践，总体来看，存在以下差异，可能导致后续国内监管政策调整，需要重点关注：一是网络元素接入方面，相较于 RCEP 规定的更加全面的网络元素接入范畴，目前我国在实践中尚未严格要求运营商制定并发布网络元素目录及可以获得相关元素的服务提供者，RCEP 生效后或需要基础运营商充分落实相关网络元素目录的制定，落实全面的、非绑定的接入义务。同时，在频谱和码号的获取方式方面，基于国家所有和统一分配的基本原则，较少采用拍卖、行政激励定价或其他非许可使用方式进行分配，未来放开外资市场后，频谱和码号的获取方式或将更加市场化；二是设施共址方式方面，不同于 RCEP 及其他自贸协定中广泛使用的物理和虚拟共址制度，我国采取由铁塔公司主导的大型基础设施的共建共享机制，实践层面，在连接终端用户的“最后一公里”时，不同运营商长期围绕设施建设的空间等问题产生纠纷和争端，未来放开外资市场后，需进一步规范通信设施建设的空间共享问题，落实各方共址义务，避免合规风险；三是通信秘密保护方面，RCEP 明确了公共电信网络或服务提供者，除为提供服务的目的外，不使用或不提供通过互联互通安排所获得的、与用户相关的商业上的敏感或保密信息，而我国相关立法同时要求运营商对不当的通信信息，具有及时发现并处理的义务，存在法律适用竞合问题，未来开放市场后，我国执法机构及运营商仍需落实较为严格的通信安全管理义务，而部分外资或更加注重对通信秘密的保护，进而对信息监测合规性进行质疑。

（三）完善市场监管体系，营造公平竞争环境

1. RCEP 规则主要义务

为保障信息通信市场竞争的充分性、提升监管规范性和技术选择的灵活性，RCEP 电信和电子商务章节相关条款做出规定：一是从监管体系来看，进一步完善信息通信业监管体系，在新兴领域和竞争较为充分的领域，保障独立监管机构，提升许可审批的规范性，提升政策制定的透明度，尤其是加强外资对本国立法和政策制定的参与度；二是从市场竞争来看，严格限制交叉补贴、不当获取使用商业秘密等不正当竞争行为，保障主导运营商向外资提供非歧视待遇，同时开放码号携带及转售业务，促进关键资源的流动，以保障市场竞争公平性；三是技术选择方面，提升技术选择的自由度和灵活性，保障技术服务接口兼容性，对新技术、新业务的发展和选择保持监管的适度谦抑性。

2. 国内立法与实践

国内来看，围绕信息通信产业监管、政策制定以及市场公平竞争的立法和监管政策，分布于《行政许可法》《立法法》《反不正当竞争法》《反垄断法》《外商投资法》等立法，以及《电信条例》《互联网信息服务管理规定》《外商投资电信企业管理规定》《电信业务经营许可管理办法》《行政法规制定程序条例》《规章制定程序条例》《携号转网服务管理规定》《优化营商环境条例》《网络安全审查办法》等政策法规相关规定中。具体来看，一是在监管体系方面，完善信息通信市场监管体系，建立独立监管机构，不断推进放管服改革，清减行政审批事项、流程和时限，建立企业信用信息管理体系和外资安全审查体系，提升行政许可、行政处罚以及政策制定透明度；二是在营商环境和市场竞争方面，不断优化外商投资营商环境，建立“负面清单” + “准入前国民待遇”原则，推动修订《反垄断法》并加强执法，大幅提高反垄断违法处罚标准，敦促企业全面加强反垄断合规，调整完善反垄断申报标准和审查时限，加强经营者配合审查义务，拓宽垄断协议的范围，完善垄断协议和滥用行为的认定标准，同时确立竞争政策的基础地位，全面规范政府行为对市场竞争的影响；三是在服务和技术选择方面，探索开展移动通信转售和携号转网服务，通过刺激竞争优化服务、提升消费者福祉，对于物联网等新技术新业务的试办要求予以备案[①]，对于部分关键信息

① 《电信条例》第9条：“运用新技术试办《电信业务分类目录》未列出的新型电信业务的，应当向省、自治区、直辖市电信管理机构备案。”

基础设施及敏感业务，如服务党政军的云计算设施等，在采购部分设备、使用新技术并可能导致安全风险时，要求通过安全审查缓解相关风险①。

3. 对比分析

对比 RCEP 与国内立法实践，总体来看，存在以下差异，可能导致后续监管政策调整，需要重点关注：一是在营商环境和公平竞争方面，RCEP 强调对内外资主体、关联或非关联方的公平、非歧视待遇，同时明确反对各类型的交叉补贴和不当获取、使用商业秘密。而实践中，从美欧等发布的贸易政策审议报告来看，美欧等产业界长期对我国部分地方存在的国有企业贷款税费优惠、通过技术合作获取商业秘密等行为提出质疑，因此一旦外资准入后，企业在接入服务、码号携带、转售以及技术获取等方面的市场竞争行为，将进一步受到各方关注，有待进一步规范；二是监管体系优化方面，从 RCEP 的主要规定及外资方面的长期诉求来看，除进一步清减负面清单、推进电信市场对外开放外，目前需进一步落实相关政策制定中外资的知情权和参与权，同时需提升外国用户在服务使用中的国民待遇，如当前实践中，相较于使用二代身份证，使用护照办理携号转网等业务，其便捷性明显下降，此外，一张二代身份证在同一运营商可办理 5 张电话卡，而使用护照仅可办理 2 张；三是涉外产品和服务采购及对外合作方面，随着对外开放水平的不断提升，及信息通信服务向其他产业、应用的不断渗透，近年来，《云计算服务安全评估办法》《外商投资安全审查办法》《网络安全审查办法》等不断加强对涉外主体、技术及服务的安全管控，因此，需进一步谨慎选择涉外产品、设备以及合作对象，避免安全风险。

（四）强化用户权益保护，加强垃圾信息治理

1. RCEP 规则主要义务

为维护用户利益，保障产业健康有序发展，RCEP 规则文本根据现

---

① 《网络安全审查办法》第 3 条："网络安全审查坚持防范网络安全风险与促进先进技术应用相结合、过程公正透明与知识产权保护相结合、事前审查与持续监管相结合、企业承诺与社会监督相结合，从产品和服务安全性、可能带来的国家安全风险等方面进行审查。"

实监管需要，增加了个人信息保护、消费者权益保护、垃圾信息管理等规则，提高法制化和透明度，增强上述条款的可执行性，鼓励监管机构在产业发展、网络安全、消费者权益保护方面开展合作，具体包括以下方面：一是在国际漫游服务方面，提升国际移动漫游资费的透明度、降低漫游障碍、保障设备接入，通过加强商业安排降低国际漫游服务资费；二是用户个人信息保护方面，要求各国明确个人信息保护的法律框架，且上述立法需参考相关国际标准、指南和准则，保障个人信息侵权救济机制及企业的法律责任，鼓励法人通过互联网等方式公布个人信息相关的政策和程序，并保护他国转移而来的个人信息；三是线上消费者权益保护方面，明确消费者保护相关立法及监管框架，保护消费者免受欺诈和误导行为的损害或潜在损害，促进监管机构跨国交流合作，明确消费者侵权救济机制及企业的法律责任；四是垃圾短信治理方面，要求信息提供者为接收人提升阻止接收此类信息的能力提供便利，要求获得接收人对于接收商业电子信息的同意，将非应邀商业电子信息减少到最低限度，明确相关追索权并加强跨国合作。①

2. 国内立法与实践

从国内立法和监管实践来看，对电信资费、个人信息保护、消费者权益保护以及垃圾信息治理的相关规定，分布于《电信条例》《消费者权益保护法》《电子商务法》《民法典》《个人信息保护法》《网络安全法》《全国人民代表大会常务委员会关于加强网络信息保护的决定》《电信和互联网用户个人信息保护规定》《关于加强规范管理促进移动通信转售业务健康发展的通知》《通信短信息服务管理规定》相关规定中，具体包括：一是在电信资费方面，以市场调节为原则，由电信业务经营者根据生产经营成本、电信市场供求状况等因素，合理确定电信业务资费标准，实践中，国际漫游费用需同漫游地服务商通过商业谈判确定资费水平；二是用户个人信息保护，我国已通过专门立法＋分散立法的模式，形成包括个人信息范畴、收集、存储、使用、加工、传输、提

① 原浩、马坤：《区域全面经济伙伴关系协定的网络安全条款与安全企业作为》，《中国信息安全》2021 年 2 月 15 日。

供、公开规范、个人信息跨境、本人权利、处理者义务、监管机制及其职责，以及法律责任在内的个人信息保护框架。其中，工信部作为电信和互联网个人信息保护的专门机构，发布 24 号令并多次开展 App 个人信息治理等专项活动；三是消费者权益保护方面，建立包含健康权、财产权、知情权、选择权、公平交易权、赔偿权、人格权等在内的权利体系，明确经营者依法履约、诚实宣传、合法交易、保障安全等的义务体系，同时明确消费者权益保护的组织及争端解决机制，明确相关方法律责任；四是在垃圾短信治理方面，明确未经用户同意或者请求不得向其发送商业性短信息或拨打商业性电话，同时应当在短信息中明确标注相关信息，提供便捷和有效的拒绝方式，同时明确法律责任。

3. 对比分析

对比 RCEP 与国内立法实践，总体来看，存在以下差异，可能导致后续合规风险：一是在移动漫游资费方面，RCEP 要求通过商业安排降低国际漫游服务资费、提升透明度，由于监管体制差异，我国运营商在进行移动漫游资费商业谈判时，需进一步关注相关流程的透明度、服务的便捷性以及定价的合理性，以保障消费者福祉；二是在个人信息保护方面，RCEP 强调与国际机制的衔接，因此我国需注重与相关国际标准、重点国别个人信息保护框架之间的衔接如 OECD 隐私保护原则、APEC 隐私框架、CBPR、108 号公约、欧盟 GDPR 以及美国加州《隐私法》等，避免孤立，相较于 RCEP 相关要求，目前我国在企业个人信息保护及个人侵权救济机制方面，缺乏具体细则及操作性，如在信息通信行业个人信息保护标准和细则方面，仅围绕 App 服务出台《App 个人信息保护管理暂行规定》《App 收集使用个人信息最小必要评估规范》等规范，企业提供其他通信服务需遵守的保护标准和细则较为欠缺，缺乏具体合规标准和行为规范；三是在消费者权益保护和垃圾信息治理方面，尽管立法层面已做出相关规定，但在实际操作层面，价格歧视、数据杀熟、滥用个人信息、发送垃圾短信甚至电信网络诈骗等违法违规行为屡禁不止。最高法、公安部、工信部开展“断卡”行动，工信部加强 App 监管等一系列动作均表明，政府正在提高监管力度，运营商应当进一步提高合规运营水平，避免被监管处罚。

（五）促进数据跨境流动，消除数字贸易壁垒

1. RCEP 规则主要义务

合理的、透明的数据跨境流动政策，有助于降低电信服务管理成本、延展电信设施服务范围、降低企业合规风险。为进一步促进产业数字化发展、消除数字贸易壁垒，整合区域市场发展方向，努力避免对电子交易施加任何不必要的监管负担，RCEP 电子商务章节对数字产品、数字设施及数据流动等做出如下规定：一是数字贸易壁垒方面，明确促进无纸化贸易、电子认证、电子签名的形式有效性，明确暂时不对缔约方之间的电子传输征收关税，同时鼓励各缔约方就数字产品待遇、源代码、金融服务中跨境数据流动和计算设施的位置等开展交流合作；二是计算机设施本地化方面，RCEP 要求各缔约方不得将计算设施或者将设施置于其领土之内作为在该缔约方领土内进行商业行为的条件。但考虑到部分设施和数据的敏感性，RCEP 认可各方对于计算设施的使用或位置可能有各自的措施，包括保证通信安全和保密的要求，同时不阻止一缔约方采取或维持为实现合法的公共政策目标所必要的措施，只要该措施不以构成任意或不合理的歧视或变相的贸易限制的方式适用；也不阻止各缔约方保护其基本安全利益所必要的任何措施，其他缔约方不得对此类措施提出异议；三是数据跨境流动方面，RCEP 要求各个缔约方不得阻止为进行商业行为而通过电子方式跨境传输信息。与此同时考虑到各国监管体系的差异，认可各方对于通过电子方式传输信息可能有各自的监管要求，并不阻止各方采取实现合法的公共政策目标所必要的措施，只要该措施不以构成任意或不合理的歧视或变相的贸易限制的方式适用；同时阻止各缔约方对保护其基本安全利益所必需的任何措施，其他缔约方不得对此类措施提出异议。

总体而言，我国和东盟（整体）首次在国际谈判中采纳该条款，明确了各方在安全基础上，共建亚太数字经济合作圈的总体愿景和目标。RCEP 的数据流动和数据本地化规制方案扩充了电子商务领域中的传统议题，明确支持跨境数据流动，但同时认为数据跨境流动需要受到国家安全利益限制，就 RCEP 体现的多元共治理念而言，其弱化了标准过高的欧美主导的隐私保护规制体系，并给缔约方对数字贸易和数据流动采取限制性措施留有更多自由裁量权。该方案是对欧美方案进行了折中，为发展中国家抗衡强势的单边规则提供了有利后盾。

2. 国内立法与实践

从国内立法和监管实践来看，对无纸化贸易、电子签名、计算机设施本地化、跨境数据流动的相关规定，分布于《民法典》《电子签名法》《电子商务法》《网络安全法》《数据安全法》《个人信息保护法》《网络出版管理规定》《地图管理条例》《电子银行业务管理办法》《征信业管理条例》《人口健康信息管理办法》《网络预约出租汽车经营服务管理暂行办法》等相关规定中，具体包括：一是在消除数字贸易壁垒方面，明确安全电子签名与手书电子签名所具有的同等效力，鼓励各方加快推动手书电子签名所具有的同等效力；二是数据跨境流动方面，我国《网络安全法》《数据安全法》等立法明确关键信息基础设施收集和产生的个人信息和重要数据以境内存储为原则、以安全评估为例外的数据本地化要求，部分行业立法对地图数据、交通数据、健康数据等特定行业的数据本地化做了要求。此外，《个人信息保护法》明确向境外提供个人信息的途径，包括通过国家网信部门组织的安全评估、经专业机构认证、订立标准合同、按照中国缔结或参加的国际条约和协定；要求个人信息处理者采取必要措施保障境外接收方的处理活动达到本法规定的保护标准；对跨境提供个人信息的“告知—同意”做出更严格的要求，切实保障个人的知情权、决定权等权利，同时为维护国家主权、安全和发展利益，对跨境提供个人信息的安全评估、向境外司法或执法机构提供个人信息、限制跨境提供个人信息的措施、对外国歧视性措施的反制等做了规定；三是在计算机设施本地化方面，《关键信息基础设施安全保护条例》将公共通信和信息服务等重要行业和领域的重要网络设施、信息系统纳入关键信息基础设施范畴，同时要求各行业对其设施进行分级分类管理。而部分行业立法要求某些特定类型的计算设施和数据必须本地化，如《地图管理条例》第 34 条规定，互联网地图服务单位应当将存放地图数据的服务器设在中华人民共和国境内，并制定互联网地图数据安全管理制度和保障措施，国家卫生计生委《人口健康信息管理办法（试行）》第10条规定，不得将人口健康信息在境外的服务器中存储，不得托管、租赁在境外的服务器。

3. 对比分析

对比RCEP与国内立法实践，总体来看，存在以下差异，可能导致合规风险：一是数据跨境流动方面，我国《网络安全法》《数据安全法》《个人信息保护法》等立法从网络安全、数据主权、个人权利出发，明确了相关数据和信息跨境的基本原则和主要途径，RCEP在保障商业目的的数据跨境基础上，允许保留合理的公共管理措施和安全目的例外措施，而我国的安全评估等具体标准尚未明确，在是否满足RCEP的合理、非歧视条件等方面，仍存在不确定性；二是计算机设施本地化方面，一方面，信息通信等部分行业敏感设施、敏感数据的分级分类管理机制尚未明确，云计算等存储、处理大量复杂类型数据的关键基础设施，面临较高的数据、设施管控风险；另一方面，部分行业设施的本地留存要求，是否满足RCEP的合理、非歧视条件，仍将存在不确定性。

三　应对建议

（一）应对市场开放，加强国际合作

电信运营商应积极利用RCEP电信市场开放规则，加强与成员国尤其是东盟国家电信运营商的国际合作，一方面充分利用“一带一路”倡议、中国东盟数字经济合作论坛、中国东盟博览会等国际合作机制，加强与东盟国家之间的通信基础设施互联互通，大力构建以5G为中心的数字化、智能化融合基础设施，加快建设信息“高速”，畅通面向东盟的信息“大动脉”；另一方面积极参与中国—东盟数字领域规则、标准制定。在5G、云计算、电子商务、工业互联网应用等领域打造更多新的合作亮点，加强数据安全保护和政策沟通协调，共同建设中国—东盟信息港，打造“数字丝绸之路”。

（二）规范经营行为，充分落实RCEP规则

运营商应严格履行RCEP规则要求，尤其是通过前文对比分析存在

差异的规则要求：一是充分落实作为主导运营商承担的互联互通、普遍服务义务，制定网络元素清单，完善国际海底电缆系统、电杆、管线和管网等电信基础设施网络资源的公平接入和使用。二是在电信监管部门的指导下，依靠基于市场的方法，诸如拍卖、行政激励定价或者非许可使用等机制获取及使用商用频谱和码号资源。三是规范各项市场竞争行为，提升RCEP成员国用户在电信服务使用中尤其是携号转网、转售服务中的国民待遇。四是一视同仁维护国内和国外用户权益，规范并适度降低国际漫游资费，细化用户个人信息和消费者保护的内部管理规范。五是严格落实非应邀商业电子信息即垃圾短信治理要求，加强跨国间电信运营商合作，共同提升阻止垃圾信息的能力。六是加强运营服务环节的知识产权保护和管理，做好国内合规工作，尽可能降低高水平市场开放后的贸易制裁和审议风险。

（三）加强数据管理，完善数据保护框架

对外业务开展层面，在符合RCEP数据跨境流动总体原则的基础上，具体对接东盟国家关于跨境数据流动的具体规定，如《东盟数据管理框架》（DMF）、《东盟跨境数据流动示范合同条款》（MCCs）。对于涉及在东盟境内数据传输的业务场景，可以考虑将《东盟跨境数据流动示范合同条款》的标准合同条款嵌入与东盟国家客户的合作协议中。同时，结合电信运营商公司战略、业务开展情况，加强对东盟国家具体国别涉及网络安全、数据安全、个人信息保护、跨境数据流动领域的法律法规及政策规定的研究，确保在整体上符合东盟国家总体数据管理要求的基础上，符合具体国别的管控要求，避免合规风险。

对内数据管理层面，根据《网络安全法》《数据安全法》《个人信息保护法》《关键信息基础设施安全保护条例》等法律法规规定，落实数据保护义务，尽快建立完善信息通信数据分级分类管理制度，完善信息通信行业关键信息基础设施保护制度；在相关部门允许的前提下，积极组织开展数据出境评估试点，为高水平开放提供能力储备；加大业务运用中对数据安全、网络安全、设施安全的保护力度，构建全面、体系化的内部数据管理机制，加快推动数据、网络和信息安全技术手段建设，加强网络设施、基础资源、应用环境等安全监测，形成有针对性的数据安全技术管控体系。

（四）做好提前布局，应对更高水平开放

从远期来看，我国未来谈判和缔结的区域贸易协定将纳入更高标准的电信服务和电子商务条款，电信运营商应重点关注中美、中欧等国际经贸规则进展情况。比如《全面与进步跨太平洋伙伴关系协定》（CPTPP）、《数字经济伙伴关系协定》（DEPA）、《中欧全面投资协定》（中欧 CAI）等双边、多边自贸协定。以 CPTPP 电信及电子商务章节以及 CPTPP + 数字贸易规则为范本，针对其中的云计算市场对外开放、国有企业规范管理、知识产权保护、数字产品关税、数字产品非歧视待遇、源代码保护、计算机设施本地化、跨境数据流动等规则，结合国家立法和监管政策方向，对企业内部管理体系做相应完善和升级的预案，对未来高水平开放做提前布局。

（责任编辑：徐玖玖）

个人信息保护法企业合规启示报告*

王　俊　张雅婷　郭美婷　周　辉

（南方财经全媒体集团合规科技研究院研究员；
南方财经全媒体集团合规科技研究院研究员；
南方财经全媒体集团合规科技研究院研究员；
中国社会科学院法学研究所副研究员）

上篇：个人信息处理新变局

近年来，伴随着数字经济发展，对个人信息的采集和利用成为一种“刚需”。个人信息保护不断涌现出新问题，随意收集、违法获取、过度使用、非法买卖个人信息等情况“野火烧不尽”。信息数据的挖掘利用与个人保护之间张力扩大，急需专门法律对个人信息处理活动提供规范样本。

放眼全球，个人信息保护立法在如火如荼地展开，目前已经有128个国家通过立法保护个人信息和隐私。欧盟《通用数据保护条例》、美国加利福尼亚州隐私保护法的出台，在国际上颇具影响力。

《个人信息保护法》在此背景下被纳入立法进程，并在各方推动下不断提速，千呼万唤始出来。2021年8月20日，《中华人民共和国个人信息保护法》由第十三届全国人民代表大会常务委员会第三十次会议通

* 致谢：本报告的筹备与撰写过程得到了不少专家、学者支持，在此特别表示感谢。王新锐，世辉律师事务所合伙人；邓志松，大成律师事务所高级合伙人；张仁卓，北京尚隐科技有限公司CEO；何延哲，中国电子技术标准化研究院网安中心测评实验室副主任；夏海龙，上海申伦律师事务所律师；商希雪，中国政法大学网络法学研究所副所长；柯兴驰，上海锦天城（南京）律师事务所合伙人。

过，自2021年11月1日起施行。

《个人信息保护法》共8章74条。在有关法律的基础上，该法进一步细化、完善个人信息保护应遵循的原则和个人信息处理规则，明确个人信息处理活动中的权利义务边界，健全个人信息保护工作体制机制。该法成为我国迈入数字化社会，彰显“以人为本”的法律制度里程碑，也是我国为全球数字治理贡献的中国方案。

南方财经全媒体集团合规科技研究院长期关注个人信息保护议题，持续跟踪报道立法进程、监管动态、公众呼声，联合中国社会科学院法学研究所共同推出《个人信息保护法企业合规启示报告》，分析当前“大数据杀熟”、强制同意、人脸识别、超大型平台义务等多项热点。

报告分为上下两篇，上篇《个人信息处理新变局》梳理立法路径与模式，聚焦个人信息处理逻辑的转变，下篇《企业风险研判》则将目光放到企业合规的重点与难点，以及新的信息处理机制在数字经济发展中面临的新挑战。

本篇将展现近20年来个人信息保护的不断完善与发展；厘清个人信息相关概念；拆解“告知—同意”为核心原则的个人信息处理规范，解读围绕这一核心规则给企业带来的信息处理模式变革。

一　背景

纵观《个人信息保护法》立法路程，走过近二十年。这期间，互联网高速发展，大数据时代来到。伴随着高频、高速、高密度的数据交流传输，作为原材料的个人信息的滥用问题相伴而至。这些年，对个人信息保护的立法呼声越来越高，急需一部专门法律定分止争。《个人信息保护法》应运而生。

（一）个人信息保护的立法时间表（2009—2021）

我国《个人信息保护法》的立法时间跨度长。2003年，彼时的国务院信息化办公室部署立法研究工作，2005年，相关学者完成《个人信息保护法（专家建议稿）》，但受多重因素的影响，《个人信息保护法》一度陷入停滞。

2009 年至 2018 年，关于个人信息保护的规定零星散落于多部法律中。2017 年，受全国人大法工委和中央网信办委托，中国社会科学院法学研究所副所长、研究员周汉华起草了《个人信息保护法（专家建议稿）》。

2018 年，《个人信息保护法》被纳入十三届全国人大常委会立法规划，正式拉开立法序幕；2020 年 10 月，第十三届全国人大常委会第二十二次会议对《个人信息保护法（草案）》进行首次审议，至 2021 年 8 月 17 日，《个人信息保护法（草案）》进入三审。同年 8 月 20 日，十三届全国人大常委会第三十次会议表决通过《个人信息保护法》，自 2021 年 11 月 1 日起施行。

表 1　**《个人信息保护法》立法时间表（2009—2021）**

时间	事件
2009 年 2 月 28 日	《刑法修正案（七）》新增第 253 条之一，将窃取或以其他方式非法获取公民个人信息、出售或非法提供公民个人信息的情节严重的行为规定为犯罪
2012 年 12 月 28 日	《全国人民代表大会常务委员会关于加强网络信息保护的决定》，明确“国家保护能够识别公民个人身份和涉及公民个人隐私的电子信息”
2013 年 6 月 28 日	《电信和互联网用户个人信息保护规定》界定“用户个人信息”概念，规定信息收集和使用规范、安全保障措施、监督检查等内容
2014 年 3 月 15 日	新修改的《消费者权益保护法》实施，将个人信息得到保护的权利列为消费者的一项基本权利
2015 年 11 月 1 日	《刑法修正案（九）》施行，扩大个人信息相关罪名适用范围，不再限定于特定履职人员，提高量刑
2016 年 11 月 7 日	《网络安全法》设立“网络信息安全”章节，个人信息作为重要的组成部分
2017 年 10 月 1 日	《民法总则》施行，明确自然人的个人信息受法律保护
2018 年 8 月 27 日	《民法典》各分编草案提请审议，人格权独立成编，明确个人信息的定义；收集个人信息应当遵循的原则；保证个人信息的存储安全等
2018 年 9 月 7 日	十三届全国人大常委会立法规划公布，《个人信息保护法》在列，有望在五年内提请审议
2019 年 5 月 28 日	《数据安全管理办法》公开征求意见，对数据收集、处理使用和安全监督管理都提出了要求

续表

时间	事件
2019 年 6 月 13 日	《个人信息出境安全评估办法》公开征求意见，规定个人信息出境应进行安全评估，对个人信息出境进行限制
2019 年 8 月 22 日	《民法典》人格权编草案（三审稿）提交全国人大常委会审议
2019 年 10 月 1 日	《儿童个人信息网络保护规定》施行。这是我国第一部专门针对儿童的网络保护规范，抵制可能引发未成年人模仿不安全行为和违反社会公德行为、诱导未成年人不良嗜好等违法信息
2019 年 12 月 20 日	全国人大常委会法工委发言人岳仲明介绍 2020 年立法工作安排，《个人信息保护法》将于明年制定
2020 年 5 月 14 日	新华社消息称，《个人信息保护法》草案稿已形成，将尽早提请全国人大常委会会议审议
2020 年 5 月 25 日	全国人大常委会工作报告在下一步主要工作指出，将制定个人信息保护法
2020 年 5 月 28 日	十三届全国人大三次会议表决通过《民法典》，自 2021 年 1 月 1 日起施行
2020 年 10 月 13 日	《个人信息保护法草案》首次审议，内容包括健全个人信息处理规则、个人权利和处理者义务、履行个人信息保护职责的部门等
2021 年 4 月 26 日至 29 日	《个人信息保护法草案（二次审议稿）》提交审议，针对个人信息收集、使用规则不透明及过度收集、使用等问题进一步完善
2021 年 6 月 10 日	十三届全国人大常委会第二十九次会议通过《数据安全法》，自 2021 年 9 月 1 日起施行
2021 年 8 月 17 日	《个人信息保护法草案》提请三审，对 App 过度收集个人信息、“大数据杀熟”等作出规范，将不满 14 周岁未成年人的个人信息作为敏感个人信息
2021 年 8 月 20 日	十三届全国人大常委会第三十次会议表决通过《个人信息保护法》，自 2021 年 11 月 1 日起施行

（二）关于个人信息处理的其他立法

过去，我国已有多部法律文件涉及个人信息处理，这些规范比较分散，呈现出碎片化的特征。如《宪法》《民法典》分别规定了“公民的通信自由和通信秘密”“自然人的个人信息”受法律保护，《刑法》确定了侵犯个人信息的相关罪名，《数据安全法》《网络安全法》等也有对个人信息保护大篇幅的规定，详细法律法规条款参见报告附录。

（三）相关概念厘清

1. 个人信息、隐私与敏感个人信息

《民法典》将隐私定义为：自然人的私人生活安宁和不愿为他人知晓的私密空间、私密活动、私密信息。在第 1034 条第 3 款个人信息的定义下，区分了私密信息和非私密信息，“个人信息中的私密信息，适用有关隐私权的规定；没有规定的，适用有关个人信息保护的规定。”

个人隐私与个人信息呈交叉关系，即有的个人隐私属于个人信息，而有的个人隐私则不属于个人信息；有的个人信息特别是涉及个人私生活的敏感信息属于个人隐私，但也有一些个人信息因高度公开而不属于隐私。①

《个人信息保护法》第 28 条将敏感个人信息定义为一旦泄露或者非法使用，容易导致自然人的人格尊严受到侵害或者人身、财产安全受到危害的个人信息，包括生物识别、宗教信仰、特定身份、医疗健康、金融账户、行踪轨迹等信息，以及不满 14 周岁未成年人的个人信息。

敏感信息与个人信息的区别在于，但前者是“一旦泄露或非法使用”，就容易造成个人名誉、身心健康受到损害或歧视性待遇等，因此立法对其的保护标准更为严格。

2. 去标识化、匿名化

匿名化的三个要件：一是个人信息必须经过处理，二是处理后的数据无法识别特定自然人，三是数据不能复原。②

这一概念在《个人信息保护法》中得到明确：“匿名化是指个人信息经过处理无法识别特定自然人且不能复原的过程。”

根据《信息安全技术　个人信息去标识化指南》（GB/T 37964 - 2019），去标识化的定义为通过对个人信息的技术处理，使其在不借助额外信息的情况下，无法识别个人信息主体的过程。《个人信息保护法》保留了该定义，表述为“个人信息经过处理，使其在不借助额外信息的情况下无法识别特定自然人的过程”。

---

① 张新宝：《从隐私到个人信息：利益再衡量的理论与制度安排》，《中国法学》2015 年第 3 期。

② 袁纪辉：《有关个人信息处理技术概念的厘清——匿名化、去标识化、假名化、去识别化之辨析》，《保密工作》2015 年第 5 期。

去标识化和匿名化都是个人隐私安全的技术防护手段，二者的主要区别是在于，去标识化后的信息也属于个人信息，如果与其他额外信息结合，可以识别个人信息主体，通常也称为重标识；而匿名化处理之后，个人信息控制者不能直接或间接地再次识别个人信息，匿名化后的信息不属于个人信息，且无法与额外信息结合识别出个人信息主体。

二　企业处理个人信息模式的变革

《个人信息保护法》立法中贯穿“信息自决”的主线，赋予个人同意撤回、决定权、查阅权、复制权、更正权、删除权等方面。[①] 最终新增的“数据可携带权”也给予了个人极大的信息自主权，使得个人在面对信息处理者的不平等地位差距时，拥有了与其抗衡的“武器”，将重塑企业个人信息处理的逻辑。

表2　　个人信息自主权

知情权	决定权	限制权	拒绝权	查阅、复制权	可携权	更正、补充权	删除权	规则解释权

“告知—同意”是《个人信息保护法》确立的核心个人信息处理规则，保障个人在个人信息处理活动中的各项权利，蕴含着信息自决权的思想。

本章将拆解“告知—同意”为核心原则的个人信息处理规范，分析其给信息处理模式带来的变革，包括“告知—同意”授权方式产生的影响、用户撤回同意权、删除权需要企业做出的响应，以及备受关注的自动化决策在此框架下企业的责任与义务等。

（一）“告知—同意”授权模式带来的信息处理方式转变

“告知—同意”原则，指信息处理者在收集个人信息时，应当对信

① 姚佳：《论个人信息处理者的民事责任》，《清华法学》2021年第3期。

息主体就有关个人信息被收集、处理和利用的情况进行充分告知，并征得信息主体明确同意的原则。[①]

早在2012年，《全国人民代表大会常务委员会关于加强网络信息保护的决定》首次在法律文件中确定了个人信息收集的“用户同意原则”[②]。近年来，随着《网络安全法》和《民法典》等法律法规的出台，“告知—同意”原则已发展成为我国个人信息保护最主要的合法性基础。

《个人信息保护法》也将“告知—同意”确立为个人信息处理规则的核心。但是，“告知—同意”这项基础原则在实操场景中会遇到各类现实问题，有时甚至无法实现。

1. “告知—同意”原则的现实困境

（1）“隐私政策”无人读、不可读、读不懂[③]

国外有研究成果表明，如果用户要阅读提供给他们的所有隐私政策，每年需平均付出244个小时；如果只是粗略阅读，每年需平均付出154个小时。

这意味着，每人将平均每天花费40分钟阅读和理解各企业的隐私政策。如果计入准确理解所需的时间、专业知识和精力，那么这一“知情”成本更为高昂。[④]

不少隐私政策专业性、复杂性强，信息处理者内部可以循环解释。如果用户无法全面知悉其同意内容，实践中可能陷入损害救济困境，司法实践中已有相关案例。

（2）被“胁迫同意”难以行使拒绝权

很多企业的隐私政策在页面呈现及设计上不规范，存在只有“同意”按钮或不同意无法使用产品或服务的情况。

---

① 张新宝：《个人信息收集：告知同意原则适用的限制》，《比较法研究》2019年第6期。

② 《全国人民代表大会常务委员会关于加强网络信息保护的决定》：网络服务提供者收集公民个人电子信息时，应当明示收集、使用信息的目的、方式和范围，并经被收集者同意，不得违反法律、法规的规定。

③ 韩旭至：《个人信息保护中告知同意的困境与出路——兼论〈个人信息保护法（草案）〉相关条款》，《经贸法律评论》2021年第1期。

④ 吕炳斌：《个人信息保护的“同意”困境及其出路》，《法商研究》2021年第2期。

即使用户仔细阅读了隐私政策，但在作出个人信息利用的许可决定时，往往缺乏选择空间，只有一种全有或全无的选择状态。

（3）多方流转中知情权无法保障

在个人信息密集收集与多方流转的生态系统中，用户在很多情况下对其信息收集并不知情，难以对第一方收集者行使权利，更遑论向缺乏直接联系的第三方机构行使控制权。①

2. “告知—同意”带来处理规则变革

“告知—同意”原则是个人信息处理机制中的基础原则，赋予了个人作为信息主体对个人信息较为绝对的支配权利，信息处理者需基于该规则进行信息收集、存储、使用、加工、传输、提供、公开等，一定程度上将改变企业对个人的非对称强势权力。

从监管层面来看，近年来相关执法监管更为严格。工信部、网信办等相关部门对信息处理活动的规范与约束更为细化，监管方式更为多元，监管更具穿透性。面对立法闸口收紧以及监管力度加大，企业处理个人信息的逻辑需重塑。

3. 合规要点

告知是同意的前提，企业在告知时应当遵循告知同意的基本原则，考虑相关要素以及业务的特殊场景要求，确保告知同意过程合法合规。

表 3　“告知—同意”规则下的“告知”形式

需告知	个人信息处理者的名称或者姓名和联系方式
	个人信息的处理目的、处理方式，处理的个人信息种类、保存期限
	个人行使本法规定权利的方式和程序
	法律、行政法规规定应当告知的其他事项
	规定事项发生变更的，应当将变更部分告知个人
	涉及个人敏感信息，告知处理必要性以及对个人权益的影响

① 范为：《大数据时代个人信息保护的路径重构——初探欧美改革法案中的场景与风险理念》，《环球法律评论》2016 年第 5 期。

续表

告知以外情形	法律、行政法规规定应当保密或者不需要告知的情形的
	紧急情况下为保护自然人的生命健康和财产安全无法及时向个人告知的，个人信息处理者应当在紧急情况消除后及时告知

(1) 告知方式改进

表现形式需“显著”、清晰易懂，真实、准确、完整地向个人告知。

企业应以个人容易辨识且易于获取的方式进行告知，告知内容应当显著地出现在用户可能看见的界面之中，且这种看见的可能性应当是合理的。[①] 采取可视化、推出简易版与完整版隐私政策等手段来缓解告知充分完整和清晰易懂之间的矛盾。

(2) 告知内容完善

需告知个人信息收集行为的主体，不仅包括信息控制者，还应包括其余参与、辅助或者能直接经采集而获取用户行为信息的主体；行为信息的类别和使用目的；采集后的处理行为；用户行为信息流向的第三方。

建议个人信息收集的“告知”在内容渐进，具备一定的层次。第一层次的告知应在收集行为本身。企业应向用户说明收集主体、被收集信息的属性和内容，以及所使用自动化采集工具的基本功能等情况。第二层次的告知应深入收集后自动化处理的层面，将对行为信息后续利用环节带来的不确定性和潜在风险毫无保留地充分告知用户。

(3) 不同场景下细化

不同信息需要不同的收集模式，放置于不同场景下，建构场景与风险导向的个人信息保护新路径。例如，《个人信息保护法》对于单独同意的敏感信息，单设一章予以专门规范。

企业应从个人信息的敏感度、应用场景进行风险分析，基于处理行为的类型去区别实施不同的同意方式，[②] 并为实现不同的同意匹配新型的同意机制。

---

① 郑佳宁:《知情同意原则在信息采集中的适用与规则构建》,《东方法学》2020 年第 2 期。

② 吕炳斌:《个人信息保护的“同意”困境及其出路》,《法商研究》2021 年第 2 期。

表 4　“告知—同意”规则下的“同意”形式

单独同意	向其他个人信息处理者提供其处理的个人信息的
	在公共场所安装图像采集、个人身份识别设备收集的个人图像、身份识别信息用于除“维护公共安全”以外的其他目的
	敏感个人信息
	向境外提供个人信息
	法律、行政法规规定处理个人信息应当取得个人单独同意或者书面同意的，从其规定
书面同意	法律、行政法规相关规定
重新同意	个人信息的处理目的、处理方式和处理的个人信息种类发生变更
	个人信息处理者需要转移个人信息，接收方变更原先的处理目的、处理方式
	个人信息处理者向其他个人信息处理者提供其处理的个人信息，接收方变更原先的处理目的、处理方式
监护人同意	处理不满 14 周岁未成年人个人信息的

（二）“告知—同意”之外合法情形的规制

考虑到实践中个人信息处理情况的多样性，《个人信息保护法》对无须告知以及个人同意以外合法处理个人信息的情形做了规定。

1. 同意的例外情形

《个人信息保护法》拓展了《民法典》第 1036 条告知同意以外的两项免责事由，确定了 6 种同意的例外情形：

表 5　同意的例外情形

同意的例外情形	为订立、履行个人作为一方当事人的合同所必需
	按照依法制定的劳动规章制度和依法签订的集体合同实施人力资源管理所必需
	为履行法定职责或者法定义务所必需
	为应对突发公共卫生事件，或者紧急情况下为保护自然人的生命健康和财产安全所必需
	为公共利益实施新闻报道、舆论监督等行为，在合理的范围内处理个人信息
	依照本法规定在合理的范围内处理个人自行公开或者其他已经合法公开的个人信息
	法律、行政法规规定的其他情形

(1) 个人信息处理空间更灵活

由于存在的利益众多，如公共利益、法定职责、国家利益、自然人的生命健康和财产安全，所以，法律和行政法规上规定的不需要同意的情形同样较多。“同意+例外”规制方式，给予了个人信息处理更灵活的空间。

(2) 员工信息保护存争议

在无须同意的情形中，最终《个人信息保护法》新增：依照依法制定的劳动规章制度和依法签订集体合同实施人力资源管理所必需。

员工个人信息的保护在实践中一直争议较大，在企业的日常人力资源管理中，从招聘到员工离职，全环节均涉及员工个人信息的收集、存储、使用和传输。正式稿这一新增条款对于企业而言提供了明确的适用准则，将人力资源管理所必需的场景限缩于“按照依法制定的劳动规章制度和依法签订的集体合同实施人力资源管理”这两大场景之下。①

但是给企业开的这扇“无须同意”的后门在实践中是否会被滥用，有待观察。

2. 告知的例外情形

与同意规则一样，告知规则也有不适用的情形，即在特定的情形下，处理者不负有告知的义务。

在个人信息处理中，免除告知义务的情形和无须同意的情形存在差别。告知义务的履行既有利于维护个人的知情权，也完全不会如同意规则那样构成对处理者实施个人信息处理活动的法律障碍。故此，法律上对于免于告知的情形应当做更加严格的限制。②

(三) 撤回同意权确立后企业的应对操作

同意撤回，指个人信息主体基于“告知—同意”原则，对自己已经做出的“同意信息处理者对其个人信息进行处理”的授权予以取消的意

---

① 杨婕:《中国信通院杨婕:〈个人信息保护法〉正式出台——中国走出第三条路》，2021年8月，中国信通院CAICT公众号，https://mp.weixin.qq.com/s/l1H4VGP0Apqe_fnHRl7_HQ。

② 程啸:《论个人信息处理者的告知义务》,《上海政法学院学报》(法治论丛)2021年7月。

思表示。实质含义为意思表示的撤销。同意的撤回包含个人信息主体对个人信息使用全过程中的处分。①

同意撤回权体现了个人对信息的自决处分，可以被定性为人格权体系下的撤销权。撤销权可被视为在信息处理活动中，个人防御性的信息权益，对信息处理进行暂停式的缓冲效力，可对冲部分个人信息处理对人格权益的侵害效果。

表 6　**“撤回同意”相关要求**

撤回同意	基于个人同意处理个人信息的，个人有权撤回其同意
	个人信息处理者应当提供便捷的撤回同意的方式
	不影响撤回前基于个人同意已进行的个人信息处理活动的效力
	不得以个人不同意处理其个人信息或者撤回同意为由，拒绝提供产品或者服务
	个人信息处理者应当主动删除个人信息

1. 对信息处理者要求更严格

同意撤回权已经成为全球个人信息保护的立法共识，《个人信息保护法》中也回应了这一趋势。

《个人信息保护法》规定，用户行使撤回同意权利的时间不限于信息的收集阶段，因为在同意收集个人信息的初始阶段，个人往往很难理解、判断做出该同意将面临何种后果。撤回同意可以在个人信息的收集、使用、保存、共享等全生命周期内行使。

将“撤回同意”升格至法律，显示出立法者更严格的保护态度。

2. 合规要点

目前主流撤回同意有两种模式，一是在产品中设计按钮，点击撤回同意的选项即可实现，二是通过电话、邮箱等人工方式撤回同意。实践中存在撤回同意不够方便，使用户最终不了了之的情形。②

① 万方：《个人信息处理中的“同意”与“同意撤回”》，《中国法学》2021 年第 1 期。

② 王俊：《“个信法”二审：打出“连带责任 + 过错推定”组合拳，个人信息侵权诉讼将活跃》，2021 年 8 月，21 财经客户端，https：//m. 21jingji. com/article/20210430/herald/b2d1e3952b18d64b97d407bb27b9d086. html。

《个人信息保护法》二审稿中对撤回同意增加“便捷”的要求，与欧盟《通用数据保护条例》GDPR“撤回同意应当和表示同意一样简单”的宗旨以及《个人信息安全规范》等相关规定相呼应。

为响应并处理个人同意的撤回请求，企业需调整现有的业务流程，通过技术工具的支持将合规流程自动化；向消费者明示撤回同意的方法，确保该方法简单易操作、且能及时获得企业的响应。

个人撤回同意之后，数据处理的合法基础不复存在，个人信息处理者需要立即停止数据处理行为，应按照《个人信息保护法》的具体规定进行处理，否则将面临不利的法律后果。

(四) 删除权给企业带来的责任变化

信息删除权是指个人一定条件下能够针对信息处理者提出删除某些个人数据的权利。《个人信息保护法》中赋予了个人这一权利，加强保护个人隐私、防范风险，并且作为调整个人与信息处理者力量差异的砝码，消弭双方之间不平等。

1. 课以信息处理者更重义务

表7　**“删除权”相关法律**

《侵权责任法》(2010年7月1日起施行；2021年1月1日起废止)	第36条	网络用户、网络服务提供者利用网络侵害他人民事权益的，应当承担侵权责任
《网络安全法》(2017年6月1日起施行)	第43条	个人发现网络运营者违反法律、行政法规的规定或者双方的约定收集、使用其个人信息的，有权要求网络运营者删除其个人信息
《民法典》(2021年1月1日施行)	第1037条	自然人发现信息处理者违反法律、行政法规的规定或者双方的约定处理其个人信息的，有权请求信息处理者及时删除

续表

《个人信息保护法》（2021 年 11 月 1 日施行）	第 47 条：有下列情形之一的，个人信息处理者应当主动删除个人信息；个人信息处理者未删除的，个人有权请求删除	处理目的已实现、无法实现或者为实现处理目的不再必要
		个人信息处理者停止提供产品或者服务，或者保存期限已届满
		个人撤回同意
		个人信息处理者违反法律、行政法规或者违反约定处理个人信息
		法律、行政法规规定的其他情形
	第 47 条（替代履行方式）	法律、行政法规规定的保存期限未届满，或者删除个人信息从技术上难以实现的，个人信息处理者应当停止除存储和采取必要的安全保护措施之外的处理
	第 49 条	自然人死亡的，其近亲属为了自身的合法、正当利益，可以对死者的相关个人信息行使本章规定的查阅、复制、更正、删除等权利

2010 年施行的《侵权责任法》赋予了个体请求删除个人信息的权利，但这种权利的行使仍然以存在“侵权行为”为前提。[①]

此后，《网络安全法》《民法典》等立法中对不断加强对个人信息保障，做出个人信息删除的相关规定，但还是基于“个人发现信息处理者违反相关法律法规、双方规定”。

《个人信息保护法》则明确赋予了个人删除权利，扩大了个人行使删除权的情形。并且，对信息处理者课以更严格的义务，信息处理者应当主动或者根据个人的请求删除，将相应个人信息的删除定位为经营者应当主动履行的义务。

此外，《个人信息保护法》对个人信息处理者提出了一项类似“行为中止”的删除权救济保障，即，如果个人信息主体要求行使删除权但实际上保存期限尚未届满，或技术上存在很大困难的，个人信息处理者应当停止除存储和采取必要的安全保护措施之外的处理。

---

① 梅夏英：《论被遗忘权的法理定位与保护范围之限定》，《法律适用》2017 年第 16 期。

2. 合规要点

(1) 建立删除实现机制

目前，信息处理者对响应个人删除权仍存在不足。以App运营商为例，隐私政策关于用户删除权的规定分散且简短；此外，许多运营商之间存在信息流通和共享，用户为获取相关服务不得不概括接受运营商包含“将从第三方或其他来源收集用户个人信息”的隐私政策，但其删除个人信息的诉求若只到达运营商而无法企及第三方，删除权行使的有效性就会大打折扣。[①]

《个人信息保护法》落地后，企业需建立全链条的删除实现机制。

在用户自行操作删除个人信息的情形下，企业应当阐明个人信息删除权的实现机制，展示具体示例辅助用户操作。

企业应完善隐私政策以及呈现方式，对涉个人信息删除权的内容根据重要性对字体、格式、注释等作出调整，后台设置显著、明晰的流程指导、服务用户行使删除权。

(2) 完善风险评估机制

个人信息的删除涉及场景多，除了个人自身以外，可能涉及其他利益主体。企业需仔细研判其中的法律风险，设计合理的评估机制，在信息处理各流程中识别风险，积极响应。

个人申请删除个人信息后，企业数据处理的合法性基础不复存在。如删除难以实现，运营商是否继续存储全部或部分个人信息、是否匿名化处理继续存储的信息及其安全保障程度、彻底删除个人信息的期限和程序等，均需做出后续处置说明。

(五) 自动化决策亟待建立算法透明新模式

算法是数字平台处理海量用户数据、绘制用户画像、精准定价与个性化推送的“生产工具”，已经成为平台运行的核心动力。

随着十余年平台经济的高速发展，算法自动化决策的滥用与伦理缺

① 杨子晔等:《协同构建保护个人信息删除权的治理体系》,《民主与法制时报》2021年8月18日。

失的累积危害已经进入了显现期。[①]

《个人信息保护法》从一审稿到成文，在不断强化对自动化决策的规制，回应社会关切。最终明确："自动化决策应保证透明度和结果公平、公正，不得对个人在交易价格等交易条件上实行不合理的差别待遇。"

1. 确立算法自动化决策治理框架

随着算法的广泛应用引发的虚假信息、用户隐私、信息茧房、算法歧视等负面影响的持续发酵，我国相关立法和标准开始关注算法推荐。[②]

评价分选、价格歧视、"大数据杀熟"等由用户画像或其他自动化决策带来的影响，被视为有损害人格尊严、人格自由的危险；并且，伴随着算法在日常生活的渗透，已涉及社会治理问题，将受到来自公权力机关的凝视。

毫无疑问的是，技术中立与无差别技术抗辩已经无法成为平台规避责任的面纱，算法背后体现的是设计者意志，算法自动化决策的风险是平台内生的。

《个人信息保护法》回应社会对算法的关注，确立我国算法自动化决策治理的基本框架。平台作为最重要的自动化决策主体，须承担事前风险预防义务、事中安全运行义务与事后的相关责任。

2. 信息处理者责任增加

表 8　**"自动化决策"相关要求**

自动化决策	评估、记录处理情况
	决策的透明度和结果公平、公正
	不得对个人在交易价格等交易条件上实行不合理的差别待遇
	向个人进行信息推送、商业营销，应当同时提供不针对其个人特征的选项，或者向个人提供便捷的拒绝方式
	作出对个人权益有重大影响的决定，个人有权要求个人信息处理者予以说明，并有权拒绝个人信息处理者仅通过自动化决策的方式作出决定

① 张凌寒：《〈个人信息保护法（草案）〉中的平台算法问责制及其完善》，《经贸法律评论》2021 年第 1 期。

② 宁宣凤等：《成年人要看的利弊——互联网数据商业化的模式变局》，2021 年 1 月，https：//www. chinalawinsight. com/2021/01/articles/compliance/。

(1) 事前评估

《个人信息保护法》将平台算法治理时点前移。第 55 条确立了自动化决策的事前评估制度，要求个人信息处理者应当事前进行个人信息保护影响评估，并对处理情况进行记录。

平台作为算法的设计者，自动化决策的风险具有内生性，如若依赖事后追责机制，意味着对迭代算法的监管缺位。

(2) 相关义务增加

表 9　**“自动化决策”各次审议及全文对比**

一审稿	二审稿	通过版
应当保证决策的透明度和处理结果的公平合理	应当保证决策的透明度和结果公平合理	应当保证决策的透明度和结果公平、公正
		不得对个人在交易价格等交易条件上实行不合理的差别待遇
通过自动化决策方式进行商业营销、信息推送，应当同时提供不针对其个人特征的选项	通过自动化决策方式进行商业营销、信息推送，应当同时提供不针对其个人特征的选项，或者向个人提供拒绝的方式	通过自动化决策方式向个人进行信息推送、商业营销，应当同时提供不针对其个人特征的选项，或者向个人提供便捷的拒绝方式
个人认为自动化决策对其权益造成重大影响的，有权要求个人信息处理者予以说明，并有权拒绝个人信息处理者仅通过自动化决策的方式作出决定	通过自动化决策方式做出对个人权益有重大影响的决定，个人有权要求个人信息处理者予以说明，并有权拒绝个人信息处理者仅通过自动化决策的方式做出决定	通过自动化决策方式作出对个人权益有重大影响的决定，个人有权要求个人信息处理者予以说明，并有权拒绝个人信息处理者仅通过自动化决策的方式做出决定

(3)“大数据杀熟”被禁止

《个人信息保护法》第 24 条要求“不得对个人在交易价格等交易条件上实行不合理的差别待遇”，或指向近年来备受关注的“大数据杀熟”。利用算法进行“不合理的差别待遇”被法律禁止，信息处理者义务增强。

此前，我国已从反垄断的制度框架下对歧视性定价问题进行了规范。《反垄断法》第17条规定，禁止具有市场支配地位的经营者没有正当理由，对条件相同的交易相对人在交易价格等交易条件上实行差别待遇。

《个人信息保护法》增加了“大数据杀熟”条款，进一步丰富了对歧视性定价问题的规制路径。按照《个人信息保护法》的规定，无论个人信息处理者是否具有市场支配地位，只要个人信息处理者利用个人信息进行自动化决策，对个人在交易价格等交易条件上实行不合理的差别待遇，就是法律所禁止的行为。①

（4）信息处理者责任负担增加

《个人信息保护法》一审稿中要求“个人认为自动化决策对其权益造成重大影响的，有权要求个人信息处理者予以说明”。“个人认为”依赖于个人对算法的警惕与自主意识，不同人的认知差会导致该条款约束性不足。此后二审稿删除“个人认为”这一表述，把责任主体转移到了信息处理者。

《个人信息保护法》还明确，在决策对个人权益造成重大影响时赋予个人主体拒绝权，“向个人提供便捷的拒绝方式”。不仅赋予个人主体拒绝权，并且需提供“便捷”的拒绝方式，对信息处理者有较强的制约。

《个人信息保护法》将平台算法治理时点前移，治理手段升级，相关义务增加，初步确立了算法问责制的基本框架。② 算法透明和算法公平，不仅是道德层面的要求，亦是法律义务。

3. 合规要点

（1）提高算法透明

目前，基于算法自动化推荐而提供个性化信息内容服务已然逐渐成为各类App“标配”，为了更多样化地满足各类用户的使用需求，追求定制化、独特性的移动互联网应用，必须依赖于“用户画像”等类似技

① 杨婕：《〈个人信息保护法〉正式出台——中国走出第三条路》，2021年8月，中国信通院CAICT公众号，https：//mp. weixin. qq. com/s/l1H4VGP0Apqe_ fnHRl7_ HQ。

② 张凌寒：《〈个人信息保护法（草案）〉中的平台算法问责制及其完善》，《经贸法律评论》2021年第1期。

术实现数据驱动与用户增长，培养流量黏性。

企业需进一步完善自己的隐私政策，告知个人信息的收集会被用于用户画像和个性化展示，并征得用户的同意，充分保障用户知情权。在正式进行自动化决策前，应当就自动化决策的透明和公平性做好充分说明。

《个人信息保护法》明确了个人获得说明的权利，这一定程度上意味着企业对用户的算法解释权。

此外，企业利用个人信息进行自动化决策，应当进行个人信息影响评估考虑是否属于信息推送、商业营销的情况，如果是，则应提供不针对其个人特征的选项，或者向个人提供便捷的拒绝方式。①

“便捷的拒绝方式”也意味着企业需优化相关设置，包括提供直观的关闭和退出选项、在用户选择退出后对相关个人信息进行删除、提供相应的投诉机制。

（2）遵循最小化处理原则

用户画像的处理已经越来越精细，推荐与服务也越来越精准。这不可避免会造成用户个人信息收集、使用程度超出必要性、商家的供应商或关联方违法向其他第三方提供用户个人信息进行获利的问题。②

企业进行自动化决策，需遵循重申目的明确和最小化处理原则。随着2021年3月正式出台的《常见类型移动互联网应用程序必要个人信息范围规定》，个性化推荐所依赖的“设备信息、广告标识符”等并未作为必要个人信息类型予以规定，“最小化处理原则”是自动化决策的重要原则，企业应遵循该原则进行信息处理。

4. 落地难点

《个人信息保护法》强化了对算法规制，不过实践落地中仍存在难点。

“利用个人信息进行自动化决策，应当保证决策的透明度和处理结

① 王俊：《如何把算法关进制度的笼子?》，2021年10月，21财经客户端，https：//m.21jingji.com/article/20211027/herald/818146e362f3df89ead0fee7eaee5cde.html。

② 北京市环球律师事务所、南都个人信息保护研究中心、中国信息通信研究院安全研究所：《个性化展示安全与合规报告（2020）》，http：//www.glo.com.cn/UpLoadFile/Files/2020/9/24/141154669c205790-c.pdf。

果的公平合理”，但未进一步解释应如何履行。事实上“透明”和“公平合理”是很主观的，不同的人会有不同的理解，而差异化的理解可能导致实践中对该义务的履行程度不一。

随着《个人信息保护法》出台，今年8月网信办等发布《互联网信息服务算法推荐管理规定（征求意见稿）》，细化对算法的规制，从事中阶段对算法模型干预。

其中规定：算法推荐服务提供者应当加强用户模型和用户标签管理，完善记入用户模型的兴趣点规则，不得将违法和不良信息关键词记入用户兴趣点或者作为用户标签并据以推送信息内容，不得设置歧视性或者偏见性用户标签。

这种穿透式的技术规制条款，对企业将带来何种影响，监管又将如何落地，仍不明朗。

三 附录

表10 **关于个人信息处理的其他立法**

法规	条款	内容
《宪法》	第二章“公民的基本权利和义务”	第40条　中华人民共和国公民的通信自由和通信秘密受法律的保护。除因国家安全或者追查刑事犯罪的需要，由公安机关或者检察机关依照法律规定的程序对通信进行检查外，任何组织或者个人不得以任何理由侵犯公民的通信自由和通信秘密
《民法典》	总则编第五章“民事权利”；	第111条　自然人的个人信息受法律保护。任何组织或者个人需要获取他人个人信息的，应当依法取得并确保信息安全，不得非法收集、使用、加工、传输他人个人信息，不得非法买卖、提供或者公开他人个人信息
	第四编“人格权编”第六章“隐私权与个人信息保护”	对个人信息的概念和类型、个人信息保护与隐私权的关系、处理个人信息应当遵循的原则与告知同意规则、自然人对其个人信息享有的权益内容、处理个人信息的免责事由，信息处理者的法定义务等作出了系统的规定

续表

法规	条款	内容
《刑法》	第二编“分则”第四章“侵犯公民人身权利、民主权利罪”	第 252 条 【侵犯通信自由罪】 第 253 条 【私自开拆、隐匿、毁弃邮件、电报罪】 第 253 条 之一【侵犯公民个人信息罪】
	第六章“妨害社会管理秩序罪”第一节“扰乱公共秩序罪”	第 285 条 【非法侵入计算机信息系统罪】【非法获取计算机信息系统数据、非法控制计算机信息系统罪】【提供侵入、非法控制计算机信息系统程序、工具罪】 第 286 条 之一【拒不履行信息网络安全管理义务罪】
《数据安全法》	第四章“数据安全保护义务”	第 38 条 国家机关为履行法定职责的需要收集、使用数据，应当在其履行法定职责的范围内依照法律、行政法规规定的条件和程序进行；对在履行职责中知悉的个人隐私、个人信息、商业秘密、保密商务信息等数据应当依法予以保密，不得泄露或者非法向他人提供
	第七章“附则”	第 53 条 开展涉及国家秘密的数据处理活动，适用《中华人民共和国保守国家秘密法》等法律、行政法规的规定 在统计、档案工作中开展数据处理活动，开展涉及个人信息的数据处理活动，还应当遵守有关法律、行政法规的规定
《网络安全法》	第四章“网络信息安全”	规定网络运营者收集、使用个人信息，应当遵循合法、正当、必要的原则，公开收集、使用规则，明示收集、使用信息的目的、方式和范围，并经被收集者同意。网络运营者不得泄露、篡改、毁损其收集的个人信息；未经被收集者同意，不得向他人提供个人信息。但是，经过处理无法识别特定个人且不能复原的除外。任何个人和组织不得窃取或者以其他非法方式获取个人信息，不得非法出售或者非法向他人提供个人信息等

续表

法规	条款	内容
《消费者权益保护法》	第二章“消费者的权利”	第14条　消费者在购买、使用商品和接受服务时，享有人格尊严、民族风俗习惯得到尊重的权利，享有个人信息依法得到保护的权利
	第三章“经营者的义务”	第29条　经营者收集、使用消费者个人信息，应当遵循合法、正当、必要的原则，明示收集、使用信息的目的、方式和范围，并经消费者同意。经营者收集、使用消费者个人信息，应当公开其收集、使用规则，不得违反法律、法规的规定和双方的约定收集、使用信息 经营者及其工作人员对收集的消费者个人信息必须严格保密，不得泄露、出售或者非法向他人提供。经营者应当采取技术措施和其他必要措施，确保信息安全，防止消费者个人信息泄露、丢失。在发生或者可能发生信息泄露、丢失的情况时，应当立即采取补救措施 经营者未经消费者同意或者请求，或者消费者明确表示拒绝的，不得向其发送商业性信息
《电子商务法》	第一章“总则”	第5条　电子商务经营者从事经营活动，应当遵循自愿、平等、公平、诚信的原则，遵守法律和商业道德，公平参与市场竞争，履行消费者权益保护、环境保护、知识产权保护、网络安全与个人信息保护等方面的义务，承担产品和服务质量责任，接受政府和社会的监督
	第二章“电子商务经营者”	规定电子商务经营者收集、使用其用户的个人信息，应当遵守法律、行政法规有关个人信息保护的规定；明示用户信息查询、更正、删除以及用户注销的方式、程序，不得对用户信息查询、更正、删除以及用户注销设置不合理条件；有关主管部门应当采取必要措施保护电子商务经营者提供的数据信息的安全，并对其中的个人信息、隐私和商业秘密严格保密，不得泄露、出售或者非法向他人提供等
	第六章“法律责任”	第79条　电子商务经营者违反法律、行政法规有关个人信息保护的规定，或者不履行本法第三十条和有关法律、行政法规规定的网络安全保障义务的，依照《中华人民共和国网络安全法》等法律、行政法规的规定处罚 第87条　依法负有电子商务监督管理职责的部门的工作人员，玩忽职守、滥用职权、徇私舞弊，或者泄露、出售或者非法向他人提供在履行职责中所知悉的个人信息、隐私和商业秘密的，依法追究法律责任

续表

法规	条款	内容
《传染病防治法》	第八章“法律责任”	第 68 条　（五）故意泄露传染病病人、病原携带者、疑似传染病病人、密切接触者涉及个人隐私的有关信息、资料的
《妇女权益保障法》	第六章“人身权利”	第 42 条　妇女的名誉权、荣誉权、隐私权、肖像权等人格权受法律保护 禁止用侮辱、诽谤等方式损害妇女的人格尊严。禁止通过大众传播媒介或者其他方式贬低损害妇女人格。未经本人同意，不得以营利为目的，通过广告、商标、展览橱窗、报纸、期刊、图书、音像制品、电子出版物、网络等形式使用妇女肖像
《未成年人保护法》	第一章“总则”	第 4 条　保护未成年人，应当坚持最有利于未成年人的原则。处理涉及未成年人事项，应当符合下列要求： （三）保护未成年人隐私权和个人信息；
	第五章“网络保护”	第 72 条　信息处理者通过网络处理未成年人个人信息的，应当遵循合法、正当和必要的原则。处理不满 14 周岁未成年人个人信息的，应当征得未成年人的父母或者其他监护人同意，但法律、行政法规另有规定的除外 未成年人、父母或者其他监护人要求信息处理者更正、删除未成年人个人信息的，信息处理者应当及时采取措施予以更正、删除，但法律、行政法规另有规定的除外
《邮政法》	第一章“总则”	第 3 条　公民的通信自由和通信秘密受法律保护。除因国家安全或者追查刑事犯罪的需要，由公安机关、国家安全机关或者检察机关依照法律规定的程序对通信进行检查外，任何组织或者个人不得以任何理由侵犯公民的通信自由和通信秘密

续表

法规	条款	内容
《居民身份证法》	第一章“总则”	第6条　居民身份证式样由国务院公安部门制定。居民身份证由公安机关统一制作、发放 居民身份证具备视读与机读两种功能，视读、机读的内容限于本法第三条第一款规定的项目
	第三章“使用和查验”	第13条　公民从事有关活动，需要证明身份的，有权使用居民身份证证明身份，有关单位及其工作人员不得拒绝 有关单位及其工作人员对履行职责或者提供服务过程中获得的居民身份证记载的公民个人信息，应当予以保密
	第四章“法律责任”	第19条　国家机关或者金融、电信、交通、教育、医疗等单位的工作人员泄露在履行职责或者提供服务过程中获得的居民身份证记载的公民个人信息，构成犯罪的，依法追究刑事责任；尚不构成犯罪的，由公安机关处十日以上十五日以下拘留，并处五千元罚款，有违法所得的，没收违法所得 第20条　人民警察有下列行为之一的，根据情节轻重，依法给予行政处分；构成犯罪的，依法追究刑事责任： （五）泄露因制作、发放、查验、扣押居民身份证而知悉的公民个人信息，侵害公民合法权益的
《统计法》	第一章“总则”	第9条　统计机构和统计人员对在统计工作中知悉的国家秘密、商业秘密和个人信息，应当予以保密
	第六章“法律责任”	第39条　县级以上人民政府统计机构或者有关部门有下列行为之一的，对直接负责的主管人员和其他直接责任人员由任免机关或者监察机关依法给予处分： （二）泄露统计调查对象的商业秘密、个人信息或者提供、泄露在统计调查中获得的能够识别或者推断单个统计调查对象身份的资料的 统计人员有前款所列行为之一的，依法给予处分

下篇：企业合规风险研判

本篇展现企业在个人信息权带来的冲击下，存在的八大合规风险。对企业成本压力的提升、敏感个人信息的处理、超大型平台的责任、个人信息跨境流动进行分析；梳理受《个人信息保护法》的影响，竞争执法产生的不确定性，公益诉讼将开启的新局面；解读个人信息保护与反垄断的竞合以及与经济发展的平衡。

一　企业合规成本上升

一直以来，企业作为个人信息处理主体，在权利天平中占据绝对高地。《个人信息保护法》明确了在个人信息处理活动中个人的各项权利，包括知悉个人信息处理规则和处理事项、同意和撤回同意，以及个人信息的查询、复制、更正、删除、可携带权等。

这意味着，用户的权利地位得到很大的转变，一改企业强势、用户弱势的局面，企业处理个人信息的逻辑需进行调整，面临巨大的合规压力。

（一）个人信息自主权带来冲击

《个人信息保护法》明确了用户享有的一系列个人信息权利，企业负有协同配合用户权利行使的义务。只要处理个人信息的企业均需明确自身拥有哪些个人信息、存储在何处、在何种场景下处理信息以及与谁共享等，需要根据用户需求，灵活、准确地响应数据主体访问查询、同意、更正、删除、数据迁移等要求。

“单独同意”也增加了企业信息转移时的合规负担。《个人信息保护法》第23条要求：如果企业向第三方提供其处理的个人信息，应向个人告知接收方的名称或者姓名、联系方式、处理目的、处理方式和个人信息的种类，并取得个人的单独同意。

表11　　单独同意

单独同意	向他人提供其处理的个人信息
	个人信息处理者公开其处理的个人信息
	出于维护公共安全所必需，在公共场所安装图像采集、个人身份识别设备。其所收集的个人图像、身份识别信息如用于维护公共安全以外的目的
	处理敏感个人信息
	向境外提供个人信息

《个人信息保护法》三审过程中，不少委员提到这一规定不利于数据流动。对于企业而言，转移个人信息必须通知个人并取得单独同意，法律合规成本较高，操作层面实现难度大。

可以预见，《个人信息保护法》与《数据安全法》落地后，为响应法律，企业合规成本必然增加，部分业务需要进行较大调整。人员、管理制度与流程构建以及由此产生的效率下降、业务重构、管理系统重塑以及运维成本等将成为企业无可回避的支出。

从更广泛的视域审视，欧盟《通用数据保护条例》（简称GDPR）落地后给企业增加的合规成本，可以作为参考。根据《福布斯》报告，GDPR让美国500强企业多花费了78亿美元合规成本，普华永道给出更明确的合规成本估计：68%的公司预计将花费100万到1000万美元。

（二）个人信息全生命周期管理

数字经济下，新技术、新应用、新模式层出不穷，在革新业务场景的同时，企业也面临更复杂的合规义务。

法律规定的原则性框架，企业需落实到每个业务环节，以数据安全生命周期为基础制定一系列数据安全管理制度，以保证收集、存储、使用、处理/加工、交换/提供、删除的合规和安全性。

表 12　　**个人信息全生命周期管理**

<table>
<tr><td rowspan="8">事前评估</td><td rowspan="5">评估情形</td><td colspan="2">处理敏感个人信息</td></tr>
<tr><td colspan="2">利用个人信息进行自动化决策</td></tr>
<tr><td colspan="2">委托处理个人信息、向其他个人信息处理者提供个人信息、公开个人信息</td></tr>
<tr><td colspan="2">向境外提供个人信息</td></tr>
<tr><td colspan="2">其他对个人权益有重大影响的个人信息处理活动</td></tr>
<tr><td rowspan="3">评估内容</td><td colspan="2">个人信息的处理目的、处理方式等是否合法、正当、必要</td></tr>
<tr><td colspan="2">对个人权益的影响及安全风险</td></tr>
<tr><td colspan="2">所采取的保护措施是否合法、有效并与风险程度相适应</td></tr>
<tr><td rowspan="2">收集</td><td colspan="3">限于实现处理目的的最小范围，不得过度收集个人信息</td></tr>
<tr><td colspan="3">遵循“告知—同意”原则</td></tr>
<tr><td rowspan="14">处理</td><td colspan="2" rowspan="2">共同处理</td><td>应当约定各自的权利和义务</td></tr>
<tr><td>侵害个人信息权益造成损害的，应当依法承担连带责任</td></tr>
<tr><td rowspan="5">委托处理</td><td rowspan="2">个人信息处理者</td><td>与受托人约定委托处理的目的、期限、处理方式、个人信息的种类、保护措施以及双方的权利和义务等</td></tr>
<tr><td>对受托人的个人信息处理活动进行监督</td></tr>
<tr><td rowspan="3">受托人</td><td>按照约定处理个人信息，不得超出约定的处理目的、处理方式等处理个人信息</td></tr>
<tr><td>委托合同不生效、无效、被撤销或者终止的，受托人应当将个人信息返还个人信息处理者或者予以删除，不得保留</td></tr>
<tr><td>未经个人信息处理者同意，受托人不得转委托他人处理个人信息</td></tr>
<tr><td rowspan="3">转移个人信息（因合并、分立、解散、被宣告破产等）</td><td>转移方</td><td>向个人告知接收方的名称或者姓名和联系方式</td></tr>
<tr><td rowspan="2">接收方</td><td>继续履行个人信息处理者的义务</td></tr>
<tr><td>变更原先的处理目的、处理方式的，应重新取得个人同意</td></tr>
<tr><td colspan="2" rowspan="4">向第三方提供</td><td>向个人告知接收方的名称或者姓名、联系方式、处理目的、处理方式和个人信息的种类</td></tr>
<tr><td>取得个人的单独同意</td></tr>
<tr><td>接收方应当在上述处理目的、处理方式和个人信息的种类等范围内处理个人信息</td></tr>
<tr><td>接收方变更原先的处理目的、处理方式的，重新取得个人同意</td></tr>
</table>

续表

处理	自动化决策	决策的透明度和结果公平、公正
		不得对个人在交易价格等交易条件上实行不合理的差别待遇
		向个人进行信息推送、商业营销，应当同时提供不针对其个人特征的选项，或者向个人提供便捷的拒绝方式
	公共采集	在公共场所安装图像采集、个人身份识别设备，应当为维护公共安全所必需
		遵守国家有关规定，并设置显著的提示标识
		收集的个人图像、身份识别信息只能用于维护公共安全的目的，不得用于其他目的；取得个人单独同意的除外
	公开	不得公开其处理的个人信息，取得个人单独同意的除外
		在合理的范围内处理个人自行公开或者其他已经合法公开的个人信息；个人明确拒绝的除外
		处理已公开的个人信息，对个人权益有重大影响的，应当取得个人同意
	删除	处理目的已实现、无法实现或者为实现处理目的不再必要
		个人信息处理者停止提供产品或者服务，或者保存期限已届满
		个人撤回同意
		个人信息处理者违反法律、行政法规或者违反约定处理个人信息
		法律、行政法规规定的其他情形
	存储	以显著方式、清晰易懂的语言真实、准确、完整地向个人告知保存期限
		除另有规定外，保存期限为实现处理目的所必要的最短时间
		关键信息基础设施运营者和处理个人信息达到国家网信部门规定数量的个人信息处理者，应将境内收集和产生的个人信息存储在境内
		非经主管机关批准，不得向外国司法或者执法机构提供存储于境内的个人信息

二　敏感个人信息处理风险

《个人信息保护法》设专节对处理敏感个人信息作出更严格的限制，第28 条至第30 条在定义、处理规则上作出要求。其他章节中，第55 条对事前影响评估进行规定，第62 条提出监管将制定专门的个人信息保护规则、标准。

表 13　　**敏感个人信息处理规则**

定义	一旦泄露或者非法使用，容易导致自然人的人格尊严受到侵害或者人身、财产安全受到危害的个人信息	
	生物识别、宗教信仰、特定身份、医疗健康、金融账户、行踪轨迹等信息	
	不满 14 周岁未成年人的个人信息	
处理前提	具有特定的目的和充分的必要性	
	采取严格保护措施	
	取得个人的单独同意；法律、行政法规规定处理敏感个人信息应当取得书面同意的，从其规定	
	告知处理的必要性以及对个人权益的影响，规定可以不向个人告知的除外	
	处理不满 14 周岁未成年人个人信息的，应取得其父母或者其他监护人的同意	
	事前影响评估	处理目的、方式等是否合法、正当、必要
		对个人权益的影响及安全风险
		保护措施是否合法、有效并与风险程度相适应
监管要求	为不满 14 周岁未成年人制定专门的个人信息处理规则	
	影响评估报告和处理情况记录至少保存三年	

（一）人脸信息

人脸信息作为生物识别信息属于敏感个人信息，除敏感个人信息专节规制之外，第26 条进一步强调在公共场所安装图像采集、个人身份识别设备的要求，应当为维护公共安全所必需，遵守国家有关规定，并设置显著的提示标识。只能用于维护公共安全的目的，取得个人单独同意的除外。

人脸识别正在迎来强监管时代。2021 年 4 月，信安标委就国家标准《信息安全技术　人脸识别数据安全要求》征求意见；7 月，最高人民法院发布《关于审理使用人脸识别技术处理个人信息相关民事案件适用法律若干问题的规定》，提出 7 种处理人脸信息构成侵害人格权益的情形，为相关民事案件的审判提供裁判指引。

人脸信息的采集目的、范围、场所、处理方式、个人同意原则等具体内容正逐步完善，对人脸信息控制者提出了明确且严格的要求。

国家对人脸信息的重视程度不仅从个人信息保护出发，还在于人脸信息属于数据信息，是优化公共服务的数据支撑，具有公共资源属性。保护人脸识别信息，一定程度上是保护网络安全以及国家整体安全。

（二）医疗健康信息

医疗健康个人信息，主要指与个人生命健康、医疗诊断和治疗有关的个人信息。具有以下特征：第一，人身依附性，与特定个人主体紧密相连；第二，敏感性，一旦泄露、非法提供或滥用，可能危害人身和财产安全，个人名誉、身心健康受到损害或歧视性待遇；第三，大数据属性，如果将某一群体的医疗信息整合，将产生社会和商业价值。①

近年来，医疗个人信息和隐私保护的法律规范，见于《侵权责任法》《精神卫生法》《传染病防治法》《网络安全法》《国家健康医疗大数据标准、安全和服务管理办法（试行）》《人口健康信息管理办法（试行）》《人类遗传资源管理条例》等法律法规中，特别对医疗健康信息的跨境传输进行了更严格的规制。国家标准层面，2020 年 12 月，信安标委发布《信息安全技术　健康医疗信息安全指南》，针对常见医疗健康应用场景提出安全措施建议。

《个人信息保护法》聚焦个人信息，将医疗健康信息作为敏感个人信息实行更严格的保护。鉴于此类信息的特性，突破了将“个人同意”作为处理医疗健康信息的唯一依据。第 13 条将应对突发公共卫生事件，

① 中国信息通信研究院：《“互联网 + 行业”个人信息保护研究报告（2020 年）》，2020 年 3 月，http：//www.caict.ac.cn/kxyj/qwfb/bps/202003/P020200302576687898634.pdf。

或者紧急情况下保护自然人的生命健康和财产安全，作为处理个人信息的合法情形之一。这对于疫情时期公民出行必须填写“健康码”等特殊情况给出了法律许可。

对于医疗健康行业，在已有法律法规上，更注重健康医疗企业的信息化建设，保障网络安全及数据保护，例如国家健康医疗主管部门制定明确的等保工作意见。立法趋势更关注互联网医疗的合规管理，以及与电子商务、广告营销、商保医保等不同渗透场景的规范化管理。①

（三）不满14周岁未成年人信息

我国未成年人的互联网普及率已达99.2%，显著高于总体互联网普及率64.5%。此外，未成年人首次触网年龄不断降低，10岁及以下开始接触互联网的人数比例达到78%。②

未成年人的个人信息保护一直是全球个人信息保护的重点之一。2019年10月出台《儿童个人信息网络保护规定》，2020年10月二次修订后的《未成年人保护法》新增了“网络保护”章节和个人信息保护条款，凸显我国的高度重视。

《个人信息保护法》第31条将不满14周岁未成年人的个人信息作为敏感个人信息，要求个人信息处理者对此制定专门的个人信息处理规则。

这一规定同样见于2021年7月出台的《深圳经济特区数据条例》及2020年10月施行的《信息安全技术　个人信息安全规范》中。这也符合GDPR第38条中关于儿童因为不了解个人数据相关风险、后果、权利和保障措施，因而需要特殊保护的规定。

对于未成年人的同意，《个人信息保护法》第34条规定，应获得未成年人的父母或者其他监护人同意，与《未成年人保护法》第72条表述一致。

---

① 陈际红等：《健康医疗企业IPO数据合规重点问题与应对（下）》，2021年3月，http://www.zhonglun.com/Content/2021/03-23/1050543264.html。

② 季为民等：《青少年蓝皮书：中国未成年人互联网运用报告》，社会科学文献出版社2020年版。

（四）合规要点

1. 人脸信息

（1）密切关注行业立法与监管态势

当前，人脸信息受到多部法律法规及监管部门的规制，国家层面后续也将出台针对人脸识别、人工智能等新技术、新应用而制定专门的个人信息保护规则、标准。企业需积极应对相关主管部门对人脸识别技术应用有关的规范出台情况，及时调整自身处理人脸识别信息的制度规范。

例如在小区物业的人脸识别上，杭州、四川等地方相继修订发布物业管理条例草案，拟将“不得强制业主通过指纹、人脸识别等生物信息方式使用共用设施设备”纳入条例。此类立法动向值得智慧安防、智慧社区业务的企业重点关注。①

相较于地方性立法，最高人民法院 2021 年 7 月出台的《关于审理使用人脸识别技术处理个人信息相关民事案件适用法律若干问题的规定》已经直接规定物业不得将人脸识别作为进出小区的唯一方式，需要特别关注。

（2）改变一揽子告知同意的方式

浙江宁波 20 家房企被罚 203 万元释放监管讯号——即便设置了采集人脸信息的提示标识，但未经消费者同意仍不能免罚。

特别注意针对 App 处理人脸信息时，需取得用户的单独同意。App 可能需要依据使用功能设置多个用户同意界面，在使用人脸信息页面由用户逐一勾选同意。这一规定将倒逼企业更注重 App 产品功能设计，合规管理海量用户的同意范围。如何精细化管理收集的信息，对企业也是较大挑战。

（3）合规的关键是赋予个人选择权

从多起人脸识别的案例来看，对企业在信息收集场景下的合规设计

① 杨锦文等：《人脸识别知多少——从“人脸识别第一案”说起》，2021 年 5 月，君合律师事务所网站，www. junhe. com/legal-updates/1466。

提出了更高的要求，强制索取及捆绑索权问题也需高度重视并完善改进。企业不得要求用户同意处理其人脸信息才提供产品或者服务，除非处理人脸信息属于提供产品或者服务所必需；不得以授权捆绑、强迫或变相强迫等方式要求用户同意处理其人脸信息。

表 14　**人脸信息处理**

处理流程	合规建议
收集	事先风险评估，遵循“合法、正当、必要”的原则
	明确告知人脸信息处理者身份、联系方式、目的、方式和种类等，告知必要性及对个人影响
	取得个人的单独同意
	建立非人脸识别身份识别方式以供个人选择使用
	企业符合免责的事由依据留痕
处理	完善对外业务与内部规范的相关制度，不得泄露、出售或者非法向他人提供
	将信息提供给他人处理应取得个人单独同意，告知处理相关信息
	变更处理目的和方式的，应重新取得个人同意
存储	采取加密保护、隔离存储、脱敏使用等技术措施确保安全
	不具备处理使用的必要性后及时且彻底的销毁
	信息发生或可能发生泄露、损毁、丢失时，及时履行通知和补救义务

2. 医疗健康

(1) 注重数据类型的监管体系

当前，从医疗行业看来，不同法律法规界定差异显著，部分采取囊括式的界定方式，涵盖医疗行业经营过程中可能涉及的相关数据，如“健康医疗大数据”与“人口健康信息”，体现国家对医疗行业数据整体的监管态势。从信息安全监管出发，与个人信息、网络安全、信息安全等相关的法律法规中，医疗健康信息或数据同样保护严格。

(2) 明确数据来源的合规性

开展医疗数据的商业合作中，涉及医疗健康信息的流转，应确认数据提供方收集、共享相关个人信息的合法合规性，或是否已进行充分的脱敏处理。企业利用患者个人信息进行人工智能算法训练时，同样应注意是否已获得充分的患者知情同意或已进行充分的脱敏处理。

3. 未成年人

（1）建立儿童专门的个人信息保护规则及专岗

企业应建立儿童或未成年个人信息专门的个人信息处理规则，设置专门的儿童个人信息保护负责人。明确应用主要面向儿童的年龄段以及所属的常规应用类别，并且发出准确声明。特别说明监护人应履行的监护职责，对征得监护人的同意后收集和使用儿童个人信息制定规范；在收集信息的评估风险阶段，必须考虑对儿童产生任何影响的可能性和严重程度；在信息存储时，将相应儿童个人信息分割独立存储。

（2）以儿童的最大利益原则设计产品功能

由于年龄的特殊性，对于面向全年龄段用户的产品及服务建议设置儿童模式，在儿童身心健康发展及权益保障上有更多考量。

英国的《适龄设计法规》（Age Appropriate Design Code，AADC）提到限制使用“轻推技术”。“轻推技术”指刻意引导或鼓励用户在决策时遵循设计者首选路径而采用的策略，例如设计者希望获得用户授权的场合，其通常把同意授权的选项做得更为显眼。这可能导致儿童被鼓励允许平台获取比他们自愿提供更多的个人数据，或引导儿童在个性化隐私设置时选择较少的隐私增强选项。

（3）广告符合面向儿童的标准

如果应用中投放广告，必须对广告产品及服务、营销手段及呈现方式进行重点评估，可以在儿童模式下提供一键关闭广告的选择。

三　超大型平台责任加重

《个人信息保护法》首次从法律层面明确提出加强超大型互联网平台个人信息保护义务的要求。

第58条规定，提供重要互联网平台服务、用户数量巨大、业务类型复杂的个人信息处理者，应当履行下列义务：建立健全个人信息保护合规制度体系，成立主要由外部成员组成的独立机构进行监督；遵循公开、公平、公正的原则，制定平台规则，明确平台内产品或者服务提供者处理个人信息的规范和保护个人信息的义务；对严重违反法律、行政法规处理个人信息的平台内的产品或者服务提供者，停止提供服务；定期发布个人信息保护社会责任报告，接受社会监督。

这一法条强调数据治理要多方参与，增加独立第三方的制约，同时要有更高的透明度，以强化对平台的监督。

第 52 条的要求，一定情况下同样适用于超大型互联网平台。处理个人信息达到国家网信部门规定数量的个人信息处理者应当指定个人信息保护负责人，负责对个人信息处理活动以及采取的保护措施等进行监督。应当公开个人信息保护负责人的联系方式，并将其姓名、联系方式等上报。

表 15　**超大型互联网平台个人信息保护**

平台定义	提供重要互联网平台服务	
	用户数量巨大	
	业务类型复杂	
平台义务	建立个人信息保护合规制度体系	
	成立独立机构	由外部成员组成
		监督个人信息处理活动
	制定平台规则	遵循公开、公平、公正的原则
		规范平台内经营者
	停止违规服务	
	发布个人信息保护社会责任报告	

（一）重要互联网平台服务

在《个人信息保护法》草案二审稿时，“重要互联网平台服务”被表述为“基础性互联网平台服务”。当时，学界引入“守门人”概念，作为理解“基础性互联网平台服务”的参考。

中国人民大学法学院教授张新宝将“守门人”界定为“控制关键环节，有资源赋予其他个人信息处理者处理个人信息能力的互联网运营者”，主要包括应用程序的分发平台，比如苹果、谷歌、华为、腾讯、百度等；提供系统权限供App调度的操作系统，比如苹果的iOS、谷歌、安卓、华为鸿蒙系统等；以及搭载小程序的大型App，省略用户下载、安装、注册、卸载App的过程，实现即点即用。①

2021年8月，国务院公布《关键信息基础设施安全保护条例》，作为《网络安全法》的重要配套法规，对关键信息基础设施范围认定、运营者责任义务等规定。

由于关键信息基础设施，包括公共通信和信息服务等重要行业和领域的网络设施、信息系统，而大型互联网平台用户规模普遍在亿级以上，掌握海量个人信息和重要数据，一旦遭到破坏或者丧失功能、发生数据泄露，危害程度不亚于传统行业，有可能被纳入关键信息基础设施的范围。②

8月24日，《关键信息基础设施安全保护条例》国务院政策例行吹风会上，国家互联网信息办公室网络安全协调局局长孙蔚敏表示，前述《条例》9月1日实施后，将重点抓的工作之一，即是要求经营者全面落实安全保护的主体责任。主要从五个方面开展：一是建立健全网络安全保护制度和责任制，实行一把手负责制，保障人力、财力、物力的投入。二是要设置专门的安全管理机构参与网络安全和信息化的决策，履行《条例》规定的8项工作职责。三是开展网络安全检测和风险评估，并及时整改。四是建立并落实网络安全事件和网络安全威胁的报告制度。五是要优先采购安全可信的网络产品和服务，按照规定申报网络安全审查。

10月29日，市场监管总局发布《互联网平台分类分级指南（征求意见稿）》与《互联网平台落实主体责任指南（征求意见稿）》，确立了平台分类分级的监管思路。

互联网平台被分为三级：超级平台、大型平台、中小平台，并明确

① 王俊：《个人信息保护法提速——人大教授张新宝建议头部平台承担“守门人”责任》，2021年8月，21财经客户端，https：//m. 21jingji. com/article/20210323/herald/757241fdafb1411933f128079fcb1235. html。

② 张雅婷等：《〈关键信息基础设施安全保护条例〉出台，大型互联网平台或被纳入》，2021年8月，1财经客户端，https：//m. 21jingji. com/article/20210817/herald/30f6c4a51459eaf9fcd167572fb88d0e. html。

分类分级标准被委以不同责任。平台经营者需承担算法规制、知识产权保护、自然人隐私与个人信息保护、劳动者保护、环境保护等责任。平台越大，责任越大，超大型平台经营者还要承担平等治理、开放生态、数据管理、促进创新等责任。

对大型互联网平台的规制思路上，按照用户数等划定所谓“超大型平台”，类似于欧盟的“守门人”概念，随着两个文件征求意见，中国版“数字守门人”制度呼之欲出。

（二）增加独立第三方的制约

成立主要由外部成员组成的独立机构，对个人信息处理活动进行监督，是为了应对大型互联网平台拥有的海量数据，以及民众在使用产品和服务、维权过程中所面对的数据壁垒和业务不透明情况。

外部人员组成的独立机构，突出外部和独立，更能保证客观公正。有助于提高企业在产品和服务的设计过程中对于各方利益诉求的事先考虑及平衡。对于消费者而言，外部监督的存在对用户权益的维护，尤其是对维权渠道的畅通性有更好助力。

如何保持外部机构的独立性，还待进一步明确。政府后续或颁布相应规定，对参与该独立机构外部成员的任职资格、义务规范和法律责任等做出要求，通过定期发布报告对外披露信息，提高中立性和透明度，使平台及机构均接受更广泛的外部社会监督，避免个人信息在平台算法的“黑匣子”中仍存在被不当采集和不当利用的可能性。

（三）公平合理对待平台内经营者

当前，数据和流量成为网络市场竞争的关键要素，大型互联网平台及平台内普通经营者都可能通过滥用个人信息不当获利。从实践情况来看，平台实施的限制行为隐蔽性强，给监管执法增加了难度。

基于这些现状，相较《个人信息保护法》草案二审稿，《个人信息保护法》增加了大型互联网企业制定有关个人信息保护的平台规则时，应当遵循公开、公平、公正的原则对待平台内经营者。

为进一步压实平台的主体责任，还增加了明确平台内产品或者服务提供者处理个人信息的规范和保护个人信息的义务。

（四）个人信息保护社会责任报告

个人信息保护社会责任报告，同样是法律层面首次明确提出的要求。对于报告内容，还需要后续相关的立法解释、配套规定的明确和实践探索。

与之相类似的企业探索，为部分企业如腾讯、蚂蚁金服、中兴、华为云等发布过的《隐私保护白皮书》。国外也有谷歌、苹果等科技公司发布《透明度报告》。

（五）合规要点

1. 转变经营理念，业务发展伴随合规驱动

2020 年《网络安全审查办法》通过后，“滴滴出行” App 2021 年 7 月因网络安全审查被下架，此后出台的《网络安全审查办法（修订草案征求意见稿）》将数据处理活动纳入网络安全审查范围。

尽管个人数据的取得、加工、分析已经成为互联网驱动企业获得竞争优势的关键，但作为超大型平台，其网络、数据安全已经涉及国家安全领域，将直接关系到业务发展乃至企业生存，不能忽视存在的网络安全隐患和管理漏洞而去片面重视追求经济效益，未来通过违规收集用户个人信息以此进行“大数据分析”“千人千面”等间接牟利行为不可取。

2. 在顶层设计上构建有效的合规体系

设置专门安全管理机构。重新审查企业内部治理结构、规章制度、人员管理等方面存在的问题，制定可行的合规管理规范，健全合规风险检测、防范、报告、整改机制。超大型平台除须履行《个人信息保护法》的合规义务外，还应注意《关键信息基础设施安全保护条例》等法规项下的合规义务。对专门安全管理机构负责人和关键岗位人员进行安全背景审查，以此确立问责制度合规框架。实践中，曾有不少企业因未确定网络安全负责人而被工信部和公安机关处罚。

设置个人信息保护负责人。如首席数据官、隐私官等专有岗位，建立公开的联系方式，并将其姓名、联系方式等上报监管部门。当前，已

有头部企业搭建个人信息保护合规体系。中兴通讯已建立合规管理委员会并设置专职数据保护官，蚂蚁金服设立首席隐私官并成立隐私保护办公室，小米成立信息安全与隐私委员会统筹集团的信息安全与隐私保护工作。

定期发布个人信息保护社会责任报告。报告内容可以包括公司在个人信息保护顶层设计上的安全战略、合规体系、安全措施、处理安全事件情况等；在合规共建层面，可以聚焦客户、供应商、合作伙伴，同时提升用户参与度，如对用户的普法教育、用户权益主张的响应情况等；在社会实践助力层面，介绍相关安全研究应用、参与立法讨论、举办个人信息保护活动等。

3. 强化业务链条风险控制

超大型平台大部分可被纳入关键信息基础设施，其供应链曾被网信办重点关注。由于涉及网络产品和服务从无到有再到废弃的整个生命周期，不仅包含传统的生产、仓储、销售、交付等供应链环节，还延伸到产品的设计、开发、集成等生命周期，以及交付后的安装、运维等过程。[①] 特别是在供应链全球化和市场全球化的背景下，供应商和客户分布于世界不同的国家，平台还将注意落实国外相关法律法规的要求，优先采购安全可信的网络产品和服务，按照规定申报网络安全审查。

4. 发挥平台资源优势，助力行业规范

由于超大型平台控制个人信息处理的关键环节，为其他企业提供个人信息的处理通道、空间、技术等资源。平台应发挥资源优势，对平台内制定个人信息保护标准的准入规范，拒绝不达标的企业使用其服务，同时利用必要的技术手段进行监督，建立相关的投诉机制和投诉受理处置机制。在净化行业信息安全的同时，促进企业自身的良性发展。

四 个人信息跨境流动

我国头部互联网企业已经建成了具有国际领先水平的大数据存储与

① 胡影：《网络安全审查视角下的供应链安全风险分析》，2020 年 5 月，中国网信网，http：//www. cac. gov. cn/2020 -05/03/c_ 1590051734465847. htm。

处理平台，在跨境网络支付、跨境电子商务、信息网络服务等应用领域的发展，必然涉及数据的跨境双向流动。

《个人信息保护法》对个人信息跨境需要满足的必要前提进行了整合，并将向个人主体的告知和获取个人主体的单独同意作为另一必要前提条件。

表 16　**个人信息跨境流动监管规则**

前提（满足之一）	通过国家网信部门的安全评估
	经专业机构认证
	按照国家网信部门制定的标准合同，与境外接收方订立合同
	法律、行政法规或者国家网信部门规定的其他条件
告知要求	境外接收方的名称或者姓名、联系方式、处理目的、处理方式、个人信息的种类以及个人向境外接收方行使法定权利的方式和程序等事项
	取得个人的单独同意
监管要求	关键信息基础设施运营者和处理个人信息达到国家网信部门规定数量的，境内收集和产生的个人信息确需向境外提供的，应通过国家网信部门的安全评估；相关规定可以不安全评估的，从其规定
	非经中国主管机关批准，不得向外国司法或者执法机构提供存储于境内的个人信息

（一）完善个人信息跨境提供规则

对于跨境数据的要求，我国多部法律法规以及国家标准进行规制。

2016 年，我国《网络安全法》要求关键信息基础设施的运营者在中国境内运营中收集和产生的个人信息和重要数据应当在境内存储，确需向境外提供的应安全评估。2019 年，网信办出台的《个人信息和重要数据出境安全评估办法》（征求意见稿）则将《网络安全法》中的“关键信息技术设施运营者”扩大到所有“网络运营者”，同时规定“自行评估”和“行业监管部门评估”两种评估形式以及数据出境评估必须每年开展一次。2020 年，信安标委发布的《信息安全技术　数据出境安全评估指南》（征求意见稿），明确“网络运营者”“境内运营”“重要数据”“数据出境”等概念，规定评估总体流程及要点，主要对

“出境目的”和“安全风险”进行评估且达到“合理正当”和“安全可控”，同时对数据接收方安全保护能力做出规定，包括接收方主体背景、管理制度、技术手段以及政治法律环境等指标。

根据不同行业的特殊性，监管部门严控数据出境，在金融、征信行业、网络车行业、网络出版和网络地图行业、医疗卫生等特殊领域，必须首先本地化存储，要求服务器设置在境内，或者是某类数据禁止跨境进行传输。例如医疗数据、人口健康信息相关的服务器要求设置在境内，金融机构要求如果数据传输，只能传递至其子公司、母公司等关联公司，征信数据只能在中国境内处理等。

《个人信息保护法》为进一步完善个人信息跨境提供规则。

第 40 条明确，关键信息基础设施运营者和处理个人信息达到国家网信部门规定数量的处理者，确需向境外提供个人信息的，应当通过国家网信部门组织的安全评估，与《网络安全法》基本保持一致；对于其他需要跨境提供个人信息的，规定了经专业机构认证等途径。第 55 条与第 56 条同样对向境外提供个人信息做出事前影响评估并对处理情况记录的要求，并提出评估的具体内容。

对跨境提供个人信息的“告知—同意”做出更严格的要求，第 39 条提出，应向个人告知境外接收方的名称或者姓名、联系方式、处理目的、处理方式、个人信息的种类以及个人向境外接收方行使该法规定权利的方式和程序等事项，并取得个人的单独同意。

对因在境外参与司法程序或面临行政调查，需要向境外提供个人信息的，要求依法申请有关主管部门批准。

（二）个人信息管制和反制条款

出于在全球数据治理博弈中对中国个人数据主体和数据主权的保护，也出于在国际关系中取得微妙的平衡，《个人信息保护法》首次创制对个人数据的管制和反制条款，为将管制和反制对象列入限制或禁止个人信息提供的清单，对于反制对象可以根据实际情况对该国家或者地区对等采取措施。《数据安全法》也提出了应当对属于管制物项的数据依法实施出口管制。

管制和反制的适用条件在第 42 条及第 43 条进行了严格限制。其中管制的对象为：从事损害了中国数据主体权益或危害中国国家安全、公共利益的个人信息处理活动的境外组织和个人。而反制的对象则是对中国采取歧视性的禁止、限制或者其他类似措施的国家和地区。

（三）建立境外机构在境内的监管

对于境外的个人信息处理者，《个人信息保护法》要求设立境内专门机构或指定境内代表，并要求履行沟通渠道的报送义务，弥补了一直以来针对境外机构监管的敞口，与欧盟 GDPR 等域外个人信息保护法的机制保持一致性的对等要求。

《个人信息保护法》第 53 条规定，中国境外的个人信息处理者，应在境内设立专门机构或者指定代表，负责处理个人信息保护相关事务，并将有关机构的名称或者代表的姓名、联系方式等报送监管部门。

（四）合规要点

1. 系统部署国内外的合规体系

各行业应基于《个人信息保护法》及《网络安全法》等基本法及所在行业的相关法律法规，确立个人数据出境及信息安全的保障义务。

数据跨境流动已经跨越公司的边界、跨越了国界，企业需要对其位于不同国家的合作伙伴的安全承担同样的责任，并面临更多的监管。当前，各国越来越意识到互联网主权的重要性，对于跨境数据保护标准不统一，法律法规在历史根源、立法模式、规制方式以及司法确认方面都各不相同，加之国际政治经济局势多变，如企业一旦违法将面临高额罚款。对于“走出去”的企业，应拥有全球化视野，提前做好各国跨境数据法律风险预案。

2. 完善事先控制，注重数据来源与流向

现阶段，任命个人信息保护负责人，成立相关部门，建立内部合规管理制度和相关措施成为重点与难点。数据跨境流动企业在创建合规和数据治理规定时，对于风险的控制不应仅限于事后补救，而需实现事先控制。

例如，企业需确认自身储存个人数据的内容、地点、方式、来源、流向，储存这些数据的原因以及获取数据的方式，尤其针对存在数据跨境、产品/服务跨境、业务主体跨境等情况的业务场景，了解数据的访问设置、服务器的调用等所涉及的数据是否跨境。

对于具体操作中涉及的软件设计，应根据数据在不同法域的风险设计不同版本，并运用必要的技术措施管理数据访问权限，实现数据分离和对数据访问控制。在管理合作的第三方时，对供应商、分包商、或其他商业合作伙伴，均应在合同关系建立前进行调查和评估数据风险。

五　执法竞争带来的不确定性

对于负有个人信息保护职责的部门，《个人信息保护法》从中央和地方层面进行了规定，同时兼顾到行业监管差异。对履职部门的职责、可采取的措施及用户投诉举报机制作出要求。

（一）中央与地方共同监管

《个人信息保护法》第 60 条规定，在中央层面，由国家网信部门负责统筹协调个人信息保护工作和相关监督管理工作。国务院有关部门在各自职责范围内负责个人信息保护和监督管理工作。这也意味着，由网信部门集中统一监管体系，工业和信息化部、公安部、中国人民银行等则兼顾各部门和各行业的差异性进行监管。

在地方层面，第 60 条明确了由县级以上地方人民政府有关部门履行个人信息保护和监督管理职责。

（二）多部门参与 App 执法监管

当前我国 App 数量达 302 万款，成为个人信息保护规范的重要内容。《个人信息保护法》第 61 条在对履行个人信息保护职责的部门职责中规定，组织对应用程序等个人信息保护情况进行测评，并公布测评结果。

从监管执法部门对 App 的治理过程来看，经历了从内容生态整治到监管个人信息违法违规收集的发展，并呈现多部门参与的执法态势。

工业和信息化部 2019 年起开展“App 侵害用户权益行为专项整治行动”，规制 App 服务提供者、App 分发服务提供者，重点整治违规收集使用用户个人信息等 8 类问题行为，该项行动仍在有条不紊地进行。

公安部则展开“净网”专项行动，集中整治 App 违法违规收集使用个人信息行为，2021 年 3 月深化行动，开展侵犯公民个人信息、黑客攻击破坏等十大会战。

国家市场监管总局开展“‘守护消费’暨打击侵害消费者个人信息违法行为专项执法行动”，《APP 违法违规收集使用个人信息专项治理报告（2019）》显示，共立案 1474 件，查获涉案信息 369 万余条，罚没款 1946 万余元；组织执法联动 4225 次，行政约谈 3536 次。

网信办对 App 的治理整顿已进入常态化阶段并逐渐细化。2021 年网信办对 App 治理工作主要聚焦在常见 39 类 App，一定原因是《常见类型移动互联网应用程序必要个人信息范围规定》刚实施，细化了“必要原则”，明确常见 39 类 App 收集必要信息的界限。

对于企业而言，面临个人信息保护执法“九龙治水”的局面，各部门专项行动各有侧重，执法标准透明度不高，《个人信息保护法》从顶层设计上对 App 进行评测，将一定程度上统一标准和流程。

（三）合规要点

1. App 企业注重多头监管的具体要求

未来 App 的个人信息保护测评将成常态化监管，企业应从管理机制、技术手段、自纠自查等多方面保障用户安全，对于超范围收集、频繁索权、隐瞒第三方 SDK 收集行为等违规收集个人信息的行为进行日常检测更改。如被监管部门通报，应立即开展问题整改、问题复盘及责任处罚工作。

2. 加大投入个人信息管理与数据安全技术

工信部网络安全管理局调研员张洪 2021 年 7 月曾透露，工信部接下来将立足行业监管职责，重点开展制定出台行业数据安全管理制度，建立数据安全认证体系，开展数据安全监督检查等工作。企业应加大投入，不断优化完善数据脱敏、防泄露、加密等基础性通用性的数据安全技术，加强安全多方计算、联邦学习、可信计算等技术的研究攻关和部署应用。

六　公益诉讼

《个人信息保护法》第70条规定，个人信息处理者违反本法规定处理个人信息，侵害众多个人的权益的，人民检察院、法律规定的消费者组织和由国家网信部门确定的组织可以依法向人民法院提起诉讼。在法律层面明确了个人信息保护公益诉讼制度。

相较二审稿，此法条对提起诉讼的主体新增“法律规定的消费者组织”，与《消费者权益保护法》相衔接，增强了社会参与力量。对个人信息公益诉讼的形式予以确认，扩大个人信息公益诉讼的适用范围，更好保护公民的个人信息权益。

表17　　**个人信息保护公益诉讼**

法律法规	起诉主体	内容
《个人信息保护法》	人民检察院、法律规定的消费者组织和由国家网信部门确定的组织	个人信息处理者违反本法规定处理个人信息，侵害众多个人的权益的
两高修订《关于检察公益诉讼案件适用法律若干问题的解释》	人民检察院	损害社会公共利益的行为，可提起诉讼
最高检《关于积极稳妥拓展公益诉讼案件范围的指导意见》	人民检察院	将个人信息保护作为网络侵害领域的办案重点
最高法《关于审理使用人脸识别技术处理个人信息相关民事案件适用法律若干问题的规定》	法律规定的机关和有关组织	对处理人脸信息符合民事诉讼法、消费者权益保护法等关于民事公益诉讼规定的，可提起诉讼
最高检《关于贯彻执行个人信息保护法推进个人信息保护公益诉讼检察工作的通知》	人民检察院	履职时重点把握敏感个人信息、特殊群体、重点领域、100万人以上的大规模个人信息、特定对象的个人信息等保护

（一）个人信息保护成为公益诉讼新领域

公益诉讼制度见于我国《民事诉讼法》第55条，其规定“对污染环境、侵害众多消费者合法权益等损害社会公共利益的行为，法律规定的机关和有关组织可以向人民法院提起诉讼。”

在个人信息维权案件中，由于案件的专业性、举证能力等限制，用户维权难度很高。通过将个人信息保护纳入检察公益诉讼范围，能够让用户摆脱维权中的弱势地位，对保护个人信息具有重要意义。

最高检第八检察厅厅长胡卫列曾介绍，最高人民检察院2020年9月出台《关于积极稳妥拓展公益诉讼案件范围的指导意见》，明确将个人信息保护作为网络侵害领域的办案重点。检察机关通过办理行政公益诉讼案件，督促协同相关行政机关严格执行监管措施；通过办理民事公益诉讼包括刑事附带民事公益诉讼案件，增加侵权责任主体的违法成本。

近年来各省市已开展个人信息保护案在公益诉讼中的运用。浙江省杭州市下城区人民检察院2021年1月对一起个人信息保护案提起了公益诉讼。该案是《民法典》实施后，全国首例个人信息保护公益诉讼案件。4月，最高人民检察院发布检察机关个人信息保护公益诉讼典型案例，透露将突出办理全国性、有影响力的个人信息保护公益诉讼案件。截至5月，有19个省份明确要求检方积极稳妥开展个人信息保护领域公益诉讼。7月，广东省人民检察院公布了4件关于个人信息保护检察公益诉讼的典型案例。[①]

检察公益诉讼外，多方力量也参加其中。针对人脸识别相关案件，最高人民法院于2021年7月颁布《关于审理使用人脸识别技术处理个人信息相关民事案件适用法律若干问题的规定》，从民事公益诉讼的角度规定了信息处理者处理人脸信息的行为符合《民事诉讼法》《消费者权益保护法》等关于民事公益诉讼的相关规定时，法律规定的机关和有

① 张雅婷等：《广东公布2起“人脸识别”公益诉讼典型案例，多地个人信息保护公益诉讼进行时》，2021年8月，21财经客户端，https：//m.21jingji.com/article/20210803/herald/ea82e4bc1696ba3bfcbb5734cdda0bff.html。

关组织可以提起民事公益诉讼。

金融账户被《个人信息保护法》纳入为敏感个人信息进行严格保护，基于公益诉讼的规定，考虑到金融领域个人处理具有高度的复杂性、专业性，且涉及主体众多，因此个人信息中涉及金融数据收集、存储、确权、使用、转让、处置、清算产生的纠纷，可由金融法院这类专门法院集中管辖。

8 月 21 日，最高人民检察院下发的《关于贯彻执行个人信息保护法推进个人信息保护公益诉讼检察工作的通知》明确，根据《个人信息保护法》有关规定，各级检察机关在履行公益诉讼检察职责时应当突出重点、从严把握以下方面：生物识别、宗教信仰、特殊身份、医疗健康、金融账号、行踪轨迹等敏感个人信息应当严格保护；儿童、妇女、残疾人、老年人、军人等特殊群体的个人信息需要特别保护；教育、医疗、就业、养老、消费等重点领域处理的个人信息，以及处理 100 万人以上的大规模个人信息应当重点保护；对因时间、空间等联结形成的特定对象的个人信息加强精准保护。

（二）合规要点

1. 加强内控工作

企业应提高对自身经营活动中涉及的与个人信息保护相关法律法规合规性的关注程度，除了《个人信息保护法》之外，还有《民事诉讼法》《民法典》《消费者权益保护法》《合同法》等。

2. 建立良好的用户沟通机制

企业面对公益诉讼的压力比个人发起的诉讼更大，几乎很难胜诉，最好的结果是和解。因此，企业应及时排查用户可能面临的各项风险，注意到可能或已有不法分子利用企业产品或服务企图侵害用户权益的情况下，对用户进行明确的风险提示，提供投诉与举报机制，完善客服体系，健全反馈机制。

3. 梳理明确举证责任

《关于审理使用人脸识别技术处理个人信息相关民事案件适用法律若干问题的规定》对举证责任的明确，也为企业开展合规工作时需要固定的证据提供了目录。在前期的合规工作中就应当考量相关措施能否作为证据在法庭上进行使用。

七　与反垄断竞合风险

个人信息保护与垄断行为规制看似两个独立问题，却在数字时代发生了关联。个人信息具有丰富的附加价值，效能凸显，涉及相关利益者诸如数据垄断等新型命题。尤其对于握有大量用户数据的平台企业，个人信息保护与反垄断两条线缠绕在一起，成为不容忽视的合规方向。

从各地数据立法与政策来看，打击数据垄断、数据不正当竞争行为，建立数据分类分级和隐私保护制度也成为高频词汇。

（一）审视数据垄断与个人信息保护关系

数据是信息的表达或承载形式，信息则是数据的实质内涵。个人信息成为构成数据源的基础。

个人信息一定程度上已经成为企业的“生命之源”。企业之所以能够提供大量的“零价服务”并得以生存，个人信息是重要保障，数字经济下“零价服务”的利润来源主要是个人信息，其对企业的意义为：个人信息能够服务于个性化广告，直接为企业创造利润。个人信息能够帮助企业改善服务，间接为企业创造利润；个人信息积累能够助推企业平台化，夯实企业生存基础。①

关于个人信息保护与反垄断的关系需辩证看待：第一，企业是否会基于个人信息保护，做出诸如链接封禁、屏蔽网址、自我优待等垄断行为；第二，需加强个人权益的保护。有学者提出，企业间的个人信息保护合谋与支配地位企业的个人信息剥削应被视为新型垄断行为；数据驱动型集中的竞争损害分析应更多关注个人信息的损害。

① 焦海涛：《反垄断法应实现“关注个人信息保护”的制度转型》，2021 年 5 月，正义网，http：//www.jcrb.com/xueshupd/cs/202105/t20210525_2282393.html。

(二) 信息保护与平台垄断的权衡

伴随着个人信息保护法的出台，信息处理行为将更为谨慎，在这种情况下，需警惕平台垄断的新态势。

2021 年，京东、抖音、淘宝纷纷更新订单信息加密通知及系统升级改造方案，对生态链路的消费者敏感个人信息采取脱敏、加密措施，不再向商家、服务商提供明文的消费者敏感个人信息。

平台对订单中的消费者敏感信息脱敏处理，可以降低用户信息泄露风险。这一背景下，平台垄断的可能性同样需要纳入考量范围。由于各平台系统升级后，不同平台加密算法不同，下游只能调整接口以适配不同电商平台。每一个上游的平台如果形成自己体系的话语模式，下游只能被动接受。

在高压的监管态势下，本身就占据资源与技术优势的平台，在保护数据安全的大势下，应进一步巩固自己的数据优势。此时，数据的开放也应一并去研究和尝试，营造更良好的数据生态。

另一方面，也需要在反垄断中守住数据安全的红线。从现实来看，今年无疑是反垄断大年，对平台企业的监管规制不断进入深水区。平台互联互通似乎已成为不可逆之势，平台企业无正当理由限制其他网址链接的正常访问、实施歧视性屏蔽措施等场景已经被列入行业监管的重点整治内容。①

在互联互通的推进中，链接封禁的破除是第一步，数据的可携带、互操作，乃至数据的共享是更深层次的内容。必须坚持安全为底线，建立健全安全管理规则，利益纠纷处理机制，在开放系统中寻求最优解。②

平衡隐私法与竞争法之间的张力，或是未来平台企业监管的重要命题。

---

① 王俊：《工信部召开行政指导会：各平台限期解除屏蔽网址链接》，2021 年 9 月，21 财经客户端，https://m.21jingji.com/article/20210911/herald/b269ce2ecca9eb2ace240aac04d564b3.html。

② 王俊等：《深度解码“互联互通”：互联网拆墙破壁行进中，需在开放系统中寻求安全最优解》，2021 年 10 月，21 财经客户端，https://m.21jingji.com/article/20211014/herald/115d18ada681c66cb5e226775f93cae2.html。

（三）数据可携带权带来的新变化

《个人信息保护法》新增了个人信息的“可携带权”，即个人将个人信息转移至其指定的处理者的权利。

该项权利早在欧盟的GDPR中被确立，但自提出便争议不断，落实情况不尽如人意。欧盟将可携带权的客体定为机器可读的个人数据，面临各企业数据不兼容的阻碍。

《个人信息保护法》对于数据可携带权的规定较为笼统。关于数据可携带权适用的数据范围尚不明确；数据可携带权下传输的数据形式不明确。将“符合国家网信部门规定条件”作为数据可携带权的前置许可，需要网信部门出台具体细化的标准规范。

引入可携带权，初衷是打破信息垄断，不充分竞争的格局，促进信息共享流通，其与反垄断有着千丝万缕的联动效应。

现实中，数据安全保护的技术高低让作为数据主体的消费者用脚投票。在风险较大，且对接收数据企业的技术和安全保障能力缺乏认知的情况下，数据主体转移个人信息的意愿会被明显地抑制，可能更愿意将自己的个人信息储存在那些比较知名、自己相对信得过的大公司系统里，极有可能使得数据自由流通成为一种美好的幻想。

数据可携带权是乌托邦还是中小企业的救命稻草，仍待后续考证。

八　个人信息保护与经济发展的平衡

个人信息权益的保护与数字经济发展两者的兼顾与平衡，是必须要面对的命题。

大数据经济与个人信息保护之间存在巨大张力，个人信息保护严格，数字经济发展或面临更多压力。必须守住个人信息安全底线，在此框架内促进数字经济发展。

（一）数据权属与授权明确

要讨论数据要素市场发展、数字产业进步，首先需厘清基于个人信息生成的数据的性质以及权属分配的问题，对个人信息的保护也需要放置到不同场景中考量。

数据的所有权、使用权、管理权、交易权、享有权目前尚无相关的法律充分认同和明确界定。不过，地方立法中已有探索，《深圳经济特区数据条例》第 4 条、第 58 条、第 67 条对于数据产品和服务的财产权益明确赋权，并明确合法处理形成的数据产品和服务可以依法交易。

根据司法实践可以按以下思路理解：

第一，来源于用户个人信息的单一数据，分散化、碎片化，商业价值有限，无独立的财产权或财产性权益可言。

第二，信息处理者若只是对用户信息进行数字化记录的转换，虽付出了一定劳动，但原数据仍未脱离原用户信息范围，故信息处理者对于原始数据仍应受制于用户对于其所提供的用户信息的控制，不能享有独立的权利，信息处理者只能依其与用户的约定享有对原始数据的使用权。

第三，对用户个人信息经算法或技术加工处理后的数据，投入大量的智力劳动成果，经过深度开发与系统整合，产生大数据产品，独立于网络用户信息、原始网络数据之外，该产品作为经营者的劳动成果，其所带来的权益应当归经营者所享有。

第四，经营者征得用户个人明示同意，在用户同意的范围内对用户个人信息进行分析处理，用户个人信息属于自然人人格权的一部分，其性质不可转让，因此电商平台只可能获取、存储个人信息，但不可能“拥有”个人信息。

（二）探索新型数据治理之道

守住个人信息安全底线需要严格把控个人信息处理链条的风险，扎紧制度的笼子，利用技术与法律规范相协调，筑牢个人信息安全防线。

中国社会科学院法学研究所研究员周汉华曾提出探索激励相容的个人数据治理之道。

他认为，在大数据时代，信息控制者（根据《个人信息保护法》可理解为信息处理者——作者注）对于个人信息有很强的利用激励而缺乏同等程度的保护激励。如果法律规则只是简单施加各种禁止性或者强制性规定，势必因为激励不相容影响有效实施。

因此，应以培育信息控制者内部治理机制为目标，将个人信息保护要求嵌入整体信息安全防范体系中，明确各个环节的相关法律义务和组织要求，完善多元参与与互动机制，实现法律规范的外在要求与信息控制者的内在需要激励相容，达到既保护个人信息安全又强化信息控制者的安全防范能力的双赢结果。

相关技术也在不断发展。联邦学习、同态加密、安全多方计算等，均试图在实现有效的数据共享和信息连接的前提下，保证数据安全和隐私。其中，隐私计算技术正成为风口。国内市场规模将快速发展，三年后技术服务营收有望触达100亿—200亿人民币的空间，甚至将撬动千亿级的数据平台运营收入空间。①

隐私计算抛弃直接抹除个人数据中身份信息内容的技术逻辑，而是在数据流动和共享过程中记录所有数据处理流程，预防和遏制相关隐私信息的泄露。② 不过隐私计算的算力是否能支撑复杂场景，尚未经实践检验。

技术固然是实现合规的关键手段，但是合理、科学的制度设计是数据保护过程中必不可少的一环。解决数据流通的问题，通过管理手段实现数据的可知、可控，实现数据合规流通。

个人信息保护需多方共同守住个人信息保护的底线，尊重个人信息权益，共筑数字经济良好生态。

（责任编辑：徐玖玖）

---

① 微众银行、毕马威：《深潜数据蓝海——2021隐私计算行业研究报告》，2021年4月。

② 赵精武等：《隐私计算技术：数据流动与数据安全的协同保护规则构建》，《信息通信技术与政策》2021年第7期。

电信网络违法犯罪治理研究

李　荣　吴汉迪　段继平

（奇安信取证解决方案总监；奇安信取证产品总监；
奇安信取证产品总经理）

内容提要　在网络以及移动技术快速发展的时代，以电信网络诈骗为首的涉网新型犯罪逐渐成为案件侦办的难题。电信网络违法犯罪存在手段多样化、手法专业化、犯罪团伙化、人员跨国化等特征，以一种病毒的方式不断污染网络环境，给社会综合治理带来诸多难题。电信网络违法犯罪治理是通过研究涉网新型案件特征、趋势，依托网络安全相关技术，总结已有的反诈工作阶段成果，结合最新反诈骗法草案的指导要求而推出的治理方案。其思路是通过汇聚多源多维数据以及主动扫描结果数据，以诈骗发现模型为核心，开展实时数据分析和多级技术支撑运营工作，提供应对预警、研判、处置和洞察四个环节的全链条闭环式网络诈骗预警打击工作。

关键词　涉网新型犯罪　电信网络诈骗　反诈骗解决方案　网络安全技术

一　电信网络违法犯罪现状及发展趋势研究

（一）国内外涉网新型犯罪现状

现代科技的发展，特别是我国网络信息技术的快速进步与广泛应用，在给人们带来生活便利的同时，也为涉网新型犯罪提供了全新的手段。信息技术是一把“双刃剑”，利用网络信息技术实施的各类犯罪正在迅速蔓延，社会危害十分严重，外加受疫情影响，其扩散的范围之广、影响之大前所未有。目前，除了以计算机网络为目标的网络犯罪不断发生之外，诈骗、盗窃等传统犯罪也正在通过网络信息技术实施，电信网络诈骗案发生率高、辐射面广、涉案金额大，已经成为一个影响十分广泛的社会问题。

从全球其他国家来看，以美国为例，美国政府曾发布公告称，① 截至2021年8月有数千人提交网恋骗局投诉，所致损失总额高达1.33亿美元。公告从2021年1月1日到7月31日，FBI互联网犯罪投诉中心（IC3）共收到1800多份网恋骗局投诉，受害者被迫数字转账或发送加密货币给他人。电信网络诈骗逐渐成为各国的社会“顽疾”之一。诈骗联络方式也逐渐从电话、短信、电子邮件向社交网站、即时通信工具蔓延扩散，诈骗手法不断翻新，技术对抗性持续增强，诈骗脚本紧跟社会热点、紧贴个人实际，从提供免费旅游、机票“退改签”，到谎称“中大奖”“政府退税”等；诈骗模式也从境内诈骗向跨境诈骗转变，如2019年底马来西亚警方破获的“中国公民在马来西亚最大的电信诈骗”，② 以及2020年初德国土耳其警方联合铲除的“重大电信诈骗窝点”，③ 均为诈骗分子在海外设立大本营对本国人民实施的跨境诈骗。面对五花八门的电信网络诈骗套路，各国均采取了一些打击措施，并指导公众掌握一定的防范应对攻略，一定程度上遏制了电信网络诈骗活动的泛滥蔓延。

我国检察机关办理网络犯罪案件数量也在逐年大幅上升，并且犯罪类型多样化，线下的犯罪均可通过网络实施。网络犯罪正在向第一大犯罪类型迈进，电信网络诈骗、网络赌博、网络“套路贷”、网络色情、

---

① ［美］Scammers Defraud Victims of Millions of Dollars in New Trend in Romance Scams，FBI IC3 公告 2021年9月16日发布。

② 《马来西亚破获最大中国公民电信诈骗680人被捕》，中国互联网新闻中心，https：//baijiahao. baidu. com/s？id = 1650877225007853025&wfr = spider&for = pc。

③ 《跨国大逮捕：德国土耳其警方联合铲除重大电信诈骗窝点》，腾讯网，https：//new. qq. com/omn/20200121/20200121A0213000. html。

网络盗窃等新型犯罪大量涌现，不仅仅严重侵害了个人隐私、财产，还会对社会秩序甚至是国家安全造成影响。随着大数据、云计算、人工智能、物联网等新兴技术的发展，网络犯罪的风险正在被聚焦、放大，防范、治理和打击的难度可能会逐渐加大。

（二）电信网络诈骗的总体特征

犯罪生态化，受疫情影响，网民们使用互联网的频率和时长明显高于以往，截至 2021 年 6 月，我国网络支付用户规模达 8.72 亿，较 2020 年 12 月增长 1787 万，占网民整体的 86.3%。[①] 例如疫情后，快速衍生出包括买卖防疫物资诈骗、网课缴费诈骗、网络游戏诈骗、贷款诈骗、刷单诈骗等与疫情相关的新型诈骗手法。这些都与时事与现实生态产生关联。

产业链条化，为下游犯罪提供支持与服务的上游黑灰产日益复杂，形成了一个巨大的网络犯罪生态。犯罪者会有固定的分工，技术团队、运维团队、策划团队、实施团队、洗钱团队等。

组织团伙化，网络赌博、网络诈骗等产业链较长的犯罪团伙人员规模可达数百人。

范围国际化，网络犯罪本身不受空间限制，具有跨地域、跨时空的特点，只要能够连接网络，任何一台手机、电脑都可以成为犯罪工具。

（三）电信网络诈骗的发展趋势

电信网络诈骗是指以非法占有为目的，利用电话、短信、互联网等电信网络技术手段，通过远程、非接触方式，骗取公私财物的行为。它是以通信技术实施的诈骗，早期主要通过电话、短信的方式实施诈骗，在互联网以及移动技术的发展，不断地向非接触的网络诈骗转移，是涉网新型案件的主要源头。

电信网络诈骗犯罪对人民群众造成伤害越来越高，在国外，仅

---

① 《中国互联网络发展状况统计报告》，中国互联网络信息中心（CNNIC）在京发布第 48 次报告，2021 年 8 月 27 日发布。

2015 年全球就达 3 万亿美元损失,[①] 预计 2021 年损失将达 6 万亿美元。电信网络诈骗犯罪在国内仍然是高发状态，统计表示，案件发案率在刑事案件中达到50%以上，诈骗案件会对群众造成的财产损失远高于其他案件，2020 年，全国电信网络诈骗案件涉及的财产损失达 353. 7 亿元。[②]

受新冠肺炎疫情等多重因素影响，2020 年线上日均活跃用户规模、日均活跃用户时长均创下历史新高，在线办公、居家上课、网络购物等成为重要的工作学习生活方式，诈骗分子乘机扩大用户接触面，更新升级诈骗手法、套路，致使电信网络诈骗风险呈现明显上升态势。1—10 月，信息通信行业累计处置涉诈网络资源 15. 3 亿件次，其中诈骗呼叫 2. 3 亿次、短信 13 亿条、互联网账号 103 万个、域名 2. 5 万个，受理电信网络诈骗用户举报 15. 2 万件次。国内电信网络诈骗主要特点是：一是综合分析用户举报诈骗电话来源地分布情况，诈骗电话仍在云南、广东等重点治理地区相对集中，云南省（占比 14. 1%）、广东省（占比 10. 5%）、湖南省（占比6. 7%）、河南省（占比5. 0%）、江苏省（占比 4. 9%）[③] 呼出诈骗电话数量位居全国前五。二是互联网应用成为诈骗实施的重要渠道，为增大受害用户接触范围，提高诈骗成功率，诈骗分子根据互联网业务发展形势，不断将各类热门网络应用作为新型诈骗实施渠道。三是诈骗技术产业链条不断完善。四是受骗人群集中在年轻群体及经济发达地区。

当前电信网络诈骗防范治理已经进入深水区和攻坚期，防范治理形势严峻复杂。从诈骗实施角度看，诈骗分子在重点治理地区仍然相对集中，诈骗实施渠道更加多样，诈骗技术链条不断完善；从受害用户角度看，被骗群体呈现年轻化趋势且主要集中在经济发达地区；从防范治理角度看，随着各项工作措施的不断深入，防范治理能力持续提升，行业治理生态日趋成熟。

---

① 《网络犯罪致全球每年损失逾万亿美元》，《法制日报》2017 年 12 月 5 日。

② 数据来源于 2021 年 6 月 20 日最高人民法院召开的新闻发布会。

③ 《新形势下电信网络诈骗治理研究报告（2020 年）》，中国信息通信研究院安全研究所 2020 年 12 月发布。

二 电信网络违法犯罪治理顺利开展的技术和条件

建设电信网络违法犯罪的治理方案，需要一定的技术支撑以及相关单位机构协同配合才是顺利开展工作的前提，以下从扫描能力、数据能力、取证能力、多机构配合来分别描述电信网络违法犯罪治理开展的技术和条件。

（一）涉诈网站的主动发现

主动扫描技术是对情报数据进行主动扫描，发现涉诈的新增涉诈网站、同源涉诈网站、复活涉诈网站、涉诈网站特征等。主动扫描技术的重点指标是涉诈网站特征库的丰富度以及拥有大批量网站扫描的强劲性能。

同时，App 中的数据提取又依赖自动逆向脱壳、静/动态分析、智能识别等技术自动发现涉案样本以及潜在嫌疑人。可通过平台汇聚 App 样本，通过自动逆向脱壳、特征提取、静/动态分析等技术，形成全面的 App 元数据资源库，以此提供涉案 App 情报能力，如诈骗 App 智能识别、后台域名/IP 库、白名单库、第三方服务商库、App 特征库等，为 App 的布控预警、关联分析、串案分析提供强力赋能。

（二）多源情报数据能力

电信网络诈骗的预警、打击离不开多源情报数据的支撑，比如通过域名的注册信息找到可以落地嫌疑人的信息，通过域名的备案信息找到涉案组织信息等，通过域名的访问记录发现潜在的窝点信息等。情报数据可以包括移动威胁情报、网络威胁情报等相关数据，以下罗列一些有利于反诈预警和打击的情报数据：域名/IP 的注册信息、App 的主控域名、App 解析的可调证数据、站点备案信息、短信通道信息等。

（三）电子数据取证能力

电信网络诈骗最重要的数据是电子数据，电子数据相关的取证技术自然是重要的一块，此处总结反诈相关的取证技术，包括：App的代码静/态分析、动态沙箱分析技术、逆向脱壳技术等，在发现App潜在嫌疑人信息、App功能鉴定、抓取网络流数据、攻破技术防御等关键动作上起到重要作用；手机解锁技术、高度加密App（涉诈）取证能力，面对iOS系统中的IPA应用文件提取、加密App的提取难题上，手机解锁技术、高度加密App取证能力能够提供强有力的技术支撑；网络空间取证技术，对远程服务器、网站、网络设备、物联网设备的取证，都是涉网案件最重要的环节之一，掌握网络空间设备的取证技术，是解决服务器跨国、地域分散等问题的重要技术；案件现场智能快速取证技术，面对窝点现场勘查，现场的设备发现、快速取证技术，是解决现场办案民警头疼问题的技术点，提升工作效率，发现隐蔽设备，快速出具报告成为窝点勘查、现场勘查重要的技术痛点。

（四）技术需要跨部门、跨单位、跨行业的协作配合

扫描能力、数据能力、取证能力在网络犯罪治理中发挥着重要的作用，但好的技术也需要具体的执法部门、监管部门、从业机构的相互配合，才能做到群防群治，打防结合。[①]《中华人民共和国反电信网络诈骗法（草案）》第一章“总则”第5条提出：地方各级人民政府对本行政区域内反电信网络诈骗工作负责，确定反电信网络诈骗目标任务和工作机制，组织开展综合治理和防范宣传。公安部门组织协调反电信网络诈骗工作，金融、通信、互联网等行业主管部门依照职责负责本行业反电信网络诈骗工作，承担行业监管主体责任。电信业务经营者、银行业金融机构和非银行支付机构、互联网服务提供者承担安全主体责任，建立反电信网络诈骗内部风险防控机制和安全责任制度。从这三条可以看出，各地方人民政府负责整体工作，公安部门协调，各金融、通信、互

① 《打防结合，惩治电信网络诈骗》，《人民日报》2021年7月13日。

联网等行业主管部门监管主体责任，金融、通信、互联网等机构、经营者承担主体责任。这里可以概括为三个关键词：整体、共同、协同。

三 电信网络诈骗防范打击解决方案

（一）立法先行，充分发挥法律威慑作用

《中华人民共和国反电信网络诈骗法（草案）》① 的第二章“通信治理”第 10 条提出：电信业务经营者对物联网卡的使用建立监测预警机制。对存在异常使用情形的，应当采取暂停服务、重新核验身份和使用场景或者其他合同约定的处置措施。这条已经明确指出建立物联网卡的预警机制。第二章“通信治理”第 17 条提出：国务院公安部门会同有关部门建立完善电信网络诈骗涉案资金紧急止付、快速冻结和资金返还制度，明确有关条件、程序和救济措施。紧急止付、快速冻结、资金返还由公安机关决定，银行业金融机构、非银行支付机构应当予以配合。这里也指明银行金融机构的支付、冻结、返还是需要配合公安机关的，在建立反诈流程机制中，是可以协调公安客户要求金融机构提供支撑配合。第四章“互联网治理”第 23 条提出：司法机关办理电信网络诈骗案件依法调取证据的，互联网服务提供者应当及时提供数据查询、证据调取等支持。这里明确了公安调证需求，互联网服务提供者需要提供查询、调取支持。

2021 年 6 月 20 日，最高人民法院、最高人民检察院、公安部联合发布《关于办理电信网络诈骗等刑事案件适用法律若干问题的意见（二）》强调进一步依法严厉惩治电信网络诈骗犯罪，对其上下游关联犯罪实行全链条、全方位打击。针对司法实践中存在的新的突出问题，如电信网络诈骗犯罪案件及关联犯罪案件的管辖，跨境电信网络诈骗犯罪案件的取证，涉手机卡、信用卡即所谓“两卡”犯罪案件的处理，办

① 《中华人民共和国反电信网络诈骗法（草案）》，十三届全国人大常委会初次审议，2021 年 10 月 19 日。

理电信网络诈骗犯罪案件的政策适用等问题进行了规定①。

作为信息通信的监管单位，通管领域也积极推动网络诈骗预警能力建设，其中提到平台的建设要求、监管要求、工作机制。平台建设包括建设完善互联网反诈平台，加大数据汇聚范围，具备线索发现、追踪溯源等能力，实现对涉诈 IP、域名、App 有效研判和处置；开展省级反诈大数据平台建设试点，提升属地反诈大数据运用能力；开展反诈大数据技术标准研究，研究制定电信网络诈骗治理标准体系架构。监管要求包括强化事前预防能力建设，建立全网疑似涉诈网络资源交叉核验机制；强化事中责任督导机制建设，深化企业责任清单管理，探索实施行业涉诈失信企业“黑名单”，有效落实企业主体责任；完善事后反诈成效评价体系，客观准确评价治理成效。工作机制包括持续优化跨政企、跨行业、跨部门的联防联控工作机制，充分释放大数据在防范治理电信网络诈骗方面的强大效能。②

（二）技术角度的实战难点与需求

由于报案人提供有效信息很少，难以继续发现、各种信息极度杂乱，难以追踪、无法确定嫌疑人身份位置等挑战性问题，从技术角度出发，当前面临的问题与需求如下：一是网络对抗强，从源码角度、分发上架角度、溯源角度来看，分工产业链更大，黑白灰交叉；电话诈骗需租用线路，网络诈骗单点开发，批量出售软件，诈骗团伙“团购”成本更低；https、cdn 拦截阻断难度大、App 远程热更新（多主控概念）导致整体对抗能力更强；二是处置成本高，靠传统的预警和打击手段，面对网络诈骗的高成本投入，难以遏制网络诈骗的低成本作案对潜在受害人需要快速、精准的响应，与犯罪嫌疑人争抢打款前的时间窗，面对网络诈骗，预警劝阻、网络封堵、案件处置手段需要配合开展；三是组织分布散，传播路径存在跨地域、跨工具、数据隔离的典型特征，从传统

---

① 《关于办理电信网络诈骗等刑事案件适用法律若干问题的意见（二）》，最高人民法院、最高人民检察院、公安部于 2021 年 6 月 22 日发布。

② 《关于运用大数据推进防范治理电信网络诈骗长效机制建设工作方案》，工信部网安〔2020〕121 号，2020 年 8 月 19 日发布。

取款车手到第三方支付公司商户，从传统的水房到各种赌博网站，大量犯罪嫌疑人为了逃避打击开始在境外进行最终诈骗；四是资源支撑弱，由于网络的复杂性导致对作案人员的定位非常困难，诈骗团伙使用的工具已进入框架式开发阶段，开发速度快，反诈工作缺少对应技术资源支撑，缺少技术措施应对，多手段融合的新型诈骗反诈数据源极为单一，依赖黑名单的维护提供反诈工作的支持。

（三）方案思路

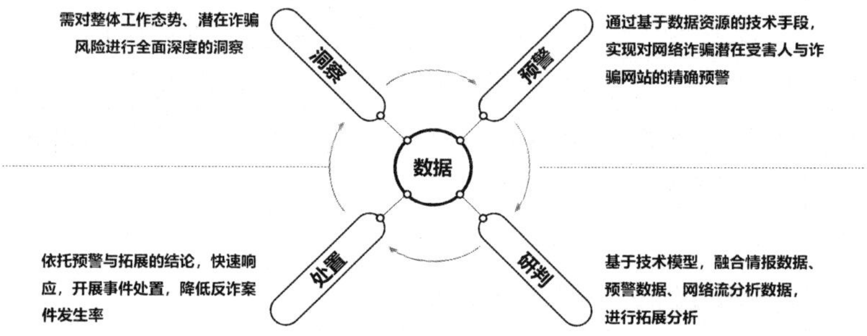

图1　电信网络违法犯罪治理方案思路

方案聚焦洞察、预警、研判、处置四大关键环节，构建技术和数据驱动下的打防结合、预防为先、协同联动的工作新格局。洞察整体工作态势，潜在诈骗风险；诈骗网站、App识别、潜在受害人精准预警；融合情报数据、预警数据进行研判分析，发现潜在窝点、黑灰产；根据预警与拓展结论，执行网络阻断、协同处置、并将精准结论数据进行吸收，精准数据富华。

（四）方案架构

1. 多源数据作为治理方案有效运行的基础

需要最大化收集有价值于反诈工作开展的各类数据，按照目前可收集类型包括三大类：内部上传、平台对接以及第三方数据。内部上传数据提供预定义上传接口及操作界面，方便在专项任务开展时上传独立属

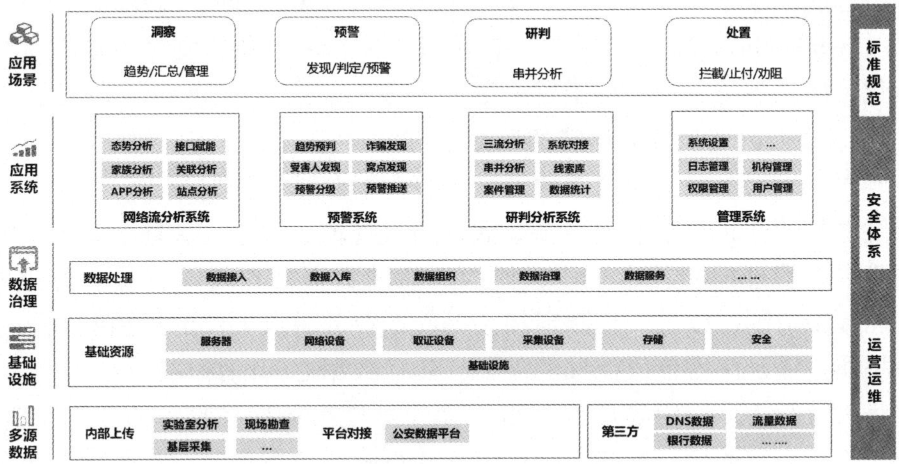

图 2　电信网络违法犯罪治理方案架构

性数据支撑工作开展，平台对接是对现有数据平台进行对接。第三方数据主要是情报数据，这些数据在遵循双方数据交换（一般为单向往公安网传递）制度的前提下，通过预定义接口实现自动化的数据汇聚，支撑后期数据处理。除此以外的第三方数据则是一些专业支撑公司、互联网公司的单多维反诈数据，这些数据会经过处理后单向导入到公安网中，同时由于第三方数据的多样性，会预留标准接口格式为后期增加有价值数据提供便利性。

2. 基础设施是支撑平台有效运行的根本

按照设计原则中利旧复用的原则，基础资源主要采用现有服务器资源、各地市自建的资源以及在实现集群化计算时所采取的配套衔接资源，这些资源在设计时主要考虑短期内确保平台的有效运行，中长期内可通过快速扩展的方式支撑更大数据计算需求以及更多类型应用。基础设施的主要部署节点采取省市两级，省内主要部署管控系统，市级在可选管控系统的基础上增加预警、分析等处置系统。取证固证设施作为专用设施，可以自动化实现多源数据层的现场等数据上传，经过业务处理支撑预警和研判场景，各地市可以按照反诈工作的不同阶段和需求，按需部署。安全设施作为保障平台有效运行的手段，在设计之初需要针对性考虑底层业务连续性需求、上层的CIA（CIA为confidentiality、integrity、availability）需求。后期随着业务、平台的变化，安全设施应随之变化，确保各类需求能够全时满足。

3. 数据治理是方案运转的核心

由于底层多源多维数据的汇聚，整个平台具有数据量大、数据处理维度多的特性，数据治理将多源数据通过提取、清洗、关联、比对、标识等数据管理控制技术手段，使入库后的数据格式统一、分类分级明确、标识清晰，以进一步圈定和获得反诈业务重点关注的价值数据，使数据质量满足深度价值挖掘的需要，建立数据之间的深层关联。而且可按身份、行为、应用等反诈打击维度建立逻辑数据模型，便于部、省、市三级平台打通后，按多维度提供不同格式的数据类型，在数据共享使用方面发挥大数据处理方式的最大价值。

4. 应用系统是与反诈业务人员交互的核心界面，承载着业务推进的任务

设计四大应用系统，包括网络流分析系统、预警系统、研判分析系统以及管控系统。其中网络流分析系统作为预处理系统对预警系统和研判分析系统提供支撑，预警系统和研判分析系统分别对应反诈业务中的预警与处置业务需求，而管控系统则是对繁杂业务全局化开展、全周期考核的有效工具。在应用和部署上网络流分析系统采取省市级部署，区县级按需部署；预警系统和研判分析系统主要是采取市级部署，省级和区县级按需部署；管控系统部署重点在省级，市级按需部署。

5. 应用场景围绕洞察、预警、研判、处置四大场景进行工作展开

应用场景在建设一期中作为应用系统和反诈业务机制流程的过渡环节存在，同时还承担了未来场景富化后的场景模型应用的要求，一旦办案人员针对高发频发案件形成有效打击思路并经过案件验证固化为高价值技战法，可以通过应用场景进行数字化共享和传递，发挥更大的技战法模型价值。

6. 机制流程提升反诈工作的成果和价值

以一个省为建设单元，设计一套工作思路、一类管理机制、多种业务流程、配套技术手段，做到省级管理要求准确下达，市级业务工作快

速部署，基层警员业务动作及时开展。机制流程是一个长期多维的建立过程，需要各业务警种的积极配合以及平台建设过程中的管技融合，方能支撑全省反诈工作的统一性、及时性和有效性。机制流程分为两个层级，在机制上实现省平台全局洞察，全域全时了解省内网诈态势、打击效果、专项执行等内容，通过数字化管理手段实现对市县级反诈工作的目标考核、成绩排名。在流程上为市县两级反诈业务单位在现有反诈工作流程基础上提供数据驱动方式下的反诈业务处置流程优化，通过数字化业务手段实现多源多维数据接入、交互、处理，有效及时驱动预警工作的多形式全链条开展，通过反馈机制记录在案并上报上级部门汇总。以及运营驱动下的案件处置流程优化，通过数据运营 + 经验模型的组合强化案件打击能力，从而实现反诈业务工作的两升两降目标。

7. 安全保障是方案建设的重要保障

按照重要性程度定义建设中安全保障要求，计划围绕等级保护三级要求开展网络安全保障工作，通过分析安全隐患、定义安全管理职责、编制安全管理制度和流程、利用现有或新增的安全设施覆盖平台所依托的物理和网络环境，根据纵深防御思维建设综合防护手段，支撑平台的安全可靠运行。

8. 运营运维支撑平台的稳定运行

方案会通过运维界面确保平台最大程度的自动化、高效率运维操作，包括：系统日志、故障处置、更新升级，覆盖平台功能、支撑数据系统等维度。同时也会设计对应的运维保障制度，由专人提供运维支撑和远程技术支持。运营则从系统价值层面围绕三级运营体系的设计和落地开展工作。运维和运营按照省市级区别开展，同时按照各级平台的规模和目标计算投入资源和方式。

四　结语

电信网络违法犯罪的治理是一个难题，本文结合公安当前的反诈工作，推出电信网络诈骗防范打击解决方案，方案价值可以概括为三点：一是全链条的整体解决方案，从洞察、预警、研判、处置四个环节开展反诈打击工作，全面加强反诈工作的整体性、系统性、全面性。二是加强了反诈协同新机制，通过多种协同联动机制，进一步加强政、警、企工作协同，在统一部署下，凝聚工作合力，解决反诈预警和技术反制的痛点和难点。三是为反诈工作新增新能力，利用大数据扫描等先进技术赋能反诈工作，整合多源数据情报及资源，增加检测分析模型，强调运营价值，不断提升集成能力，落地网络诈骗管控一体新战局。总结完三点重要的价值，也需要明确，为了保障反诈工作顺利开展，电信网络违法犯罪的治理离不开公安客户的主导，运营商、金融机构、互联网服务机构的配合和协作。

（责任编辑：周辉、徐玖玖）

Exterritorial Experience

域外经验

欧洲健康数据的隐私保护机制及其对我国的启示

——以《欧洲人权公约》第8条相关判例为视角*

李艳华

（厦门大学法学院博士研究生）

内容提要　我国尚未建立体系性的健康数据隐私保护模式，但鉴于大数据时代下健康数据的爆发式增长以及数据主体对隐私保护的现实需求，有必要完善现有的立法与司法保护体系。《欧洲人权公约》第8条规定了个人享有隐私权，欧洲人权法院在判例实践中不断探索出了健康数据隐私保护的路径。这其中依次经历了范围定位，国家对这项权利的干涉与否，再到依据法律、合法目的和在民主社会所必要除外事由认证的发展过程。欧洲人权法院广泛采用了边际裁量原则和逐步式分析，并且随着判例实践的发展将审理重点进一步转移到形式与内容上的利益平衡检验，申言之，需要通过发挥司法说理和司法能动性要素，注重个人隐私利益与雇主、社区和国家利益、宗教自由利益、言论自由利益的平衡。前述经验为我国完善健康数据隐私立法与司法提供了有益借鉴。

* 本文系2020年国家社科基金国家应急管理体系建设研究专项项目“疫情下国家紧急状态的国际法问题研究”（批准号：20VYJ049）的资助成果。

关键词 健康数据隐私 《欧洲人权公约》第8条 欧洲人权法院

引 言

近年来，涉及卫生数据的重大技术创新数量有所增加，其中包括使用远程医疗咨询、大数据分析、机器人技术、智能手机应用程序和可穿戴设备。[①] 而医疗领域的进展首先取决于数据，特别是健康信息，来帮助患者改善诊断、定制治疗和寻求新的治疗方法。[②] 健康数据是指与个人的身体或心理健康有关的所有个人数据，包括提供医疗保健服务，披露有关个人过去、现在和未来健康的信息。[③] 健康数据的泄露会严重引起卫生或商业风险，例如，2018年第1季度，有113万患者记录遭到泄露，这些健康数据可以通过非法交易渠道找到和购买。[④] 鉴于此，一些特定领域特别强调了健康技术的发展对数据隐私保护的影响。

由于健康数据带有隐私保护与数据利用的两个面向，因此现有学术研究主要围绕此展开。国外学者对该问题进行了较多的研究，隐私权特别报告员约瑟夫·卡纳塔西考察了冠状病毒下数据保护和数据监控对隐私权的影响，与在民主社会侵犯隐私抗击冠状病毒措施是否必要和相称。[⑤] 洛萨·德特曼谴责《一般数据保护条例》（GDPR）与《加利福尼亚州消费者隐私保护法案》（CCPA）的严格监管，并支持基于个人隐私

---

① See Victoria Hordern, "Data Protection Compliance in the Age of Digital Health", *European Journal of Health Law*, Vol. 23, 2016.

② See Lothar Determann, "Healthy Data Protection", *Michigan Technology Law Review*, Vol. 26, 2020.

③ 参照《一般数据保护条例》第4条“有关健康的数据”定义；Recommendation CM/Rec（2019）2 1.3《与健康有关的数据指南》相关数据的定义。此外，欧洲法院在Case C-ioi/i, BodilLinqvist, 6 November 2003, para. 50中对健康数据的定义做了进一步解释，“有关健康的数据必须有广泛的解释，以便包括个人健康的各个方面”。

④ See T. Mulder & M. Tudorica, "Privacy Policies, Cross-Border Health Data and the GDPR", *Information & Communications Technology Law*, Vol. 28, 2019.

⑤ Joseph A. Cannataci, *Report of the Special Papporteur on the Right to Privacy*, https://undocs.org/ch/A/75/147.

利益基础上健康数据保护与利用的平衡。① 劳拉·布拉德福德从健康数据流动利用的角度阐述了 GDPR 的规制与实践。② 而国内法学界对于健康数据的整体性隐私保护问题关注相对较少，粟丹从立法层面倡导公私并进、私法为主的保护模式。③ 刘士国等提出从个体隐私保护机制向隐私利益群体维度机制转变的路径。④ 相反，既有文献多探讨健康数据的利用问题，如高富平指出，医疗数据关系患者个人、医疗机构和社会公共利益，通过权利配置以构建医疗数据流通利用秩序成为健康医疗大数据应用关键。⑤ 而王立梅强调明确健康医疗大数据积极利用主义规制模式，以解决积极利用与知情同意原则间的冲突。⑥ 然而，这些研究均没有深入探讨健康数据隐私保护机制的独特维度，实践中也往往忽视健康数据主体隐私的权利诉求，因而，无法真正实现健康数据隐私保护与利用的平衡。

保护个人数据隐私是一个全球性的问题，在冠状病毒带来的史无前例的全球情景中更为突出，而且在国家一级这些规定各不相同，尤其在涉及健康数据隐私方面，⑦ 一般说来，健康数据享有更高级别的保护。在欧洲，健康数据的处理受到一般法律和条例的管制。相较于其他国家和地区，欧洲人权保护机制作为区域人权保障的典范，对隐私权的保护尤为严苛，自 20 世纪 90 年代起开始审理若干涉及健康数据与隐私交叉的案件，并形成了一套完整的审判机制，通过对《欧洲人权公约》条文的解释为健康数据隐私⑧提供了直接的保护，丰富了《欧洲人权公约》

---

① See Lothar Determann, "Healthy Data Protection", *Michigan Technology Law Review*, Vol. 26, 2020.

② See Laura Bradford, Mateo Aboy, Kathleen Liddell, "International Transfers of Health Data between the EU and USA: a Sector-Specific Approach for the USA to Ensure an 'Adequate' Level of Protection", *Journal of Law and the Biosciences*, Vol. 7, 2020.

③ 参见粟丹《论健康医疗大数据中的隐信息立法保护》，《首都师范大学学报》（社会科学版）2019 年第 6 期。

④ 参见刘士国、熊静文《健康医疗大数据中隐私利益的群体维度》，《法学论坛》2019 年第 3 期。

⑤ 参见高富平《论医疗数据权利配置—医疗数据开放利用法律框架》，《现代法学》2020 年第 4 期。

⑥ 参见王立梅《健康医疗大数据的积极利用主义》，《浙江工商大学学报》2020 年第 3 期。

⑦ See Lothar Determann, "Healthy Data Protection", *Michigan Technology Law Review*, Vol. 26, 2020.

⑧ 首先在具体论证欧洲健康数据的权利保护前需要澄清这两组概念：（1）数据和信息在本文的表述中含义并无二致；（2）健康数据权保护与隐私权保护共同构成欧洲健康数据权利保护的保护方式，并非所有健康信息都属于信息隐私保护的范围，只有健康信息中的敏感信息才属于其保护范畴。

第8条的含义。本文正是试图从判例法的角度考察其中有关健康数据隐私保护的思路，进而总结出欧洲人权法院健康数据隐私司法保护的特点。文章最后一部分将从立法和司法的角度对我国当前的个人健康信息保护制度加以检视，并从比较法的角度，参考欧洲实践可资借鉴之处。

一　欧洲健康数据隐私立法保护之状况

个人数据保护对于欧洲人而言是一项基本权利，它一直将“隐私视为一种建立在基本人权之上的政治要求”①。在立法领域中，从横向来看，欧洲健康数据隐私立法保护分散于欧洲与欧盟两套立法体系中，二者虽在权利定性和具体规定上有所不同，但又互为补充，相互影响。从纵向来看，二者分别由基本权利公约、数据保护基本立法以及其他具体指南构成。由此可见，欧洲数据隐私立法体系已经相对成熟，从而为健康数据隐私提供了稳健、充分的国际法保护。

（一）健康数据隐私保护立法之根基：《欧洲人权公约》与《欧洲基本权利宪章》

欧洲基本权利的保障体系呈现出多元的特点。欧盟法和欧洲人权公约在保障基本权利的过程中存在着交互式影响。② 发端于1950年的《欧洲人权公约》（以下简称《公约》）第8条从个人和家庭隐私的角度，对个人信息权做出了规定。为了阐明、保障和发展《公约》制定的规则，助于各国遵守其作为缔约方所承担的义务，将人权判例法扩展到整个欧洲国家共同体，2018年8月31日，欧洲委员会（Council of Europe，CoE）发布了《公约》第8条《尊重私人和家庭生活、家庭和通信的权利指南》（以下简称《指南》）。《指南》第2部分C节隐私权下的数据保护和健康信息部分，分析和总结了截至2018年8月31日欧洲人权法院的相关判例法。另一方面，欧盟（EU）于2001年颁布的《欧洲基本

① See Joel R. Reidenberg, “E-Commerce and Trans-Atlantic Privacy”, *Hous. L. Review*, Vol. 38, 2001.

② 参见范继增《多元结构下欧洲基本权利保障体系》，《厦门大学法律评论》2016年第1期。

权利宪章》（以下简称《宪章》）移植了《公约》所有的基本权利，《宪章》也在第52条第3款中明确要求欧盟法院对来源于《公约》基本权利的解释标准不得低于《公约》。[①] 此外，《宪章》第8条[②]还首次明确规定了个人数据保护权，2007年《里斯本条约》更将这一权利作为一项构架性权利。[③]

（二）健康数据隐私保护立法之两翼：《第108号公约》与《一般数据保护条例》

欧盟和欧洲委员会的数据保护法律框架在经历了漫长的改革/现代化之后，于2018年进行了更新。[④] 1981年《关于个人数据自动化处理的个人保护公约》（通常称为《第108号公约》）是目前对所有国家开放且唯一具有法律约束力、保护个人数据隐私的多边文书。《第108号公约》历经40年实现了现代化改造，于2018年开放签署《第108号公约修正议定书》（通常又称为《第108+号公约》）。另一方面，借由2013年"斯诺登事件"、2014年"谷歌西班牙案件"、2015年"施姆雷斯案"，欧盟为执行《宪章》和《里斯本条约》，在2016年通过史上最严GDPR，[⑤] 欧盟逐渐将个人数据受保护从隐私权独立出来，作为与隐私权并列的公民基本权利。GDPR还将是否加入《第108号公约》作为评估第三国数据保护充分性的重要参考之一。[⑥]《第108+号公约》第6

① 参见范继增《多元结构下欧洲基本权利保障体系》，《厦门大学法律评论》2016年第1期。

② 《欧洲基本权利宪章》第8条第1款规定："每个人都拥有保护与他（或她）有关的个人数据的权利。"第2款规定："此等数据应仅得于特定明确目的，且于信息所有人同意或其它法律规定之正当依据下，公平地被处理。人人均有权了解其个人信息，并有权要求销毁其个人数据。"

③ 参见刘泽刚《欧盟个人数据保护的"后隐私权"变革》，《华东政法大学学报》2018年第4期。

④ See T. Mulder & M. Tudorica, "Privacy Policies, Cross-Border Health Data and the GDPR", *Information & Communications Technology Law*, Vol. 28, 2019.

⑤ 参见张金平《欧盟个人数据权的演进及其启示》，《法商研究》2019年第5期。

⑥ GDPR前言第105段：除了第三国或国际组织已做出的国际承诺外，委员会还应考虑第三国或国际组织参与多边或区域体系，特别是与个人资料保护有关的义务，以及履行这些义务。特别是，应考虑到第三国加入1981年1月28日欧洲委员会《关于个人数据自动化处理的个人保护公约》及其附加议定书。委员会在评估第三国或国际组织的保护水平时，应咨询委员会。

条[①]与GDPR第9条[②]中都规定了健康数据属于敏感数据，而且它们都认为，披露某人健康信息的数据应该得到额外的保护。[③]《第108+号公约》要求满足法律规定的安全措施、在本公约规定的情况下才被允许处理，而且这些安全措施应当保障数据主体的基本权利和基本自由。而GDPR一般禁止处理与健康有关的个人数据、基因数据和生物特征数据等；作为例外，GDPR第9条第2款以穷尽的方式具体列举了10类情形，[④]其中，与第2款（h）项为医学领域所必要与（J）项为公共利益与科学研究所必要的联系尤为紧密。实际上，究于《第108+公约》例外条款第11条规定仅基于国家安全和国防目的数据处理活动才可设置第6条例外情况，但一般公共利益、科学研究活动等除外，鉴于此，《第108+公约》相较于GDPR更为严格。

（三）健康数据隐私保护立法之补充：与健康数据有关的其他法律

欧洲健康数据隐私法律保护体系以欧洲（CoE）法律和欧盟（EU）法律为分野，为了使前述法律文本的一般规则得以落实，欧洲委员会和欧盟还制定了一些特殊的法律文书。

根据CoE法律，1997年《欧洲委员会医疗数据建议》将《第108号公约》中的原则更加具体地应用于医疗数据的处理。[⑤]此外，还对患

① 《第108+号公约》第6条第1款：处理以下数据：基因数据；与违法行为、刑事诉讼和定罪以及相关的安全措施有关的个人数据；唯一识别个人的生物特征数据；揭示与种族或族裔出身、政见、工会会员、宗教或其他信仰、健康或性生活有关信息的个人数据，只有在法律规定了适当的安全措施、补充本公约规定的情况下才应当被允许。第2款：这些安全措施应当防止处理敏感数据可能给数据主体的利益权利和基本自由带来的风险，尤其是歧视的风险。

② GDPR第9条第1款：对揭示种族或民族出身，政治观点、宗教或哲学信仰，工会成员的个人数据，以及以唯一识别自然人为目的的基因数据、生物特征数据，健康、自然人的性生活或性取向的数据的处理应当被禁止。

③ See Mulder, Trix, "The Protection of Data concerning Health in Europe", *European Data Protection Law Review*, Vol. 5, 2019.

④ 如数据主体的明确同意、履行就业与社会保障的义务、数据主体同意不能、数据主体公开、司法必要、重大公共利益、预防医学、公共卫生领域的公共利益和科学研究。

⑤ 《建议》规定：数据主体有权访问、纠正与删除与己有关的医疗数据；医疗保健专业人员合法处理的医疗数据不得移交给执法机关，除非提供了充分的保障措施，以防止披露不符合《欧洲人权公约》第8条所保障的私人隐私权。ECtHR, *Avilkina and Others v. Russia*, No. 1585/09, 6 June 2013, p. 53.

者数据的匿名化与假名化予以详细解释。2016 年《欧洲委员会基因检测数据建议》同样适用于医疗数据的处理。① 为了促进健康医疗的构建和健康数据的分享，2018 年 4 月，CoE 发布了《在数字单一市场中实现医疗保健的数字化转型，赋予公民权利，建设一个更加健康的社会指南》。此后，2019 年 3 月，CoE 发布了《相关健康数据的保护指南》，重申与健康有关的数据的敏感性和对其使用加以管制的重要性，以保证适当尊重每个人的权利和基本自由，特别是隐私权和个人数据的保护权。②

根据 EU 法律，2014 年《跨境医疗中患者权利的适用》要求建立跨境医疗患者权利电子健康网络连接，通过这一自愿网络，欧盟国家可以为欧盟的电子健康发展提供指导，并帮助其制定电子健康互操性和标准化政策。③ 2014 年《人用医疗产品临床试验》④ 对于评估新药对于患者的影响具有相当大的数据保护意义，临床试验需要不断提高他们的透明度和结果，且构成伦理评估的一部分。⑤ 欧盟委员会还就电子健康记录的互操性提出了建议，⑥ 不过，电子健康记录仍会引发数据存储和数据访问的问题，2014 年 4 月，欧盟委员会发布了《移动健康绿皮书》，⑦ 鉴于医疗数据的敏感性，该书强调应发展包括对患者数据特定和适当的安全保障措施，数据处理者应遵守个人数据保护规则 mhealh 评估指南。此后，欧盟还一直在推动一项由业界主导的移动健康应用程序行为准则

---

① Council of Europe, Recommendation Rec (2016) 8 to Member States on the Processing of Personal Health-Related Data for Insurance Purposes, including Data resulting from Genetic Tests, 26 October 2016.

② Council of Europe, Recommendation CM/Rec (2019) 2 to Member States on the Protection of Health-Related Data, 27 March 2019.

③ European Commission, Policy Cooperation Platforms, https://ec.europa.eu/health/ehealth/cooperation_en.

④ European Parliament and Council, Regulation (EU) No. 536/2014 on Clinical Trials on Medicinal Products for Human Use, and Repealing Directive 2001/20/EC, 16 April 2014.

⑤ GDPR 前言部分第 156 节和第 161 节规定有关临床试验适用于该法律。

⑥ European Commission, Recommendation on Cross-Border Interoperability of Electronic Health Record Systems, 2 July 2008.

⑦ European Commission, Green Paper on Mobile Health ("mHealth"), COM (2014) 219 final, 10 April 2014.

和欧洲卫生数据空间创建。[①] 2020 年 11 月 25 日，为进一步规范欧洲数据治理模式，欧盟委员会通过了《欧洲数据治理条例》提案，提案明确了健康数据服务企业如何处理保护数据，并制定促进健康数据共享的方案。在此背景下，2020 年后半年，欧盟各国还颁布针对数字化医疗服务进行活动的有关健康数据处理的规则。[②]

总而言之，就欧洲健康数据隐私立法保护来看，主要从健康数据隐私权强保护和健康数据权相对严格保护的两个面向，通过一般 + 特殊的立法方式，为个人健康数据的保护提供了充分的救济。与此同时，欧洲人权法院还强化了这一救济路径：在申诉人穷尽国内救济的情况下，人权法院有权以人权公约为标准辅助性地对成员履行公约的情况进行外部审查，[③] 在此过程中，人权法院通过动态性的解释对健康数据隐私权利保护予以重新塑造。

二　欧洲健康数据隐私司法保护之典型案例[④]

事实上，欧洲人权法院强调了《欧洲人权公约》在人权领域作为

① 它们是欧盟委员会 2019—2025 年战略的优先事项之一，卫生基础设施和技术将遵循 2020 年 2 月 19 日发布的《欧洲数据战略》，拓展 eHealth 数字服务基础设施、欧洲参考网络和基因组学项目，https：//ec. europa. eu/health/ehealth/cooperation_ en。

② 2020 年 12 月 7 日，德国数据保护局发表“护理数字化现代化法”草案；2020 年 10 月 26 日，2020 年 12 月，意大利准备通过关于实施远程医疗服务的准则，意大利数据保护管理局发表关于识别高危患者算法的意见；2020 年 10 月，法国更新报销申请文件以提高医疗器械使用 AI 的评估效率，2020 年 10 月 13 日，法国国务院发布关于向第三国转移卫生相关数据的简易程序判决，2020 年 11 月 30 日，法国电子卫生机构宣布与 Interop' Santé（一个负责促进卫生系统互操作性的协会）结成伙伴关系，以简化互操作性测试；2020 年 11 月 13 日，葡萄牙数据保护管理局发布健康数据处理准则；2020 年 12 月 30 日，加泰罗尼亚批准卫生领域个人资料处理行为守则；荷兰批准为医疗数字化项目提供资金计划于 2021 年发放；2020 年 10 月 29 日，比利时远程会诊调查发布。吴旭阳主编：《法律认知、数据与智能通讯》(电子版)，2021 年 5 月。

③ 参见范继增《多元结构下欧洲基本权利保障体系》，《厦门大学法律评论》2016 年第 1 期。

④ 本文所述案例取自于欧洲委员会于 2018 年发布的《尊重私人和家庭生活、家庭和通信的权利指南》及由欧盟基本权利机构、欧洲委员会和欧盟数据保护机构联合发布的《欧洲数据保护手册 2018 年版》中所载案例，不过案例未具体展开，本文欲表明：其一，本文所选案例为最具代表性的案例；其二，本文案例所述更为翔实；其三，鉴于对健康数据隐私的案件审理主要由欧洲人权法院而非欧盟法院，因此，本文聚焦于欧洲人权法院的相关判决。

“欧洲公共秩序的宪法文书”的作用。[①]《公约》第8条规定：个人享有使自己的私人和家庭生活、家庭和通信得到尊重的权利，但是依据法律规定的干预、为了国家安全和公共安全、防止犯罪、保护健康和保护他人的权利和自由则不受此限。此外，《公约》第8条《尊重私人和家庭生活、家庭和通信的权利指南》为欧洲成员国遵守尊重私人和家庭生活、家庭和通信提供了参照。在《指南》颁布之前，欧洲人权法院依照“尊重私人和家庭生活、家庭和通信权利的原则”，已经发布了一系列涉及健康数据隐私的案例。

（一）国家机关健康信息收集与披露类：*L. H. v. LATVIA* 案、*Avilkina and others v. Russia* 案及 *Z v. Finland* 案

1. 健康监督局分娩信息披露案

L. H. v. LATVIA 案[②]申请人曾经就诊于Cēsis区中心医院，医院院长致函“医疗保健和工作健康质量监督局”（以下简称MADEKKI健康监督局），请求该局评估申请人在分娩期间接受的治疗，然而，该局在行政调查报告中包含了申请人的健康信息和敏感数据，并提交给中心医院。后申请人提请行政诉讼，但均以失败告终。申请人再以健康监督局违反《公约》第8条为由施以申诉。政府声称其依据《医疗法》第50节、《MADEKKI法规》以及《个人资料保护法》依法行使职权，他们收集个人资料的目的旨在保护公众健康以及他人的权利和自由，因此，构成禁止处理个人数据的例外情况。[③] 在欧洲人权法院审查的过程中，首先，依据《公约》第35条第3款[④]的规定，申请并不明显缺乏根据，因此予以受理；其次，MADEKKI收集此类数据构成对私生活受尊重权利的干涉，不过，政府坚称这种方式的干涉是“微不足道”的；[⑤] 最后，法院指出，国内法院适用的法律不能认定为具有足够的精确性，并

---

① *Bosphorus Hava Yolları Turizm ve Ticaret Anonim Şirketi v. Ireland* No. 45036/98, p. 156.

② ECtHR, *L. H. v. LATVIA*, No. 52019/07, 29 April 2014.

③ ECtHR, *L. H. v. LATVIA*, No. 52019/07, 29 April 2014, p. 35.

④ 《欧洲人权公约》第35条第3款：法院应当宣布不予受理任何人根据第34条所提出的它认为与公约或者是议定书的规定不相一致、明显存在瑕疵或者是滥用了申请权利的申诉。

⑤ ECtHR, *L. H. v. LATVIA*, No. 52019/07, 29 April 2014, p. 39.

为防止任意性提供了充分的法律保护。它没有限制 MADEKKI 可以收集私人数据的范围和行使自由裁量权的方式，亦没有实现评估 MADEKKI 所收集数据的潜在决定性、相关性或重要性。鉴于上述考虑，MADEK-KI 干涉私生活的行为不符合《公约》第 8 条第 2 款所指称的依据法律。[①]

2. 检察院宗教组织人员健康信息收集案

Avilkina and others v. Russia 案[②]申请人是俄罗斯耶和华宗教组织及其组成人员，该组织的意识形态禁止信徒接受输血或血液成分。市检察院收到相关投诉后，以拒绝输血妨碍合格医疗服务管理为由，调查该组织的活动是否合法，并且要求公共卫生委员会与医疗机构提供该组织的医疗文件与信息。一审法院认为检察官依据《公共卫生法基本原则》，有权向医疗机构申请披露该组织的医疗信息。二审法院予以维持。后申请人以检察官的调查行为违反《公约》第 8 条提起诉讼，他们认为，个人选择坚持某一特定宗教的信仰，并不会自动丧失《公约》保障的尊重私人生活的权利。[③] 人权法院认为州医院和检察官的行为确实干涉了申请人的私生活，那么这种干涉是否正当？需要考虑如下因素：（1）干涉行为是否依据法律？法院回顾其成熟的判例，即依据法律的措辞要求在国内法有一定的依据，并符合《公约》前言第 8 条的目的，具有足够的可访问性和可预见性，且应明确规定主管当局自由裁量权行使范围和方式。[④] 结合本案事实，被告有依据的法律；（2）干涉行为是否有合法目的？法院对于披露医疗信息有利于国家利益，避免威胁病人的安全，以确保当局采取何种措施这一论辩持怀疑态度；（3）干涉行为是否为民主社会所必须？检察官办公室收集有关申请人拒绝输血机密医疗资料时，没有设法取得申请人的同意，亦没有采取充分的保障措施，以防止

① ECtHR, *L. H. v. LATVIA*, No. 52019/07, 29 April 2014, p. 59.

② ECtHR, *Avilkina and Others v. Russia*, No. 1585/09, 6 June 2013.

③ ECtHR, *Avilkina and Others v. Russia*, No. 1585/09, 6 June 2013, p. 28.

④ ECtHR, *Avilkina and Others v. Russia*, No. 1585/09, 6 June 2013, p. 35. 国内法还必须“制定的足够精确，并提供充分的法律保护，防止任意性”。

披露，[①] 因此不符合《公约》第8条所保障的尊重申请人私生活的规定。[②]

3. 上诉法院艾滋病信息披露案

Z v. Finland 案[③]申请人Z女士的前夫X感染了艾滋病，犯下了若干性罪行，随后，当地法院判决其构成三项过失杀人未遂罪和一项强奸罪，判处7年有期徒刑，并下令在10年内对案件提交的文件保密。[④] 因相关证据文件涉及申请人患有艾滋病的医疗数据，而且保密期很短，所以Z和X均向赫尔辛基上诉法院提出上诉，上诉法院维持了地方法院的判决，即审判记录的保密期限为10年，且其判决书中载有申请人及X的全名。后申请人向最高法院申请撤销上诉法院判决的命令，最高法院也驳回了申请人的请求。[⑤] 1993年5月，Z女士根据《公约》第8条所保障的尊重私人和家庭生活的权利受到侵犯为由，向欧洲人权委员会提出申诉，委员会1995年宣布予以受理。[⑥] 政府对这一指控提出异议，而欧洲人权法院认为，有人违反了这一规定。

欧洲人权法院从以下3个方面来进行论证：首先，从法院的审理范围来看，国内法院从2002年向公众提供有关资料，以及在上诉法院的判决中披露她的身体医疗状况属于受案范围；其次，无可争议的是，所申诉的各项措施干扰了申请人的隐私权和家庭生活权；最后，

---

① 未经患者同意，诊所向社会保险办公室披露医疗记录，包括与堕胎有关的信息，从而向更广泛的公务员群体披露，构成了对患者私生活权利的干涉（*M. s. v. Sweden*, p. 35）。医疗机构向记者和检察官办公室披露医疗数据，以及负责监测医疗质量的机构收集病人的医疗数据，也被认为是对尊重私人生活权利的干涉（*Mockut v. Lithuania*, p. 95）。在本案中，考虑到申请人母亲与其女儿之间的紧张关系（第100条），关于向申请人母亲披露的信息，第8条也受到了干扰。See Guide on Article 8 of the European Convention on Human Rights Right to respect for Private and Family Life, *Home and Correspondence*, p. 36.

② ECtHR, *Avilkina and Others v. Russia*, No. 1585/09, 6 June 2013, pp. 33 – 54.

③ ECtHR, *Z v. Finland*, No. 22009/93, 25 February 1997, paras. 94 and 112; see also ECtHR, *M. S. v. Sweden*, No. 20837/92, 27 August 1997; ECtHR, *L. L. v. France*, No. 7508/02, 10 October 2006; ECtHR, *I v. Finland*, No. 20511/03, 17 July 2008; ECtHR, *K. H. and Others v. Slovakia*, No. 32881/04, 28 April 2009; ECtHR, *Szuluk v. the United Kingdom*, No. 36936/05, 2 June 2009.

④ ECtHR, *Z v. Finland*, No. 22009/93, 25 February 1997, p. 33.

⑤ ECtHR, *Z v. Finland*, No. 22009/93, 25 February 1997, p. 38.

⑥ ECtHR, *Z v. Finland*, No. 22009/93, 25 February 1997, p. 57.

从干扰是否合理来看，芬兰政府根据《司法程序法典》调取医疗数据符合法律规定，同时符合对诉讼有重要评估中的正当性，不过，在确定受到指责的措施在民主社会中是否必要时，法院将考虑从整个案件来看，即，为证明这些措施的正当性而提出的理由是否相关和充分，以及这些措施是否与所追求的合法目标相称。[①] 法院认为，如果没有这种保护，需要医疗援助的人可能会被“阻止”披露为接受适当治疗而可能需要的个人和亲密信息，甚至被“阻止”寻求这种援助，从而危害他们自己的健康，如果是传染病，则危害社区的健康。因此，国内法必须提供适当的保障措施，以防止任何可能不符合《公约》第 8 条保障的个人健康数据的传播或披露。(参照第 108 公约第 3 条第 2 款 c 项、第 5 条、第 6 条和第 9 条)[②] 上述考虑因素特别适用于“保护与艾滋病毒有关信息的机密性”，因为披露此类信息可能会对个人的私人和家庭生活及其社会和职业状况造成毁灭性后果，包括暴露于耻辱和可能的排斥，[③] 所以，人权法院判定国内上诉法院披露申请人信息和健康状况违法。

(二) 新闻媒体健康信息披露类：*Biriuk v. Lithuania* 案及 *Fürst-Pfeifer v. Austria* 案

1. 日报艾滋病信息披露案

Biriuk v. Lithuania 案[④]中立陶宛最大的日报 *Lietuvos Rytas* 在头版发表了一篇题为“因对死亡的恐惧而瘫痪的帕斯瓦利斯村庄：立陶宛偏远地区被艾滋病威胁束缚的居民”，文章中涉及 Biriuk 滥交和感染艾滋病毒相当多的描述，后 Biriuk 以侵犯隐私权为由向一审法院提起诉讼，并要求赔偿非金钱损失 50000 立特，一审法院判决该日报的行为侵犯了原告的隐私权，并根据《向公众提供信息法》判定被告赔偿 30000 立特的

---

① See mutatis mutandis, the Dudgeon v. the United Kingdom judgment of 22 October 1981, Series A No. 45, p. 21, 52; and the Johansen v. Norway judgment of 7 August 1996, Reports of Judgments and Decisions 1996 – III, pp. 1003 – 1004, 64.

② ECtHR, *Z v. Finland*, No. 22009/93, 25 February 1997, pp. 94 – 96.

③ ECtHR, *Z v. Finland*, No. 22009/93, 25 February 1997, p. 96.

④ ECtHR, *Biriuk v. Lithuania*, No. 23373/03, 25 November 2008.

非特定损害赔偿金。随后原告以赔偿额错误提起上诉，上诉法院基于原告未证明日报故意刊登为由，依法将赔偿额减至10000立特。最终，最高法院维持了上诉法院的裁决。[①] 随即，Biriuk女士向欧洲人权法院指称国内法院违反《公约》第8条，尽管法院认定日报严重侵犯了她的隐私权，但由于判决的非金钱赔偿额之低，未能保障她的私生活的权利，[②] 被告国未能履行尊重国民私生活的积极义务。如此低的限额的存在易于侵犯她的权利，因为该报知道对于此类违约行为的赔偿，在任何情况下都不需要支付巨额赔偿金。申请人的结论是，这一法定限额不能被视为实现《公约》第8条第2款所列举的与任何合法目的必要和相称的手段。[③] 政府认为国内法院已经承认了第8条，并给予了她充分救济，[④] 政府指出，第8条并不一定要求国家通过无限赔偿来确保尊重个人的生活。……在政府看来，当寻求国家总体利益和个人利益之间的公平平衡时，对一个国家在一定时期内的非金钱损害设定最高赔偿额应该是可以接受的。[⑤] 法院认为：涉及申请人健康状况以及性生活属于第8条的规制对象，[⑥] 法院同意政府的意见，由一国决定在特定情况下“尊重”私人生活而采取的步骤有自由裁量的余地，[⑦] 并注意到实行财政限额并不违背《公约》第8条的积极义务，而且对违反新闻规定的行为实施严厉制裁可能会对根据《公约》第10条行使新闻自由的基本保障产生寒蝉效应，然而在本申请书所述的一个肆无忌惮地滥用新闻自由的案件中，法院认为，对司法自由裁量权的严格立法限制有助于纠正受害者所遭受的损害，并因此认为政府违反了《公约》第8条。[⑧] 此外，鉴于该国新《民法典》已废除司法赔偿最高限额，所以政府仍需向申请人支付6500欧元。

---

① ECtHR, *Biriuk v. Lithuania*, No. 23373/03, 25 November 2008, pp. 1 – 11.

② ECtHR, *Biriuk v. Lithuania*, No. 23373/03, 25 November 2008, p. 22.

③ ECtHR, *Biriuk v. Lithuania*, No. 23373/03, 25 November 2008, p. 29.

④ ECtHR, *Biriuk v. Lithuania*, No. 23373/03, 25 November 2008, p. 24.

⑤ ECtHR, *Biriuk v. Lithuania*, No. 23373/03, 25 November 2008, p. 31.

⑥ ECtHR, *Biriuk v. Lithuania*, No. 23373/03, 25 November 2008, p. 34.

⑦ ECtHR, *Biriuk v. Lithuania*, No. 23373/03, 25 November 2008, p. 37.

⑧ ECtHR, *Biriuk v. Lithuania*, No. 23373/03, 25 November 2008, pp. 45 – 46.

2. 网络出版公司心理障碍信息披露案

Fürst-Pfeifer v. Austria 案[①]申请人是一名心理专家，负责羁押期间的法庭诉讼以及儿童和青少年的心理检查，一审被告是一家网络出版公司，该公司于2008年披露了申请人的全名和心理障碍信息。因此，申请人以媒体侵犯隐私和违反《媒体法》诉至法院。一审法院认为这篇报道触及到了她的私人领域，命令出版商支付5000欧元损害赔偿金，后上诉法院以所述事实真实撤销了下级法院的判决。其后，申请人以政府违反《公约》第8条提起诉讼，政府辩驳道，奥地利法院在《公约》第8条和第10条相互竞争的利益之间取得了平衡，有关司法系统运作的问题是公共利益问题，而媒体发挥了“公共监督机构”的作用。欧洲人权法院重申隐私权是《公约》第8条保障的一项独立权利，第10条第2款承认，为了保护隐私，可以限制言论自由，特别是在出版物的案件中，保护私人生活必须与《公约》第10条保障的言论自由相平衡。[②] 报道的文章内容是真实的，不包含任何攻击性或辱骂性的言语攻击，而且，以官方身份行事的官员应当受到比普通公民更广泛的批评。[③] 因此，法院认为，发表一篇关于心理专家心理健康状况的文章并没有违反《公约》第8条。

（三）公司职场精神健康数据收集类：*Surikov v. Ukraine* 案

Surikov v. Ukraine 案[④]申请人受雇于塔夫里达出版社，出版社以申请人精神健康状况为由，拒绝将申请人晋升到与其资历相当的工程职位。该断定源于1997年公司从征兵办公室得到一份“申请人因精神病性障碍，被宣布为不适合在和平时期服兵役”的数据证明。2006年6月，申请人对公司成员提起数据保护民事诉讼，地区法院驳回了申请人的请求，上诉法院和最高法院也分别驳回了申请人的上诉和上诉许可申请。后申请人以雇主任意收集、保留和使用敏感、过时和不相关的心理

① ECtHR, *Fürst-Pfeifer v. Austria*, Nos. 33677/10 and 52340/10, 17 May 2016.

② See *Węgrzynowski and Smolczewski v. Poland*, No. 33846/07, 16 July 2013, pp. 56 – 58.

③ See *Janowski v. Poland* [GC], No. 25716/94, p. 33.

④ ECtHR, *Surikov v. Ukraine*, No. 42788/06, 26 January 2017.

健康数据，涉嫌违反《公约》第8条提出申诉。[①] 政府辩称免除兵役的资料并非机密，乌克兰《兵役法》规定了雇主有义务将军事身份证上载有的有关豁免理由的信息复制到人事记录上。[②] 人权法院认为这样的理由可以予以受理，法院强调，首先，这种干涉依据乌克兰的《兵役法》，所以转而评估为公共当局对于申请人私生活的干涉。在乌克兰宪法法院在其1997年对Ustymenko案的意见中，一般将国家精神健康数据保护框架定性为“定义不清、相互矛盾与存有漏洞的规定”，不完全符合乌克兰的国际义务；[③] 其次，干涉可出于各种合法目的，包括国家安全、公共安全、健康和他人权利等；最后，关于这种干涉是否必要，长期收集和储存一个人与健康有关的数据，以及将这些数据披露和用于与收集这些数据的原始理由无关的目的，构成了对尊重私生活权利的不相称的干扰。国家法院也没有在雇主利益和职位候选人的隐私利益之间取得公平的平衡。[④] 综上，人权法院的结论是，在保留和披露申请人的心理健康数据，以及将其用于决定申请人的晋升申请方面，存在违反第8条的情况。

三　欧洲人权保护机制下健康数据隐私保护的路径分析

欧洲人权法院在尊重私人和家庭生活权利的案件中，基于健康数据机密性和敏感性的特点，善于从维护当事人的权利出发，并整合出缜密的逐步分析思路，建立了公平与审慎的平衡机制。

（一）健康数据隐私司法保护的思路

于健康数据隐私司法保护的审理思路而言，基于更加严格的人权保护，欧洲人权法院的司法论理需要采用严格遵循法律条文的文义解释与

① ECtHR, *Surikov v. Ukraine*, No. 42788/06, 26 January 2017, p. 61.
② ECtHR, *Surikov v. Ukraine*, No. 42788/06, 26 January 2017, p. 66.
③ ECtHR, *Surikov v. Ukraine*, No. 42788/06, 26 January 2017, p. 80.
④ ECtHR, *Surikov v. Ukraine*, No. 42788/06, 26 January 2017, pp. 84 – 94.

符合立法目的的目的解释，具体来说，欧洲人权法院在司法实践中需要确定申诉行为是否依次满足以下三个条件：

一是申请人的诉讼请求是否属于第8条的范围，人权法院宽泛地界定了第8条的范围，包括但不限于私人生活、家庭生活、家庭和通信等利益。一般说来，私人生活涵盖了一个人的身体、心理或道德的完整性，个人的隐私与身份。其中，个人隐私包括对自己图像和照片的权利、保护个人名誉和防止诽谤的权利、获取个人信息的权利、个人的健康信息予以保护的权利、安全部门或其他国家机关收集的文件或数据、警察监视和拘留期间的隐私等，① 而健康数据是关涉个人最为私密和至关重要的数据，为此，需要更为严苛的保护。鉴于健康数据的敏感性与机密性，上文所述6个案例中，*L. H. v. LATVIA*案、*Avilkina and others v. Russia*案、*Z v. Finland*案和*Surikov v. Ukraine*案4个案件推翻了国内最高法院的判决，*Biriuk v. Lithuania*案1个案件变更了国内最高法院的赔偿数额，以维护申请人的健康数据隐私权，不过，在*Fürst-Pfeifer v. Austria*案中，欧洲人权法院考虑到了申请人的官方身份以及曝光的心理健康数据的真实性，对健康数据隐私权的边界予以限制，对此，法院驳回了申请人的请求。

二是国家是否存在对这项权利的干涉或者国家是否承担了保护这项权利的积极义务，第8条的主要目的是防止国家对隐私权的过分干涉，这属于典型的消极义务。如*L. H. v. LATVIA*案中，MADEKKI对申请人健康数据的行政调查行为构成了对私生活权利的直接干涉；*Surikov v. Ukraine*案乌克兰《兵役法》的规定构成对私人健康数据权的间接干涉，这两种干涉行为均违反了政府的消极义务。除了这一主要的消极承诺外，还会产生有效尊重私人生活，采取相应措施的积极义务。如*Z v. Finland*案中，芬兰国家法院非但不能干涉申请人及其丈夫的隐私，任意披露涉及艾滋病毒医疗数据的信息，还需要采取适当的措施予以保护，以防止当事人暴露于耻辱和可能的排斥；*Avilkina and others v. Russia*

① See Guide on Article 8 of the European Convention on Human Rights Right to respect for Private and Family Life, Home and Correspondence, pp. 29 – 39.

案中，检察官不仅向医疗机构收集宗教人员医疗敏感数据，还没有采取充分的保障措施。然而，*Biriuk v. Lithuania* 案中，申请人因日报侵犯其健康数据隐私权虽以低额赔偿，欧洲人权法院却认为国家有自由裁量的余地，换言之，国内实行财政限额并不违反法院的积极义务。

三是这种干涉是否依据法律，若是，是否进一步构成合法目的，且干涉是否在民主社会中是必要的。[①] 当国家违反消极义务时，则需评估这种干涉是否符合《公约》第 8 条第 2 款的要求，具体来说：步骤一，法律合规性检验。这一干涉不仅要求符合国内法，还需满足法治的要求，质言之，国家法律必须是明确的、可预见的和可充分利用的；法律还应限制公共机构收集私人数据的范围和行使自由裁量权的方式。*L. H. v. LATVIA* 案因违反法治之要求而无法实现评估数据的潜在决定性、相关性和重要性；*Surikov v. Ukraine* 案宪法法院也指出乌克兰关于健康数据的法律是“定义不清和相互矛盾的”。步骤二，目的性检验。《公约》第 8 条第 2 款列举了维护国家安全、公共安全或国家经济福祉、防止混乱和犯罪、保护健康或道德、保护他人的权利和自由 5 项合法目的。在前述案例中，申请人患有艾滋病病毒的信息泄露，为国家借以保护公共健康和他人的权利；新闻媒体的报道是言论自由的反映；对宗教组织的调查是为了维护国家的公共卫生秩序；《兵役法》规定的数据记录与查阅是为了维护国家安全。不过，上述目的的正当性还需考察。步骤三，是否为民主社会所需的比例性检验，比例分析是最难以断定的步骤之一，法院需要考虑为证明这些措施的正当性而提出的理由是否相关和充分，以及这些措施是否与所追求的合法目标相称。*Z v. Finland* 案对于“为民主社会所必要”的解释最具有代表性，“尊重卫生数据的保密性是《公约》所有缔约国法律制度中的一项重要原则。重要的是，不仅要尊重病人的隐私意识，而且要保持他或她对医疗行业和一般卫生服务的信心，如果没有这种保护，需要医疗援助的人可能会被‘阻止’披露为接受适当治疗而可能需要的个人和亲密信息，甚至被‘阻止’寻求这

① See Guide on Article 8 of the European Convention on Human Rights Right to respect for Private and Family Life, Home and Correspondence, pp. 7 –11.

种援助，从而危害他们自己的健康，如果是传染病，则危害社区的健康。”① 此外，对于健康数据长时间的存储以及用于不相关的目的也构成对民主社会不必要的干扰。然而，获得受害人的同意将是消除第三种步骤检验的有效工具。

（二）健康数据隐私司法保护的特点

于健康数据隐私司法保护的审理特点而言，欧洲人权法院在尊重各国法律的基础上，采取有步骤的自由裁量，注重在权衡个人健康数据隐私利益与雇主、社区和国家利益，个人隐私利益与宗教自由利益，个人隐私利益与言论新闻自由利益的过程中，注意结合案例具体事实与相关情节，呈现出审判对于个人健康数据隐私权利保护倾向与司法能动的特点。

1. 主体方面：注重个人隐私利益与雇主、社区和国家利益的平衡

《公约》第 8 条第 2 款将关系到国家、公共利益与他人利益，作为个人隐私保护的除外事由。医疗数据的保密性是缔约国间的一项重要原则。与此同时，医疗数据时常与公共利益联系在一起。*Z v. Finland* 案中人权法院认为鉴于艾滋病毒状况具有高度的私密性和敏感性，通过对医疗数据的隐私保护有利于保持申请人对医疗行业的信心，防止对于个人以及社区公共卫生利益的损害，除非有符合公众利益的压倒性要求，从而更好地平衡公益与私益。人权法院同样在 *L. H. v. LATVIA* 案与 *Avilkina and others v. Russia* 案做了相似的解释。*Biriuk v. Lithuania* 案中法院通过审查“赔偿数额”来实现个人隐私利益与国内法院公共审判利益的“量的平衡”。而在 *Fürst-Pfeifer v. Austria* 案中，个人隐私利益与公共利益发生了冲突，但是欧洲人权法院以其职务限制了隐私利益绝对保障，捋顺了特殊私益和公益间的关系。另一方面，当知情权的内容涉及社会公共利益或者公众的合理兴趣时，公众的知政权和社会知情权分别构成了对国家官员隐私权和社会公众人物隐私权的限制。② *Surikov v. Ukraine*

① 欧洲委员会部长委员会 1989 年 10 月 24 日通过关于“卫生保健和社会环境中艾滋病毒感染的伦理问题”的第 R（89）14 号决议，特别是《解释性备忘录》第 165 段中关于医疗数据保密的一般性意见。

② 参见张新宝《从隐私到个人利益：利益再衡量的理论与制度安排》，《中国法学》2015 年第 3 期。

案法院权衡了国家安全、公共安全、雇主利益以及申请人个人的隐私利益，虽然申请人的心理障碍显然不满足服兵役的要求，然而，国家公共机关公然允许私人机构调取个人健康数据，用于与之不相称的目的，此时，公共利益与雇主利益发生重合，与个人隐私权与数据保护权相冲突，人权法院因此认为，国内法院也没有在雇主利益和职位候选人的隐私利益之间取得有益的平衡。

2. 内容方面：注重个人隐私利益与宗教自由利益的平衡

尽管《欧洲人权公约》第9条规定了思想、良心和宗教事务的自由，[①] 但披露个人宗教和哲学信仰的信息也可能涉及第8条，因为这些信仰有时也包含私人生活中的一些最密切方面。[②] *Avilkina and others v. Russia* 案市检察院不仅要求公共卫生委员会与医疗机构提供申请人的相关医疗数据，还向申请人所在组织调取他们的宗教信仰信息而非他人的信息，由此可见，这种医疗数据的调取取决于耶和华宗教组织拒绝输血的行为。因此，从某种程度上讲，市检察院的行为还违反《公约》第14条禁止歧视的原则，即不得因为宗教不同而对人权区别对待。[③] 在许多情况下，第8条和第14条一起阅读。[④] 人权法院重申，第14条并不独立存在，但通过补充《公约》和《议定书》的其他规定发挥了重要作用。因为它保护处境相似的个人在享受这些其他规定所载权利方面不受任何歧视。[⑤] 由此可见，个人隐私利益与宗教自由利益是不相排斥

---

① 第9条 1. 人人有权享受思想、良心以及宗教自由的权利。此项权利包括改变其宗教信仰以及单独地或同他人在一起的时候，公开地或者私自地，在礼拜、传教、实践仪式中表示其对宗教或者信仰的自由。2. 表示个人对宗教或者信仰的自由仅仅受到法律规定的限制，以及基于在民主社会中为了公共安全的利益考虑，为了保护公共秩序、健康或者道德，为了保护他人的权利与自由而施以的必须的限制。

② *Folgerø and Others v. Norway*, p. 98，如果规定家长有义务向学校当局披露有关其宗教和哲学信仰的详细信息，则可被视为违反《公约》第8条，即使在本案中，家长本身没有义务披露自己的信仰。

③ 保障享有公约规定的权利和自由，不得以性别、种族、肤色、语言、宗教、政治或其他见解、民族或者社会的出身、与少数民族的联系、财产、出生或者其他地位而受到歧视。

④ *Oliari and Others v. Italy*, paras. 178 and 180 – 185；*Schalk and Kopf v. Austria*, p. 108.

⑤ ECtHR, *Avilkina and Others v. Russia*, No. 1585/09, 6 June 2013, p. 60. 与此同时，如果公约或其议定书的某一实质性条款本身与第14条一起被援引，并且发现单独违反了该实质性条款，则法院一般不必也根据第14条审议该案，但如果存在明显的不平等待遇，则情况并非如此。在本案中，享有所涉权利是一个基本方面。See *Chassagnou and Others v. France*, Nos. 25088/94, 28331/95 and 28443/95, p. 89, and *Dudgeon v. the United Kingdom*, judgment of 22 October 1981, Series A No. 45, p. 67.

的，不能仅仅因为宗教不同而对私人利益强加干涉，政府曾以公共卫生利益为由对这一“失衡”予以矫正，而人权法院对这一目的持怀疑态度，事实上，病患对自己的生命有处置的自由，而且政府的调查行为并未设法取得当事人的同意，也并未曾采取保障措施，因此，政府以宗教自由对于社会公共卫生管理利益的侵害为由，而对个人隐私横加干涉，既不符合民主社会的必然要求，又损害了公众的合法权益。法院通过对法条的逐步分析，实现了对于健康数据隐私利益、宗教自由和公共利益的动态平衡。

3. 内容方面：注重个人隐私利益与言论自由利益的平衡

言论自由与民主密不可分，它载入了许多国家、欧洲、国际和区域文书，它被认为是唯一能够保障人权的制度。[①] 实际上，由于新闻媒体的活动侵入了构成法律意义上隐私的信息空间，而个人的信息空间同社会信息空间的界限很难清晰划清，总有一部分出于交融的状态，所以个人隐私利益与言论自由利益发生了冲突。[②] 人权法院认为，作为一个原则性问题，《公约》第 8 条尊重私生活的权利与第 10 条言论自由的权利值得平等地尊重。[③] 而且，《公约》第 10 条第 2 款承认保护个人的名誉和权利可以对言论自由构成合乎民主社会中的约束。[④] 言论自由虽有例外，但是必须要严格解释，任何限制的必要性必须要有令人信服的确定。[⑤] 关于两种价值的调适问题，通常来说，当言论涉及公共利益的合

① 例如，《欧洲联盟基本权利宪章》（2000 年）第 11 条、《美洲人权公约》（1969 年）第 13 条、《公民权利和政治权利国际公约》（1966 年）第 19 条和《非洲人权和人民权利宪章》（1981 年）第 9 条。

② 参见［美］唐纳德 · M. 吉尔摩等《美国大众传播法：判例评析》，梁宁译，清华大学出版社 2002 年版，第 56、59 页。

③ *Couderc and Hachette Filipacchi Associés v. France*, p. 91; *Satakunnan Markkinapörssi Oy and Satamedia Oy v. Finland*, p. 123; *Medžlis Islamske Zajednice Brčko and Others v. Bosnia and Herzegovina*, p. 77.

④ 1. 人人享有表达自由的权利。此项权利应当包括持有主张的自由，以及在不受公共机构干预和不分国界的情况下，接受和传播信息和思想的自由。本条不得阻止各国对广播、电视和电影等企业规定许可证制度。2. 行使上述各项自由，因为负有义务和责任，必须接受法律所规定的和民主社会所必需的程式、条件、限制或者是惩罚的约束。这些约束是基于对国家安全、领土完整或者公共安全的利益，为了防止混乱或者犯罪，保护健康或道德，为了保护他人的名誉或者权利，为了防止秘密收到的情报的泄露，或者为了维护司法官员的权威与公正的因素的考虑。

⑤ *Stoll v. Switzerland*, p. 101, *reiterated in Morice v. France*, p. 124, and *Pentikäinen v. Finland*, p. 87.

理兴趣时，言论自由构成隐私侵权的合理抗辩，当言论仅仅涉及个人私人生活而无涉公共生活时，对于二者冲突的协调取决于法律的态度。① 欧洲人权法院判例法界定的相关标准如下，需要考虑对公共利益的贡献、受影响者的声名狼藉程度、新闻报道的主题、有关人员的先前行为、出版物的内容、形式和后果，以及在适当的情况下拍摄照片的情况。② *Biriuk v. Lithuania* 案和 *Fürst-Pfeifer v. Austria* 案涉及的新闻主题非常敏感，包括艾滋病病毒感染和心理健康的机密信息。*Fürst-Pfeifer v. Austria* 案对法庭诉讼以及青少年的心理健康等公共利益产生重大影响，而且考虑到申请人的国家机关人员身份，因此发表一篇关于心理专家心理健康状况的文章并没有违反《公约》第8条。此外，获得信息的真实性以及制裁的严重性也会作为权衡的考虑因素。③ 在文中所述的 *Fürst-Pfeifer v. Austria* 案中，法院审查了信息的真实性；*Biriuk v. Lithuania* 案法院对出版商施加处罚的严重性进行了评估。因此，法院的行为一方面有利于保护个人的健康数据隐私，另一方面有利于防止法院的严厉制裁使得新闻自由基本保障遭到破坏而引发的寒蝉效应。

4. 形式方面：注重司法说理的能力和发挥司法能动性

欧洲人权法院是审查缔约国违反《欧洲人权公约》义务的专门性法院，具有司法的独立性、权威性与正当性，并以《欧洲人权公约》为最低标准对各国人权司法保障进行辅助性外部监督。④ 欧洲人权法院在司法实践中通过其判例，填补了基础条约的漏洞与二级立法的不足，不过相较于欧盟法院"取代、排除、限制、补充各国国内法的作用"，⑤ 欧洲人权法院判例法无法直接对缔约国产生约束力，也无适用上的优先性，具体取决于各缔约国国内法。⑥ 在判案的过程中，欧洲人权法院通

---

① 参见张新宝《从隐私到个人利益：利益再衡量的理论与制度安排》，《中国法学》2015年第3期。

② *Von Hannover v. Germany* (No. 2), pp. 108 – 113; *Axel Springer AG v. Germany*, pp. 89 – 95.

③ *Satakunnan Markkinapörssi Oy and Satamedia Oy v. Finland*, p. 165.

④ 参见张华《论"里斯本条约"生效后欧洲人权保护机制的一体化趋势》，《国际论坛》2011年第5期。

⑤ 参见王传丽《欧洲法院的司法独立性对欧洲一体化进程的贡献》，《当代法学》2008年第2期。

⑥ 参见范继增《多元结构下欧洲基本权利保障体系》，《厦门大学法律评论》2016年第1期。

过对《欧洲人权公约》条文进行动态解释，以审查国内法官的法律解释和相关国内法制度是否与公约的最低标准相符合，一方面，欧洲人权法院判决的说理性极强，具有说理内容的针对性、说理方式的多元性、法官意见的公开性以及法官说理的保障性等特点。[①] 另一方面，欧洲人权法院通过援引先例和整合、阐明、铸造以及创制法律来发挥司法能动性。如前所述案件中，法官一一回复了申请人和被申请人的争议焦点，说理方式含括了文义解释和目的解释，并通过逐步分析层层递进，判决文书会附上详细且富有逻辑的判决意见及反对意见。此外，*Z v. Finland* 案中的一些解释还具有开创性的意义，针对个人健康数据隐私，法院对于数据暴露的耻辱性及对其反向解释的说理性和能动性，成为了其他类似案件的辅助性引用，从而弥补了条文的漏洞。

与此同时，为了使欧洲人权法院的管辖与判决执行得到成员国的支持及尊重各国的国情、文化和法律，[②] 欧洲人权法院在解释欧洲人权公约时，采用“边际裁量”理论为各成员国预留了一些自由裁量的空间，实际上，国家裁量余地原则构成了国家减损条约义务、限制隐私权利的违约阻却事由。国家裁量余地原则已经发展为欧洲人权法院的重要原则之一，该原则一方面可限制开放式条款——第8条合法性、合目的性和合比例性原则的适用——其中的范围和幅度，另一方面能牵制司法能动性的不当扩张，一定程度上实现人权保护和国家主权诉求之间的平衡，*Biriuk v. Lithuania* 案及 *Avilkina and others v. Russia* 案便是如此。

四　对于我国健康数据隐私保护现状的思考

我国正在激励公司进行包括医疗保健的数据驱动研究和开发，在此过程中，政府、企业和其他组织需要收集、使用和分享更多的健康信

① 参见罗灿《美国裁判文书说理的微观察——从费尔南斯案的司法意见书切入》，《人民司法》2015年第7期。

② 参见邱静《国际人权司法机构的政治性——以欧洲人权法院为视角》，《兰州学刊》2020年第12期。

息。相较于欧洲十分严苛的健康数据隐私保护政策与法律体系，我国的健康数据相关立法偏重于国家公共利益、网络安全的绝对保护与数据隐私的有限保护，司法实践同样如此。实际上这一处理方式有益于我国健康数据相关行业的飞速发展，但与此同时，我国仍需借鉴欧洲健康数据保护的合理性要素，从而实现健康数据利用与隐私利益保护的相对平衡。

（一）我国健康数据隐私保护的现状及其问题

1. 立法层面

首先，结构上中国数据保护法和数据隐私法的概念相对较新，健康数据主要通过隐私权和个人信息权益的立法模式来保护，不过这两种模式的关系并不明朗。已于2021年1月1日实施的《民法典》第1032条第2款规定：隐私是自然人的私人生活安宁和不愿为他人知晓的私密空间、私密活动、私密信息，第1034条第3款进一步规定：个人信息中的私密信息，适用有关隐私权的规定。由此可见，对私密信息的侵犯由隐私权来保护，私密信息之外的一般信息适用《民法典》个人信息权益保护的方式。《民法典》虽将健康信息纳入了个人信息的范围，但仍未界定何为私密信息。从《信息安全技术　个人信息安全规范》（附录B 个人敏感信息判定）和《个人信息保护法》（2.2 敏感个人信息的处理规则）来看，个人信息分为一般个人信息和个人敏感信息，个人敏感信息含括了个人财产信息、个人健康生理信息、个人生物识别信息、个人特定身份信息和其他信息。目前，对于一般个人信息、个人敏感信息、私密信息还缺乏明确的界分，有待法律进一步明确。个人敏感信息也可能与私密信息存在交叉，但是不能概括地等同为私密信息，而健康信息作为个人敏感信息种类之一，其中涉及个人人格利益而不为人所知的健康信息才能称为私密信息。此外，《个人信息保护法》作为正在兴起的网络信息法的核心组成部分，与《民法典》的传统人格权理论出现各种不适配的问题。[①]

---

① 参见周汉华《个人信息保护的法律定位》，《法商研究》2020年第3期。

其次，内容上健康数据保护法规很少，支离破碎，主要通过战略规划、技术能力及应用与管理3个层面推进大数据发展策略。除了上述基本法《民法典》(2021)、个人信息专项保护的一般法律《个人信息保护法》(2021)、技术性法规《信息安全技术 个人信息安全规范》(2020)外，《网络安全法》(2017)、《关键信息基础设施安全保护条例》(2021)也将卫生医疗纳入关键信息基础设施的范围；《数据安全法》(2021)第20条新增国家建立数据分类分级保护制度，并确定重要数据目录，加强对重要数据的保护；《信息安全技术—健康医疗信息安全指南》(2021)主要描述了保护个人健康医疗信息的安全目标、使用或披露原则、实施方法、可使用的安全措施等。于2020年6月1日实施的《基本医疗卫生与健康促进法》第49条、第92条、第101条要求全民健康信息化，加快医疗卫生基础信息建设，以及要求确保公民的个人健康信息安全。此外，自2013年到2018年，我国先后出台了一系列政策、法规和标准体系，① 并就健康数据的确权、开放、流通、交易和产权保护和责任承担做出了规定。实际上，这一分散式立法无法全面地规制与保护健康数据处理行为，还因此加重了立法负担。

最后，目前的法律法规不能很好地解释医疗数据所有权的权属问题，在学术领域，主要有病患所有说、医疗机构所有说和患者与医疗机构共有说。② 不过，有学者认为不宜从传统所有权权属思维来解决其权利配置，对于医疗数据，患者个人享有医疗数据上的主体利益（隐私利益），形成和管理医疗数据的医疗机构享有数据财产权（数据控制者权），国家卫生健康管理委员会基于公共特定范围用于公共健康管理。又有学者根据个人数据的属性来划分，原始数据和与个体密切相关的敏感信息归个人所有，匿名化处理的一般

---

① 《人口健康信息管理办法（试行）》(2014)、《全国医疗卫生服务体系规划纲要（2015—2020）》(2015)、《促进大数据发展行动纲要》(2015)、《关于促进和规范健康医疗大数据应用发展的指导意见》(2016)、《“十三五”卫生与健康规划》(2016)、《“健康中国2030”规划纲要》(2017)、《国家健康医疗大数据标准、安全和服务管理办法（试行）》(2018)、《互联网医院管理办法（试行）》(2018)与《关于促进“互联网+医疗健康”发展的意见》等。

② 参见钱亚芳《大数据时代个人健康数据法律规制》，中国社会科学出版社2018年版，第58—59页。

数据的所有权归企业组织所有，具有公共利益的个人数据所有权归政府（国家）所有。[①]

综上而言，本文认为鉴于政策的模糊性、立法的分散性、内容的交叉性、法规的低层级性和弱约束力，使得健康数据及其隐私保护面临着严重的困境。此外，在目前医疗体制下，医疗数据流动与共享在医疗卫生机构之间以及医疗卫生机构与社会公众领域之间存在不同程度的壁垒，数据孤岛易造成患者数据的重复采集，并由此影响对患者数据隐私的有效保护。与此同时，互联网医院的数据合规在数据的收集、储存、对外提供方面存在着或多或少的问题。上述现象除了究于数据控制者和数据处理者本身的操作问题外，本文认为更多的是立法上的规则缺失以及事后惩罚方式和力度的问题，随着《民法典》的实施以及《个人信息保护法》的相继出台，这一局面应该会有所缓解，但法律的实施还需要其他方面的协同配合，例如司法裁判方面。

2. 司法层面

在《民法典》的个人信息保护规则具体适用之前，健康数据多通过民事侵权和刑事侵犯公民个人信息法益的案由来保护，[②] 案件所涉范围常体现在病历、妇产和新生儿信息以及其他的个人健康信息，而纠纷一般产生于医疗机构与健康数据主体之间以及其他私人侵权主体与健康数据主体之间。本文通过“中国裁判文书网”搜索总结，从 2015 年 1 月到 2021 年 1 月间与个人信息和隐私侵权案由有关的案件共计 387 篇文书，与健康信息相关的案件少于 10 例；共检索到与侵犯公民个人信息罪案由有关的案件为 9920 件，与健康信息有关的仅有 13 例。本文试图从纠纷发生主体的角度，考察我国司法审判的审判路径与特点。具言之：

其一，个人及其他组织健康数据隐私权益纠纷。婴幼儿的医院诊疗信息经常性地遭到泄露，轻则以侵犯患者隐私权为由赔偿损失，重则以

① 参见高富平《论医疗数据权利配置——医疗数据开放利用法律框架》，《现代法学》2020 年第 4 期。

② 2020 年 12 月 14 日，最高人民法院《关于修改〈民事案件案由规定〉》（法〔2020〕346 号）正式新增了“个人信息保护纠纷”案由，并于 2021 年 1 月 1 日起正式生效并指导司法审判实践。

侵犯公民个人信息罪来定罪;[①] 此外，一些诊所在与患者的医疗纠纷中将患者的病历公之于众，为不特定第三人所知，侵犯了原告隐私权。[②] 其二，医院等公共机构类健康数据隐私权益纠纷。金至宝与江苏省人民医院医疗服务合同纠纷中，原被告就电子病历资料的归属权问题产生争议。[③] 其三，新闻媒体健康数据隐私权益纠纷，法院认为，未经授权、核实转载他人私密信息的，属于散布、公开和披露了他人的隐私，构成侵犯隐私的行为，并结合侵权行为过错程度、侵权行为的情节、侵权后果及侵权人获利情况加以认定。[④] 即使在新冠疫情这一特殊时期，任何单位和个人未经被收集者同意，将个人隐私信息用于其他用途的，也应该承担相应的侵权责任，但是，因联防联控工作需要，且经过脱敏处理的除外。[⑤]

结合我国法院发布的若干司法案例，法院的审判思路通常依据中国法律，严格遵循要件构成的策略，由于隐私侵权适用过错责任原则，所以法院需审查加害行为、损害后果、因果关系和主观过错等，并结合原告诉讼请求和被告的主观过错、侵权情节、影响范围等各项因素确定被告承担责任的形式、范围及金额。本文认为，这一中国式的裁判说理方式，虽无可置否，但在健康数据法律体系还不完善的前提下，严格坚持法条主义，努力寻求实定法的依据[⑥]就有失偏颇了。因此，中国应以欧洲健康数据的保护方式为正反例，对本国法律体系加以完善。

---

① 谢兼明:《医院故意泄露孕妇私人信息是侵权行为》, http://www.enshi.cn/2009/0313/322616.shtml; 吴霜雪:《雁江法院当庭宣判一起侵犯公民个人信息案件》, http://www.zyfyw.gov.cn/news/show-4539.html。

② 焦洋与徐萍等隐私权纠纷二审民事裁定书 (2018) 京 03 民终 3553 号。

③ 原告金至宝与被告江苏省人民医院医疗服务合同纠纷一案的民事判决书 (2014) 鼓民初 5432 号。一审法院认为病历资料的所有权归医疗机构所有。如此，方能更好地发挥患者病历资料在公共卫生安全、医学研究和教学等方面的重大社会价值。二审人民法院认为，根据《医疗机构病历管理规定》和《侵权责任法》的规定，医疗机构具有保管病历资料的法定义务，原告仅具有复制权。

④ 刘馨予申请隐私权纠纷申诉申请一案 (2016) 京民申 3514 号。

⑤ 赵倩与重庆扬啟企业营销策划有限公司隐私权纠纷一审民事判决书 (2020) 渝 0112 民初 24368 号。

⑥ 参见凌斌《法官如何说理: 中国经验与普遍原理》,《中国法学》2015 年第 5 期。

（二）我国健康数据隐私保护的应对之策

1. 明晰健康数据的权利归属、保护模式和保护方式

从数据生成的角度来看，健康医疗数据因具有公共属性，其包含的信息隐私“需要一定程度的社会控制来构建与维护”。[①] 对于健康数据的合法权益，从数据主体的角度可以很好地维护利益相关者的利益；上文提到，欧洲数据立法通过个人数据基本权利和隐私权保护，而中国健康数据同样以个人信息权益与隐私权所保护。在这两种权利/权利与权益的较量中，欧盟将个人数据受保护这一权利从隐私权独立出来，作为与隐私权并列的公民基本权利。中国则将个人信息权益中的私密信息部分转为隐私权，非私密信息由私法性质的《民法典》和公法性质的《个人信息保护法》予以保护，两者是相对不对等的保护，这就需要公私立法上的有效衔接。为了使机密健康信息落入隐私权的范畴，需要处理好一般个人信息、个人敏感信息、私密信息间的关系，未来可以通过司法解释的方式，使得法律之间协调一致，形成与欧盟法律相一致的效果；在健康数据的保护方式层面，中国避开了数据保护历史传统的掣肘，在借鉴欧盟 GDPR 出台《个人信息保护法》的同时，又倾向于健康数据隐私的单独保护。于2021 年 8 月 20 日公布的《个人信息保护法》第 62 条规定了国家网信部门统筹协调有关部门依据本法推进“针对小型个人信息处理者、敏感个人信息以及人脸识别、人工智能等新技术、新应用，制定专门的个人信息保护规则、标准”的个人信息保护工作，在该立法背景下，本文认为中国可以仿效美国制定单一专门的健康数据立法及配套的健康信息的隐私标准，以较为全面地解决法律繁杂与个人健康医疗信息使用和披露的问题。

2. 平衡好健康数据积极利用与数据隐私权益保护间的关系

实际上，欧洲对健康数据隐私立法与司法上的严格保护正在阻碍着

---

① 参见刘士国、熊静文《健康医疗大数据中隐私利益的群体维度》，《法学论坛》2019 年第 3 期。

相关数据产业的创新发展。相反，健康数据的积极利用可以带来积极的社会效益，积极利用主义亦正在成为各国关注的焦点，因此，明确健康医疗大数据积极利用主义规制模式势在必行。尤其面对新冠疫情间歇性反弹的严峻形势，卫生数据的合理利用与有效保护成为国家工作的重中之重。为了平衡好健康数据积极利用与健康数据隐私权益间的关系，需要良好的制度设计。首先，可对健康数据予以多重分类规制，即类分为去识别化健康数据和可识别健康数据；[①] 公共利益的健康数据和非公共利益的健康数据；特殊敏感的健康数据（艾滋病、传染病等特种疾病数据、中医药数据、基因数据）和其他健康数据。根据健康数据的属性来识别利用标准，可以降低隐私被泄露的风险。其次，当前健康数据在赋予财产权的同时，一定要配置相应的安全管理义务，限制其权利。如前所类分，对应的健康数据也需要遵循一定的义务，使积极利用主义规制与知情同意原则相协调。[②] 最后，患者健康数据隐私权和数据权益的保护应该存有限度，上文讨论的欧洲个人数据主体的权利更是一种防范主体尊严遭受侵害的消极权利，因此很难推出患者对于医疗数据的使用具有决定或控制权，如患者对于医疗数据的使用权应当仅限于复制医疗数据，而非数据资源化上的使用权。[③]

3. 平衡好健康数据隐私保护与言论自由利益间的关系

在信息社会高速发展的过程中，个人将在毫无防护情况下使他人得知其隐私生活的全部细节。人们对信息的需求更加加速了两者间的冲突。我国宪法明确规定公民享有言论自由，且将其作为一项政治权利，而《民法典》将隐私权作为一项独立的人格权予以保护，因此，我国对于二者的保护力度与方式不为相称。为了协调好言论自由与隐私权的冲

---

① 有学者认为在个人主义为中心的制度下去识别化健康数据和可识别健康数据很难防止数据被重新识别，个人身份可识别性数据与不可识别性数据也不再有区别。参见刘士国、熊静文《健康医疗大数据中隐私利益的群体维度》,《法学论坛》2019 年第 3 期。

② 即利用前告知且给予选择退出的义务、利用前告知且获得特别授权的义务、利用前告知但无须征询同意的义务和无须告知和征询同意的情形等。参见王立梅《健康医疗大数据的积极利用主义》,《浙江工商大学学报》2020 年第 3 期。

③ 参见高富平《论医疗数据权利配置—医疗数据开放利用法律框架》,《现代法学》2020 年第 4 期。

突，可借鉴《欧洲人权公约》的保护方式，在民法中将其作为一项人格权加以保护。[①] 还应详细界定隐私与言论自由利益之间的界限，健康数据属于《民法典》个人信息的范畴，但尚未界定机密信息的范围，使得健康数据与私密信息的关系模糊，故而应该进一步明确个人隐私中机密信息的具体含义。要规范限制言论自由的原则，在以宣扬隐私与造成影响为隐私侵权标准的同时，[②] 要厘清隐私侵权的抗辩事由，区别对待基于公共利益和经过当事人同意的言论，区别对待已为去识别化处理和公众知晓的言论，区别对待国家官员和公众人物的隐私，如 *Fürst-Pfeifer v. Austria* 案中欧洲人权法院认为以官方身份行事的官员可以受到比普通公民更广泛的接受批评。此外，应注重健康数据隐私保护“量”的平衡，当个人健康数据隐私利益遭受侵害时，法院在行使自由裁量权的同时，应进一步思考侵权赔偿数额是否对侵权方有足够的威慑力且不超过可能引发的寒蝉效应，人权法院对新闻自由的标准界定为“量”的平衡提供了参照系。

4. 合理运用比例原则强化法官司法说理的能力和发挥司法能动性

有学者断言，中国法官的说理方式不符合一套分析流程或者法律思维、特别是法教义学的形式规定，因此难以实现其程序、实体乃至整体的法治意义。[③] 这一定论虽有些言过其实，但中国法官确实存在着很多说理性问题。另外，研究欧洲人权法院的司法实践为我们理解国际法院、国内法院的司法能动性和司法节制，提供全景参照。中国虽然没有欧洲遵循先例的历史传统，但一些指导性案例仍发挥着相当大的作用。实际上，实现司法克制主义与司法能动主义的平衡属于我国当今的一种法律共识。[④] 此外，面对大数据时代下健康数据引起的新型权益纠纷与我国健康数据法律体系捉襟见肘之困境，中国司法者不应一味地恪守司法被动原则，而应充分发挥具有正当性的司法能

---

① 参见李先波、杨建成《论言论自由与隐私权之协调》，《中国法学》2003 年第 5 期。

② 对于何为言论自由对于隐私侵权的标准，《关于贯彻执行〈中华人民共和国民法通则〉若干问题的意见》包含两个要素“以口头、书面形式宣扬他人的隐私；这种行为要造成一定影响”。

③ 参见凌斌《法官如何说理：中国经验与普遍原理》，《中国法学》2015 年第 5 期。

④ 参见宋远升《司法能动主义与克制主义的边界与抉择》，《东岳论丛》2017 年第 12 期。

动,[①] 即确立以司法克制主义为原则，司法能动主义为例外的弱司法能动主义。本文认为，为有效回应社会需求，调适要件构成的僵硬裁判，并规范司法能动主义可能产生的法律风险，合理运用比例原则可作为司法审判中的有效工具，法院应结合具体案例进行具体分析，尤其在疫情期间，医院、政府机构等数据控制者会保留和调取公民的卫生数据。法院对于该类纠纷的处理，应考虑相关数据控制主体的保留和调取行为是否合目的与有必要。而且，鉴于数据主体处于相对弱势的地位，这就需要法官充分发挥司法能动性，在合法性和合理性的基础上，通过司法说理与司法解释来有效平衡个人隐私利益与雇主、社区和国家利益的平衡。

结　论

个人健康数据的利用方兴未艾，这对于卫生决策、医疗服务、科学研究等均有裨益。它的诞生，将缔造一个新的医学时代，合适的药物、适当的剂量，针对确实需要医治的患者提供量身定制的筛查项目，正确的医生以及合理的医疗支出。[②] 与此同时，健康大数据的开放与保护自大数据概念提出时就相伴相生，隐私保护高度依赖于社会文化与道德价值观的演变,[③] 欧洲人权保护的历史传统催生出极其严密的个人隐私保护体系，而中国的隐私保护似乎建构在国家安全、网络安全上带有家父主义色彩的健康数据隐私；欧洲制定了从国际法到国内法（欧盟法）、从基本权利宪章到条例和指南的统一数据立法模式，采用了原则禁止 + 优先例外的保护方式，但相关公共卫生行业的利益需求却无法满足。中国数据立法不仅没有国际法和宪法性基本权利公法层面的保护，准公法《个人信息保护法》和私法《民法典》个

---

① 参见王建国《司法能动的正当性分析》，《河北法学》2009 年第 5 期。

② ［美］埃里克·托普：《颠覆医疗——大数据时代的个人健康革命》，张南、魏薇、何雨帅译，电子工业出版社 2014 年版，第 44 页。

③ See Concetta Tania Di Iorio and Fabrizio Carinci, "Privacy and Health Care Information Systems: Where Is the Balance?", *Berlin: Springer-Verlag Berlin Heidelberg*, 2013, pp. 77 – 107.

人信息权益的保护方式更有待提高，对此，健康数据的保护面临着严峻的挑战；在司法层面，鉴于《欧洲人权公约》本身是一个活文件，欧洲人权法院在判例法实践中通过逐步分析的方式，根据具体案情具体考量，形成了相对明确的利益平衡检测标准，而中国则坚持传统的隐私权侵权裁判思路，这源自中国的立法现状和“唯法条主义”的司法审判特点。欧洲立法与司法经验将对中国产生深刻的启发意义，中国应以其为正反例，明晰健康数据权利归属，制定专门的《健康数据保护法》，善用合法性原则、合理性原则、比例原则和自由裁量地原则，平衡好健康数据隐私与共享/流动、健康数据隐私与言论自由的关系，革新固有的裁判说理方式，从而促进中国健康数据权利保护的制度繁荣。

（责任编辑：孙南翔）

Academic Review
学术评论

新科技革命影响下的西方法学发展趋势管窥

——以《牛津法律、规制和技术手册》为例

许　琳

（中国社会科学出版社副编审）

内容提要　新一轮科技革命加速法律体系、规制体系的效能提升和架构改造，同时科技发展又被法律和规制治理体系的回应型变革所形塑。法律、规制、技术三者间相互交织、相互作用的复杂演进过程，成为当代全球法学发展的一大重要动因。本文以《牛津法律、规制和技术手册》为案例，归纳新一轮科技革命影响下的西方法学学科、学术和话语发展的趋势和特点：主题研究消融传统法学学科划分，促进法学学科重组扩容；研究领域不断扩展，交叉学科特色明显；特别注重对基本规范概念的再阐释；重视全球政策研究，以引领全球学术话语走向。

关键词　新一轮科技革命　西方　法学研究

由大数据、人工智能、云计算、区块链、量子技术、基因技术、航空航天等新兴技术主导的新一轮科技革命，对社会生产方式、生活方式、交往方式、思维方式、行为方式等的影响不断扩大和深化。新一轮科技革命一方面助力法律体系、规制体系的效能提升和架构改造，另一方面又对传统法律体系和规制体系不断施压以致颠覆，同时科技发展又

被法律和规制治理体系的回应型变革所形塑。法律、规制、技术三者间相互交织、相互作用的复杂演进过程，成为当代全球法学发展的一大重要动因。《牛津法律、规制和技术手册》以 5 篇 52 章 1500 页的篇幅，以西方的视角和话语，对“法律、技术、规制”的演变过程进行了“3D 打印”式的全景扫描。对于中国读者来说，我们可以以手册中多维的、系统的、百科全书式的呈现为案例，辩证地认识新一轮科技革命影响下的西方法学学科、学术和话语发展的趋势与特点。

一　主题研究消融传统法学学科划分，促进法学学科重组扩容

手册开篇表达了明确的问题意识，即围绕“颠覆”概念，提出三个一般性主题的基本问题：（1）科技颠覆法律秩序；（2）科技更广泛地颠覆现有监管框架，从而引起公众对监管合法性的担忧；（3）在技术迅速更迭的背景下，我们建设和维护“合目的”的管理环境所面临的挑战。① 从科技颠覆法律秩序的维度来看，尽管法律被颠覆的程度可能不同，颠覆也可能以不同的方式发生，但新一轮科技革命“颠覆”既定法律框架、理论和体制还在持续和加剧中，以宪法及民商法、行政法、经济法、社会法（劳动法与社会保障法）、刑法、诉讼法及非诉讼程序法为支柱的法律框架受到冲击。长期使用的理论规则可能需要重新评估，例如合同法及其对电子商务的适用。② 在这个过程中，以传统部门法划分的法学学科框架必然也会被“颠覆”，其适应性不断降低，适用范围不断收缩，法学仅作为“法律之学”的局限性日益明显。从科技颠覆现有监管框架和环境的维度来看，技术创新所导致的颠覆超出了正式法律秩序的范围，扩大到更广泛的监管秩序，是否需要监管、

① ［英］罗杰 · 布朗斯沃德等：《法律、规制和技术：领域、框架和焦点问题》，载［英］罗杰 · 布朗斯沃德等主编《牛津法律、规制和技术手册》，周辉等译，中国社会科学出版社 2021 年版，第 5 页。

② ［加］史蒂芬 · 瓦达姆斯：《合同法与计算机技术面临的挑战》，载［英］罗杰 · 布朗斯沃德等主编《牛津法律、规制和技术手册》，周辉等译，中国社会科学出版社 2021 年版，第 259 页。

监管的合法性和可接受性、监管目的的演变、监管机构和监管方式的变革和创新、监管实践的回应和变革，催生和促进了法学研究者对宏观法治体系的结构和机制变化以及整体演进的关注，正如手册作者解释的那样，“管理与规制学者倾向于声称：如果不考虑这些更广泛的规范，以及不考虑影响到如何理解和适用这些规范的体制动态，我们可能无法对法律在任何特定领域的运作方式做出实事求是的说明”[①]。在科技与法律互动实践的促动下，作为新兴的法学学科，“法治之学”的应用场景不断扩大。

二　研究领域不断扩展，交叉学科特色明显

手册所呈现的研究领域极其宽广，理科知识与法学研究资源交织互动，哲学、政治学，甚或人类学、心理学不断为法学研究提供新的资源支持。正如这本手册所呈现的那样，它并不是那种专门介绍某种特定的技术流或某类技术的法律和规章的手册。比如说，它不是一本专门介绍法律和因特网或是信息技术法，或是计算机法，或是云计算法，或是网络空间监管的书；也不是法律和人类遗传学手册，抑或关于生物技术的创新和法律责任的图书；也不是法律和神经科学或纳米技术管理手册。手册涵盖了广泛的现代技术，包括信息和通信技术、生物技术、神经技术、纳米技术、机器人技术等，其中每一项技术都经常通过高级别报告宣称自己是值得监管机构关注的重要技术。[②] 手册不仅涉及广泛技术领域，法律和监管部分同样涉猎广泛，研究领域并不限定于特定的相关立法内容，也不限于评估特定技术与某些领域或法律领域之间的关系，如世界贸易法与基因工程的关系；或者遥感技术与刑法、侵权法、合同法等的关系。手册还涉及在国家、国际和跨国范围

① ［英］罗杰·布朗斯沃德等：《法律、规制和技术：领域、框架和焦点问题》，载［英］罗杰·布朗斯沃德等主编《牛津法律、规制和技术手册》，周辉等译，中国社会科学出版社 2021 年版，第 5 页。

② ［英］罗杰·布朗斯沃德等：《法律、规制和技术：领域、框架和焦点问题》，载［英］罗杰·布朗斯沃德等主编《牛津法律、规制和技术手册》，周辉等译，中国社会科学出版社 2021 年版，第 4 页。

内产生的、缺乏“硬”法律效力的各种规制方式（以及支持它们的社会和政治机制）。

三　特别注重对基本规范概念的再阐释

手册分五篇。第一篇即第一章是前言部分，介绍了研究领域、框架和焦点问题。第二篇“合法性和技术规则：价值观和理想”用第二章到第八章的篇幅，考察了支撑技术法规和管理的核心价值观，即哪些价值观和理想为合法监管干预和技术逻辑应用的判断设定了相关的限制和标准，以及这些价值观以何种方式与技术创新相联系。在这一篇中，作者提出“合法性是对核心规范价值的坚持”，就自由、平等、民主、身份、责任、公共利益、人权和人类尊严这几个西方法学理论中的核心价值概念，探讨这些价值观是如何支撑并注入了与技术有关的特定法律和监管立场的合法性的辩论。例如，马库斯·杜威尔建议，技术规范评估应以人类尊严为中心，从而要求我们“思考这样一种结构，在这种结构中，技术不再是社会发展的驱动力，而是使人类有可能使按照自己的方式生活；有可能掌控一切和过上充实生活”①。

之所以特别注重对基本规范概念的讨论，作者说道，“由于遵守和兼容各种规范价值是监管合法性的必要条件，因此争论通常集中在监管制度的合法性的特定特征上，无论这些特征是否与监管目的、监管立场还是所使用的监管工具有关，都会引起对这些不同价值的关注。然而，即使更仔细地观察这些参考值，解决这些争论也绝非易事”②。首先，价值观本身是有争议的，对自由、平等或正义的理解影响对现代技术合法性的判断。比如，作为世界个人信息和数据保护中最核心概念“个人信息”的核心要件的“识别”（Identification）一词，本身就是同一性的派

---

① ［荷兰］马库斯·杜威尔：《人的尊严与技术的伦理和监管》，载［英］罗杰·布朗斯沃德等主编《牛津法律、规制和技术手册》，周辉等译，中国社会科学出版社 2021 年版，第 148 页。

② ［英］罗杰·布朗斯沃德等：《法律、规制和技术：领域、框架和焦点问题》，载［英］罗杰·布朗斯沃德等主编《牛津法律、规制和技术手册》，周辉等译，中国社会科学出版社 2021 年版，第 13 页。

生概念，深入探讨也依赖于对同一性的理解。① 其次，价值观可以系统性地挑战技术干预的合法性，或者提出新的、具体的问题以供评估。再次，与技术变革合法性相关的深层价值观往往会引发相互冲突的规范立场。最后，在思考支撑技术发展的价值观时，我们还需要考虑到技术发展的不可预测的速度和轨迹，以及这些技术以不同的速度渗透进我们日常生活。

四　重视全球政策研究，引领全球学术话语走向

全球视角是手册的一个重要特征，手册的第五篇结合六个全球重要的政策部门探讨了法律、规制和技术发展之间的联系，包括医学和健康，人口、生育和家庭，贸易和商业，公共安全，通信、媒体和文化，食物、水、能源和环境。手册着重讨论了上述议题的全球治理方案，在引入新议题和提出新方案中，加入了新概念和新表述。例如，第三十二章“作为全球治理的数据挖掘”的作者弗勒·约翰斯（Fleur Johns）从数据挖掘概念、应用形式以及适用例证三个方面入手，全景式地呈现了数据挖掘作为一项新的全球治理工具所蕴含的应用蓝海和战略意义，② 同时，还讨论了数据挖掘运用到治理实践中的不足之处。

五　结语

在新一轮科技革命的主导下，法律和规制的系统性变革和实践为法学学科、学术和话语体系的发展带来了前所未有的挑战，也提供了巨大的空间和资源。手册反映出的西方法学研究在回应法治变革实践时体现出几个特点：一是坚持问题导向，打破学科界限，着眼于研究前沿，走

① ［英］托马斯·鲍德温：《同一性》，载［英］罗杰·布朗斯沃德等主编《牛津法律、规制和技术手册》，周辉等译，中国社会科学出版社 2021 年版，第 95 页。

② 参见［澳］弗勒·约翰斯《作为全球治理的数据挖掘》，载［英］罗杰·布朗斯沃德等主编《牛津法律、规制与技术手册》，周辉等译，中国社会科学出版社 2021 年版，第 649 页。

出传统学科“舒适区”，兼容不同学科的研究资源，构建能回应实践需要的学科架构；二是重视对宏观法治系统的结构和功能的研究；三是重视法理学研究，尤其是对基本价值概念的规范性研究；四是注重对全球治理问题的研究，引领全球学术话语。

（责任编辑：周辉　徐玖玖）

技术在环境规制中的多重面孔

马　允

（中国政法大学法学院副教授）

法律、规制与技术的复杂关系在环境与能源领域体现得尤为突出。环境问题本身对技术的解决手段有极强的依赖性，环境法须追随科学发展和技术创新不断进行自我调适，可以说环境法的发展一定程度上是围绕着技术的作用展开的。现代规制理论的发展与转型多从环境领域发端，正是对环境法上述特点的最好注解。

在《牛津法律、规制和技术手册》一书中，多位作者从不同视角对“环境法、规制和技术”这一主题进行了探讨。[①] 伊丽莎白·费雪（Elizabeth Fisher）从现代环境法的“起源神话”——“公地悲剧”的隐喻出发，描述了它如何产生出工具主义和建构主义两种截然不同的“社会—技术想象”（socio-technical imaginaries），并由此促进了对法律和技术角色的不同理解（第15章）；汉·桑姆森（Han Somsen）着眼于以技术驱动的自然改造计划，以欧盟法为分析框架，提出了现代环境法应自我调适以容纳和契合上述环境增强行动的主张（第16章）；罗宾·昆蒂斯·克雷格（Robin Kundis Craig）敏锐地观察到供/用水与能源生产之间的相互依赖性和克服“水—能源联结”面临的成本和技术

---

① “环境”的广义理解既包括自然环境也包括建构环境，本文重点关注的是自然环境。在该书第四部分第六小节中，“食品、水、能源与环境”被作为特别政策领域的分析对象，这体现出上述领域的内在紧密联系。出于讨论的连贯性，本文一并把第六小节中的新型食品规制纳入评论范围，特此说明。

制约，并指出水和能源立法和政策制定需综合权衡而非偏废其一（第48章）；维克多·B.福莱特（Victor B. Flatt）通过追溯美国环境规制的历史，展示了技术如何成为思考环境法的范式，并表达了这一范式可能掩盖政策和法律选择的基本价值的隐忧（第49章）；罗伯特·李（Robert Lee）和理查德·麦考瑞（Richard Macrory）在风险规制的视角下对法律如何应对（可能产生争议的）新技术进行了分析，前者关注欧盟的新型食品规制改革（第50章），后者则落脚于碳捕获和存储技术的规制框架（第51章）；本杰明·庞汀（Benjamin Pontin）通过梳理英国19世纪碱法的发展史，揭示了普通法上的妨害诉讼与早期技术规制的发展脉络，反驳了普通法的"自愿主义"无益于技术创新的"主流"论断（第52章）。

这些视角关乎过去与未来，关乎规范与伦理，关乎未知与已知，关乎想象与现实，关乎整体与个体。在这些错综复杂的视角中，技术以不同的面孔出现——或是解决环境问题的救世主，或是理性与效率的假想敌，或是返璞归真的绊脚石，或是人为风险的代名词，或是民主政治的篡权者。正是这多元的面孔，形成了环境问题的叙事，塑造了环境法的目标，构成了环境规制的基础，也主导了环境法与政策转型的论辩。本文通过描绘环境法叙事中不同的技术画像，试图展示当人类面临日益复杂棘手的环境问题时，基于法律的环境规制与治理路径是如何形成以及演变的。

一　拯救环境的技术

回顾早期环境规制的历史，尤以美国为例，基于技术的解决方案贯穿了其环境法律和政策的制定过程。面对彼时全国范围内一系列严重空气污染事件，国会摒弃党派之争开启了联邦环境立法的热潮，其中最显著之处莫过于《清洁空气法》和《清洁水法》等对严格环境标准的制定和强制适用。技术标准被认为是控制污染的最可靠和最便捷的办法，环境法通过限定污染企业对特定技术的选择来实现"环境救赎"——无论是以正面清单形态要求污染企业使用"最佳可得技术"（Best Available Technology），还是以负面清单形态禁止企业使用落后技术工艺——它们都构成了当下耳熟能详的“命令控制型”规制方式的核心。举例来说，1990 年美国不符合臭氧国家空气质量标准的城市多达 199 个，至 1995 年时已减少至 70 个；在汽车行驶里程翻倍的情况下，汽车排放的六种主要空气污染物却同期降低了 31%。① 这不得不说是以技术标准为核心的命令控制型规制的功劳，也正因此，它被誉为美国公共政策最成功的范例。美国的技术解决方案模式也被其他国家效仿，例如英国采用的“最佳可行方法”（Best Practicable Means）标准，德国的“最佳实用技术”（Stand der Technik）标准，欧盟早期采用的“不产生过高费用的最佳可得技术”（Best Available Techniques Not Entailing Excessive Costs）标准②等。从更清洁的生产工艺，到清洗燃煤排气管的洗涤器，再到用于削减机动车排放物的催化转化器——技术以及技术创新正在以“救世主”的姿态拯救千疮百孔的地球。

当然，技术本身也是一把双刃剑。旨在减少污染的技术进步也可能对环境产生负面影响，甚至是破坏性影响，即便是所谓的“清洁技术”也不例外，例如离岸风电对海洋生态系统和鸟类迁徙带来的破坏性影响、太阳能电池板生产对矿物开采和加工的强依赖等。如何应对技术在“拯救地球”过程中带来的副产品？技术决定论主张一切技术的问题可以通过技术来解决。换言之，“技术可以拯救我们于技术”③，这种技术乐观主义来源于对人类的创新速度能够匹敌技术产生新问题速度的确信，正像马尔萨斯的批评者所宣称的那样，指数级的技术进

---

① David Austin and Molly K. Macauley, “Cutting Through Environmental Issues: Technology as a double-edged sword”, *The Brookings Review*, Vol. 19, No. 1 (Winter, 2001), p. 24.

② 关于德国环境规制和技术治理的发展，参见沈百鑫《德国环境法治的经验和对我国的启示——以空气污染治理为重点比较领域》，《德国研究》2021 年第 36 卷第 1 期；关于英国和欧盟的技术标准，参见［英］本杰明·庞汀《妨害法、规制与典型污染减轻技术的发明：普通法中的“自愿主义”和规制》，载［英］罗杰·布朗斯沃德等主编《牛津法律、规制和技术手册》，周辉等译，中国社会科学出版社 2021 年版，第 1045 页。

③ 参见［美］维克多·福莱特《技术摆动法律：技术解决方案如何改变对环境损害和法律的理解》，载［英］罗杰·布朗斯沃德等主编《牛津法律、规制和技术手册》，周辉等译，中国社会科学出版社 2021 年版，第 998 页。

步可以避免人类因人口、工业生产和污染的指数增长而走向“增长的极限”。①

在此意义上，技术（technology）发挥了工具的特征，它是以“技术的”（technical）面貌出现的，无关公共理性，无须诉诸公众辩论，也因此没有民主发挥作用的空间。正如波特对“技术（technical）领域”的定义一般，它不仅意味着是困难的，还意味着其所依赖的特定概念和词汇只有具备特殊知识的专家方能知晓，换言之，技术对于那些没有实际需求的人来说是可有可无的。② 这也正是费雪笔下的第一种社会—技术想象方式，③ 即为了解决哈丁眼中所谓的“公地悲剧”问题，法律和技术被视为工具性方案——通过技术解决特定的环境污染，通过对法律概念和框架的“修补”（stitching and fitting）来回应特定的环境需求。

二　不理性的技术

20世纪80年代，以最佳可得技术为核心的命令控制模式与以成本收益分析方法实现环境监管最优化的主张短兵相接，技术解决方案遭遇了学界的冷水——作为救世主的技术跌下神坛。正像技术解决方案主导了早期环境法一样，对技术标准的批评和诘难成为了环境法新的暴风眼。阿克曼、布雷耶、斯图尔特、桑斯坦等人纷纷指责以最佳可得技术为核心的命令控制模式，包括它可能产生新旧企业之间的不公正现象（“新污染源偏见”）、统一监管标准不符合成本效益原则、增加规制者的信息收集负担、忽视环境问题优先顺序设定、可能加剧规制机构的惰

① 参见［美］维克多·福莱特《技术影响法律：技术解决方案如何改变对环境损害和法律的理解》，载［英］罗杰·布朗斯沃德等主编《牛津法律、规制和技术手册》，周辉等译，中国社会科学出版社2021年版，第998页。

② Theodore Porter, “How Science Became Technical”, *Isis* 100 (2009), p. 292.

③ ［英］伊丽莎白·费雪：《想象技术与环境法》，载［英］罗杰·布朗斯沃德等主编《牛津法律、规制和技术手册》，周辉等译，中国社会科学出版社2021年版，第300页。

性等。[①] 最核心的批评在于最佳可得技术可以确保企业采用现有的污染控制技术，却无法为其提供激励，使其开发新的环境友好型管理手段。换言之，统一技术标准会阻碍技术创新，而激励机制能够激励污染者在生产产品和提供服务过程中更加愿意投资和采用环保友好型的创新技术。对以最佳可得技术为核心的命令控制型规制模式的批评极大影响和促进了规制理论的发展，一时间用激励和市场替代命令控制的学术主张层出不穷。规制影响分析程序通过总统行政命令的背书为美国环保署的环境规制施加了强制性的程序要求，以排污交易、铅交易、水污染控制的可交易许可制度、自愿性水权交换等为标志的市场化规制改革实践进一步促进了规制转型。与此同时，环境认证、生态标签等自愿型环境规制快速发展，环境规制的内涵和种类得到了极大拓展，环境规制"工具箱"及实现规制工具最优组合的理念应运而生。[②]

此时，监管效率的目标主导了环境规制转型，也带来了环境基本政策导向的转向，例如从至高无上的人类健康保护的目标定位转向了更符合成本效益原则的理性决策和规制效率。正如福莱特所言，"技术不再是救世主，它甚至连工具都不是。它是效率的敌人"[③]。

值得注意的是，尽管"一刀切"的技术标准被披上了不理性和不效

---

① 批评者的文章包括 Bruce Ackerman etc., *The Uncertain Search for Environmental Quality*, New York: Free Press, 1974; Bruce Ackerman & W. Hassler, *Clean Coal/Dirty Air*, New Haven and London, England: Yale University Press, 1981; Stephen Breyer, *Regulation and Its Reform*, Harvard University Press, 1984; Richard Stewart, "Regulation, Innovation, and Administrative Law: A Conceptual Framework", *California Law Review* 69 (1981); Bruce A. Ackerman & Richard B. Stewart, "Reforming Environmental Law", *Stanford Law Review* 37 (1985); Bruce A. Ackerman & Richard B. Stewart, "Reforming Environmental Law: the Democratic Case for Market Incentives", *Columbia Journal of Environmental Law*, 13 (1987 - 1988); Richard B. Stewart, "Economics, Environment, and the Limits of Legal Control", *Harvard Environmental Law Review*, 9 - 1 (1985); Richard B. Stewart, "Controlling Environmental Risks Through Economic Incentives", *Columbia Journal of Environmental Law*, 13 (1988)。参见马允《美国环境规制中的命令、激励与重构》,《中国行政管理》2017 年第 4 期。

② Neil Gunningham, "Environment Law, Regulation and Governance: Shifting Architectures", *Journal of Environmental Law*, Volume 21, Issue 2, 2009, pp. 179 - 212.

③ [美] 维克多·福莱特:《技术影响法律：技术解决方案如何改变对环境损害和法律的理解》，载 [英] 罗杰·布朗斯沃德等主编《牛津法律、规制和技术手册》，周辉等译，中国社会科学出版社 2021 年版，第 996 页。

率的外衣，但技术的工具性本质并没有发生改变。在促进更加环境友好的技术创新这一目标上，技术仍然延续着费雪所指的第一种想象方式，技术标准作为规制工具箱中的一种（或许仍是最重要的一种），仍在工具意义上发挥作用。

三 反自然的技术

如果把对技术标准的市场化改造方案纳入政治右翼的阵营，正如福莱特所言，技术标准也面临着来自左翼人士的批评，即那些偏爱自然世界的人。在基于技术的解决方案中，环境是被技术改造的对象，而环境伦理的视角要求反思和重塑环境的客体地位。自20世纪60年代始，环境伦理观在环境哲学研究中高歌猛进，深层生态学、动物权利论、生态中心主义（ecocentrism）、生物中心主义（biocentrism）等多种学说的竞相提出，开启了对人类和非人的自然关系进行反思的先河。这与同时期的反战运动和民权运动相互契合，盖因它们都共同关注精神层面而非技术层面的解决方案。

在其最负盛名的《寂静的春天》[①] 一书中，蕾切尔·卡森提出了"生态相互依赖性"，即所有自然系统都是紧密相连、相互依存、相互渗透的，这重新塑造了自然的形象——在这一形象中，自然世界是"反技术"的，技术是"反自然的"（unnatural）。[②]我们往往容易忽略掉，哈丁最负盛名的《公地悲剧》一文的副标题是"人口问题没有技术上的解决方案，它要求根本性的道德延伸"——哈丁反对的恰恰是单纯诉诸"自然科学技术领域改变"的技术解决方案。[③]哈丁的呼吁在马尔萨斯那

---

① 中译本参见［美］蕾切尔·卡森《寂静的春天》，吕瑞兰、李长生译，上海译文出版社2014年版。

② 参见［美］维克多·福莱特《技术摆动法律：技术解决方案如何改变对环境损害和法律的理解》，载罗杰·布朗斯沃德等主编《牛津法律、规制和技术手册》，周辉等译，中国社会科学出版社2021年版，第997页。

③ 费雪在其文中同样重申了这一点。参见［英］伊丽莎白·费雪《想象技术与环境法》，载罗杰·布朗斯沃德等主编《牛津法律、规制和技术手册》，周辉等译，中国社会科学出版社2021年版，第302页。

里被以更“悲剧”的口吻加以强化——如果不进行彻底的价值和消费模式转变，未来必将达至增长极限。[①] 在他们眼里，技术“仅仅是一种补丁”，它“助长了持续的不可持续的消费”[②]。

诸上种种要求我们须以道德和伦理的视角反观人类的生活方式。这种价值观转变的诉求来源于对污染的末端控制的不信任，无论这种末端控制是来自命令控制式的技术标准，还是来自以市场为基础的技术创新的激励机制。换言之，从污染着手寻求解决方案是方向性的错误，我们须从源头、从等式的另一端即消费着手，重塑人与自然的关系，重新将环境政策的目标确立为保护和恢复自然资源。

新近的实证法发展通过人格拟制的技术实现了自然从客体到主体的转变，从而使生态保护的独立价值得以确立而无须依托任何人的利益予以证成。例如2010年玻利维亚通过《大地母亲权利法》，印度高等法院判决赋予恒河人格权利以及美国司法实践赋予自然物提起诉讼的原告资格等。[③] 自然的主体地位得以确立的关键在于环境生态基准线的内涵赋予，恰如人的尊严概念之于人一样，生态基准的概念是自然得以抵御人类破坏性影响的盾牌。这与桑姆森文中开篇所提及的《行星边界假设》一书的核心主张不谋而合，即人类发展问题上存在九个关键的、全球的生物地理阈值，跨越这些阈值边界将会对人类福祉造成灾难性后果，这一“世界末日”式的假设具有重要的环境法意义。[④]

---

① Donella H. Meadows, et al. , *Limits to Growth: A Report for the Club of Rome's Project on the Predicament of Mankind*, New York: New American Library, 1972.

② ［美］维克多·福莱特：《技术影响法律：技术解决方案如何改变对环境损害和法律的理解》，载［英］罗杰·布朗斯沃德等主编《牛津法律、规制和技术手册》，周辉等译，中国社会科学出版社2021年版，第998页。

③ 关于通过人格拟制保护生态的讨论，参见朱明哲《生态原则与民法的当代转型》，《学术月刊》2020年第6期；关于自然物的原告资格，参见 Christopher Stone, *Should Trees Have Standing? Law, Morality, and the Environment*, Oxford: Oxford University Press, 2010。

④ 在桑姆森看来，生态阈值概念赋予了国家采取积极的“环境增强”行动避免灾难的义务。他也正是借助这一概念对环境增强行为进行了正当性论证。这与主张赋予自然法律主体人格的生态中心主义观具有明显的区别，参见［英］罗杰·布朗斯沃德等主编《牛津法律、规制和技术手册》，周辉等译，中国社会科学出版社2021年版，第16章。

四 不确定的技术

技术标准除了因其对激励和市场的考量欠缺而受到“非理性”的诘责，它走下神坛的另一个动因来自科学客观性光环的投射。伴随着库恩提出科学研究和发展的“范式”① 和由此引发的科学史从“常规科学”到“后常规科学”的观念变革，不确定性被发掘和定位为科学的本质特征，② 技术及其所应用的科学知识本身的客观性、确定性和绝对正确性亦须纳入反思的范畴。科学家也开始承认我们处于一个被不确定性包围的世界，正如普里戈金所宣称的那样，一种新的理性已经到来——“科学不再等同于确定性，概率不再等同于无知”③。技术方案本身蕴含的科学不确定性来源于地球生态系统的极端复杂性、特定活动与环境损害之间因果关系的不确定性以及与环境法事前规制的特点相伴生的对未来的预测性。

就这一点而言，技术进步本身带来的问题除了卡森所呼吁的危险，也包括贝克意义上的风险。④ 在现实利益的驱动下，技术应用的规模化与社会化可能伴随着安全性论证的不充分，对生态安全和人体健康的风险随之而来。然而，此中悖论在于安全本身是一个无法准确度量的概念，正是绝对标准的缺失导致传统的“合规范性审查”机制失灵，过于精细的规制也伴有扼杀一项具有潜在公益的技术发展的结果。这一点在新型技术规制领域体现得尤其突出。本书中，麦考瑞对碳捕获与存储技术，李对包括克隆食品、转基因食品、纳米食品等在内的新型食品的分析都揭示了“新技术”对既有的规制框架和法律规则可能带来的挑战，例如有较长时间跨度的碳捕获和存储技术可能引发的长期责任问题、公众参与风险决策的程度等。

---

① ［美］库恩：《科学革命的结构》，金吾伦、胡新和译，北京大学出版社2012年版。

② 参见刘东亮《涉及科学不确定性之行政行为的司法审查——美国法上的“严格检视”之审查与行政决策过程的合理化的借鉴》，《政治与法律》2016年第3期。

③ ［比］伊利亚·普里戈金：《确定性的终结：时间、混沌与新自然法则》，湛敏译，上海世纪出版集团2009年版，第5页。

④ 参见［德］乌尔里希·贝克《风险社会》，何博闻译，译林出版社2004年版。

技术的风险面孔在桑姆森的论述中表现得更加突出。如果说上文的描述是理解环境法与技术的1.0版本，那么桑姆森对于“以技术驱动的自然改造计划”的讨论则进一步推进了我们的时间观念，也推进了技术嵌入环境的方式——技术以一种更直接、更深入、更前所未有的方式出现，例如通过“积极的脱碳计划”（即把二氧化碳从大气中取出）应对气候变化和全球变暖，通过转基因生物技术改造昆虫保护人类健康或应对物种灭绝等。正像桑姆森自己提到的“药物治疗”和“人类强化”的比喻一样，我们不仅仅是依赖技术去消极应对环境问题，进行“环境改善”；而是通过特定技术的使用，旨在增强地球体质，进行“环境增强”。①

技术驱动地球的倡议，是理性主义的现代化事业在环境领域结出的硕果。然而，与基因编辑技术在人体中的适用一样，以技术为驱动的环境增强行为，也需要面临技术风险和伦理争议的双重检验，因为它往往“涉及在我们理解不充分且复杂的生态和社会系统中进行高风险的技术干预”②。这也引发对规制一词的重新理解，因为这些行为完全绕过了规制对象的目标群体，而是寄希望于重新改造地球环境来满足当代人和未来世代人类的需求。风险议题的加入赋予了“规制与技术”之复杂关系更厚重的分量，如何应对新技术也为规制设计带来了独特挑战，其核心是如何应对不确定性——这一风险规制的永恒主题。

五　不民主的技术

无论诉诸统一化的技术标准还是以激励为基础的市场规制手段，都面临着掩盖环境法基本价值选择的指控，因为它们可能使得环境问题的叙事及其解决方案偏离原初的方向。正如福莱特在文中所言，技术控制

① ［荷］汉·桑姆森：《从改善到增强：人类世拂晓时欧盟环境法的复兴》，载［英］罗杰·布朗斯沃德等主编《牛津法律、规制和技术手册》，周辉等译，中国社会科学出版社2021年版，第314—315页。

② ［荷］汉·桑姆森：《从改善到增强：人类世拂晓时欧盟环境法的复兴》，载［英］罗杰·布朗斯沃德等主编《牛津法律、规制和技术手册》，周辉等译，中国社会科学出版社2021年版，第315页。

和其他规制手段占据了美国环境法的核心，这模糊了“应成为政策和法律选择和辩论核心的基本政策价值”①。他口中的基本价值正是环境法诞生之初立法者雄心勃勃的政策调整以及对公众健康和环境本身的关切。环境法的技术范式使“一般公众，特别是最贫穷的公众，受到行政管理和政策辩论的影响，这些辩论可能损害现代环境法带来的保护性收益”②。

技术范式之所以导致话语偏移，其核心支撑在于专家对技术所蕴含的科学知识的垄断和环境政策对专家的遵从。当然，技术与科学并不当然是同义的，二者在“作为应用科学的技术”这一话语体系中产生了种属概念的交织，而民众对于技术所带来的环境和健康威胁的恐惧一定程度上也迁怒于科学本身，正如美国总统林顿·约翰逊1968年颁发国家科学勋章时所言：“忿忿不平的公众并没有对‘好的’科学和‘坏的’技术之间进行很好的区分”③。然而，随着科学与技术在哲学和社会学意义上的进一步耦合，科学与技术的“罪与非罪”界限愈加模糊。本文无意对二者关系展开论述，仅在运用科学知识并形成代理专家这一意义上使用技术的概念。

科学/民主的二分法成为当前讨论环境决策规范性的基础概念，然而技术统治论和民主论的方向性争议从未平息。潘尼卡（Panikkar）敏锐地观察到技术侵入对文化多样性带来的削减，并不无担心地指出“当下，技术统治（technocracy）已经有效地取代了民主”④。柯林斯（Col-

① ［美］维克多·福莱特：《技术摆动法律：技术解决方案如何改变对环境损害和法律的理解》，载［英］罗杰·布朗斯沃德等主编《牛津法律、规制和技术手册》，周辉等译，中国社会科学出版社2021年版，第991页。

② ［美］维克多·福莱特：《技术摆动法律：技术解决方案如何改变对环境损害和法律的理解》，载［英］罗杰·布朗斯沃德等主编《牛津法律、规制和技术手册》，周辉等译，中国社会科学出版社2021年版，第1000页。

③ 转引自Nikolaos Voulvoulis & Mark A. Burgman, “The contrasting roles of science and technology in environmental challenges”, *Critical Reviews in Environmental Science and Technology*, Vol. 49, Issue 12 (2019), p. 1084.

④ Raimon Panikkar (2000), *I fondamenti della democrazia. Forza, debolezza, limite.* Rome: Edizioni Lavoro, pp. 35 – 37, 转引自Mario Carmelo Cirillo, “Science and environmental stewardship”, *Global Bioethics*, Vol. 25, No. 2 (2014), p. 121。

lins）和皮奇（Pinch）指出，“威权主义伴随着将科学和技术神秘化的倾向——维护一个神父一般的社会阶层，其拥有获取那些超过普通人理性所能掌握范畴的知识的特殊渠道”①。以技术标准和风险评估为核心的环境规制体系，使得重要的环境政策和价值观问题被隐藏在科学问题的幕布之后，公众的话语趋于边缘化、公众参与的能力趋于表面化，民主决策最终让位于技术专家的统治。越来越多的实证证据表明以统一技术标准为核心的现代环境规制体系可能侵入并破坏当地知识和社区治理在维护可持续发展中的潜能。奥斯特罗姆（Ostrom）对于公共池塘资源的开创性研究证实了对环境问题进行同质化理解可能形成的误区，而切实存在的社区治理的体制安排能够在以技术为核心的环境监管之外形成可替代的路径。②

与当地知识的重新发掘相对应，专家知识的局限也逐渐暴露，这不仅体现为管制科学中事实与价值相混淆的难题所引发的对专家中立性的质疑，也体现为规制产业对专家独立性的不断侵蚀。③ 正像拉撒路斯（Lazarus）描述的那样“他们不再是扮演纯粹而严谨的科学家的角色……相反，他们被邀请从科学探索敞开的巨大缺口处，填入个人主观判断，以及不可避免的价值判断和不是来自他们的专业科学知识的偏见”④。在上述情境中，我们不难发现，技术及其代理人被置于民众的对立面。

六　结语：建构的技术

库恩在其《科学革命的结构》一书中描述常态科学与革命科学的交

① Collins H. and Pinch T., *The Golem at Large: What You Should Know About Technology* (CUP Canto Classics 2014), ch1. 转引自［英］伊丽莎白·费雪《想象技术与环境法》，载［英］罗杰·布朗斯沃德等主编《牛津法律、规制和技术手册》，周辉等译，中国社会科学出版社 2021 年版，第 295—312 页。

② 参见［美］埃莉诺·奥斯特罗姆《公共事物的治理之道——集体行动制度的演进》，余逊达译，上海译文出版社 2000 年版。

③ 参见［美］小罗杰·皮尔克《诚实的代理人——科学在政策与政治中的意义》，李正风、缪航译，上海交通大学出版社 2010 年版；［美］希拉·贾萨诺夫《第五部门——当科学顾问成为政策制定者》，陈光译，上海交通大学出版社 2011 年版。

④ ［美］理查德·拉撒路斯：《环境法的形成》，庄汉译，中国社会科学出版社 2017 年版，第 21 页。

替时，对竞争范式做出了这样一种描述：“竞争范式的支持者是在不同的世界中从事他们的工作的。一个世界包含着缓慢降落的约束物体，另一个世界包含着一再重复运动的摆。在一个世界中溶液是化合物，在另一个世界中是混合物。一个世界嵌在平坦的空间模子中，另一个世界嵌在弯曲的空间中。在不同的世界中实践的这组科学家，当他们从同一个点朝同一方向观看时，看到的是不同的事物。”① 我们透过环境法看到的技术，又何尝不是呢?

无论是传统与现代环境法的话语区隔，还是保护地球的1.0版本与驱动地球的2.0版本的隐喻，都预示着我们对技术、环境问题与法律之间的关系产生了更新的理解。从提供基于技术的解决方案，到设计规制工具箱以促进技术创新，再到发挥技术的地质能量去重新设计和驱动地球，技术为环境法提供了知识资源和想象框架，塑造着我们“选择如何想象世界以及如何生活在其中”的方式。②技术概念是法律、文化、社会秩序等多种元素共同塑造的结果。技术的多重面孔不是互相排斥的，不是更新迭代的，而是交融的、嵌入的和互相构成的。正是在这一意义上，我们达成了费雪口中的第二种想象方式——法律和技术不仅仅具有工具性，法律在塑造我们对什么是技术以及技术可以是什么的理解方面具有实质性和构成性的作用。③

（责任编辑：徐玖玖）

① Thomas S. Kuhn, *The Structure of Scientific Revolutions*, Chicago: University of Chicago Press, 1962, p. 149.

② [英] 伊丽莎白·费雪:《想象技术与环境法》，载 [英] 罗杰·布朗斯沃德等主编《牛津法律、规制和技术手册》，周辉等译，中国社会科学出版社2021年版，第309页。

③ [英] 伊丽莎白·费雪:《想象技术与环境法》，载 [英] 罗杰·布朗斯沃德等主编《牛津法律、规制和技术手册》，周辉等译，中国社会科学出版社2021年版，第309页。

法律：网络信息技术变革与创新的引航者

孙南翔　王　敏

（中国社会科学院国际法研究所副研究员；
中国社会科学院大学法学院硕士研究生）

从马力到蒸汽机，从陆地到海道，从铁路到航空，从电报到互联网，每一次科技革命都推动了人类文明的进步。在“规训”技术的进程中，法律发挥出创造性的功能。实际上，法律和技术处于相互对抗又相互砥砺的进程之中。尽管技术变革可能产生了赢家和输家，但总体而言，技术创新提高了人类社会的生产能力和生活水平。为此，我们一方面应积极看待网络信息技术的发展；但另一方面，更重要的是，各国应携手打造网络空间命运共同体，抓住机遇，应对挑战。

一　应对技术的挑战：法律创造性功能与回应型规制手段

20 世纪 90 年代以来，以互联网为代表的技术创新深刻地改变了传统的生产与生活方式。一方面，20 世纪末期的信息技术革命为互联网贸易的开展提供了科技基础与现实条件。人类通过互联网技术创造出一个与实体空间相平行的网络世界，并促进跨境贸易更加自由化和便利化。本质上，互联网承担传输和信息沟通的功能，其是一个普遍的、具有目的性的网络体系，进而能够支持几乎所有类型的经济活动。

另一方面，新信息技术的兴起改变了现有的法律关系，这在劳动法领域体现得尤为明显。例如，网络信息技术使得劳动雇佣关系更加复杂化。有证据显示，在网络时代，雇主开始在全球范围内寻求灵活性的（而不是稳定的）就业和劳务派遣员工。员工以兼职、租赁或分包等方式承担企业工作安排。该模式在发达经济体中取得新进展。[①]同时，互联网平台用工中的法律关系问题正成为全球各界讨论的焦点议题。

某种程度上，网络信息技术的发展使得人类赖以生存的“舒适区”被进一步限缩。其一，与其他创新技术相似，信息技术已经激起了人们对生活、工作、家庭的“焦虑”。就像卢德派和约翰·亨利为自己的工作而与蒸汽机“斗争”一样，越来越多的人担心计算机、人工智能等将取代人们从事的工作。[②] 其二，新的信息技术带来了未知的风险因素。例如，人工智能的发展可能使得人类在自然界的“主人翁”地位受到挑战。[③] 自动化、自主性、自判断能力逐渐成为人工智能的精神内核，人工智能机器拥有自主“选择”“参与”和“决定”的能力。[④]

世界正变得日益复杂。但从历史中，我们可以试图寻找解决的方案。实际上，在20世纪初的资本主义工业化时期，工业化机器取代人力的现象曾引发社会的担忧。但实际上，尽管技术变革会有赢家和输家，但总体而言，技术创新提高了人类社会的生产率、生活水平和工资

---

① ［美］肯尼斯·道-施密特：《贸易、商业和就业：因应新信息时代的雇佣形式及其规制发展》，载［英］罗杰·布朗斯沃德等主编《牛津法律、规制和技术手册》，中国社会科学出版社2021年版，第873页。

② ［美］肯尼斯·道-施密特：《贸易、商业和就业：因应新信息时代的雇佣形式及其规制发展》，载［英］罗杰·布朗斯沃德等主编《牛津法律、规制和技术手册》，中国社会科学出版社2021年版，第876页。

③ ［美］肯尼思·安德森、马修·C. 瓦克斯曼：《对自主武器系统及其伦理与国际法规制的辩论》，载［英］罗杰·布朗斯沃德等主编《牛津法律、规制和技术手册》，中国社会科学出版社2021年版，第910页。

④ ［美］肯尼思·安德森、马修·C. 瓦克斯曼：《对自主武器系统及其伦理与国际法规制的辩论》，载［英］罗杰·布朗斯沃德等主编《牛津法律、规制和技术手册》，中国社会科学出版社2021年版，第912页。

待遇。[①] 更重要的是，在“规训”技术、“规避”风险的过程中，法律发挥了“守门人”的作用。诸如罗斯玛丽·雷弗斯（Rosemary Rayfuse）所言，“在历史上，在保护国际社会免遭技术的过度滥用及其可能带来的灾难问题上，国际法时常具有创造性的价值”。[②]

无可否认，国际法对新兴技术规制的传统做法是反应型的，而不是预防性的。然而，随着科学技术的研究越来越多涉及全球自然环境和人类本身的权力和能力，在长期甚至是永恒存在的时代主题上，多数学者呼吁国际法应建构起国际规则和治理的新形式、新模式，以积极预见、评估并减轻新兴技术或新技术对社会带来的风险。[③] 为此，我们有理由相信，法律的创造性作用和回应型规制手段将继续引领科学技术朝着有利于人类利益的方向前行。

二　法律与技术的关系：既相互对抗又相互砥砺

实际上，法律和技术处于相互对抗又相互砥砺的进程之中。当然，不管是在国内还是国际层面，法律在很大程度上对技术持有被动的态度，而不是对技术产生事先引导的作用。[④] 但我们也应看到，法律的创新性功能——发展的条约解释，正使得网络空间国际规制程度不断加深。

以数字贸易为例。新兴于21世纪的数字贸易活动可被制定于20世纪90年代的世贸组织协定所调整。一方面，世贸组织协定的非歧视性规则等对数字贸易活动提供规制基础，甚至在某种程度上，世贸组织协定还推动信息的跨境自由流动。另一方面，在世贸组织争端解决实践

① ［美］肯尼斯·道-施密特：《贸易、商业和就业：因应新信息时代的雇佣形式及其规制发展》，载［英］罗杰·布朗斯沃德等主编《牛津法律、规制和技术手册》，中国社会科学出版社2021年版，第877页。

② ［澳］罗斯玛丽·雷弗斯：《国际公法对新兴技术的规制》，载［英］罗杰·布朗斯沃德等主编《牛津法律、规制和技术手册》，中国社会科学出版社2021年版，第413页。

③ ［澳］罗斯玛丽·雷弗斯：《国际公法对新兴技术的规制》，载［英］罗杰·布朗斯沃德等主编《牛津法律、规制和技术手册》，中国社会科学出版社2021年版，第413页。

④ ［瑞士］托马斯·斯蒂尔：《技术和国际贸易规制法》，载［英］罗杰·布朗斯沃德等主编《牛津法律、规制和技术手册》，中国社会科学出版社2021年版，第846页。

中，“美国博彩案”上诉机构从分销渠道的方式理解成员方的承诺，指出市场准入承诺表明成员方服务提供者具有通过任何分销形式提供服务的权利，包括通过信函、电话、互联网等，除非成员方的承诺表有明确的相反规定。毫无疑问，世贸组织协定将互联网视为无差异的分销渠道，进而要求成员方保障其作为分销渠道和信息通道的自由。

当然，法律对技术的不当发展也具有约束性。例如，若互联网自由侵害国家安全、公共秩序及个人合法权利时，国际规则将允许国家采取限制互联网自由的措施。世贸组织《服务贸易总协定》将个人数据保护的目标作为限制自由贸易的合法抗辩。实际上，这也体现出国际规则对网络信息技术滥用的合法限制及有效约束。

三　网络空间命运共同体：破解全球治理难题的中国方案

历史表明，绝大多数的新兴技术是有益的，它们对人类健康和社会福祉均产生积极效果。然而，我们也不得不承认，在某些情况下，新技术的滥用可能对人类及全球范围内的生物生存造成严重的损害，对地球环境造成灾难性的永久破坏，甚至产生无法修复的后果。[①] 无疑，即使在一个完美的世界中，管理和控制新兴技术也是一项几乎无法完成的任务。在众多情形下，新技术所带来的风险是尚未可知的。在这个不那么完美的世界中，法律在应对挑战能力方面存在着许多局限。例如，在国家同意的强制要求下，国际法对新兴技术的适用范围受限于诸多结构性限制。[②]

但我们应该认识到，唯有加强全球合作，方能最大限度地避免恶性风险事件的发生。具体而言，一方面，在科技迅猛发展的当下，全球化进程和全球产业链的相互依赖要求各国加强规制合作与协调，并寻求新

① ［澳］罗斯玛丽·雷弗斯：《国际公法对新兴技术的规制》，载［英］罗杰·布朗斯沃德等主编《牛津法律、规制和技术手册》，中国社会科学出版社2021年版，第417页。

② ［澳］罗斯玛丽·雷弗斯：《国际公法对新兴技术的规制》，载［英］罗杰·布朗斯沃德等主编《牛津法律、规制和技术手册》，中国社会科学出版社2021年版，第418页。

的网络空间治理体制。[①] 如赫特曼·乔尔所言，事实上，国际法的成长与国内法相似，先是确定基本的财产权与安全规则，随后转向创造公共产品和规制目的的政策。[②] 然而，当前网络大国之间尚未对全球网络规则及治理机制达成共识。在缺乏共识的基础下，新的规则和机制难以建立。这实际上也降低了协调应对风险的能力。

另一方面，在数字时代，政府并非是唯一研究、发展和使用新兴技术的行为者。相反的，技术创新活动往往是由个人（自然人和企业）所开展。但在传统国际法下，除了对国际罪行负个人责任的情况之外，国际法对私人行为者的管制作用不明显。虽然有学者认为，应通过自我规制的道德框架以及法律法规确定的硬法框架，约束私主体在网络空间中不断膨胀的“权力”。[③] 然而，理论和实务界对此远未达成共识。

2021 年 9 月 26 日，习近平主席在世界互联网大会乌镇峰会贺信中指出，“数字技术正以新理念、新业态、新模式全面融入人类经济、政治、文化、社会、生态文明建设各领域和全过程，给人类生产生活带来广泛而深刻的影响。当前，世界百年变局和世纪疫情交织叠加，国际社会迫切需要携起手来，顺应信息化、数字化、网络化、智能化发展趋势，抓住机遇，应对挑战。”[④] 毫无疑问，在应对未来的风险与挑战过程中，各国携手打造网络空间命运共同体，不仅符合国际社会的共同利益，也是国际社会的共同责任。在此层面上，破解网络空间全球治理难题的方案似乎愈来愈清晰。

（责任编辑：徐玖玖）

---

① ［瑞士］托马斯·斯蒂尔：《技术和国际贸易规制法》，载［英］罗杰·布朗斯沃德等主编《牛津法律、规制和技术手册》，中国社会科学出版社 2021 年版，第 853 页。

② 孙南翔：《从限权到赋权：面向未来的互联网贸易规则》，《当代法学》2016 年第 5 期。

③ ［澳］罗斯玛丽·雷弗斯：《国际公法对新兴技术的规制》，载［英］罗杰·布朗斯沃德等主编《牛津法律、规制和技术手册》，中国社会科学出版社 2021 年版，第 419 页。

④ 新华网：《习近平向 2021 年世界互联网大会乌镇峰会致贺信》，http：//www. news. cn/politics/leaders/2021 －09/26/c_ 1127903074. htm，最后访问日期：2021 年 10 月 8 日。

技术治理问题的“一站式”解决方案

朱 悦

（中国社会科学院文化法制研究中心助理研究员）

越向前沿探索，便越需要稳固的基石。网络治理、数据治理、信息治理、人工智能治理、环境治理、生态治理、碳治理……这些亟待回答的、未有之变局中的重大问题，无一不需要吃透多个学科领域的前沿进展，再彼此细密“编织”、求得真知。仰山且煮海、铸铜而求盐，面对如此重任，翻找类似《牛津法律、技术和规制手册》的集成手册，自然时常成为探索幽径的起始点。

现在，因缘一个富有责任心和公共意识的青年团队的经年努力，这本一千余页、直面变局中技术治理几乎所有问题的巨著，已经有了高质量的全文中译。这也意味着：朝向无尽山海，关注技术治理的同仁，都有了一条基础更加扎实、风景也更为豁然的，直达前沿交叉处的“步道”。全书凡五十二章，从根本性的视野和方法出发，再到对艰深基本概念的探讨，以至医学、人口、贸易、安全、通信、环境六个领域的前沿问题。合掌观之，可以说，手册为同仁提供了“一站式”的解决方案。以下即由视野方法、基本概念和前沿综述各取一章，鸟瞰再试评相应内容，聊供管窥手册风采。最后结语，提出更加概观的评论。

从视野与方法出发：以“法律、自由和技术”为例

作为全书正文第一章，“法律、自由和技术”开宗明义，提出技术

治理研究的砥柱一问：“新技术为人类提供了新的工具、处理旧问题的新方法和要做的新事情。每一种新工具都带来一个新的选择——从表面上看，每一种选择都扩大或延伸了人类的自由。然而，与此同时，随着一些新技术及其应用出现，我们可能会担心短期获得自由的代价是长期失去自由……自由和技术如何相互关联”。

这一起点足以包罗近来领域内热议的众多问题。兹举两例。其一：个人信息以及相关联的数据安全，新法频仍、新见迭出，但大体上依然可以归入第一章的范围。围绕个人信息与数据处理的新技术，包括大数据、人工智能（或算法）以及新近引起关注的用户交互，主流议程从数十年前乃至数年前的“充分知情”“明确主动的同意”到“有意义的权利行使”，再到近来对“助推”“乱推”乃至所谓“黑暗模式”的关注，根底里都是对选择与自由的忧虑。恰如美国法学艾伦·威斯汀（Alan Westin）所著数据隐私开山之作《隐私与自由》的篇末警语：“科学与隐私，二者共同交织为二十［此处当然可以延展至二十一］世纪的自由的先决条件。”（第358页）其二，同样是时时受到追问、处处皆有进展的生态文明与环境保护领域，短期与长期内选择和自由的权衡取舍，体现可以说更加充分：面对缓缓步来的硕大环境“灰犀牛”，如何准确理解繁多的科学技术发现、恰当阐发其间涉及的多种价值、进而妥帖安排现实的成本和收益，同样可以视为对不同时段“如何相互关联”的追问。

看到问题的下一步是找到解决问题的方向，并开始解决问题。于是，第一章紧接着“手把手”地罗列了回答砥柱一问的四种进路：在不同的道德场景中，决定应用或者不应用新技术的道德规范分别是什么、有何模式（规范性选择进路）；规范意义上的自由和实践中的自由有无差距、差距多大（自由差距进路）；特定技术如何影响社会所欲的、归为基本层面的自由（自由与放任进路）；以及，包括设计和自动化在内的技术管理如何影响自由（法律、自由和技术管理进路）。循此，每当遇到一种新技术，研究者都有了一条相当明确的路线图：发现、比较制约或放任技术的道德规范，比较规范与实践，再深入至特定技术及相应管理对社会的影响。就每一步如何论证、有何实例，原书都已涉及。这一写作思路贯穿全书，也可援引为一般意义上的技术治理研究的有益起点。

回到基本概念：以“同一性”为例

取定宏观的方向后，对新技术下的基础性概念做精细界定、辨析与体系化，是自然的下一步，也常常构成研究产出的开篇部分。就此，原书辟有专节，对“同一性”“平等”“公共利益”等频繁居于研究议程的“轴枢”概念，做出深入至哲学层面的讨论。

以“同一性（Identity，同时也有身份等重要内涵）”为例，技术治理的老问题和新问题，都很难“逃脱”围绕这一概念的反复诘辩。在20 世纪中叶个人信息保护初起的身份，围绕大型数据库中个人信息所构建的“另一个‘我’”，或者说另一个“Identity”，以科幻为代表的大众文化，和以“赤裸”为核心隐喻的学术讨论，已经多有争辩。今日强调的一系列用户权利，亦可看作保障不同身份间同一性的尝试。当然，不能忘记作为世界个人信息和数据保护中最核心概念“个人信息”的核心要件的“识别（Identification）”一词，本身就是同一性的派生概念，深入探讨也依赖于对同一性的理解。在元宇宙炙手可热的当下，多身份的保有、各身份的衔接与同一性的连贯，则再次“风起”为值得一论的有趣议题。甚至乎，我们可以进一步发出概念层面的“元设问”：围绕同一性延伸出的、而又紧密嵌入至技术治理的众多衍生概念，本身是否依然保有同一性?

纵然以上问题难有定论，手册第四章对同一性的深入论述（以及其他各章对其他基础性概念同样深入的论述），足以研究创作开篇时的宝贵起点。基于莱布尼茨的“不可分辨”说以及后续驳论，本章先简述这一概念的基本结构。之后，本章由具体至抽象，进一步介绍了对四种重要场景中的同一性的分析：物理层面的同一性、观念层面的同一性、人格的同一性、终至于“自我”的同一性。手册中如何在抽象层面循循展开同一性概念之结构的内容，对于进一步夯实研究的概念根基，打牢界定、辨析与体系化，有相当珍贵的价值。

近观前沿旖旎：以“作为全球治理方法的数据挖掘”为例

视界校定，前路清晰，作为行进阶梯的概念也已扎实，研究的最后一步，便是躬身以求真。手册大部分章节都在展示如何具体地分析特定技术的治理问题。如前，对医学、人口、贸易、安全、通信、环境六个领域，各自皆有若干专节。这里便以“数据挖掘”为例，展示相应前沿的旖旎。

依然以个人信息和数据保护为例：大数据、人工智能、数据交易、公共数据、数字经济……诸多热点议题，都不可避免地需要直面数据挖掘技术——毕竟，正如石油需要精炼一般，数据也需要经历加工和挖掘才有价值。于此，手册第三十二章首先精炼地定义了数据挖掘。随后，径直进入当前至为重要的治理能力与体系层面，举例说明了数据挖掘如何用于扶贫、难民和灾后救援等领域的全球治理。再往下，以生动的“如何整理抽屉”为实例，本章即将研究者带到技术和治理深度交织的前沿，讨论聚类等具体挖掘手段的治理意义。譬如，“品味、性格、文化、风格、信仰、教育、阶级、种族、性别、性向和经历的影响——以及以其中一种或其他模式所表达的对于偶然性的认识——在数据挖掘背景中似乎比‘传统’治理情境下更为隐蔽，或者更依赖于代理变量……”类似于这一章节，就手册所涉的诸多技术，翻阅对应章节，均有益于找到对技术的扼要简介，以及体现研究前沿水平的分析。相应对话，也因此可以站到更高的水位线上。

结　语

以上，从研究视野一直到具体分析，手册确实足以称为“一站式”且“手把手”的参考。因此，对每一位感兴趣于技术治理的人来说，这本书都值得置于案头、时常翻阅。当然，由于手册作者的局限性，本书显然无法穷尽所有场景中的技术治理研究：在一国一地有价值的技术治理探索，显然不能“飞来”而引为当然，而需要结合在地的思考，最终提炼出更恰当的规范选择，以至于更加一般的规律。由此观之，手册序言的总结甚为精到：“……我们的思考和借鉴只有在中国的国情与人类共同命运的平衡下，才能获得正确的启迪。”综之，愿本书成为技术治理的“谢公屐”与“青云梯”，令同仁得以晓闻海日天鸡訇然开的胜景。

（责任编辑：徐玖玖）

从资源到工具：数据挖掘参与全球治理的未来之路

徐玖玖　尹博文

（中国社会科学院法学研究所助理研究员；
西南政法大学经济法学院硕士研究生）

数据被誉为“21 世纪的黄金”，数据资源对于数字经济的重要意义不言而喻。世界各国纷纷抢抓技术发展新机遇，为数字经济的持续健康发展提供制度保障。党的十九届四中全会上，中央首次将“数据”增列为一种全新的生产要素，提出建立由市场评价贡献、按贡献决定报酬的数据要素市场体系。可以预见，数据资源必然会向更高阶的次级市场发展，数据资源流通将会持续加速，数据资本化将成现实。在这种横向的数据资源发展的另一维度，纵向的数据资源在未来发生的变化可能又会是另一种图景。

近年来，数据已经不仅仅停留于作为被开发资源的静态呈现，而开始通过数据挖掘等信息技术实现了从资源到工具的跃升，深度参与到全球治理实践的各类场景中。《牛津法律、规制和技术手册》第 32 章“作为全球治理方法的数据挖掘”正是弗勒·约翰斯（Fleur Johns）基于这一视角所展开的前沿探讨，作者从数据挖掘概念、应用形式以及适用例证三个方面入手，全景式地呈现了数据挖掘作为一项新的治理工具所蕴含的应用蓝海和战略意义。[①] 弗勒·约翰斯将目光聚焦于全球治理视野

① 参见［澳］弗勒·约翰斯《作为全球治理方法的数据挖掘》，载［英］罗杰·布朗斯沃德等主编《牛津法律、规制和技术手册》，中国社会科学出版社 2021 年版，第 647—661 页。

下的数据挖掘，意识到了其本身固有的指导性和规范性，摆脱了“单纯将数据挖掘视为技术工具”这一传统观点的禁锢，聚焦数据挖掘在全球治理中的充沛能动性和重要治理价值，为如何在大数据背景下促进全球发展、构建人类命运共同体提供了新的思考。

一 当人们谈论“数据挖掘”时，人们在谈论什么

数据挖掘常在各国之间及各企业内部之间以决策过程的形式表现出来：[①] 国家和企业运用数据挖掘来分析数据库中的大量原始数据，进行归纳性推理，从而揭示出数据之间的潜在模式及规律，帮助决策者及时调整决策内容和发展战略，进而降低风险。服务决策和规避风险是数据挖掘的重要功能。但是，数据挖掘远非仅只有这一种应用前景，事实上数据挖掘所蕴含的内涵和前景更为丰富，将数据挖掘技术与基础设施相结合，能够激活新的治理工具和治理范式。

一方面，将数据挖掘引入全球治理，能够满足治理的效率需求和决策的准确性要求。从处理对象来看，数据挖掘所处理的数据内容并不唯一，能够满足全球治理中多变的对象要求。数据本身就存在多种形式，可以是结构化数据，也可以是非结构化数据，更有可能是两种状态的组合，[②] 这为数据挖掘提供了无穷的想象，也为数据挖掘参与国际治理提供了基本条件。从处理效果来看，数据挖掘效率快且结果准确性高。[③] 以文章中作者所提及的联合国难民事务高级专员办事处（UNHCR）项目为例，[④] 商业技术供应商生物身份科技（BioID）和 Iridian 科技开发研制了生物特征登记设施和移动登记设备，以神经网络为数据挖掘模型，虽然受到角膜消融、瞳孔扩张等客观因素的影响，但通过检测和纠正，

① 参见 Rubinstein I., Lee R. and Schwart P., *Data Mining and Internet Profiling*: *Emerging Regulatory and Technological Approaches*, University of Chicago L Rev 261.

② 参见［澳］弗勒·约翰斯《作为全球治理方法的数据挖掘》，载［英］罗杰·布朗斯沃德等主编《牛津法律、规制和技术手册》，中国社会科学出版社 2021 年版，第 647—661 页。

③ 参见王禄生《论法律大数据“领域理论”的构建》，《中国法学》2020 年第 2 期。

④ 参见 Jacobsen K., *Experimentation in Humanitarian Locations*: *UNHCR and Biometeric Registration of Afghan Refugees*, Security Dialogue, 2015。

数据挖掘技术最终呈现出数据的速度极快且结果的准确率极高，达到了从大型数据库中抽取有用信息的目的。

另一方面，数据挖掘能够深刻改变全球治理的管理方式，实现权力配置的转变。数据挖掘可以被视为一项较为复杂的“社会技术系统”,[①] 通过有监督和无监督等形式，发现数据规律，修正误差数据，完善可能存在偏差的初始数据或模型。作者在文中观察到了数据挖掘对发展中国家治理的重要意义，提出这能够有效解决国家缺少可靠数据的困境，为国际政策提供依据。联合国全球脉动研究就是纠正异常数据的例证之一。作者提到，在这个项目中，联合国采用了“验证驱动型”这一数据挖掘方法，适用回归分析法对特定变量之间的关系进行了预测及建模，有效排除了错误信息和冗余数据，将清除了缺陷数据后形成的分析结果作为新假设的支撑，从而发现了准确的数值标准，为低收入国家粮食安全和贫困问题的困境突破和政策出台提供了数据支撑。

与此同时，作者并未避讳数据挖掘的局限性，尝试用一种客观的方式呈现数据挖掘在治理实践中的得与失。事实上，数据挖掘技术存在着因数据库内的原始数据不足、超载或者不可靠等现实问题，因此在适用于不同的项目时，往往会因技术选择的不同、技术本身的不可靠性及技术的不透明等原因而存在不足。但具体到全球治理场域，数据挖掘并非只是辅佐决策做出的技术工具，还是一种可靠的治理方式，是治理的对象甚至主体的组成部分之一，不仅可以提炼项目的未来趋势，更能够随着项目的落地、推行而改变适用领域的发展方向。

二　来自实践的回答：全球治理中的数据挖掘

国际合作和全球治理实践从过程到反思都与参与主体的利益直接挂

① 参见 Nissenbaum H., *Privacy in Context: Technology, Policy and the Integrity of Social Life*, Stanford UP, 2009；Suchman L., *Human-Machine Reconfigurations: Plans and Situated Actions*, 2006。

钩,[①] 权力、责任及利益的分担和配置贯穿于治理全过程。在过往的治理实践中，国家和国际组织往往适用传统的技术措施进行监管。而传统技术措施往往需要由自然人或社会组织执行，在监管过程中难免会受种种因素的支配。囿于治理的价值取向多元、标准不确定、权责分配有争议及非理性因素干扰等原因，监督者无法保持客观中立的态度，难以做到单纯依据事实来履行监督职责。考虑到涉及自身利益的诸多因素，监督者往往会不断地在既定治理措施中添加各种例外规定，这必然会在一定程度上破坏治理决策的可行性，最终将影响到政策的实施力度。基于此，作者认为，将数据挖掘引入到治理场域，让其代替传统法律和监管技术不失为一种解决思路。

从适用范例的治理实践来看，数据挖掘可以更好地保证监管主体摆脱可能存在的情感依赖，达到更高程度的理性标准，这有助于监管者基于客观数据而非感性思考形成判断和决策，实现监管结果的相对公平性和较高服从度。其一，在治理中引入数据挖掘能够提高监管的全面性和长久性。囿于科层式的框架结构，传统监管模式无法随时、快捷地解决可能存在的所有问题，需要反复重新地进行审慎思考和细致审查，由此将会产生决策延误、程序冗余等弊端。相较而言，数据挖掘则是从已掌握的海量数据中揭示出隐藏的特征和未来的趋势，不仅能够对现有内容进行属性或因素的分类，还能以传统立法体系难以预见的方式来描述数据，预测问题和风险，提出解决措施，从过往监管“牵线木偶”般的泥淖中挣脱出来。其二，数据挖掘立足整体又关注细节，结果具有可靠性。[②] 无监督的聚类算法能够在整合主要数据、得出总体结论的同时，关注到无关紧要的甚至人类无法检测到的因素。其三，数据挖掘的结论具有客观性。影响治理决策的因素包括决策的内容及其他感性因素，还包括决策过程和结论的呈现方式。以数据挖掘作为监管工具，将以固定的模式对外进行输出结论，而不依赖于主观的表达方式。同时，数据挖

① 参见 Zarsky T.，“Government Data Mining and Its Alternatives'”，*Penn State Law Review*，2011；Colonna L.，“A Taxonomy and Classification of Data Mining”，*SMU Science and Technology Law Review*，2013.

② 参见 Jain A.，“Data Cluustering：50 years beyond K-means”，*Pattern Recognition Letters*，2010.

掘的结论将尽可能排除偶然性和个体忠诚的影响，将意外事件、情感依恋等内容都转化为特定数值、权重，[①] 通过实验调整参数等方式优化表达效果，有效监督治理决策及其政策过程。

与此同时，作者也发现了数据挖掘运用到治理实践中时存在一些不足。其一，兼容的有限性。与传统治理实践相比，数据挖掘往往需要建立于特定的模型之上，因此只能围绕特定领域来自我构建。自 19 世纪晚期开始，传统治理实践已经鼓励跨领域的深度合作。虽然数据挖掘也被称为是“跨学科”的科学技术，但事实上人们对于后者的认识更加狭义。[②] 在文章中，作者提到数据挖掘中所跨的学科往往是指“统计学、数据库技术、机器学习等”，与“鼓励跨领域侵袭”的传统治理措施相比，数据挖掘的路径显然狭窄得多。其二，数据挖掘技术之上萦绕着管辖权争议。作者提出了两项项目行动作为例证，联合国全球脉动研究项目中使用的电话数据来源于电话公司，AIDR 标记的数据来自推特，与传统治理措施对这些机构提出的管辖权质疑相比，这两项数据挖掘项目所提出的管辖权质疑的程度不同。其三，算法实现的公正只是相对的，而非绝对的，数据挖掘同样与“偏见”相伴相生。作者提到，巴洛卡斯等人曾指出“计算机系统有诊断偏见的历史，但关键问题在于算法偏见到底是什么？我们从何得知?”[③] 如果说传统治理存在着监管者作为有限理性人的偏见，那么，数据挖掘虽然尽可能避免了传统监管存在的“人的偏见”，但也滋生出新的“技术偏见”。更甚而言，技术的客观性表象和机械化特性反而使数据挖掘背后的“偏见”更为隐蔽。数据挖掘以“技术中立”之名显扬，但同样无法避免来自法律、科技伦理和公平正义价值的拷问。

三　未来之路：行进于技术与法律交汇中的数据挖掘

随着世界互联网行业、云计算产业的深度发展，“Web 3.0”时代已

---

① 参见 Chan J. and Bennett Moses L.，“Using Big Data for Legal and Law Enforcement Decisions：Testing the New Tools”，*University of New South Wales Law Journal*，2014。

② 参见 Hand D.，Mannila H.，and Smyth P.，*Principles of Data Mining*，MIT Press，2001。

③ 参见 Barocas S.，Hood S.，and Ziewitz M.，“Governing Algrithms：A Provocation Piece”，*Social Science Research Network*，2013。

经到来，国家与国家之间、国际组织之间所采集、掌握和分析的数据量逐渐庞大，来源日益分散，格式更加多样，数字时代的发展需要不断更新的数据挖掘技术来加工和优化原始数据，从海量数据中敏锐发现和合理预判个体、社会、国家甚至世界的现在和未来。数据挖掘在全球治理中的落地已经不再是纸上谈兵，而是在现实迫切渴求下的应有回应。从读者的角度而言，作者在文中所展现的未来之路，在技术与法律的交织庇荫中趋向远方，既充满了无限可能，又需要规范前行。

其一，数据挖掘技术的应用有利于构建人类命运共同体，将数据挖掘运用于全球治理的实践指导具有政治意义，例如作者在文中所提及之人工智能救灾平台，能够在紧急情况下确定人道主义的救助对象和救助措施；亦可用于评估部分落后国家的贫穷状况，精准制定帮扶政策。[①]

其二，数据挖掘简化了治理程序，优化了决策内容，为全球治理提供了新的可能。正如作者所指出的，数据挖掘同样面临重重困难，只有将其置于立法和政策的框架之下，使其与传统手段互补才是未来的出路：一方面，通过成文法律解决数据挖掘的权属争议，让后者能够更充分地发挥其治理和监管的功效；另一方面，借法律之刚性为数据挖掘技术增添权威底色。长期以来，人们对数据挖掘的评估仅停留于辅助措施，这种低估在一定程度上限制了人们对数据挖掘技术的想象和期待。通过将数据挖掘正式引入立法，明确纳入治理手段，将其视为全球治理中的重要组成部分，才能为其后续深度参与治理实践、真正发挥作用奠定坚实的基础。[②]

（责任编辑：周辉）

---

① 参见［澳］弗勒·约翰斯《作为全球治理方法的数据挖掘》，载［英］罗杰·布朗斯沃德等主编《牛津法律、规制和技术手册》，中国社会科学出版社 2021 年版，第 647—661 页。

② 参见 Johns F.，“Global Governance through the Pairing of List and Algoruuthm”，*Environment and Planning D：Society and Space*，2015。

为新型医疗领域安插一双“法律”的翅膀

徐靖仪

［美国乔治城大学法律中心博士候选人（S. J. D.）］

《牛津法律、规制和技术手册》是一部由罗杰·布朗斯沃德（Roger Brownsword）、埃洛伊斯·斯科特福德（Eloise Scotford）、凯伦·杨（Karen Yeung）主编的一部鸿篇巨制，其系统性地阐述了西方近些年于“法律和科技”领域的最新理论研究及研究成果。

全书专题与研究板块颇多，我有幸参与到了该书第三十五章（“来自人类机能强化的未来挑战”）、第三十七章（“新技术、旧态度和立法刚性”）、第三十八章（推翻“法律扼杀技术创新”的悖论——适应性药物许可程序是如何与合法性监管相衔接的）和第四十六章（基因工程和生物风险——政策的形成和监管措施）的翻译工作之中。在此篇书评当中，我将结合自己在医疗卫生领域的相关专长，重点介绍该著作在新兴医疗领域方面的前沿观点，以期各界读者能引此“他山之石”，从而为疫情后我国卫生产业相关的新技术发展提出宝贵意见。

首先，该书提及了卫生法领域的新兴研究方向：生物工程及其引发的一系列伦理、社会、法律问题。这部分内容在第三十五章和第四十六章中都有较为深入的探讨。其中，第三十五章重点介绍了制定人类强化条例的重要性。当下，日新月异的科技发展正逐渐把人类机能强化的愿景从科幻小说的情节转化为科学事实。比如人们可选择一个胚胎，使其DNA不包含特定遗传性疾病，也可使用人工耳蜗帮助耳聋者更好地感知这个世界。上述的人类机能强化对于预防、控制、治疗某些传染性及非传染性疾病无疑是大有裨益的，但是我们也应当考虑到任何事物的两面性，即人类机能强化所带来的潜在负面影响。书中将其称为激进的人类机能强化（比如超强智力、千年寿命等）。这些超出基本范畴的强化将无疑带来一系列道德、伦理层面的新问题、新讨论。另外，本章以精英运动和世界反兴奋剂机构为例，着重介绍了一个积极和持续管理人类机能强化的领域。此外，通过对人类机能强化的学习，读者们还将了解到人类机能强化与传统治疗的区别等前沿内容。第四十六章则侧重于介绍基因技术和基因工程监督机制的相关问题。它向读者徐徐阐述了欧美国家 DNA 复制准则的起源与演变过程；解释了“转基因工程”何以在欧盟国家得到立法关注；也描述了美国对于合成生物学和潜在的大流行病病原体采取了何种行政监管措施。

其次，本书的第三十七章系统地介绍了国际人权法与全球卫生法的交叉关系。国际人权法与全球卫生法均隶属于国际法，它们旨在区域或全球之间缔结医疗卫生领域的相关条约。这一章节以生动有趣、易于理解的方式向读者描述了欧洲生物医学理事会和联合国教科文组织是如何就人类基因组的发展达成国际协议的；欧洲委员会为何拟定了《人权与生物医学公约》来规制克隆人类胚胎方面的研究；英国议会 1990 年通过的《人类生育和胚胎学法案》有何利弊；《欧洲人权公约》《人类克隆世界宣言》等相关区域性与全球性公约具体有何应用；线粒体替代疗法（MRT）等新兴医疗方式将如何与上述条约相融合。

最后，该著作的第三十八章则可为我国的药品监管与相关的立法完善提供一些域外经验。在西方，产业和科学界的代表经常声称，监管扼杀了有益的创新，因为它落后于技术发展的水平。通过对本章的学习，我们可以看到欧美国家如何从之前的药品许可进程的合法性问题上吸取相关经验教训，从而让适应性药物许可程序更好地与合法性监管相衔接。总的来说，在过去 8 年中，关于药品许可适应性办法的一系列新提案不断涌现，这些提案旨在使许可程序更具灵活性和包容性，从而更好地满足患者的需求，同时能进一步扩大新药品对公众健康的积极影响。然而，这些监管创新的合法性却遭到了一定质疑。通过本书的阅读，我们不难发现，尽管监管举措正在努力拓宽患者获得急需药品的渠道，每年最终获得批准的药物数量却未明显见涨。这也进一步强调了行政法领域的监管创新亟须与药品创新相联系。

总之，《牛津法律、规制和技术手册》内容颇为丰富，需要读者细细含英咀华。这篇书评主要从医疗卫生领域的新技术、新热点、新发展来介绍此书。卫生法本身即为一门新兴交叉学科，在当今全球新型冠状病毒肺炎疫情暴发的大环境下，日益受到了社会各界的关注。国家也正在积极鼓励各高校开展医疗卫生学科的相关教学科研工作。通过对本书的阅读，法学家、医护专业人士、人类学家、伦理学家、社会学家、工程师等技术研究人员都可以更好地了解这些前沿的医疗与生物学领域的新技术是如何渗透我们经济社会生活的方方面面的，又是如何和现有的法律规制体系相互影响的。总之，博观约取，该书涵盖学科与专业范围甚广，社会各界专业人士倘若能有机会阅读此著作，定能对当今我国法律、信息技术、医疗卫生等诸多领域的发展现状与未来走向产生新的思考，这对整个社会的发展都是大有裨益的。

（责任编辑：徐玖玖）

《民事法律程序中的法律及技术》评析

狄行思

（香港大学法律学院博士研究生）

近年来，随着互联网、大数据、区块链、人工智能技术等科技手段的不断升级，民事法律程序中的数字化程度也越发深入。因此，关于司法中数字化的技术特点及技术细节、科技手段的具体应用领域、司法和民事诉讼中数字化变革产生的影响等，均是司法数字化进程中值得关注的问题。同时，人们对数字科技如何重塑民事司法系统，也产生了一系列的疑问，譬如法律技术在中短期内将走向何方？诉讼程序规则如何与法律技术的持续进步相适应？司法行政中的数据基础设施和可访问性应当如何改变，以为更多人打开司法之门？本书第十章“民事法律程序中的法律与技术”正是从这一视角出发，着眼于技术和法律制度的交叠，框架性地讨论科技与法律的交互对司法系统产生的影响。

本文的两位作者均在科技与司法程序交互的研究领域深耕良久：科提尼高级研究员长年在意大利国家研究委员会司法系统研究所工作，其精通电子司法领域研究，在算法与司法评估等方面均有卓越贡献。科德拉副教授的研究侧重于公共部门的信息通信技术，特别是电子政务和相关制度变革。本文作者观察到，法律与信息和通信技术实际上有相同结构的规范效果，因此结合欧洲民事诉讼中的三个案例，讨论法律与技术叠加后创造的数字化司法程序的技术——法律组合。通过对法律及技术理论与司法实践的多视角研究，本文最终阐明了技术挑战和法律规范挑战，并提出相应的解决方案。本文虽撰写于四年前，其间科技在司法中的应用又已经发生了翻天覆地的变化，但文中提出的问题非常具有前瞻性，直至今日仍有很强的研究意义和参考价值。

显而易见地，将科学技术引入司法实践中，不仅能极大地提高司法效率和透明度，降低信息储存成本，还使司法程序趋于技术合理化和自动化。例如文中举例的法律信息系统、案件管理系统、视讯技术、电子档案系统等，可以实现的司法流程涉及甚广。但是，这些技术的使用也带来了例如隐私权保护、算法偏见、技术准则制定等问题，因此正如作者所说，技术“需要有一个法律框架来支持”。同时，技术—法律组合在进化过程中，由于机构责任有可能转移到科学技术上，因此不同部门角色的改变也在悄无声息地改变着司法系统，同时产生了司法系统内部的责任分配问题。作者很好地把握了信息和通信技术的调节特性，提出了民事诉讼中法律与技术动态的研究体系，点明了技术和法律的规范性特征，因此在法律与技术的交互中，应寻求具备功能性的解决方案，这也是该命题的核心主题。

实际上，我国司法系统中对信息技术的应用也日新月异，比如提交诉状、证据交换、开庭审理等均可以借助互联网技术完成，诉讼结果预测、法律文书生成、裁判尺度统一等可借助人工智能技术实现。可以看到，中国的智慧法院包含信息基础设施、应用系统、数据资源、网络安全和运行维护等数以万计的信息系统，在智慧审判、智慧执行、智慧服务、智慧管理等方面均取得显著成绩，特别是在新冠肺炎疫情期间，越发发挥着不可或缺的作用。但同时，人们也逐渐意识到其中存在的问题，例如算法决策未必全然公平公正，规则数码化带来的不透明、不准确和难以审查的风险，以及如何应对人工智能固有缺陷的问题。以电子证据为例，目前对于电子证据的采集和固定方式，电子证据的客观性认定，电子证据的证明力度等问题，均缺乏确定的答案。因此，本文的研究理念对我国相关的学术研究和司法实践也有很强的指导意义。同样地，我国对法律程序与技术的交互性研究，也应侧重技术和法律制度两种体系的交互性特征，把握两者共同的规范性特征及差异，识别并预估司法程序的数字化对司法系统的影响，出台相关法律法规，做好风险应对和相关规范体系设置。由于这一进程所需时间及人力成本均很高，例如本文指出的意大利、葡萄牙和法国对电子档案系统的立法干预都经历了复杂进程，因此比较法可以为我国相同领域的法律设计提供良好经验。

因此，司法数字化为现代司法同时带来了机遇和挑战，正如本文所说的，“技术—法律组合的独立进化，对电子司法的影响实际远超人们想象。”不论是意大利的民事在线审判系统，法国的电子存档平台还是欧盟国际法院的电子法庭，均因数字化产生了或多或少的问题。可以看出，部分问题可通过技术迭代解决，但因电子化的固有缺陷，关于数据客观化、数据信息的孤岛化和割据化，以及数字化司法系统内部的风险负担和责任分配体系如何确立，尚没有固定答案。而且这种法律规则配置会随时间而演变，作者指出，这种“转移和漂移”是一种正常现象。因此从这个角度看，建立司法数字化规范的目标强调司法安全与效率并重，注重数字化司法功能开发的同时，树立公众对数字司法的信心，这也应当是我国现代化司法改革的重点之一。同时，这一规范体系应具有宏观框架和原则性规范，之后再通过实施细则逐一落实，且操作细节应当因时而动，顺应科学技术的发展和变化。数字化司法治理体系应当是一个多层次结构，需要处理好司法数字化诉讼功能与延伸功能间的关系，以及司法竞争与克服司法制度短板间的关系。只有这样，科学技术的进步才能正向促进民事诉讼进程。

（责任编辑：徐玖玖）

Summary of Conference

会议综述

中国法学会网络与信息法学研究会 2021 年年会会议综述

周　辉　徐玖玖　吴若恒　王　睿

（中国社会科学院法学研究所副研究员；
中国社会科学院法学研究所助理研究员；
中国社会科学院大学法学院硕士研究生；
中国社会科学院大学法学院硕士研究生）

开幕式及主论坛

2021 年 10 月 16 日上午 9：00—12：00，中国法学会网络与信息法学研究会 2021 年年会主论坛在北京友谊宾馆友谊宫二层聚英厅召开。

论坛的第一个环节是会议开幕式，由中国法学会网络与信息法学研究会副会长、清华大学法学院院长申卫星教授主持。最高人民法院副院长、中国法学会副会长姜伟，中央网信办网络法治局局长华清，中国法学会网络与信息法学研究会负责人、中国社会科学院法学研究所副所长周汉华研究员，中国人民大学副校长兼法学院党委书记、院长、未来法治研究院院长王轶教授，京东集团高级执行副总裁、首席合规官何成锋作为嘉宾为开幕式致辞。

最高人民法院副院长、中国法学会副会长姜伟在讲话中代表最高人民法院和中国法学会对会议的召开表达了祝贺。他指出中央高度重视数字中国建设，本次年会以数字中国建设与网络信息法治新机遇为主题，具有很重要的现实意义。他强调数字法治建设首先应坚持以习近平新时代中国特色社会主义思想为指导，不断完善数字法治体系，其次要适应数字中国和法治中国建设的新要求，不断推进数字法学理论创新，同时需充分发挥审判职能作用，探索为数字中国建设提供保障的数字正义机制。最后，他呼吁以数字法治发展和数字法学理论为数字中国建设保驾护航，并预祝本次年会取得圆满成功。

中央网信办网络法治局局长华清在致辞中代表中央网信办网络法治局对会议的召开表示了祝贺。他强调推进数字中国建设是以习近平同志为核心的党中央，立足我国发展新的历史方位，着眼推动实现高质量发展做出的一项重大战略部署，必须更加主动适应信息化、数字化、网络化、职能化发展趋势，进一步加强网络法治建设。他指出，研究会在学术中突出政治高度，充分发挥网络法治理论研究主力军的作用，不断提高网络法治建设中国方案，加强国际交流与合作。

中国法学会网络与信息法学研究会负责人、中国社会科学院法学研究所副所长周汉华研究员在致辞中代表研究会对与会领导、嘉宾以及研究会理事、会员的到来表示了热烈欢迎，对本次年会的承办与协办单位表达了感谢。他指出党的十八大以来，我国网络法治体系建设取得了长足发展，为数字经济治理搭建起基本的法律体系框架。此次年会以数字中国建设与网络信息法治新机遇为主题，开设十个分论坛和专门面向年轻学者的青年论坛，希望各界同仁在学术讨论与学术交流中达成共识，实现创新，取得突破，为网络信息法治建设做出贡献。

中国人民大学副校长兼法学院党委书记、院长、未来法治研究院院长王轶教授在致辞中对与会领导、嘉宾的莅临表示了诚挚的欢迎，指出网络与信息法治建设当中有一系列亟须回答的重大问题，学界应以习近平法治思想为指导，在法治轨道上推进国家治理体系和治理能力现代化，建设一支德才兼备的高素质适应信息文明时代法治需求的法治工作队伍。他还就中国人民大学未来法治研究院的发展建设情况进行了简单介绍，感谢与会领导和专家对未来法治研究院工作的宝贵支持和持续关心。

京东集团高级执行副总裁、首席合规官何成锋从企业界的视角就数字经济法治建设发表了看法，他指出全球数字经济治理正呈现新趋势，企业对合规的认识也在逐步深化形成合规即发展的新理念，数字经济面临公平与法治新机遇。他表示，在数字中国建设和法治中国建设的新征程上，京东集团可以扮演政学企交流平台的搭建者，做推进互联网法治进程的参与者、现代治理体系的建言者和推动者，为法治中国建设和网络强国战略的实现贡献更大力量。

论坛的第二个环节是主题演讲，由中国法学会网络与信息法学研究会副会长、中国政法大学王卫国教授主持。全国人大常委会法制工作委员会经济法室副主任杨合庆，中央网信办网络法治局副局长、一级巡视员尤雪云，中国法学会网络与信息法学研究会副会长、中国人民大学法学院张新宝教授，京东集团副总裁、信息安全部负责人李德浩，中国法学会党组成员、学术委员会主任张文显作发言。

全国人大常委会法制工作委员会经济法室副主任杨合庆在发言中首先感谢中国法学会网络与信息法学研究会对立法工作的大力支持。他指出，《个人信息保护法》保护的对象是个人信息，从法律关系上讲是围绕个人信息权利义务的法律关系。个人信息保护来源于隐私保护，《个人信息保护法》是依据《宪法》，基于《民法典》隐私保护的规则，建立一套规范个人信息处理活动，同时赋予个人一系列广泛的权利以保护个人信息的规则。

中央网信办网络法治局副局长、一级巡视员尤雪云以《数字中国建设的法治保障》为题作发言。她指出，“十三五”时期数字中国建设取得了重要成就。数字中国建设法治保障体系加快完善，网络立法、执法、普法共同推进。《网络安全法》《电子商务法》《数据安全法》《个人信息保护法》等法律法规的公布实施，使数字中国建设有法可依；网络执法力度显著加大，网络生态持续向好；网络法治研究与网络普法相结合，网络普法活动广泛开展，网民法治意识不断提高。《“十四五”规划和2035年远景目标纲要》提出，要加快数字化发展，建设数字中国。《数字中国发展报告（2020年）》提出，“十四五”时期要建立包容审慎的数字化治理体现。她认为，要加快数字经济、互联网金融、人工智能、大数据、云计算等领域立法步伐，加强量子信息、区块链等关键技术领域标准研制，加强国际数据治理规则研究，积极参与网络安全、数据安全等新兴领域国际规则制定；要加强网络执法，严厉打击网络违法犯罪；要深入开展网络普法，提高全民法治意识。

中国法学会网络与信息法学研究会副会长、中国人民大学法学院张新宝教授以《国家机关在个人信息保护中的双重角色及其职能协调》为题作发言。他指出，《个人信息保护法》中关于国家机关的规定揭示了部分国家机关在个人信息保护中的双重角色，即作为个人信息处理者的国家机关与作为个人信息保护监管者的国家机关。国家机关的两种职能之间存在本质区别。当国家机关作为特殊个人信息处理者处理个人信息时，其应当遵守处理者处理个人信息的一般规定以及国家机关处理个人信息的特别的规定，尽到对个人信息权益进行消极保护的义务。当国家机关作为监管者介入个人信息处理活动时，其应当充分履行个人信息保护和相关监督管理的法定职责，尽到对个人信息权益的积极保护义务。对此，基于法治政府和依法行政的一般原理，在理论和实践层面有必要对国家机关在个人信息保护中的双重角色进行严格区分，从而明确国家机关履行不同法定职责的规范依据。如果国家机关在履行前述两种职责的过程中违反法律、行政法规的规定，其应当承担相应的法律责任。他提出：一是要充分发挥国家网信办作为统筹、协调个人信息保护机构的职能，统筹好、协调好其他国家机构的个人信息保护与监管职能；二是处理好部分国家机关内部的双重角色问题，基本思路是个人信息处理职能与保护、监管职能分离，在人员、工作流程、管理权限等方面严格分离；三是强化各级个人信息保护主管部门的组织和能力建设，特别是市县级的组织与能力建设。

京东集团副总裁、信息安全部负责人李德浩分享了新形势下信息安全保障的挑战与机遇。他指出，从企业和产业的现状和特点出发，数据安全的焦点可以简单分为数据保护和数据共享。当前，庞大的数据规模和复杂的数据环境给数据保护带来了严峻的挑战，零信任安全体系逐渐取代传统的围墙式安全模型和安全体系。零信任安全体系具有身份管理、安全访问、动态控制、资产安全持续评估四大特征，是其优于传统体系的核心原因。企业是否掌握其全部资产的安全性是判断其是否掌握零信任体系的标准，即企业能够有一个机制保障它掌握的所有资产，以及对于每块资产都有清晰的安全标准，能够对资产做持续的安全评估。

中国法学会党组成员、学术委员会主任张文显教授以《数字中国和法治中国的共享概念》为题作发言。他指出，数字中国和法治中国都由习近平总书记提出，都带有原创性和中国话语特色。二者共同推进数字法治化和法治数字化，更好地把法治中国的制度优势和数字中国的科技优势有机地结合起来。二者的必然联系突出表现为理论和实践中的一系列共享概念，最通用的共享概念包括数字权利、数字法理、数字治理。数字权利是一个概括性的权利，具有概括性、系统性、开放性，数据权利、信息权利等数字人权是其中最基础性的权利。数字人权的核心范畴是隐私权、数字权、信息权、互联网等数字公共产品的平等使用权。数字人权是各种具体数字权利的基础，其被提出的动因和理由在于：一是价值上延伸数字科技必须以人为本，以人民为中心，把人的尊严、人的权利作为数字科技的最高目标；二是以人权的力量和权威强化对数字科技开发及其运用的伦理约束和法律规制；三是以数字人权引领新一代人权，提高中国法治和法学在国际社会的话语权。当前，法学研究中大都关注于人工智能、算法、互联网的伦理问题，还没有明确提出“数字法理”概念。就法学研究和数字治理而言，数字伦理应当包含在数字法理之中。新时代中国法理的核心要义在于公平正义、人权保障、包容性秩序，为此，数字治理一要坚持公平正义，二要尊重和保障人权，三要构建包容性数字秩序（智能社会的法律秩序）。因此，要明确提出数字法理概念，提升中国在数字治理方面的话语权和影响力。数字治理是国家和社会治理的重要领域，主要包括算法治理、人工智能治理、大数据治理、互联网治理等，其要贯彻习近平总书记提出的共建、共治、共享理念，把新时代自治、法治、德治、智治的“枫桥经验”融入数字社会治理当中。

分论坛一：习近平法治思想中的网络法治理论

2021年10月16日下午14：00—15：30，中国法学会网络与信息法学研究会2021年年会分论坛一“习近平法治思想中的网络法治理论”

在北京友谊宾馆友谊宫第 8 号会议室召开。

论坛的第一个环节是主题演讲，由中国社会科学院法学研究所网络与信息法研究室主任翟国强研究员主持。中国法学会网络与信息法学研究会副会长、中国法学会法治研究基地暨中南财经政法大学法治发展与司法改革研究中心负责人徐汉明教授，中国社会科学院法学研究所研究员、《环球法律评论》副主编支振锋，中央党校（国家行政学院）政治和法律教研部宪法教研室副主任刘素华教授，吉林大学法学院副院长曹险峰教授，广东财经大学姚志伟教授，中国社会科学院国际法研究所孙南翔副研究员，上海师范大学政法学院吴玄副教授，西南政法大学公法研究中心执行主任杨尚东研究员，华南师范大学法学院特聘研究员马颜昕，中国社会科学院法学研究所徐玖玖助理研究员作发言。

中国法学会网络与信息法学研究会副会长、中国法学会法治研究基地暨中南财经政法大学法治发展与司法改革研究中心负责人徐汉明教授以《“网络强国”战略实施的基本遵循——学习“习近平关于网络强国论述”的心得体会》为题阐述了学习体会。徐汉明教授提出，“习近平网络强国理论”包含时势论、布局论、性质论、驱动论、融合论、命门论、安全论、依法治网论、体系论、增量论、人才论、共赢论、保证论十三个方面的核心要义。“习近平网络强国理论”的产生和发展具有深厚的时代背景：顺应人类社会文明发展向智能社会转型跨越的大趋势，是“习近平网络强国理论”产生发展的社会基础；破解新时代人民群众对网络“法福利”需求的供给不充分不平衡难题，是催生“习近平网络强国理论”的现实需求；弥补网络综合治理体系和治理能力的短板是“习近平网络强国理论”形成发展的实践需求；直面“百年未有之大变局”“构建网络空间命运共同体”是“习近平网络强国理论”产生发展的国际背景。这表明，“习近平网络强国理论”具有实践性、科学性、人民性的总体特征，是对“科学技术是生产力”这一马克思主义经典论断在新时代的继承和发扬，是新中国 70 年“四个现代化”理论、制度与实践的创新发展，是新时代向“网络强国”跨越的“行动指南”。

中国社会科学院法学研究所研究员、《环球法律评论》副主编支振锋以《数字法院与人民司法》为题作报告。支振锋研究员认为，虽然数字法院建设取得重大进展，但是数字法院在实践中仍然存在许多问题：一是技术发展使数字法院得以建设的同时，也增加了诉讼案件的数量；二是智审领域的技术还不够完善，人工智能在审理非线性逻辑的案件中存在漏洞；三是智慧法院在空间和时间上的错位性，会对审判流程和诉讼规则产生挑战，并且难以保证司法的严肃性和权威性。智慧法院的本质是数字法院和网络法院，智慧法院的“智慧”还需要在技术上进行改进。

中央党校（国家行政学院）政治和法律教研部宪法教研室副主任刘素华教授以《习近平法治思想指引国家网络安全》为题作发言。刘素华教授指出，网络不是法外之地，网络治理要坚持依法治理。习近平法治思想强调坚持党对依法治国的领导，网络治理必须坚持党的领导，坚持以人民为中心和中国特色社会主义法治道路。国家网络安全事关国家主权安全，网络主权的适用范围是以国家主权的适用范围为基础。2010 年 6 月，我国首次提出“网络空间主权”这一新型国家主权概念。网络主权是一国国家主权在网络空间中的自然延伸和表现。对内，网络主权指的是国家独立自主地发展、监督、管理本国互联网事务的权力；对外，网络主权指的是防止本国互联网受到外部入侵和攻击的权力。包括独立权、平等权、自卫权、管辖权四项基本权能。维护国家网络安全就是维护国家主权安全。国家网络主权安全是基于网络基础设施安全和网络技术进步为基础的。只有网络硬件、网络系统安全，才能有网络空间的安全。网络技术更新发展很快，需要国家和社会、企业不断加大网络技术的研发投入，特别是国家重要领域的网络技术更要有技术自主权，通过保证网络技术的领先水平，保证网络主权的安全。非公网络企业掌握的政府公共治理数据信息附加的经济利益，会使公共利益陷入不确定风险中，从国家战略安全和发展层面分析，必须要有顶层制度设计，坚持以人民为中心和中国特色社会主义法治道路的思想，网络基础设施的更新和网络核心技术的提升应由国家公共财政作保证，每年的国家财政预算应列出网络基础设施更新和网络技术研发投入的专项资金，保证我国政府、科研机构的科研能力不断更新，并能够为政府公共服务提供网络技术支持。国家应该有计划地加大网络技术研究和网络基础设施建设预算，特别是重要领域的网络技术研发，控网权不能由经营性的私人公司掌控，网络基本设施的控制权应该掌握在国家手中。为政府公共服务提供技术支持的互联网公司获取的政府治理数据，所有权应该属于政府，以保护国家利益、公共利益和公民利益；非公网络企业的运行和经营行为必须遵从国家利益、公共利益优先，不得以企业商业秘密对抗政府监管保护的国家利益和公共利益。提供公共服务的网络平台企业不得以保护网络用户的隐私对抗国家利益、公共利益和执法机关基于保护不特定公民人身安全、财产安全的执法、监督、监管活动，更不能在有明确报警人求救的情况下，拒绝配合执法机关要求提供特定平台用户的行踪数据。

吉林大学法学院副院长曹险峰教授以《个人信息的民法保护模式》为题作发言。曹险峰教授认为，个人信息的民法保护路径存在权利主义保护路径与行为主义保护路径之分，从发展趋势及保护力度角度来看，个人信息的权利化应予坚持。基于违法性严重程度的不同，民法针对妨害设计了绝对权请求权，其内部又区分为停止侵害、排除妨碍与消除危险；人格权禁令制度与绝对权请求权有部分重合，也有独特之处，其系以禁止侵权人实施行为为目的，针对的是整个行为，而非某个个体受侵害对象。针对个人信息损害，民法通过填补性损害赔偿、获益返还请求权及惩罚性赔偿等制度设计，全方位且有层次地保护个人信息主体的正当利益。

广东财经大学姚志伟教授以《论〈民法典〉中快速制止网络人格权侵权机制的调和》为题作发言。姚志伟教授指出，人格权禁令制度和网络平台的避风港机制是两套制止人格权侵害的重要制度。避风港机制的启动门槛低、作用快，权利人容易提起申请，但是作用范围有限。人格权禁令的门槛高、申请时间长，但是救济范围更广，救济力度更强，救济决策更加专业和审慎，出现错误的概率更低。应以避风港机制为主，同时发挥人格权禁令机制在解决疑难纠纷问题中的优势。在疑难纠纷的案件中，网络服务者缺乏判断能力和公信力，现行立法也没有规定网络服务提供者对复杂侵权行为进行判定，而人格权禁令由法院经严格审查做出，具有专业性和公信力。对此，在立法上可以明确疑难纠纷由人格权禁令机制处理，将人格权禁令程序分为“阻断”和“停止侵权”两步实施。同时，规定网络服务者的协助义务，提高人格权禁令的执行效率。

中国社会科学院国际法研究所孙南翔副研究员以《在网络信息领域坚持统筹推进国内法治与涉外法》为题作汇报。他指出，网络信息领域是涉外法治体系建设重点方向的原因在于，一是“中性”而不理性的网络信息技术影响国家安全和集体利益；二是准公共产品无法有效承担公共职能，导致市场失灵、政府监管缺位的现象出现，因此当前数字经济行业出现负外部性的特点；三是常设国际法院“荷花号”裁决提供了一种思路，即在网络空间未形成国际准则的情况下，各国可积极探索促进网络空间安全和发展的国家实践。网络空间治理应坚持统筹国内法治与涉外法治：首先，要推进涉外法治建设的总体布局，以平衡国内利益和全球共同利益；其次，要构建系统完备的涉外法律法规体系，采用明确的或可推导的方式对网络信息法律域外适用进行法律授权；再次，完善涉外执法司法的机制效能，对与我国重要利益攸关的域外行为实施管辖权；最后，要打通国内法治和国际法治互动的渠道。孙南翔提出了四点针对涉外法治体系建设的建议：一是加强重点领域、新兴领域、涉外领域立法的工作；二是推进国家治理体系和治理能力现代化，完善涉外执法司法的机制效能；三是加强中国法域外适用法律体系建设，要弱化“连接因素”、强化“联络机制”、优化“规制工具”；四是加强国内法治、涉外法治与国际法治的作用，推进数字贸易协定或规则的谈判，推动构建网络空间命运共同体。

上海师范大学政法学院副教授吴玄以《数据主权下个人信息跨境制度的建构》为题作汇报。吴玄指出，网络主权是构建网络空间命运共同体的首要原则。数字是网络社会的重要生产要素，国家应对数据的跨国流动进行管辖。国家管辖的正当性在于，数据跨境流转可能会损害本国公民利益，保护管辖原则是管辖的基础原则。对此，在个人信息跨境的场景中，应根据静态安全性属性和动态安全性属性，将信息和数据划分为：关键信息、重要信息、敏感信息、一般信息，并对上述不同种类的信息设定不同的数据出境规则。为促进数据利用，避免管辖冲突，在基于相同主权理念的情况下，通过国际条约、协定以平等互惠的方式开放个人信息跨境流动，加强国际合作。

西南政法大学公法研究中心执行主任杨尚东研究员以《协同构建保护个人信息删除权的治理体系》为题展开讨论。杨尚东指出，公民享有个人信息的删除权，但是实践中公民删除权面临多重困境。运营商的隐私政策中关于用户删除权的规定较为分散，使用户缺乏明确的操作指引。同时，运营商与第三方之间存在信息流通和共享，而用户的诉求无法企及第三方。对此，应从三方面保障删除权的行使：一是培养用户对于删除权的行使及其结果的理性认识，提高用户的个人信息维权意识；二是运营商应完善隐私政策和技术支持，为用户提供明确的权利行使路径，并承担要求第三方删除违规信息的义务，同时形成行业自律；三是监管机构应明确履行个人信息保护职责部门的权限分配，丰富监管手段，加大执法力度。

华南师范大学法学院特聘研究员马颜昕以《公共数据治理体系的精细化推进——以公共数据界定为起点》为题作报告，指出数据治理需要进行精细化的概念界定。当前实务中存在“公共数据”概念的泛化，存在着多处隐忧。首先，过于泛滥的概念界定反而会增大具体规则清晰构建的难度，而地方立法的自主扩张对形式法治产生了潜在挑战。其次，公共数据范围的扩大可能会违反比例原则，模糊政府与市场的边界，加重政府监管责任，抑制了数据价值的发挥。公共数据不等于数据的一般公共性，不同于重要数据或关键信息基础设施的数据。公共数据制度的核心在基于行政用公物的公共数据共享与基于公众用公物的公共数据开放。基于此，可以对公共数据构成的实体与程序要件进行精细化构建。

中国社会科学院法学研究所徐玖玖助理研究员围绕《习近平法治思想中的竞争观：理论创新与时代意义》展开研讨。2020年以来中央反复强调要“强化反垄断和防止资本无序扩张”，核心问题是要强化竞争政策的基础地位。我国正处于“服务普惠化”“治理现代化”“数据智能化”的交汇期，需要我们对市场经济体制进行内生性的制度优化，进一步提高社会主义市场经济的制度优势。习近平总书记关于社会主义市场经济的重要论述和思想观点十分丰富，习近平法治思想中的竞争观是由一系列理论命题构成的系统完备的理论体系，是马克思主义竞争观的最新发展。习近平法治思想中的竞争观突出了以人民为中心的发展思想，突出了社会公平正义的基础价值，为数字经济的普惠性和竞争性发展提供了根本遵循。

分论坛二：网络与信息法学学术体系、学科体系、话语体系

2021 年 10 月 16 日下午 16：00—17：30，中国法学会网络与信息法研究会 2021 年年会分论坛二“网络与信息法学学术体系、学科体系、话语体系”在北京友谊宾馆友谊宫第 8 号会议室召开。

论坛的第一个环节是主题演讲，由中国法学会网络与信息法学研究会副会长、北京航空航天大学法学院院长龙卫球教授与中国社会科学院法学研究所陈欣新研究员共同主持。中国法学会网络与信息法学研究会副会长、北京科技大学徐家力教授，暨南大学法学院刘颖教授，西南政法大学人工智能法学院院长陈亮教授，清华大学法学院副教授、文科建设处副处长刘晗，北京外国语大学法学院万方副教授，中央财经大学法学院刘权副教授，中南大学法学院学科办主任张新平副教授，中国人民公安大学法学院苏宇副教授，中国人民大学法学院副教授、未来法治研究院副院长王莹，北航北京科技创新中心研究基地朱悦研究员作发言。

暨南大学法学院刘颖教授以《个人信息守门人与学科体系》为题作发言。数字经济时代产生了许多新问题，网络与信息法学领域也面临新挑战。“守门人”规则不应限于个人信息保护，电子支付规则也不应限于电子商务交易，两者都是网络信息学科的独立部分。此外，网络与信息法学还需在概念、范式体系方面进行创新。

中国法学会网络与信息法学研究会副会长、北京科技大学徐家力教授以《关于建立网络信息法学并在高校开课的设想》为题展开研讨。徐家力教授认为，应将网络信息法分为理论和技术两部分，在课程设计上打破传统的法律形式。网络信息法学应考虑技术和法学教育的融合，紧扣产业发展，促进产学交流。

西南政法大学人工智能法学院院长陈亮教授以《系统控制论视阈下人工智能法学的体系化建构》为题作发言。陈亮教授指出，人工智能是包括数据、网络和算法等要素在内的有机系统。人工智能法学应以系统控制论为理论指导，以整体主义方法论为其体系化工具，在发展“负责任的人工智能”这一理念追求之下，将人工智能全生命周期所有社会关系的法律调整作为其主要研究内容，形成包括总论、数据法、网络法、算法规制和人工智能司法应用五个部分的新兴法学二级学科。

清华大学法学院副教授、文科建设处副处长刘晗以《作为文理工交叉学科和方法论的网络法学》为题发言。刘晗教授认为，网络与信息法学成为一门独立的学科需要不同于计算机科学和传统法学的方法论，并提出此种方法论可以包括关注架构和场景两个层面。架构是指理解网络法规则需要考虑底层技术结构和商业模式类型；场景是指适用网络法规则需要结合具体应用场景进行判断。

北京外国语大学法学院万方副教授以《个人信息主体的知情权体系》为题作报告。她指出，《个人信息保护法》将知情权分为两个层次：一是事前义务人的告知义务，即义务人需要告知信息处理方式和目的，并获得个人信息主体的同意；二是事中权利人的访问权，并随着个人信息与他人信息交集点增多，访问权的行使会受到限制。个人信息权利的多层次性和价值的多元性，给实现个体权利、突破传统部门法思维提供了一种有效路径。

中央财经大学法学院刘权副教授以《网络与信息法学学术研究的思考》为题作发言。刘权认为，目前学科界限日益模糊，网络与信息法必须进行跨学科研究才能实现重大创新。当前，网络与信息法的研究并没有对其他领域的部门法学或是其他学科展开更深层次的讨论。对此，应鼓励高校进行改革，培养网络与信息法学领域的复合型人才。

中南大学法学院学科办主任张新平副教授以《智能社会中算法与法律的冲突及其疏解》为题作发言。学科建设有四大特征：一是需要符合中国实际；二是需要反映学科特色；三是要有活力；四是要有前沿性。此外，在学科话语体系建设上，还应当强调民族性、继承性等方面，须基于学科独特的性质、任务及特点，建设具有共识性、基础性的概念、关系和范畴等学科话语体系。这其中，基本关系是更具体也更复杂的环节，因为基本关系同人们惯用的概念、观念以及一般学术术语都有密切关系。以算法与法律的关系为例，算法与法律存在的对垒冲突可能引发了一系列法律治理难题：在调整范围上，有法律规则的“调整面”难以有效涵盖；在解释逻辑上，有法律规范的“解释力”无法明确映射；在功能效用上，有法律制度体系的“权威性”受到损害。对此，智能社会算法治理的理念应有所调整：一是法律创制要积极回应算法内在机理；二是推动算法的法律归化，使算法成为现在文明生活的驯化之物；三是恪守算法向善；四是促进算法创新，推动算法在法治的轨道上既安全有序运行又繁荣健康发展。

中国人民公安大学法学院苏宇副教授以《网络信息法学发展历程和研究现状的回顾与反思》为题作发言。他指出，网络信息法学的研究现状可以归纳为四大名称和五个阶段。网络信息法学的主流学科有四类：网络信息法学、计算法学、数据法学、人工智能法学。此外，网络与信息法发展经历了五个阶段：构想阶段、初建阶段、组织阶段、激发阶段、分化阶段。未来，网络与信息法学将会进入新的整合阶段，要义在于更加专注地聚焦各细分领域的研究，在深入、扎实研究各细分领域的基础上，通过多元化的团队和平台发展更广阔的研究能力和整合能力。

中国人民大学法学院副教授、未来法治研究院副院长王莹以《人工智能法学学科建设初探：中国人民大学未来法治研究院的探索与经验》为题作报告。未来法治研究院正在探索产学研的结合，培养复合型人才，寻求治理算法领域的中国方案，并形成跨学科交叉平台，做了构建大数据法学实验室的创新尝试。

北京科技创新中心研究基地朱悦研究员以《移动应用引注规范和法学研究形态发展》为题作发言。他指出，移动页面的应用域名不容易获得，未来随着对网络案件的深入研究和分析，移动应用引注问题会越来越突出。对此，有三种引注方案可供考虑：一是在既有的引注基础上，再加上版本、路径以及来源；二是借鉴证据固定引注，将引述的内容固定下来，作为研究的附件一起提交；三是按照对象呈现的聚合体的特性，将一个程序、界面或是文档形成一个独立的法学研究，以便通过网络技术中的连接、调用等方式实现引注。

分论坛三：个人信息保护法治

2021 年 10 月 16 日下午 14：00 至 15：30，中国法学会网络与信息法学研究会 2021 年年会的分论坛三“个人信息保护法治”在北京友谊宾馆友谊宫 7 号会议室召开。

论坛的第一个环节是主题演讲，由华东政法大学法律学院高富平教授主持。中山大学法学院高秦伟教授，中国社会科学院法学研究所研究员、《环球法律评论》编辑部主任姚佳，中国人民大学法学院副教授、未来法治研究院副院长丁晓东，上海财经大学法学院特任研究员吴文芳，四川大学华西医院特聘教授、杭州锘崴科技创始人、CTO 王爽，华东理工大学法学院讲师肖梦黎，阿里巴巴集团法律研究中心副主任顾伟，字节跳动数据安全与隐私法务专家李昳婧作为发言人参与此环节。

中山大学法学院高秦伟教授以《个人信息保护专责机关的域外经验和中国课题》为题进行发言。高秦伟教授认为我国可以借鉴外国经验，落实专责机关引导、核准、执法的职能，尤其重视其申诉处理职能。但目前中国未设立独立的个人信息保护专责机构，对此宜细化网信办的统筹协调职能，更好地处理个人信息保护纠纷。

中国社会科学院法学研究所研究员、《环球法律评论》编辑部主任姚佳以《〈个人信息保护法〉上个人信息主体的权利体系》为题进行发言。对于个人信息保护，国家层面已建立一个比较系统的规范群，《民法典》开始国家对个人信息保护以及相关人格权体系的建设更为重视，近期又通过了针对个人信息的专门性法律《个人信息保护法》，当前已进入对个人信息保护法的解释论阶段。《个人信息保护法》采用“个人信息处理者”的表述，借鉴域外立法并在中国法体系内创设以决定权为主要表现的“信息自决”观念。在个人信息主体的系列权利中，最核心的权利是知情权，围绕“知情”而外化为查阅权、复制权、更正权、删除权、可携权等系列权利（权能），对于这些权利的侵害，相关民事责任将更多地指向个人信息处理者的行为义务。

中国人民大学法学院副教授、未来法治研究院副院长丁晓东以《〈个人信息保护法〉的中国道路》为题进行发言。丁晓东副教授认为《个人信息保护法》存在中国模式和美国模式两种不同的路径，这两种路径在文化、政治、法制等方面存在区别。我国应从中国背景出发，合理构建《个人信息保护法》的中国道路。

上海财经大学法学院特任研究员吴文芳以《劳动者个人信息保护中"同意"的适用与限制》为题进行发言。吴文芳研究员认为消费关系、劳动关系中的个人信息保护存在区别。在劳动关系中，告知同意规则不能解决信息不对称的问题。对于《个人信息保护法》中第 13 条规定的对劳动者个人信息处理行为，应当从"合法、正当、必要"三原则出发，从目的限制和比例原则两方面进行体系性审查。

四川大学华西医院特聘教授、杭州锘崴科技创始人、CTO 王爽博士以《生物医疗数据中的个人信息保护》为题进行发言。生物医疗数据中存在大量隐私信息，然而医疗数据脱敏很难实现对临床数据，特别是像遗传数据等生物可识别信息的完全隐私保护。隐私保护已经从传统的单中心保护模式发展到隐私保护计算平台的多中心模式，为多中心医疗大数据隐私保护提供了"数据可用不可见"的有效解决方案，这需要包括病人、医生、研究人员、立法者、数据管理者、隐私计算技术人员等利益相关者的共同努力。

华东理工大学法学院讲师肖梦黎以《数字权利的体系构建及类型化保护研究》为题作出发言。肖梦黎讲师认为数字权利的类型化体系包括：传统转化型和时代新生型、数据收集型和算法决策型、跨国联动型和数字弱势群体保护。对此应从角色理论对应的场景理念、分层次的知情同意机制、建立人权保障在内的系统性风险评估范式、公平的责任承担机制四方面探索类型化保护的具体路径。

阿里巴巴集团法律研究中心副主任顾伟以《隐私政策告知与同意的法律性质辨析》为题进行发言。隐私政策是个人信息处理规则的核心呈现方式，也是保障和实现用户权益的核心渠道。当前隐私政策实践在告知和同意两方面都存在问题，亟须"再升级"。隐私政策的告知应具有确定性、包容性、充分性和可读性，充分保障个人的知情权和决定权，提高透明度，接受公众监督。

字节跳动数据安全与隐私法务专家李眣婧以《个人信息权利保护的实务思考》为题，围绕《个人信息保护法》第 49 条进行发言。通过对逝者权利法律规定的比较分析，法务专家李眣婧认为我国立法具有前瞻性和人文关怀。但逝者个人信息权利的保护仍存在难点与挑战，如何有效核实请求者身份、充分平衡所涉各方权利与利益诉求、流程化响应等问题尚待解决。对此，需要相应法律法规规范进一步细化和完善。

分论坛四：数据安全与法治

2021 年 10 月 16 日下午，中国法学会网络与信息法学研究会 2021 年年会分论坛四“数据安全与法治”在北京友谊宾馆友谊宫 7 号会议室召开。

论坛的第一个环节是主题演讲，由中国政法大学法学院丛文胜教授和南京大学法学院王建文教授共同主持。公安部十一局副处长张钢强，国家密码管理局政策法规室二级调研员王伟，北京理工大学法学院洪延青教授，中国社会科学院高仕银副研究员，对外经济贸易大学法学院许可副教授，奇安信集团副总工程师刘前伟，大数据安全国家工程实验室总监童磊，北京理工大学智能科技法律研究中心王磊研究员作发言。

公安部十一局副处长张钢强以《充分发挥公安机关职能作用 坚决维护公民个人信息和数据安全》为题作了发言。发言指出，《网络安全法》《数据安全法》以及《个人信息保护法》明确了公安机关在个人信息保护和数据安全领域的监管职责。在实践中，公安机关主要开展了三方面的工作：一是对相关企业进行行政监管，包括网络安全、数据安全、个人信息保护方面的监督管理；二是依法打击犯罪，尤其是侵犯公民个人信息和涉数据安全相关犯罪；三是立足执法实践，制定相关配套法规和国家标准。在公安机关执法实践中，也面临法律法规不够健全、执法成本高等困难，需要进一步完善相关制度规范，加强部门间协作配合，强化行刑衔接以及推进国家网络身份认证公共服务建设，以有效维护公民个人信息和数据安全。

国家密码管理局政策法规室二级调研员王伟以《全面推进密码法治建设，筑牢数据安全密码防线》为题作发言。王伟认为，密码是保障网络信息安全的核心技术和基础支撑。《密码法》实施以来取得了良好的效果：一是全民密码安全意识普遍提高；二是密码法配套法规制定及时跟进；三是密码管理更加科学规范；四是密码学科建设和人才培养加速推进。他指出，国家密码管理局的下一阶段工作重点包括：一是加快推进《商用密码管理条例》修订工作；二是督促相关主体落实法律法规关于密码应用与安全性评估的法定责任；三是进一步加强密码专业人才培养；四是加快建设密码应用与创新发展示范基地。建议推动立法落实数据分类分级保护中的密码使用要求，依法规范密码应用，有效保障数据安全。

北京理工大学法学院洪延青教授以《国家安全视角下的数据分类分级》为题作发言。他指出，目前法律法规没有明确数据分类分级的具体方案，仅相关指导性文件提出了一种思路，即"实然"路径和"后果"路径："实然"路径是指，客观描述实际获得的数据类型；"后果"路径是指，根据某类数据的安全属性遭到破坏后的影响对象、影响范围、影响程度，对数据进行分级。然而，这一方案仅适用于自上而下的单一组织内部，难以服务于国家层面的要求，无法解决数据的"外部性"问题。对此，可以根据公权力保护价值的不同，将数据类型区分为普通数据、重要（敏感）数据、国家秘密。

中国社会科学院高仕银副研究员以《危害计算机信息系统安全犯罪中的经济损失》为题，围绕危害计算机信息系统安全犯罪中"经济损失"的具体认定，从中美两国规定和司法实践对比展开研讨。在综合分析两国规定相同之处后，重点就其中的差异和美国规定及司法实践的可取之处进行了深入的探讨，主要从中美两国对"经济损失"在计算范围、受害对象、损失的认定等方面详细论述。在结合典型案例分析的基础上，他认为应具体细化我国司法解释中关于危害计算机信息系统安全犯罪"经济解释"的相关概念："给用户直接造成的经济损失"是指行为人实施危害计算机信息系统犯罪行为后，在用户未采取有关补救措施之前，致使用户产生的实际的损失，包括失去的应有经济收入或付出的经济成本和其他因中断服务带来的现实经济价值的减损；“用户为恢复数据、功能而支出的必要费用”中的“恢复”是指使计算机达到计算机信息系统遭受攻击或破坏以前的完好或安全状态，“支出的必要费用”是指为了恢复计算机信息系统中的数据或功能到原来的完好或安全状态而支出的必要的合理费用，包括用户采取安全防护、检测鉴定、弥补安全漏洞等有关必要的措施使计算机信息恢复到受害之前的状态而产生的必要合理成本。

对外经贸大学法学院许可副教授以《数据安全与数据权利》为题作发言。他指出，数据权利是数据安全的制度激励，数据权利是数据安全问责的基础之一，数据安全构成了数据权利的限制。就具体限制而言，可分为三个层次：一是保证数据本身具有保密性、可用性、完整性，鼓励企业自我合规和自我管理；二是涉及国家安全的重要数据须由国家实施最终控制权；三是对于数据处理的外在风险，应成立多方共治的协同治理。另一方面，国家对数据权利的限制也要合法、合理：一是在建立集中统一的数据安全风险评估报告和信息共享机制时，要完善强制性数据共享的标准和激励机制；二是基于公共安全和公共利益调取数据时，要充分尊重权利人的合法利益，坚持比例原则。

奇安信集团副总工程师刘前伟以《数据安全体系建设新思路》为题作发言。他指出，在新的数据合规要求下，企业应该重新构建自身的数据安全体系：一是统筹自身的发展与安全，既要做到避免数据滥用，也要避免数据发展驱动不足；二是及时更新技术，完善防御手段；三是将数据全生命周期和《数据安全法》中的“全流程”相结合，对数据进行全方位保护；四是将“零信任架构”与“数据安全防护体系”相结合，做到“主体身份可信、业务行为操作合规、计算环境与数据实体有效防护”。

大数据安全国家工程实验室总监童磊以《企业数据安全合规技术方案洞察与实践》为题作发言。他指出，数字经济时代，数据成为重要的生产要素和基础的战略资源。然而，高度数字化的数字孪生世界，系统漏洞不可避免，数据流失风险存在于数字化所有场景。解决大数据安全问题需要体系化方案，建立完善的数据安全运营体系，包括数据安全能力评估中心、态势感知中心、人才培训中心、运营中心以及应急响应中心。

北京理工大学智能科技法律研究中心王磊研究员以《新背景下数据安全与数据流通的思考》为题作发言，围绕新背景下数据安全与数据流通分享了他的思考。他指出，数据的商业价值得到了各界的一致认可，数据流通的过程中应平衡保护和利用关系。对此，平台在处理数据时应该提高合规意识，关注数据处理行为要合法合规、数据分类分级保护等方面，遵守商业道德。

分论坛五：电信法

2021年10月16日下午14：00至15：30，中国法学会网络与信息法学研究会2021年年会的分论坛五“电信法”在北京友谊宾馆友谊宫9号会议室召开。

论坛的第一个环节是主题演讲，由中国法学会网络与信息法学研究会副会长、中国互联网协会互联网法治工作委员会主任李国斌和中国法学会网络与信息法学研究会副会长、中国移动通信集团公司法律与监管事务部总经理于莽共同主持。十三届全国人大代表、贵州省工业和信息化厅一级巡视员欧阳武，蚂蚁集团隐私保护研究中心主任李海英，重庆邮电大学网络空间安全与信息法学院夏燕教授，中国社会科学院法学研究所吴峻副研究员，中国信息通信研究院互联网法律研究中心方禹主任，阿里巴巴法律研究中心法务总监王莹，北京航空航天大学法学院助理教授赵精武，腾讯研究院法律研究中心秘书长柳雁军，中国法学会网络与信息法学研究会副会长、中国移动通信集团公司法律与监管事务部总经理于莽在本环节进行发言。

十三届全国人大代表、贵州省工业和信息化厅一级巡视员欧阳武以“关于电子通信市场监管的几个问题”为题展开讨论。目前电信监管主要面临四项挑战：一是电信监管法定概念的内涵不适应市场发展；二是电信监管重点对象企业的市场力量明显减弱；三是电信监管重点业务的重要性下降；四是行业发展监督职责被忽视。对此，应当提升立法层级，将相关行政法规上升为法律；改革监管机关，强化信息服务监管职责和市场运行监测职责；平衡管制与发展的关系，强调促进发展，细化新业务的规范。

蚂蚁集团隐私保护研究中心主任李海英以《数字经济时代电信法的定位》为题作报告。电信业为数字经济发展提供了最关键的基础设施，因此电信法首先要定位于数字经济时代基础设施的发展。其次电信法规制的核心领域面临着国际竞争和未来竞争，应注重电信业发展的安全问题。最后电信法可通过制度设计明确电信运营提供者的社会责任，重新构建电信业务分类目录体系，保护用户，促进社会公平发展。

重庆邮电大学网络空间安全与信息法学院夏燕教授在题为《个人信息去标识化的法律反思》的报告中指出，应该大力发展个人信息去标识化，提高个人信息的利用价值。个人信息去标识化不应仅是一种安全防护技术措施，夏燕教授建议允许三级以及四级的去标识化个人信息在后续处理中豁免知情同意原则的约束，兼顾个人信息保护与企业利用便利，实现利益多赢。此外，还应加强个人信息去标识化的制度构建，进行分类保护，实现民事、刑事、行政的多元保障。

中国社会科学院法学研究所吴峻副研究员以《电信体系下的竞争与监管》为题作报告。吴峻副研究员认为，应依据竞争原则监管基础电信业务，对涉及广泛的增值电信业务可以大幅降低准入门槛。在这个意义上，未来电信法的重点是基础电信业务监管。《反垄断法》的制定为电信法的出台提供了必要的制度前提。电信法的制定过程中，应从实际出发，兼顾产业和市场产生的影响。

中国信息通信研究院互联网法律研究中心方禹主任以《近期国外电信立法趋势及思考》为题作报告。各国电信立法都更加重视网络安全问题，但电信立法的路径选择因国情基础不同而存在国别差异。国内在5G 运维、网络安全和保护用户方面存在问题，需完善立法衔接，明确电信法处理的基础关系和竞争秩序，落实监管机构的职责，基于电信法保障电信网络的安全。

阿里巴巴法律研究中心的王莹总监以《电信立法的几点产业关注》为题进行汇报，围绕如何落地电信法提出三个关注视角：第一，统筹制定相对一致的合规标准，降低企业合规成本；第二，将电信法与用户权益保障机制有序衔接，优化行业企业合规清单中的问题，厘清电信企业和电信用户的关系；第三，从多领域、多层级、多视角制定统筹标准，规范产业竞争秩序，规范电信企业间的竞争和互联互通。

北京航空航天大学法学院助理教授赵精武以《论电信法的调整范围》为题进行发言。电信法以稳定电信行业的市场秩序，保证电信服务质量，规范电信竞争市场，确保电信网络以及传输信息的安全，保障电信消费者的合法权益为立法目的。但电信法的调整范围较难判断，应明确主体概念划定责任的承担者，解决事前业务许可阶段主体不明的难题。电信法与其他法律的协调仍需以概念范畴和监管职权分配为基础，避免与其他法律条文相冲突。

腾讯研究院法律研究中心秘书长柳雁军围绕《〈电信法〉立法面临的新形势和挑战》进行发言。《电信法》承担着促进我国数字经济发展、提升国家数字竞争力的重任。电信立法中要注意：一是要打破行业纵向视角，以数字经济的横向视角重新定位各项制度价值；二是要统筹发展与安全，聚焦发展领域的制度创新，落实有关发展的重点政策；三是要超越管理惯性思维，根据行为决定责任，以此区分数字经济的基础，弥合主体差异。

分论坛六：互联网医疗与法治

2021 年 10 月 16 日下午 16：00 至 17：30，中国法学会网络与信息法学研究会 2021 年年会分论坛六“互联网医疗与法治”在北京友谊宾馆友谊宫 9 号会议室召开。

论坛的第一个环节是主题演讲，由中伦律师事务所合伙人陈际红和南方财经合规科技研究院院长虞伟联合主持。中国医学科学院、北京协和医学院医学信息研究所医疗卫生法制研究室主任曹艳林研究员，中国社会科学院国际法研究所何晶晶副研究员，百度政策研究部总监陈晨，阿里健康总法律顾问邓燕，京东健康互联网医疗运营总监李杰，字节跳动法务总监伍莎莎，平安健康互联网法律合规团队法律管理室经理蒋强，北京大学信息技术高等研究院肖艺能研究员在本环节发言。

中国医学科学院、北京协和医学院医学信息研究所医疗卫生法制研究室主任曹艳林研究员以《互联网医疗法律政策分析》为题，分析互联网医疗面临的问题。新冠疫情期间，互联网医疗迅速发展的同时也催生了许多问题，互联网医疗质量的监管面临重大挑战。尽管我国没有专门的互联网医疗法律，但可以通过民法、刑法、行政法等相关法律监管互联网医疗行为。再者，互联网医疗的发展需要法律指引和政策扶持，应通过法律和相关政策监管医疗质量，降低医疗安全风险，确保实务操作的合规，保证线上线下医疗服务同质化。

中国社会科学院国际法研究所何晶晶副研究员以《数据强监管时代的医疗临床研究》为题作发言。何晶晶副研究员认为，在《数据安全法》和《个人信息保护法》的背景下，“法律+技术”可能是应对医疗数据治理的解决方案。对此，应引入隐私保护技术保障医疗数据的安全，做好数据脱敏。从临床研究的合规路径来看，共享医疗数据有利于医疗事业的发展，这需要诸如卫健委、网信办等行业监管机构出台具体规则，解决各个机构之间数据合作和互动的问题，实现数据使用和数据合规的平衡。

百度政策研究部总监陈晨以《个保法下，AI医疗技术涉及的“生物识别信息”问题的困境与思考》为题作发言。生物识别信息的概念与内涵不明确，而“一刀切”地限制使用生物识别信息会影响医疗数据的价值和人工智能医疗的发展。对此，医疗数据的脱敏与“匿名化”是关键所在，应在立法层面厘清生物识别信息的定义，实行分级分类管理。

阿里健康总法律顾问邓燕以《互联网医疗下的新型法律问题初探》为题作报告。互联网医疗相关法律并不完善，目前主要通过规范层面来实现对诊疗行为的规制。互联网法治应重视互联网医院和线下医疗机构在运营合规方面存在的巨大差异，并且关注互联网医疗下医药分离新业态对个人敏感数据保护可能产生的威胁。

京东健康互联网医疗运营总监李杰围绕《以患者为中心构建“互联网+医疗健康”服务新生态》展开讨论。李杰总监认为应完善系统能力建设、体系能力建设、信息安全管理等制度规定，引入药学知识图谱和

AI智能审方技术满足患者的需求，站在患者的角度上进行合规经营，为患者提供更好的服务。

字节跳动法务总监伍莎莎以《互联网医疗平台合规治理》为题，从业务实践的角度分享合规先行帮助业务实现落地的经验。互联网医疗专业性极强，医疗健康内容真假难辨，互联网医疗消费市场鱼龙混杂，消费者权益易受侵害。对此，互联网消费医疗平台应关注医疗健康内容的合规性，采取审核和规范等机制帮用户去伪存真，对在线问诊进行全流程安全保障，同时对用户隐私进行全方位保障，重塑良性行业环境，为消费者服务安全性把关。

平安健康互联网法律合规团队法律管理室经理蒋强就《浅述个保法落地执行的部分难点》进行了报告。蒋强经理对《个人信息保护法》落地执行的部分难点进行简述：一是互联网医疗平台如何通过线上方式准确识别未成年人的身份和监护关系的认定；二是通过线上方式如何核实与判断自然人死亡情况以及近亲属身份及相关权利；三是如何平衡法律合规与用户对互联网医疗便捷性的要求。

北京大学信息技术高等研究院肖艺能研究员以《医疗人工智能产品责任的法经济学分析》为题作发言。肖艺能研究员指出，首先，医疗人工智能造成医患双方交易成本极高。对此，根据科斯定理，产品责任归责原则的选择需要综合考虑严格责任或过错责任的成本。其次，《产品质量法》中适用严格责任的规定限制了医疗人工智能的发展。对此，应以人工智能的自主决策为依据来选择医疗人工智能产品责任的归责原则，动态调整产业政策，调节社会关系，促进产业发展。

分论坛七：数字经济的司法保障

2021年10月16日下午14：00至15：30，中国法学会网络与信息法学研究会2021年分论坛七“数字经济的司法保障”在北京友谊宾馆友谊宫5号会议室召开。

论坛的第一环节是主题演讲，由上海师范大学教授、教师工作部部长、人事处处长马英娟和京东集团法律合规与知识产权部诉讼负责人钟宣共同主持。杭州互联网法院党组书记、院长洪学军，广州互联网法院党组成员、副院长邵山，海淀法院审委会委员、中关村法庭庭长陈昶屹副研究员，北京邮电大学人文学院副院长谢永江副教授，中国人民大学法学院熊丙万副教授，中伦律师事务所合伙人石必胜，暨南大学知识产权研究院仲春副教授作发言。

杭州互联网法院院长洪学军以《护航数字经济，携手共建数字文明新时代》为题进行发言。洪学军院长指出，准确把握法治和数字经济的关系，可以用“一目标、两面向、三要素、四价值”来概括。“一目标”，即推动数字经济走向数字文明。“两面向”，即坚持以技术创新驱动法治数字化，坚持以需求导向推动数字法治化，实现从数字赋能到制度重塑的跨越。“三要素”，即平台、数据及算法，它们既是法治治理的手段，也是法治治理的对象。“四价值”，即全面贯彻安全、自由、公平、效率价值理念，助力创造更高水平的数字正义。

广州互联网法院党组成员、副院长邵山围绕数字经济的司法保障，着重讨论了司法与金融监管的协同治理问题。邵山副院长指出，互联网借贷存在两个特点，一是近年来互联网借贷市场违约纠纷存量巨大，司法救济捉襟见肘，对社会诚信体系建设有负面影响。二是互联网借贷产品设计在获客、风控，以及对金融消费者的权利保障方面亟待提升。与此同时，应积极探索多元治理的方式，开发互联网金融产品的评估模型，推动金融司法和金融监管的协同治理。通过对审判理念、审判程序、审判技术支撑等方面的优化，实现“普惠金融、万众创新”与“金融安全”的协调，发挥司法引导数字经济发展的功能，通过司法判决引导金融机构采用更具人文关怀的借贷模式、借贷技术，赋能数字金融的高质量发展。

海淀法院审委会委员、中关村法庭庭长陈昶屹副研究员以《个人信息保护审判司法实践的疑难问题与应对》为题，围绕一线审判遇到的具体难题展开讨论。针对个人信息保护案件、数据产品保护等新类型案件，需要司法审判机构及时改革和调整，不能简单地沿用前数字经济时代的模式。

北京邮电大学人文学院副院长谢永江以《构建以有效利用为中心的

数据权属制度》为题进行发言。为推动数字经济的发展，应构建以数据有效利用为中心的法治体系，明确各类数据的权属及内容。同时，国家应在保护数据中的个人权利、公共利益和国家安全的前提下，授予企业经营者充分利用数据进行开发利用的权利。

中国人民大学法学院教授熊丙万副教授以《数据要素财产权的结构体系》为题进行了发言，结合当前正在开展的数据要素市场立法工作，就数据要素财产权的类型和体系作了讨论。一是在生产要素意义上，系统观察和看待包括来源于自然人、组织、物、虚拟物和天体物等不同信息来源的数据，区别看待在网络社交、购物中顺带生成的数据和专门交易的数据。二是在产权方面，要走出以实物为原型的“所有权”执念，探索“权利束”等各种能够体现数据要素的生产与流通特点的现代产权学说体系。

中伦律师事务所合伙人石必胜以《数字网络知识产权诉讼典型问题》为题进行报告，围绕数字网络知识产权诉讼中存在的新问题展开讨论，提出数据爬取等新类型案件对现有的制度框架提出了挑战，《反不正当竞争法》一般条款在数字经济中存在适用难点，需要理论界给予关注。

暨南大学知识产权研究院的仲春副教授围绕数据不正当竞争纠纷的司法实践与反思展开讨论，提出该类纠纷案件中的权利侵害判断范式忽略了竞争本质和数据权属的不确定性。司法裁判对此类不正当竞争行为的认定应当更加谨慎，在裁判时可以多采取调解方式，促成诉讼双方形成合作，推动数据充分流动与利用。

论坛的第二个环节是专家点评，由上海师范大学教授、教师工作部部长、人事处处长马英娟主持。北京师范大学薛虹教授，华东政法大学法律学院副院长陈越峰教授参与本环节的点评。

北京师范大学薛虹教授指出，司法应当走出法院，法官应走出法庭，面向社会。数字经济时代，企业数据和公共数据之间的界限尚不清晰，国际贸易体系相关国际规则也不太认同要求企业披露核心算法的做法。因此，如何实现国内数字经济治理规则与国际规则体系的协调非常重要，亟待完善相关规则体系予以明确。

华东政法大学法律学院副院长陈越峰教授指出，中国数字经济研究开始进入2.0版，在反思既有法律规则和学说的同时，应当开始整合各方资源，结合数字经济自身的特点，有针对性地建构与数字经济相符合的规则和学说体系。

分论坛八：网络平台治理

2021年10月16日下午16：00—17：30，中国法学会网络与信息法学研究会2021年会分论坛八“网络平台治理”在北京友谊宾馆友谊宫5号会议室召开。

论坛的第一环节是主题演讲，由对外经济贸易大学王健教授和新浪集团法务部总经理谷海燕共同主持。国家市场监管总局网监司副司长张道阳，京东集团副总裁、京东零售平台生态部负责人孔祥莹，电子商务法律网首席专家阿拉木斯，数安信首席科学家郑灏，字节跳动诉讼与维权法务总监宋纯峰，中国通信院互联网法律研究中心主任工程师何波作发言。

国家市场监管总局网监司副司长张道阳以《高质量发展阶段对平台企业的穿透式监管》为题作发言。数字时代，数字成为生产要素，商业模式变身算法。政府部门应转变监管理念，创新监管模式，细化和加强对平台企业的监管，提高政府监管的技术水平，建立多层次、多方面的监管体系。他认为，评价“合格”平台企业有三个标准：一是不得危害中国国家安全；二是符合大多数中国用户利益；三是商业模式可持续。平台企业应注重创新，重视可持续发展，开展经营活动时要尊重各方合法权益。同时，牢固树立法治观念，切实履行企业社会责任。

京东集团副总裁、京东零售平台生态部负责人孔祥莹以《“合规即发展”——京东平台治理实践》为题，指出加强企业合规即是促进企业发展。京东坚持“正道成功、责任担当、长期主义”的平台治理思路，创建了党建引领合规制度，将平台治理与业务经营相结合，持续完善自身治理体系。京东重视对商品的知识产权保护，建立了一站式互联网版权解决方案，采用柔性治理与红线管控相结合的差异化平台治理方式，驱动商家自我改善和提升合规意识的同时，建立商家信用体系和清退机制。

电子商务法律网首席专家阿拉木斯以《平台治理与治理平台》为题，指出平台治理正向治理平台转变。应用复杂系统治理中的三条定律实现互联网治理：一是要关注小概率事件，小概率事件可能成为决定性因素；二是系统越复杂，越与人类的行为具有相似性，即有机性；三是不要过分追求有序性，复杂系统在远离平衡状态下运行，强行使其平衡恰恰会引发系统的覆灭。此外，互联网治理涉及线上线下两个维度，要坚持线上线下一致原则。

数安信首席科学家郑灏以《隐私计算赋能数据监管》为题作发言。他指出，数据是企业的核心资产，而数据价值变现面临日益严格的监管与合规性的要求。传统的第三方授信模式有四个方面的缺点，包括数据泄露风险大、授信第三方易于垄断、沙箱模式具有局限性以及数据方缺乏提供数据的意愿。对此，隐私计算通过底层操作系统的构建，使数据保存在数据源的情况下实现数据处理和多方协同认证，推动数据“非垄断”下的共享。

字节跳动诉讼与维权法务总监宋纯峰以《新媒体平台生态建设实践》为题作发言。新媒体平台具有四方面特征：速度快、互动性强、原创性突出、参与人数众多。然而，网络黑灰产业严重破坏了新媒体平台生态健康，其以流量为核心，以行为分散性、链条性、跨地域性、分工性、隐蔽性、技术性为特点，需要多方协作形成合力效应。

中国通信院互联网法律研究中心主任工程师何波以《国际数字贸易规则中的网络平台的责任》为题作发言。他指出，平台用户可能利用平台进行违法犯罪，从而使平台面临协助侵权或教唆侵权的风险。此时，如何界定平台的责任，对数字贸易有着非常重要的影响。近年来，欧美国家将网络平台责任加入到对外贸易协定，以解决监管冲突。中国平台责任的监管持续完善，但是我国缔结的贸易协定中，还没有对互联网服务提供者或网络平台责任作任何规定，在未来制定对外贸易协定时需考虑将自身的网络治理规则嵌入其中。

论坛的第二环节是专家点评，由新浪集团法务部总经理谷海燕主持。北京师范大学法学院汪庆华教授、中央党校（国家行政学院）政法教研部张效羽教授参与点评。

汪庆华从三个方面做出点评。首先，平台治理主体的多元化、开放性以及平台与用户的不平等性等现实情形下，政府需要介入对平台的治理。其次，新的技术和新的手段使得平台治理发生了深刻的变化，需要及时更新平台治理手段。最后，数据、算法、架构三要素构成平台治理的全链条，法律架构与构成要素相符合。平台治理不仅仅是法律问题，更是政治经济学问题，需要放在更广阔的维度下进行讨论。

中央党校（国家行政学院）政法教研部张效羽教授认为监管是把双刃剑，无所谓“强监管”还是“弱监管”，只有依法监管还是违法监管。包容审慎监管原则是中国数字经济发展壮大的重要经验，应该予以坚持。当前中国针对平台经济监管的主要问题还是该监管的没有监管起来、不该干预的又干预过多，因此必须进一步强调依法监管、科学监管和包容审慎监管原则。

分论坛九：网络黑灰产全链条治理

2021 年 10 月 16 日下午 14：00—16：00，中国法学会网络与信息法学研究会 2021 年会分论坛九“网络黑灰产全链条治理”在北京友谊宾馆友谊宫 3 号会议室召开。

论坛的第一个环节是主题演讲，由中国应用法学研究所副所长李玉萍研究员和西南政法大学法学院石经海教授共同主持。北京市人民检察院（经济犯罪检察部）第四检察部副主任刘丽娜，中国人民大学刘品新教授，北京市社会科学院法学研究所副所长王洁，北京外国语大学法学院郑曦教授，京东集团安全调查部高级总监昔振国，UC 浏览器副总编张沅作发言。

北京市人民检察院（经济犯罪检察部）第四检察部副主任刘丽娜以《新型网络黑灰产业惩治难点问题研究》为题作发言。她指出，当前网络犯罪案件呈现出新动向、新趋势：一是作案手段不断升级，爬虫、嗅探、逻辑炸弹等新型犯罪层出不穷；二是黑产链条层级分工越来越细，上中下游均呈职业化发展态势；三是网络黑手多种手段躲避侦查，跨地区、跨境犯罪时有发生；四是新生经济产品易被非法利用，监管盲区成为黑灰产“避风港”。同时，针对网络犯罪案件的刑事司法办案面临难题：一是传统理论难以应对分布式网络犯罪；二是部分关键证据仅有犯罪团伙掌握；三是利用技术手段实施相关行为的法律边界模糊；四是海量电子数据收集与审查困难；五是相关联罪名之间难以选择。对此，法律应修正共犯理论降低帮助犯的入罪门槛，并进一步明确技术中立理念及刑事追责边界。针对特殊情形，提高行为人说明义务。另外，鼓励网络平台第三方协助配合取证，提高打击网络犯罪的效率。

中国人民大学刘品新教授以《网络黑产的证据法应对》为题展开研讨。刘品新教授认为，当前网络黑产治理强调“打早打小”，但实践中只追责到网络犯罪的帮助犯，并未有效惩治到位于境外的主犯。对此，网络黑产的治理应当检讨和换轨，从刑法的应对走向证据法的应对，以新型电子证据治理新型网络犯罪。

北京市社会科学院法学研究所副所长王洁以《电信网络诈骗治理：观念、宣传与技术》为题作发言。王洁指出，电信网络诈骗犯罪呈现出高发态势，涉案人数、涉案金额、社会危害远远高于传统犯罪。对此，我国应借鉴国外警方受案时采取“推定被害人有理”的原则，同时加强电信诈骗犯罪的宣传和教育，提高公众防范意识。在技术预防上，完善司法机关受案立案制度，将诈骗罪由数额犯改变为行为犯，加强刑法打击。

北京外国语大学郑曦教授以《针对网络犯罪的侦查技术及其规则》为题作发言。郑曦指出，网络犯罪的“留痕”特点使网络搜查技术变成现实。网络搜查具有专业性强、远程控制、受限条件少以及秘密性强的特点，会对公民的隐私权合个人信息安全产生影响。对此，行使网络搜查时应该明确搜查的主体和目的，坚持比例原则、事前的令状原则、强制侦察法定原则以及事后的司法审查原则。具体而言：一是适用案件类型可以参考《刑事诉讼法》对于技术侦查适用案件类型的规定；二是程序启动上要严格限制，检察机关严格审查“准令状”的发放；三是实施时可以建立全程同步监控机制。

京东集团安全调查部高级总监菅振国以《电商领域黑灰产现状及痛点》为题进行发言。他指出互联网的快速发展使商业模式产生重大变化，平台业务趋向复杂化，导致平台漏洞增多和风险防控变弱。目前，黑灰产团队组织严密，分工精细且信息传递顺畅，打击黑灰产非常困难。法律政策应及时更新完善，加强刑法打击黑灰产力度。虽然刑法具有谦抑性，但网络黑产亟须刑法打击。

UC浏览器副总编张沅以《网络信息内容黑灰产治理研究与实践》为题作发言。对网络信息内容黑灰产的治理，在重视法律规制的同时，对从事网络内容建设的企业和个人应给予更多的法律保护促使网络产业发展形成良性循环。她指出，打击黑灰产需要社会多元共治：一是完善自媒体版权保护和非法经营的相关法律；二是建立黑灰产样本库并实现共享，联合采用账号“黑名单”制度，引导完善行业标准和自律公约，形成网络信息内容黑灰产治理联盟；三是持续创新技术打击数据造假行为，加强全产业链监管，完善黑灰产投诉机制和奖惩机制。

论坛的第二环节是专家点评，由西南政法大学法学院石经海教授主持。北京外国大学法学院王文华教授、中国社会科学院文化法制研究中心副秘书长刘灿华作点评。

西南政法大学法学院石经海教授认为，针对网络“黑灰产”这一特定对象，应当从其产生渊源和运行机制出发，破除“单兵作战”的藩篱，在主体上推进企业、社会和国家的多元共举，在方式上深化行业自治、行政执法、刑事打击等各环节的全链条衔接，并进而将其放置于整个国家治理体系之中，以真正发挥“网络黑灰产全链条治理”的长久功效。

北京外国语大学法学院王文华教授指出，网络黑灰产已经形成一个联系紧密的全链条，而立法司法等还没有形成相对应的全链条。她建议强化系统化体系化，加强联动立法，在立法时对相关法律进行一并修改，从而实现法律的高效联动衔接。

中国社会科学院文化法制研究中心副秘书长刘灿华指出，为了有效应对链条化、产业化的网络黑灰产违法犯罪活动，应当建立起全链条的治理机制，实现系统治理和综合治理，但目前仍需要在如何构建“全链条的治理机制”上找到突破口。另外，要坚持法治化的原则，特别是不能过分地依赖“扩充公权力”这一路径来应对网络黑灰产违法犯罪活动。

分论坛十：新技术新应用的法律规制

2021年10月16日下午16：00—17：30，中国法学会网络与信息法学研究会2021年会分论坛十“新技术新应用的法律规制”在北京友谊宾馆友谊宫3号会议室召开。

论坛的第一个环节是主题演讲，由中国人民大学法学院副院长张翼和中国法学会网络与信息法学研究会常务副秘书长、国家保密科技测评中心五级职员郑强共同主持。中央财经大学法学院邢会强教授，山东科技大学文法学院（知识产权学院）副院长赵丽莉教授，腾讯研究院秘书长张钦坤，中山大学粤港澳发展研究院叶一舟副教授，北京航空航天大学工业与信息化法治战略与管理重点实验室盛星宇研究员，中国人民大学邓矜婷副教授作发言。

中央财经大学法学院邢会强教授以《金融控股集团的信息共享》为主题作报告。他指出，我国金融控股公司信息共享机制的基本规则初步确立，形成了“告知—知情—同意”的基本架构。实践中告知同意往往成为形式化过场，并且，将知情权告知同意作为合法性的前提会抑制数字经济的发展。对此，应优化金融机构的告知义务：一是突出“权利告知”，实行单独告知；二是将自动化处理和用户画像的可预期后果纳入告知内容；三是优化隐私说明，要求易懂、清晰、显著，并尽可能简短；四是为了保证信息主体知情权，应进行二次告知。

山东科技大学文法学院副院长赵丽莉教授以《基于CPS应用的工业互联网数据安全风险及防控研究》为题作发言。新一代信息技术创新革命将融合计算机、网络、通信技术与物理系统，形成以Cyber-physical systems（CPS）为核心的信息网络物理系统，充分提升工程系统的协调性能。她指出，工业互联网应用分为物理层、数据传输层和应用层三层架构，每一层的数据风险具有差异，因而需要基于不同层面，架构差异性保护措施，分别注重数据可用性、完整性、机密性保护。

腾讯研究院秘书长张钦坤以《区块链数字资产及相关法律问题》为题，分享了他对区块链数字资产的理解。他指出，传统的互联网开始从信息互联网向价值互联网转变，互联网上原生的一些数字资产能够通过智能合约来交易，并被加密算法所保护。价值互联网模式的技术底层在于区块链技术，区块链上的数字资产可以分为同质化资产和非同质化资产。未来，区块链上的数字资产流转只能相对去中心化，并且客观可控制。

中山大学粤港澳发展研究院叶一舟副教授以《人工智能浪潮下的法学反思》为题，分享了他近年对于人工智能相关法律问题的研究。他指出，人工智能的相关法律研究可以分为部门法研究、比较法研究、交叉性研究以及法学原理研究，但是相关研究缺乏深度和广度，且在法学交叉领域也缺乏法学理论的支撑。

北京航空航天大学工业与信息化法治战略与管理重点实验室研究员盛星宇以《金融科技治理的伦理观察——向善之道》为题作发言。他指出，科技的发展对金融进行了全面的重塑，金融科技的本质是通过应用新技术来提升金融业务的服务体验和运营效率。金融科技可以打破国家之间和地区之间的金融资源鸿沟，推动金融平权，但是相关法制建设在调整范围和手段上存在脱节和滞后。

中国人民大学法学院副教授邓矜婷以《法律规则的计算机表示与理解》为题作发言。她指出，未来人工智能进行数据训练后，计算机对法律规则不仅能表达其文字的表面意义，同时也能够表达法律规则的思维逻辑，以及蕴藏在文字背后的理念。

论坛的第二个环节是专家点评，由中国人民大学法学院副院长张龑主持。中国社会科学院法学研究所赵磊研究员、北京市朝阳区人民检察院第二监察部一级检察官王栋作点评。

赵磊指出，邢会强教授谈到的关联方之间信息共享是否需要征得客户同意的问题，立法上值得研究。赵丽莉教授谈到的工业互联网三个层次中，物理层的保护与法律关联不大。张钦坤秘书长谈到的NFT问题，传统意义上的有形资产转化为NFT以虚拟化转让值得研究和讨论。叶一舟教授谈到的人工智能主体拟制问题，可以从民商法上的法人理论解决。盛星宇研究员谈到的监管伦理问题应由法理层面解决。

王栋从一线办案实践出发指出，新技术和新应用的发展使得传统犯罪采用新型计算机作为作案工具，计算机网络犯罪的案件呈高发态势。但是，新技术的发展也为办理案件提供了便利，通过完善的法律规制能够使新技术和新应用更好地服务于中国法治建设。

青年论坛

2021年10月17日上午，中国法学会网络与信息法学研究会2021年会“青年论坛”在北京友谊宾馆成功举行。

“青年论坛”由中国法学会网络与信息法学研究会副秘书长、中国人民大学法学院副教授、未来法治研究院执行院长张吉豫和中国法学会网络与信息法学研究会副秘书长、中国法学会法治研究所研究员刘金瑞共同主持。

华东政法大学法律学院副研究员韩旭至以《司法区块链的价值目标及其实现路径》为题进行了报告。他提出，司法区块链作为一种信任机制，其提升效率的应用价值已被广泛关注。作为智慧司法建设的重要环节，其实现数字正义的建设目标必须被充分重视。从司法区块链的建设“初心”出发，可对当前区块链存证、区块链确权、“区块链＋审判管理”、“区块链＋电子卷宗”、“区块链＋自动立案”、“区块链＋智慧查封”、“区块链＋智慧执行”等多维应用进行检验，充分地审视具体应用场景中的问题与风险。司法区块链建设的推进，必须警惕“区块链万能主义”，把握司法本质属性，紧密围绕其价值目标展开。

西北政法大学行政法学院讲师马宁以《我国个保法项下个人信息利用的平衡思考》为题进行了报告。他提出，数据时代的核心竞争力就是对数据进行开发和利用的能力，这意味着，“个人信息保护与合理利用的平衡”是数字经济发展重视无法回避的本源性问题。随着个人信息利用场景及产业业态的不断丰富，我国的《个人信息保护法》仍然需要对其投入必要的立法考量。

清华大学法学院助理研究员刘云就《个人信息可携带权与数据互联互通》进行了报告。通过比较我国《个人信息保护法》第45条与欧洲

《通用数据保护条例》第20条的异同，提出了可携带权通过复制下载、互联互通进行实现的两条不同路径。报告认为，复制下载是数据捷径，也是GDPR所采用的主要方式，我国提出的可携带权更显著的意义在于促进互联互通。报告同时指出，“连接”是互联网的本质，数据互联互通应当成为数字经济产业努力的方向，个人信息可携带权可以为数据互联互通创造新的机遇。

北京市朝阳区检察院二部检察官助理王爱强以《网络爬虫技术滥用的刑事责任认定》为题进行了报告。他提出，以往司法实践，大多将恶意利用网络爬虫的行为归为不正当竞争行为，但这不妨碍刑法对网络爬虫滥用的行为进行规制，这是因为网络爬虫技术是掌握在使用者的手中，体现使用者的意图，当将网络爬虫技术被当作犯罪手段，符合了相应的犯罪构成，就可以考虑动用刑法进行规制。当网络爬虫使用者有恶意排除访问规则的设定，严重扰乱计算机信息系统的正常运行秩序；采用非法手段获取数据，造成网站经营者较大经济损失；恶意利用网络爬虫技术提取隐藏信息等行为时，就应当考虑其运用爬虫技术的行为是否具有非法性，是否需要动用刑法进行规制。通过对网络爬虫技术滥用的案件进行分析，可以总结出办理新型网络犯罪案件的三个论证思路：一是厘清技术滥用的行为模式，技术中立不是脱罪理由；二是明确网络技术滥用的违法行为与危害后果之间的因果关系；三是对行为的危害后果全面评估，进而妥善对案件进行处置。

中国社会科学院法学研究所博士后研究人员刘绍宇就《论超大互联网平台中监督个人信息保护情况的独立机构——评〈个人信息保护法〉第58条》进行了报告。他认为，我国《个人信息保护法》第58条在世界范围内首次引入了超大互联网平台中负责监督个人信息保护情况的独立机构，是一个真正意义上的中国创新。任何创新并非凭空产生，该制度产生于我国政府近期对互联网平台加强经济监管的大背景之下，是平台主体责任理念的又一次具体体现，同时受到域外平台治理先进经验的启发，尤其是欧盟近期引入的超大型平台个人信息保护义务机制和守门人机制、德国平台内容治理中的私人审查机构和美国平台治理实践中最新产生的脸书监督委员会和谷歌咨询委员会。从法律定位上来说，其本质上是行政法上的被规制的自我规制机构，是互联网时代私人参与公共任务的一种新形式。尽管监督个人信息保护情况的公共任务交给了作为私人的独立机构，但并不意味着其就可以逃逸公法的约束，也不意味着国家角色完全退去。具体来说，独立机构应受到民主原则、正当程序原则、基本权利保护原则、辅助性原则和效能原则等公法原则的约束，国家仍应承担保障责任和兜底责任，这在未来制度的进一步细化中均应体现。该制度对于优化平台治理生态来说还具有巨大的潜力，应用范围可扩大到信息管理、信用治理和交易监管诸多平台监管领域。

中国人民大学博士研究生曹阳以《我国纳税人信息权与涉税信息管理权间的冲突与平衡协调》为题进行了报告。他认为，纳税人信息权可形成一个权利束，基于纳税人信息权的权益属性，有必要对纳税人信息权采取一体但分层的法律保护观。但国内对该权利的法律保护往往易有失偏颇。另外鉴于涉税信息管理工作异常艰巨和复杂，涉税信息管理权本身也是一个权力束。上述两项对向的权利（力）束间时常存在博弈和冲突，因此需要对二者间的关系妥加调适，使之更趋平衡协调。第一部分是纳税人信息权与涉税信息管理权间的冲突及其表现，包括纳税人信息权与涉税信息采集权、存储权、使用和分析权、共享与公开权间的冲突。第二部分是我国对纳税人信息权与涉税信息管理权加以平衡协调中的现存问题，包括涉税信息保护中与权利（力）间平衡协调相关的现存问题、涉税信息管理中与权利（力）间平衡协调相关的现存问题、相关权利（力）互动中与之平衡协调相应的现存问题这三方面。第三部分是平衡协调我国纳税人信息权与涉税信息管理权的对策，包括涉税信息保护中相关权利（力）间平衡协调的对策、涉税信息管理中相关权利（力）间平衡协调的对策、相关权利（力）互动中与之平衡协调相应的对策这三方面。

中国社会科学院大学博士研究生张心宇就《青少年模式：技术与监管的耦合》作了报告。他提出，青少年模式是在未成年人网络保护领域中，公私主体为了控制未成年人上网风险，合作利用网络信息技术提出的技术治理方案，本质是上对青少年控制网络风险的一种集合机制。青少年模式通过控制手段，保护未成年人身心健康。通过构筑青少年专属内容池，为青少年的健康上网的实现提供可行路径。但在相关实践中，青少年保护往往流于形式。未来青少年模式的完善需要统一标准规范的出台，监管部门、平台、监护人等各方主体应按照规范要求，沟通营造有利于未成年人身心健康的网络环境。

西南政法大学博士研究生常宇豪以《风险社会中的个人信息保护：制度变迁与理论反思》为题进行了报告。他认为，风险防控是个人信息保护制度的当然目标和重要命题。信息社会的个人信息风险是具有公共性、不确定性、二重性特征的现代性风险，契合风险社会理论要义。为因应风险社会中的个人信息保护需要，各国个人信息保护制度呈现出由单一目标转向多重价值、由形式主义转向实质主义、由规范主义转向功能主义三大转变趋势，并在群己观、利益观、目的观三个维度对传统个人信息保护理论体系形成冲击和挑战。制度变革和理论挑战的实质是个人本位与社会本位两种个人信息保护理念基础的交锋。在以个人本位为核心的既有个人信息保护理论无法继续解释和指导立法实践的情况下，应尝试以社会本位理念为基础，重构个人信息保护理论体系。

华东政法大学博士研究生郭骁就《电商平台滥用相对优势地位规制的检讨与修正——基于〈电子商务法〉第 35 条的分析》进行了报告。他提出，《电子商务法》第 35 条模糊确立了平台滥用相对优势地位制度，设置该条的原因是缘于电商领域的迫切需求与竞争法现有规制的漏洞，出于实用主义的思路将其放在《电子商务法》之下。但该条立法的模糊不仅会引发内部滥用的风险，也会规避《反垄断法》的适用。规制平台滥用优势地位行为，应将侵害的法益确立为“市场竞争基盘的侵害”，完善主体要件、行为要件、后果要件。对于主体要件，应基于内部的依赖性和外部的可转换性来认定是否具有优势地位。对于行为要件，在性质上滥用行为是基于市场力量的不正当行为，而不是行为本身违法，并可通过“概括 + 列举”的设置提升法律适用的准确和效率。对于后果要件，应确定为破坏市场自由竞争的基础，即只要使得弱势方不能自由、自主地做出意思表示即可。最后，《电子商务法》调整的是平台与商家的内部关系，与《反垄断法》规范的竞争关系不同，故为理顺法律体系，应将第 35 条升级再造后纳入正在修订的《反垄断法》中。

Contents and Abstracts

Reflections on the Regulation of Personalized Pricing by the Framework of Anti-monopoly Law

Ji Xiang

Abstract: The phenomenon of "Personalized Pricing" has become the focus of attention in recent years. While using the anti-monopoly framework to regulate this phenomenon may have such problems as limitation in the scope of such regulation, high difficulty in judging the reasonableness of price, and ambiguity in the connotation and extension of the concept of "transaction counterparty", regulating it with the Anti-unfair Competition Law may still go into trouble for the lack of the basis of higher-level law. As an alternative, we can try to examine whether the factors that determine the price are reasonable and legal from the pricing mechanism of the personalized pricing algorithm. By analyzing the "Personalized Pricing" cases in practice, the principle of good faith in civil laws can be implemented to deal with such problem by regulating the fraudulent or misleading behaviors of operators. It shall be noted that the legitimate rights and interests of business operators shall also be taken into consideration to avoid improper intervention in the market.

Key Words: Personalized Pricing; Antitrust Law; Differential Treatment

The Dilemmas and Optimal Paths of Artificial Intelligence for Justice

Liu Ruonan

Abstract: With the development of the smart court, the problem of poor human-computer interaction in judicial practice has gradually become prominent. Analyzing the application status of AI systems in the judicial field, it can be found that due to the low quality of judicial data, the unclear legal status of algorithms, and the lack of algorithm regulation rules, knowledge graph construction, the technologies of natural language processing and machine learning cannot cope with complex judicial practices. Considering principles of AI technology and characteristics of law application, we should solve technical problems by building legal ontologies and jurisprudence maps as well as developing interpretable artificial intelligence. We should solve legal issues by formulating legal rules for AI in the judicial field. In this way, we can balance justice with efficiency and also maintain the authority of justice.

Key Words: Artificial Intelligence for Justice; Knowledge Graph; Natural Language Processing; Legal Expert System; Regulation of Algorithms

From Experimental Laws to Laws of Experiment: The Transformative Effects of A/B Experiment on Internet Governance

Zhu Yue

Abstract: As an idea and a tool with widespread and deep impacts in the Internet era, A/B experiment plays a crucial role behind emotion manipulation, political propaganda, and big data price discrimination, but attracts little attention. In the lights of three thoughts of governance, experimental points (shidian), random controlled experiment, and prudential/gradual governance, A/B experiment is a governance tool suitable for Internet governance. For enacting and enforcing rules of Internet governance, A/B experiments will make their enactment and enforcement more scientific, and their evaluation more real-time and scientific, and themselves more "experimentable." The potential of A/B experiment to transform Internet governance is further indicated in its tight link with sandbox governance and personalized governance, both of which are widely discussed. Besides, A/B experiment is subject to the rules and norms set forth in the Personal Information Protection Law, technical standards, and ethical principles. The practices and normalization of A/B experiment, as well as its being introduced into governance, can all be regarded as the technical foundation and practical indication of the transformation of Internet governance, from "laws of experiment" to "experimental laws".

Key Words: A/B Experiment; Cyberlaw; Sandbox Governance; Personal Information Protection Law; Law and Social Science

The Development of Internet Hospitals During the COVID - 19 Epidemic

Li Qimao; Shi Jiaqi

Abstract: During the Covid - 19 epidemic, in order to reduce the risk of cross-infection and improve the quality of basic-level medical resources, our country has introduced a series of policies to encourage patients to seek medical treatment online. Internet hospitals have entered the rapid growth phase by virtue of their advantages such as no contact and concentration of medical resources. In this article, we compose the current laws and regulations related to internet medical care, and analyze the difficulties and risks that may arise in the practice of internet hospitals, and then provide forecast on the subsequent policies of the internet medical care industry.

Key Words: Internet Hospital; Telemedicine; Internet Diagnosis and Treatment; Industry Regulation; Multi-point Practice; Prescription Drug Sales; Medical Insurance Payment; Data Compliance

Analysis of the Impact of Regional Comprehensive Economic Partnership (RCEP) Rules on the Telecommunications Industry

—From the Perspective of Telecommunication Operators

Yang Haibo; Zhang Maolin

Abstract: The Regional Comprehensive Economic Partnership (RCEP) will enter into force among some member states including China on January 1, 2022. The chapters of higher level telecommunications and electronic commerce testify to the resolve of member states to further promote open markets, improve the regulatory system and undertake economic and trade cooperation in the field of information and communication. By sorting out the relevant chapters of RCEP on telecommunication and electronic commerce, this paper makes a comparative analysis of the impact of RCEP on telecommunication industry of our country in terms of open markets, interconnection and domestic regulation, and make recommendations to operators: Respond to open markets and intensify international cooperation ; Standardize business practices and fully implement RCEP rules; Strengthen data management and improve data protection framework; Layout in advance and cope with opening up in a higher level.

Key Words: Regional Trade Agreement; Telecommunications Service; the Association of Southeast Asian Nations (ASEAN); Open Markets; Interconnection

Research on the Governance of Telecom Network Crimes

Li Rong; Wu Handi; Duan Jiping

Abstract: In the era of rapid development of network and mobile technology, new network related crimes led by telecom network fraud have gradually become a difficult problem in case investigation. It has the characteristics of diversification of means, specialization of methods, criminal gangs, transnational personnel and so on, it continuously pollutes the network environment in the form of a virus, which brings many problems to the comprehensive management of society. The governance of telecom network crime is a governance scheme launched by studying the characteristics and trends of new network related cases, relying on network security related technologies, summarizing the achievements of the existing anti-fraud work stage, and combining the guidance requirements of the latest draft anti-fraud law. The idea is to gather multi-source and multi-dimensional data and active scanning result data, take the fraud discovery model as the core, carry out real-time data analysis and multi-level technical support operation, and provide a full chain closed-loop network fraud early warning and attack work in four links: early warning, research and judgment, disposal and insight.

Key Words: New Network Related Crime; Telecom Network Fraud; Anti-Fraud Solutions; Network Security Technology

Privacy Protection of European Health Data and Its Enlightenment to China

— From the Perspective of the Relevant Jurisprudence of Article 8 of the European Convention on Human Rights

Li Yanhua

Abstract: China has not established a systematic privacy protection model for health data. However, in view of the explosive growth of health data in the era of big data and the actual demand of data subjects for privacy protection, it is necessary to improve the existing legislative and judicial protection system. Article 8 of the European Convention on Human Rights stipulates that individuals have the right to privacy, and the European Court of Human Rights has continuously explored the direct path to protect the privacy of health data in its case practice. Among them, it has gone through the development process of scope orientation, whether the state interferes with this right or not, and then according to law, legitimate purpose and necessary exclusions in a democratic society. The European court of human rights has widely adopted a step-by-step analysis, and with the development of case practice, it has further shifted the trial focus to the balance test of interests in form and content, that is, by exerting the elements of judicial reasoning and judicial initiative, it pays attention to the balance between the interests of personal privacy and the interests of employers, communities and countries, religious freedom and freedom of speech. The above experience provides a useful reference for improving the legislation and judicature of health data privacy in China.

Key Words: Health Data Privacy; Article 8 of the European Convention on Human Rights; European Court of Human Right

《网络信息法学研究》征稿启事

为推进网络信息法治建设，提升网络信息法学研究水平，推进中国特色新型智库建设，推动相关优秀成果的现实转化，《网络信息法学研究》现面向社会公开征文，诚邀国内外专家学者踊跃投稿。

一 概要

中国法学会网络与信息法学研究会是中国法学会直属的全国性一级研究会，是中国网络与信息法研究的核心和中坚力量。《网络信息法学研究》作为中国网络与信息法学研究会会刊，汇集国内外网络信息法领域理论性、前瞻性、创新性研究成果，引领、推动、服务中国网络信息法发展。

二 主题

本刊注重对网络发展突飞猛进背景下网络与信息领域的法治研究，探讨解决理论与实务界的最新问题，交流国内外最新理论研究成果及实践经验。辑刊的栏目设置有：共享经济与政府规制、个人信息保护、网络监管与网络治理、人工智能与法治、大数据与网络安全、互联网全球治理等。欢迎有独立见解、反映网络信息法学最新理论与实务动态的文章。

三　投稿要求

1. 稿件内容应与网络信息法学密切相关，要求学术主题明确，结合实务，具备创新理念，符合学术规范。

2. 向本刊投稿时，请作者在正文外另附一页详细写明作者信息，正文中不出现作者信息以便匿名审稿。作者信息须完整准确，包括姓名、中英文工作单位、学位、职称、通信地址、邮编、联系电话及电子信箱；文章为得到基金项目资助的，请注明。

3. 论文类稿件一般应在8000字以上（含脚注），须有英文标题、200字左右的中英文摘要、3—5个中英文关键词。摘要应简明扼要地陈述文章内容，不宜用“我认为”“本文认为”等写法，不加注释和评论。

4. 论文引证体例参见《网络信息法学研究体例规范》。不符合本刊规范化要求的来稿，将视为不合格稿件。

5. 投稿采用电子版形式。来稿一律不退，请作者自留底稿；本刊对所有来稿一律实行三审，匿名审稿；凡投稿三个月内未收到用稿通知的，即为不予采用。

6. 翻译稿投稿需译者提供明确的作者授权函。

7. 对拟采用稿件，在尊重作者原意的前提下，本刊有权进行技术处理。作者如不同意，请在来稿时书面声明。

8. 本刊鼓励首发，反对抄袭、剽窃等侵犯他人著作权的行为。由此给本刊造成不良后果的，本刊将追究责任。

四　联系方式

投稿信箱：cyberlawjournal@126.com（长期有效）
来稿邮件标题格式：作者姓名+作者手机号+稿件题目

中国法学会网络与信息法学研究会
《网络信息法学研究》编辑部
2020年6月1日

附

《网络信息法学研究》体例规范

一　篇章结构与标题

书稿篇章的设置须逻辑紧密、结构合理、层次清晰，标题序码一律用中文标示，如：第一编、第一章、第一节；节下如有小标题，标题序码仍用中文，如：一、二、三……；再下面的标题序码，依层次分别用（一）（二）（三）……，1. 2. 3. ……，（1）（2）（3）……标示。

二　引文

重要文献均须校核，并以人民出版社、中央文献出版社、人民日报、新华网等最新版本为准。旧时作者的著作或文章结集出版，可依当时的版本。

三　注释

1. **著作**

标注顺序：①责任者与责任方式/书名/卷册/出版者、出版时间、版次（初版除外）/页码。[注：责任方式为著时，“著”字可省略，其他责任方式不可省略（下同，不再标注）；同一页所引文献相同且注释顺序相邻时，责任者、书名可省略为“同上书”；同一页所引文献相同、

页码相同且注释顺序相邻时，责任者、书名、页码可省略为“同上”；责任者本人的选集、文集等可省略责任者］

示例：

余东华：《论智慧》，中国社会科学出版社 2005 年版，第 35 页。

同上书，第 37 页。

同上。

刘少奇：《论共产党员的修养》，人民出版社 1962 年第 2 版，第 76 页。

《毛泽东选集》第 1 卷，人民出版社 1991 年版，第 3 页。

2. 译著

标注顺序：责任者国别、责任者与责任方式/书名/其他责任者与责任方式/出版者、出版时间、版次（初版除外）/页码。

示例：

［美］弗朗西斯·福山：《历史的终结及最后之人》，黄胜强等译，中国社会科学出版社 2003 年版，第 7 页。

3. 析出文献

标注顺序：责任者/析出文献题名/所载文集责任者与责任方式/所载文集/出版者、出版时间、版次（初版除外）/页码。

示例：

刘民权等：《地区间发展不平衡与农村地区资金外流的关系分析》，姚洋《转轨中国：审视社会公正和平等》，中国人民大学出版社 2004 年版，第 138—139 页。

4. 期刊、报纸

标注顺序：责任者/所引文章名/所载期刊名、年期（或卷期、出版年月）。责任者/所引文章名/所载报纸名称/出版年、月、日及版别。

示例：

袁连生：《我国义务教育财政不公平探讨》，《教育与经济》2001 年第 4 期。

杨侠：《品牌房企两极分化　中小企业“危”“机”并存》，《参考消息》2009 年 4 月 3 日第 8 版。

5. **转引文献**

标注顺序：责任者/文献题名/转引文献责任者与责任方式/转引文献题名/出版者、出版时间、版次（初版除外）/页码。

示例：

费孝通：《城乡和边区发展的思考》，转引自魏宏聚《偏失与匡正——义务教育经费投入政策失真现象研究》，中国社会科学出版社 2008 年版，第 44 页。

参见江帆《生态民俗学》，黑龙江人民出版社 2003 年版，第 60 页。

6. **未刊文献**

（1）学位论文、会议论文等

标注顺序：责任者/文献题名/论文性质/地点或学校/文献形成时间/页码。

示例：

赵可：《市政改革与城市发展》，博士学位论文，四川大学，2000 年，第 21 页。

任东来：《对国际体制和国际制度的理解和翻译》，全球化与亚太区域化国际研讨会论文，天津，2006 年 6 月，第 9 页。

（2）档案文献

标注顺序：文献题名/文献形成时间/藏所/卷宗号或编号。

示例：

《汉口各街市行道树报告》，1929 年，武汉市档案馆藏，资料号：Bb1122/3。

7. **电子文献**

标注顺序：责任者与责任方式/文献题名/获取或访问路径。

示例：

陈旭阳：《关于区域旅游产业发展环境及其战略的研究》，2003 年 11 月，中国知网（http：//www. cnki. net/index. htm）。

李向平：《大寨造大庙，信仰大转型》（http//xschina. org/show. php? id = 10672）。

8. 外文文献

（1）专著

标注顺序：责任者与责任方式/书名/出版地/出版者/出版时间/页码。书名用斜体，其他内容用正体；出版地后用英文冒号，其余各标注项目之间用英文逗号隔开（下同）。

示例：

Seymou Matin Lipset and Cay Maks, *It Didn't Happen Hee: Why Socialism Failed in the United States*, New York: W. W. Norton & Company, 2000, p. 266.

（2）析出文献

标注顺序：责任者与责任方式/析出文献题名/所载书名或期刊名及卷册/出版时间/页码。析出文献题名用英文引号标示，期刊名或书名用斜体，其他内容用正体。

示例：

Christophc Roux-Dufort, "Is Crisis Management (Only) a Management of Exceptions?" *Journal of Contingencies and Crisis Management*, Vol. 15, No. 2, June 2007.

刘志明◎主编

新媒体影响力指数报告 2021

2021 Annual Digital Media Influence Index Report

中国社会科学出版社

图书在版编目（CIP）数据

新媒体影响力指数报告．2021／刘志明主编．—北京：
中国社会科学出版社，2021．10
（中社智库年度报告）
ISBN 978－7－5203－8467－4

Ⅰ．①新…　Ⅱ．①刘…　Ⅲ．①企业信息化—研究报告—
中国—2021　Ⅳ．①F279．23

中国版本图书馆 CIP 数据核字（2021）第 234590 号

出 版 人　赵剑英
策划编辑　周　佳
责任编辑　张冰洁
责任校对　韩天炜
责任印制　王　超

出　　版　中国社会科学出版社
社　　址　北京鼓楼西大街甲 158 号
邮　　编　100720
网　　址　http://www.csspw.cn
发 行 部　010－84083685
门 市 部　010－84029450
经　　销　新华书店及其他书店

印　　刷　北京明恒达印务有限公司
装　　订　廊坊市广阳区广增装订厂
版　　次　2021 年 10 月第 1 版
印　　次　2021 年 10 月第 1 次印刷

开　　本　710×1000　1/16
印　　张　18．25
插　　页　2
字　　数　285 千字
定　　价　108．00 元

前　言

中国社会科学院中国舆情调查实验室2013年成立时，确定了一个10年计划，按5年为期，分为上、下两场。上半场重点是基础建设，主要完成了以下几方面工作：（1）建立全国舆情调查在线概率样本库和舆情监测系统；（2）组建中国舆情调查与研究联盟，搭建舆情研究合作平台；（3）开展中国舆情指数系列调查和国际舆情指数调查并定期发布成果；（4）出版舆情研究国家智库报告系列，如《中国舆情指数报告》《宜居中国发展指数报告》《中国微传播指数报告》《中国旅游扶贫发展指数报告》等。进入下半场后，转为重点推进新媒体国家传播影响力指数体系的构建工作。

随着智能手机的全面普及，各种新媒体形式不断涌现，我们迈入人人皆媒体的时代。新技术不仅带来了信息传播技术的根本性变革，而且改变了人们的生产方式、生活方式、思维方式、语言表达方式和社会交往方式。用户从静态的、被动的信息接收方转为动态的、主动的信息互动方，并可以自主选择和发布信息，其自主地位大幅度提升。在这种大背景下，大众的消费逻辑开始从产品为王、服务为王转向注意力为王。

为适应新媒体时代传播影响力研究的需要，中国社会科学院中国舆情调查实验室联合新媒体与大数据联盟成员机构，共同开展新媒体国家传播影响力指数体系的构建工作。它通过对国家公共政策、重大事件与问题、相关行业及机构的传播活动等开展舆情调查与监测，获取社会各个群体的意见、态度和情绪等相关数据，进而通过舆情大数据挖掘、建模分析、专家研判等形成可视化数据结果，对国家舆论议程设置、舆论传播状况、相关行业或企业的新媒体传播效果开展综合性评估，为准确预测舆情发展变化趋势、提升媒体传播效果提供数据支持与服务。

新媒体国家传播影响力指数研究体系共分为五个板块，对应的是五个研究平台，包括：舆情影响力指数研究（中国社会科学院舆情实验室）、文旅影响力指数研究（中国社会科学院文化和旅游舆情实验室）、企业影响力指数研究（中国社会科学院中国企业影响力实验室）、城市影响力指数研究（中国社会科学院中国城市影响力实验室）和国际影响力指数研究（中国社会科学院国际传播影响力实验室）。

《新媒体影响力指数报告（2021）》分为上篇、中篇和下篇三个板块，对2020年度新媒体国家传播影响力指数研究的成果做了全面汇总。其中，上篇“新媒体传播力报告”共收录5篇报告，主要是中国社会科学院文化和旅游舆情实验室主导的文旅影响力指数研究成果。具体包括：《2020年文旅新媒体传播力指数报告》《2020年度省级国际新媒体传播力指数报告》《5A景区数字化发展指数报告》《2020年抖音文旅传播影响力指数报告》和《抖音城市传播影响力指数报告》。对各级文旅部门、文旅社交新媒体在国内国际传播的效果，景区在数字化发展背景下的现状与问题，以及抖音文旅传播新趋势做了全面分析。

中篇“企业影响力指数报告”共收录6篇报告，是中国社会科学院中国企业影响力实验室主导的企业影响力指数研究的主要成果。这些成果包括：《企业影响力指数研究框架》《客户体验管理报告》《抖音企业品牌传播影响力指数报告》《快消品行业国产替代指数》《2020年中国线上新消费研究报告》《2020年中国离岛免税消费研究报告》。

下篇“新媒体时代的谣言研究”共收录6篇文章，是中国社会科学院舆情实验室有关舆情影响力指数研究的重要成果。共包括三方面内容：一是全面梳理谣言研究的国内外研究成果及发展路径，由中国社会科学院新闻与传播研究所黄艾、曾国华两位博士撰写的《谣言研究的“路线图”》，以国内外学界关于谣言研究的相关文献为样本，从媒介技术演变的角度梳理了谣言研究的过程；二是社会信心指数与谣言研究方法的初步成果，该篇论文由中国社会科学院新闻与传播研究所副研究员季芳芳、研究员刘晓红共同撰写；三是重点探讨社交媒体时代谣言产生的机制、谣言治理的实践与技术，共收录的4篇文章，分别是中国社会科学院大学罗自文教授与其研究生支慧媛、林燕飞撰写的《眼见为虚：健康养生类短视频谣言的叙事特征与治理策略》，江苏紫金传媒智库研究员燕志华撰写的《社交软件谣言的根源和评析》，字节跳动平台责任中心研究员夏津京撰写的《国内外内容平台谣言治理的实践及对比》以及字节跳动平台责任中心高级研究员刘竹溪撰写的《今日头条谣言治理实践》。

本书在数据采集和研究过程中，得到中国旅游报社、北京字节跳动、值得买科技、清博智能、众言科技等机构的支持，在此一并表示感谢！

刘志明

2021年6月

目　　录

上篇　新媒体传播力报告

中篇　企业影响力指数报告

下篇 新媒体时代的谣言研究

上　　篇

新媒体传播力报告

2020 年文旅新媒体传播力指数报告

刘　潇*

新媒体正在以人们始料未及的速度改变着旅游组织方式、市场经营模式以及游客的出游方式和消费方式。手机媒体拥有移动性、便携性、私密性、分众性和交互性等特征，能够通过移动互联网链接一切，为用户带来一种全新的生活方式。让用户从静态的、被动的信息接收方转为动态的、主动的信息互动方，并可以自主选择和发布信息，拥有一部手机，任何用户都有可能成为媒体，用户的自主地位大幅度提升。旅游在线服务、网络营销、网上预订、网上支付等智慧旅游服务成为众多旅游者出游的首选，游客也越来越多地感受到智能化、个性化、信息化的旅游服务。

调查显示，有超过九成的游客会利用手机移动客户端或互联网在“食宿行游购娱”等环节进行消费，旅游在线化已成为主流消费者的普遍行为。在这个过程中，任何人利用手机，通过微信、微博，或跟帖、评论，都可以发布自己的所见所闻、所思所感。旅游者、消费者也就成为旅游传播者。旅游成为人们与社会沟通、与好友沟通、与朋友圈沟通的重要话题。

新媒体的发展让精准营销成为可能。企业利用新媒体技术进行大数据挖掘，便可分析出用户的年龄、性别、所在地区、消费水平、喜爱偏

* 刘潇，Sensely Media Limited CEO。

好等，这些数据可以帮助企业进行产品定位、精准广告投放以及采取不同的营销组合策略。与此同时，新媒体将传统的单一线性销售模式改变为互动交流式的销售模式，同时将消费者纳入企业盈利的价值链当中，实现了双方合作共赢的局面。

一 文旅微信公众号传播力指数

截至2020年底，微信及WeChat的合并月活账户数为12.25亿，同比增长5.2%，环比增长1%。在用户基数已经十分庞大的情况下，微信依然保持增长。微信公众号是2012年推出的，历经8年发展，政府类微信公众号的队伍不断壮大、运营模式趋于成熟，成为微信舆论生态中的重要一员。文旅政务微信公众号搭建起了沟通的桥梁，承担着政策解读、沟通民意、服务百姓等多重功能，同时还在重大舆情事件中发挥着信息公开、回应质疑、澄清误解等作用。政务微信运营不只停留在与网民互动这一层面，而是更进一步地通过为网民提供实用性强的服务性信息加强与粉丝之间的联系。

微信公众号是各级文旅机构、企业开展传播的最主要途径。目前，所有省级文旅部门都开设有微信公众号。有些省是将政务公众号与资讯类公众号分开，有些则是合为一体。地级市和县一级文旅机构也大都开设了文旅政务号。文旅微信公众号传播指数（WCI）从“整体传播力”“篇均传播力”“头条传播力”“峰值传播力”四个维度进行评价。这四个一级指标所占权重分别为：整体传播力30%、篇均传播力30%、头条传播力30%、峰值传播力10%。

（一）省级文旅微信公众号传播力Top10

以2020年6月为例，31个省（自治区、直辖市）的文旅微信公众号，共发布文章2694篇，平均每个公众号87篇。最多的三位是青海省文化旅游、甘肃省文化和旅游厅、海南旅游文化官微，均超过150篇。最少的是内蒙古自治区文化和旅游厅、美好辽宁文旅之声和云南旅游，低于30篇。从阅读总量看，高于10万的共11个微信公众号，最高为江苏微旅游，82 万人次。从平均每篇阅读量看，均值为 1587 人次，最高是诗画浙江文旅资讯，7369 人次（见图 1），最低是天津市文化和旅游局，88 人次。

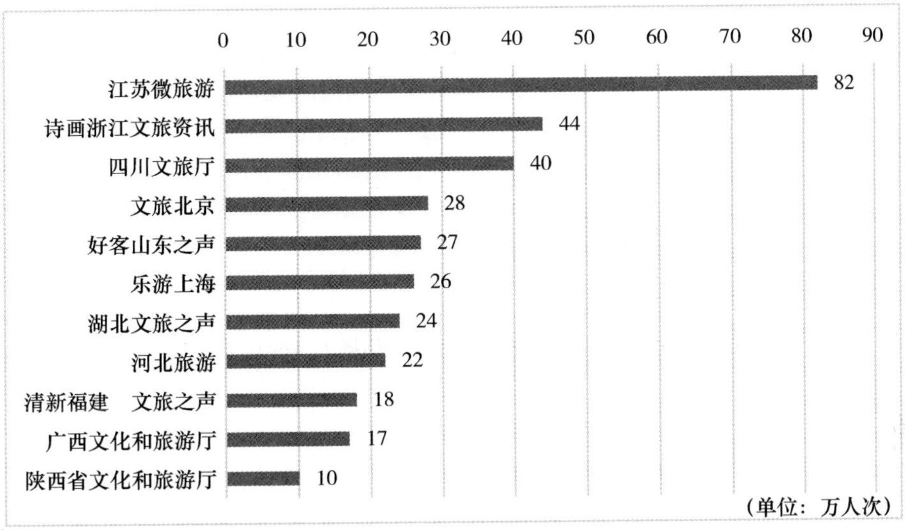

图 1　阅读总数超 10 万的微信公众号

从 2020 年各省微信公众号的综合表现看，传播力 Top10 排序：江苏微旅游、好客山东之声、诗画浙江文旅资讯、四川文旅厅、湖北文旅之声、广西文化和旅游厅、文旅北京、乐游上海、河北旅游、清新福建　文旅之声（见图 2）。

作为江苏文旅资讯重要的宣传平台，江苏微旅游在运营开发、内容出品、粉丝互动等方面均有平稳提升。在运营上，江苏微旅游注重打造精品内容，增强品牌影响力。除日常原创内容外，注重汇总实用信息，提供便利服务。微信公众号的畅游助手板块将省内景区优惠信息、天气及酒店等实用性信息汇总在一起，向网友传递最新的旅游信息，为游客提供更加便利的服务。

好客山东之声微信公众号包括消息、视频和服务三个频道。消息部分以景区和美食为特色，以精美图片为突出特色。服务频道有不同季节的特辑，粉丝优享（每日签到，福利兑换）和门票预约及好客山东网

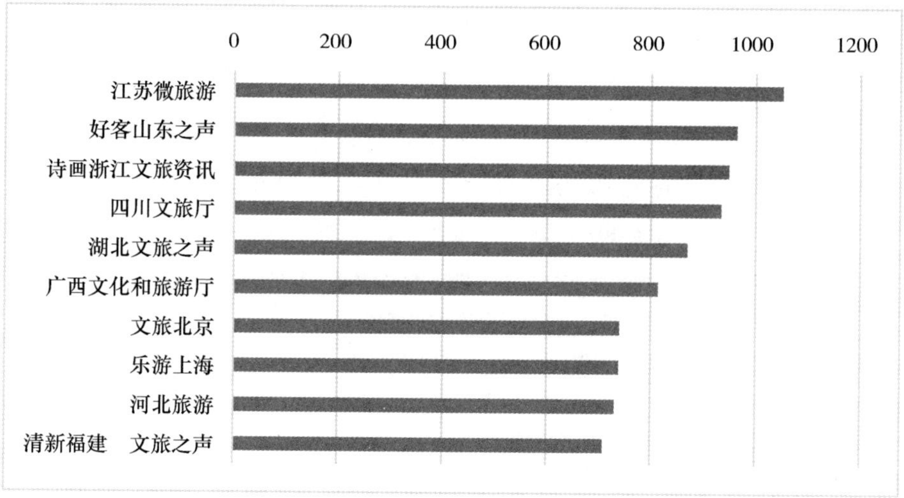

图2 省级文旅微信公众号传播力 Top10

链接。

诗画浙江文旅资讯微信公众号（原浙江旅游微信公众号）注册于2012年9月，是由浙江省文化和旅游信息中心打造的文旅资讯官方平台。平台根据游客的兴趣、位置等多个维度进行个性化推荐，内容不仅包括浙江旅游美景、美食、美宿、美物，还包括各地公共文化、非遗、舞台艺术等资讯。其突出特点：（1）制作精美，文章不仅文字优美，富有感染性，同时配发大量独家的高品质照片，让阅读本身成为一种享受；（2）有很强的时效性，根据不同季节和游客需求，提供相关的旅游线路或旅游项目介绍；（3）提供增值性服务，如疫情后开设了全省5A级和4A级景区流量查询服务，定期介绍各自特色酒店并提供订购服务。

（二）景区微信公众号传播力 Top10

从2020年4月景区微信公众号的表现看，传播力指数 Top10 排序：微故宫、青城山都江堰、中国黄山、白云山风景名胜区、台儿庄古城、大唐芙蓉园、云台山景区、神仙居景区、三清山旅游、明月山旅游（见图3）。

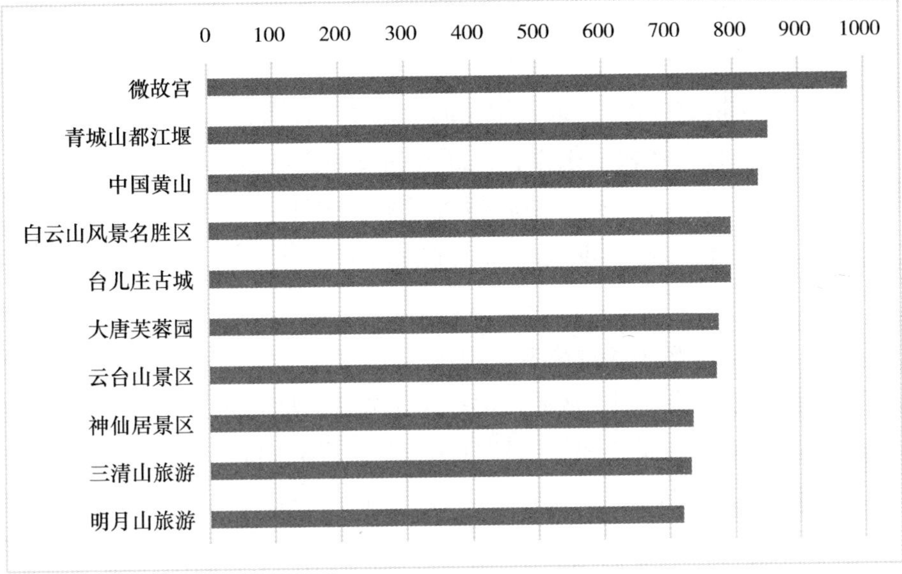

图 3　景区微信传播力指数 Top10

二　微博传播力指数

微博旅游营销在当下及未来是机遇与挑战并存。从机遇来看，微博以成本低、覆盖广、传播快、互动强等特点，成为旅游目的地营销的重要手段。近几年来，基于旅游目的地品牌传播而策划的热点营销事件，几乎都是通过微博实现大众化的传播，成为社会聚焦热点话题。微博为中国旅游区域品牌整合营销提供了更多的可能。在全要素整合营销时代已经来临，及时性、全员化营销态势下，微博作为一个新媒体传播渠道，重要性日益提升。挑战在于，微博受到微信、抖音、今日头条、快手等各种社交媒体前所未有的挑战。从用户增长数量方面看，截至 2020 年 12 月，微博月活跃用户（MAU）为 5.21 亿，同比净增加约 500 万用户，其中移动 MAU 占 MAU 的 94%；平均每日活跃用户（DAU）为 2.25 亿，同比净增加约 300 万用户。但总体来看，覆盖范围只有微信的一半。另外，微博内容质量、用户关注度和参与度总体呈下滑态势。能否在新功能研发、新产品升级，以及旅游目的地价值传递、内容互动、系统布局、准确定位等方面快速升级，直接决定了微博在旅游营销传播中能否继续维持其原有的地位。

微博传播指数（BCI）通过微博的活跃度和传播度来反映账号的传播能力和传播效果。从权重来看，活跃度占 20%，传播度占 80%。其中，活跃度的衡量指标有发博数和原创微博数；传播度的衡量指标则包括：转发数、评论数、原创微博发文数、原创微博评论数和点赞数。

（一）省级文旅微博传播力 Top10

以 2020 年 6 月为例，从原创微博发文数看，最高的是文旅山东（860 条），其次是河北省文化和旅游厅（619 条），第三位是贵州省文化和旅游厅（595 条）（见图 4）。排在末位的宁夏旅游及辽宁省文化和旅游厅则分别只有 6 条。

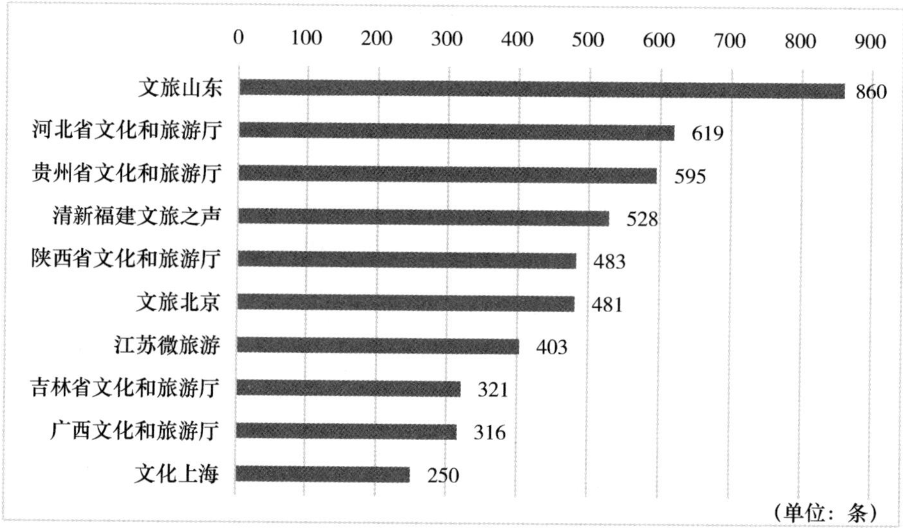

图 4　原创微博发文数 Top10

从 2020 年 6 月省级文旅机构官方微博传播力来看，传播力指数 Top10 排序：江苏微旅游、文旅山东、清新福建文旅之声、河北省文化和旅游厅、广西文化和旅游厅、陕西省文化和旅游厅、文旅北京、四川文旅、贵州省文化和旅游厅、文化上海（见图5）。

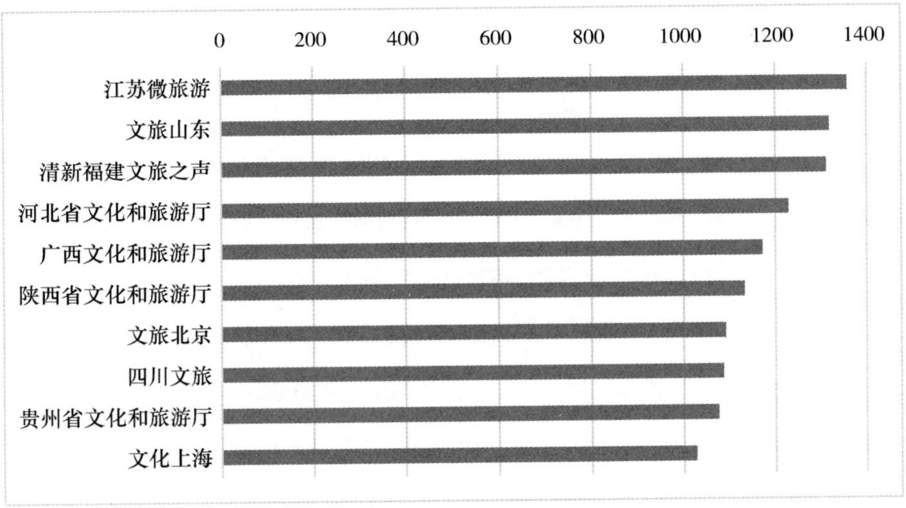

图5　微博传播力指数 Top10

江苏微旅游2020年6月发博数460条，原创率87.6%；转发数12581次，评论数5985条，总点赞数11383次。

（二）景区官方微博传播力 Top10

从2020年4月景区官方微博传播力来看，传播力指数排在Top10的是故宫博物院、云台山、横店影视城、三亚蜈支洲岛旅游区、西双版纳热带植物园、芜湖方特、乌镇旅游、中国黄山、武汉木兰草原风景区、崂山风景区官方微博（见图6）。

从排名Top10的景区官方微博看，故宫博物院的原创微博虽然只有13篇，但在原创转发、原创评论、总点赞数等指标上都遥遥领先；从原创微博数量看，最多的是芜湖方特，238篇，其次是云台山136篇，乌镇旅游居第三位，为97篇；从总点赞数看，故宫博物院超过11万次，第二名中国黄山超过5万次，第三名横店影视城在3万次以上。

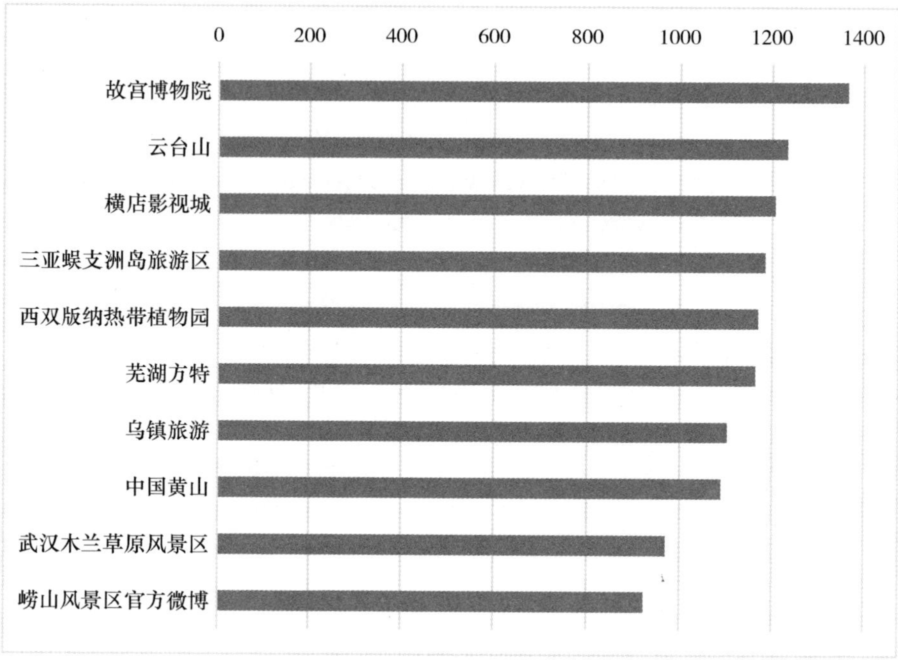

图6 景区官方微博传播力指数 Top10

三 抖音传播力指数

（一）省级抖音政务号传播力

2020年1月，中国大陆地区共有23个省级文旅机构开设了抖音政务号，没有开设抖音号的有浙江、重庆、广东、海南、湖北、江苏、辽宁、上海。到2020年12月，开设抖音号的省份增加了4个，达到27个，依然没有开设抖音号的有广东、湖北、辽宁、重庆。连续几个月很少更新的账号有黑龙江省文化和旅游厅、河南省文化和旅游厅、贵州省文化和旅游、安徽文旅。

综合2020年1—12月各省文旅机构抖音政务号的表现，综合传播力排在前10位的是四川文旅、好客山东、悠游吉林、河北旅游、如意甘肃、北京旅游、中国西藏旅游、水韵江苏、福建省文化和旅游厅以及江西风景独好。

从四川文旅抖音号的表现看，2020年1月，共发布视频20条，但播放次数只有16947次，粉丝数为10712个；而到了12月，视频播放次数接近6000万次，粉丝数则超过38万个。

与四川文旅相比，好客山东的起点要高得多。2020年1月，共发布视频40条，播放量达6227844次，粉丝数为392300个；到了12月，播放量为19234581次，粉丝数为829567个。一年间粉丝数尽管实现了翻番，但增长后劲弱于四川文旅。

从2020年12月的数据看，共有23个省级抖音号发布了视频，最多的是悠游吉林，共584条，最少的是黑龙江省文化和旅游厅，只有1条；播放次数最多的四川文旅，为5962.5万次，最少的是黑龙江省文化和旅游厅，为5723次，前者是后者的约1万倍；播放次数低于10万次的还有青海文化旅游、安徽文旅、海南旅文、湖南公共文旅云、新疆是个好地方。

点赞次数排在前10位的有四川文旅、好客山东、中国西藏旅游、悠游吉林、福建省文化和旅游厅、广西文化和旅游厅、江西风景独好、水韵江苏、北京旅游、山西省文化和旅游厅。

粉丝数排在前10位的是好客山东、四川文旅、福建省文化和旅游厅、陕西旅游、水韵江苏、悠游吉林、北京旅游、中国西藏旅游、河北旅游、黑龙江省文化和旅游厅。

总体来看，在省级文旅抖音政务号中，四川文旅和好客山东处在第一梯队。悠游吉林、河北旅游、如意甘肃、北京旅游、中国西藏旅游、水韵江苏、福建省文化和旅游厅和江西风景独好等则处在第二梯队。青海文化旅游、安徽文旅、海南旅文、湖南公共文旅云、新疆是个好地方、黑龙江省文化和旅游厅、河南省文化和旅游厅、贵州省文化和旅游厅等则处在第三梯队。而广东、湖北、辽宁、重庆在省级文旅抖音号运营上则处于空白状态。

（二）地市级抖音政务号传播力

2020年1月，地级市文旅机构开设抖音政务号的有188个，占总体的64.2%。但有66个账号在一个月内没有发过一条视频，实际更新的账号占地级市开设抖音政务号数的41.6%。

到了2020年12月，开设抖音号的地市级文旅机构达到243个，比1月增加了55个，占城市总体的82.9%。但其中只开设了账号、一个月没有更新的有60个。排在前两位的滨州文化旅游以及济南市文化和旅游局的抖音号当月播放量均超过4000万次，粉丝数超过2000万个。

综合2020年全年数据，地市级文旅机构官方抖音号传播力Top10排序：滨州文化旅游、遂宁文旅、济南市文化和旅游局、文旅聊城、潍坊文旅、淄博文旅、唐山文化旅游、文旅泰安、辽阳文旅、文旅开封。

（三）县级抖音政务号传播力

2020年1月，县级文旅机构开设的抖音号有605个，但实际更新的只有239个，没有更新的为366个。影响力排在前10位的是掌上莱芜、中国最美的乡村——婺源、曲江文旅局、红山文旅、敦煌文化旅游、济源旅游、Comeon北碚、溆浦旅游、纯净荔波、广西钟山旅游。其中，掌上莱芜当月视频播放量达到1700万次。

到了12月，县级文旅机构开设的抖音号有940个，和1月相比增加了335个。影响力排在前10位的是玩转梅河口、康养汶川、漠河文体旅游局、东阳文化旅游体育、曲江文旅局官方、掌上莱芜、万山群岛、度假西海岸、南川文旅、溆浦旅游。其中，玩转梅河口的播放量达到4485.7万次。

综合2020年全年数据，县级文旅机构官方抖音号传播力靠前排序：掌上莱芜、康养汶川、舟山普陀文旅、梅里斯文体旅、玩转梅河口、资溪文旅、曲江文旅局、彭水文旅、徐州鼓楼文旅。

综合以上分析可以看出，2020年各级文旅机构对抖音传播的重视程度都有明显上升，从开设抖音号的数量看，省级增加了4个，地市级增加了55个，县级增加了335个，但其中有相当多的账号活跃度很低，没有达到应有的传播效果。

从各地文旅抖音官方账号的运营效果看，四川和山东走在了全国前列，与之相比，浙江、广东等旅游强省在抖音运营上反而落在了后面。

无论是传播量、互动性和综合影响力，都和微信公众号等旅游新媒体的运营有较大差距。对于各级文旅机构来说，改变传统意识、强化对短视频传播的投入力度、提升其专业化水平是未来一个时期的重要课题。

2020年度省级国际新媒体传播力指数报告

文旅国际传播课题组*

从各项调查数据来看，国际社交媒体和网络媒体早已超越电视、广播、报纸、杂志等传统媒体，成为游客获取旅游信息的主要渠道。在国际传播中，社交媒体和网络媒体也正取代传统媒体，成为传播的主阵地。在这种大背景下，对各级文旅部门利用国际新媒体开展国际传播的能力与效果进行评估，就有了更为重要的现实意义。

文旅新媒体国际传播力指数研究主要通过研究分析各省（自治区、直辖市）文旅部门在Facebook（脸书）、Twitter（推特）、Instagram（照片墙）、YouTube等国际社交媒体平台开设的账号传播情况，及各地通过国际网络媒体发布的图文资讯传播效果，形成省级文旅新媒体国际传播力指数和城市文旅新媒体国际传播力指数两类指数榜单。

一 省级文旅国际社交媒体综合传播力

省级文旅新媒体国际传播力指数评价维度由Facebook传播力、Twitter

* 文旅国际传播课题组成员构成：方勇，中国社会科学院新闻与传播研究所党委书记；刘志明，中国社会科学院中国舆情调查实验室首席专家；隋国栋，值得买科技创始人、董事长；班若川，中国旅游报社策划总监；刘洋，超凡集团目的地营销总经理；刘潇，Sensely Media Limited CEO；郑明军，世研指数舆情中心总监。

传播力、Instagram 传播力、YouTube 传播力四个一级指标构成。权重构成：Facebook 传播力 35%、Twitter 传播力 30%、Instagram 传播力 15%、YouTube 传播力 20%。

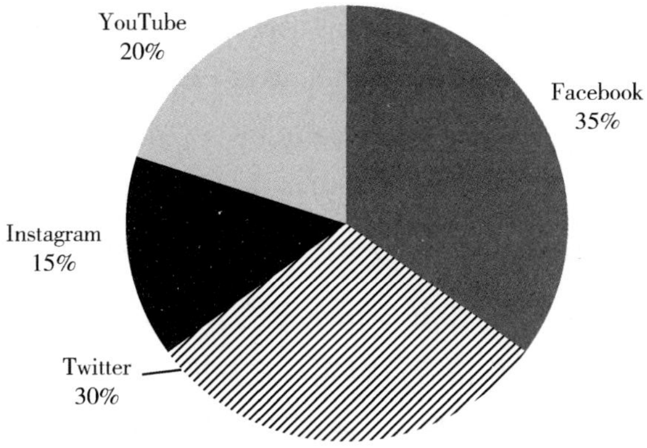

图 1　文旅新媒体国际传播力指数一级指标权重

Facebook 成立于 2004 年 2 月，目前月活跃用户 22.7 亿个，每分钟点赞数 400 万次，10 亿个每天登录用户，80 亿视频流量和 75% 来自美国之外的用户。作为世界上最大的社交网络，Facebook 的用户群还在不断增长中。与其他国际社交媒体平台相比，Facebook 用户通常使用真实姓名沟通，个人资料十分全面。Facebook 平台覆盖目标受众最多，可以实现精准定位目标人群，进行精准营销，打造目的地旅游品牌。

Twitter 成立于 2006 年 3 月，月活跃用户 3.36 亿个，每分钟的发帖量超过 350000 个，有着 10 亿每月独立访问次数，7.6% 的用户为亚太地区用户，79% 为美国以外用户。Twitter 可以让用户更新不超过 140 个字符的消息（除中文、日文和韩文外，其他语言已提高上限至 280 个字符），这些消息也被称作“Tweet”（推文）。Twitter 被形容为“互联网的短信服务”，用户通常使用 Twitter 来分享想法，发布对某件事情的看法，发表评论或投诉。这些往往是高度真实的 Tweet，直截了当地表达用户的真实感受，实现城市和用户更多的互动，提升目的地旅游品牌知名度。

YouTube 是全球最大的视频网站，上线于 2005 年 2 月。2006 年 11

月，Google 公司以 16.5 亿美元收购了 YouTube。目前，月活跃用户 19 亿，每分钟上传的 YouTube 视频 400 小时。YouTube 拥有众多有影响力的社交媒体红人，制作并推广高质量和高频率的视频。提供沉浸式体验感官，第一视角动态化地展现城市旅游全貌，分享新奇有趣旅游点。

Instagram 成立于 2010 年 10 月，两年后被 Facebook 以总值 7.15 亿美元收购，是四大国际社交媒体平台中发展最快的一个。目前，Instagram 月活跃用户超过 10 亿，每日发帖数 9500 万个，10 亿次每月独立访问次数。Instagram 67% 的用户年龄在 30 岁以下，平均每日使用时间近 1 小时，因此非常适合那些想要在青少年中树立知名度的品牌进行推广。许多旅游自媒体红人主要专注在 Instagram 平台做推广。适合加强旅游地点与粉丝的黏性，提升城市旅游景点曝光与旅游热词知名度。

通过对 31 个省级（不含香港、澳门、台湾、新疆生产建设兵团）文旅部门 2020 年在 Facebook、Twitter、Instagram、YouTube 四个国际社交媒体平台和国际网络媒体开展传播的数据分析，省级文旅新媒体国际传播力指数排在 Top10 的是北京市、江苏省、陕西省、上海市、四川省、重庆市、安徽省、福建省、云南省、海南省（见图 2）。

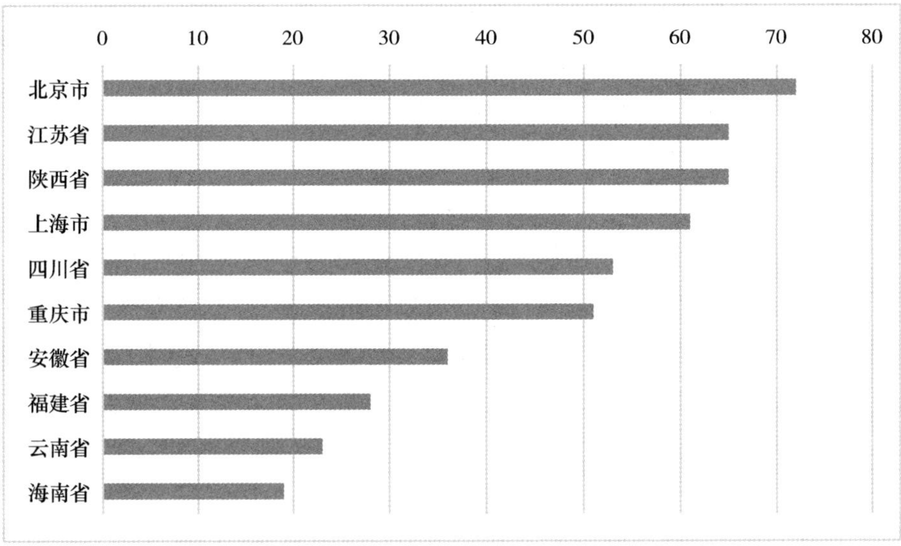

图 2 省级文旅新媒体国际传播力指数 Top10

从2020年下半年每个月传播力居前五位的省份数据看，北京5个月居第一位，占据绝对领先优势，和江苏省、陕西省共同处于国际传播的第一方阵。

表1　　2020年下半年传播力居前五位的省（市）

	7月	8月	9月	10月	11月	12月
第一位	北京市	江苏省	北京市	北京市	北京市	北京市
第二位	江苏省	陕西省	云南省	江苏省	江苏省	江苏省
第三位	陕西省	北京市	江苏省	安徽省	陕西省	陕西省
第四位	安徽省	安徽省	陕西省	上海市	安徽省	四川省
第五位	上海市	四川省	上海市	四川省	四川省	上海市

二　Facebook（脸书）传播力指数

（一）概况

根据对粉丝数、点赞量、评论量和转载量等指标进行综合分析的结果，2020年省级文旅部门在Facebook（脸书）平台的传播力指数Top10：江苏省、陕西省、内蒙古自治区、北京市、上海市、云南省、四川省、重庆市、海南省、山东省。

1. 粉丝数

从粉丝体量上来看，截至2020年底，有五个省份Facebook页面粉丝数突破百万，分别是云南省、北京市、重庆市、山东省和四川省。其中，云南省Facebook页面粉丝数最多，超过190万人（见图3）。

2. 发帖数

从发帖频率来看，大部分页面发帖频率适中，平均每月45条左右，其中重庆市Facebook页面发帖频率最高，平均每月有180条，其次是云南省，为173条（见图4）。

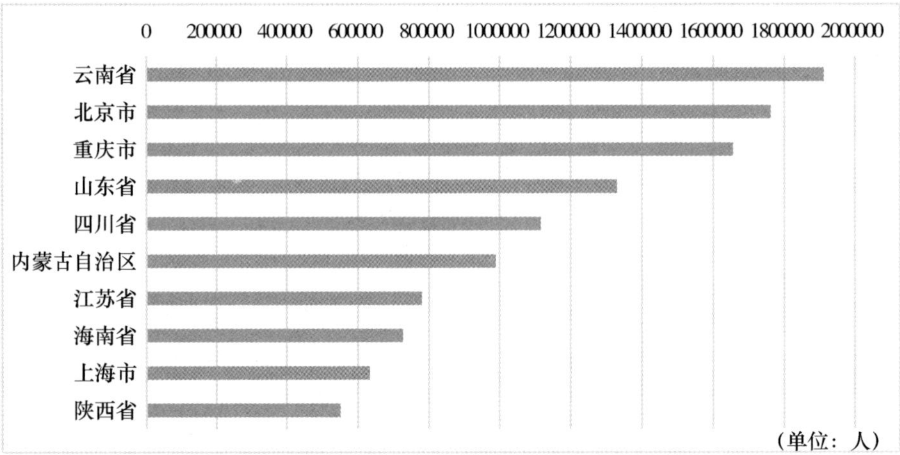

图3 省级文旅 Facebook 账号粉丝数 Top10

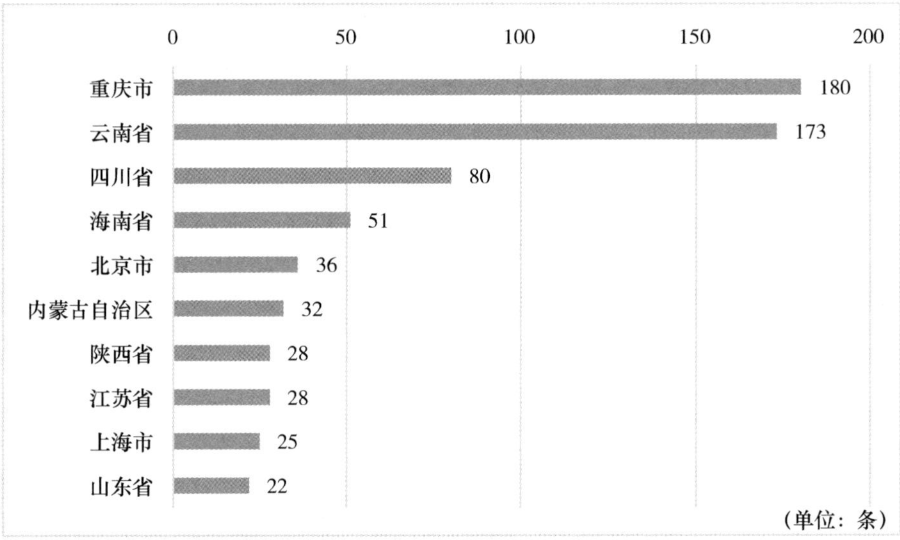

图4 省级文旅 Facebook 账号平均每月发帖数 Top10

从平均互动率来看，大部分页面平均互动量较低，对比发帖量和粉丝量来看，互动率较低，粉丝黏着度较差，其中江苏省 Facebook 页面平均互动率最高，每条帖文达到 4384 次互动。

（二）重点 Facebook 账号分析

1. 江苏（Visit Jiangsu）

页面建立时间为 2016 年 2 月 2 日，2020 年底粉丝总数为 779232 人，平均发帖频率 28 条/月，平均互动量 4384 次/条。

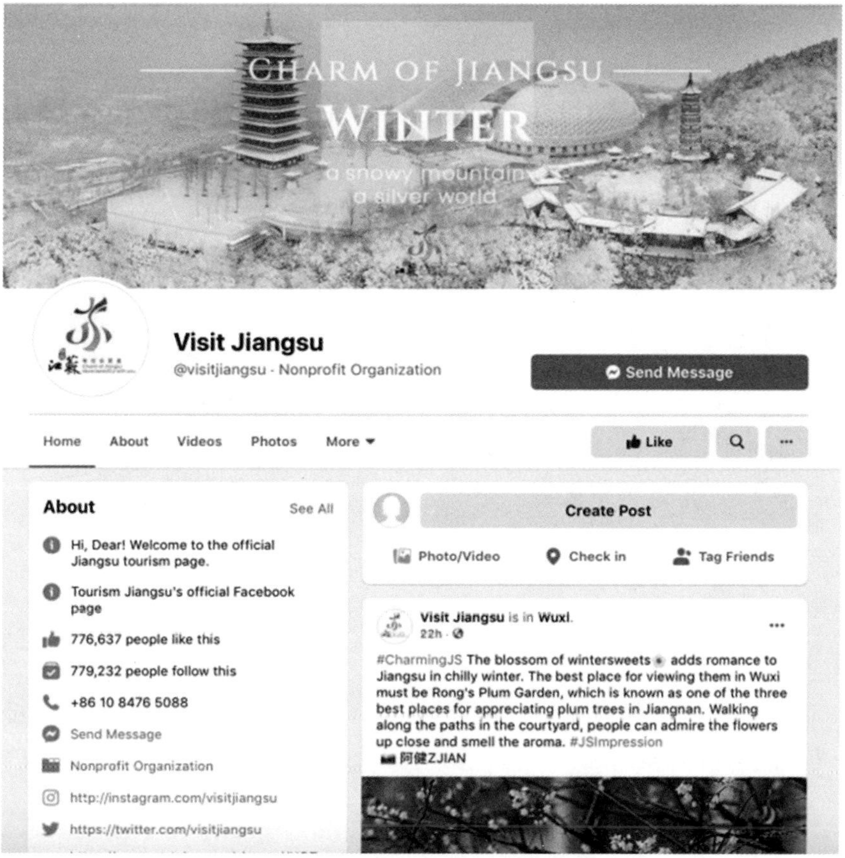

图 5　江苏省的 Facebook 账号截图

Visit Jiangsu 页面发帖频率适中，内容以美食美景展示、旅游指南、非遗文化、旅游线路推荐为主，传播形式以图文、视频为主，并配合有线上帖文游戏以增强与粉丝的互动。Visit Jiangsu 页面针对节日节庆等特殊时间节点设计具有江苏元素的创意海报，增强传播效果。在内容上，

Visit Jiangsu 页面会根据季节的不同来为粉丝推荐不同的江苏旅游资源内容。

Visit Jiangsu 页面运营已有四年的时间，对标全国排名靠前的省级文旅账号在粉丝体量上还有一定差距。但是与粉丝的互动率排名第一。通过互动式帖文游戏、节日节庆等方式与粉丝对话、拉近距离。精美的创意海报和高质量的短视频也让粉丝对于 Visit Jiangsu 推广的内容更加感兴趣。

2. 陕西（Visit Shaanxi）

页面建立时间为 2013 年 12 月 12 日，粉丝总数为 550273 人，平均发帖频率 28 条/月，平均互动量 775 次/条。单条帖文平均互动数较好，管理员针对粉丝评论会进行点赞回应和评论回复。

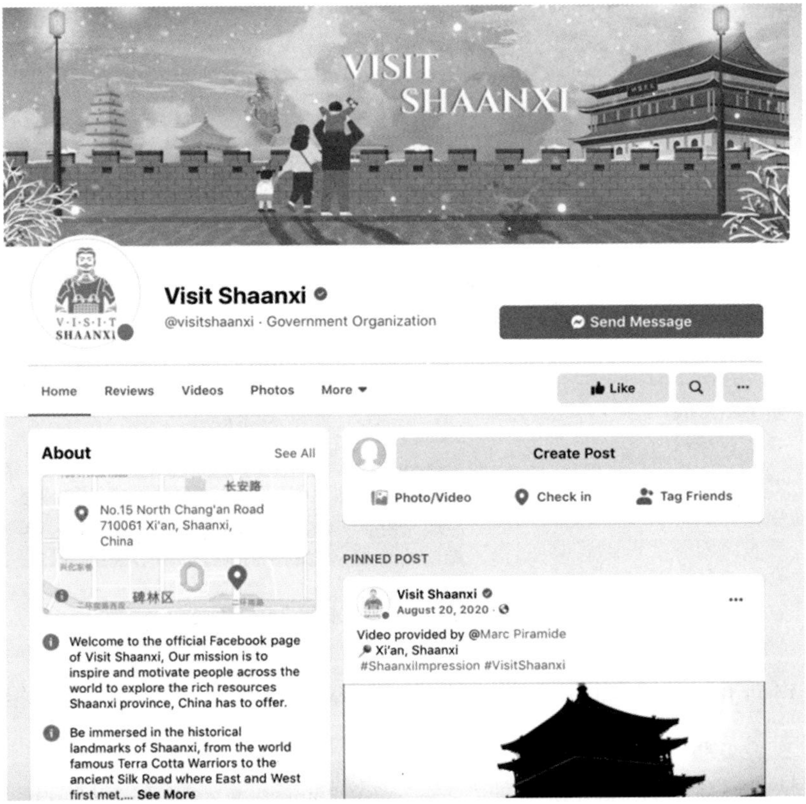

图 6 陕西省的 Facebook 账号截图

Visit Shaanxi 内容涵盖陕西景点、美食、文化、民俗等，能够使用话题标签，图片及视频内容均有中英双语，文案长度适中，重要活动帖文篇幅较长。帖文多以单图形式呈现，视频帖文占比不高，内容能够迎合中国传统节庆及网络主题日进行发布。

Visit Shaanxi 页面帖文内容方向多元，但文物类内容占比过多，经常出现与陕西文旅资源相关度较低的帖文内容。

3. 北京（Visit Beijing）

页面建立时间为 2013 年 4 月 17 日，粉丝总数为 1760884 人，平均发帖频率 42 条/月，平均互动量 795 次/条。

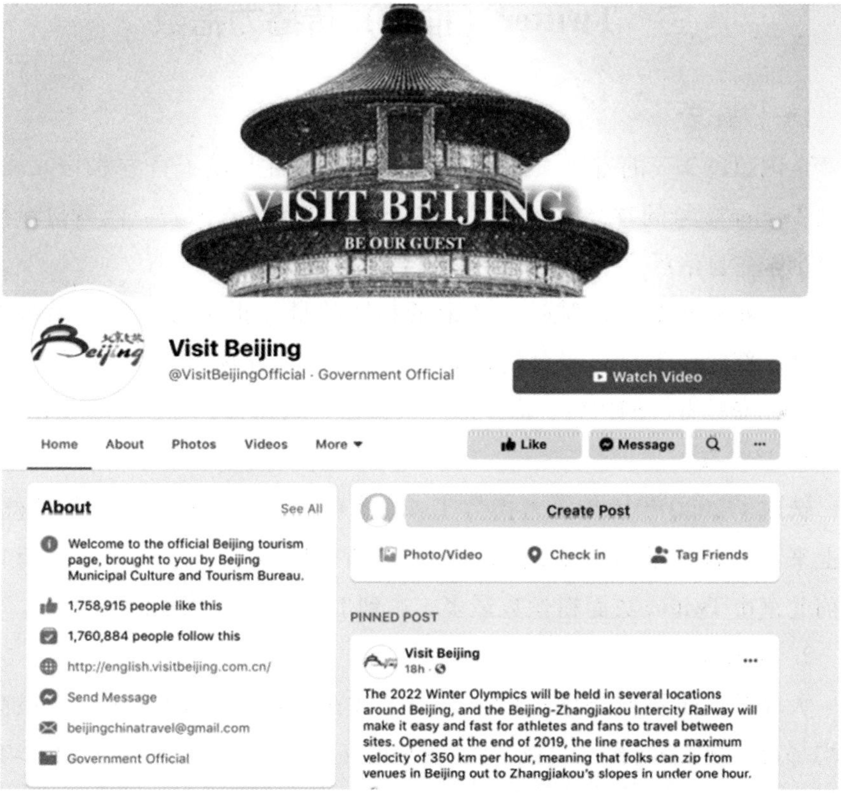

图 7　北京市的 Facebook 账号截图

Visit Beijing 页面内容以美景美食展示、当地生活方式、民俗、非遗文化、演出展览预告等为主，旅游内容贴合性较强，形式上主要以单图文为主，同时配合了视频、直播等形式传播。在文案内容中，Visit Beijing 页面会附上景点名称及摄影师姓名，既便于粉丝进一步搜集景点相关信息，也保障了摄影师图片的版权信息。

Visit Beijing 账号有效地使用了 Facebook 的直播功能，例如在节假日介绍当地文化，转播演出以及与旅游有关的讲座等。让传播内容更加丰富以及多元。作为拥有百万粉丝量级的账号，平均帖文互动量一般。管理员针对粉丝评论会进行点赞回应，评论回复较少。

三 Twitter（推特）传播力指数

（一）概况

全国超过 2/3 的省级文旅部门在 Twitter 平台开设了官方账号，没有开设 Twitter 账号的省级地区有河北省、黑龙江省、青海省、西藏自治区、新疆维吾尔自治区。

通过对粉丝数、点赞量、评论量和转载量等指标分析的结果来看，省级文旅部门在 Twitter 平台的传播力指数 Top10 分别为陕西省、江苏省、北京市、安徽省、四川省、海南省、天津市、贵州省、福建省、江西省。

1. 粉丝数

选取了 2020 年度传播力指数 Top10 省份的页面进行分析。从粉丝体量上来看，排名前五的是北京市、江苏省、陕西省、天津市、海南省，目前北京市 Twitter 页面粉丝数最多，达到 117400 人（见图 8）。

2. 发帖数

大部分页面发帖频率适中，其中天津市 Twitter 页面发帖频率最高，平均每月有 99 条内容（见图 9）。从平均互动率来看，大部分页面平均互动量较低，单条帖文互动量不到 10 次。

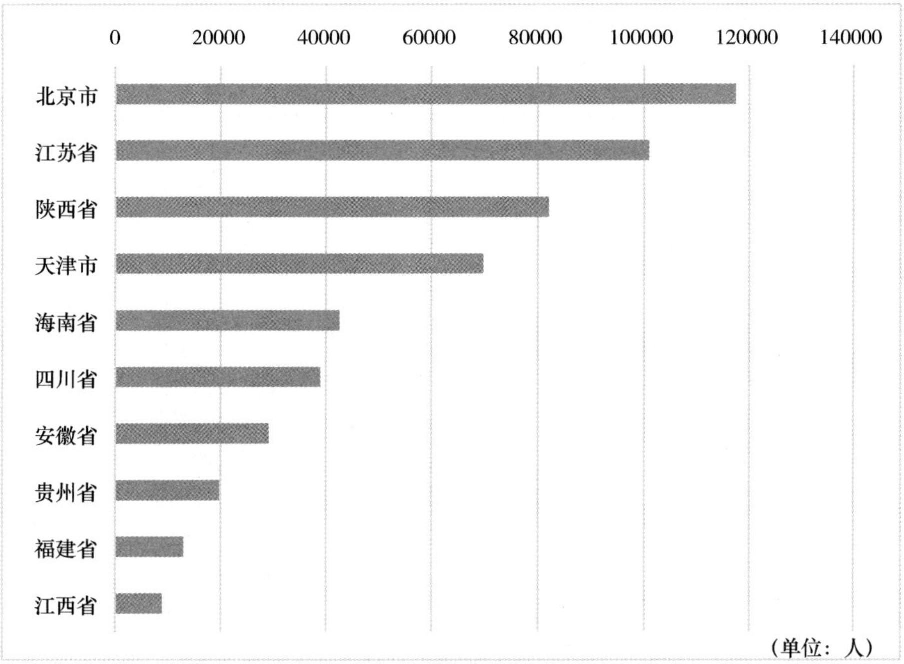

图 8　省级文旅 Twitter 账号粉丝数 Top10

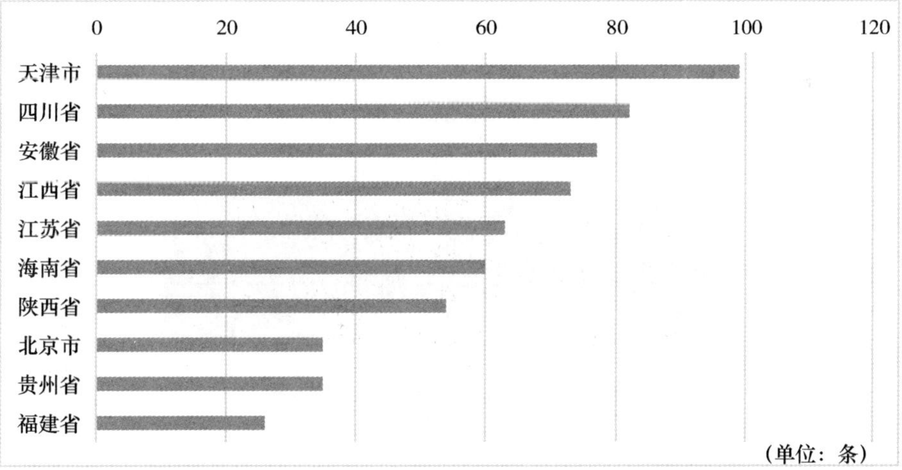

图 9　省级文旅 Twitter 账号平均每月发帖数 Top10

（二）重点 Twitter 账号分析

1. 陕西（Visit Shaanxi）

页面建立时间为 2013 年 12 月，粉丝总数为 82100 人，平均发帖频率 54 条/月，平均互动量 28 次/条。页面内容与 Facebook 重合度高，转推内容较多。

图 10 陕西省的 Twitter 账号截图

2. 江苏（Jiangsu，China）

页面建立时间为 2016 年 2 月，粉丝总数为 101100 人，平均发帖频率 63 条/月，平均互动量 25 次/条。内容主要以旅游资讯、展览预告、活动新闻等为主，贴合旅游内容，符合 Twitter 平台内容调性。

图 11　江苏省的 Twitter 账号截图

3. 安徽（AnhuiTravelOfficial）

页面建立时间为 2013 年 11 月，粉丝总数为 29100 人，平均发帖频率 77 条/月，平均互动量 27 次/条。内容与 Facebook 平台大致相同，发帖频率略高，以美景展示为主，图片精美，但内容较为单一。

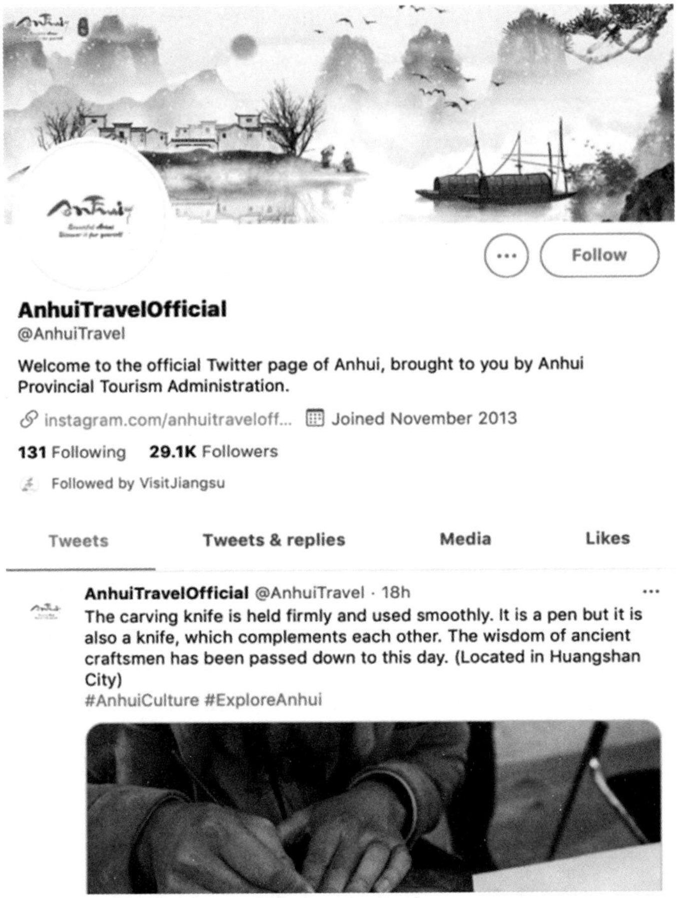

图 12 安徽省的 Twitter 账号截图

四 Instagram（照片墙）传播力指数

（一）概况

目前，全国有 25 个省级（不含港澳台、新疆生产建设兵团）文旅部门在 Instagram 上开设了官方账号，没有开设账号的地区有河北省、黑龙江省和西藏自治区。但总体来看，已开设账号的省份对 Instagram 的运营投入力度偏小，活跃度不高。

根据对各省级文旅部门的 Instagram 账号粉丝数、点赞量、评论量等指标进行综合分析，省级文旅部门在 Instagram 平台的传播力指数 Top10 排序：安徽省、上海市、江苏省、北京市、陕西省、四川省、海南省、重庆市、福建省、贵州省。

1. 粉丝数

从粉丝体量上来看，排名前五的分别是上海市、北京市、四川省、陕西省和江苏省，其中上海市 Instagram 页面粉丝总数最多，达到 68300 人（见图 13）。

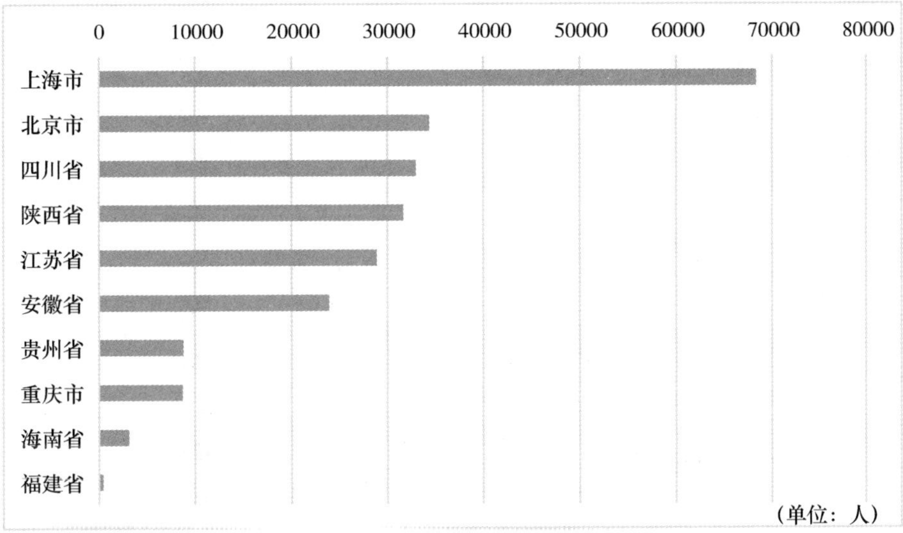

图 13　省级文旅 Instagram 账号粉丝数 Top10

2. 发帖数

从发帖频率来看，各个页面发帖频率差异较大，其中安徽省 Instagram 页面发帖频率最高，平均每月有 78 条内容（见图 14）。

从平均互动率来看，安徽省 Instagram 页面平均互动率最高，每条帖文达到 991 次互动；在活跃账号中，虽然海南省平均互动量较高，但单条帖文数据差异巨大；江苏省和北京市 Instagram 页面平均互动量较为稳定，分别为 340 次/条和 289 次/条。

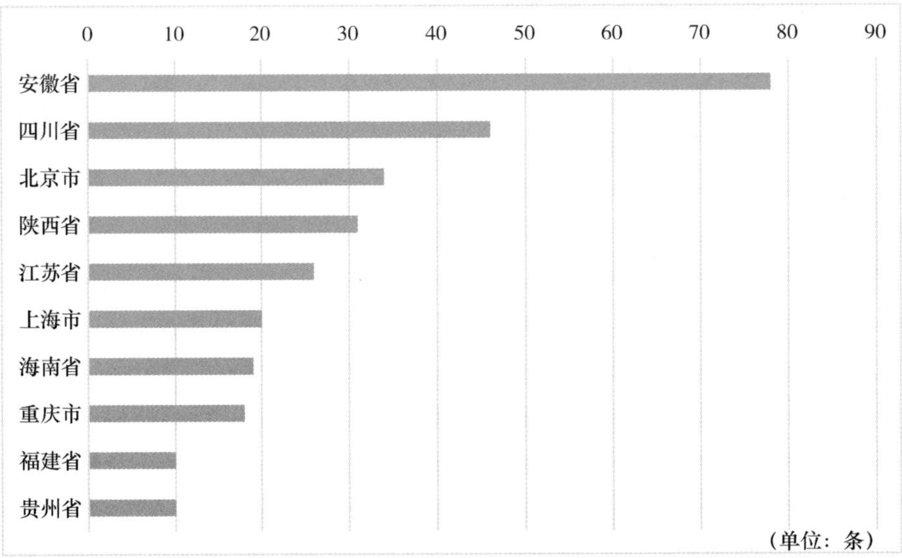

图 14 省级文旅 Instagram 账号平均每月发帖数 Top10

（二）重点 Instagram 账号分析

1. 安徽省（anhui_travel）

粉丝总数为 22900 人，平均发帖频率 78 条/月，平均互动量 991 次/条。页面图片精美并且排版具有主题性。有效利用了平台热门标签以及话题标签，让粉丝更容易查找内容。

2. 上海市（meetinshanghaiofficial）

粉丝总数为 68300 人，平均发帖频率 20 条/月，平均互动量 368 次/条。页面以单图和多图帖文为主，图片质量较好。但是介绍美食、景点等帖文没有具体提及地点名称和地址，并且与粉丝无互动。

3. 江苏省（visitjiangsu）

粉丝总数为 28900 人，平均发帖频率 26 条/月，平均互动量 340 次/条。页面以单图帖文为主，图片质量较好，同时也使用了 IG Story，丰富了内容的传播形式。有效利用了平台热门标签，但是与粉丝无互动。

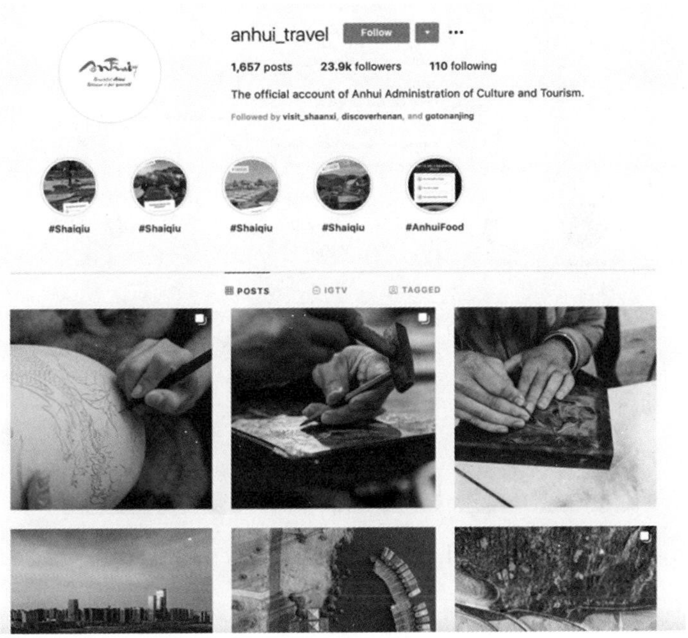

图 15　安徽省的 Instagram 账号截图

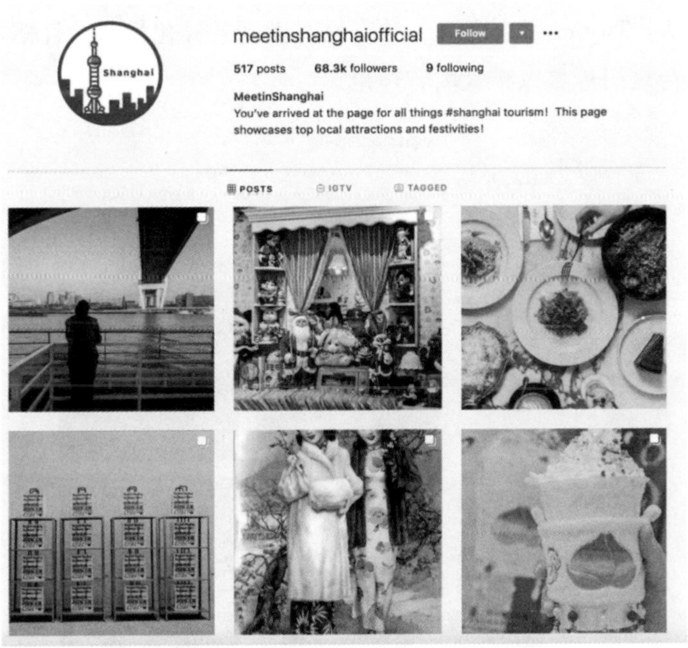

图 16　上海市的 Instagram 账号截图

图 17 江苏省的 Instagram 账号截图

4. 北京市（visitbeijingofficial）

粉丝总数为 34400 人，平均发帖频率 34 条/月，平均互动量 289 次/条。页面以单图帖文为主，图片质量较好，粉丝互动较高，但帖文内容与 Facebook、Twitter 平台完全一致，没有做到差异化运营，且帖文内容中未使用平台热门标签以扩大内容声量。

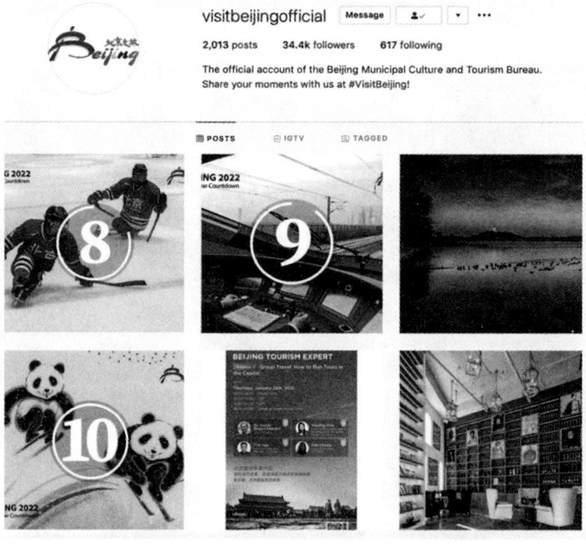

图 18 北京市的 Instagram 账号截图

五 YouTube 传播力指数

（一）概况

在 31 个省级（不含香港、澳门、台湾、新疆生产建设兵团）文旅部门中，没有开设账号的地区有 13 个，分别是安徽省、河北省、黑龙江省、浙江省、吉林省、江西省、辽宁省、内蒙古自治区、青海省、上海市、天津市、西藏自治区、新疆维吾尔自治区。

通过省级 YouTube 账号的传播情况来看，Top10 分别为四川省、福建省、北京市、重庆市、陕西省、山东省、贵州省、广西壮族自治区、云南省、江苏省。

本报告选取了 2020 年度传播力指数 Top10 省份的页面进行分析。从粉丝体量上来看，排名前三的分别是云南省、重庆市和贵州省，其中贵州省 YouTube 页面粉丝总数最多，达到 3220 人。从活跃度来看，排名前五的分别是北京市、陕西省、四川省、福建省和重庆市。从视频总量来看，重庆市 YouTube 视频发布总量最多，共有 927 条视频内容。从视频观看总量来看，四川省和山东省均已突破千万次视频播放量，分别为 10822384 次和 11284353 次。

（二）重点 YouTube 账号分析

1. 四川省（Sichuan）

页面建立时间为 2013 年 11 月 8 日，视频发布总量 224 条，视频观看总量 10822384 次。

2. 福建省（Refreshing Fujian）

页面建立时间为 2015 年 3 月 18 日，粉丝总数为 1360 人，视频发布总量 355 条，视频观看总量 1748941 次。

3. 重庆市（iChongqing）

页面建立时间为 2018 年 7 月 26 日，粉丝总数为 3310 人，视频发布总量 927 条，视频观看总量 688032 次。

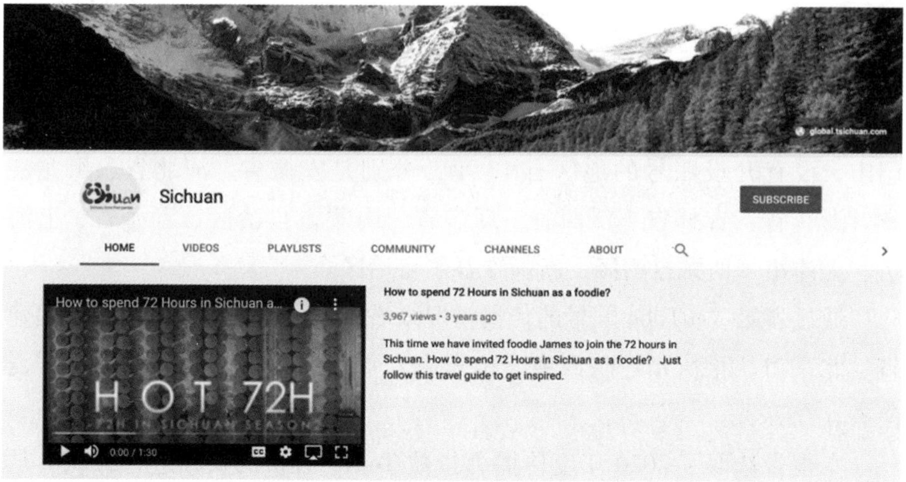

图 19 四川省 YouTube 账号截图

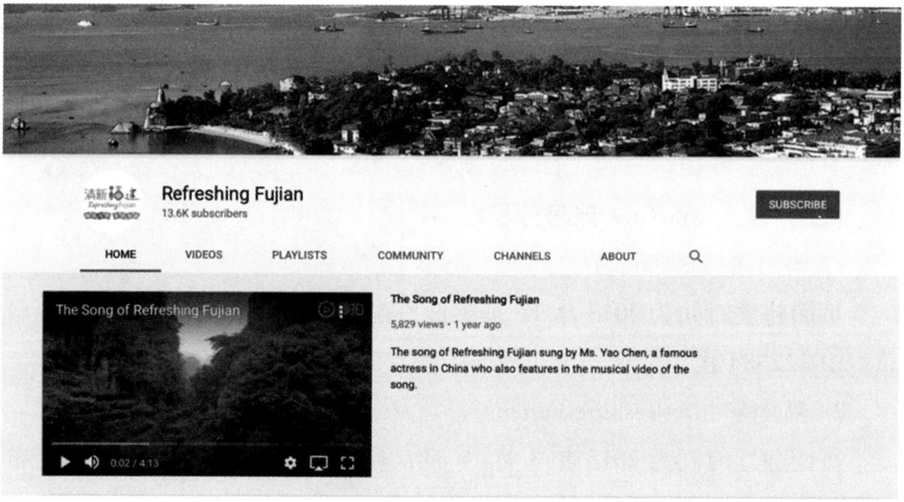

图 20 福建省 YouTube 账号截图

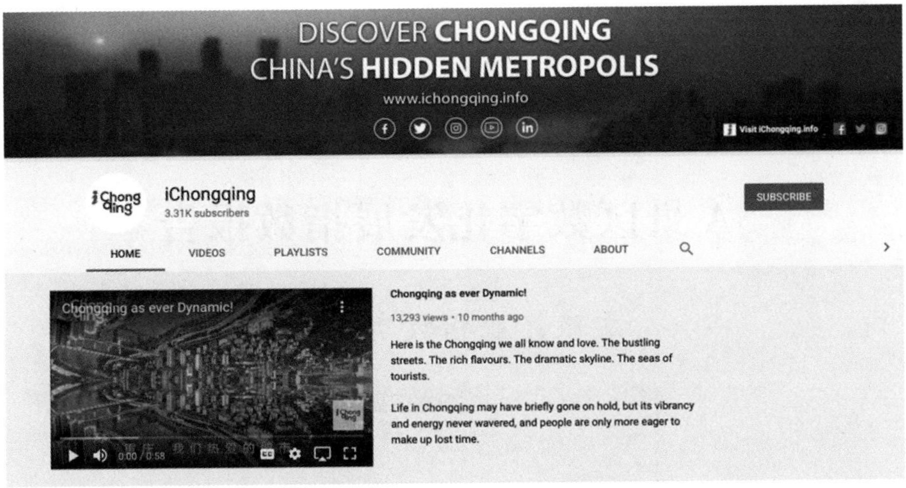

图 21　重庆市 YouTube 账号截图

5A景区数字化发展指数报告

文旅产业指数实验室

如果说2018年是文化和旅游融合的元年，那么2019年就是中国文化和旅游产业数字化元年，文化和旅游产业插上了数字科技的“翅膀”，数字文旅内容日益丰富，数字文旅消费规模不断扩大。特别是新冠肺炎疫情以后，文化和旅游产业开始借助数字科技的力量破局重生，迎来了全新的发展机遇。以新基建为代表的数字经济发展成为助推经济发展质量变革、增强经济创新力和竞争力的新引擎。在此背景下，数字技术与文旅产业融合将不断加快，文旅行业将迎来数字文旅发展新时代。

数字景区是文旅产业数字化的重要组成部分。景区数字化首先利用最新的互联网数字技术，为景区建立以数据中心为核心的管理系统，通过景区网络平台及门票管理系统，协同各业务应用系统，为景区提升运营管理水平提供安全、高效的信息化手段，实现“资源保护数字化、经营管理智能化、产业整合网络化”。

而对5A景区数字化发展水平的调查，对于了解中国景区数字化发展的现状、取得的成果和存在的问题，并进而提出提升和改进办法，对于推动中国文旅产业的高质量发展，有着积极而重要的意义。

一　5A景区数字化发展总体概况

（一）5A景区的概况

旅游景区是以旅游及其相关活动为主要功能或主要功能之一的空间或

地域，具有参观游览、休闲度假、康乐健身等功能，具备相应旅游服务设施并提供相应旅游服务的独立管理区。旅游景区包括风景区、文博物馆、寺庙观堂、旅游度假区、自然保护区、主题公园、森林公园、地质公园、游乐园、动物园、植物园，以及工业、农业、经贸、科教、军事、体育、文化艺术等多个类别。截至 2020 年 6 月底，全国共有景区 2 万余家，其中 A 类景区 9000 多家，5A 级景区数量为 280 家。

5A 景区最多的省份是江苏省，有 24 个，其次是浙江省，有 18 个。处在 5A 景区数量 Top10 的省份还有河南省、广东省、四川省、新疆维吾尔自治区、江西省、山东省、湖北省、安徽省。

旅游景区大体上可以分为三个类型：自然景观的旅游景区；人文景观的旅游景区；人造景观的旅游景区，如主题公园、文博设施等。

1. 自然景观景区

自然景观景区是指那些相对没有受到过度的人类活动干扰的自然区域，为游客提供享受并了解自然的场所。自然旅游景区对旅游者的核心吸引力是其自然生态景观，或是具有生态美的人文景观。因此，具有生态美的自然及文化客体是生态旅游景区与一般旅游景区的最大区别。自然旅游景区从开发伊始即奉行环境保护的原则，规划设计出一整套资源及环境的保育措施，从旅游者、旅游开发者和当地居民三方面采取相应措施，确保生态旅游景区的可持续发展。

截止到 2020 年，在 5A 景区中，自然景区数量达 156 个，占 5A 景区总体的 55.7%。其中，新疆的生态景区比例最高，在 13 个 5A 景区中，生态景区共 12 个，占 92.3%。与之相比，在北京的 8 个 5A 景区中，没有一个是自然景区。而在 5A 景区最多的江苏省，自然景区占比为 62.5%。

2. 人文景观景区

人文景观景区可分为三类：以文物、史记、遗址、古建筑等为代表的历史文化景区；以现代文化、艺术、博物馆等为代表的现代文化景区；以传统文化、地方特色、生活习俗为代表的民俗文化景区。在 5A 景区中，人文景观景区占 37.2%。其中，北京的 8 个 5A 景区全部为人文景观景区；在陕西的 10 个 5A 景区中，人文景观景区占 7 个。

3. 人造景观景区（主题公园）

主题公园类5A景区总数为20个，占比为7.1%。根据旅游体验类型，主题公园可分为游乐类、景观类、动物园类、民俗风情类及情境模拟类五类。从主题公园发展现状来看，游乐类、情景模拟类主题公园广泛使用大型游乐设施，部分动物园类、景观类或民俗风情类主题公园也引入了结合主题的大型游乐设备等项目。

（二）研究概要

1. 调查时间：2020年4月至6月。

2. 调查方法：在线问卷＋第三方测评。

3. 样本量：采用在线填答的景区为188个，占总体的67.1%；其余92个为第三方测评，占32.9%。

（三）指标设计

景区数字化发展水平的评价体系由文旅产业指数实验室与阿里巴巴集团合作完成。其中，一级指标有三个：全链路游客服务、旅游综合管理和全域旅游营销。

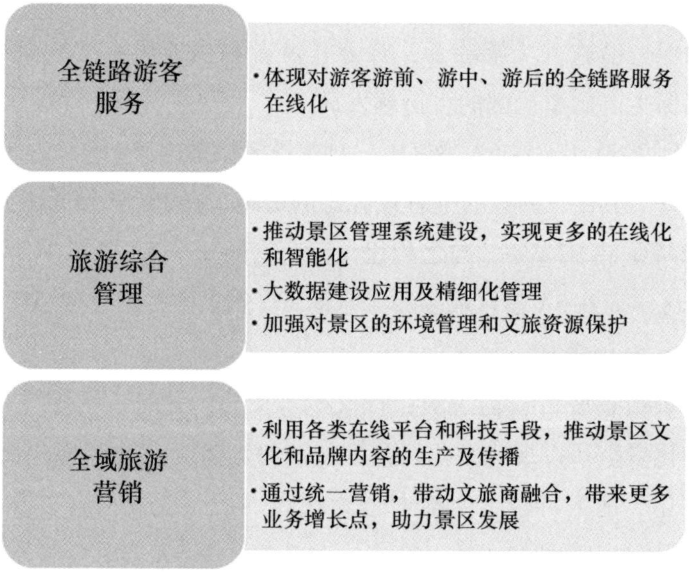

图1　景区数字化发展水平的评价体系一级指标

每个一级指标的权重见图 2。

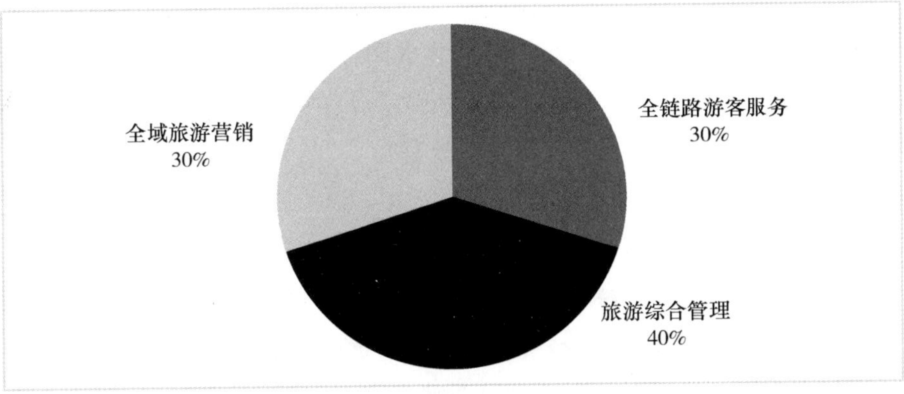

图 2 景区数字化发展水平的评价体系一级指标权重

二 5A 景区数字化发展概况

通过对 5A 景区全链路游客服务、旅游综合管理和全域旅游营销三个方面指标进行综合评价结果看，中国 5A 景区数字化发展指数评价平均得分为 70.7 分，整体看来，仍处于中等偏下水平。其中，90 分以上占比 11.8%，80—90 分占比 28.5%，即四成景区的数字化发展达到了优良的水平。而低于 60 分及格线的为 23.6%。5A 景区数字化发展指数得分构成如图 3 所示。

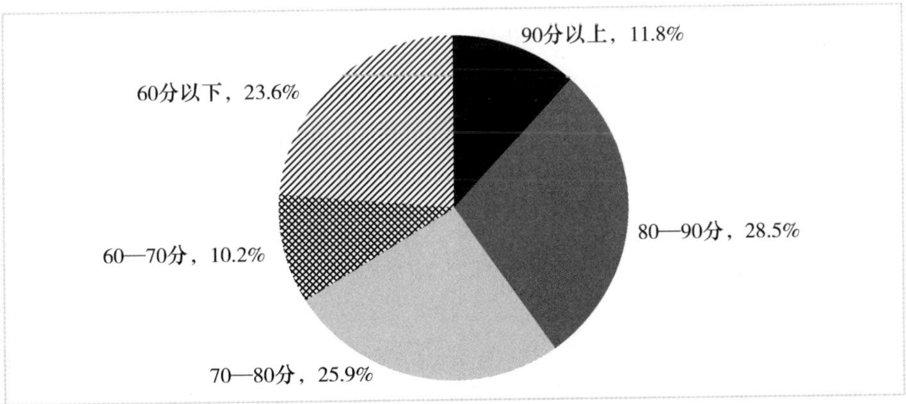

图 3 5A 景区数字化发展指数得分构成

其中，得分排在前10位的5A景区有北京故宫博物院、乌镇、颐和园、九寨沟景区、蜈支洲岛旅游区、黄山风景区、长隆旅游度假区、云台山、杭州西溪国家湿地公园、苏州古典园林。

（一）北京故宫博物院（简称：故宫）

1. 数字技术的应用

故宫已经建立了自己的数字博物馆、数字文物库、数字多宝阁、线上小游戏、360°全景故宫。利用高沉浸式投影屏幕、虚拟现实头盔、体感捕捉设备、可触摸屏等设备，AI、VR、语音图像识别等多种先进技术，可以与大众展开更多互动，给观众带来全新的感官体验。利用数字化技术，让故宫的宝藏与人们展开一场跨越时空的对话，可以从不同的角度观赏藏品，对藏品有更深的了解。

2. 全媒体传播

从网页、微信、微博到短视频，故宫始终坚持博物馆内容与最流行传播方式结合的探索，获取了高热度和高流量。微博粉丝970万、抖音账号“带你看故宫”粉丝38万，微信文章阅读量轻松10万+。2020年4月5—6日首次直播，故宫博物院联合《人民日报》客户端、新华社、人民网、新华网、央视频、抖音、腾讯新闻等网络平台开展“安静的故宫，春日的美好”直播活动，三场直播的在线观看用户超过1亿人。

3. 打造故宫文创IP

故宫扛起国潮大旗，将传统元素融合进现代的时尚，让故宫的国风时尚备受追捧。淘宝店铺已开设故宫淘宝、故宫文创、故宫出版、故宫食品、上新了故宫、故宫文具6家。故宫联名日用品包括周大福、卡地亚、施华洛世奇、小米、奥利奥、名创优品、安踏、农夫山泉、信用卡等。衣食住行均有涉猎，并且多次与国际大牌合作。随着一次次的探索，在故宫联名合作发展越来越好的同时，故宫IP也已深入人心。

（二）乌镇

早在2003年乌镇西栅景区规划建设初期，乌镇就做了一个重要决定——在地下预埋网络光缆，这为之后世界互联网大会·乌镇峰会期间的网络需求打下了坚实的基础。2006 年，西栅景区正式对外开放，乌镇便敞开怀抱，向游客提供免费的 WiFi 服务。截至 2017 年，乌镇景区共有 WiFi - AP 点位 3600 个，覆盖了景区各酒店、客房、餐饮、会议室、老街等公共休闲区，已实现景区无线信号全覆盖。而在第五届乌镇峰会召开前夕，乌镇又建设了 10 个以上 5G 基站。除此之外，乌镇景区还与高德地图、阿里巴巴、支付宝、携程等主流企业平台开展全方位深度合作，构建立体营销体系。通过“桐乡旅游”“乌镇发布”“乌镇景区”等微信公众号平台，发布乌镇吃、住、行、游、购、娱等营销宣传信息，提供在线预定功能。

通过多年不断升级完善，目前游客可通过多种渠道在线购买乌镇景区电子门票，或者在游客服务中心大厅连上免费 WiFi 后，根据提示牌上的提示扫描二维码，进行购票支付。在支付完成后，游客的手机收到二维码，即可扫码进园。除了二维码扫码进园，乌镇还有时下最为流行的黑科技“IoT 核身”无接触进园。在游客进入景区时，人工智能系统将采集图像信息上传到数据库中，门禁闸机上的摄像头会自主判断是否允许游客进入该区域，该处理仅需 0.6 秒。

在游客自驾出行上，乌镇建设智慧交通诱导系统，合理规划进出镇区、景区道路运行路线，在主要道路设置停车场引导及停车位数量实时显示电子屏，落实镇区道路标牌、标识建设；在低碳便捷出行上，通过手机扫描二维码，可实现公共自行车租赁；在公共交通出行上，游客可以通过手机应用实时查看所有公交车位置、线路，科学安排候车时间。近年来，乌镇景区逐步在游览车和摇橹船上安装了 GPS 和北斗双模定位系统，并且设立监控调度室，通过精准定位实现车船的智慧调度，游客可以实现手机扫码呼叫游览车，通过停车场电梯间的反向寻车系统自助服务终端机寻找停车位。

2016 年，乌镇还全面接入了蚂蚁集团“芝麻信用”借还服务，打造全国首个信用旅游景点。目前，芝麻信用评分在600 分及以上的游客，在乌镇西栅景区内可以免押金借用雨伞、充电宝等，部分借还点提供婴儿车、拐杖、轮椅等物品。乌镇西栅景区及乌村共有 100 个信用借还点，提供 1000 把雨伞、1200 个充电宝等借还物品，每次借还操作全程不超过 30 秒。

三 全链路游客服务评价

（一）全链路游客服务评价概况

1. 评价指标

全链路游客服务指标共包括三个方面：游前服务在线化、游中服务在线化和游后服务继续在线，总计得分为30分，分值构成如图4所示。

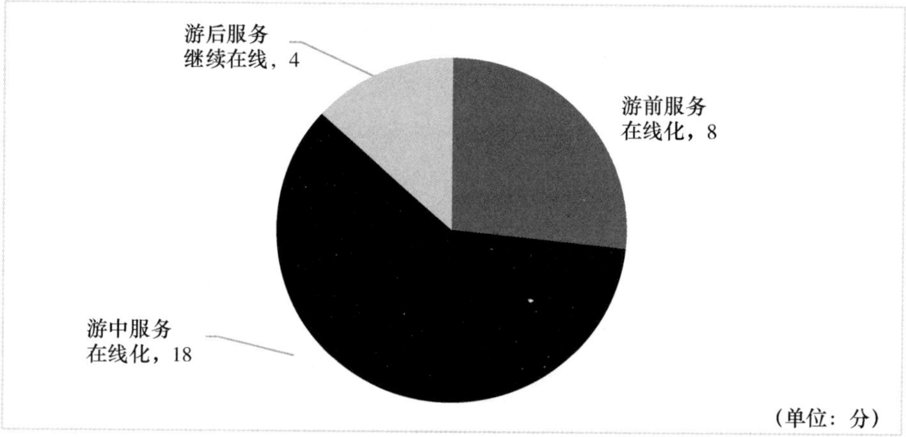

图4 全链路游客服务指标分值构成

评价指标包括三方面内容，游前服务在线化包括：（1）景区实现旅游信息在线发布，如通过线上多个渠道发布目的地相关信息，如景点介绍、游览攻略、门票和交通信息等；可展示实时信息，如交通、门票、游客数等，及时发布景区实时动态，便于及时规划行程；有相关景区IP商品、热门餐饮和娱乐项目的推荐。（2）实现在线预订及咨询，如支持游客在出游前即可进行票务预订，官方提供分时预约和智能客服服务，可以在线预订附加项目（餐饮、娱乐、商品）。（3）提供其他创新化体验，如通过直播、在线VR等技术手段提供多种游客体验方式，游客可以提前远程了解景区实况。

游中服务在线化包括：在景区实现电子门票购买及电子入园、实现交通出行的提示服务（线上化、智能化），为游客提供电子地图服务，为游客提供智能化讲解及国际游客的智能翻译服务，为游客提供无障碍通行的智能化辅助、在线支付、订餐与数字化售货服务。

游后服务继续在线包括三项：提供相关商品的线上下单以及到家服务、提供线上对游览体验的后评价体系、景区记忆点的线上记录（通过各类数字化基础设施和线上平台，帮助游客找到能触达分享的记忆点，比如网红打卡点的短视频、游客积分徽章等）。

2. 全链路游客服务分项评价

高得分项包括：（1）在线票务预订，通过第三方 OTA 平台已经实现100% 在线票务预订。电子化门票近 14% 的景区尚未应用。（2）94% 以上的景区实现了线上多渠道运营，实现官网、图文、视频等多维同步。（3）景区推荐 86.3% 的景区都有行动，但是在线预订和线下下单提供邮寄服务等后续环节的同步跟进有待完善。

低得分项包括：（1）语音导览及翻译服务的实现率刚刚过半。（2）提供动态实时规划的景区超过 50%，但在电子地图实时查询和园内交通工具定位与时刻提醒方面差距显著。（3）电子地图实时查询和园内交通定位提示这两项对于自助游、自由行游客极为重要的信息提供服务存在明显不足。

3. 全链路游客服务 Top10 景区

通过对全链路游客服务 3 个部分 18 个细分指标的评价，全链路游客服务评价得分排在 Top10 的景区：颐和园、普陀山风景名胜区、乌镇、武夷山风景区、苏州古典园林、龙门石窟景区、芜湖方特旅游度假区、云台山、蜈支洲岛旅游区、武功山风景名胜区。

颐和园是中国清朝时期皇家园林，坐落在北京西郊，是第一批“全国重点文物保护单位”，与承德避暑山庄、苏州拙政园、苏州留园并称“中国四大名园”，1998 年 11 月被列入“世界遗产名录”；2007 年 5 月 8 日，颐和园经国家旅游局正式批准为“国家 5A 级旅游景区”；2009 年，颐和园入选中国世界纪录协会中国现存最大的皇家园林。

颐和园数字景区建设项目，通过建设景区电子票务系统实现景区游客的出入园售检票管理，打造景区可视化管控平台，基于景区地图实现对景区智能化设备和服务设施的可视化管控和展现，提升景区的综合管控能力和应急处置能力，提高景区的管理效率，降低管理成本，为游客安全游玩提供保障。

（二）游前服务在线化现状

1. 景区旅游信息在线发布

景区旅游信息的发布渠道，除了自有媒体，如景区官网、支付宝小程序、支付宝生活号、微信公众号、微博号、抖音快手号、头条号，第三方专业旅游网站也是重要的发布平台。

进入2020年，直播、短视频在景区旅游信息发布中发挥着越来越大的作用，如淘宝直播、抖音、微信视频号、西瓜视频、火山视频、腾讯视频、秒拍视频、央视频等。

此外，由用户创作内容的用户生产内容平台（UGC）也在快速扩大影响。以美妆而知名的小红书App，也成为景区旅游信息传播的重要渠道，多家旅游景区已经在小红书平台上开通官方账号，并且开通了景区门票等商品的购买链接。马蜂窝从短图文、短视频、直播等角度切入，正在强化其旅游信息发布平台的功能。

2. 在线预订及咨询

5A景区门票的销售途径主要有四个方面：一是景区直销，这个占的比例最大；二是通过旅行社分销；三是线上预订平台；四是社交媒体和UGC平台。

与酒店和机票的在线预订相比，景区门票的线上化渗透率要低得多。2019年，中国景区门票线上化渗透率不足两成。2020年以来，新冠肺炎疫情给旅游景区消费市场带来了新的变化，一方面景区在政策要求和引导下，加快落实景区门票网络预约制，叠加线下游客骤减等困境压力，景区将加速拥抱线上平台，实现数字化升级；另一方面，多地景区关停政策以及门票预约制的实施驱使游客通过在线平台获取景区相关信息及产品服务。支付宝面向全国景区免费开放了“分时预约”功能。截至目前，已有上千家景区通过支付宝对游客做出无接触、精细化分流管理。

3. 行前提供其他创新化体验

近期一些文化场馆和旅游景区纷纷开展“云旅游”活动，山东博物馆、观复博物馆等的 App 可实现“云逛馆”、听讲座；2020 年是紫禁城建成600 周年，用户可以通过网上全景故宫实现虚拟参观之旅，在紫禁城内“漫游”；趵突泉、大明湖、千佛山等景区 App 为游人提供“航拍 + VR 全景 + 自助语音讲解”沉浸式观览体验；手机上“全景看四川”平台以 360 度视角的方式“线上游览”青城山、峨眉山、九寨沟、乐山大佛等四川省内众多景区；而通过有关旅游解说平台可收听、收看内容覆盖全国 32 个省（自治区、直辖市）1000 家景区、23090 个景点。

2017 年故宫首次实现全网络售票，正式迈入“博物馆全网售票”时代，每天限额 8 万人线上实名制购票。利用高沉浸式投影屏幕、虚拟现实头盔、体感捕捉设备、可触摸屏等设备，AI、VR、语音图像识别等多种先进技术，可以与大众展开更多互动，给观众带来全新的感官体验。利用数字化技术，让故宫的宝藏与人们展开了一场跨越时空的对话，可以从不同的角度观赏藏品，对藏品有更深的了解。

4. 支付宝“文旅绿码”小程序打造景区安心游

支付宝，依托蚂蚁集团的底层数据技术和超级媒体矩阵，通过蚂蚁数字营销和独特的金融能力，正在以数字化能力串联游客旅游体验全场景，扩展生态广度，加强营销深度，提升景区旅游的整体智慧化服务能力及深度品牌营销。

基于小程序能力，支付宝分别为省、市、景区打造三个不同层级的数字小程序平台。这三个平台，各自独立又可相互跳转。不仅为游客提供“游前—游中—游后”的全方位的一站式智能信息服务，同时打通各区域级旅游平台，实现内容和流量互为支撑，从而更好地赋能旅游景区提升服务、安全并带动旅游消费。其中，基于支付宝小程序能力，针对博物馆、景区推出的游客实名制的分时预约系统“文旅绿码”，基于支付宝能力，正在赋能旅游景区打造“安全、便捷、公益”的文博场馆体验。

（三）游中服务在线化：以高德地图为例

高德地图依托其技术优势、流量资源和产品能力，通过一张地图游中国、大数据管理平台和智慧景区开放平台等能力，致力于打造提供面向游客、景区管理以及政府的数字景区综合解决方案。

"西湖一键智慧游"，以游客便捷出行为出发点，向游客提供"吃喝游购"的全面服务。游客出游前只需在高德地图上搜索"西湖"，便可进入"西湖一键智慧游"，全面查看景区动态，了解西湖游玩、美食、娱乐、交通等全貌信息。在游览过程中，通过手机全面了解西湖十景（新十景、三评十景）的全貌，不仅包括经典的苏堤春晓、曲院风荷，还有近年来颇受游客喜欢的龙井问茶、万松书院等网红新宠景点。此外，"西湖一键智慧游"还专门推出了"文化史记两日游"和"茶文化之旅"两个主题玩法，带游客去钱塘门寻杭州历史，去龙井山品茶问道，文化之旅将让游客在游玩中充分体验到千年西湖的别样魅力，同时拉动文旅消费。而推荐沿湖骑行路线和越野骑行路线，让运动爱好者尽览湖光山色，丰富了自然景区旅游形态。

此外，对停车场、微笑服务亭、公共厕所、最佳观景点等关键信息，高德地图上还作出了突出标示，为游客提供丰富的相关服务设施和服务信息，游客只需一部手机便可知晓景区情况。更重要的是，"西湖一键智慧游"还可提供一键救援服务，将求助信息第一时间接入公安指挥中心，让游客玩得安心，助力景区平安管理。

同时，"智慧景区管家"通过大数据中心向景区提供实时路况监测、游客洞察、行业洞察、智能预警等数字化能力，让景区管理者能够实时看到数据、分析数据，帮助景区作出科学管理决策。"智慧景区管家"还能帮助景区对服务设施和服务信息进行数字化管理。在高德地图的支持下，西湖景区通过现场采集、数据导入、实地校正等环节，实现国内景区景点管理新突破。

四 旅游综合管理评价

（一）旅游综合管理评价指标

旅游综合管理包括 7 个方面的二级评价指标：完善景区基础安防监控和安全信息发布；建设景区应急指挥系统，提升可视化和应急联动水平；数据相关系统基础建设；设计开发更多数据应用，推动智能化的分析和响应；利用数据对游客及团体进行其他精细化管理；实施数字化的管理与保护；实现宣传和保护的各类联动。只有通过数字化智能化提升景区安全水平、综合管理水平，才能真正提高景区的运行效率，实现降本增效。

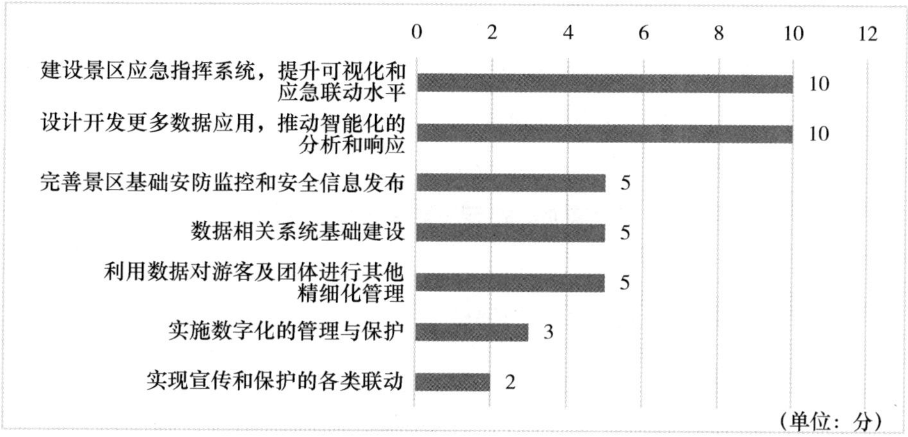

图 5 旅游综合管理评价指标分值构成

（二）各项得分

1. 高得分项目

在安全提示、危险预警、实时监控园内运行情况等方面，90% 以上的景区都做得十分成熟完善。97% 以上的景区已实现“建立接收游客呼救设施，管理侧通过设备监控、视频监控、广播、电子巡检等设施及时了解园内运行实况”“通过办公移动端及时通知各类人员到位、做应急处理”“相关数据与各级旅游行业管理部门及公安机构对接，实现高效联动社会安全资源”，与安全管理相关的指标得分率均在 90% 以上。充分显示出目前景区数字文旅设备硬件条件到位，全面推广安全监管应用。

2. 低得分项目

从调查结果看，针对游客的行为检测和反馈分析尚有较大提示空间，如实时监测威胁文物行为、对敏感客人和敏感行为进行机器识别及预测、系统分析游客对景区的客服投诉等方面得分率低于 70%；对部分文物进行封闭管理，可进行视频、多媒体等方式进行高保真的数字化展示的为 55.5%；实现对游客的消费转化进行分析进而精准匹配和促销的占 53.1%。

（三）旅游综合管理评价 Top10 景区

通过对旅游综合管理 7 个部分 25 个细分指标的评价，旅游综合管理得分排在 Top10 的景区：北京故宫博物院、蜈支洲岛旅游区、长隆旅游度假区、九寨沟景区、黄山风景区、泰安市泰山区泰山、布达拉宫景区、云台山、仙都风景区、云冈石窟。

五 全域旅游营销发展水平评价

（一）5A 景区全域旅游营销得分

1. 评价指标

全域旅游营销包括 5 个方面的二级指标：景区文化内容的生产和 IP 建设；数字化的景区文化综合展示；多渠道进行文化内容传播；借助线上营销平台或工具，融合提供各类旅游商品及服务，提升经济效益；数字化营销驱动景区业务模式创新。通过文化内容的生产传播，开展全域营销，实现业态融合，才能创出景区品牌、进一步拉动景区消费，提升景区持续经营的效益。这是“文旅融合、以文促旅、以旅带商”理念的集中体现。

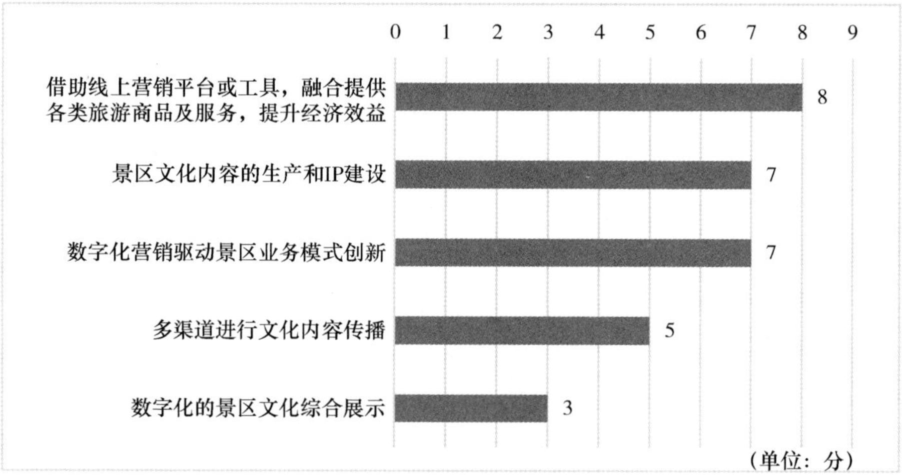

图 6 全域旅游营销评价指标分值构成

2. 各项得分

从调查结果看，5A 景区在以下几个全域旅游营销指标得分较高：（1）在多个在线渠道推出统一的景区品牌标示和内容（91.8%）；（2）打造各类品牌的数字化载体（视频、短视频、直播等），进行创意创作（89.8%）；（3）开发景区页面、小程序、微博、短视频等作为阵地，利用各种渠道进行社群运营及互动，提升频次（89.5%）；（4）不断完善促进旅游消费的综合经营体系，优化各类选商选品（80.1%）；（5）品牌 IP 及文创体系打造（71.2%）。

全域旅游营销指标得分较低的项目：（1）实现景区线下和线上电商购物消费的统一用户账户，对用户从对内容的认知访问到完成旅行的全链路进行分析，实现分群分阶段的精准触达和内容投放（58.2%）；（2）通过 AR/VR、3D 建模和场景复原、全息投影复原等，实现文化类产品的数字化（56.3%）；（3）智能生产文案、图片及视频（内容要点识别、自动化、批量化），可通过用户 AB 测试等方式进行分析、择优推广（29.7%）；（4）在金融科技平台的助力下，引入低成本，面向中小商家的不同首付比例、期限和还款方式的信贷产品，提升商家进入信心（23.8%）。

3. 全域旅游营销评价 Top10 景区

通过对全域旅游营销 5 个部分 15 个细分指标的评价，全域旅游营销得分排在 Top10 的景区：北京故宫博物院、九寨沟景区、黄山风景区、大雁塔—大唐芙蓉园景区、西湖风景名胜区、乌镇、杭州西溪国家湿地公园、颐和园、晋城市阳城县皇城相府、丽江古城景区。

（二）景区旅游商品销售

在全域旅游营销评价指标中，以线上营销带动相关的旅游商品销售，建立综合经营体系占用很大比重。具体得分：开设相关的线上网店，在线销售更多景区纪念品、小商品，有专人负责线上网店经营，可以接通统一的物流快递方案（得 2 分）；实现景区线下和线上电商购物消费的统一用户账户（得 2 分）；不断完善促进旅游消费的综合经营体系，优化各类选商选品（得 2 分）；对周边产业进行线上联动及活动促销，推动周边服务业态发展，实现景区多类服务联合的线上活动促销，比如联合优惠票（含餐饮券、交通券、酒店民宿券、文娱活动、周边服务、纪念品等），各类优惠券可对接线上生活和购物平台来完成消费（得2分）。

案例分析：故宫

2016年7月，故宫博物院与阿里巴巴签署战略合作协议。故宫博物院在阿里巴巴开设官方旗舰店，利用互联网进一步拓展影响力，深度优化故宫爱好者的参观和文化体验，游故宫、逛旗舰店成为游客的新体验。故宫博物院官方旗舰店包括门票、文创、出版三大板块，最大限度实现功能需求多样化。游客在旗舰店预订的门票不用换取纸质票，通过扫描二维码、二代身份证等即可快速检票入院。旗舰店围绕故宫所藏精品文物，推出系列主题文创产品，例如，以“胤禛十二美人”为创意的系列主题产品，以故宫猫为主题的“喵游故宫”儿童用品以及文化用品等，都展现了故宫博物院的独特魅力和韵味。

故宫的文化创意以产品为介质，通过天猫官方旗舰店，让广大用户认识且熟知，认识一个完全不同的故宫。2016—2018年，短短两年时间，故宫的文创产品涵盖办公、服饰、家居、食品、国礼等诸多品类，在天猫平台的关注用户数量已超过200万。2016—2018年，故宫博物院文创旗舰店在天猫上的销量已经位居节庆用品礼品行业和文创行业第一，并以每年近2倍的速度增长。从2019年开始，故宫文创围绕“故宫中国节”“金榜题名”“龙凤呈祥”等主题，在天猫首发故宫文创系列IP款新品。

从本次调查结果看，中国5A景区的数字化发展指数达到70.7分，低于60分及格线的为23.6%。截至目前，已初步形成了北京故宫博物院、乌镇、九寨沟景区、黄山风景区、颐和园、云台山、长隆旅游度假区、苏州古典园林、杭州西溪国家湿地公园等一批标杆景区。可以说，过去十多年的智慧旅游发展为景区数字化发展打下了良好的基础。另外，景区数字化发展还存在着地域差异和不平衡性。

疫情结束后，面对萎缩的市场，行业竞争越来越激烈，首当其冲的是各景区。究竟是循规蹈矩继续坐地收门票，还是努力做到内外兼修，带给游客惊喜，或将决定未来几年的客流导向。

新基建实际上是将各行各业的基础设施全面升级到数字化时代。新基建与以往的传统基建不同，它以科技为核心驱动力，自人类社会发展开始以来，每一次生产力和生产关系的变革带来的都是社会巨大的进步。通过与现代数字技术的结合，文旅行业可以加速从“老基建”进化到“新基建”时代。“老基建”打造了线下物理空间产值的大盘，而“新基建”将为文旅行业拓展出另一片蓝海——数智空间新产值。

文旅行业可以抓住新基建的绝佳机会，实现文旅消费全链路、全场景在线化，改变这个行业固有的重线下、同质化问题。文化和旅游产业的边界随着消费需求的碎片化将日渐模糊、融合，新基建就是要顺应消费心智的主导，打造“感知即所见，所见即内容、内容即营销、营销即消费”的全链路、全场景在线。

文旅产业指数实验室课题组

刘志明　中国社会科学院舆情实验室首席专家

班若川　中国旅游报社策划总监

杨斌艳　中国社会科学院舆情实验室秘书长

邓　宁　北京第二外国语学院旅游科学学院副院长

窦　伟　阿里巴巴集团公共事务部战略规划总监

李　森　阿里巴巴集团公共事务部文教产业总监

陈　丹　阿里巴巴集团公共事务部政府事务专家

郑海超　阿里巴巴集团阿里云智能事业群解决方案架构师

陈海江　浙江力石科技股份有限公司董事长 &CEO

宋　平　首都经济贸易大学旅游研究中心助理研究员

刘嘉琪　中国社会科学院新闻与传播研究所助理研究员

参与 5A 景区数字化发展指数指标设计论证的专家：首都经济贸易大学旅游研究中心主任蔡红、清博大数据 CEO 郎清平、清大文产规划设计研究院院长赵金庆、源创汇国际文旅产业创新机构创始人吴熠炜、苏州众言网络科技股份有限公司副总裁郭晓波、问卷网研究院院长王枫、上海交通大学设计研究总院生态文化旅游研究院院长王璐、北京中景合天科技有限公司产品负责人唐彬。

参与5A景区数字化发展指数指标设计讨论的阿里巴巴团队成员：阿里巴巴集团公共事务部资深总监王晓云、阿里巴巴集团战略发展部总监张斌、阿里巴巴集团公共事务部数据分析专家胡向方、阿里巴巴集团公共事务部数据技术专家万红杰、阿里巴巴集团高德事业群高级产品专家如苏、阿里巴巴集团高德事业群产品专家孙敏、阿里巴巴集团阿里云智能事业群IoT事业部高级产品经理桂林、阿里巴巴集团阿里云智能事业群解决方案架构师郑海超。

2020 年抖音文旅传播影响力指数报告

刘志明*

抖音文旅传播影响力指数是衡量旅游目的地、旅游企业利用抖音平台开展传播、开拓市场的综合能力的重要指标。目前，越来越多的旅游企业把抖音作为其营销传播的主要渠道。因此对其影响力和传播力进行评价，是准确把握旅游营销传播效果的必由途径。本报告主要内容包括：抖音文旅传播新趋势；抖音赋能旅游经济，拉动市场供需和区域发展的主要成果；抖音文旅传播的创新案例；关于 2020 年各级文旅机构开设的抖音政务号的传播力分析，包括省级抖音政务号、市级抖音政务号和县级抖音政务号。

一　抖音文旅传播新趋势

（一）抖音短视频带动文旅传播爆发式增长

近年来，抖音凭借其平台覆盖面广、算法技术领先、内容创新力强和用户日活量高等优势，深度参与文旅产业的发展。2020 年，抖音上旅游总投稿数达 15.94 亿条，文旅视频总播放量达 34227.94 亿次，总点赞数达 949.85 亿次，总评论数达 27.38 亿次，总分享数为 111.31 亿次。

投稿数和视频播放数代表了网民对文旅领域视频创作热情和网民生

* 刘志明，中国社会科学院舆情实验室首席专家。

产内容的传播范围，从月度传播数据维度来看，数据统计期间，无论是文旅相关视频的投稿量还是视频播放量，都呈现明显上升趋势，文旅视频月度投稿数量由千万级增至亿级，月度播放量更由百亿级升至千亿级。从文旅视频月度投稿数来看，2019 年 1 月—2020 年 12 月，共有 21 个月的文旅总投稿数突破 1 亿条，其中 2020 年 10 月份达到了 1.95 亿条，创历史新高。从文旅视频月度播放数来看，统计期间，共有 20 个月的文旅视频播放量分别突破2000 亿次，4 个月突破4000 亿次，其中2020 年7 月份达到了 4170.31 亿次，创历史新高。

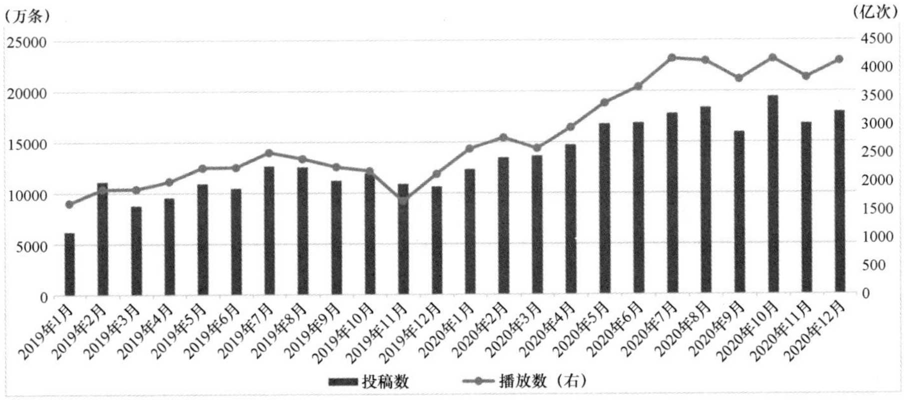

图 1 2019 年 1 月—2020 年 12 月抖音文旅视频传播趋势

点赞数和分享数代表着网民对文旅领域短视频的认可程度，从月度网友反馈数据来看，在抖音平台上文旅相关视频的点赞数和分享数趋势与传播数据相似，同样呈现出同比倍增的趋势。在文旅视频点赞数方面，由 2019 年 1 月的 44.72 亿次增至 2020 年 12 月的 107.54 亿次，同比增长 140.47%；在文旅视频分享数方面则由 8025.50 万次增至 4.88 亿次，同比增长 508.06%，并在 2020 年 5 月首次月度分享数超过 2 亿次大关。综合统计期间各项数据，可以反映出抖音短视频平台在文旅领域具有广阔的发展前景，尤其是在目的地宣传、塑造良好品牌形象方面大有可为。

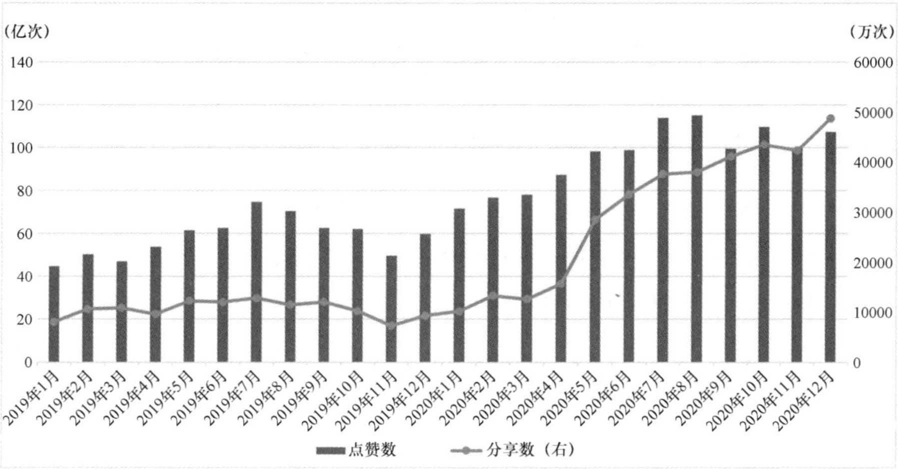

图2 2019年1月—2020年12月文旅视频用户反馈趋势

(二)激活短视频传播的"种草"和"铺垫"效应

受新冠肺炎疫情影响,一些文化场馆和旅游景区纷纷开展"云旅游"活动,山东博物馆、观复博物馆等的App可实现"云逛馆"、听讲座;2020年是紫禁城建成600周年,用户可以通过网上全景故宫实现虚拟参观之旅,在紫禁城内"漫游";趵突泉、大明湖、千佛山等景区App为游人提供"航拍+VR全景+自助语音讲解"沉浸式观览体验;手机上"全景看四川"平台以360度视角的方式"线上游览"青城山、峨眉山、九寨沟、乐山大佛等众多四川省内景区;而通过有关旅游解说平台可收听、收看内容覆盖全国32个省(自治区、直辖市)1000家景区、23090个景点。

研究发现,景区、景点的网站和App虽然可以帮助人们"宅在家"体验远程浏览,但由于平台分散,大多网站知名度低、影响小,且还有大量景区信息化建设落后,无法提供好的网上体验。相比之下,近两年短视频平台成为文旅内容创作、传播的主流平台,对推动旅游业发展起到了重要作用。

不同于景区分散的网站和App,抖音等主流短视频平台覆盖面广、影响力大、形象生动。同时,在短视频平台上开设账号和运营的成本要远小于自建平台。疫情期间，在国家文物局指导下，抖音联合中国国家博物馆、敦煌研究院、南京博物院、湖南省博物馆、浙江省博物馆、辽宁省博物馆、山东博物馆、山西博物院、广东省博物馆九大博物馆，派出各馆最强讲解员阵容，邀请张泉灵担任跨界嘉宾，让抖音用户在疫情期间足不出户看遍各大博物馆奇珍异宝。在家云游博物馆活动，共获得4.2亿次播放，满足疫情期间群众的出游需求。建议在防控疫情的当下，各类旅游机构要加强对短视频平台的运用，以有创意的内容积极开展宣传推广工作，提前策划和介绍后续的特色活动和旅游产品，为疫情后的营业恢复提前“种草”和“铺垫”。

（三）增强科技驱动，创新文旅内容生产和传播

在旅游业从“有没有”向“好不好”转变、从“缺不缺”向“精不精”转变的发展阶段，科技创新成为驱动旅游产业高质量发展的核心推动力。近年来，作为互联网创新的业态和产品，短视频成为移动互联网和人工智能时代广受网民喜爱的流行应用，成为“推动传统旅游产业内容生产、传播方式、表现手段等方面创新，促进传统旅游产业转型升级”的强劲力量。从实践情况看，短视频平台对旅游内容生产和传播发挥创新促进作用。赋能文旅内容生产，抖音降低了创作门槛，内容多基于普通百姓、个体视角，有生活气、无隔阂感，带来了文旅信息数量的快速攀升和丰富度的有效提升，使其成为平台上最热门的短视频内容之一。

当前，文化和旅游融合发展的力度、广度、深度都还有所欠缺。普通游客和导游公司会因为不了解当地场馆情况、非知名景点、经营收益等原因，将大量文化场馆排除在线路外。短视频有效解决了此类文旅分离的问题，《短视频赋能旅游业高质量发展》报告显示，八成受访者表示会因为看到相关短视频推荐而参加当地的文化休闲活动。短视频促进文旅融合的价值和作用已为大众感知和认同，66%的受访者表示抖音对促进文旅融合很有效果，24%的受访者表示有效，9%的受访者表示部分有效，认为基本无效的只占比1%。

二 后疫情时期抖音助力文旅产业提升影响力

（一）抖音“云旅游”成为疫情期间的全新旅游方式

疫情期间，人们不得不待在家中。为排解大众无法旅游的无聊与焦虑，抖音直播上线“云端旅游”，凭借直播真实性、互动性、时效性强的特点，带给观众全新的旅游体验，让观众足不出户就能看见、探索不可思议的世界。

跟随直播镜头，观众可以去横店沉浸式游玩清明上河图，去古城凤凰观看湘西美景，去西安梦回千年前的大唐，去张家界体验大峡谷上的惊险瞬间，去欣赏西北大漠与江南水景的奇妙；而在“奇妙游记”版块，观众可以在 5A 景区探索帝王陵墓，或者欣赏江南的美食美景。

此外，抖音直播已实现旅游景点直播间同步售票功能。抖音“云端旅游局”通过“直播 + 旅游”不仅满足了特殊时期用户的旅游需求，对于受到疫情巨大冲击的旅游行业来说，“直播 + 旅游”也带来了行业的转机。直播不仅能够更加精准地触达受众，更以实时性、互动性和真实性带来更好的体验感。未来通过线上带动线下实现双向导流，将有机会推动旅游行业的转型。

（二）抖音传播成为旅游目的地爆红的重要契机

2020 年 11 月 11 日，一名摄影师在抖音平台上发布的一则 10 秒钟的短视频，让丁真一夜走红。他清澈的眼神、灿烂的笑容、身后的雪山与草原，戳中了万千网友渴望田园牧歌式生活的内心，在社交网络上掀起一股“丁真热潮”。在一个月时间内，在抖音丁真相关话题中，播放量破亿的话题有 6 个，播放量破千万的话题有 31 个，其中，#丁真#话题相关视频播放量超过 12.3 亿次。“丁真的世界”——四川甘孜藏族自治州，也由此爆火。

图3 丁真看世界

理塘的“出圈”，谋划已久。该地地处偏远，海拔高，交通、物流运输不便，发展旅游才能突围。所有的巧合，都是有备而来。丁真爆火之前，理塘就已经在发力推广旅游。数据显示，2020 年 11 月 20 日—11 月 30 日，“理塘”的搜索量猛增 620%。除四川本省旅客外，广东、山东、云南、江苏、北京、重庆、湖南、河南旅客都在搜索理塘，理塘由此成为许多人的旅行黑马目的地。甘孜和理塘的爆红，意味着流量 + 内容、IP + 场景、线上 + 线下等多维度融合的营销打法正在形成，重构文旅营销模式。

（三）文旅机构与抖音平台专业合作实现共赢

新冠肺炎疫情发生一年多来，抖音文旅的传播量，包括投稿数、播放数、点赞数和评论数都实现了倍增。各级文旅机构开设抖音号的数量也在快速增加，其中省级增加了 4 个，地市级增加了 55 个，县级增加了 335 个，但其中有相当多的账号活跃度很低，没有达到应有的传播效果。总体来看，各级文旅机构在抖音传播上缺乏人才和经验，独立开展传播活动往往流于形式，而文旅机构和抖音平台通过战略合作，开展专业性的系列传播，才有可能达到事半功倍的效果。

中国洛阳牡丹文化节自 1983 年以来已连续成功举办 37 届，规模不断扩大，影响持续提升，已经成为弘扬优秀文化、促进产业融合、拉动文旅消费、展示发展成就、惠及广大群众的重要平台，入选国家非物质文化遗产，是洛阳最亮丽的城市名片。第 38 届中国洛阳牡丹文化节在 2020 年 4 月 6 日—5 月 5 日举行，鉴于疫情防控形势，本届牡丹文化节以“线上线下结合、前期后期互补、落实防控措施、重在扩大影响”的原则，以线上活动为主，重点举办赏花旅游活动。洛阳文旅部门与抖音平台合作，在抖音挑战赛、达人游洛阳的基础上，增加贴纸玩法，以贴纸 + 挑战赛配合，进一步扩散活动声量，提升城市知名度。本次洛阳牡丹文化节创新宣传形式，从城市层面聚焦在牡丹层面，打造洛阳牡丹仙子 IP，进行文化层面的创意升级。牡丹节期间，牡丹仙子贴纸总展示量 799 万次，牡丹仙子贴纸总投稿次数 6.9 万次。截至 2020 年 5 月 8 日，整体播放量 2.5 亿次，参加话题挑战赛视频超 9 万，参与人次超 7 万，总点赞数 584 万次，官方抖音获赞超 39 万次，总评论数 60 万次，总分享数 17 万次。

（四）抖音赋能精准扶贫

2020 年 2 月，抖音联合今日头条、西瓜视频发起“战‘疫’助农”公益项目，通过开展“县长来直播”等活动，截至 2020 年 5 月 31 日，已有 101 位市长、县长走进直播间，联合多位平台创作者销售农产品超过 220.7 万件，销售额超 1.16 亿元（其中贫困县销量 120 万件，销售额达 6163 万元），直播带货已累计帮扶建档立卡贫困人口超 10 万人。

在脱贫攻坚的冲刺阶段，“直播 + 扶贫”成为促进消费扶贫的重要手段之一。抖音发起“县长来直播”项目，邀请各地县（市）长和平台创作者联动，为当地农产品直播代言，促进消费扶贫。在直播过程中，通过展示当地产品的优质特性、生长环境、历史文化等，创作和传播消费扶贫优质新媒体内容，让用户有更好的购买体验。

在疫情期间，传统线下销售渠道受阻，交易量大幅回落，影响扶贫产品产销对接，让脱贫攻坚工作面临更大的挑战，增加了已脱贫地区因“疫”返贫的风险。抖音优先考虑位于贫困县和农产品销售受疫情影响较重地区，按照“辐射农户多、带贫能力强、产业链条优”的要求，认真梳理各地扶贫支柱产业和带贫能力好的企业，组织开展直播活动。平台并不跟贫困户进行直接对接，而是通过帮扶带贫基础好的产业，构建可持续的产销关系来帮扶贫困地区和贫困户。

三 抖音文旅传播案例

（一）线上挑战打造线下新 IP

相较于以往传统上专注于单一景点进行宣传的方式，深入挖掘区域内的景区、商圈、酒店、餐厅等相关产业，并将其通过不同方式进行串联，有利于更好地发挥景点的辐射作用，带动新、老 IP 同时发展，推动 IP 群的打造，实现城市或景区热度的长期留存。

广州市具有丰富的旅游资源，其中既包括各类型旅游景点，还包括独特的饮食文化。从 2019 年 10 月起，抖音和广州市文化广电旅游局共同策划推出以“文旅荟萃・乐享广州”为主题的网红打卡地活动。此次活动以打造一批新一代凸显广州特色的标志性文化旅游项目为目标，利用抖音这一新媒体传播平台，通过短视频媒介、互动挑战赛、网红亲历体验等方式，鼓励游客参与打卡互动，借助短视频挖掘广州的食、住、行、游、购、娱等多方面元素，多维度呈现广州文化的多样性和旅游魅力。截至 2020 年 7 月，活动累计视频播放量达到 3.6 亿次，参与活动视频超过 1.4 万个；发布了 50 篇花城网红打卡地系列攻略和 9 期九宫格海报，推荐了约 200 个广州网红体验点。

此次活动联动广州全市范围内 68 家文旅机构，通过在官方线上打卡激励，全市线下 25 个景区设置打卡点，官方账号、媒体和达人不断地为活动宣传、引流，在广州已有的传统旅游 IP 的基础上，打造出一批新的网红景点，达到新 IP 从无到有、老 IP 焕发活力的效果。广州市文化广电旅游局根据抖音平台上的视频播放量、话题参与度及推荐攻略阅读量等数据，优选最具人气的景点景区、美丽乡村、人气餐厅、风味小吃、品牌酒店、特色民宿、红色旅游点、文化艺术场馆、文旅小镇/创意园、文化历史/商业街区共 10 个类别的 Top10，评选出第一批 100 个广州网红打卡地名单。天鹿湖“飞越丛林户外探险乐园”就是新兴网红打卡地的代表，该景点通过线下引导游客和员工拍摄打卡视频上传到抖音，吸引了一大波流量，景点相关视频播放量由活动前（2019年12月4—20日）的3.6万次蹿升至活动时（2020年1月4—20日）的101万次，环比增长27倍。截至2020年7月，该景点已获得超过9500万的点击量，成为名副其实的新晋网红打卡点。黄埔军校、杨家祠等传统老IP也因为成为“网红打卡地”的地标之一而再次焕发生机。

在打造新景点的同时，抖音团队还将广州市内及部分市外文旅产业资源进行融合与串联，发动旅行达人、网友分享等方式围绕不同的人群需求和旅游时节设计各具特色的旅游路线，帮助网民快速地获取适合自己的出游路线，实现“私人定制”。例如，对具有家庭出游需求的游客，官方推荐的网红打卡地包括四海马术俱乐部、HoneyCC绵羊牧场和营天下北纬23°8′森林营地等。同时，广州市文化广电旅游局还在抖音旅游路线的基础上，筛选整理出16类100条包含广州市内、广东省内（大湾区城市以外）和粤港澳大湾区内的精品旅游线路，并在广州广之旅国际旅行社、广州熊猫国际旅游有限公司、广州翰邦国际旅行社、广州携程等旅行社中实际运营。此次活动的尝试，使线上的文旅传播资源不仅可以起到宣传景区、提升对游客的吸引力的作用，还能真正地打造出新的景点、新的路线，最终转化为广州实实在在的旅游收入，推进文旅产业长线发展的效果。

表1　抖音评选出的广州特色旅游攻略

	打卡点推荐
《花样游广州攻略10：最地道的老西关风情　最美味的西关小食》	陶陶居、莲香楼、陈添记、顺记冰室、上下九商业街
《花样游广州攻略11：广州民宿酒店体验师　人均50即可入住》	东山别院、同古舍、星空小木屋、锦绣香江温泉酒店、金叶子温泉度假酒店
《花样网红地打卡攻略12：广州硬核打卡指南，挖掘“玩都”另一面》	广州塔、永庆坊、百万葵园、融创乐园、广州图书馆、杨家祠、长隆飞鸟乐园、北京路、广州大剧院

续表

	打卡点推荐
《花样网红地打卡攻略 13：广州浪漫圣地走起！快用它刷爆你的朋友圈》	万胜围 M + 创工厂、Wonderful days、瑰丽酒店、北岛创意园、柱·美术馆
《花样网红地打卡攻略 14：寻觅藏在花城里的最美旧时光》	PinkSTAR 艺术空间、紫泥堂、西洋记旧物仓、歌莉娅 225 概念会所、Lost in L. A.
《花样网红地打卡攻略 15：羡慕李子柒？广州超有田园气息乡村等你来》	从化米埗村、花都港头村、白云龙岗村、增城大埔围村、黄埔古港古村
《花样网红地打卡攻略 16：广州置办年货新潮流地！荔湾百艺城》	广州百艺城：东西部扶贫协作产品交易市场、工艺品中心、世界黑胶中心
《花样网红地打卡攻略 17：春节到这几个地方，解锁广州过年新姿势》	云溪生态公园、白云湿地公园（白云湖）、广州大观湿地公园、广东树木公园、梁明诚雕塑公园
《花样网红地打卡攻略 18：流转书页间，感受广州的文艺与温度》	BENSHOP、方所 Fangsuo、言又几、1200bookshop、POPMART 泡泡马特
《花样网红地打卡攻略 19：春节赏花，这几大花海绝不可错过》	从化响水峡、白云山桃花涧、花都香草世界、花都区梯面镇横坑村、萝岗香雪世界

（二）挖掘当地特色产业资源

抖音一直在探索如何通过平台带动各地产业的发展，此前的尝试多集中在扶贫领域，通过“山里 dou 是好风光”项目，为国家级贫困县挖掘和宣传当地的旅游资源，以文旅带动经济增长。抖音平台还尝试将文旅传播与当地特色产业相融合，通过短视频赋能文旅活动宣传，打造特色产品品牌，实现文旅和特色产业的联结，持续发展长线商业 IP，促进当地经济发展。

2019 年 10 月 1 日—11 月 15 日，湖州市南浔古镇为推广当地的旅游资源和小龙虾品牌推出了“虾客大会”这一集厨艺争霸赛、全球精酿啤酒赏味、民谣演出、户外灯光秀等活动于一身，餐饮、节庆、文旅于一体的美食嘉年华活动，但最终的效果并不理想。2020 年，南浔古镇为推广北部景区，将南北景区联成一体，借助抖音和平台赋能，再次尝试营销“虾客大会”IP。此次活动，抖音以“侠客”这一主题对南浔古镇进行全方位的包装，从线上宣传物料到线下的空间设计统一武侠风格。在“虾客大会”开幕前，先后上线了“有钳任性”主题挑战赛，互动 H5 游戏“虾客江湖里，测测你是哪路英雄?”，龙虾贴纸和定制龙虾舞等线上活动，多维度、多视角地为“南浔网红虾”进行预热。“虾客大会”举办期间，以爆点事件、爆款视频、直播种草、精彩演出为一体的线上宣传和线下每日不定时精彩节目、花式打卡、互动体验活动一起持续吸引人气，充分激活南浔古镇的“网红基因”，推动本地龙虾品牌发展，实现南浔与龙虾强关联，形成持续沉淀的 IP 效应。

此次活动集南浔旅游文化、美食文化、创意文化于一体，从小龙虾开始切入南浔的浪游生活，带动吃、喝、玩、乐、购、逛多维度生活体验和相关产业融合。虾客大会自 5 月 1 日开幕，至 6 月 14 日结束，全网曝光 1.5 亿次，抖音互动破亿，视频量超过 1 万条，五一开幕式当天营业额超 30 万元，累计销售小龙虾 6 万斤，吸引到场消费游客 4 万余人，南浔古镇官方抖音号新增粉丝超过 17 万人，吸引江浙沪周边人流，为南浔古镇五月全域旅游的宣传起到了良好的带动作用，打造起南浔古镇的区域品牌力。

通过不断探索和尝试，抖音已不再仅仅是文旅产业中一个单纯的线上宣传平台，它还发挥了策划、打造和发展城市线下文旅产业的实际作用，并力图将其在文旅产业上的影响力逐步辐射到其他产业上去。

（三）矩阵化传播与跨界传播有机结合

在过往的抖音文旅宣传项目中，多呈现出一种以单一地点、固定周期、集中爆发为特点的项目模式，但该模式对于有大范围、长期宣传的省份、城市和景区来说稍显不足，抖音平台为了满足这一需求，在 2020 年进行了一系列探索，最终通过矩阵化的活动设置，以同一主题将时间和空间进行串联，不断扩展传播的边际范围。

为进一步提升“老家河南”品牌竞争力，借助移动互联网和社交媒体，创新文化旅游宣传方式和推介观念，拓展文化旅游扶贫工作新模式，2019 年 5—10 月，河南省文化和旅游厅、河南省委网信办共同主办“首届全球文旅创作者大会”，取得了优异的宣传效果。在 2020 年 6 月，以

“行走自然 豫见美好世界”为主题的第二届全球文旅创作者大会再次启动。在2020年3—5月的活动前预热阶段，抖音策划了15个分会场接力发起分会场线下启动仪式的活动，结合3—5月河南各地春暖花开的气候，在“春游”这一大主题之下，分别结合各个城市的特色设计了不同线上挑战赛，比如“#老家河南春游季”、“#洛阳牡丹甲天下”、“#云台山汉服花朝节”、“#玩出春日新花漾”和“#抖来云台山练太极”等，形成分会场联动与主会场活动遥相呼应为全球文旅创作者大会启幕造势的效果。通过这种空间转移拉长宣传周期的方式，既能够保证网民参与的新鲜感，又能够达到长期吸引网民关注的目的。自2020年3月21日首站济源启动后，截至7月，预热宣传活动已相继在济源、新县、辉县、永城、林州、焦作多地展开，总体传播量突破10亿次。除此之外，这一宣传模式还为各地景区带来了实际的经济收益，活动预热期间，抖音平台就协助清明上河园年卡预售10万张，回笼资金1000万元；助力云台山年卡预售25万张，实现营收2500万元。

同样是以春天为背景，抖音与江苏省文化和旅游厅则联手以时间为轴，在2020年3月27日—5月31日，整合江苏省上半年各大花期，输出首个线上云赏花地图。通过邀请汉服达人共创各地花海视频集锦、云赏花直播互动等形式，围绕景区花海主题覆盖更多用户，实现超级曝光。

抖音城市传播影响力指数报告

刘嘉琪*

美国社会哲学家刘易斯·芒福德认为城市是文化的容器。作为城市文化的外显，城市传播影响力被看作城市整体精神风貌的展现，既包含着如城市建筑、道路等客观存在的物质，也包含着对城市文化、风俗人情、城市精神文明、艺术气息等部分的感知。

从城市的内部视角看，塑造良好的城市传播影响力具有对内整合作用。对于团体内部的所有成员来说，最能起到整合作用的是共同的目标。对于一个城市的所有市民来说，无论是战略性的经济社会发展方向和趋势还是具体化的发展指标，都是比较抽象的目标。而城市传播影响力更为直观和生动，更有感召力和凝聚力，自发吸引人们参与和维护。因此，以城市传播影响力作为共同目标，是一种较好的选择。这样的共同目标能够激发全体市民作为主人翁的责任心和自豪感，鼓励他们为城市的经济发展和社会进步做出贡献。

从城市的外部视角看，塑造良好的城市传播影响力具有对外宣传作用。城市影响力已成为城市发展战略中的重要组成部分，是城市竞争不可或缺的要素。城市对外开放的第一步就是展示自我，让外界了解自我，同时去了解外界；随之而来的是第二步的交流与合作。城市通过自我形象魅力的展示，使外部公众对其产生良好的心理感受。具有这种心理感受的外部公

* 刘嘉琪，中国社会科学院新闻与传播研究所助理研究员。

众，在进行与该城市有关的活动时，会做出有利于该城市的行为选择，无形之中提高了城市的竞争能力。在城市设计、定位、建筑风格日益千篇一律的情况下，传播影响力的塑造恰恰就是为了挖掘城市特色、展现城市气质，在提升城市品位、彰显城市魅力、激发城市活力等方面发挥着重要作用。

短视频经由 2019 年的爆炸性增长到目前已趋于平稳发展状态，“短视频 +”的入局方式已逐渐大众化。以抖音为代表的短视频平台因将话语权逐渐重新回归受众而散发着魅力。用户生产内容（User Generated Content，UGC）模式成为抖音发展的核心内驱力。人们不断输出具有鲜活、生动、接地气特征的内容吸引人们的眼球，激发更多受众产生共鸣，迸发出无与伦比的热度和流量。

在此背景之下，“抖音 + 城市”也成为一种新鲜的城市影响力传播方式，主要从以下三个方面为城市品牌化提供了新的加速器，令城市的发展如虎添翼。

一是，抖音“故事”让城市风貌更加具象。短视频不仅让城市风貌通过一个个短小精彩的视频故事具象化地落实到某一处景点、某一家店、某一款美食、某一个“网红”标志物，而且使得每位居民和游客成为城市故事的讲述者、城市品牌的共建者。城市流露出浓厚的人情味，从宣传到讲述，城市故事吸引着每一个人，也塑造着崭新的城市形象，让更多人更真实地看见一个城市、一个社区的文化。例如，自 2018 年 4 月，抖音发起“美好城市计划”，联动当地政府文旅部门，发挥平台优势组织用户共同挖掘城市文化、景点新玩法，通过发起话题挑战赛，助力城市形象的打造与传播，提高城市知名度和美誉度。由此，成功地塑造了一个个“抖音之城”，掷地有声地向外界传播了更立体鲜活、真实全面的城市印象。与此同时，公众借助抖音平台被赋予了更广泛的参与和自我表达路径。人们有机会对城市历史风物与城市印象进行更加立体真实的表达与感悟。重庆轻轨、西安不倒翁、杭州花海等短视频通过公众走红，成了许多年轻人直观感知的新城市形象。

二是，抖音“算法”激活流量狂欢。抖音系统具有强大的推荐算法，能够激发用户对城市产生标签化印象，带动热门视频在全网形成流量“狂欢”。例如，根据网络系统生成的厦门热门词语显示，“文艺”“小清新”

“浪漫”成为多数游客对这座城市的标签化印象，这其实也是城市本身特色与抖音自身算法的相互作用的直接结果。并且，根据规则，在一批视频上线后，抖音系统会提供特定的流量扶持，测试视频热度效果。如果测试效果达到进一步推广的需求，抖音就会给予第二轮的视频推送，巩固影响力。此外，受众在网络空间观看城市视频后，得到了前置心理暗示，在现实空间中可能会前往热门景点“打卡”，拍摄“打卡视频”再次上传至抖音，又会形成对于热门景点的再次宣传，自发为流量经济贡献力量。

三是，抖音海量大数据为刻画城市传播影响力提供有力途径。抖音作为字节跳动旗下主要产品，拥有海量活跃用户，积累了大量与城市相关的原创 UGC 视频内容，为传播过程与传播效果量化工作带来了全新的变化。这些大数据对于人们理解城市形象要素，明晰城市传播要点，关切城市治理要务，都有很高的参考价值，也为本课题指数化、直观化地去重新认识、评价城市传播影响力成果提供了可行路径。

综上分析，我们将借助抖音平台，通过城市的美食、美景、科技设施等视频符号载体，从多维度对城市传播影响力大数据进行内容和结构上的构建，让城市在自身的历史维度和横向同类城市的比较中以更科学可视的方式呈现城市传播特征、明晰城市传播要点，深度挖掘与解读城市形象的多元性和在地性，从而进一步为各地城市的形象建设和传播思路提供全新的逻辑起点和策略建议。

一　抖音城市传播影响力指数构建

（一）指数构建的基本原则

指数化是一种数据结构化的呈现模式，通过指数的赋值和综合比较，不仅可以将离散的数据予以综合呈现，还可通过数据的描述性统计和分析性统计，回答研究问题，提出研究对策。此类分析模式，将数据的一个个节点，融会为统一的分析线索，综合呈现全面情况，对于把握趋势具有尤为可贵的参考价值。

在构建指标体系时，主要秉持以下三点基本原则。

第一，具有普适性。抖音城市传播影响力指数以城市为分析单位

（即按照国家统计局划分的，全国所有市、地级市），适用于全国范围内所有城市。

第二，具有实用性。为了令指标体系更具实践意义，在指标提取的过程中，除了对文献资料进行扎实解析，还融合了专家经验以及数据集的基本特征，以期对城市品牌建设的长期发展产生指导价值。

第三，具有可操作性。抖音城市传播影响力指数的建立应满足数据资料的可获得性、可量化性，并且符合少而精的原则，避免选取的指标过于繁多和复杂，从而释放出数据的最大化价值。

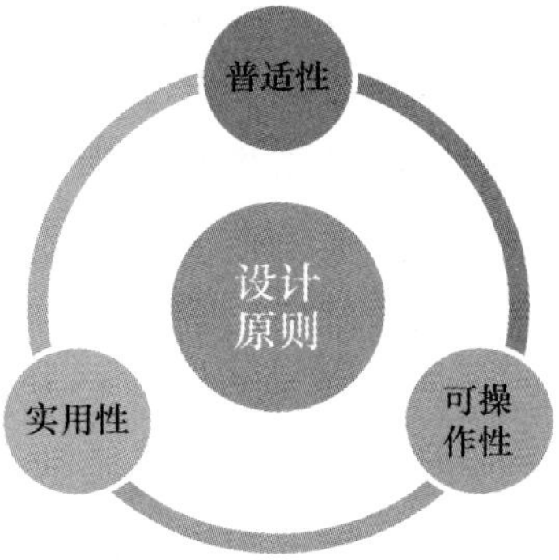

图1 指标体系设计原则

（二）指数构建的基本框架

基于文献资料和字节跳动内容数据库的结构特征，本研究抽取四个维度描述城市在抖音平台上的传播效果，分别为传播热度、传播广度、传播深度和传播效度，每一测量维度包含多个测量指标，由此构成抖音城市传播影响力分指数。

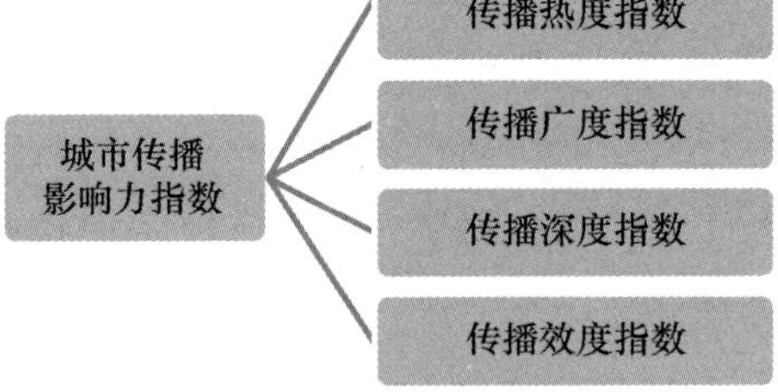

图2 指标体系维度

（三）分指数计算方法

1. 抖音城市传播热度

按照受众自愿花费时间、精力成本的水平以及卷入程度，本课题将受众在抖音平台的传播行为（内容观看、内容点赞、内容评论、内容分享和内容创作）划分为五个层次。

（1）内容观看行为是最低层次的传播行为，本质是受众消费，不会消耗受众大量的认知与心智成本去反馈信息。

（2）内容点赞行为是较低层次的传播行为，仅需要用户简单花费少量时间点击按钮即可表达支持。

（3）内容评论行为是中等层次的传播行为，需要受众贡献一定的时间、经验和精力去呈现观点，代表受众与视频积极沟通和及时反馈观点、态度的意愿。

（4）内容分享行为是较高层次的传播行为，可为视频带来二次信息扩散，又可以附加评论内容，意味着受众愿意尽很大努力帮助视频完成线上宣传，并主动将视频内容展示在个人主页，利用自己的关系网络吸引更多的关注，因此被视为较高卷入层次行为。

（5）内容创作行为是最高层次的传播行为，本质是内容创造，要求人们付出额外的认知、心智、形象、时间等方面的努力去生产内容，为城市传播贡献内容。

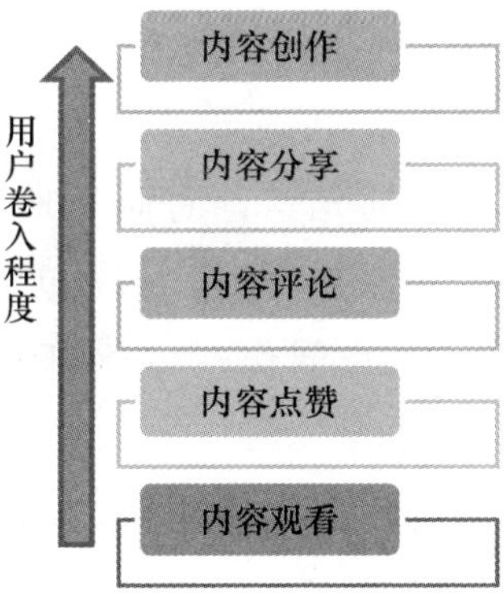

图3　抖音传播行为权重

抖音城市内容创作数 $G_i = x_i$，抖音城市内容分享数 $S_i = \sum_{j=1}^{x_i} S_{ij}$，抖音城市内容评论数 $C_i = \sum_{j=1}^{x_i} C_{ij}$，抖音城市内容点赞数 $L_i = \sum_{j=1}^{x_i} L_{ij}$，抖音城市内容观看数 $W_i = \sum_{j=1}^{x_i} W_{ij}$，抖音城市传播热度 $H_i = 0.5 \times G_i + 0.4 \times S_i + 0.3 \times C_i + 0.2 \times L_i + 0.1 \times W_i$。其中，$i$ 代表第 i 个城市，x_i 为抖音平台上与该城市相关的视频的总创作数，S_{ij} 为第 i 个城市，第 j 个视频产生的分享数，C_{ij} 为第 i 个城市，第 j 个视频产生的评论数，L_{ij} 为第 i 个城市，第 j 个视频产生的点赞数，W_{ij} 为第 i 个城市，第 j 个视频产生的播放数。

2. 抖音城市传播广度

传播广度指数探讨的是具体城市在国内的影响力。研究以所有与研究城市相关主体的地理分布多样性程度，计算城市传播的影响力范围。研究假设，城市之外，越多的人参与城市传播的创作，城市的国内影响力越强。

本研究采用辛普森多样性指数（Simpson's Diversity Index），在极端状况下，如果关于一个城市的内容近乎来自同一个城市，那么指标值接近0；当关于一个城市的内容在地域上分布越多，这个指标的值越大。具体计算方法如下。

抖音城市传播广度 $S_i = 1 - \sum_{j=1}^{34} \frac{X_{ij}(X_{ij} - 1)}{X_i(X_i - 1)}$，其中，$X_{ij}$ 为与该城市相关的内容创作来自第 j 个省级行政区的数量。

3. 抖音城市传播深度

城市作为一个始终在场的元素，时而是地域性的，时而是历史文化性的，时而是政治经济性的，但它始终包容着多种的文化表达形式，与此同时，网络多元化的创作，也逐渐构筑起全新的城市形象要素。

抖音城市传播深度测量和评估城市影响力的多元性，一个城市的个性基因越清晰、整体形象越多元，其传播效果也更佳。研究将抖音城市传播深度区分为城市的自然政治历史影响力、商业科技经济影响力、社会生活影响力、文化艺术产业影响力、泛娱乐搞笑影响力五个维度。

其中自然政治历史影响力测量该城市传播内容热门主题标签中与自然风光、名胜古迹、历史文化遗产、政治禀赋相关的内容。商业科技经济影响力测量该城市传播内容热门主题标签中与知名企业、经济发展、商业宣传、人才资金、技术相关的内容。社会生活影响力测量该城市传播内容热门主题标签中与美食、市民精神相关的内容。文化艺术产业影响力测量该城市传播内容热门主题标签中与艺术资源、艺术活动、艺术普及和艺术品味相关的内容。泛娱乐搞笑影响力测量该城市传播内容热门主题标签中纯搞笑娱乐、无知识输出的内容。

本研究采用辛普森多样性指数（Simpson's Diversity Index），在极端状况下，如果关于一个城市的传播内容热门主题标签近乎属于同一个维度，那么指标值接近0，城市形象越鲜明；当关于一个城市的内容在深度上涉及种类越多，这个指标的值越大，城市形象越多元。具体计算方法如下。

抖音城市传播深度 $D_i = 1 - \sum_{j=1}^{5} \frac{X_{ij}(X_{ij} - 1)}{X_i(X_i - 1)}$，其中，$X_{ij}$ 为与该城市相关的传播内容热门主题标签来自第 j 个维度的数量。

4. 抖音城市传播效度

抖音城市传播效度能综合呈现城市形象的情感维度，有效矫正单纯基于传播数量的测量和评估。此部分选取与每个城市相关的原创视频中点赞量 Top500 的评论内容，利用人工标准结合机器学习的方法对其进行离散情绪分析，包括正面情绪（喜爱、开心、期待、信任）、中立情绪（惊讶）和负面情绪（厌恶、恐惧、悲伤、愤怒），从而以接受者的视角描述受众对城市形象的情绪效价（情绪的后果、情绪引发的情境或主观感受的态度）。若受众对一个城市的情绪均是负面的，那么传播量越大，其传播效果越差，反之亦然。

抖音城市传播效度，具体计算方法如下。

$$V_i = \frac{\sum_{k=1}^{500} L_{i,k} \times Valence_{i,k}}{\sum_{j=1}^{x_i} C_{ij}}$$

其中，$L_{i,k}$ 为第 i 个城市，点赞量排名第 k 的受众评论的点赞数。$Valence_{i,k}$ 为第 i 个城市，点赞量排名第 k 的受众评论的情绪效价，$Valence_{i,k}$ 的值在 [-1, +1]，其中 +1 代表非常正面（喜爱、开心、期待、信任），-1 代表非常负面（惊讶），0 代表中性（厌恶、恐惧、悲伤、愤怒）。Y_i 为第 i 个城市，点赞量排名第 k 的受众评论的点赞数。x_i 为抖音平台上与该城市相关的视频的总创作数，C_{ij} 为第 i 个城市，第 j 个视频产生的评论数。

二 抖音城市传播影响力指数呈现

根据 2020 年 1—12 月抖音平台内容数据，本课题随机选取了 310 个全年 GDP 超过 400 亿元的城市进行抖音城市传播影响力指数测算，城市覆盖全国 31 个省（自治区、直辖市），均匀分布于华北、华南、华中、华东、东北、西北、西南七大地区。在对各城市数据的统计分析基础上，对城市传播影响力进行多维度画像，以期把握其城市形象建设能力。

（一）抖音城市传播热度指数呈现

本研究从内容创作、内容分享、内容评论、内容点赞和内容观看五个层次来综合考察城市传播热度。从整体来看，在 310 个城市中，北京地区的传播热度最高。排名第 2 至第 10 的城市分别为广州、杭州、成都、上海、郑州、深圳、重庆、长沙、苏州和西安。排名前 20 的城市几乎全都来自直辖市和省会城市。

表 1　　抖音城市传播热度 Top20 城市

	城市	省份	地区	传播热度
1	北京	北京	华北	1.00

续表

	城市	省份	地区	传播热度
2	广州	广东	华南	0.67
3	杭州	浙江	华东	0.56
4	成都	四川	西南	0.54
4	上海	上海	华东	0.54
6	郑州	河南	华中	0.48
7	深圳	广东	华南	0.44
8	重庆	重庆	西南	0.43
9	长沙	湖南	华中	0.34
10	苏州	江苏	华东	0.31
10	西安	陕西	西北	0.31
12	武汉	湖北	华中	0.26
13	济南	山东	华东	0.24
14	沈阳	辽宁	东北	0.23
14	石家庄	河北	华北	0.23
16	天津	天津	华北	0.22
16	青岛	山东	华东	0.22
16	合肥	安徽	华东	0.22
19	东莞	广东	华南	0.21
20	南京	江苏	华东	0.20

（二）抖音城市传播广度指数呈现

根据2020年的抖音城市内容创作者归属地广度分析结果，可以从国内辐射影响力（抖音城市传播广度指数较高）和本地凝聚力（抖音城市传播广度指数较低）两个视角对抖音城市传播广度进行综合呈现。

1. 国内辐射影响力

创作者区域来源越多元，城市传播活力越强，越有利于提升城市在全国范围内的知名度与影响力。抖音城市传播广度指数Top10的城市列表显示，在310个城市中，昆明和重庆的辛普森多样性指数最高，这意味着这两个城市创作的外向性和多元性比例最高，来自外地的主动创作者占大部分（88/100）。这个比例明显高于其他城市，从侧面反映出它们在社交网络中的城市传播影响力较大。排名第2至第5的分别是贵州省毕节市（84/100）、湖北省天门市（65/100）和青海省海西市（62/100）。在国内辐射影响力Top10城市中，来自西南地区的比重最大（1/2），其次是华南地区（3/10），接着是华中地区（1/10）、西北地区（1/10）。可见，西南和华南地区的关注度很大程度来源于外地居民，而相对而言，华东与东北地区的城市应在未来进一步开拓其他地区的认可度，从而获得传播广度增量。

表2　　国内辐射影响力Top10城市

	城市	省份	地区	传播广度
1	昆明	云南	西南	0.88
1	重庆	重庆	西南	0.88
3	毕节	贵州	西南	0.84
4	天门	湖北	华中	0.65
5	海西	青海	西北	0.62
6	泸州	四川	西南	0.60
7	珠海	广东	华南	0.55
8	兴安	广西	华南	0.54
9	三亚	海南	华南	0.48
10	达州	四川	西南	0.47

2. 本地凝聚力

本地凝聚力Top10城市列表显示，在310个城市中，四川省自贡市的辛普森多样性指数最低，这意味着自贡的创作大多来自本地居民（92/100），得到了当地人的高认可。并列排名第2至第4的分别是广东省汕尾市、山东省潍坊市、广东省揭阳市、云南省玉溪市和新疆维吾尔自治区伊犁市。

在本地凝聚力 Top10 城市中，来自西北地区（2/5）的比重较大，接着是西南地区（1/5）、华南地区（1/5）和华东地区（1/5）。

表 3　本地凝聚力 Top10 城市

	城市	省（自治区）	地区	传播广度
1	自贡	四川	西南	0.08
2	汕尾	广东	华南	0.09
2	潍坊	山东	华东	0.09
4	揭阳	广东	华南	0.10
4	玉溪	云南	西南	0.10
4	伊犁	新疆	西北	0.10
7	淄博	山东	华东	0.11
7	喀什	新疆	西北	0.11
7	咸阳	陕西	西北	0.11
7	和田	新疆	西北	0.11

（三）抖音城市传播深度指数呈现

课题组对 310 个城市全量原创视频题目，根据 TF（词频）– IDF（逆文档频率）算法进行提取内容关键字。根据 TF – IDF 算法，如果某个词在语料库中比较少见，但是它在分析的文本中多次出现，那么它很可能就反映了分析文本的特性，即关键词标签。在对各城市传播内容标签数据进行拟合统计后，可通过三个切面来说明抖音城市传播深度分指数：（1）城市形象构建鲜明性；（2）城市形象构建多元性；（3）城市传播内容深度。

从关键词标签看来，计算获得 2020 年抖音城市相关创作中各维度 TF – IDF 值最大的 Top10（见表 4）。

表 4　抖音城市创作关键词标签

自然政治历史			商业科技经济			社会生活			文化艺术产业			泛娱乐搞笑		
标签	数据	占比	标签	数据	占比	标签	数据	占比	标签	数据	占比	标签	数据	占比
平原公园	215745008	26.40%	驾驶随拍	269132450	46.15%	合拍	459117507	21.93%	手势舞	285004908	16.48%	空	2246207355	21.28%
花卉	201818380	24.69%	家装主材	163062293	27.96%	文字录屏	368577529	17.60%	男女室外剧情	274617915	15.88%	半身中年女性自拍	2066927200	19.58%
树木	161529723	19.76%	手机软件演示录屏	67008648	11.49%	真人萌宠表情包	164182568	7.84%	影视剧	208546775	12.06%	半身年轻女性自拍	2048823287	19.41%
山地	145874096	17.85%	面膜	19010705	3.26%	亲子教学	151527363	7.24%	漫画	166400880	9.62%	儿童自拍及他拍	1412236710	13.38%
历史遗迹	26010933	3.18%	服装店	15337715	2.63%	聚餐	133237246	6.36%	男女室内剧情	120303220	6.96%	半身中年男性自拍	576678281	5.46%

续表

自然政治历史			商业科技经济			社会生活			文化艺术产业			泛娱乐搞笑		
标签	数据	占比	标签	数据	占比	标签	数据	占比	标签	数据	占比	标签	数据	占比
海景	25166248	3.08%	游乐园	13719532	2.35%	家常菜	124321131	5.94%	现代建筑	118589660	6.86%	婴儿自拍及他拍	498935812	4.73%
公路	10062605	1.23%	机械制造	6949399	1.19%	街边	92924715	4.44%	2D 动画	101664498	5.88%	全身女性自拍	393294984	3.73%
草原	7483744	0.92%	家电	5960631	1.02%	黑屏	92242843	4.41%	婚纱摄影	92375921	5.34%	特效	255287581	2.42%
森林	5345749	0.65%	汽车外形	5812764	1.00%	狗	90763058	4.33%	婚纱	85585085	4.95%	半身年轻男性自拍	237425129	2.25%
烟花	5255881	0.64%	果树	5555156	0.95%	吃秀	88070269	4.21%	星座运势	79921453	4.62%	全身男性自拍	210768427	2.00%

在所有城市相关视频中，来自泛娱乐搞笑类型的视频最多，占66%。在具备传播内容深度的类别中，社会生活类占比最多（13%），其次是文化艺术产业（12%）、自然政治历史（6%）和商业科技经济（3%）。

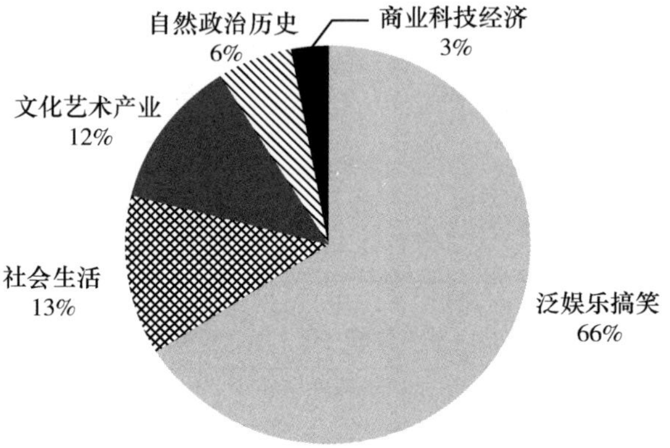

图4 抖音城市创作维度占比

1. 城市形象构建多元性

通过对各城市原创内容所属类别的辛普森多样性指数计算，整理出城市形象构建多元性Top10列表。青海省海西市的城市形象构建最为立体多元，原创内容关键词标签最多的类别为泛娱乐搞笑（53.71%），其次为自然政治历史（24.40%）、社会生活（8.54%）、文化艺术产业（9.49%）、商业科技经济（3.86%）。综合比较所有城市，每个城市形象的突出维度并不统一，但在大多数城市中，泛娱乐搞笑类的内容均占比最大。并且，在城市形象构建多元性Top10中，有3/10的城市来自广西壮族自治区（梧州、桂林、崇左），1/5的城市来自云南省（丽江、西双版纳），1/5的城市来自青海省（海西、海东），说明广西壮族自治区、云南省和青海省非常重视城市形象的多元化发展，也成功地向抖音用户展示出立体丰富的城市形象。

表5 城市形象构建多元性 Top10

	城市	省（自治区）	地区	多样性指数	文化艺术产业	商业科技经济	社会生活	泛娱乐搞笑	自然政治历史
1	海西	青海	西北	0.634	9.49%	3.86%	8.54%	53.71%	24.40%
2	三亚	海南	华南	0.628	14.69%	3.06%	13.27%	56.18%	12.79%
3	丽江	云南	西南	0.626	9.24%	2.28%	12.78%	55.45%	20.25%
4	梧州	广西	华南	0.589	11.85%	5.00%	16.91%	60.14%	6.10%
4	云浮	广东	华南	0.589	12.87%	4.90%	15.84%	60.24%	6.14%
4	海东	青海	西北	0.589	12.58%	3.29%	9.51%	60.45%	14.18%
7	桂林	广西	华南	0.588	11.18%	3.48%	15.13%	60.48%	9.73%
8	西双版纳	云南	西南	0.587	10.89%	2.79%	17.89%	60.12%	8.30%
9	崇左	广西	华南	0.586	9.92%	5.42%	16.11%	60.74%	7.81%
10	舟山	浙江	华东	0.58	10.36%	3.82%	12.45%	61.20%	12.17%

2. 城市形象构建鲜明性

数据分析显示，在城市形象构建鲜明性 Top10 中，大部分城市来自北方地区，来自东北的城市占比最多（7/10）。其中，吉林省松原市的城市形象最鲜明，原创内容主要集中在泛娱乐搞笑类，占比高达 72.64%。这也印证了"东北人"被笑称为中国的"开心果"，具备鲜明的存在感和辨识度极高的幽默特质，让"东北"作为一种独特的文化现象，风靡全国。

表6 城市形象构建鲜明性 Top10

	城市	省（自治区）	地区	多样性指数	文化艺术产业	商业科技经济	社会生活	泛娱乐搞笑	自然政治历史
1	松原	吉林	东北	0.446	9.37%	1.58%	12.50%	72.64%	3.92%
1	阜新	辽宁	东北	0.446	10.20%	1.38%	11.29%	72.68%	4.44%
3	白城	吉林	东北	0.447	8.74%	1.83%	12.83%	72.61%	3.99%
3	四平	吉林	东北	0.447	9.12%	1.48%	12.82%	72.56%	4.02%
5	大庆	黑龙江	东北	0.451	9.16%	2.31%	12.59%	72.32%	3.62%

续表

	城市	省（自治区）	地区	多样性指数	文化艺术产业	商业科技经济	社会生活	泛娱乐搞笑	自然政治历史
6	齐齐哈尔	黑龙江	东北	0.460	9.87%	1.88%	13.41%	71.47%	3.37%
7	周口	河南	华中	0.461	11.53%	2.04%	12.15%	71.36%	2.91%
8	通辽	内蒙古	华北	0.463	11.43%	1.86%	11.59%	71.32%	3.80%
9	景德镇	江西	华东	0.465	11.96%	2.23%	11.64%	71.11%	3.06%
10	佳木斯	黑龙江	东北	0.466	8.77%	2.02%	13.45%	71.13%	4.64%

3. 城市传播内容深度

城市形象的塑造、建立与维护是一个长期的品牌化过程，城市传播内容深度考察了城市形象的知识内涵禀赋。从统计层面，计算了除泛娱乐搞笑视频外，其他四类具有知识、观点性输出的内容类别总占比（自然政治历史影响力、商业科技经济影响力、社会生活影响力、文化艺术产业影响力）。数据分析显示，城市传播内容整体呈泛娱乐态势，城市的传播内容深度均低于50%。

表7　　城市传播内容深度Top20　　（单位：%）

	城市	省（自治区）	地区	内容深度
1	海西	青海	西北	46.29
2	丽江	云南	西南	44.55
3	三亚	海南	华南	43.82
4	阿坝	四川	西南	41.66
5	西双版纳	云南	西南	39.88
6	梧州	广西	华南	39.86
7	云浮	广东	华南	39.76
8	海东	青海	西北	39.55
9	桂林	广西	华南	39.52

续表

	城市	省（自治区）	地区	内容深度
10	崇左	广西	华南	39.26
11	清远	广东	华南	38.98
12	舟山	浙江	华东	38.80
13	贵港	广西	华南	38.79
14	阳江	广东	华南	38.67
15	锡林郭勒	内蒙古	华北	38.50
16	贺州	广西	华南	38.40
17	肇庆	广东	华南	38.23
18	防城港	广西	华南	38.03
19	南宁	广西	华南	37.70
20	柳州	广西	华南	37.67

三　抖音城市传播效度指数呈现

城市传播效度能够衡量受众对城市的美誉评价，它代表了受众对城市相关视频内容的好评与认可程度，意味着城市的外在社会认可度与内在发展活力。数据分析显示，贵州省铜仁市的城市传播效度指数最高，为0.206。其次是北京（0.165）、宜春（0.145）、凉山（0.110）、舟山（0.097）。

表8　　城市传播效度 Top20

	城市	省（自治区、直辖市）	地区	传播效度
1	铜仁	贵州	西南	0.206
2	北京	北京	华北	0.165
3	宜春	江西	华东	0.145
4	凉山	四川	西南	0.110

续表

	城市	省（自治区、直辖市）	地区	传播效度
5	舟山	浙江	华东	0.097
6	六安	安徽	华东	0.091
7	庆阳	甘肃	西北	0.087
8	韶关	广东	华南	0.083
9	拉萨	西藏	西南	0.083
10	池州	安徽	华东	0.080
11	商丘	河南	华中	0.079
12	塔城	新疆	西北	0.078
12	武汉	湖北	华中	0.078
14	许昌	河南	华中	0.076
14	上饶	江西	华东	0.076
16	咸宁	湖北	华中	0.073
16	蚌埠	安徽	华东	0.073
18	丽江	云南	西南	0.068
18	西双版纳	云南	西南	0.068
19	赤峰	内蒙古	华北	0.067

（一）令人开心城市

从受众视角，五大令人开心城市排序：六安、岳阳、丽江、商丘、拉萨。

表9　　五大令人开心城市　　（单位：%）

	城市	省（自治区）	地区	开心情绪占比
1	六安	安徽	华东	13.65
2	岳阳	湖南	华中	12.42
3	丽江	云南	西南	12.30
4	商丘	河南	华中	12.07
5	拉萨	西藏	西南	11.65

分析受众评论内容，“感动”是令人开心的城市带给人们最大的感受，成为评论中的高频词语。Top 评论关键词还包括流泪、到位、爱心、点赞、可爱、温柔等。

图 5　五大开心城市词云图

（二）令人期待城市

五大令人期待城市排序：泰安、武威、舟山、甘孜、韶关。

表 10　　五大令人期待城市　　（单位：%）

	城市	省份	地区	期待情绪占比
1	泰安	山东	华东	14.60
2	武威	甘肃	西北	13.88
3	舟山	浙江	华东	13.40
4	甘孜	四川	西南	13.36
5	韶关	广东	华南	13.20

分析受众评论内容，“希望”是令人期待的城市营造出的氛围，是人们关注的重点。评论关键词还包括感谢、玫瑰、幸福、2020 年等。

图6 五大期待城市词云图

（三）令人喜爱城市

五大令人喜爱城市排序：宜春、北京、铜仁、上饶、日照。

表11　　五大令人喜爱城市　　（单位：%）

	城市	省（市）	地区	喜爱情绪占比
1	宜春	江西	华东	17.23
2	北京	北京	华北	13.03
3	铜仁	贵州	西南	12.07
4	上饶	江西	华东	10.87
5	日照	山东	华东	10.00

分析受众评论内容，人们对于城市表达喜爱的最常见方式为送玫瑰。除此之外，还会通过点赞，表达“非常棒”“太好了”“为你点赞”来提升城市的美誉口碑。

图7　五大喜爱城市词云图

（四）令人信任城市

五大令人信任城市排序：十堰、抚州、郑州、固原、呼和浩特。

表12　　五大令人信任城市　　（单位：%）

	城市	省（自治区）	地区	信任情绪占比
1	十堰	湖北	华中	8.65
2	抚州	江西	华东	8.63
3	郑州	河南	华中	8.62
4	固原	宁夏	西北	8.10
5	呼和浩特	内蒙古	华北	8.00

分析受众评论内容，“支持”是令人信任的城市获得的最多回馈，成为评论中的高频词语。Top 评论关键词还包括相信、无条件、没错、辛苦、良心等。

图8 五大信任城市词云图

四 总结与建议

课题组在综合分析短视频时代城市传播特性的基础上，以抖音平台为研究对象，提出抖音城市传播影响力指数结构，通过传播热度、广度、深度、效度四个维度，综合分析城市形象的传播力和影响力。根据对2020年310座城市范围内抖音短视频全量数据的试测和拟合，表明大数据可以综合呈现这些维度的城市形象构建效果，并且具有一定的代表性、区分度和预测力。在大范围数据挖掘的基础上，得到的结论可为城市形象传播效果提供来自大数据分析的决策参考依据。

（一）发展短视频传播新业态新模式，双路径推动知名度较低城市的形象建构

城市形象是一座城市的核心竞争力，是一种抽象的、无形的城市资产，能够彰显出一座城市的个性特色和人文底蕴，但个性化、品牌化城市形象的确立并不是与生俱来的，而是来自社会公众对一座城市能够被感知的所有要素的整体印象和综合评价，是城市状况的综合反映。

通过抖音城市传播广度分指数结果，可知人们对城市的印象与评价

通常可建构在两种路径上：外部的国内辐射影响力和内部的本地凝聚力。外部的国内辐射影响力代表着作为城市“外来人”的外地潜在受众，他们经由大众传播媒介建构、塑造或切身体验感受而形成的对一座城市的主观认知。内部的本地凝聚力代表着城市原住民对所居住城市的长期感受。抖音平台大数据显示，最具国内辐射影响力与本地凝聚力城市的来源地区趋于一致，西南地区与西北地区不仅能够吸引外地受众跨省参与城市内容创作，也能够营造内部传播活力氛围，有效地鼓励本地居民多讲述城市故事。

未来应进一步推动内部与外部城市形象传播氛围较弱的城市发展短视频传播新业态新模式，定向组织抖音城市推广活动，让知名度不高的城市焕发新活力。从内部视角，可以积极发布话题挑战赛，唤醒“本地人”记录与这座城市的故事，在全国范围内展现魅力与创新活力。同时，从外部视角，也可以积极与在线旅游企业合作，利用平台经济的长尾效应，共同策划小众旅游打卡路线、产品吸引外部客流，主动帮助更多人制造与这座城市的回忆。另外，可以考虑在城市传播影响力欠发达城市引进具有一定关注度的体育赛事、文化节庆、娱乐活动等，通过节事活动带动城市知名度。

（二）在享乐价值成为“敲门砖”唤起受众情感共鸣之后，要通过精神文化内涵传播提升城市持久影响力

抖音城市传播深度指数结果显示，在所有与城市相关视频中，来自泛娱乐搞笑类型的视频最多，占66%。这说明享乐价值成为促使受众传播行为的重要因素，折射出当代用户，尤其是年轻用户，在城市形象短视频中最初期望获得的是娱乐收益。这和人们的生活方式有极大的关系，在日常的学习和工作中，年轻人面临较大压力，时常感到焦虑。通过观看城市形象短视频能够发现更多好玩有趣的新鲜事物，从而使身心得到放松。因此，泛娱乐成为人们浏览城市形象短视频的“刚需”，也是驱使受众进入城市形象短视频的一块敲门砖。

然而，随着人们参与深度的增加，享乐价值的影响逐渐示弱，便有了超越娱乐的更深层次的精神与文化需求。但是，目前在城市短视频中，

涉及自然政治历史的深度内容仅占6%。尽管，城市形象短视频已经通过带给受众愉悦享受成功地打造了一批网红流量城市，虽然看似一片繁荣，但是人们常常“一笑而过”，真正的城市文化、城市精神、城市知识并未在短视频平台中传播至人们的心中。

因此，为了从本质上真正提升城市持久影响力，必须要注重靠内在的城市精神文化去形成独特的城市定位和城市品牌，强化泛娱乐属性与城市精神内涵、文化知识基因深层次融合传播的格局，不断深入挖掘城市标志性的人文内涵，和市民的平凡生活产生关联，引起共鸣，给用户带去归属感。抖音发起的“潮醒钱江”钱塘江文化云商汇则是一个非常成功的案例，可供推广借鉴。该活动通过“云享”“云观”“云游”“云街”多元视角展现文化魅力。邀请文化名人和钱塘江文化大使，围绕钱塘江流域尤其是江干的人文历史、自然风光、民俗美食等内容进行影像类主题创作。并且，为江干区下辖八个街道和钱塘智慧城，开设“#潮醒闸弄口”“#潮醒凯旋”等关联子话题和子栏目，由社区居民和企业员工自主原创系列短视频，全面展现在“战疫情、促发展”背景下丰富多彩的基层生活和欣欣向荣、凝心聚力的市民精神面貌。截至2020年7月15日零时，抖音平台共发布相关视频6万条，累计参与次数4.9万次；话题累计播放2.6亿次，观众留言转发52万条，观众点赞461万次，反响空前。

同时，要建立清晰的分类目录，城市的各类内容（自然、政治、历史、商业、科技、社会等）都能够有清晰的分类从而便于搜索，也可通过精细化的分类编码增加相关的链接功能，打通短视频平台与其他搜索引擎的围墙，在用户发布相关城市的任何角度的城市形象短视频时，都可以通过已建立好的分类名称对城市文化、精神、知识进行一键搜索，及时了解相关城市更加详细的文字信息，从而收获那些追求深层次内涵功能价值的用户，令城市形象短视频在流量浪潮的千帆竞发中“笑到最后”。

（三）明确城市定位，强化整体性规划思维，在城市形象鲜明性与多元性中寻求平衡

从传播者的视角，对抖音平台大数据中的传播深度分析显示，海南

省和青海省的视频创作者非常重视城市形象的多元化发展，也成功地向抖音用户展示出立体丰富的城市形象，与此同时，东北的城市更加注重打造鲜明的城市“幽默”基因与形象。从传播受众的视角，在传播效度维度，依据情感计算方法，从受众评论内容中构建起不同城市的口碑形象，包括令人信任、令人期待、令人开心、令人喜爱等。而且不同的城市会带给受众几乎不同的感受。

这启示了城市管理者应该根据不同的发展需求，明确城市形象建构的长期思路与方向，在城市形象鲜明性与多元性中寻求平衡。并且，有意识地对传播内容进行整体的规划和具体的安排部署。但是，目前很常见的一种现象是，城市形象短视频创作者在最初并没有塑造和传播城市形象的用意，只不过在以商业变现为目的的发展中无形带动城市形象的发展，这就使得传播内容可能有悖于整体的形象构建设想。

在实践中，抖音平台与广州的系列合作活动就是整体性规划的良好体现，实现成功地助推城市全年长红。围绕“最具幸福感城市”核心定位，在2020年1月至2月，先推出“花城很 idol”活动，借助广州迎春花市宣传点，突出“最具幸福感城市”建设，放大“广州过年花城看花”城市特色文化名片，获得播放量5.3亿次，贴纸互动量16万次。随后，在2020年5月至11月，推出“广州红　幸福城”活动，围绕建党99周年重大节点，大力挖掘广州的红色文化气质，唤醒历史文化名城、中国近现代革命策源地的红色基因，持续传递幸福的城市印象，获得9亿次播放量。

中　篇

企业影响力指数报告

企业影响力指数研究框架

中国企业影响力实验室*

目前，各种指数正越来越多地影响我们的生活。在新媒体与大数据时代，由于指数具有直观性和指导性，其重要性逐步得到广泛认知。在各种与企业的评价指标中，影响力是最核心的指标之一。在传统经济和传统媒体时代，对于一个企业来说，企业规模和经济效益是最重要的指标。而对于当今时代的企业来说，最重要的是影响力。对于企业来说，可以暂时没有利润，但不能没有影响力。反过来说，影响力是利润和收益的前提条件。没有影响力也就很难有好的经济效益。因此，企业影响力正在成为衡量企业核心竞争力的晴雨表。

迄今为止，关于企业影响力的研究还处在起步和摸索状态，无论是国际还是国内，都还没有形成成熟的研究体系。为此，中国社会科学院舆情实验室联合值得买科技、益普索、众言科技、清博智能等机构发起成立中国企业影响力实验室，通过与国内外研究机构和大数据企业搭建数据共享和合作研究平台，共同构建具有科学性和权威性的企业影响力评价指数体系。以下就中国企业影响力实验室成员机构的数据采集与研究方法、有关企业影响力的相关研究成果以及企业影响力指数体系的初步构想做简要概述。

---

* 执笔：张曦，中国企业影响力实验室首席研究员兼秘书长，值得买科技消费大数据产品总监；向安玲，清博创新研究院副院长；贲旭，清博创新研究院算法工程师。

一 值得买消费大数据与研究方法概要

（一）值得买科技消费数据发展概况

北京值得买科技股份有限公司（以下简称“值得买科技”）成立于2011年，十年来深耕于消费内容和消费数据，专注于构建新消费生态，旨在通过商业数据分析，为用户、创作者和电商、品牌商构建产业链共赢的消费信息良性生态系统。公司主营业务是“什么值得买”网站及其移动客户端，集消费信息、媒体、工具、社区于一体，以高质量的消费类内容向客户介绍高性价比、好口碑的商品及服务，为用户提供高效、精准、中立专业的消费决策支持；为电商、品牌商提供信息推广和互联网效果营销服务，是电商、品牌商获取用户、扩大品牌影响力的重要渠道。

为帮助用户解决“想买什么，去哪里买，什么时候买，以多少钱的价格去买”的问题，解决爆炸式增长的信息量与人们有限的消费决策时间之间的矛盾，值得买科技持续构建消费领域的数据信息库。信息覆盖维度涵盖商品基础信息、品类品牌、价格、库存、销量、优惠信息及用户评价等。用户标签方面，涵盖了用户的人口属性、品类和品牌喜好、价格区间喜好等。在此基础上，深度挖掘用户的个性化消费需求，通过对用户平台操作数据的挖掘了解用户在不同消费行为中的关键节点，可以为商家的网络广告策略提供借鉴，实现精准营销。在客户数据基础上，运用数据挖掘建立的概率知识库和模糊知识库，对实时获取的在线信息进行概率分析，通过对广告访问者潜在的信息特征进行精准划分，分析顾客对某种广告的反应程度，决定下次广告的投放渠道与时间点，通过聚类分析，对某类客户群提供定向广告等。

“值得买科技”消费数据的运作流程主要包含数据采集、加工整合、数据分析以及应用展现四个环节。

第一，数据采集。大数据处理平台的基础数据主要来自四个渠道，包括业务平台自身积累数据、通过 API 方式接入的合作电商数据、通过搜索引擎抓取的数据等，同时提高对用户数据完整性的投入，丰富用户标签、完善用户画像。

第二，加工整合。数据被采集后，在数据库、数据仓库以及 Hadoop 平台形成数据层，作为后续所有流程的基础。

第三，数据分析。基于 Pentaho 的数据分析系统是大数据平台的核心环节。在基础层面，对用户的人口属性、历史消费行为、评价信息以及商品的基础信息等进行分析。进而通过分类算法、聚类算法、自然语言处理算法、概率潜在语义分析模型、机器学习算法等技术，分析用户兴趣爱好、关注偏向、消费能力等。针对商品，进行相似产品集的规整、相关性互补替代性分析、产品推荐支持度系数分析以及产品生命周期分析等。

第四，应用展现。首先，在什么值得买网站及移动客户端上，消费大数据库将基于用户分析，利用人工智能推荐系统和导购信息决策系统，为用户精准推送不同的商品广告合辑；其次消费大数据库还能通过数据查询工具供数据分析师和业务人员进行日常业务查询；再次对于企业端客户，大数据平台将以 SaaS 类产品的形式，向其输出查询服务；最后，面向消费者，大数据平台还将提供工具类 App 产品，辅助其进行消费决策。

（二）“值得买科技”消费大数据体系

随着大数据的发展，值得买科技高度重视并投入专项资源构建消费大数据体系。立足消费领域，致力于探索全球商品信息和消费服务。在宏大的构想下，是跨领域、跨行业的数据融合新模式、新机制的有力支撑。消费大数据体系围绕数据库结构、数据信息建设、行业融合应用三大层面展开。

1. 数据库结构

基于对消费领域的深刻理解，创新性确立“人、货、场、媒”四大核心，据此展开数据库规划与建设。（1）人：重复有消费能力和意愿的用户，围绕用户特征和用户行为构建两大数据库体系，包括但不限于：性别/年龄、学历/收入/职业/城市、行为偏好、浏览/点击/搜索、关注/喜欢/评论、购买/复购等。（2）货：重复消费类商品，通过对全域商品的深度理解，构建起聚合商品物理属性、销售属性、sku/spu 关系等信息的商品数据库，汇集商品重要关联信息的品牌数据库等。（3）场：重复售卖商品的场所，包括线上销售平台、实体销售场所两大类，根据卖场特征，数据库结构设计包括多级店铺维度、地址/经营资质/成立时间等基本信息、评分/粉丝/评价等店铺质量信息、销售量/库存/上下架等店铺商品信息地址。（4）媒：与消费相关的媒介信息，其中包括媒体平台数据库，如媒体名/平台/受众/属性、粉丝活跃度、销量、销售额、主要客户等；媒体信息数据库，如好价、消费资讯、商品晒单、商品评测、消费评论、长/短视频、商品问答等。

以消费领域的四大核心为纲领性指导思想，有次序、有主次、有节奏地扩展丰富消费数据的底层库结构，确保库结构的逻辑严密性、可扩展性。依据不同逻辑关系和调用频次设计关系模型，保障应用层调用数据的可读性、响应速度等。

2. 数据信息建设

在庞大的消费数据领域，不断突破智能信息处理的边界。看似极大丰富的消费信息，实则冗杂无序、真伪共存，在互联网中碎片化生产、沉淀。在完善的库结构基础上，还需要填入正确的内容，由此呈现出的结构化消费信息，才能极大提升消费者的决策效率。

（1）专业：解构消费领域。品类、品牌、商品、卖场……各领域有其专业门槛，值得买细化行业分工，吸纳与培养行业专家，构建出各领域的消费信息建设标准。

（2）科技：加速信息建设。在信息建设标准的基础上，进行产品设计，通过采集、过滤、归集、入库等一系列技术设计，不断提升消费信息建设的自动化程度。

（3）保障：人工核验质保。在信息动态化环境下，为确保准确性，设计了一整套完善的质量保障体系。除了质保体系的标准化、流程化之外，并有自动化功能支持，提升质保效能。

3. 行业融合应用

基于消费大数据的应用场景很广泛，任何与消费相关的行业领域、商业环节均有与之对接的可能性。“什么值得买消费大数据项目”以三大体系覆盖广泛的商业消费场域：结构化商品体系、商家信誉体系、用户画像体系。

（1）结构化商品体系。在大量的电商平台上，聚集了海量的商品信息。但这些商品的发布是以商家售卖角度出发的，一个电商平台上会有大量重复的商品，不同的商家对同一个商品的信息展示和描述各不相同。值得买的结构化商品体系以单一商品确认唯一性，建立其标准产品单位 SPU（Standard Product Unit）和库存量单位 SKU（Stock Keeping Unit）关系。并在此基础上丰富完善商品的基本要素、销售属性、参数规格、全网价格、全网评价等信息。

（2）商家信誉体系。商家，在此泛指从事商品经营活动的各类组织。包括但不限于品牌商及其线下门店、经销商及其线下门店、不同规模的实体商场、各类线上电商平台、入驻线上平台的店铺商家等。对不同性质、不同隶属关系的商家进行层级化关系梳理及信息归集，并设计其信誉评价体系。据此可对商家的信誉体系进行汇总与分析。

（3）用户画像体系。用户，在此特指值得买科技及旗下各平台的使用者，对象主体包括个人和组织。从身份特征上可分为消费者和商家两大类。基于消费者的用户画像，是通过数据采集、挖掘、智能分析等，形成用户独有画像，映射其个性化需求，进行商品与广告推荐，达到精准营销效果。基于商家的用户画像，能够满足商家不同需求。以直播行业为例，网红和商品的匹配难是突出问题，消费大数据聚合全网各大 KOL 网红和全网商品信息，对商品和网红进行标签建模，通过用户画像的构成，推荐适合网红带货的商品。

综上，在数据库结构、数据信息建设、行业融合应用三大层面，“什么值得买消费大数据项目”逐层递进，从数据层的基础架构、信息层的内容建设到应用层的商业化场景，有序递进，在深度广度上不断拓展创新。

（三）消费心智指数研判

消费心智，即蕴藏在消费者内心深处的对待品牌、产品的明确看法或价值认知认同程度。无论消费者是否觉察，都受到心智的影响，所持观点已深入内心，影响其消费决策行为。

通过研判品牌在消费者心中的心智占有情况，可以了解到：同品类下消费者能够形成主动回忆的品牌、品牌回忆的强度、品牌联想的热度等。对于企业的品牌营销战略执行与策略调整，有重要参考价值。

为满足企业需求，值得买科技消费大数据团队研究推出消费心智指数研判项目，研发出一套消费心智数据模型，在指数基础上进行研究解读，形成专业报告，帮助企业从品牌视角进行消费心智现状分析，提升数字化营销效能。

该分析报告的主体结构包括：模型方法论介绍、数据来源及范围说明、品牌消费心智指数概览、行业消费心智指数解读。在品牌消费心智指数概览中，以客户品牌为主研视角，遴选竞品进行品牌综合消费心智指数排名。帮助品牌客户直观感受其当前所处位置及竞争态势。

行业消费心智指数解读，则是在分析客户产品分布的主要赛道后，定位在客户关注的若干行业品类领域进行逐一分析。包括但不限于：以行业维度细分的消费心智指数排名、竞争格局及市场分析；消费者关注热点聚合、热度指数及产品分析。

通过对消费心智一系列指数的研判，《消费心智指数研判》最终为品牌方提供一套完整的分析报告。从商业应用需求出发，基于客观定量的指数结果，进行商业视角的全貌分析，为企业数字化营销提供重要的决策参考。

二 清博新媒体影响力指数研究

互联网的快速发展带来了新闻发布工具和信息传播方式的加速迭代。在信息碎片化、分发智能化、用户分众化、主题垂直化的新兴传播场域中，传统媒介形态下的新闻传播效果评估方式，已不再完全适用于新媒体传播场域发展的需要，因此有必要创新新媒体传播效果评估方式。而大数据挖掘、自然语言处理、AI 推演预判等技术方法的崛起为新媒体效果评估提供了抓手，基于跨平台大数据挖掘和智能化处理，可多维、立体、动态追踪新媒体影响力发展态势和演化趋势。

迄今为止，关于新媒体影响力的评估标准在学界和业界均未形成统一认知，限于平台差异、行业差异、区域差异和媒介形态差异，新媒体评估标准也缺乏整合型标准，为此，清博智能科技有限公司从 2014 年就开始探索国内各大新媒体平台传播影响力的评估维度和方法体系，目前已面向微信公众号、微博、抖音、快手、今日头条、百度百家号、哔哩哔哩、腾讯视频、爱奇艺、优酷、梨视频等十余个平台分别构建了新媒体传播力评估指标体系，并对包括时政、财经、科技、社会、娱乐、文化等二十多个细分领域的新媒体进行矩阵化评估，目前相关指标体系和指数榜单已获得学界和业界多方认可。

（一）指数模型构建方法概要

清博智能科技有限公司下属创新指数研究院（以下简称“清博指数”）成立于2014年10月，七年来深耕新媒体、人工智能、互联网、大数据等行业领域评估指数体系构建和分析模型研究。清博指数以大数据和人工智能为参考和依托，为广大新媒体/自媒体用户和相关行业用户提供大数据挖掘和服务的平台。相较于各种商业化榜单，清博指数致力于打造客观、开放、透明、科学的指数矩阵。通过智能数据分析，一方面从横向上刻画行业生态版图，洞察新媒体等行业发展概况，基于数据多维评估行业主体的影响力、传播力、转化力和发展力，为相关领域的行业决策和学术研究提供数据参考；另一方面从纵向时间线上，动态跟踪新媒体等行业发展趋势，通过分钟级、小时级、日周月季年等多周期的指数评估，挖掘相关行业发展规律和演化态势，为跨时期对比、跨周期研判提供决策支撑。

清博指数模型构建整体设计应遵循科学、全面、客观、互斥、可操作的方针，以五大原则为基准展开。

第一，科学性。评估基于大数据、机器学习等技术手段，借助学界和业界相关专家学者智力支撑，旨在打造科学、可信、量化可追溯的指数模型。

第二，全面性。在评估对象上，指数一方面面向评估主体本身进行多维监测，另一方面针对评估主体的相似因素进行细化评估，同时在评估维度和指标选取上，指数分别从综合实力、相关热度、社会认可度等不同视角进行量化评估，尽可能保证指标因子的全面性。

第三，客观性。指标因子的选取上尽可能保证数据的客观性、可控性，整体以评估主体的自身数据与其他重要平台的客观数据为主，辅以部分专家打分指标，尽可能减少主观判断因子的干扰。

第四，互斥性。在保证指标丰富、全面的基础上尽可能减少各项指标之间的关联性、包含性、重复性，提升量化因子之间的互斥性。

第五，可操作性。从数据获取方式、技术实施成本、操作时间周期等多方现实因子角度出发，保证指数可落地，在快速推进的基础上实现动态迭代。

在保证五个原则的前提下，结合相关调研、使用层次分析法（AHP）、熵值法、模糊评价法和德尔菲法等研究方法，进行指数的评估指标设计和权重关系设定。同时通过与各界专家、行业代表的深入探讨对指标设置进行优化，对各项指标的可操作性进行论证。

（二）指数模型构建的步骤

1. 指标选择

在初步拟定各项指数的指标因子基础上，结合学界和业界专家建议，基于德尔菲法和李克特量表针对各项指标因子进行筛选。限于不同的专家经验、学识和思维模式存在差异，在指标选择的过程中会出现差异。因此有必要对备选的指标进行有效性检验，通过检验的指标可以运用在实践中，而未能通过检验的指标则要进行剔除。李随成等在对定性决策指标的研究中指出，可以采用效度系数描述指标的有效性。① 沿用这种方法，得出整个指标体系的被认可程度。一般选取若干位新媒体、互联网等相关领域资深专家，按照各项指数相关因子重要程度划分为1—5分的五个打分等级，分数越高，代表专家对指标的认可程度越高。

2. 权重设定

清博指数采取综合赋权法分别针对新媒体指数模型进行权重设计。其中客观赋权拟采用熵值法，主观赋权在专家打分的基础上利用层次分析法计算权重得分，最终综合客观赋权和主观赋权值加权求和得到最后权重结果。考虑到新媒体舆论场域的复杂性和不可控性，在实际操作中以主观判断为基础，客观赋权作为修正参考，采用加权汇总方法得到综

---

① 李随成、陈敬东、赵海刚：《定性决策指标体系评价研究》，《系统工程理论与实践》2001年第9期。

合赋权值。假设 A_i、B_i 分别为熵值法和层次分析法生成的 x_i 的权重系数，k_1、k_2 为待定常数，加和为1（分别设定为0.2、0.8），反映了各项权重系数在综合赋权中的影响作用，则综合权重值为 $w_i = k_1 A_i + k_2 B_i$。

3. 标准化算法确定

数据标准化也就是对指数中涉及的各项统计指标进行无量纲化处理，主要解决各项数据的可比性。数据标准化的方法有很多种，常用的有“最小—最大标准化”“Z-score 标准化”“按小数定标标准化”等。经过上述标准化处理，原始数据均转换为无量纲化指标测评值，即各指标值都处于同一个数量级别上，可以进行综合测评分析。考虑到新媒体场域各项指标数据的海量性和实时拓展性，凡是涉及样本描述数据（最大值、最小值、标准差、极差等）的标准化算法都具备不可控性，由于相关描述指标变动性较大，会导致算法模型的不稳定性和计算资源的大量消耗，导致后期的系统开发成本增加。考虑到指数算法的稳定性和各项数据指标的实际量级，本项目从以上各项标准化算法中选择了不涉及总体样本描述数据的对数 Logistic 模式进行各项指标的标准化。

4. 算法模型确定

基于以上步骤，通过综合赋权法，算出每个因素的权重 A_i，通过对机器采集和测量值进行标准化处理，得出每个因子的评价值 B_i，结合专家矫正值 C_i，建立的指标评价模型为：

$$M = \sum_{i=1}^{n} A_i(B_i + C_i)$$

A 为综合赋权法中赋予的权重，B 为标准化后的测量值，C 为人工矫正值（此项指标针对部分数据杂质较大的因子进行人工纠偏，正常情况下可忽略不计）。

5. 模型迭代与优化

基于数据评估结果的合理性、稳定性，相关新媒体平台的功能迭代，以及学界业界相关反馈，清博指数定期会对相关指标因子、权重、算法进行优化迭代，保障评估结果的科学性和可持续性。在指数成型早期，保持每一到两周迭代一次的节奏，指数矩阵相对稳定后，一般按照季度或者按需进行迭代，以为相关行业管理者、研究者、从业者提供决策参考。

（三）代表性新媒体评估指数构建与应用

在媒体融合的背景下，清博指数充分利用大数据技术、人工智能技术、可视化技术，整合细分领域的新媒体账号运营数据，通过对可获取数据的价值提炼和技术处理，结合统计分析法和相关数学模型构建相关新媒体评估模型矩阵。以微信传播指数 WCI（We-chat Communication Index）为例，对其构建与应用的环节步骤梳理如下。

1. 建立微信传播力综合评价指标体系

清博指数从微信公众号的运营机制和传播规律角度，构建微信传播力评估量化指标体系，旨在形象直观地呈现微信公众号对舆论场的传播力和影响力，为把握微信公众号的整体发展态势、舆论场热度、热门话题导向等提供技术和智力支持。通过采集近百万微信公众账号的阅读数、点赞数、在看数、发布文章数、头条文章、各项指标增减趋势等数据，对评价指标体系 WCI 进行测试和调整，最终形成相对科学、全面的微信传播力评价模型。

2. 构建细分领域的微信公众号运营数据库

在构建 WCI 模型的基础上，采集了超过 80 万的微信公众账号数据，并按行业类型、媒体属性等对账号进行了分类标注。利用细分领域的数据对相关账号进行 WCI 测算，结合行业属性、专家评估对 WCI 的科学性进行了检验，从而形成理论模型的迭代更新，通过动态数据检测保证 WCI 评价模型的相对公平性、全面性和科学性。

3. 搭建微信公众号监测开放平台

在 WCI 的理论支撑和大规模数据库的技术支撑下，搭建开放性的微信公众号数据检测平台，充分借助大数据技术和可视化技术，提供全量化跨平台的数据采集和可视化的微信数据监测服务。利用 WCI 综合评价各细分领域的微信公众号传播力，形成动态化的分类榜单，对各行业的微信公众号发展态势做横向对比分析。

4. 实现微信数据的多平台自助查询

通过移动端、网页端多平台的服务接口构建，实现微信数据价值的多次利用。用户通过账号输入和关键词查询获取相关公众号的 WCI 值和主要运营数据，并通过可视化信息图动态展示账号的传播力变化趋势和其在细分领域中的排位水平，满足用户个性化的数据需求。

5. 动态追踪各行业微信公众号发展演化过程

通过对各细分领域微信账号的 WCI 值进行动态监测，形成大样本的时序数据，利用可视化技术直观反映账号 WCI 的发展演化趋势，对账号传播力的发展态势做出基本预测。

6. 实时监测微信舆论场热点

通过对海量微信账号的 WCI 评估和分类排行，提炼最具传播力的账号类型和相关文章，把握传播热点及其演化趋势，对微信舆论场的整体热度和话题刺激点作出判断，在此基础上形成预判性的账号营销策略或舆论导向策略。

三　企业影响力指标体系的基本架构

在对国内外有关企业影响力研究相关成果进行全面调研的基础上，中国企业影响力实验室核心成员机构基于自身的数据和研究方法，在与各方专家反复讨论的基础上，初步确定企业影响力指数由三个模块构成，即：品牌力、营销力和传播力。三者既相互独立，又相互补充，从而构成有关企业影响力的综合评价体系。

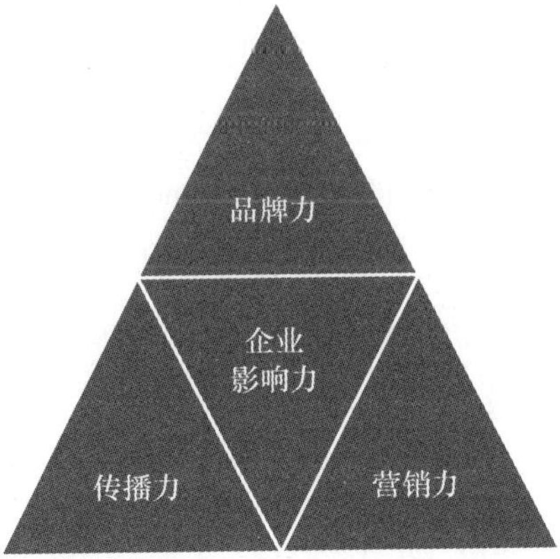

图1　企业影响力指数的模块构成

（一）品牌力影响力

企业品牌影响力是指品牌开拓市场、占领市场，并获得利润的能力。品牌影响力已成为左右顾客选择商品的重要因素。随着经济全球化的发展和技术的进步，企业的经营环境和市场发生了根本性变化。越来越多的大中型企业开始向全球竞争态势迈进，打造具有国际竞争力的品牌，首先需要对自身和竞争对手的品牌力有精准的掌握。而对于中小型企业来说，随着产品品质越来越趋于同质化，很难再靠产品质量和价格去开拓市场，在这种背景下，品牌的价值日益受到企业重视。

对企业品牌影响力的评价方法有两类。一类是着眼于从消费者角度评估品牌强度，即品牌在消费者心目中处于何种地位。如消费者对品牌的熟悉程度、忠诚程度、品质感知程度、消费者对品牌的联想等。另一类是侧重从企业财务表现角度，赋予品牌某种价值。

英国 Interbrand 公司自 1988 年起在行业内率先开创了品牌价值研究，较早进行品牌价值评估实践。其品牌影响力评价主要是从第三方独立审计的财务分析、购买决策过程中的品牌作用力和品牌强度进行品牌价值评估，是全球品牌价值评估榜单的指向标之一。

Brand Z 隶属全球最大传播集团 WPP 和凯度华通明略，每年发布最具价值全球品牌百强榜与各国家地区最具价值品牌百强榜。Brand Finance 是参与起草国际品牌价值标准的核心成员之一。自 2007 年开始编制的全球品牌价值排行榜，受到全球上市公司的广泛认可。

Brand Finance 榜单以品牌财务价值或在资本市场上的表现为衡量主体，受到全球上市公司较广泛的认可。Brand Z 融合了品牌财务表现和消费者评价两大类指标，形成了综合类测评体系，数据来源广泛且多元，是国际上较为通用的品牌价值评估方法。

Forbes 杂志是美国最早的大型商业杂志，自 2011 年开始，*Forbes* 杂志每年发布一次 Forbes 全球品牌价值榜。Forbes 全球品牌价值榜主要依据上市企业的收入、市值、品牌影响力等维度来开展评定，更多元化且比较侧重品牌在国际市场上的影响力。

1. 品牌形象力

品牌形象力是指品牌形象在消费者心目中的综合描述与评价，它体现了市场对品牌的认可程度，主要衡量指标有：品牌知名度、品牌美誉度和品牌忠诚度。品牌知名度主要指市场上知道该品牌的人数比例；品牌美誉度表明实际购买了该品牌产品的顾客中对品牌持赞誉态度人数的比例；品牌忠诚度由再次购买率衡量，它反映了顾客对品牌的情感量度。

品牌形象力是一种无形资源，但可以通过集体或社会公众的共识性感受和认可，使企业的实体性资源得以充分发挥，激发出企业生存发展的新力量。可以说，形象力是一笔难以估量的无形资产，是企业走向未来的动力。

2. 品牌盈利力

品牌盈利力是衡量品牌竞争力的质量指标，评价品牌盈利能力的指标主要有溢价能力、经营能力和发展潜力。品牌的溢价能力主要通过该品牌产品所带来的营业利润额、销售利润率等指标来反映；品牌的经营能力主要通过该品牌产品所带来的产品的销售收入等指标来反映；品牌的发展潜力主要通过该品牌产品的商标在国内外的注册状况、使用时间和历史、产品出口状况、广告投入等情况来反映。

（二）营销影响力

营销力是企业影响力和竞争力的核心。任何企业，无论规模大小、所处哪一行业，都要从市场需求出发，提供能满足客户需求的产品或服务，并通过一定的营销策略达成交易，以最大化实现经营目标。同时，企业必须保持自身发展的可持续性，而不仅仅是昙花一现。基于这个思路，企业营销力体现为三个模块：产品力、销售力、体验力。

1. 产品力

产品力是企业的产品（包括服务产品）所能提供给消费者的效用。消费者之所以能产生与企业进行交易行为的动机，其主要诱因就是产品本身能带给消费者使用价值。因此产品本身的效用能否满足消费者的需求，始终是决定企业能否带给消费者价值的一个首要因素。

2. 销售力

销售力体现着企业和消费者之间能顺利达成交易的能力。企业的销售策略体现在对于产品价格、分销渠道、促销等变量的安排和把握上。渠道力表现为企业具有高效合理的分销渠道结构、适度的渠道成本及对渠道的掌控能力。促销力是衡量企业将产品和服务相关信息和内容有效传带给消费者，并刺激、引导消费者的购买欲望，促成购买行为发生的能力。

未来，企业的数字化营销能力将成为左右销售力的重要指标。在数字化营销时代，大数据分析正在改变企业与客户及消费者之间的关系，也在改变着企业营销部门的组织、架构、运营和沟通方式。

3. 体验力

企业长期有效地开展市场营销活动必须提供良好的客户体验。随着产品与服务同质化趋势日益严重，以服务定制化为核心的“客户体验”价值日益凸显，逐渐成为企业或品牌构建持续性、差异化、高价值竞争优势的关键要素，与“体验”相关的概念也越来越频繁地被提及。客户体验，即客户在和产品或服务产生交互的每个触点上的感受与体验，也就是基于“客户体验地图”产生的客户体验。

客户体验是多触点、多渠道的全流程体验，对产品市场表现影响很大。如，消费者对该品牌产品在技术水平，质量和价格比，功能和价格比等方面的产品认识；对该品牌所代表产品的情绪体验，包括在以往使用该产品过程中的情绪体验，其售后服务对客户要求的满足程度等。企业着力提升客户体验的管理能力能够阶段性实现与客户良性互动、提升客户忠诚度等目标，并逐步内化形成区别于同类竞争者的核心竞争力，实现增加企业收入与资产价值等终极目标。

（三）传播影响力

消费者常常处于购买的决策之中，而企业的传播影响力在其中发挥强有力作用，是左右购买结果的重要因素。对企业而言，传播影响力是品牌开拓和占领市场的能力，并最终传导到企业的销售端，影响其利润表现。

图2　传播影响力分析模型

企业传播力影响力评价由三方面指标构成：传播热度、传播广度、传播效度。热度意味着企业在受众中的曝光展现程度、主动提及程度，广度则是从各地域受众覆盖的均衡程度做考量，最后结合传播口碑的正负效果，三者全方位分析，能够全面反映企业在消费者人群中的影响力。

根据用户的网络传播行为的三个不同层级：享用信息（Utilize）、互动交流（Interactive）、创造内容（Generate）。对应分析统计范围①内的所有数据字段项，分别匹配到对应发生作用的热度、广度、效度行为中。针对特殊的数据意义，做甄别分析，最终确定三大模型中的采纳数据及其权重效用。

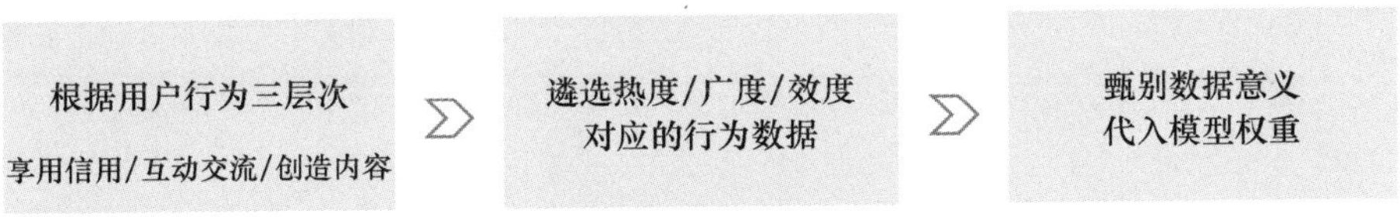

图3　数据意义甄别流程

① 统计范围：什么值得买用户（包含未注册的使用者）行为产生的数据。包括但不限于PC端、移动端（App/Wap/小程序）、API接口等，以及部分电商平台公开数据。

以广度模型为例，研究目标是品牌对全国各地域受众的覆盖程度，故三类行为数据均可纳入模型，且权重指标差距不大。根据所有行为数据所关联的用户主体所处的地理位置，采用辛普森多样性指数（Simpson's Diversity Index）进行建模。在极端状况下，如果用户关联该品牌相关的行为数据，近乎来自同一个地域，那么指标值趋近于0。在0—1之间，指标值越高，代表地域分布的均衡程度越高。

通过传播影响力各模型的指数表现，传播影响力商业分析着眼宏观品牌战略与微观营销执行，从营销战略、产品规划、供应链分析、市场机会等角度进行商业分析，为企业经营决策提供有价值的参考建议。

客户体验管理报告

郭晓波*

随着产品与服务同质化趋势日益严重，以服务定制化为核心的“客户体验”价值日益凸显，逐渐成为企业或品牌构建持续性、差异化、高价值竞争优势的关键要素，与“体验”相关的概念也越来越频繁地被提及。对大部分人而言，体验就是感受，具体可概括为：客户对某产品在视觉上或易用性上的主观感受，这就是狭义上的客户体验。广义上的客户体验，即客户在和产品或服务产生交互的每个触点上的感受与体验，也就是基于“客户体验地图”产生的客户体验。

目前，很多企业对客户体验管理的认识还停留在“做调研”“填问卷”的阶段；至于客户体验是什么、如何开展、如何应用等问题，还缺乏系统的方法论指导。本报告从“客户体验管理”区别于“传统满意度调查”的特征、度量方法、数字化管理手段、应用现状和发展趋势等多方面阐述，以期为更多企业组织启动客户体验管理，提供从理论指导到实践落地的支持。

一　客户体验管理的发展历程

（一）从认识到管理

人们对于客户体验的探索是从客户满意度（Customer Satisfaction Re-

---

* 郭晓波，上海众言网络科技有限公司高级副总裁。

search，CSR）、客户价值管理（Customer Value Management，CVM）开始的，最早可以追溯到20世纪90年代，但基本上是通过电话、邮件等形式开展，再通过纸质报告的形式来陈述。

到21世纪初，企业反馈管理（Enterprise Feedback Management，EFM）在欧美国家开始产生并形成管理工具，通过在线化手段来捕获客户心声。但是，EFM系统大多是为企业量身定制，其定制和集成的费用比较高昂。

随后，带有加权系数和指数的客户意见系统开始出现。由于复杂的加权系数难以理解，兼顾便捷性与易用性的净推荐值（Net Promoter Score，NPS）概念开始出现并应用到企业的客户管理中。以NPS为重要抓手的客户体验管理思维得到进一步推广。

2010年前后，随着数字化浪潮开始涌向国内，客户需求与企业生产之间也在发生一系列变化。

（1）技术升级、竞争加剧，客户的行为和需求变化越来越快。

（2）产品生命周期越来越短、市场更迭越来越快，留给企业做决策的空间越来越少。

（3）流量成本攀升，获客成本持续走高，留住客户成为最好的成本管控手段。

（4）用户越来越关注整体体验，而非单一卖点（如价格低、质量好、品牌响等），任何一个环节的不满都会造成客户流失，甚至转向竞争对手；客户需求也不断提升和变化，需要企业“持续洞察”“动态把握”。

（5）客户乐于在社交媒体上分享体验和发表观点。超出预期的极致体验能通过网络口碑转化，飞速成就一个网红品牌；而因为一次客情处理不当，企业耗时多年建立的品牌价值也可能毁于一旦。客户体验“危”“机”并存。

在这样的背景之下，企业对客户反馈的时效性、真实性要求不断提高。基于NPS指标构建一套客户体验管理系统（Customer Experience Management，CEM），成为国内企业数字化转型的迫切需求。

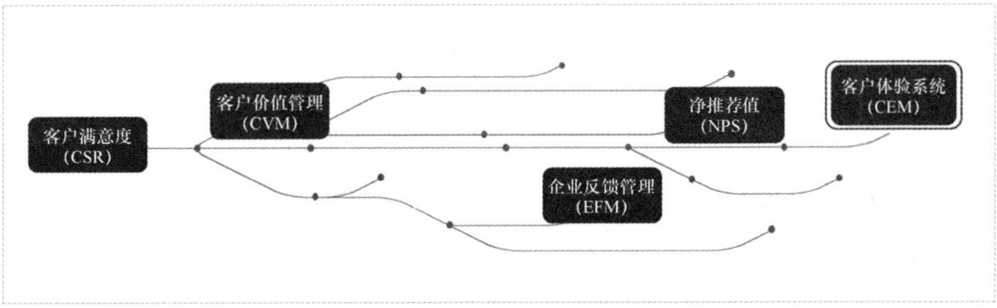

图1　客户体验管理进化史

资料来源：2020年中国客户体验管理峰会。

（二）客户体验管理的特征

关于客户体验管理的定义，比较具有共识性的是来自伯尔尼·H. 施密特（Bernd H. Schmitt）在《客户体验管理》一书中的总结，即“战略性地管理客户对产品或公司全面体验的过程”。

从这一概念，我们至少能解读出客户体验管理的两大标志性特征，如下。

1. 整体性

客户体验管理是以提高客户整体体验为出发点，真正影响客户最终满意度的是多触点、多渠道的全流程体验，而并非单一的客户接触点。因此，客户体验管理不仅仅要考虑单个接触点的最优，还需要兼顾其他环节上的客户体验与感受。

例如，我们评价在电影院的观影体验时，影片本身好不好看固然是衡量体验的重要指标之一，但除此之外，影院座椅等硬件设施如何、环境卫生如何、取票验票服务如何等，这些都将是影响观影体验的重要因素。

2. 实时性

以产品销售场景为例，通常，商家想要了解客户体验，主要是通过整合售前、售中、售后各个阶段的客户旅程，在客户购买产品、使用产品等具体场景基础上梳理出主要的客户接触点，通过这些接触点获取客户的反馈与感受并用于指导企业后续的生产研发、营销推广等行动。

但是，传统的满意度调研执行方案不仅调研价格高，而且执行周期长，从数据到报告往往需要几周甚至月余。所以，获得的数据也多用于

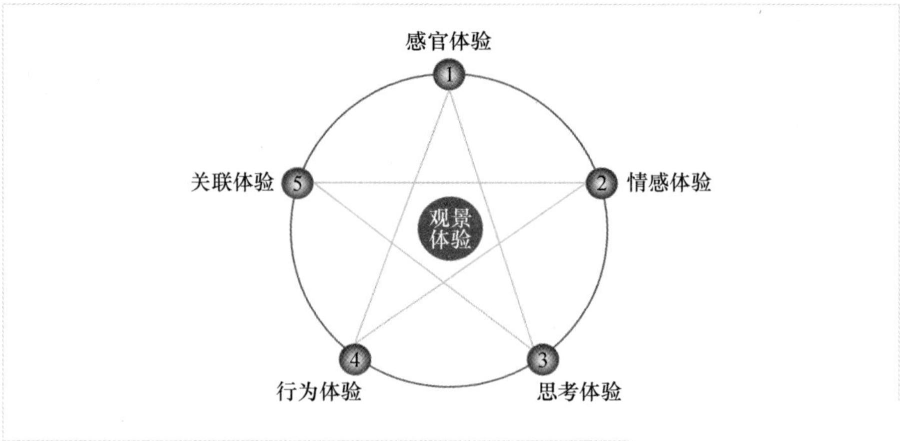

图2 体验关联要素

资料来源：倍市得院线观景体验管理方案。

事后决策依据，而难对当下的运营方针做出指导和优化。

此外，随着互联网应用持续渗透影响，行业竞争越来越激烈、产品同质化持续升级；对于商家经营而言，除了面临线下同类竞品的“圈占客户流量”，来自线上赛道的竞争也不容忽视。

面对瞬息万变的客户需求与市场环境，一边是原有的方案难以实现实时传达，一边是持续且实时的采集体验已经成为优化与调整的前提。实现体验管理实时性势在必行。

基于整体性和实时性两大特征，企业着力提升客户体验的管理能力能够阶段性实现与客户良性互动、提升客户忠诚度等目标，并逐步内化形成区别于同类竞争者的核心竞争力，实现增加企业收入与资产价值等终极目标。

3. 体验回报率与投资回报率

从开始实践到逐渐推广与普及，我们欣喜地发现国内企业经营理念正在从重视“投资回报”到“投资回报＋体验回报”并重。

一方面，投资回报属于短期战术，而体验回报较前者则更倾向于长期战略型、通过阶段性优化与改善客户体验实现客户价值的持续提升；从企业长远发展的角度来看，相比眼前的投资回报率（Return on Investment，ROI），体验回报率（Return on eXperience，ROX）作为企业全局衡量品牌体验的长期ROI，更应该也更值得被关注。

至于体验回报率要如何提升，就需要企业从聚焦客户留存率、增加客户生命周期、制造积极口碑效应等多方面发力，后文也将进一步详述。

（三）客户体验管理与客户关系管理

作为同样以客户为中心的管理模式，客户体验管理（Customer Experience Management，CEM）常与客户关系管理（Customer Relationship Management，CRM）并提，甚至被误以为CEM就是CRM。但事实上，两者有所关联又有所差异。

比如传统的会员管理系统，以客户的购买行为数据为主，你可能通过CRM系统知道顾客的购买频次、金额、送货地址等，但是顾客情绪、态度和体验感受却无法准确感知。

而客户体验管理系统，则是和客户形成良性互动的媒介，通过CEM系统，我们能获得客户主动反馈的体验数据和推荐意愿。以这些客户反馈的体验数据为依据，企业得以测量客户忠诚度、预测复购率等，进而逐步实现品牌价值的提升。

简而言之，CEM的价值在于管理会员的主观偏好认知，例如口味偏好、品质倾向、购物渠道、囤货习惯、价格敏感度等；而CRM则可以记录会员的客观行为模式，如购买的购物种类、购买方式、消费频次、产品口味、单次购买量、促销影响等。

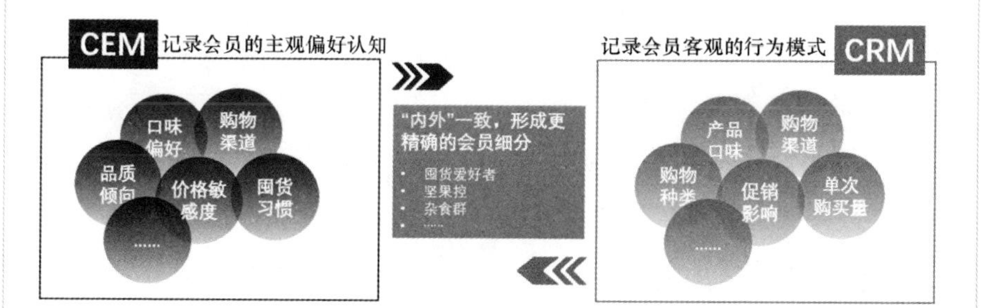

图3 CEM与CRM

资料来源：倍市得零售行业体验管理方案。

在本质上，从 CRM 到 CEM 的进化，意味着企业内部运营管理思路的转变。相比之下，CEM 更从客户的角度出发，帮助企业更进一步了解他的客户，寻求长远的企业发展和品牌价值。

二 客户体验的度量

正所谓“没有度量，就没有管理”，实现对客户体验的“度量”，是加以分析、针对性优化与整改的前提条件。那么，客户体验到底量什么、怎么量呢？

（一）量什么？

在客户体验管理体系中，用于度量的指标有很多，例如：净推荐值（Net Promoter Score）、客户满意度（Customer Satisfaction）、顾客流失率（Customer Attrition Rate）、顾客留存率（Customer Retention Rate）、客户费力度（Customer Effort Score）、顾客全生命周期价值（Customer Lifecycle Value）等。

从客户体验管理“提升客户忠诚度”这一核心目标出发，NPS 是目前应用最广泛、最直观的度量方式。

1. 什么是 NPS？

净推荐值（Net Promoter Score，NPS），是一种用于计量客户向他人推荐某企业产品或服务意愿的指数，计算公式：

$$NPS = (推荐者数/总样本数) \times 100\% - (贬损者数/总样本数) \times 100\%$$

比如某品牌想了解客户是否满意，那么就可以在问卷中设置 NPS 题型——“你有多大可能把我们的产品推荐给朋友或同事？请从 0—10 分打分”。

根据顾客对于问题给出的答案，以十分制计算，答案是 10 分或 9 分的顾客为推荐者，8 分或 7 分的顾客为被动者，0—6 分的顾客为贬损者。用推荐者的百分比减去贬损者的百分比，这就是 NPS 值。

其核心理念：每家公司的顾客群可以分为三个类型，每一类型有自己不同的行为模式：推荐者重复做铁杆粉丝，他们不仅自己反复光顾一家公司的生意，而且还督促朋友也这样做；被动者重复做满意但不热心的顾客，可以被竞争对手轻易拉拢；贬损者重复做不满意的顾客，出于某种原因被困在了一段糟糕的关系中。

简单来说，NPS 是衡量产品与服务能否真正获得用户认可的重要标准，它的计算公式逻辑：推荐者，会继续购买并且推荐给其他人，而复购和推荐会加速你的成长；贬损者，能破坏你的品牌口碑，而负面的口碑会阻止你的成长。

所以，NPS 更能体现用户的行为，用它来预测重复购买、未来新增消费等，更准确。

NPS 的概念最早是由贝恩咨询公司客户忠诚度业务的创始人——弗雷德里克·雷赫德（Frederick Reichheld）在《你需要致力于增长的一个数字》一文中提出，后来逐渐被苹果、微软等大厂作为重要指标引入工作环境中。

随着“体验至上”的大潮涌向国内，国内一线品牌（如华为、阿里、京东等）也逐渐开始重视 NPS 的应用，从关注客户满意度指数转变为关注 NPS 指数。

2. 为什么用 NPS 取代 CSAT?

客户满意度指数（CSAT）常用在征询客户对特定事件或服务场景的满意度评价，尤以服务行业应用最广泛。其一般使用的是五点量表，即非常满意、满意、一般、不满意、非常不满意，用于衡量客户期望与客户体验的匹配程度。

（1）从管理目标上看，NPS 是调研用户是否愿意将这个产品推荐给其他人，以此体现客户是否对你的产品真正满意；而 CSAT 则主要侧重于感知客户对产品或服务的态度，而无法了解客户的行动轨迹（比如是否再购买、是否会推荐等）。

（2）从管理颗粒度上看，NPS 以十分制度量客户体验，而 CSAT 则以五点量表测量，前者更细致精准。

（3）从管理成效上看，NPS 着重了解客户对公司、产品或服务的整体感受；而满意度往往更倾向于用户对某项产品或服务的满意程度，但值得注意的是，满意度高并不代表忠诚度高，其与公司增长这一最终目标之间往往关联性不高。

综合来看，以NPS指数为抓手的客户体验管理，更符合市场环境同质化趋势下的企业转型与升级需要。

（二）怎么量？

正如前面提到的，通过NPS“度量”客户体验，其目的在于量化客户的消费感受，在此基础上加以分析和整改，最后达到提升品牌忠诚度等长远目标。反映到具体“怎么度量”的问题上，要求企业具备这三个方面的能力。

首先是调研能力，企业不仅“能”问，而且要“会”问，这意味着将在问卷设计、问卷投放、问卷数据监测等多方面有更进一步的要求。

其次是分析能力，获取到客户体验数据之后如何实现其价值的最大化，将是对企业数据分析能力的考验。

最后是赋能能力，即以客户体验数据为基础和依据，研判客户消费动机、消费趋势等，从而为下一阶段的生产运营提供依据。

结合前文第一章节中提及的客户体验管理的特征，体验管理所具有的场景化、实时化、全流程以及多数据来源等特征，在移动互联网应用的持续渗透影响之下更加凸显。仅靠人工手段“单打独斗”已经无法满足企业体验度量和赋能需求。

启用数字化、专业化的客户体验管理平台，逐渐成为企业客户体验管理提速、降本、增值的优选项。

1. 调研能力：以问卷为手，抓客户心声

问卷是度量客户体验、感知客户心声的最基础手段，NPS问卷模型的搭建主要基于4个阶段，也可以理解为建模的4个关键变量，第一步：了解客户背景；第二步：了解客户体验与预期差异；第三步：了解客户对品牌口碑的感知度；第四步：了解售后体验、分析潜在风险。

除了在问卷设计上要花“巧心思”外，我们在开展调研的过程中严把“质量关”也是必不可少的。以倍市得调研质量监测流程为例，通过对调研数据采集前、采集中和采集后采取多重管控措施以保证质量。

（1）事前控制：确保受访身份的真实性，是保障调研数据真实性的基础。例如通过技术手段确保调研社区会员的唯一且真实身份、以抽样手段筛选过往调研经历确保调研者“新鲜度”等。

（2）事中控制：确保答题过程的真实性，控制答题时间是答题质量检测的基础手段，以确保受访者是在足够的时间内看完问题后再作答的；赋能问卷系统“甄别”的能力，例如将答题前后矛盾的问题予以剔除、多项选择或分数雷同的系统提示等。

（3）事后控制：确保数据结果的真实性，对样本和数据的清洗将为数据质量做基础保障，同时超额备份样本还将为不合格数据做及时替换，数据“质”与“量”兼顾。

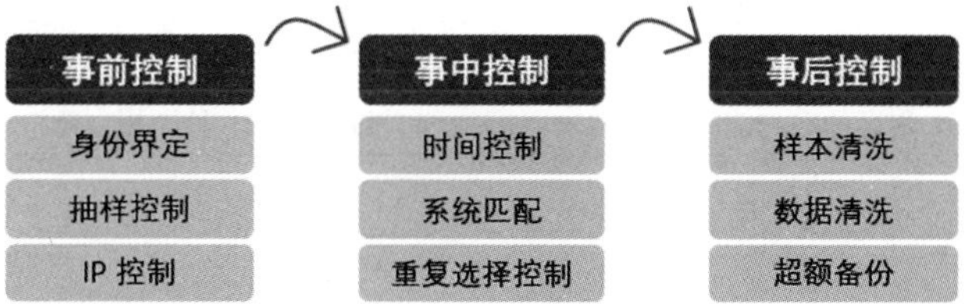

图4　全流程质量监测

资料来源：倍市得客户体验管理方案。

2. 分析能力：以数据为眼，观体验全局

通过投放调研问卷回收得到的顾客分值，可将调研对象初步分为三类，即：推荐者、中立者、贬损者。NPS 的核心逻辑认为，不同种类的顾客将对应不同的行为，推荐者会继续购买并推荐给其他人，从而加速品牌成长，而贬损者则会对品牌口碑有负面影响，对品牌长远发展有阻碍作用。

（1）推荐者（Promoter）：选择 9—10 分的顾客为推荐型顾客，是具有狂热忠诚度的人，他们会继续购买并推荐给其他人。

（2）中立者（Passives）：选择 7—8 分的顾客为中立满意型顾客，他们习惯了和你的公司打交道，也还满意，但是没有热情推荐，甚至很容易被竞争对手吸引走，总体满意但并不狂热，将会考虑其他竞争对手的产品。

(3) 贬损者 (Detractors): 选择0—6分的顾客为贬低型顾客, 使用并不满意或者对你的公司没有忠诚度。他们和你的公司关系很一般甚至很差, 80%的公司坏口碑来自他们。

而随着NPS概念被更加广泛地应用到工作场景中, 更加精细化的客户分类方法也逐渐成型, 在原有的三大类基础上对客户忠诚度形成更加细致的管理 (见表1)。

表1　客户分类法

推荐型客户（高忠诚度）	中立型客户（中忠诚度）	贬损型客户（低忠诚度）
正推荐：产生利润的客户	正中立：产生利润的客户	正贬损：产生利润的客户
负推荐：不产生利润的客户	负中立：不产生利润的客户	负贬损：不产生利润的客户

三　数字化的客户体验管理系统

可以说, 从20世纪发展至今, 客户体验管理的概念是在有了数字化技术加持之后, 才真正实现其在商业革新领域的价值, 这主要是由客户体验多变性以及企业量化管理等因素决定。

(一) 体验管理数字化“三要素”

客户体验管理系统的核心在于以客户体验为核心, 实现从收集数据、分析数据到驱动行动的管理闭环。因此, 数字化客户体验管理系统在功能性上, 大致要满足以下几个阶段性的需求: 首先, 要基于客户旅程捕捉客户体验数据, 获得客户反馈和情绪; 其次, 能针对低分反馈和负面情绪, 及时预警并干预, 避免流失; 再次, 应以客户体验数据为据, 落地行动方案、优化运营、改善体验; 最后, 可对改善后的行动效果, 做进一步跟踪、分析并持续优化。

体现在系统功能上，有效的客户体验管理系统应当围绕以下三大核心要素。

1. 问卷——体验数据实时采集

在体验数据收集阶段，想要确保体验数据收集的精准与全面，客户体验管理系统在问卷模块需满足以下几个方面。

（1）问卷设计——要足够简单：如果编辑一份问卷或修改问卷逻辑还需要代码，那么很难满足快速采集体验数据的需求、及时驱动行动的目标。

（2）问卷内容——要足够多样：这不仅要求在问卷题型、模板选用以及外观设计上提供选择性，还要求在面向不同客户的不同消费经历时，能针对性地提供千人千面的问卷内容。

（3）投放手段——要足够多元：不同场景、不同客户旅程所呈现的客户体验必然有所差异，多渠道投放问卷，是横向覆盖多客户群体的前提。

通过问卷收集数据，是开展客户体验管理的基础手段但并非终点，如何处理和呈现数据，会直接影响数据使用效率，也就是接下来要介绍的数据分析与管理阶段。

2. 数据——动态分析与层级化报告

我们在工作中可能会遇到这种情况：如果要从大篇幅文字中提取某些信息，或者是在有限的时间内阅读大量数据报表并分析，你可能很难保证质量和效率的统一；但如果将这些文字或数据做系统整理、分类、提炼、归纳后，我们就会发现，信息提取和报表分析也并没有那么难。数据呈现方式对于数据利用“质”“效”的影响，由此可见。

那么，怎样提升客户体验管理系统的数据管理质效呢？

（1）要让数据更容易看懂

同样的产品和服务提供给不同的客户会有不同的感受，为了快速甄别客户体验需求真伪、评估数据价值，我们常借助辅助模型，比如 KANO 模型就是调研中常用的用户需求分类和优先排序工具。

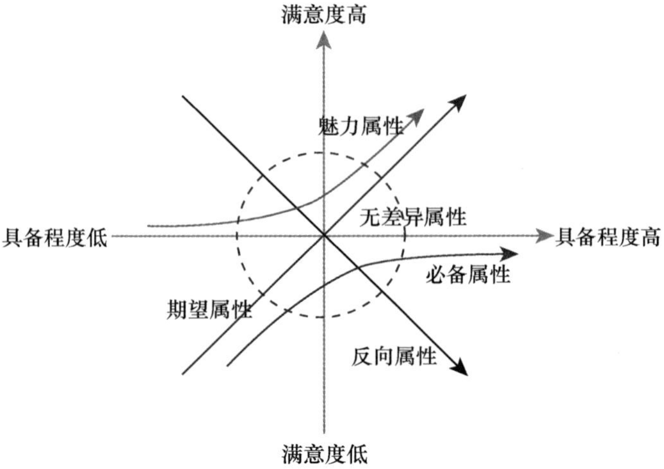

图5 KANO 模型

KANO 模型以分析用户需求对用户满意度的影响为基础，将产品服务的质量特性分为五类：基本（必备）型质量；期望（意愿）型质量；兴奋（魅力）型质量；无差异型质量；反向（逆向）型质量。

比如在倍市得客户体验管理系统中，系统以专业级问卷模块为基础支撑，企业可以结合 KANO 模型等指定模型对获取的客户体验数据快速计算并呈现。

借助系统化的数据管理，省略“提取和分析”的后台处理步骤，从而实现所见即所得，将主要人员和精力从报表中解放出来；又或者是当“分析”环节无法省却时，通过更加简单的方式使分析人员能自定义报表呈现方式，比如通过拖拉拽的方式就能增加数据明细、编辑报表项目等。

（2）要让数据呈现更精准

从企业管理的层面来看，企业在开展客户体验管理时，管理层与执行层对于数据的需求不同，营销部门与产品部门对数据的需求也各有差异。根据地域范围、人员层级、部门属性、岗位职责等输出层级化的数据报表，将提升数据呈现精准度，提升数据使用的效率与质量。

同时，客户体验本身具有的主观性、波动性特征，也要求系统在数据管理上要实时更新、动态分析、及时响应。比如需要对年、月、日等不同颗粒度的数据做统计分析，对波动性的体验数据能否及时发现以便干预和规避风险等。

从业务场景的层面来看，不同行业在客户体验管理过程中需要关注的侧重点各有差异，比如餐饮行业更关注“菜品质量”“就餐环境”“菜品口味”等；而对于医院的就诊体验管理来说，“挂号”“排队”等是高频词语，甚至更进一步到不同的医院、不同的科室所需要关注的体验重点也各有差异。

因此，在客户体验管理过程中，系统支持“场景化”不能徒流于形式。比如目前倍市得已经实现的“AI + BI”数据管理模式。系统可借助自然语言处理（NLP）智能文本分析，从开放文本数据中智能提炼与业务高度关联的话题、识别客户体验情感分类等。基于管理层面和业务维度为企业呈现更具针对性的数据和报表。

3. 行动——及时预警与快速响应

作为客户体验数据分析的延伸应用，舆情管理模块所实现的及时预警和工单响应，对于修复客户体验起到重要作用。

（1）预警

对于多渠道采集而来的客户感受与反馈，智能文本分析将识别客户情感分类，帮助企业快速筛选体验、层级化分析体验。此外结合业务场景，系统自动提炼特定话题为提升舆情管理效率提供便利。

（2）工单

对于规模化运营的企业来说，规划以客户体验为中心的职能或角色十分必要，而对于执行人员而言，从体验反馈到工单生成、分类流转及不良体验修复更是实现了从数据驱动行动管理的闭环。

一方面，工单流转到人提升了企业舆情响应的及时性；另一方面，工单制度在时效性上的设定能起到监督作用。例如设置 2 小时内未响应就流转上级，则能及时修复不良体验并预防扩散，更容易形成标准化的响应机制。

四 客户体验管理系统的发展趋势

一项新技术或一个新模式的产生与普及，必然经过漫长的发展与磨合，客户体验的概念与客户体验管理系统的商业化应用同样如此。随着数字化技术的持续发展以及持续不断的体验管理实践，客户体验管理正在以“连接”“实时”“智能”为核心目标，持续发展。

（一）连接

在所有以客户体验为中心的实践中，无论是企业本身还是第三方的客户体验管理服务提供者，都在强调客户体验对企业的商业价值。

但到底是“如何”实现价值的呢？连接是首要前提。它包含如下两个方面的含义。

1. 企业与客户之间的互联互通

谈到连接，不可避免的要谈到互联网技术对于企业经营模式的影响甚至颠覆。过去，依附线下门店为主要交易场所，产品与服务的交付完全在线下。品牌与客户之间的沟通与互动由“点”到“点”，企业对于客户的情绪、感受、偏好很容易察觉与管理。

随着互联网的持续渗透，依托虚拟网络的“无接触消费模式”正在使客户逐渐脱离公司的感知范围。以网购为例，通过小小的手机就能实现产品查询、选购、支付，并最终快递到手中，消费体验全程只在分秒之间、方寸之内。

消费者获取信息越来越高效、寻求替代越来越便捷，对单一品牌的忠诚度随之降低。而与之相对，企业想要了解消费者心理越来越难，想要获得新用户、维护老用户的成本也越来越高。在数字化消费模式之下，以数字化手段感知消费体验、倾听消费者需求迫在眉睫。

2. 系统与系统、部门与部门之间的数据融合

数据互连的意义，被形容是“牵一发而动全身”也不为过。

比如某公司通过客户体验管理系统了解到某位顾客的低分体验，那么就有可能会触发工单流转到该公司的客服部门处理客户投诉；而与顾

客连接的过程中又可能会同时影响该公司销售部门规避同类问题再发生，与此同时，顾客反馈的产品优化意见又有可能进一步促使该企业产品研发部门优化体验。

以客户体验为底层数据，提升 CEM 系统与 CRM 系统、客服系统、营销系统、数据中台等多系统融合，其重要性由此可见一斑。打破数据孤岛、丰富数据维度，成为企业优化体验、赋能管理的重要一环。

（二）实时

客户反馈响应滞后（甚至无响应）是很多企业的通病。在当今这个万物互联、信息高速更迭的时代，一个小小的客户投诉有可能成为压垮一家企业的“稻草”，而有甚者，最后一个知道这根稻草存在的人，居然是企业自身。

实时关注客户体验与反馈，无论是正面评价还是负面差评，及时响应是有效挽回客户、给予弥补措施的前提。这既是当前企业开展客户体验管理的重要原因，也是未来较长一段时间内客户体验管理应用持续发力的方向。

1. 对客户体验的动态监测

比如满意度调研，传统的客户满意度调研往往是在消费产生以后周期性地开展。让顾客回忆消费经过或服务流程，以此还原当时的体验。在客户体验的时效性与真实性上，时间越长则参考价值越低。

抓住关键时刻的实时反馈（moment of truth），是客户体验管理平台采集体验数据的基础条件。比如和顾客点餐半小时内推送调研问卷相比，到店就餐半个月以后再致电访问就很难保证体验的真实性，脱离了真实场景，顾客很容易惯性思维地描述体验。

此外，对负面体验能第一时间触发预警机制，驱动企业敏捷行动，也是避免流失、提高忠诚度的重要环节。

2. 对客户体验数据的实时分析与呈现

市场环境瞬息万变、客户需求高速更迭，随之而来的是产品生命周期也更短，从发现产品需求到新产品上线，市场与客户没有太多耐心等待企业花费几周甚至几个月时间做决策。过去需要一周时间摸清行情、制定方案，通过更高效的数据分析和呈现可能只需要一天甚至更短，从而为市场分析与策略思考留出更多空间。

（三）智能

在线化、数字化的发展趋势之下，无疑对客户体验数据的采集工作起到了推动作用。但是，大批量的客户体验声音还意味着质量的参差不齐。哪些是对服务不满、哪些是质量不佳、哪些又是对消费流程有意见等，如何区分和甄别体验的真实性与有效性呢？

客户体验智能化管理，成为数字化转型2.0时代的另一种呼声。某种意义上，智能化是在客户体验管理数字化转型基础上的一种延伸需求。比如当前，少数客户体验管理平台已经能够实现将问卷数据、埋点数据、客诉数据、舆情数据等多种数据进行智能处理和融合分析。

随着人工智能自然语言处理技术、大数据采集、BI 智能分析等新技术的持续赋能，客户体验管理平台也将朝着持续智能化的方向发展。

抖音企业品牌传播影响力指数报告

左　灿*

品牌传播是指“品牌所有者通过各种传播手段、将事先提炼的品牌核心价值理念持续不断地同目标受众交流与沟通，以使目标受众认同、喜爱品牌核心价值理念，并逐渐成为该品牌商品的实际消费者和忠诚消费者，从而提升品牌的无形资产价值”。① 或者换一种说法，品牌传播，首先是“一种操作性的实务，即通过广告、公共关系、新闻报道、人际交往、产品或服务销售等传播手段，以最优化地提高品牌在目标受众心目中的认知度、美誉度、和谐度”。②

企业的品牌传播对企业发展至关重要。一方面，通过品牌传播，企业得以拓展市场，传播企业理念，提升影响力；另一方面，通过品牌传播，企业得以实现自身组织的完善，建立独有的企业文化。尤其在当下国内大循环为主体、国内国际双循环相互促进的新发展格局中，要求企业不断加强自身的品牌影响力建设，建立品牌、发展品牌、传播品牌在企业中的地位越来越重要。

在这个过程中，企业品牌与媒介也形成了积极的互动关系，一方面，企业需要通过各种媒介进行品牌推广和传播；另一方面，依托广告等多种形式，企业品牌的传播也成为媒介内容的重要供应者。

---

* 左灿，中国社会科学院新闻与传播研究所助理研究员。

① 王艳：《抖音短视频品牌传播研究》，《合作经济与科技》2019 年第 12 期。

② 余明阳、舒咏平：《论“品牌传播”》，《国际新闻界》2002 年第 3 期。

一 抖音企业品牌传播影响力指数构建

短视频平台为企业品牌传播提供了新模式，也对企业品牌传播提出了新要求。企业通过短视频的方式将产品信息呈现给受众，并利用社交媒体平台进行广泛传播，在内容和互动方式上都实现了创新。内容上，短视频往往简短精悍，在较短的时间内以有趣的内容抓住受众的眼球，其依托手机等移动设备的特点又使得受众付出的时间成本降低。互动方式上，受众既可以通过点赞、转发、评论等方式表达对企业品牌的态度，与企业方进行互动，还可以通过对短视频的再创作丰富对品牌的理解。此外，通过大数据等手段，企业可以快速找到目标受众，了解目标受众喜好，从而调整短视频的内容制作，协同其他宣传方式，打造更为系统的企业品牌传播。

相应地，企业面临的挑战更大了。受限于时长，短视频必须在短时间内既有趣又呈现产品特色，加大了内容制作的难度。如果企业按照传统思路制作短视频，往往难以引起关注，对品牌传播并无益处。①

（一）抖音与企业品牌传播

1. 抖音发展状况

自 2016 年上线以来，抖音迅速成为中国短视频行业用户及作品数量增长最快的平台。强大的流量凝聚力、庞大的用户基础以及及时的用户反馈都是抖音巨大的优势，也吸引了诸多企业利用抖音平台进行品牌传播，呈现企业品牌的多元特色，扩展企业品牌影响力。很多企业充分利用抖音平台发布视频，并与受众互动，将抖音作为新的品牌推广传播手段，赋予了企业新的活力。首批入驻抖音的企业包括中国核电、航天科工、航空工业公司、七大博物馆等。②

---

① 张静、王敬丹：《新媒体时代下的短视频营销传播——以抖音为例》，《杭州师范大学学报》（社会科学版）2020 年第 4 期。

② 梁震锋：《企业利用自媒体对品牌宣传推广的可行性分析——以“抖音”类自媒体为例》，《现代营销》（下旬刊）2020 年第 5 期。

2. 抖音内容数据中的企业品牌传播

随着抖音用户数的日益增长，各企业品牌对抖音的使用日益增多，通过抖音平台，企业和消费者实现了更多的互动，从而推进了品牌的推广和传播。截至 2020 年，在抖音注册的企业账号数超过 200 万个，高达 2323582 个，总发文量达 2.76 亿次，播放量高达 3.63 万亿次，点赞量 596.45 亿次，分享量 27.41 亿次，评论量 45.4 亿次。

整体而言，企业账号对抖音的使用日趋稳定，在抖音上的企业账号数 2020 年 1—5 月呈现较快的增长趋势，由不足 100 万增至 200 余万，自 6 月开始，虽保持了持续增长趋势，但增速放缓。

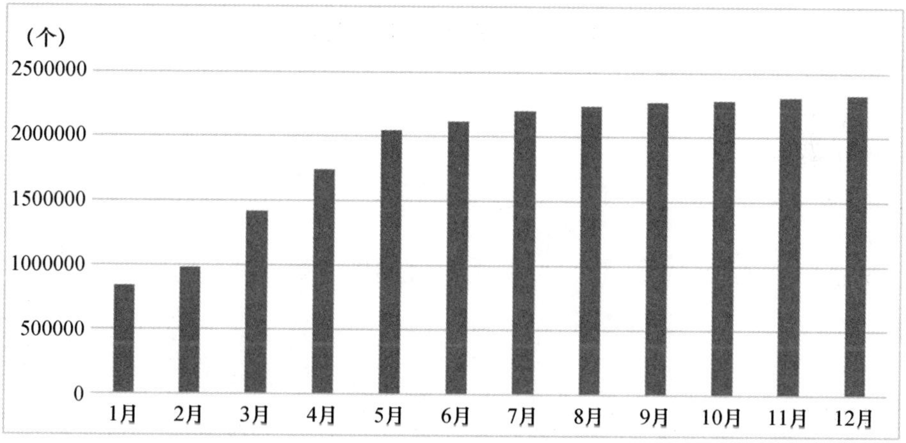

图 1　2020 年企业号数量趋势

从发文量和播放量看，企业账号在抖音较为活跃。新冠肺炎疫情初期有较为明显的影响，1 月的发文量和播放量最少，但自 2 月开始，发文量和播放量都开始增长。5 月的发文量最多，7 月的播放量最多，整体波动不大，较为平稳。

从用户对企业视频的反映看，5 月之后，分享量高于点赞量。自 7 月开始，点赞量呈下降趋势，而分享量自 5 月之后较为稳定。更多用户不仅仅局限在点赞行为，而更乐于分享视频，推动了企业品牌短视频的传播。

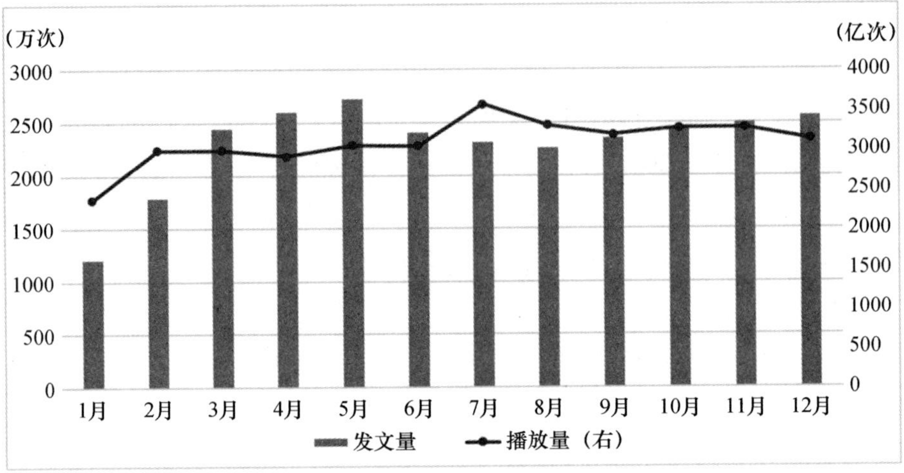

图2 2020年企业号传播趋势

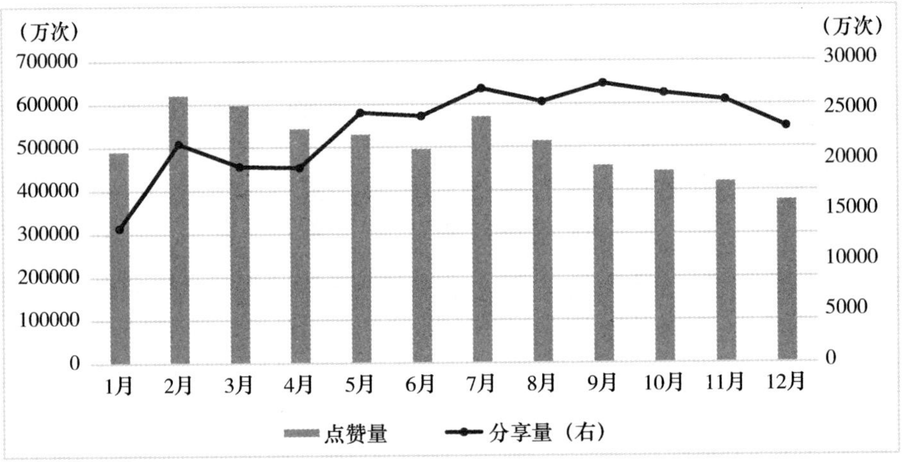

图3 2020年企业号用户行为趋势

（二）抖音企业品牌传播影响力指数的构建原则

通过构建抖音企业品牌传播影响力指数，可以提供更科学可视的方式呈现企业品牌传播的特征，在品牌的纵向和横向比较中明晰不同企业品牌的传播要点，从而为数字时代企业品牌的建设和传播提供崭新的思维框架和策略建议。在构建指标体系时，主要秉持三个基本原则。

第一，全面性。抖音企业品牌传播影响力指数以企业为分析单位，全面覆盖顾客与企业交互的全过程和结果。

第二，实用性。为了令指标体系更具实践意义，在指标提取的过程中，除了对文献资料进行扎实解析外，还融合了专家经验以及数据集的基本特征，以期对改善和建设品牌形象、提升品牌影响力产生指导价值。

第三，可操作性。抖音企业品牌传播影响力指数的建立应满足数据资料的可获得性、可量化性，并且符合少而精的原则，避免选取的指标过于繁多和复杂，从而释放出数据的最大化价值。

基于文献资料和抖音内容数据库的结构特征，本研究抽取四个维度描述企业品牌在抖音平台上的传播效果，分别为传播热度、传播广度、传播深度和传播效度，每一测量维度包含多个测量指标，由此构成抖音企业品牌传播影响力分指数。

二　抖音企业品牌传播影响力分指数计算方法

（一）抖音企业品牌传播热度

用户的网络传播行为分为三个不同层次：消费、贡献和创造。消费（如阅读、观看等，并不单指购买行为）作为低等层次行为，不会消耗用户大量的认知与心智成本去反馈信息。贡献（如评论、讨论等）作为用户间的交互行为，需要用户贡献一定的时间、经验和精力去呈现观点，因此被视为中等层次行为。而创造作为高等层次行为，它要求用户付出额外的认知、心智、形象、时间等方面的努力去生产内容。同样，按照用户自愿花费成本的水平，我们认为用户在接收到 EGC 后的卷入行为也分为三个层次。点赞作为低卷入层次行为，仅需要用户简单的点击即可表达支持。评论是中卷入层次行为，代表用户与企业积极沟通和及时反馈观点、态度的意愿。转发，即可为企业带来二次信息扩散，又可以附加评论内容，意味着用户愿意尽最大努力帮助企业完成线上宣传，并主动将企业商务信息展示在个人主页，利用自己的关系网络吸引更多的关注，因此被视为高卷入层次行为。相较于沉默，用户不论以哪个层次卷入，都代表着企业沟通目的达成。

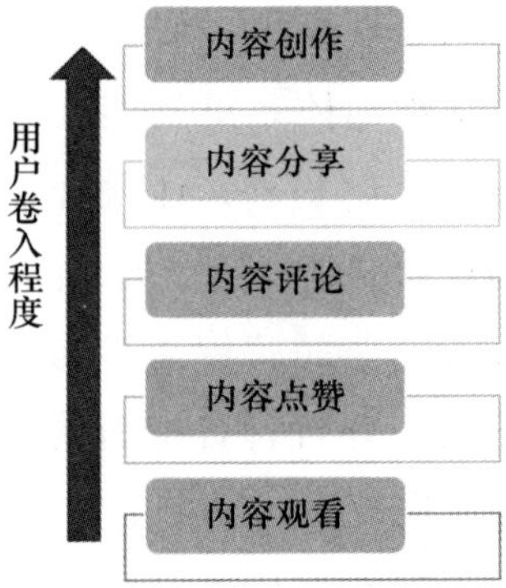

图4 抖音用户传播行为

抖音企业内容创作数 $G_i = x_i$，抖音企业内容分享数 $S_i = \sum_{j=1}^{x_i} S_{ij}$，抖音企业内容评论数 $C_i = \sum_{j=1}^{x_i} C_{ij}$，抖音企业内容点赞数 $L_i = \sum_{j=1}^{x_i} L_{ij}$，抖音企业内容观看数 $W_i = \sum_{j=1}^{x_i} W_{ij}$，抖音企业传播热度 $H_i = 0.5 \times G_i + 0.4 \times S_i + 0.3 \times C_i + 0.2 \times L_i + 0.1 \times W_i$。其中，$i$ 代表第 i 个企业，x_i 为抖音平台上与该企业相关的视频的总创作数，S_{ij} 为第 i 个企业，第 j 个视频产生的分享数，C_{ij} 为第 i 个企业，第 j 个视频产生的评论数，L_{ij} 为第 i 个企业，第 j 个视频产生的点赞数，W_{ij} 为第 i 个企业，第 j 个视频产生的观看数。

（二）抖音企业品牌传播广度

传播广度分指数探讨的是具体企业品牌在国内的影响力。研究以企业账号粉丝的地理分布多样性程度，计算企业品牌传播的影响力范围。研究假设，企业账号的粉丝分布的城市越多，企业品牌的国内影响力越强。

本研究采用辛普森多样性指数（Simpson's Diversity Index），在极端状况下，如果关于一个企业账号的粉丝近乎来自同一个城市，那么指标值接近0；当关于一个企业的粉丝在地域上分布越多，这个指标的值越大。具体计算方法如下。

抖音企业品牌传播广度 $S_i = 1 - \sum_{j=1}^{34} \frac{X_{ij}(X_{ij} - 1)}{X_i(X_i - 1)}$，其中，$X_{ij}$为与该企

业账号相关的粉丝来自第 j 个省级行政区的数量。

（三）抖音企业品牌传播深度

企业品牌传播深度即测量和评估企业品牌形象的多元性，企业传播内容的标签越集中，个性越清晰；反之，企业传播内容的标签越分散，企业引发的联想越广泛，形象也较为多元。研究将抖音企业品牌传播深度区分为品牌产品直接相关信息和非品牌产品直接相关信息两个维度。

本研究采用辛普森多样性指数（Simpson's Diversity Index），在极端状况下，如果关于一个企业品牌的传播内容热门主题标签近乎属于同一个维度，那么指标值接近 0，企业品牌形象越鲜明；当关于一个企业品牌的内容在深度上涉及维度越多，这个指标的值越大，品牌形象越多元。具体计算方法如下。

抖音企业品牌传播深度 $D_i = 1 - \sum_{j=1}^{5} \frac{X_{ij}(X_{ij} - 1)}{X_i(X_i - 1)}$，其中，$X_{ij}$ 为与该企业品牌相关的传播内容热门主题标签来自第 j 个维度的数量。

（四）抖音企业品牌传播效度

企业品牌传播效度从信息接收者视角对企业传播内容进行情感倾向判断，从而综合呈现企业品牌的情感维度，有效矫正单纯基于传播数量的测量和评估。此部分选取与每个企业品牌相关的原创视频中点赞量 Top500 的评论内容，利用人工标准结合机器学习的方法对其进行离散情绪分析，包括正面情绪（喜爱、开心、期待、信任）、中立情绪（惊讶）和负面情绪（厌恶、恐惧、悲伤、愤怒），描述受众对企业品牌的情绪效价。若受众对一个企业品牌的情绪均是负面的，那么传播量越大，其传播效果越差，反之亦然。

抖音企业品牌传播效度：

$$V_i = \frac{\sum_{k=1}^{500} X_{i,k} \times Valence_{i,k}}{\sum_{k=1}^{500} X_{i,k}}$$

其中，$X_{i,k}$ 为第 i 个企业品牌，点赞量排名第 k 的受众评论的点赞数。

$Valence_{i,k}$ 为第 i 个企业品牌，点赞量排名第 k 的受众评论的情绪效价，$Valence_{i,k}$ 的值为［-1，+1］，其中+1 代表非常正面（喜爱、开心、期待、信任），0 代表中性（惊讶），-1 代表非常负面（厌恶、恐惧、悲伤、愤怒）。

三 2020 年抖音企业品牌传播影响力指数呈现

根据 2020 年 1—12 月抖音平台内容数据，本课题选取卫浴领域（惠达卫浴、九牧卫浴、箭牌卫浴、恒洁卫浴）、网红餐饮领域（海底捞、蛙来哒、霸蛮米粉、拉面说、喜茶、茶颜悦色）、潮玩领域（泡泡玛特、52TOYS、寻找独角兽、十二栋、IP 小站）、国货美妆领域（自然堂、百雀羚、花西子、完美日记、薇诺娜）这 4 个领域的 20 个品牌作为研究对象，进行细化研究。在对企业品牌数据的统计分析基础上，对企业品牌传播影响力进行多维度画像，以了解其企业品牌传播能力。这 20 个品牌的选择主要基于抖音数据可得性的考量，也是对抖音企业品牌传播影响力考察的一个摸索。

（一）抖音企业品牌传播热度指数呈现

本研究从内容创作、分享、评论、点赞和观看五个层次来考察企业品牌传播热度。从整体来看，美妆品牌的热度指数较高，潮玩品牌和餐饮品牌的热度指数较低，卫浴品牌之间差异不大。20 家企业品牌中，热度指数排在前 4 位的都是国货美妆品牌，且热度指数远高于其他品牌：完美日记（1.00），花西子（0.91），自然堂（0.44），百雀羚（0.22）。排在第五的是喜茶（0.08），在网红餐饮位列第一，略高于整体排名第七的拉面说（0.03）。泡泡玛特位列第六（0.04），领先其他潮玩品牌。四家卫浴品牌的热度指数一样，都为 0.01，和美妆品牌薇诺娜并列第八。其他 8 家企业品牌热度指数均为零，包括了 4 家网红餐饮品牌（茶颜悦色、海底捞、蛙来哒、霸蛮米粉）和 4 家潮玩品牌（52TOYS、寻找独角兽、十二栋、IP 小站）。

表 1　　20 家企业的热度指数排名

排名	企业品牌	热度指数
1	完美日记	1.00
2	花西子	0.91
3	自然堂	0.44
4	百雀羚	0.22
5	喜茶	0.08
6	泡泡玛特	0.04
7	拉面说	0.03
8	惠达卫浴	0.01
8	箭牌卫浴	0.01
8	九牧	0.01
8	薇诺娜	0.01
8	恒洁卫浴	0.01
13	茶颜悦色	0
14	海底捞	0
15	52TOYS	0
16	寻找独角兽	0
17	霸蛮米粉	0
18	IP 小站	0
19	蛙来哒	0
20	十二栋	0

（二）抖音企业品牌传播广度指数呈现

根据 2020 年的抖音企业品牌官方账号粉丝归属地分析结果，可以从国内辐射影响力（抖音企业品牌传播广度指数较高）的视角呈现企业品牌传播的广度。

粉丝区域来源越多元，意味着企业的品牌传播越广，传播活力越强，有助于提升企业品牌的全国影响力和知名度。整体来看，选取的 20 家企业广度指数都较高，多数在 0.9 以上，即使排名最末位的茶颜悦色，也是来自外地的粉丝占大多数（69.9/100）。这意味着这些企业品牌粉丝来源跨区域性较强，形成了较为良好的国内辐射影响力，可以说是各领域在国内较为知名的几大品牌。广度指数排名前三的是薇诺娜（95.4/100）、泡泡玛特（95.2/100）和箭牌卫浴（95.1/100），数据相差并不大，分属于国货美妆、潮玩、卫浴三个领域。网红餐饮领域的企业品牌多样性指数相对排名低一些，网红餐饮中排名第一的拉面说在整体排名中仅位列第九。

分领域来看，潮玩领域的品牌和国货美妆领域的品牌多样性指数分布较为均匀，相差不大，都在0.950上下，卫浴领域的品牌除惠达卫浴外，也多在0.950上下，较为符合这几个领域的产品全国推广的策略，他们不具有地域局限性，往往通过网络平台销售，辐射力遍及全国。网红餐饮类品牌还是相对容易受地域影响，辐射力整体而言不如其他领域的品牌。广度指数排名最低的茶颜悦色，本地凝聚力较强，是湖南当地的特色品牌。

表2　　20家企业品牌的国内辐射影响力排名

排名	企业品牌	传播广度
1	薇诺娜	0.954
2	泡泡玛特	0.952
3	箭牌卫浴	0.951
4	52TOYS	0.950
4	完美日记	0.950
4	花西子	0.950
4	恒洁卫浴	0.950
8	自然堂	0.949
8	拉面说	0.949
8	百雀羚	0.949
11	九牧	0.948
12	IP 小站	0.947
12	十二栋	0.947
14	霸蛮米粉	0.945
15	寻找独角兽	0.943

续表

排名	企业品牌	传播广度
15	海底捞	0.943
17	蛙来哒	0.942
18	喜茶	0.894
19	惠达卫浴	0.821
20	茶颜悦色	0.699

表 3　　卫浴领域企业品牌的国内辐射影响力排名

排名	企业品牌	传播广度
1	箭牌卫浴	0.951
2	恒洁卫浴	0.950
3	九牧	0.948
4	惠达卫浴	0.821

表 4　　网红餐饮领域企业品牌的国内辐射影响力排名

排名	企业品牌	传播广度
1	拉面说	0.949
2	霸蛮米粉	0.945
3	海底捞	0.943
4	蛙来哒	0.942
5	喜茶	0.894
6	茶颜悦色	0.699

表 5　　潮玩领域企业品牌的国内辐射影响力排名

排名	企业品牌	传播广度
1	泡泡玛特	0.952
2	52TOYS	0.950
3	IP 小站	0.947
4	十二栋	0.947
5	寻找独角兽	0.943

表 6 国货美妆领域企业品牌的国内辐射影响力排名

排名	企业品牌	传播广度
1	薇诺娜	0.954
2	完美日记	0.950
3	花西子	0.950
4	自然堂	0.949
5	百雀羚	0.949

（三）抖音企业品牌传播深度指数呈现

课题组对 20 个企业品牌原创视频题目，根据 TF（词频）－IDF（逆文档频率）算法提取内容关键字。根据 TF－IDF 算法，如果某个词在语料库中比较少见，但是它在分析的文本中多次出现，那么它很可能就反映了分析文本的特性，即关键词标签。在对各企业品牌传播内容标签数据进行拟合统计后，可以通过企业形象构建鲜明性/多元性来说明抖音企业品牌的传播深度。

通过对各企业品牌原创内容所属类别的辛普森多样性指数计算，整理出企业品牌构建多元性排名列表。通过计算，获得 2020 年抖音企业相关创作中各领域 TF－IDF 值最大的 9 个关键词，餐饮领域：零食，美食制作，街头采访，面食，吃秀，西餐，办公室剧情，新闻访谈，奶茶；潮玩领域：手办，定格动画，3D 及 AR 动画，星座运势，DIY，2D 动画，办公室剧情，普通玩具，非小游戏——第五人格；美妆领域：口红，非口红化妆品，影视剧，街头采访，办公室剧情，半身年轻女性自拍，星座运势，新闻访谈，文字录屏；卫浴领域：新闻访谈，办公室剧情，家电，家装主材，影视剧，房产知识，星座运势，2D 动画，政策解读。研究将这些词分为品牌产品直接相关信息和非品牌产品直接相关信息两个维度（简称信息和非信息）。

整体来看，完美日记的多样性指数最高，为 0.496；蛙来哒多样性指数最低，为 0。多样性指数排名前十位中，有 4 家国货美妆品牌（完美日记、自然堂、薇诺娜、花西子），3 家卫浴品牌（九牧、惠达卫浴、箭牌卫浴），2 家潮玩品牌（十二栋，泡泡玛特），1 家网红餐饮品牌（茶颜悦色）。这也说明，在品牌形象建构中，不同领域的品牌形象特点有差异。美妆品牌和卫浴品牌更倾向于将产品和生活方式相连，塑造较为多元的品牌形象；餐饮品牌则更强调鲜明的餐饮特点，突出食物本身特色，企业形象的多元性弱，而鲜明性强；潮玩品牌则各有特色，既有形象相对多元的泡泡玛特和十二栋，也有形象相对鲜明的52TOYS和寻找独角兽。

表7　　企业品牌形象构建多样性排名

排名	企业品牌	多样性指数
1	完美日记	0.496
2	自然堂	0.488
3	九牧	0.486
4	十二栋	0.480
5	惠达卫浴	0.478
6	箭牌卫浴	0.458
7	泡泡玛特	0.456
8	薇诺娜	0.448
9	茶颜悦色	0.444
10	花西子	0.420
11	IP小站	0.394
12	52TOYS	0.346
13	百雀羚	0.335
14	恒洁卫浴	0.327
15	海底捞	0.320
16	喜茶	0.303
17	霸蛮米粉	0.270
18	寻找独角兽	0.256
19	拉面说	0.155
20	蛙来哒	0.000

（四）抖音企业品牌传播效度指数呈现

本研究从效度传播分值和效度情绪辛普森指数来呈现企业品牌的传播效度。研究将粉丝评论的情绪分为正面情绪（喜爱、开心、期待、信任）、中立情绪（惊讶）和负面情绪（厌恶、恐惧、悲伤、愤怒），效度传播分值越高，正向情绪越多，企业收到的美誉度越高。辛普森指数呈现情绪的分散度，分散度越低，评价越一致，分散度越高，则表示受众评价越不一致（十二栋和蛙来哒因粉丝评论数较少，效度值不明显，故不在列表中）。

研究中选取的这 18 家企业品牌，整体的传播效度值都是高于 0 的，也就是以正面情绪为主。其中，花西子位列第一，评论中的正面情绪最高；喜茶排名倒数第一，评论中的正面情绪最低。卫浴类的四个品牌收到的正面评论都较高，占据了前七名中的四位，其中惠达卫浴排名最高，在整体排名中居第二；国货美妆类的几个品牌中，完美日记的正面评论最低，在整体排名中位列倒数第二；潮玩领域，IP 小站位列第八，遥遥领先其他潮玩品牌；霸蛮米粉在餐饮类排名第一，在整体排名中位列第十。

表 8　　企业品牌传播效度值

排名	企业品牌	传播效度值
1	花西子	1.37
2	惠达卫浴	1.35
3	箭牌卫浴	1.10
4	自然堂	0.97
5	薇诺娜	0.93
6	九牧	0.90
7	恒洁卫浴	0.88
8	IP 小站	0.62
9	百雀羚	0.48
10	霸蛮米粉	0.39

续表

排名	企业品牌	传播效度值
11	52TOYS	0. 33
12	海底捞	0. 30
13	茶颜悦色	0. 22
14	寻找独角兽	0. 19
15	拉面说	0. 14
16	泡泡玛特	0. 11
17	完美日记	0. 11
18	喜茶	0. 01

从辛普森指数来看，网友对这些品牌的评价普遍存在很强的不一致，其中，寻找独角兽的评价差异最大，惠达卫浴的评价差异最小。

表 9　　企业品牌情绪分散度

排名	企业品牌	辛普森指数
1	寻找独角兽	0. 851
2	泡泡玛特	0. 842
3	百雀羚	0. 827
4	海底捞	0. 826
5	九牧	0. 791
6	薇诺娜	0. 790
7	52TOYS	0. 788
8	茶颜悦色	0. 787
9	完美日记	0. 785
10	喜茶	0. 782
11	霸蛮米粉	0. 750
12	恒洁卫浴	0. 745
13	自然堂	0. 731
14	拉面说	0. 718

续表

排名	企业品牌	辛普森指数
15	IP 小站	0.710
16	箭牌卫浴	0.675
17	花西子	0.614
18	惠达卫浴	0.573

从网友评价来看，卫浴品牌，尤其是惠达卫浴受到好评较多，在喜爱度和开心度排名中都位列第一。此外，卫浴类品牌得到网友喜爱度最高，Top5 中有四家是卫浴品牌（惠达、九牧、恒洁、箭牌），开心度 Top5 中有三家是卫浴品牌（惠达、箭牌、恒洁）。在对企业品牌的期待度 Top5 中，美妆品牌占比较多，包括花西子、自然堂和完美日记三家，其中花西子排名第一，Top5 中的另外两家是餐饮类的霸蛮米粉和茶颜悦色。在信任度排名 Top5 中，卫浴类品牌没有上榜，美妆类的百雀羚排名第一，其后依次为薇诺娜、拉面说、寻找独角兽和喜茶。

表 10　　企业品牌喜爱度 Top5　　（单位：%）

	企业品牌	占比
1	惠达卫浴	34.21
2	九牧	28.26
3	恒洁卫浴	21.95
4	箭牌卫浴	17.31
5	IP 小站	12.9

表 11　　企业品牌开心度 Top5　　（单位：%）

	企业品牌	占比
1	惠达卫浴	55.26
2	箭牌卫浴	51.92

续表

	企业品牌	占比
3	IP 小站	48.39
4	恒洁卫浴	39.02
5	薇诺娜	35.87

表 12　　企业品牌期待度 Top5　　（单位：%）

	企业品牌	占比
1	花西子	55.38
2	自然堂	41.57
3	霸蛮米粉	25.00
4	茶颜悦色	21.57
5	完美日记	19.54

表 13　　企业品牌信任度 Top5　　（单位：%）

	企业品牌	占比
1	百雀羚	28.43
2	薇诺娜	14.13
3	拉面说	9.68
4	寻找独角兽	9.09
5	喜茶	8.97

总　结

虽然由于数据的可得性，本研究选取的研究对象的数量和范围都有一定的局限性，仅提取了 4 个领域的 20 个品牌作为研究对象，但依据我们搭建的指数体系，呈现出各企业品牌在传播热度、广度、深度、效度几个层面的数据，仍可以看出不同领域的品牌在抖音传播的一些特点。

这些数据清晰展示了当前企业品牌传播的优势和劣势，对品牌在抖音平台日后的推广传播具有指导性作用。

从这20个企业品牌借助抖音平台的传播推广，我们可以看到这样几个特点：第一，抖音为企业品牌传播提供了新的途径，使其较为便捷地实现了全国范围的推广，提升了品牌的知名度。美妆、潮玩、卫浴三个领域的品牌粉丝来源遍及全国，拥有较高的传播广度，各品牌之间相差并不大。餐饮类虽受限于地方特色，传播广度相对低一些，但通过抖音平台，地方特色的餐饮逐渐吸引了全国范围的粉丝。第二，不同类型的企业品牌借力抖音短视频的方式，打造独特的企业形象，在多元性和鲜明性上各有特色。美妆品牌和卫浴品牌往往将产品特色和生活方式相连，赋予产品丰富的联想，建立多元的品牌形象。餐饮品牌则往往强调食物属性，突出品牌在食用方面的特色，品牌形象较为鲜明。近两年兴起的潮玩品牌则还在探索中，有的将品牌与年轻、时尚等形象相连，赋予多样性，有的则重点突出潮玩产品鲜明的娱乐性。第三，抖音网友对这些品牌的整体评价比较正面，但态度较为分散，评论多元。20个品牌的传播效度值都是大于0的，其中卫浴类的整体排名较高，收到的美誉度较高。但是，网络受众的多样性也决定了网络声音的多元性，很少有品牌可以得到一致的评论，几乎每个品牌都会同时收到好的和差的评价。第四，美妆和卫浴品牌整体在抖音上的表现较为突出，对抖音平台的利用相对充分，效果较好。无论是传播热度、传播广度，还是传播深度，美妆品牌和卫浴品牌的整体排名都较为靠前，在传播效度指数方面，卫浴品牌收到的受众喜爱度和开心度排名也靠前，收到了较好的传播效果。

企业品牌的建设和推广不是一个僵化的一成不变的过程，尤其在当下新技术平台不断发展、国内外经济形势不断变化的情况下，如何抓住时机，在众多企业品牌中脱颖而出，是每个企业不得不面对的问题。产品自身的质量固然重要，这是所有品牌推广的基础和保障，但如何利用好新的技术手段和平台优势，将产品传播出去，更是一项机遇与挑战并存的任务。企业正视新的传播方式，调整思路，将传播作为一种对话、一种意义的建构、一种文化的想象，才能在短视频时代实现新的发展。抖音企业品牌传播影响力指数为我们了解不同企业品牌的传播力提供了一套分析和评估的指标体系，帮助我们更好地了解不同企业品牌对抖音平台的使用，从而，我们也可以为企业品牌依托抖音短视频的传播提出几点建议。

首先，应理解短视频的内容特点，制作符合企业品牌理念的有特色的视频内容，打造出适合在抖音平台传播的品牌风格。不论采用什么样的传播方式，有特色的内容永远是首要的。不同的传播平台有不同的用户特点，不同的媒介形式也有不同的内容属性。当选择在抖音平台进行企业品牌传播，企业就不能拘泥于传统的传播内容，而应依据抖音的用户特色和平台特色制作相应的视频进行品牌传播，既有效传达企业的品牌信息，也在传播中建设品牌的社交属性，打造符合数字时代特点的企业形象。①

其次，充分利用抖音的平台优势，既依托大数据精准定位消费者需求，也要利用抖音的各项平台活动，作为吸引受众的助力器。从我们的传播效度指数看，网友对企业品牌的评价是非常分散的，很难有一致的评论，这就要求企业加强对消费者诉求的精确理解，吸引受众。一方面，抖音平台推出的挑战赛等活动本身作为媒介事件，往往可以在短时间内引流大量受众，得到广泛关注，企业借力这一平台优势，将品牌相关视频推广，可以有效提升传播广度和热度；另一方面，抖音平台的大数据体系可以帮助企业用户精准定位和进行相关视频的投放，有助于提升传播效度。

最后，整合资源，持续投入，重视受众的评论信息，建立和受众的长期互动关系。在抖音平台上，网友对视频的点赞、转发和评论都是重要的互动方式，应在互动中了解受众诉求，寻求企业品牌传播的突破点。此外，网友也会对企业的视频进行再制作或者以点评的方式制作相关视频，企业可以主动关注并利用网友的这些创意，推动企业品牌的多元渗透，增强品牌传播的效度和深度，在互动中建立新时代的企业品牌文化。

① 陈丽娟、任渝：《基于社交媒体平台的品牌传播策略研究》，《视听》2017 年第 12 期。

快消品行业国产替代指数

黄丽媛　张　洵　刘　可*

近年来，随着中美经贸摩擦不断升级，国货品牌的发展得到了人们空前的关注，从手机芯片到服饰材质，当中国经济持续稳中向好发展，人们有更多选择时，国产替代进口必然成为不可阻挡的趋势。

20 世纪 50 年代，世界银行对于发展中国家提出“进口替代战略”的政策建议，提议发展中国家采取关税、配额和外汇管制等严格限制进口的措施，扶植和保护国内有关工业部门的发展。然而身处全球化浪潮中，仅靠政策限制来实现国产替代进口的目标并非长远之策，中国改革开放四十余年的经验表明，以市场为导向、技术为核心增长力的策略才能真正实现“国产替代”。

经过过去几十年的不懈努力，中国在半导体、操作系统、核心应用软件等细分领域，开始或已经具备了与国际品牌相抗衡的能力，但是当大家都把目光集中在高新技术领域时，消费端市场的国产替代越发重要。

2021 年 3 月 24 日，瑞典服饰品牌 H&M 发布《不再与新疆服装厂合作》声明，借口“新疆棉花生产中的人权问题”，声称不会与位于新疆的任何服装制造工厂合作，也不从该地区采购产品/原材料，这一声明引发了中国网友们的强烈不满。随后阿迪达斯、耐克等国外品牌也被爆出相似的问题，事件再次升级，多位与涉事品牌合作的中国代言人纷纷发表

* 黄丽媛，清博高级副总裁；张洵，清博研究院副院长；刘可，清博研究院高级研究员。

解约声明，一场声势浩大的爱国抵制活动在网络上展开，不少网友声称以后只穿国产鞋。然而可以预料到的是，舆论抵制在短期内并不能动摇这些国外品牌在国内市场的根基，要想真正“惩戒”到这些抹黑中国的国外品牌，必然同高新技术产业一样，实现国产替代才是破局点。

研究发现，在消费领域一些国货品牌通过产品创新、渠道优化、整合营销等方式，大幅提升国内市场份额，从 ToC 层面逐步实现国产替代。本文希望通过编制国产替代指数，从量化的角度纵向分析消费领域国货品牌相对于国外品牌的影响力与市场价值，在中美博弈背景下探索国货品牌实现国产替代的方法路径，研究国货品牌的“破局之路”。

一 中美博弈背景下国产替代的底层逻辑

从中美博弈的角度分析国产替代的底层逻辑，主要是上下游生产链的限制问题。对于“卡脖子”问题，在高新技术产业，西方主要通过限制技术、原材料等为国货品牌的生产销售制造阻碍，如芯片、操作系统对国产手机生产的影响。而在传统行业，此次“新疆棉事件”却用相反的逻辑，凭借下游销售终端品牌在国内市场的优势，逼迫上游厂家更换供应商，影响上游原材料的生产与出口，扰乱中国稳定的产业结构。

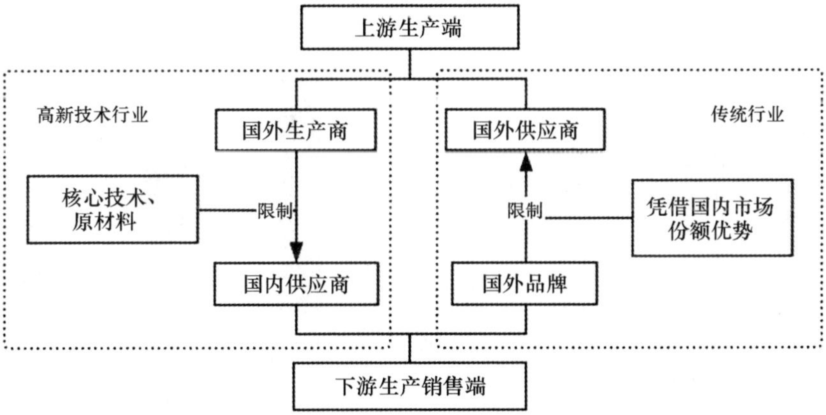

图1 中美博弈下西方上下游生产链限制困境

"新疆棉事件"中，西方在没有任何直接证据的情况下抵制新疆棉花，间接地在经济层面打击了中国的棉花产业。从图 2、图 3 展示的世界前三大产棉国的棉花产量以及进出口结构可以看出，新疆是中国主要产棉地，如果中国的棉花因为被下游销售终端品牌抵制使用，从而逼迫上游生产厂家更换供应商，那么主要依赖出口的美国将会从中受益。

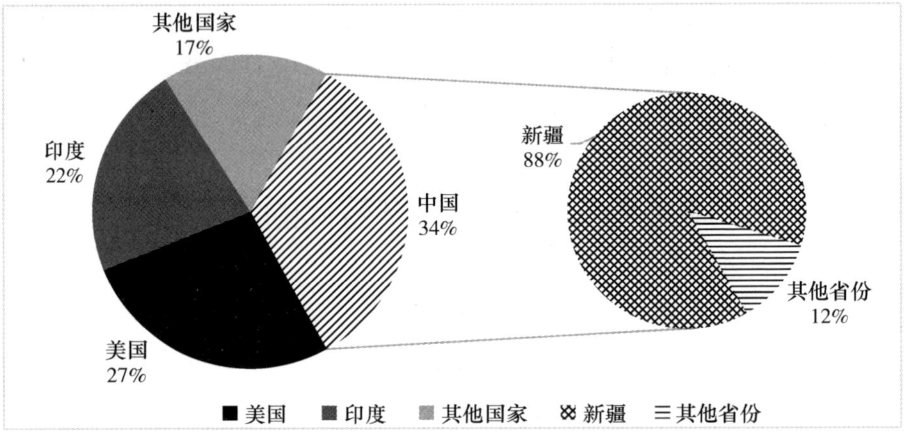

图 2 三大产棉国和其他国家 2020 年棉花产量

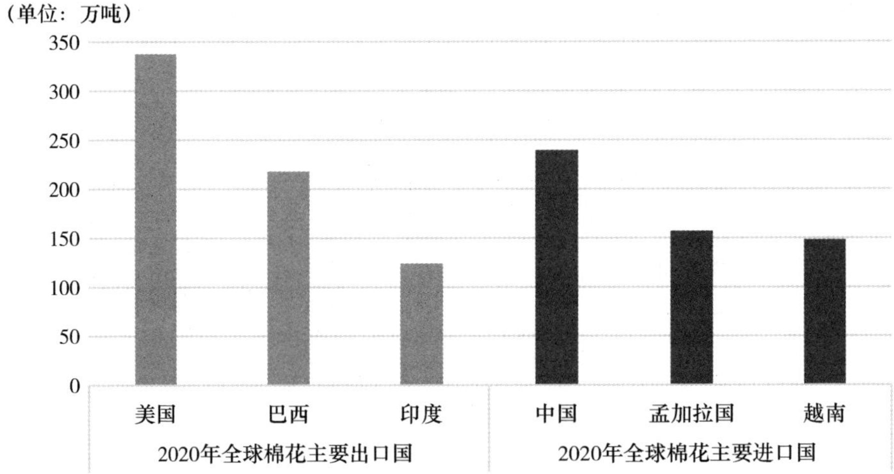

图 3 2020 年全球棉花主要进出口国家与数量

资料来源：美国农业部。

对于技术壁垒高的高新技术产业，掌握关键技术就意味着主导产品的迭代与市场的定价权，要实现国产替代只能通过不断的技术创新带来突破。国产品牌华为通过自主研发、产学研合作创新等方式，用5G产品证明了领先全球的技术实力。因此突破西方在上游技术、原材料市场的制约，技术创新是硬道理，但对于技术差距不大的行业，中国又如何突破西方在销售终端市场的制约实现破局？

二　消费端市场国产替代的现状及机遇

早些年，外资企业凭借雄厚的经济实力在中国市场快速扩张，占据了中国各大消费品类的市场份额。在对棉花等原材料需求最大的服饰家纺行业，国外品牌在中国有很高的市场占有率，这也解释了为何此次“新疆棉事件”能在中国市场带来如此大的影响。据统计，目前中国的鞋服品牌市场占有率排名前十的分别是耐克公司、阿迪达斯、安踏体育、迅销（优衣库和GU）、森马服饰、海澜之家、绫致集团（ONLY和Jack Jones）、李宁、斯凯奇、INDITEX（Zara），国外品牌占据半壁江山。

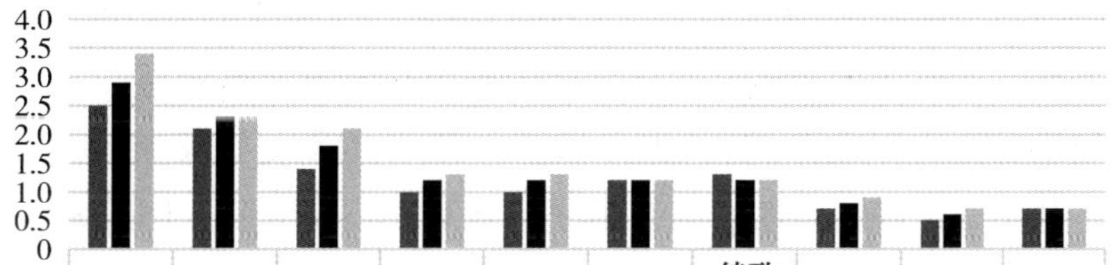

	耐克公司	阿迪达斯（集团）	安踏体育（集团）	迅销	森马服饰	海澜之家	绫致集团（ONLY和Jack Jones）	李宁	斯凯奇	INDITEX（Zara）
■2018年	2.5	2.1	1.4	1.0	1.0	1.2	1.3	0.7	0.5	0.7
■2019年	2.9	2.3	1.8	1.2	1.2	1.2	1.2	0.8	0.6	0.7
■2020年	3.4	2.3	2.1	1.3	1.3	1.2	1.2	0.9	0.7	0.7

图4　2018—2020年鞋服品牌市场占有率

从图 4 中可以看到，耐克、阿迪达斯作为鞋服细分赛道的头部品牌，在国内的市场份额逐年增长，同时这些外资品牌不仅在中国市占率高，而且凭借其品牌文化、宣传营销、渠道优化等在中国消费者心中具有很高的地位。因此当“新疆棉事件”突然爆发时，尽管国内消费者抵制呼声很高，但要从根本上影响到这些外资企业在中国的业务，短时间内很难做到，如果采取强制措施，也会对中国原本的市场结构与稳定性造成一定的打击。

因此在中美博弈的背景下，要想消费终端市场不再受制于西方，必然同高新技术产业一样，实现国产替代才是破局点，国货品牌逐渐取代外资品牌，从而解除西方在下游消费终端市场的威胁。

国家提出“国内大循环”的战略，以国货扩内需，增加有效供给，从而形成内循环发展进一步催生出新的需求，这种国家层面的战略支持对国货品牌是一个新的机遇。宏观经济层面，国内长期经济增长中枢下行，人均可支配收入从高速增长进入中速增长，同时中国的老龄化程度仍在加剧，“一老一小”问题成为大多数中国家庭的经济重担，人民的消费开始趋于理智，不再盲目追求国外大牌，对于品质和价格双向平衡的性价比更受中国消费者推崇。

个人角度，“Z 世代”（“95 后”）成为当今消费市场的主力军，作为数字时代的原住民，他们具有新潮的思想和升级的消费观念，对于国货有特别的看法与情感。中美博弈以及 2020 年的新冠肺炎疫情，更是让年青一代消费群体对国货品牌有更深的认同感。2018 年，阿里零售平台中国产品牌市占率达到 71%，越来越多的消费者愿意购买国货。麦肯锡 2020 年中国消费者调查报告共对 19 个商品品类的消费者品牌偏好进行了调研，其中 13 个品类的本土品牌更受到消费者喜爱，如纸巾、清洁用品、生鲜食品等必需品，以及智能手机、啤酒、冰箱等可选消费品。

在国内大背景与消费主力军的支持下，当下便是国货品牌寻求转型，实现国产替代最好的时机。国货品牌可以抓住消费转型的时机，抢占增量市场，打造品牌文化，通过国货特有的“品牌效应”提升市场竞争力。

三　消费领域国产替代路径研究——快消品行业国产替代指数

为了研究国货品牌在消费端实现国产替代的路径，本文以跟消费者日常息息相关的快消品行业为研究对象，编制国产替代指数，选取国外品牌在国内市场占有率高的细分赛道，从市场、产品、品牌、渠道四个方面进行综合分析。为了突出“国产替代”，本文编制的指数体系指标均采用相对数据，研究品牌及行业国产替代的能力与趋势。国产替代指数体系如图 5 所示。

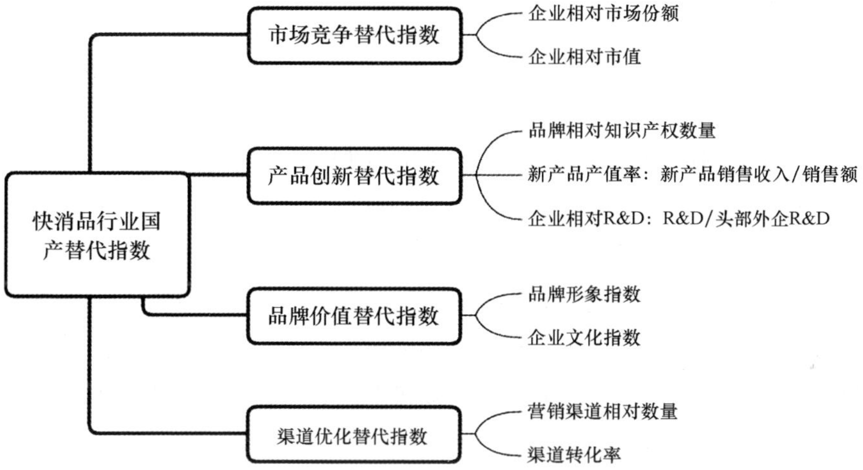

图 5　快消品行业国产替代指数指标分解

快消品行业作为消费领域周转较快的行业，其发展变化可以作为风向标，迅速反映消费端市场的情况。本文的综合指数选取了运动服饰、零食、饮料、化妆品、洗护用品、快时尚服饰六个国外品牌市占率高的细分市场的国货品牌，按照企业市值进行加权计算，得到各个维度的国产替代指数，作为消费领域国产替代能力的量化比较指标。

从图 6 可以看出，综合国产替代指数在 2017—2020 年稳步上升，2020 年与 2019 年基本持平，主要因为新冠肺炎疫情导致中国消费行为发生巨大改变，2020 年前三季度，中国快消品市场销售同步增长几乎为零，而在此前连续 3 年其销售额增长逾 5%。总的看来，综合国产替代指数逐年走高，反映了国货品牌对于国外品牌的替代能力逐渐增强。

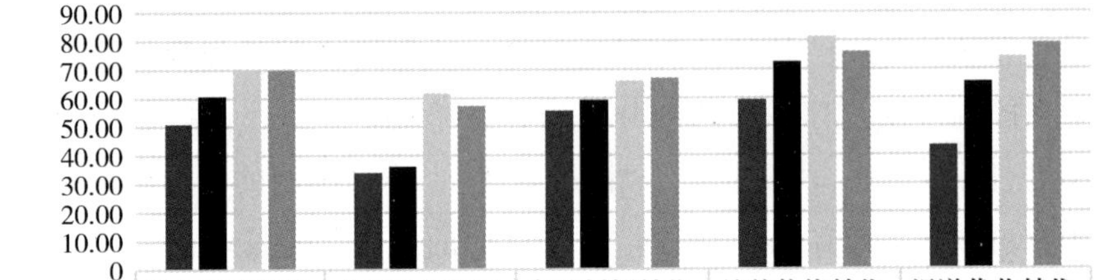

	综合国产替代指数	市场竞争替代指数	产品创新替代指数	品牌价值替代指数	渠道优化替代指数
2017年	50.86	33.80	55.48	59.20	43.20
2018年	60.69	36.00	59.20	72.45	65.50
2019年	70.27	61.80	65.97	81.34	74.25
2020年	69.98	57.13	66.87	75.96	79.03

图 6　2017—2020 年快消品行业各维度国产替代指数

（一）市场导向，加快国产替代进程

市场竞争是加速国产替代最直接的动力。新消费升级下，中国消费领域市场前景越来越好，在“国内大循环”的主基调下，国货品牌乘势而为，逐步扩大国内市场份额，形成规模效应，稳步实现国产替代。

如图 7 所示，2017—2020 年快消品行业国货品牌的市场竞争替代指数趋势上升，在 2018—2019 年有较大的飞跃，2020 年略微下降。在市场竞争替代层面，运动服饰与化妆品细分赛道增长明显，安踏在这四年间完成市场份额翻番的任务，完美日记等国产化妆品牌也迅速扩张，顺利上市。在 2020 年“双十一”中，国产品牌元气森林首次超越长年“霸榜”的国际品牌，同时斩获天猫和京东水饮品类销量第一；主打“无尺码、无钢圈内衣”的国货内衣 Ubras 挤掉优衣库，登顶天猫内衣榜单。由快消品行业市场竞争替代指数可见，国货品牌正在稳步抢占市场份额，形成规模效应，从市场上获取良性循环，强化国产替代能力。

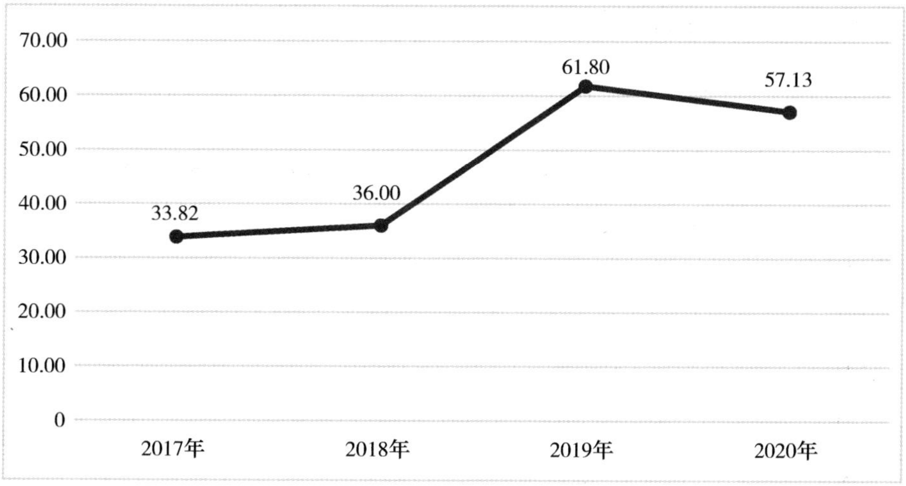

图7　2017—2020 年市场竞争替代指数

（二）产品创新，提升国货竞争力

产品创新是提升国货竞争力的关键。消费领域的核心技术壁垒不高，如何在市场同质化严重的情况下做到国产替代，需要在产品创新方面抓住国内消费者，利用国货品牌自身的特点与国外品牌产品做出区别和优势。2020 年，世界品牌实验室发布的“世界品牌 500 强”榜单中，中国品牌数已达到第 5 名，虽仍落后于欧美发达国家，但已进入高速发展阶段。国内企业越来越注重创新，品牌影响力逐步增强。

如图 8 所示，国货品牌在产品创新方面的指数得分逐年提高，越来越贴合国内消费者的需求。在体育服饰领域，李宁以“悟道”系列服饰登上了 2018 年纽约时装周秋冬秀场，不仅使李宁品牌的新产品大卖，在时装周结束时股价涨近 10%，更是引发了一波国潮热，让国内外消费者看到国货品牌也可以带领时尚潮流。百雀羚、相宜本草、佰草集等国货化妆品牌将中药精华与护肤品相结合，在保持性价比基础上升级外包装，结合中国传统文化突出“东方美”，快速吸引消费者眼球，打开成长新机遇。在休闲食品细分市场，国货品牌好麦多通过低温烘焙技术，在保留麦片口感的同时保证营养性，抓住了当下年轻消费群体“健康养生”的需求，弥补了一些国际品牌在这方面的缺失，为实现替代在麦片市场占领巨大份额的国际品牌蓄力。

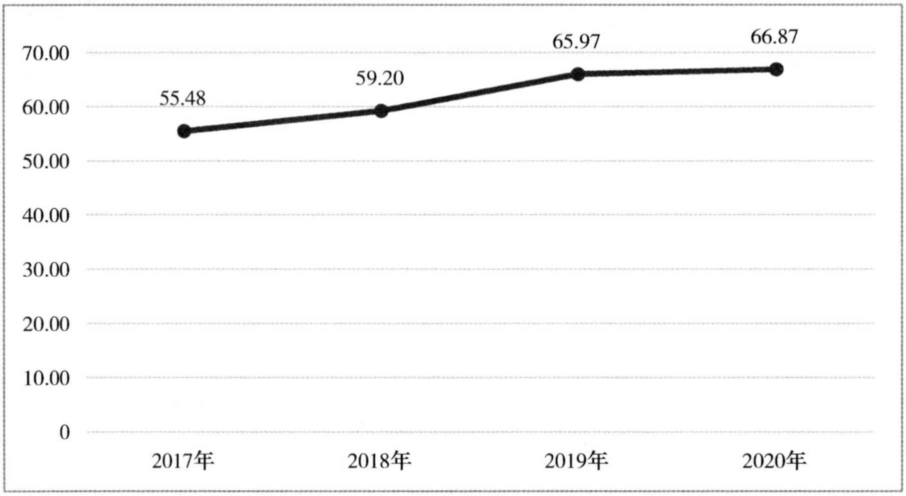

图 8 2017—2020 年产品创新替代指数

快消品行业的产品本身技术壁垒不高，因此要实现国产替代，有两条路径。一是可以利用自身国货品牌的优势，了解国内消费者的需求与认知变化，在产品本身上做出有中国特色的创新，通过设计理念与文化底蕴，与国外品牌做出区别。二是通过调研细分市场下市占率高的国外品牌，从它们的缺口出发，将国外品牌的弱项做成自身的强项，逐步实现产品创新层面的国产替代。

（三）品牌价值，扩大品牌影响力

品牌价值是实现国产替代的内核。前文提到，消费领域的产品大多在核心技术上没有明显区分度，因此要从产品创新上提高销量，那如何提高单位产品的利润率？这个时候就需要品牌价值的影响力实现“品牌溢价”。

国货品牌相比国际品牌天然具有对国内消费者的亲和力与价值体系。调查发现，过去十年间国产品牌在国内消费者眼中的形象有显著提升，人们对中国制造的印象逐步由“粗制滥造”“代工”向“自主研发”“性价比高”改善，中国品牌的整体关注度占比由 2009 年的 38% 提升至 2019

年的 70%。

从图 9 可以看出，2017—2020 年，品牌价值替代指数呈上升趋势，且得分较高，说明相对于其他层面，品牌价值层面在这几年对国外品牌有很好的替代效应。一方面，国货品牌在出现新冠肺炎疫情等灾害时充分体现了民族品牌的社会担当，捐款捐物，获取了消费者的好感与支持，也扩大了品牌的影响力；另一方面，国外品牌在一些原则性问题上多次让国内消费者失望，而当前消费领域的主力军正是爱国情绪高涨的年轻群体，这些因素天然使国货品牌在消费群体中的影响力明显提升，实现价值变现。

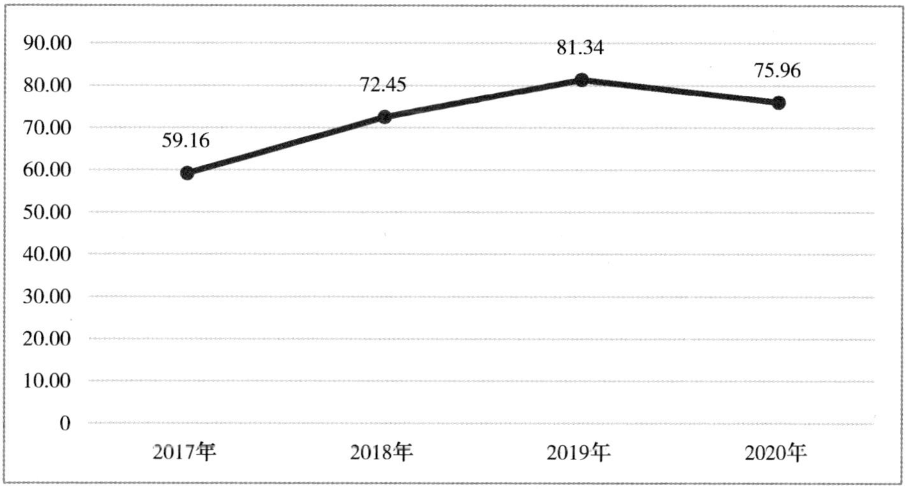

图 9　2017—2020 年品牌价值替代指数

（四）渠道优化，销售策略与时俱进

渠道力，是实现国产替代的加速途径。早期就进入中国市场的宝洁、可口可乐等国外公司，依靠强大的资本实力快速搭建完善的销售渠道体系，如果国货品牌在原有赛道与这些企业竞争，必然导致带来的回报很低。在传统媒介时代，新品牌的构建往往需要长时间、高强度的宣传投入，而身处数字时代，销售渠道与方式变得纷繁多样，近年来一些新生国货品牌能够快速占领市场，无一不是通过电商渠道快速提升，实现裂

变式发展。新品牌的渠道机遇在于互联网，在于手机，在于直播，在于新的营销策略，因此转换赛道才是破局的关键点。

本文编制的国产替代指数中的渠道优化替代指数采用相对指标，以渠道数量与渠道转换率为度量标准，从图10可以看出，快消品行业的渠道优化替代指数逐年走高，这与借助互联网这股东风密不可分。近些年，越来越多的国货品牌采用线上销售的方式，搭建互联网营销与销售渠道矩阵，通过微博、小红书、短视频种草、明星直播带货等渠道和方式，抓住流量红利，进行渠道用户下沉，接触国外品牌没有顾及的消费群体，强化国货品牌的竞争力。国产彩妆品牌完美日记便是凭借小红书、抖音、快手等平台多渠道营销提高用户渗透率与转化率，在彩妆领域快速打响知名度，实现消费群体的指数增长。

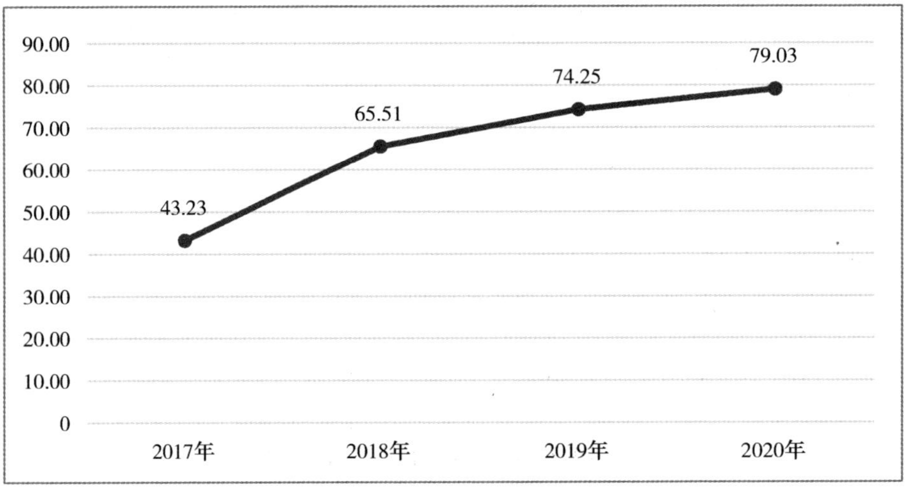

图10 2017—2020年渠道优化替代指数

附录 快消品行业国产替代指数编制说明

（一）建立综合指数体系

为了研究快消品行业国产品牌对国外品牌的替代能力与情况，本文采用多指标综合评价的方式来构建国产替代综合指数体系，将指数从市场竞争层面、产品创新层面、品牌价值层面和渠道优化层面进行分解，每个层面再用二级指标进行细分，从对国外品牌的替代能力这个角度，综合分析近年来国货的崛起之路。

快消品行业国产替代指数体系共有 4 个一级指标，每个一级指标再由若干个二级指标构成。为了突出“替代”，每个指标的数据均为相对数据，即以该品牌所在细分行业的头部企业为对比对象，以比值的方式处理各个国产品牌的指标数据，衡量各个国产品牌对所在细分行业的进口品牌的替代能力。综合指数选取了运动服饰、零食、饮料、化妆品、洗护用品、快时尚服饰六个国外品牌市占率高的细分市场的国货品牌，按照企业市值进行加权计算，得到各个维度的国产替代指数，作为消费领域国产替代能力的量化比较指标。

在确定各指标权重系数时，本文采用主客观赋权法相结合的方式。对于一级指标采用主观赋权法即层次分析法，二级指标采用客观赋权法即信息熵的方法，综合行业专家的先验信息以及客观数据的直接信息确定指标权重。

（二）确定各层指标权重

使用 1—9 以及其倒数作为标度，标度说明见表 1。

表 1　　判断矩阵标度说明

标度	含义
1	表示两个因素相比，具有相同的重要性
3	表示两个因素相比，前者比后者稍重要
5	表示两个因素相比，前者比后者明显重要
7	表示两个因素相比，前者比后者强烈重要
9	表示两个因素相比，前者比后者极端重要
2，4，6，8	表现上述相邻判断的中间值
倒数	若因素 i 与因素 j 的重要性之比为 a_{ij}，那么因素j和因素 i 重要性之比为 $a_{ji}=1/a_{ij}$

资料来源：清博研究院制作。

最终得到的各指标见表2。

表2 指标体系

市场竞争	企业相对市场份额	网络公开数据
	企业相对市值	网络公开数据
产品创新	品牌相对知识产权数量	网络公开数据
	新产品市值率	网络公开数据
	企业相对 R&D	网络公开数据
品牌价值	品牌形象指数	清博系统
	企业文化指数	网络公开数据
渠道优化	营销渠道相对数量	网络公开数据
	渠道转化率	网络公开数据

资料来源：清博研究院制作。

2020年中国线上新消费研究报告

刘　峰　张　曦*

一　2020年中国消费市场概览

（一）居家消费快速发展并逐渐常态化

国家统计局数据显示，不同于非居家消费品零售额在新冠肺炎疫情期间同比下降，居家消费商品（尤其是粮油食品、饮料、药品）在疫情期间仍保持良好增长，而其他居家消费商品如日用品、化妆品、烟酒和服饰在2020年3月疫情逐步稳定之后也出现明显上升并一直保持稳定增长趋势。

受疫情影响，消费者的购物场景快速向网上消费迁移，从网上销售额上看，粮油食品类、饮料类"吃类"商品的增速仅在疫情期间有小幅下滑，但从3月开始迅速恢复，是整体网上实物商品零售额的主要增长动力；化妆品类、日用品类等"用类"商品增速也高于整体增速。

---

* 刘峰，中国企业影响力实验室主任，值得买科技联合创始人、CTO；张曦，中国企业影响力实验室首席研究员兼秘书长，值得买科技消费大数据产品总监。

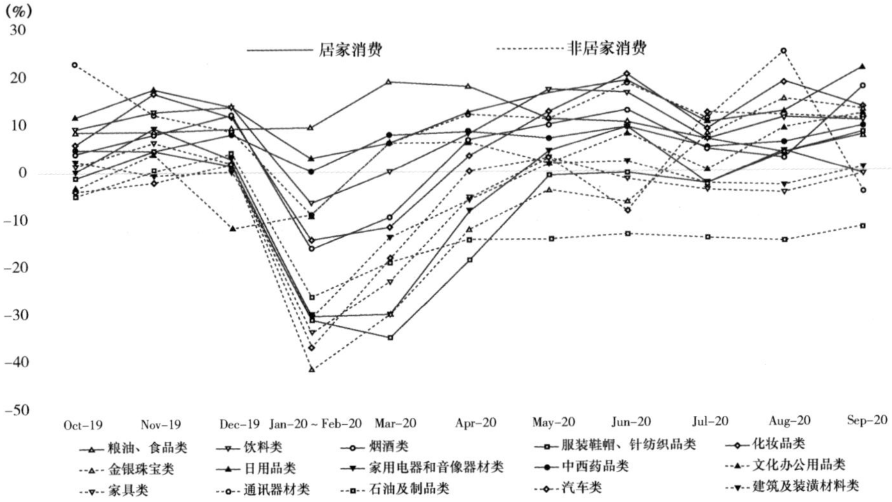

图1　各品类消费品零售额同比增速

资料来源：国家统计局。

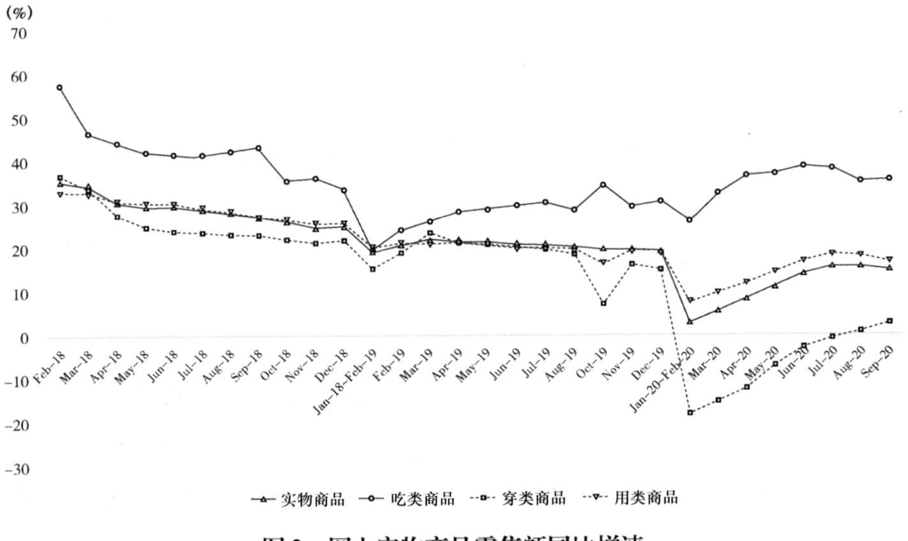

图2　网上实物商品零售额同比增速

资料来源：国家统计局。

（二）购物渠道趋于多元化，直播电商和社区电商渠道兴起

根据消费者调研，传统电商仍然是消费者主要的购物渠道，但抖音直播和快手直播也在迅速兴起。直播电商的社交属性和娱乐属性，搭建

了更高效的货找人的平台，为消费者提供了更精准的商品信息和购物推荐，以及更生动有趣的购物体验，同时受到疫情后居家场景增多的推动，成为2020年仅次于传统电商平台的网购渠道。

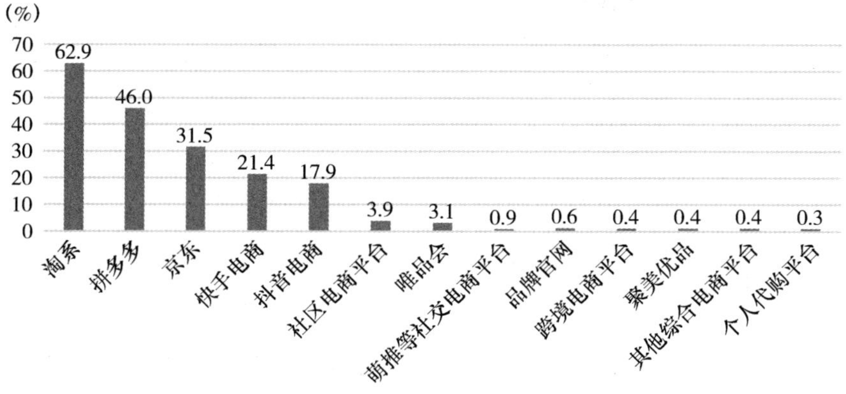

图3　各网购渠道活跃用户渗透情况

资料来源：百观科技。

二　彩妆赛道

彩妆赛道里国产品牌完美日记和花西子处于市场领先地位，其余排名靠前的品牌竞争激烈；市场份额向中高客单价转移，其中完美日记市场份额呈下降趋势，花西子份额增长迅速；头部国产品牌市场份额增长较快，主要得益于其低价优势，头部海外品牌市场份额保持稳定，主要得益于其美观度和好用度更高。

（一）价格带分析

以天猫平台为例，彩妆品类排名前100的品牌中，国产新型彩妆品牌完美日记和花西子在0—100元及100—200元价格区间内处于市场领先地位，其余品牌竞争激烈，尤其在0—100元和200元以上的价格区间。

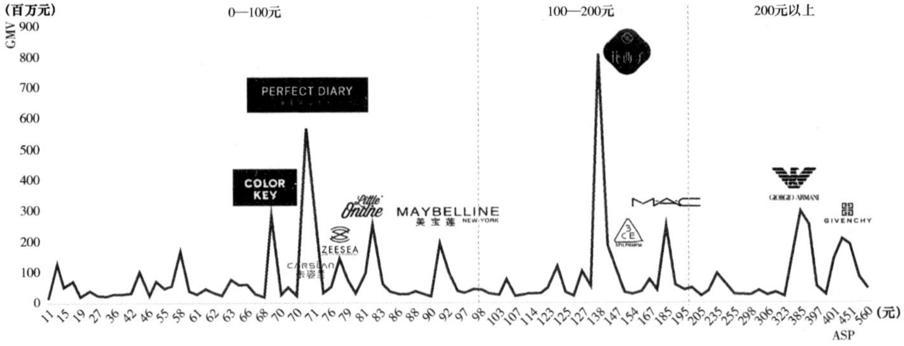

图4 天猫彩妆销售额排名前100品牌

注：价格指平均销售价格（ASP）。

资料来源：百观科技。

市场份额向中高客单价转移，其中完美日记市场份额呈下降趋势，花西子份额增长迅速。0—100元价格区间主要彩妆品牌份额在下降，市场份额逐渐向100元以上价格区间转移，这主要由于处于0—100元价格区间的完美日记份额下降，而100—200元价格区间的花西子份额上升。

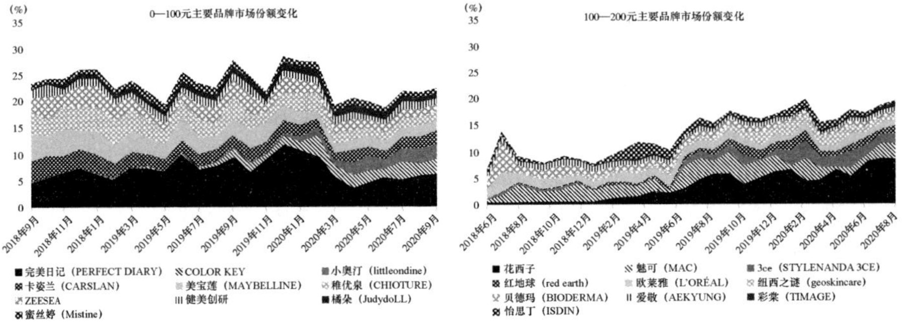

图5 天猫彩妆各价格段市场份额变化

资料来源：百观科技。

（二）国产品牌和海外品牌市场份额对比

头部国产品牌市场份额增长较快，主要得益于其折扣策略、低价优势和线上流量投入；海外品牌市场份额保持稳定，主要得益于其美观度和好用度更高。

2019 年下半年以来，国产头部彩妆品牌完美日记和花西子，基本保持市场份额增长，完美日记在 2020 年疫情稳定后份额有所下滑，主要是受到花西子竞争以及同公司品牌小奥汀的部分产品替代；而头部海外品牌市场份额基本保持稳定。从规模排名上看，花西子的市场份额增长十分迅速。

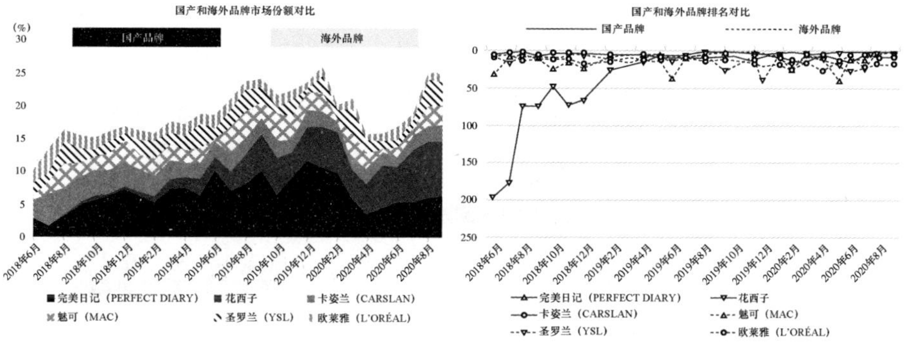

图 6　天猫彩妆头部国产品牌和海外品牌份额与排名对比

资料来源：百观科技。

2020 年国产品牌的折扣力度更大，也反映了完美日记和花西子等头部国产品牌倾向于用价格优势吸引消费者。

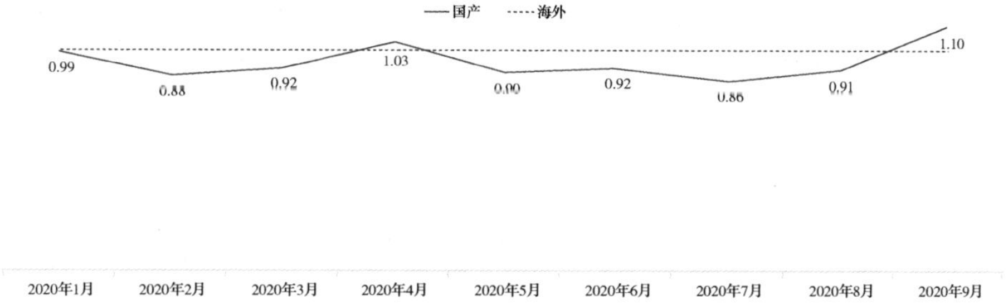

图 7　彩妆品类头部国产/海外品牌头部商品折扣对比

注：以海外品牌的折扣为 1，国产品牌较海外品牌折扣率的对比系数。

资料来源：值得买消费大数据，百观科技。

（三）消费者调研

从消费者角度，相比海外品牌，消费者购买国产品牌主要动机是短视频广告、带货主播和被测评平台种草等线上因素；从满意度上，国产品牌在低价上的满意度远高于海外品牌，而在美观、好用度和安全性等方面和海外品牌还有一定差距，如何在保持价格优势的基础上改善美观、好用等方面是国产品牌亟待解决的问题。

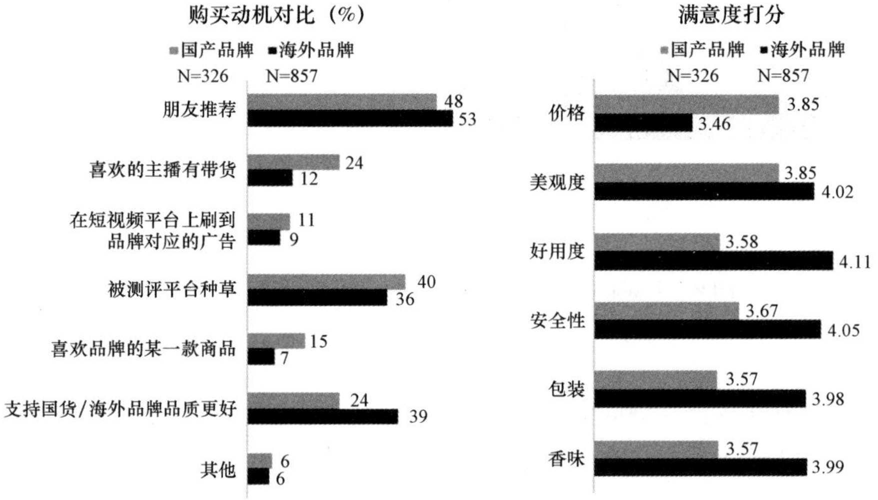

图8 国产/海外彩妆品牌购买动机和满意度对比

注：1分为非常不满意，5分为非常满意。

资料来源：值得买消费大数据，百观科技。

（四）产品策略对比

面对海外彩妆品牌的竞争，头部国产品牌，尤其是完美日记和花西子，通过高频发售新产品的产品策略来保持市场地位，这一打法目前有所成效，但是否可持续还需要持续观察，国产品牌提升品质才是保持健康持续增长的关键。

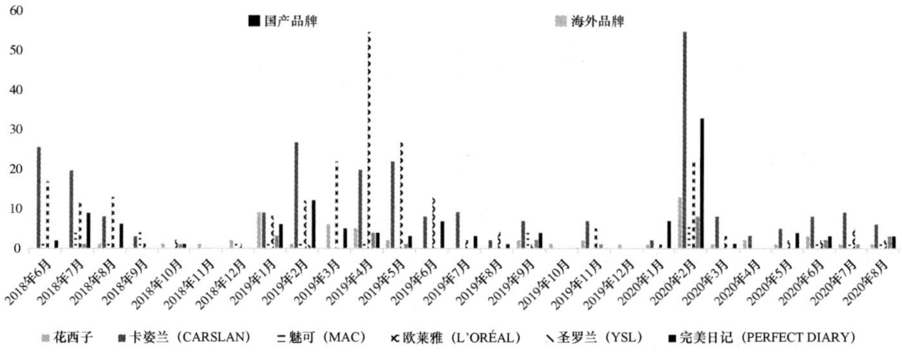

图 9　产品上新速度：头部国产品牌 vs 头部海外品牌

注：纵轴为估计上新 SPU 数量；自 2018 年 6 月起，我们将 SKU 名称的前 7 个字符（经测试后得出的标准）从未在之前的月份出现并且 SKU 名称中含有“新品”字样的 SKU 定义为新 SKU。

资料来源：百观科技。

（五）未来趋势

展望未来，消费者在头部彩妆品牌的消费频次和花费均预计会有提升，其中国产品牌提升花费的人群比例预计有明显增长（由 2020 年上半年的 19% 上升到未来的 23%），而海外品牌提升花费的人群比例基本不变，这对于头部国产品牌将会是很好的机会，如何稳固头部地位并获取更多市场份额，成为更为常青的品牌而不仅仅是依靠公域流量投入来获取增长是头部国产品牌面对的重要问题。

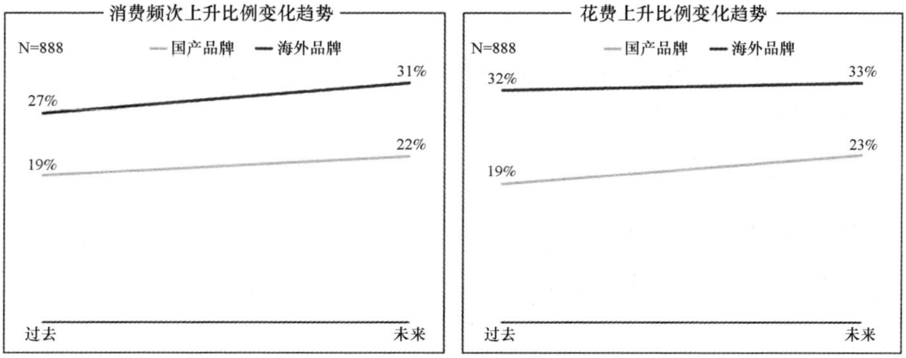

图 10　国产和海外品牌购物频次和花费变化趋势

注：上升比例指选择花费上升的样本占样本总数的比重；过去指 2020 年上半年比 2019 年下半年。

资料来源：值得买消费大数据，百观科技。

三 用——面部护肤赛道

高价格带品牌增长迅速，中等价格带品牌竞争激烈；海外品牌保持市场份额增长，主要得益于其较高的品牌认知和满意度；新型国产品牌兴起，传统国产品牌在逐渐失去市场份额。

（一）价格带分析

高价格带品牌增长迅速，中等价格区间品牌竞争激烈。

以天猫平台2020年第三季度销售数据为例，面部护肤品类销售额排名前100的品牌中，在100—200元价格区间竞争激烈，欧莱雅较为突出；高价格区间品牌中，SK-Ⅱ、后、兰蔻、雅诗兰黛领跑高价格区间护肤品牌。

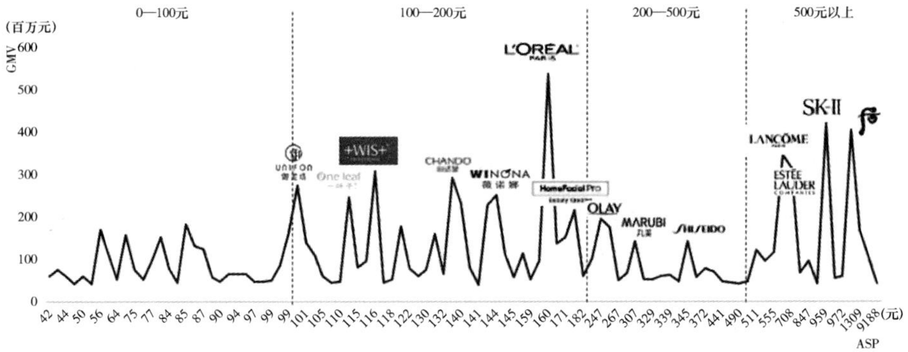

图11 天猫面部护肤销售额排名前100品牌

注：价格指平均销售价格（ASP）。

资料来源：百观科技。

高价格带面部护肤品牌2020年销售额增长迅速，得益于头部品牌（如SK-Ⅱ、后）的增长，而低价格段的市场份额有所下滑。

（二）国产品牌和海外品牌市场份额对比

海外品牌保持市场份额增长，新型国产品牌兴起，传统国产品牌逐渐失去市场份额。

海外护肤品牌线上市场份额仍保持增长态势，尤其在“双十一”和“6·18 大促”期间，新型国产护肤品牌份额有略微增长，但传统国产护肤品牌（如自然堂、丸美等）份额有所下滑。排名上，海外品牌的排名有上升趋势，国产品牌的排名稳中略降，排名波动也表明了该品类下海外品牌和国产品牌竞争激烈。

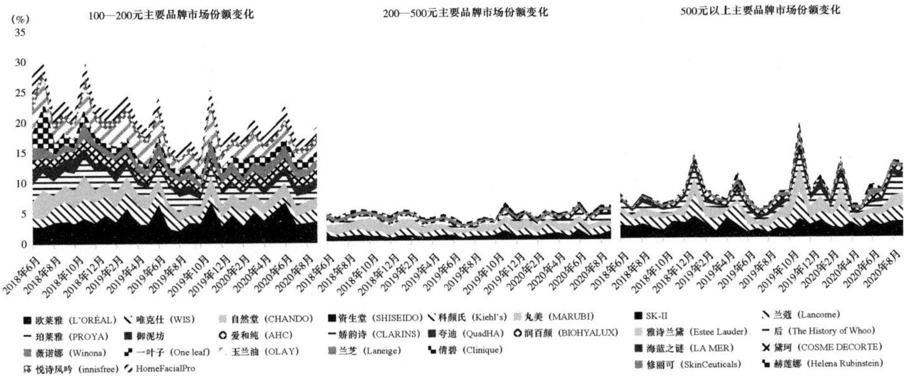

图 12　天猫面部护肤各价格段市场份额变化

资料来源：百观科技。

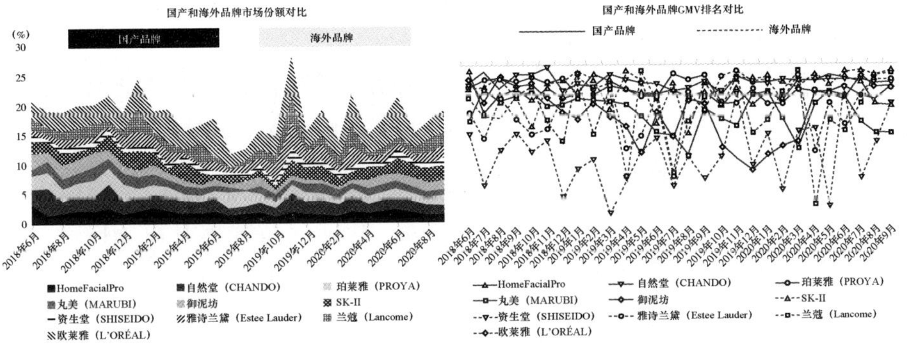

图 13　天猫面部护肤头部国产品牌和海外品牌份额与排名对比

资料来源：百观科技。

（三）消费者调研

究其原因，我们通过消费者调研发现，消费者对于海外品牌的整体满意度更高，尤其是在功效和安全性上。

我们观察到海外护肤品牌渗透率仍高于国产品牌，国产品牌中传统品牌的人群渗透还相对较高，新品牌的品牌认知度有待提升。

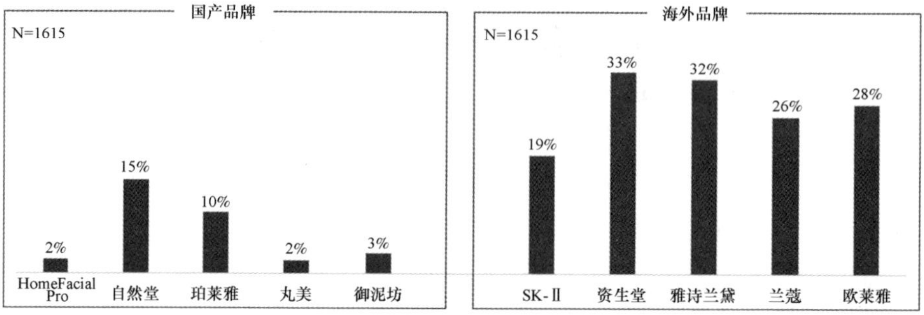

图 14 国产品牌和海外品牌的购买比例

资料来源：值得买消费大数据，百观科技。

相较于海外品牌，消费者更多在线上渠道购买国产品牌，主要是受到短视频、社区测评或者带货主播等线上因素的影响；消费者对于海外品牌的整体满意度更高，国产品牌仅在价格上满意度超过海外品牌，而在功效、安全性、包装和香味上均不及海外品牌。

（四）产品策略对比

面对海外品牌的激烈竞争，国内品牌在 2019 年和 2020 年 3 月加大了产品上新频率，以丸美和自然堂为典型代表，但这一打法对于提升市场份额来说效果并不理想，海外品牌除欧莱雅高频出新之外，其他品牌尤其是 SK-Ⅱ、雅诗兰黛尽管出新频率不高，仍能保持并提升市场份额，显示出海外高价格带护肤品牌健康常青的产品生命周期。

（五）未来趋势

展望未来，根据消费者历史和未来购物频次、花费的变化，海外品牌和国产品牌未来购物频次和花费上升的人群比例均预计有约 2% 的增加，意味着国产品牌未来面对来自海外品牌的竞争仍然会很激烈，这就要求国产品牌在产品功效和安全性上加大投入。

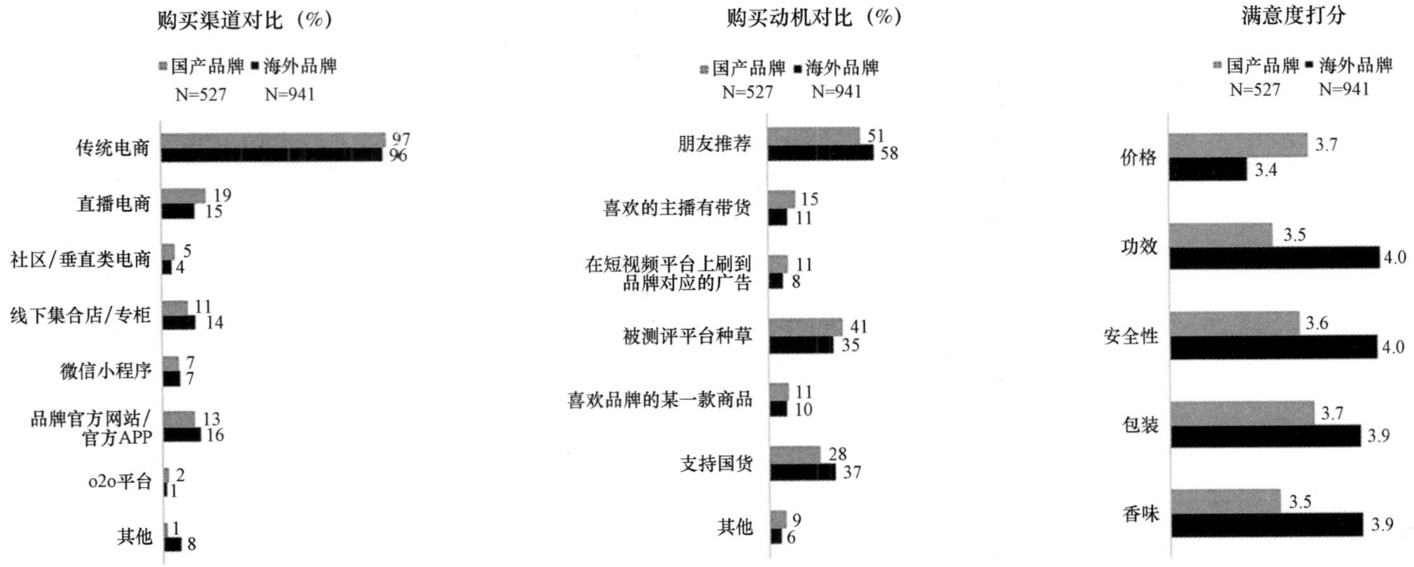

图15 国产和海外品牌购物渠道、动机和满意度对比

注：1分为非常不满意，5分为非常满意。

资料来源：值得买消费大数据，百观科技。

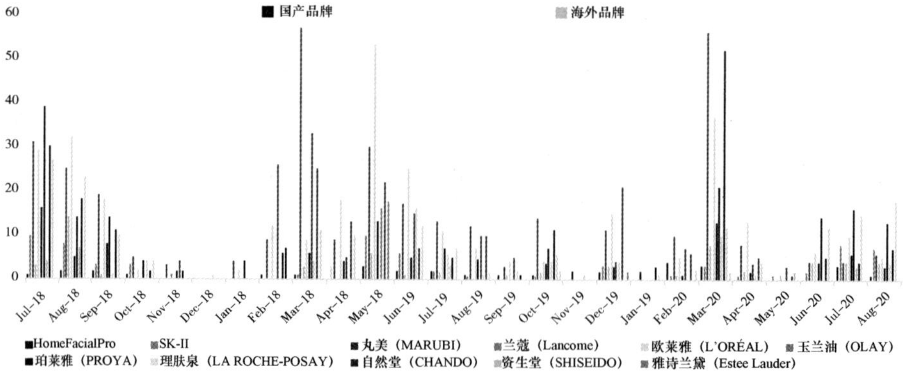

图 16 产品上新速度：头部国产品牌 vs 头部海外品牌

注：纵轴为估计上新 SPU 数量；自 2018 年 6 月起，我们将 SKU 名称的前 7 个字符（经测试后得出的标准）从未在之前的月份出现并且 SKU 名称中含有“新品”字样的 SKU 定义为新 SKU。

资料来源：百观科技。

四 吃——方便食品赛道

中高价格带品牌增长迅速，中等价格带品牌竞争激烈；新型品牌在疫情后市场份额迅速增长，主要得益于其线上渠道宣传，但是在第三季度市场份额有所下滑。

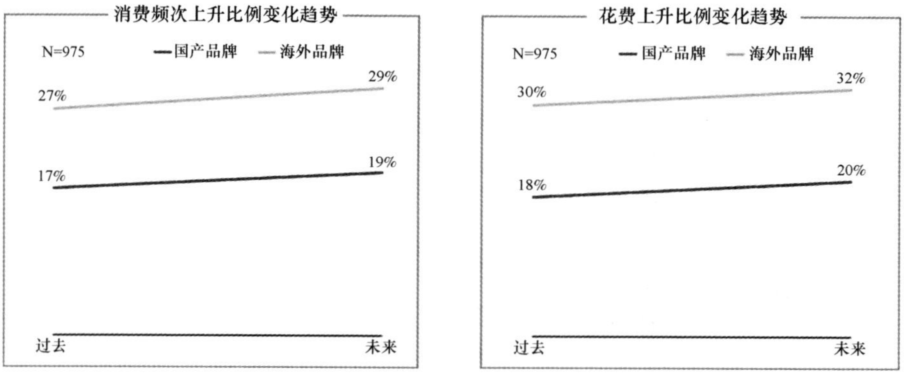

图 17 国产和海外品牌购物频次和花费变化趋势

注：上升比例指选择花费上升的样本占样本总数的比重；过去指 2020 年上半年比 2019 年下半年。

资料来源：值得买消费大数据，百观科技。

（一）价格带分析

中高价格带品牌增长迅速，中等价格带品牌竞争激烈。

以天猫平台 2020 年第三季度销售数据为例，方便食品品类销售额排名前 100 品牌中，20—50 元价格区间竞争激烈，康师傅较为突出；高价格带品牌中，新型品牌好欢螺表现突出。

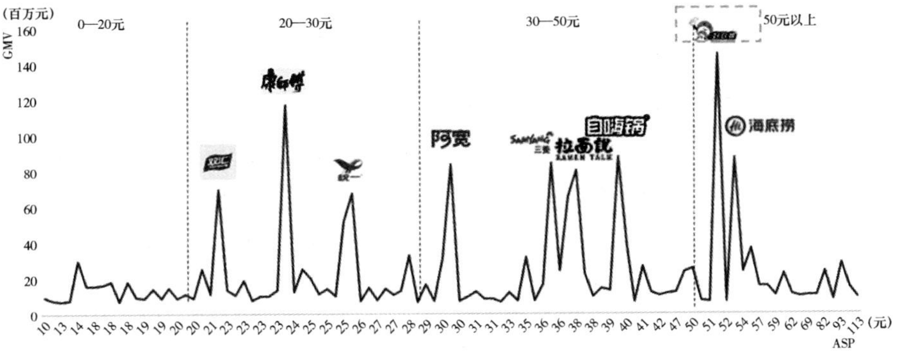

图 18　天猫方便食品销售额排名前 100 品牌

注：价格指平均销售价格（ASP）。

资料来源：百观科技。

（二）新品牌和传统品牌市场份额对比

高价格带方便食品品牌 2020 年销售额增长迅速，得益于新型螺蛳粉品牌好欢螺和李子柒销售额的增长，而中低价格段的市场份额有所下滑，自嗨锅在疫情刚稳定期间市场份额激增，然而在第三季度出现了份额下滑。

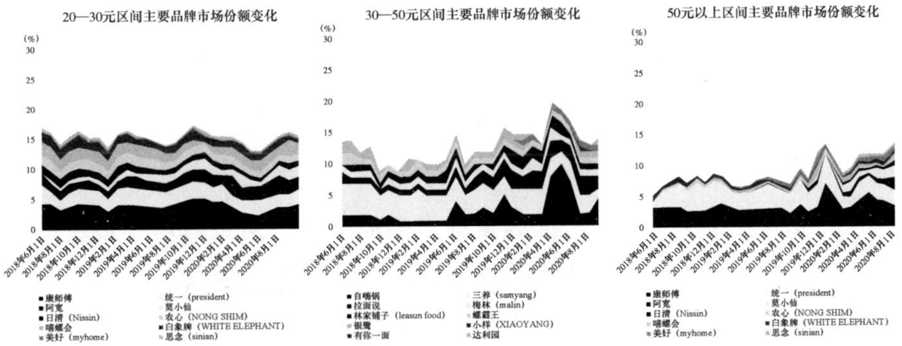

图 19　天猫方便食品各价格段市场份额变化

资料来源：百观科技。

新型品牌在疫情之后市场份额增长迅速，但是在第三季度市场份额有所下滑；新型方便食品品牌线上市场份额和销售额排名一直保持增长态势，尤其在“双十一”和“6·18大促”期间；传统品牌（如今麦郎、农心、日清等）份额有所下滑。但是第三季度新型品牌的市场份额有明显下跌，未来新型品牌能否在非疫情非大促期间保持稳定的市场份额需要持续关注。

（三）消费者调研

由于2020年新型品牌加大了在线上渠道的宣传力度，提升了新型品牌在线上的认知度，因而进一步扩大了市场规模。

通过消费者调研，我们观察到传统方便食品品牌的渗透率仍高于国产品牌，但新型品牌尤其是自嗨锅和海底捞的渗透率开始逐渐追赶上传统品牌，新品牌的品牌认知度在逐渐提升。

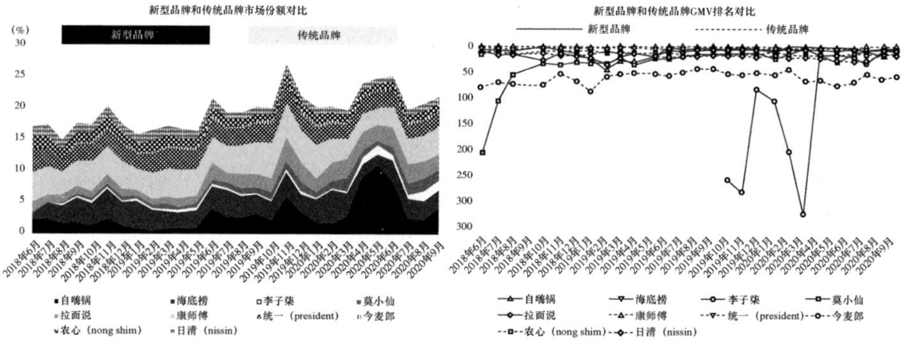

图20 天猫方便食品头部传统品牌和新型品牌份额与排名对比

资料来源：百观科技。

相比于传统品牌，消费者更多是受到朋友推荐、短视频、社区测评或者带货主播等线上口碑传播因素的影响而购买；消费者对于传统品牌的整体满意度略高，新型品牌消费者满意度获得了与传统品牌差距不大的消费者满意度。对新型品牌而言，在持续发挥线上传播优势、吸引流量的同时，若能在价格、味道、方便性、安全性和种类数量等方面有效拉升，有望能赢得更多市场份额。

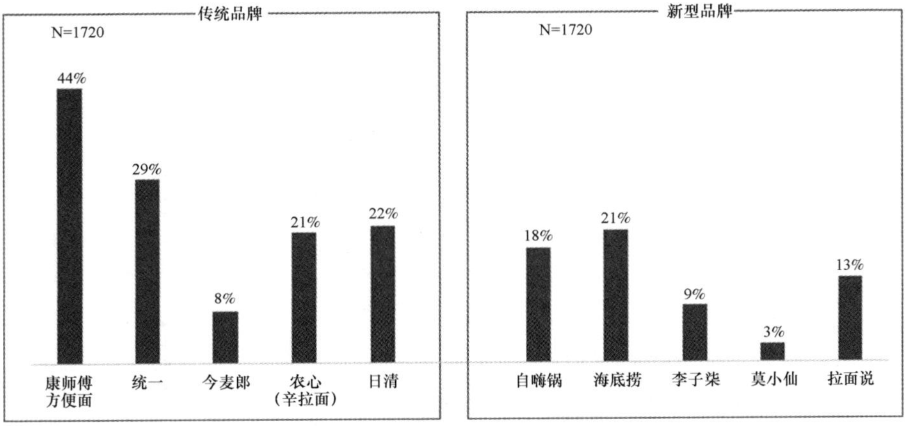

图 21　传统品牌和新型品牌的购买比例

资料来源：值得买消费大数据，百观科技。

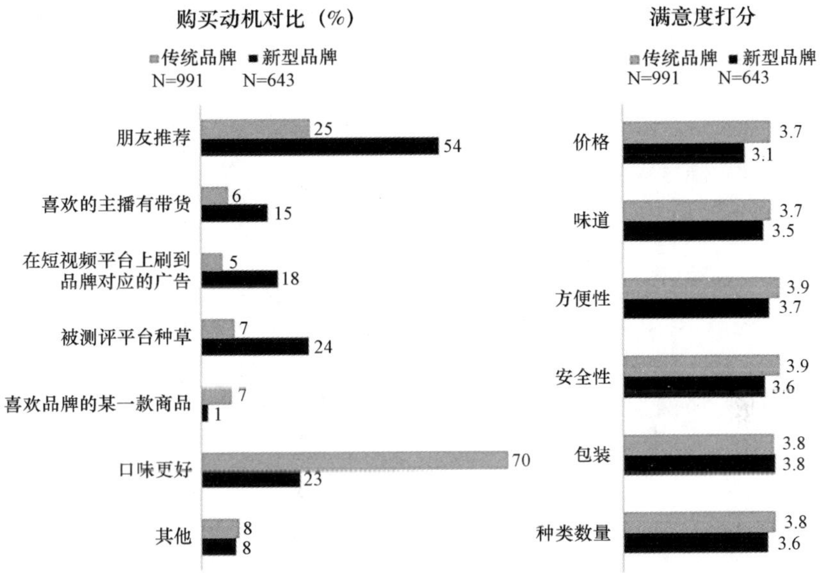

图 22　传统和新型品牌购物动机和满意度对比

注：1 分为非常不满意，5 分为非常满意。

资料来源：值得买消费大数据，百观科技。

（四）产品策略对比

在产品策略上，面对新型品牌的激烈竞争，传统品牌在 2020 年 4 月和 6 月加大了产品上新频率，以康师傅和统一为典型代表，但这一打法

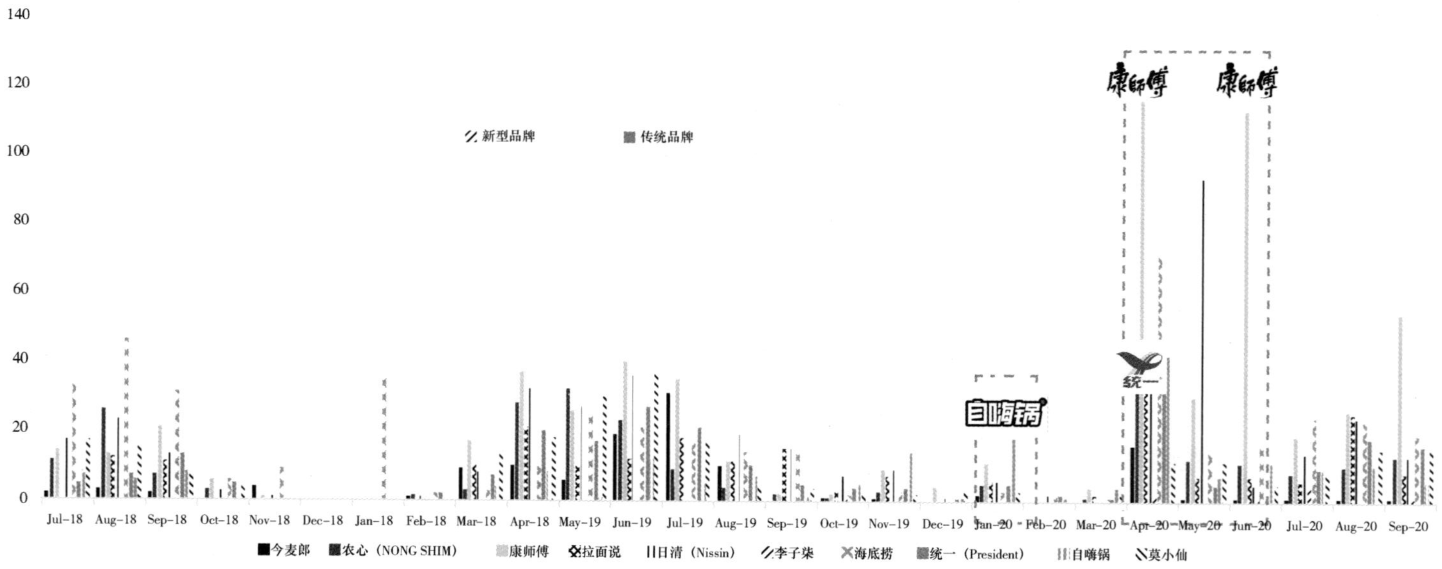

图23 产品上新速度：头部传统品牌VS头部新型品牌

注：纵轴为估计上新SPU数量；自2018年6月起，我们将SKU名称的前7个字符（经测试后得出的标准）从未在之前的月份出现并且SKU名称中含有“新品”字样的SKU定义为新SKU。

资料来源：百观科技。

对于提升市场份额来说效果并不理想；新型品牌自嗨锅在疫情期间的高频出新策略对于提升市场份额颇见成效，但是在 7—9 月，这一策略并没有带来份额的持续提升。

（五）未来趋势

展望未来，已购买的消费者对于头部方便食品品牌的购买频次和花费上升的人群比例预计基本持平或略微下降，但是新型品牌中选择增加花费和频次的人群比例仍高于传统品牌，新型品牌仍有增长机会，如何提升口味、品质和价格优势，增加用户留存是新型方便食品品牌需要解决的关键问题。

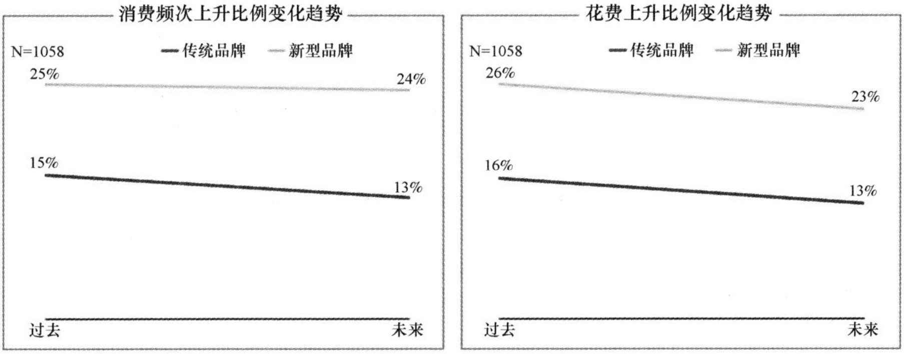

图 24　传统和新型品牌购物频次和花费变化趋势

注：上升比例指选择花费上升的样本占样本总数的比重；过去指 2020 年上半年比 2019 年下半年。

资料来源：值得买消费大数据，百观科技。

五　喝——休闲饮料赛道

休闲饮料在低价位区间头部传统品牌保持市场领先地位，但竞争激烈，在中等价格带里新型品牌元气森林领先地位明显；元气森林在疫情后侵蚀了头部品牌市场份额，主要是由于消费者对于元气森林的包装颜值和低糖更满意，而在第三季度元气森林份额有所下滑，头部传统品牌市场份额有回升态势。

（一）价格带分析

休闲饮料在低价位区间头部传统品牌保持市场领先地位，但竞争激烈，在中等价格带里新型品牌元气森林领先地位明显。

休闲饮料品牌在各价格区间均有市场领先品牌，农夫山泉（不含水）在低价格带处于头部位置，元气森林在中等价格带处于绝对领先位置。

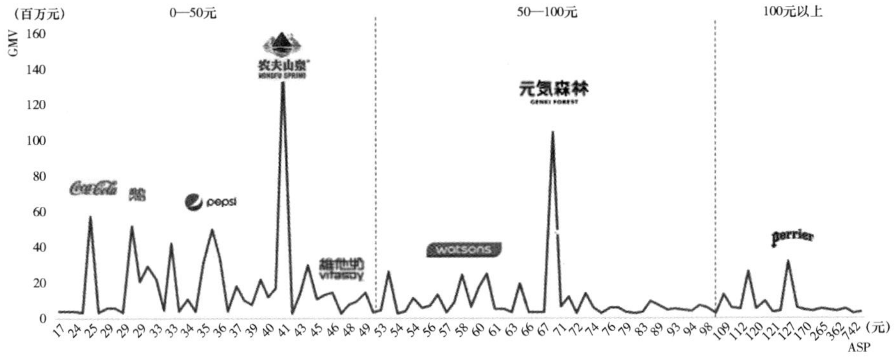

图 25 天猫休闲饮料销售额排名前 100 品牌（按价格区间分布）

注：价格指平均销售价格（ASP）。

资料来源：百观科技。

（二）新品牌和传统品牌市场份额对比

元气森林在疫情后侵蚀了头部品牌市场份额，主要是由于消费者对于元气森林的低糖和包装更满意，而在第三季度元气森林份额有所下滑，头部传统品牌市场份额有回升态势。

头部传统品牌农夫山泉、可口可乐等份额缓慢下降，而头部新型品牌元气森林在疫情开始后市场份额迅速上升，侵蚀了头部传统品牌的市场份额；而第三季度元气森林份额有所下滑，头部传统品牌市场份额有回升态势。

（三）消费者调研

从消费者调研情况看，传统品牌的渗透目前还比较强，但元气森林的渗透势头很强，已经超过康师傅，接近农夫山泉的水平。

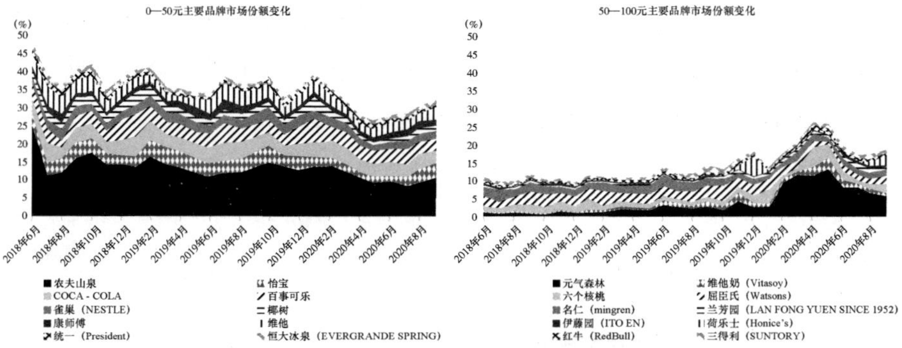

图 26　天猫休闲饮料各价格段市场份额变化

资料来源：百观科技。

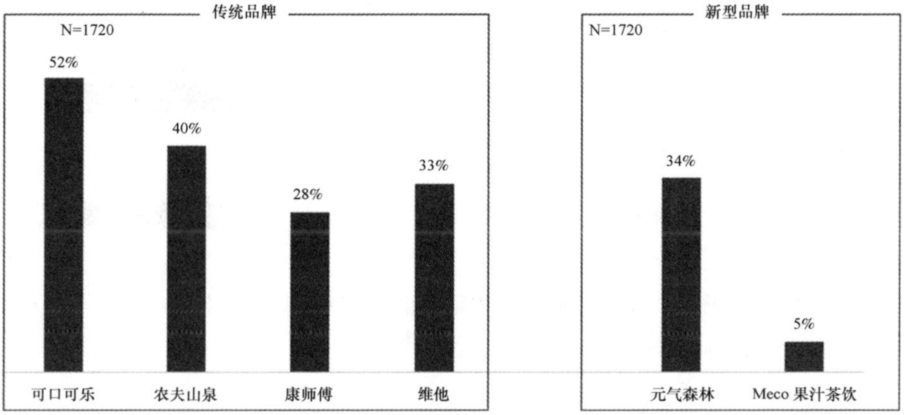

图 27　传统品牌和新型品牌的购买比例

资料来源：值得买消费大数据，百观科技。

究其原因，新型品牌更多的是通过朋友和社区的口碑传播，传统品牌依靠的是质量更有保障的品牌印象。满意度上，新型品牌在价格和口感上略输传统品牌，但是在包装颜值和低糖上比传统品牌更有优势。

（四）产品策略对比

休闲饮料的产品策略不同于彩妆，元气森林相比传统品牌没有很高的出新频率，但是市场份额却增长很快，说明尽管消费者调查结果显示新型品牌在口感评分和价格评分上不如传统品牌，但是消费者对于这两个方面似乎并不敏感，元气森林更多是凭借网红包装和低糖概念吸引消费者，这一打法目前看比较成功，但是第三季度元气森林份额有所下滑也需要引起这种网红销售概念是否可持续的思考。

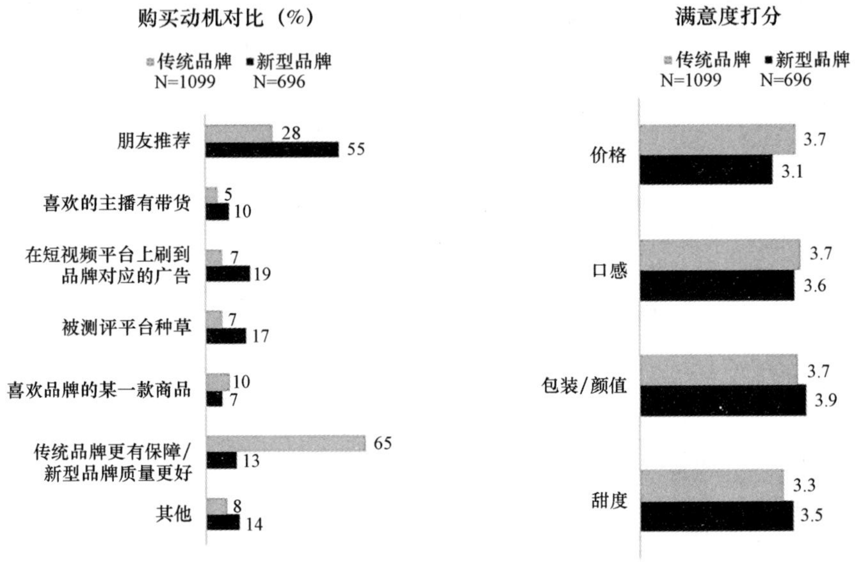

图 28 新型品牌和传统品牌购买动机和满意度对比

注：1 分为非常不满意，5 分为非常满意。

资料来源：值得买消费大数据，百观科技。

（五）未来趋势

展望未来，已购买的消费者对于头部饮料品牌的购买频次和花费上升的人群比例预计基本与历史持平或略微下降，但是新型品牌中选择增加花费和频次的人群比例仍高于传统品牌，新型品牌仍有增长机会，如何拓展新的销售概念或者铺设新渠道来扩大用户池是新型品牌需要思考的关键问题。

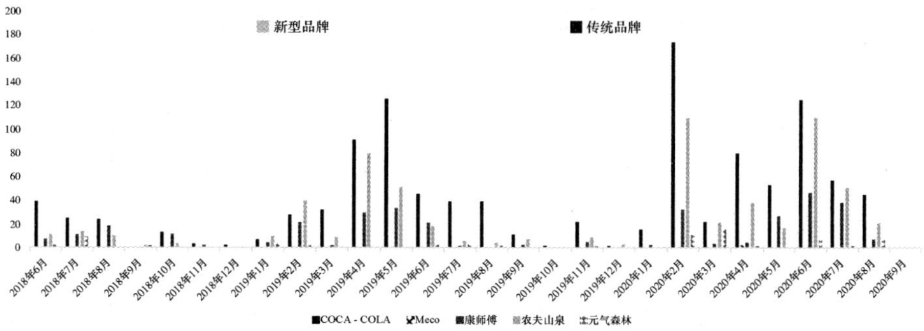

图 29 产品上新速度：头部新型品牌 VS 头部传统品牌

注：纵轴为估计上新 SPU 数量；自 2018 年 6 月起，我们将 SKU 名称的前 7 个字符（经测试后得出的标准）从未在之前的月份出现并且 SKU 名称中含有“新品”字样的 SKU 定义为新 SKU。

资料来源：百观科技。

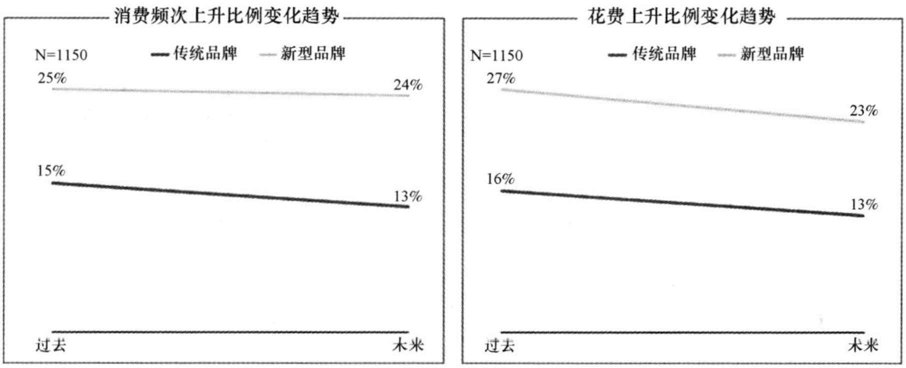

图 30 传统和新型品牌购物频次和花费变化趋势

说明：上升比例指选择花费上升的样本占样本总数的比重；过去指 2020 年上半年比 2019 年下半年。

资料来源：值得买消费大数据，百观科技。

六 穿——运动鞋服赛道

中等价格带品牌增长迅速，各价格段有明显的市场领军者存在；国产品牌份额保持稳定，但 2020 年第三季度以来份额增长明显，主要得益于国货潮流品牌的热度，海外品牌份额有所下降；然而，国产品牌在品质上的消费者满意度与海外品牌还有一定差距。

（一）价格带分析

中等价格带品牌增长迅速，各价格段有明显的市场领军者。

以天猫平台 2020 年第三季度销售数据为例，运动鞋服品类销售额排名前 100 的品牌中，在 100—300 元价格区间安踏和李宁有明显优势；300—500 元价格区间竞争略显激烈，但耐克和阿迪达斯仍然为佼佼者；高价格带品牌中，被安踏收购的斐乐较为突出。

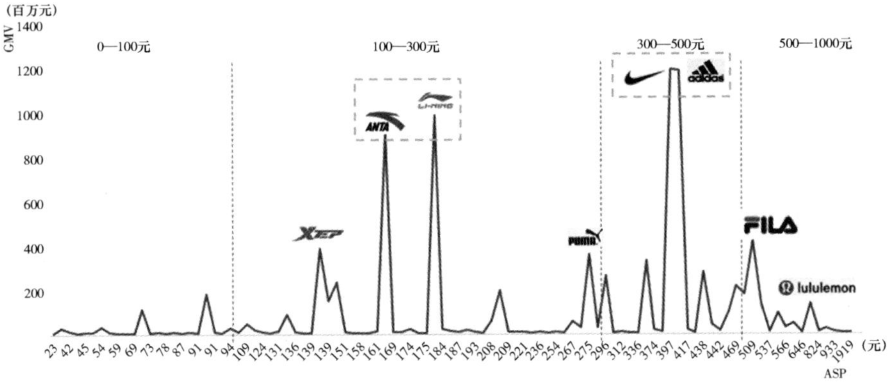

图 31　天猫运动鞋服销售额排名前 100 品牌

注：价格指平均销售价格（ASP）。

资料来源：百观科技。

高价格带运动鞋服品牌 2020 年第三季度市场份额降低，主要是由于阿迪达斯和耐克的份额下降，而这部分的份额有向传统国产品牌安踏、李宁等转移的趋势，因此中等价格带国产品牌的市场份额在第三季度有了一定程度的增长。

（二）国产品牌和海外品牌市场份额对比

国产品牌份额保持稳定，但第三季度以来份额增长明显，主要得益于国货潮流品牌的热度，海外品牌份额有所下降。

国产品牌市场份额自 2020 年第三季度开始有增长的趋势，传统海外

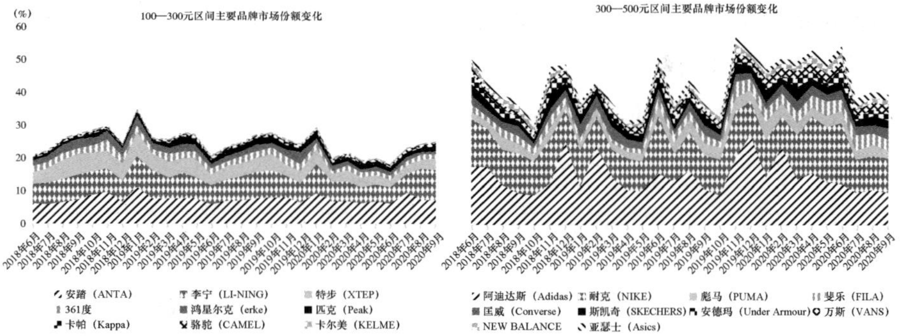

图 32　天猫运动鞋服各价格段市场份额变化

资料来源：百观科技。

品牌耐克、阿迪达斯的份额有所下降；排名上，国产品牌的排名有上升趋势，海外品牌由于销售额规模较大排名基本稳定。

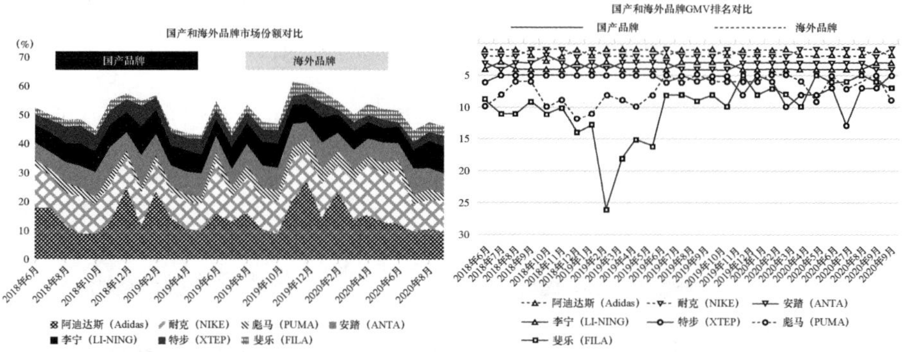

图 33　天猫运动鞋服头部国产品牌和海外品牌份额与排名对比

资料来源：百观科技。

（三）消费者调研

然而，我们观察到头部国产品牌安踏和李宁的渗透率仍不及头部海外品牌阿迪达斯和耐克，主要因为国产品牌仅在价格上的消费者满意度高于海外品牌，而在舒适度、质量、设计外观、款式丰富度和运动功效上均不及海外品牌。

（四）产品策略对比

为了进一步扩大市场份额，以李宁和安踏为典型代表的国产品牌平均每年都会集中在一个时间段频繁发售新品，而海外品牌出新频率较低，一定程度上表明海外品牌的产品生命周期更加常青，而国产品牌则需要通过频繁推出新品来保持市场份额。

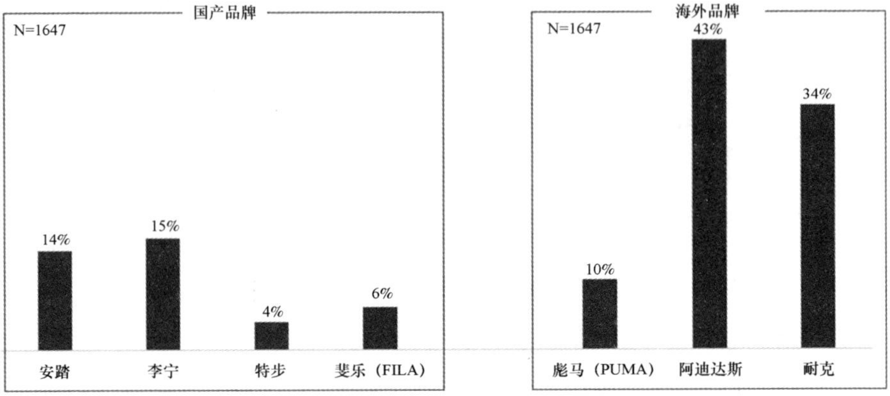

图 34 国产品牌和海外品牌的购买比例

资料来源：值得买消费大数据，百观科技。

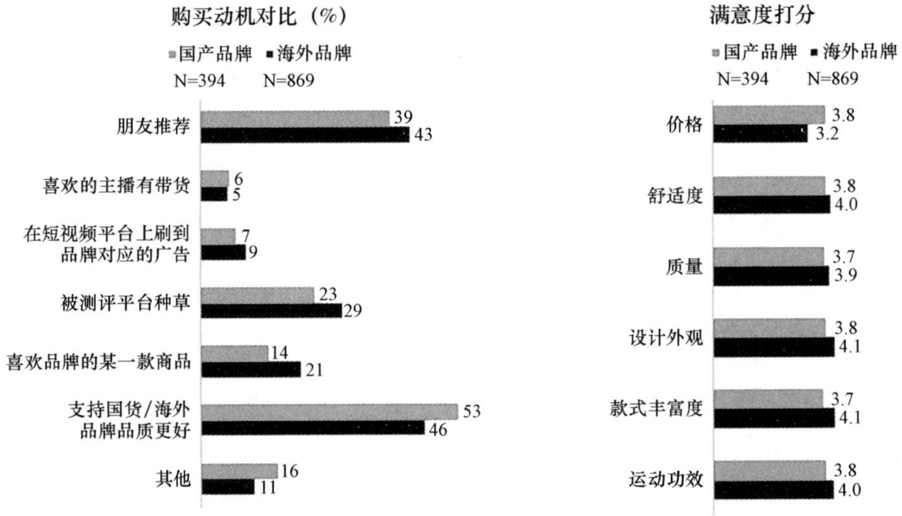

图 35 国产和海外品牌购物渠道、动机和满意度对比

注：1 分为非常不满意，5 分为非常满意。

资料来源：值得买消费大数据，百观科技。

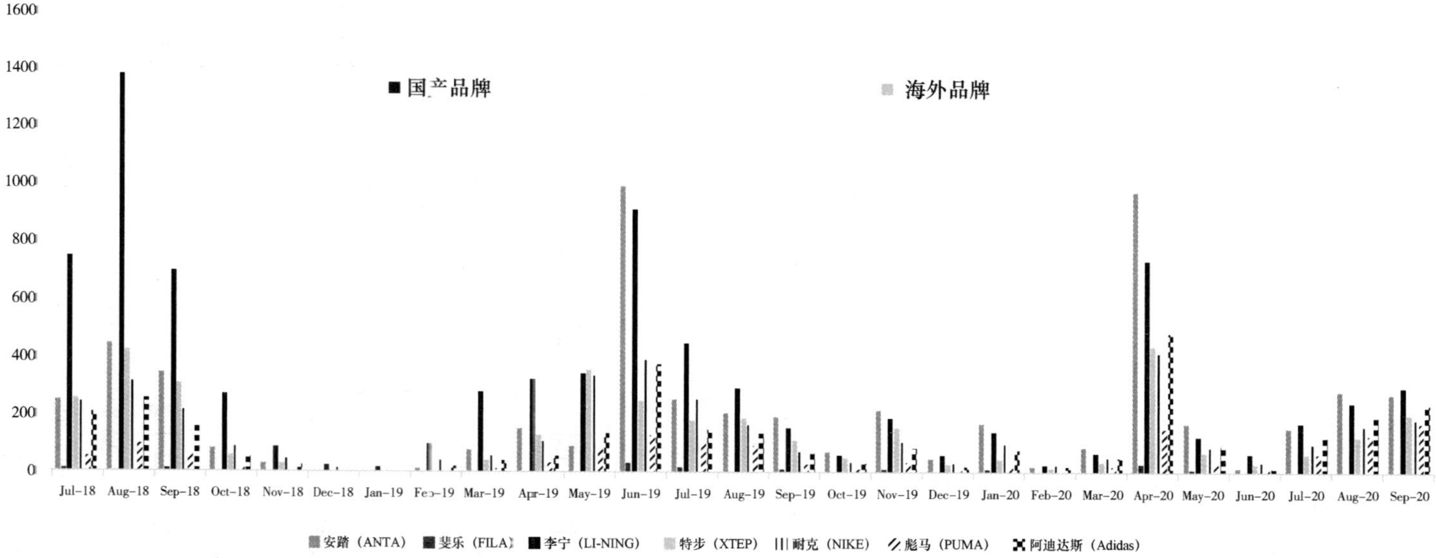

图36 产品上新速度：头部国产品牌VS头部海外品牌

注：纵轴为估计上新SPU数量；自2018年6月起，我们将SKU名称的前7个字符（经测试后得出的标准）从未在之前的月份出现并且SKU名称中含有“新品”字样的SKU定义为新SKU。

资料来源：百观科技。

（五）未来趋势

展望未来，国产和海外品牌购物频次和花费上升的人数占比均预计有所提升，国产品牌面临的竞争不容小觑，如何抓住国潮机会，在价格优势基础上提升品质是突破重围的关键。

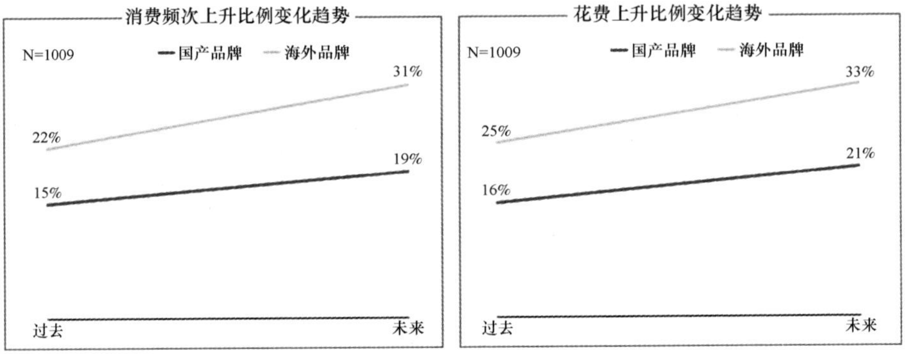

图 37　国产和海外品牌购物频次和花费变化趋势

注：上升比例指选择花费上升的样本占样本总数的比重；过去指 2020 年上半年比 2019 年下半年。

资料来源：值得买消费大数据，百观科技。

七　喝——咖啡赛道

中价格带品牌仍为该赛道主力，占据大部分市场份额，但高价格带品牌市场份额增长迅速；头部新型品牌（如三顿半）份额增长迅速，主要得益于其线上宣传力度以及在包装颜值、速溶度和甜度低上的优势，而头部传统品牌市场份额呈现下降趋势。

（一）价格带分析

中价格带品牌仍为该赛道主力，占据大部分市场份额，但高价格带品牌市场份额增长迅速，以天猫平台 2020 年第三季度销售数据为例，咖啡销售额排名前 100 的品牌中，在 50—100 元价格区间雀巢和麦斯威尔处于绝对领先地位；高价格带品牌中，新型品牌三顿半超过了星巴克成为

100 元以上价格区间的领先品牌。

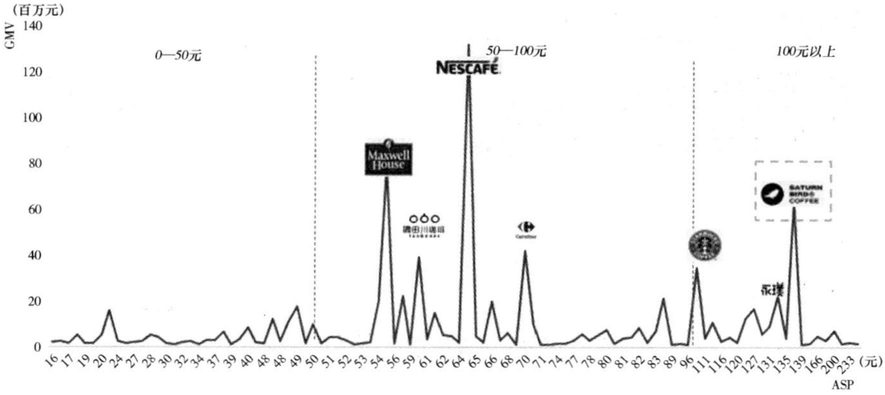

图 38　天猫咖啡销售额排名前 100 品牌

注：价格指平均销售价格（ASP）。

资料来源：百观科技。

（二）新品牌和传统品牌市场份额对比

高价格带（100 元以上）品牌的销售额自 2018 年加速增长，2020 年第三季度已经超过 50 元以下价格区间的销售额，成为咖啡品类的另一大主力市场，主要得益于新型品牌三顿半的增长；中等价格带品牌咖啡的市场占有率有所下滑，但其中新型品牌——日本咖啡品牌隅田川份额明显增长。

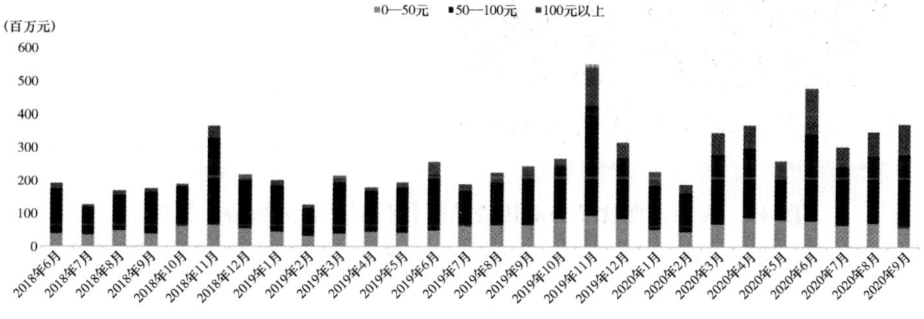

GMV同比增长率（%）																
¥0—50元	22	73	36	60	37	41	51	15	42	76	86	93	61	2	6	−12
¥50—100元	25	26	19	16	37	28	28	−5	41	36	77	−4	57	73	60	53
¥100元以上	124	157	129	191	242	224	173	130	112	225	448	203	245	179	163	193

图 39　天猫咖啡品牌销售额

资料来源：百观科技。

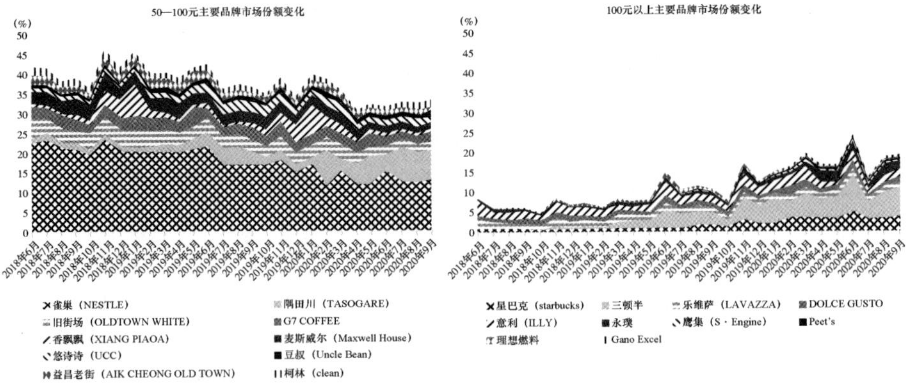

图 40 天猫咖啡各价格段市场份额变化

资料来源：百观科技。

头部新型品牌如三顿半份额增长迅速，主要得益于其线上宣传力度以及在包装颜值、速溶度和甜度低上的优势，而头部传统品牌市场份额呈现下降趋势。

头部新型咖啡品牌三顿半和永璞咖啡市场份额自 2020 年以来增长迅速，而头部传统品牌雀巢咖啡市场份额持续下滑。

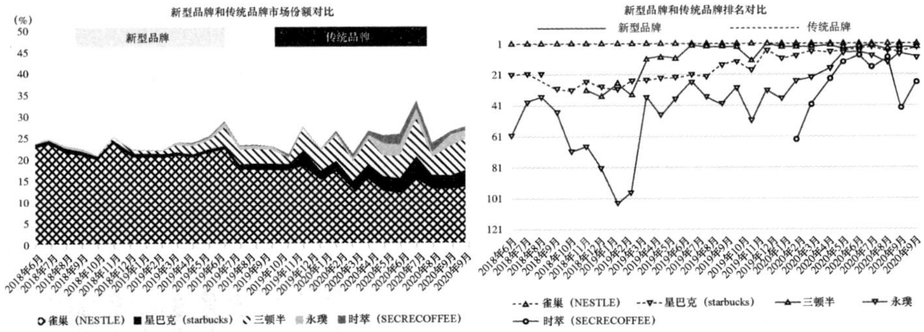

图 41 天猫方便食品头部传统品牌和新型品牌份额与排名对比

资料来源：百观科技。

（三）消费者调研

究其原因，2020 年新型品牌加大了线上渠道的宣传，提升了新型品牌在线上的认知度，在获得了一部分传统品牌的市场份额的同时，三顿半在包装颜值、速溶度和甜度低方面的优势也吸引了消费者。

通过消费者调研，我们观察到传统咖啡品牌的渗透率远高于新型品牌，新型品牌的品牌渗透仍有很大上升空间。

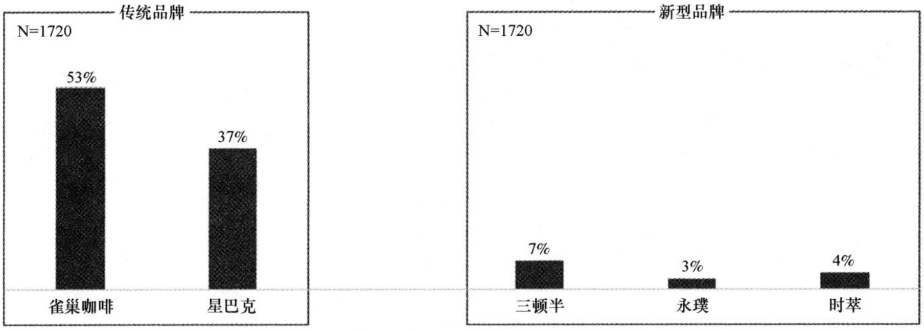

图 42　传统品牌和新型品牌的购买比例

资料来源：值得买消费大数据，百观科技。

相较于传统品牌，消费者购买新型品牌更多是受到短视频、社区测评或者带货主播等线上因素的影响，而传统品牌更多是依靠消费者对品牌品质的良好印象；除价格外，消费者对于新型品牌的整体满意度更高，尤其是在包装颜值、甜度和速溶度方面。

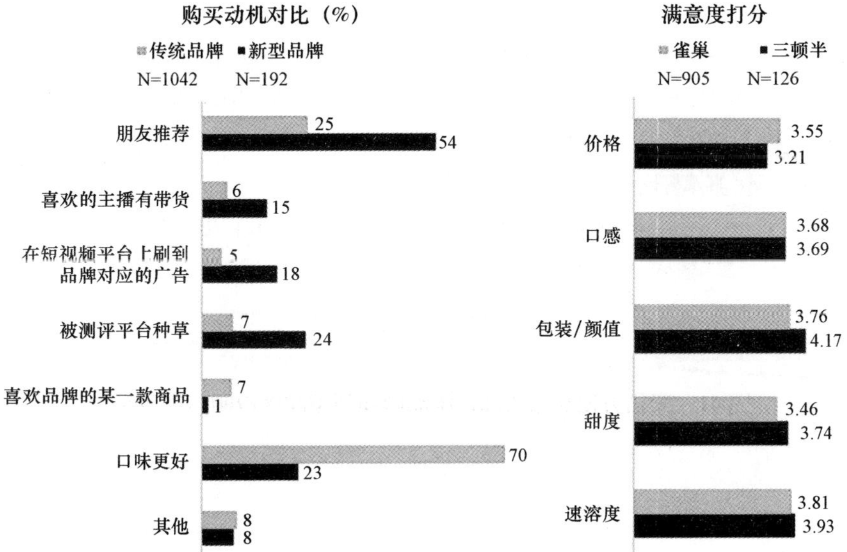

图 43　传统和新型品牌购物渠道、动机和满意度对比

注：1 分为非常不满意，5 分为非常满意。

资料来源：值得买消费大数据，百观科技。

（四）产品策略对比

面对新型品牌的激烈竞争，传统品牌在2019年加大了产品的上新率，但效果甚微，因此在2020年除星巴克外，其他传统各品牌基本没有新产品推出；新型品牌尽管出新频率不高，但仍可以靠现有商品持续扩大市场份额。

（五）未来趋势

展望未来，根据消费者历史和未来购物频次、花费的变化，新型品牌未来购物频次和花费上升的人群比例以及预计增加幅度均高于传统品牌，意味着新型品牌未来扩张市场份额潜力很大。

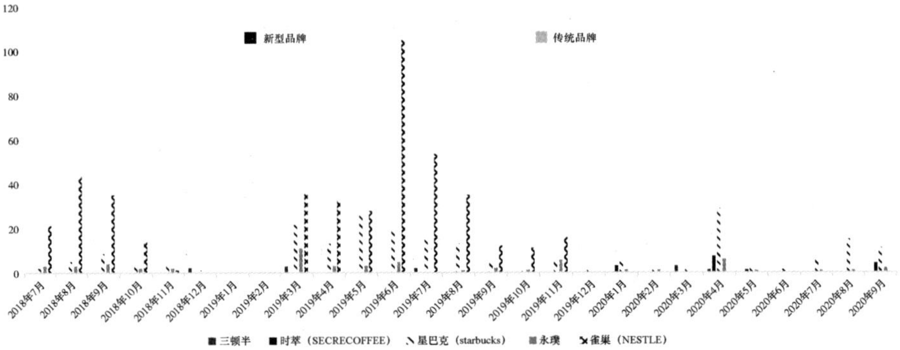

图44 产品上新速度：头部传统品牌 vs 头部新型品牌

注：纵轴为估计上新SPU数量；自2018年6月起，我们将SKU名称的前7个字符（经测试后得出的标准）从未在之前的月份出现并且SKU名称中含有“新品”字样的SKU定义为新SKU。

资料来源：百观科技。

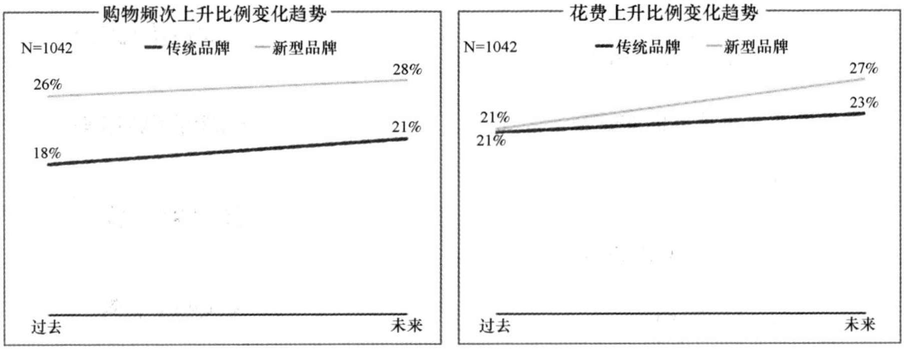

图45 传统和新型品牌购物频次和花费变化趋势

注：上升比例指选择花费上升的样本占样本总数的比重；过去指2020年上半年比2019年下半年。

资料来源：值得买消费大数据，百观科技。

2020年中国离岛免税消费研究报告

刘　峰　张　曦*

中国定义的免税店，是指经海关总署批准，由经营单位在中华人民共和国国务院或其授权部门批准的地点设立符合海关监管要求的销售场所和存放免税品的监管仓库，向规定的对象销售、供应免税品的商店。我国境内的免税店主要有口岸免税店、运输工具免税店、市内免税店、外交人员免税店、供船免税店及我国出国人员外汇免税商店。免税店内品类主要分为个护美妆、服饰箱包、数码文创、小型家电、母婴产品、烟酒茶糖六大类。免税品的供应对象主要有因公出国人员、远洋海员、华侨、外籍华人、港澳台同胞、出国探亲的中国公民及在国内的外国专家等。

2020年在新冠肺炎疫情影响下，境外免税受到冲击。与此同时，境内免税利好政策频出、离岛新政（《关于海南离岛旅客免税购物政策的公告》）正式落实：离岛旅客每人每年免税购物额度由3万元提高至10万元、不限次数；离岛免税商品品种由38种增至45种；取消单件商品8000元免税限额规定等，由此激发出更多消费需求。

为进一步落实离岛免税政策、让消费者拥有更多选择，2021年海南省将在已有4家实体免税店的基础上，陆续增设6家免税店，其中，中国

---

* 刘峰，中国企业影响力实验室主任，值得买科技联合创始人、CTO；张曦，中国企业影响力实验室首席研究员兼秘书长，值得买科技消费大数据产品总监。

免税品（集团）有限责任公司（以下简称中免集团）作为海南离岛免税的主力军，在旗下已有四家离岛免税店的基础上，也将在海南形成3个市内免税+3个机场免税的全新布局。届时，海南将成为真正的境内免税集中地和购物天堂。

报告主要探究2020年疫情之下，免税新政对消费者心智的影响，并从品牌、商品的角度分别对消费趋势进行解读，最后对我国未来免税业的发展进行一系列趋势展望。

一 消费者图鉴——提质升级 & 需求多元

2020年，随着新冠肺炎疫情防控形势日渐稳定、跨省旅游和航班班次恢复，国民经济日益回归正常轨道，由此带来消费市场提振。而这样的现象在境内免税消费行业趋势尤显。

为此，报告特别聚焦免税消费主流人群，结合问卷调研，从消费群体的消费行为、消费动机、消费方式等多种方面，解读境内免税消费者趋势，并以此作为境内免税消费观察的重要支撑。根据调研整体情况来看，境内免税消费者趋势主要有以下几点。

（一）消费习惯：线下容易盲买，线上更理智

在严格的防疫政策管控下，线下门店客流量受到限制，线上渠道成为机场免税渠道的有效补充，驱动了消费复苏。为了给消费者提供便利，中免集团特别开设线上渠道，旅客可凭离开海南的机票或船票线上下单，就近选择取货点取货。同时，线上线下渠道的打通也更加发挥了免税行业的规模优势。对消费者而言，线上线下渠道选择差异不大，可归因于线上和线下购物各自具有的优势：线上购物具有灵活性和便捷性，消费者可以随时随地下单，摆脱了空间和时间局限；线下购物可以享受专柜服务、边逛边买、立马提货等优质体验。

如图1调研结果所示，偏好线上购买的消费者占22.4%，偏好线下购买的消费者占25.4%，认为线上、线下差不多的消费者占52.2%。可以看出偏好线上购买的消费者与偏好线下购买的消费者占比大致相同，

没有太大差别，即对消费者而言，购买渠道选择差异不大。

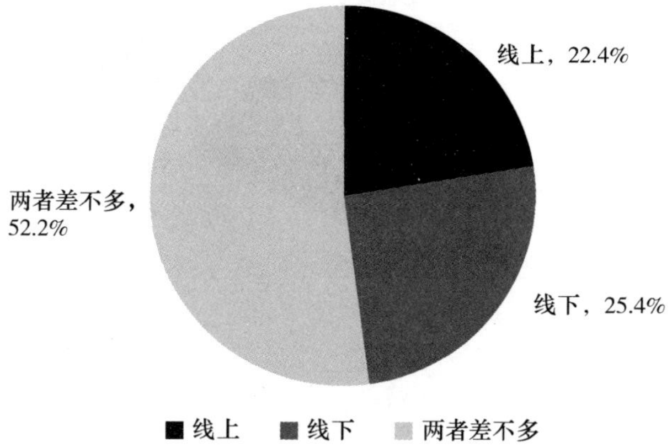

图 1　消费者购买免税品渠道占比

资料来源：cdf 值选店消费者调研，值得买科技整理制图。cdf 值选店，是由中国免税品（集团）有限责任公司和北京值得买科技股份有限公司联合开办的首个线下店；北京值得买科技股份有限公司，以下简称值得买科技。

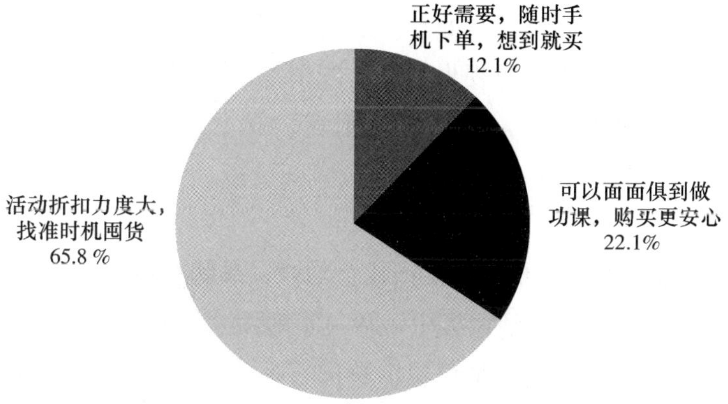

图 2　消费者考虑因素占比（线上）

资料来源：cdf 值选店消费者调研，值得买科技整理制图。

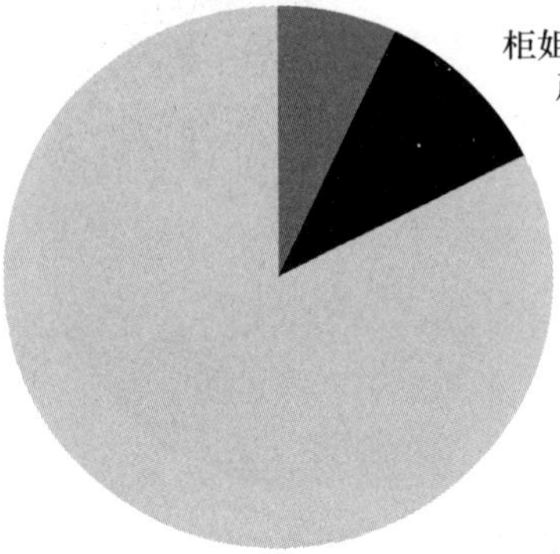

图3 消费者考虑因素占比（线下）

资料来源：cdf 值选店消费者调研，值得买科技整理制图。

调查显示，在消费动机的选择中，线上场景里 65.8% 的消费者选择了“活动折扣”，线下场景中 82.3% 的消费者选择了“实惠”，说明不论场景如何，价格是免税消费的首要决定因素。而在次要动机中，线上场景中 22.1% 的消费者更重视做功课，线下场景中 10.6% 的消费者选择跟从柜姐引导，即时下单。说明对比而言，线上消费更需要“独立做功课”，线下可以遵从指导和体验，决策时间更短。

（二）消费观念：价格决定门槛，功效、品牌并重

在对产品选择因素的调查中，39.4% 的消费者会首先考虑优惠活动，说明价格决定购物门槛，是免税消费的首要因素。而 31.2% 的消费者更重视产品功效的匹配度，27.7% 的消费者更重视大牌品质，说明当下消费者的选择更为理性，对自身需求的判断更为明确。

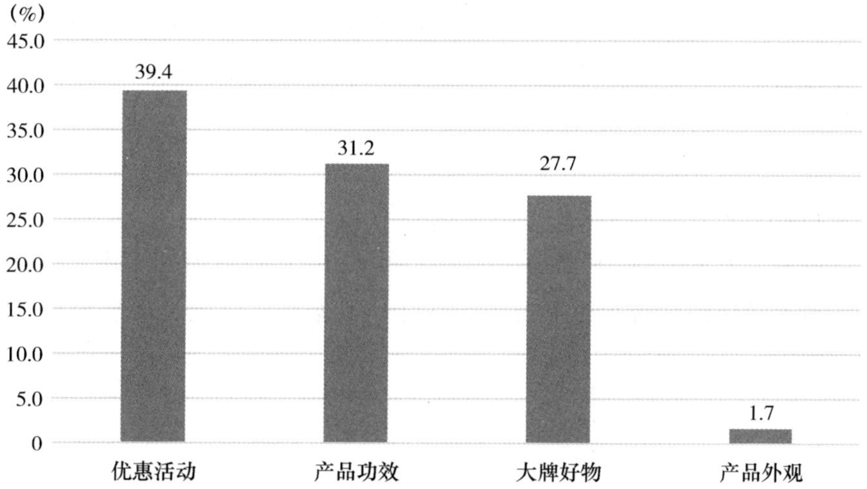

图 4　影响免税品购买动机因素排序

资料来源：cdf 值选店消费者调研，值得买科技整理制图。

（三）消费层级：保湿为消费者关注首选

香水、化妆品、护肤品类产品统称香化类（以下简称香化），是免税消费中的热门品类。

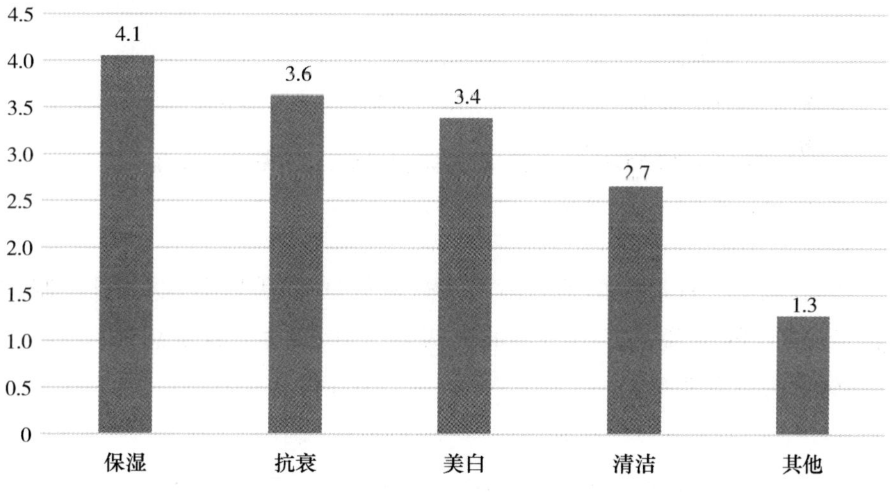

图 5　消费者对产品功效的关注度排序

资料来源：cdf 值选店消费者调研，值得买科技整理制图。

依据平均综合得分算法①可以发现，在消费者对于香化产品功效的选择中，保湿作为护肤的基础，得分为4.1，占据消费者对产品功效关注的首位，而抗衰和美白次之。

（四）“Z世代”崛起，圈层文化消费上升

随着“Z世代”② 消费能力的快速崛起，免税行业消费出现了新的趋势：越来越多的消费者更愿意为个性化产品买单，由此也带动圈层文化消费上升。

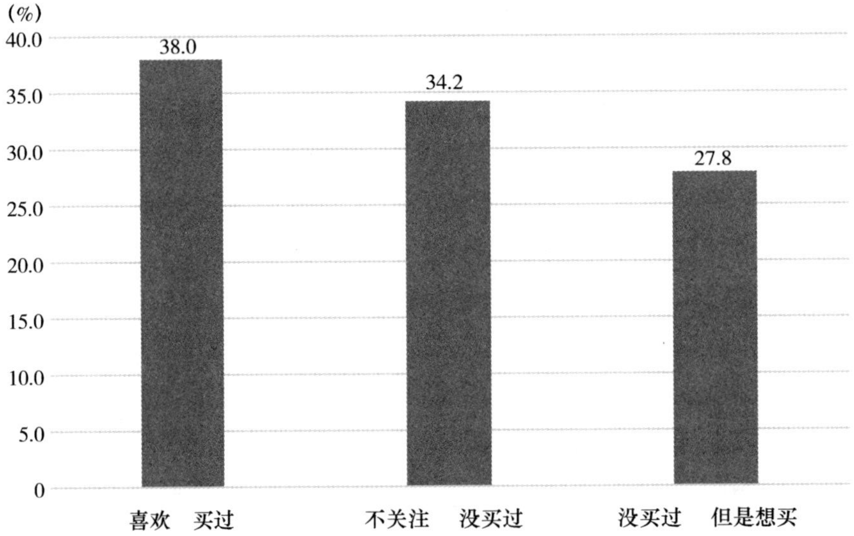

图6 消费者购买限量款/联名款等特别设计的免税产品情况

资料来源：cdf值选店消费者调研，值得买科技整理制图。

调查显示，有38%的消费者购买过限量款/品牌联名款/节日定制款等特别设计的免税品，27.8%的人表示“没买过，但是想买”，只有34.2%的人没有购买过。

---

① 平均综合得分算法 =（Σ频数×常量）/本题填写人次（最高分值：5分）。

② “Z世代”是美国及欧洲的流行用语，意指在1995—2009年出生的人，又称网络世代、互联网世代，统指受到互联网、即时通信、短讯、MP3、智能手机和平板电脑等科技产物影响很大的一代人。

图 7 品牌产品包装举例

不少品牌也在产品外观和包装上下了不少功夫，例如三亚国际免税店的 SK-Ⅱ街头艺术风限量版让人直呼“美到瓶子舍不得扔”，引起电商平台上的疯狂种草，最终成为热卖爆款。与此类似的还有，排队限购的 Gucci 玫瑰金酒神挎包等，成功撬开了新世代消费者的心。

二 品牌趋势——头部效应 & 小众崛起

结合大数据分析，从品牌、热门商品视角对消费趋势变化的解读如下。

（一）欧美大牌，依然极具影响力

如图 8 所示，欧美大牌为热度最高高端品牌榜 Top5 的主要组成部分，它们凭借自身极高的知名度和美誉度，在消费市场中具有极强的影响力。多年来始终如一的高品质、自身蕴含的高科技研发能力、独特的设计感

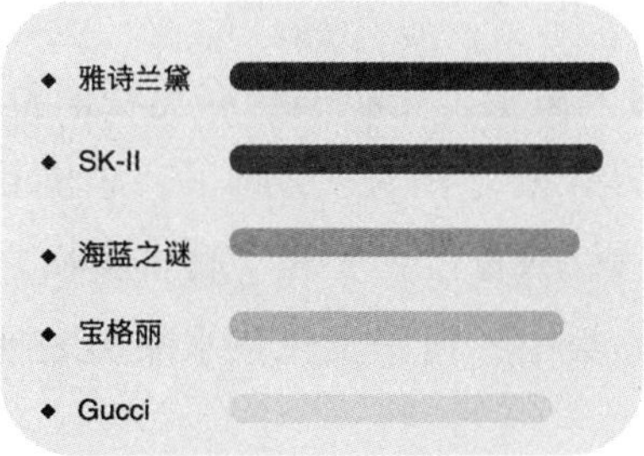

图 8 热度最高高端品牌 Top 5

资料来源：值得买科技消费大数据·免税消费品牌调研，值得买科技整理制图。

和创造力让欧美大牌在消费者心中占有一席之地。但与此同时，这些大牌常常让一些追求价格亲民的消费者在品质与价格之间难以抉择。因此，免税店成了消费者购买欧美大牌的首选之一。一方面，相较于专柜，免税店内的大牌往往存在不同力度的优惠，这使得其性价比更高，能够让消费者在追求更高品质的同时也更理性地消费。另一方面，从进口大牌的产地来说，比起由国内生产线供货的专柜商品，部分消费者更倾向于购买免税店内的原产地商品。

（二）个性化消费趋势：消费升级下，消费需求被细分到各个领域

消费升级下，消费需求被细分到各个领域。高品质、创新力、品牌价值等因素让品牌赢得青睐。如图 9 举例所示，作为护肤品，Filorga、Origins 一直以来的品质力得到了广大消费者的信赖。Maison Martin Margiela、LEGO 作为大势品牌，一直走势良好，得益于品牌蕴含的创新力。Cartier、Bvlgari 作为奢侈品的头部品牌，可以说是品牌力的象征。消费需求与品牌特性相辅相成，促生了免税消费的良性循环。

图9 品牌举例

资料来源：值得买科技消费大数据·免税消费品牌调研，值得买科技整理制图。

（三）颜值经济浴火重生，化妆品稳居免税消费顶端

新冠肺炎疫情“黑天鹅”事件①影响下，中国化妆品市场逆势增长，稳居免税品销售金额和件数首位，手表、首饰类次之。

其中香化类细分品类中，精华及化妆水品类表现较为突出。

---

① “黑天鹅”事件是指不可预测的重大稀有事件，概念来自纳西姆·尼古拉斯·塔勒布的《黑天鹅：如何应对不可预知的未来》，2020 年的新冠肺炎疫情就是典型的“黑天鹅”事件。

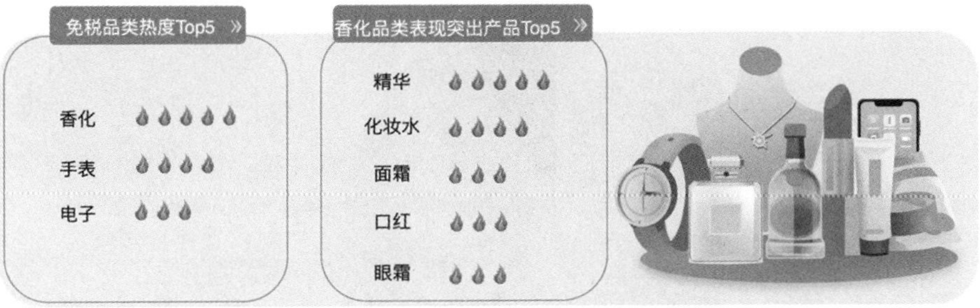

图 10　免税品类热度 Top 5& 香化品类表现突出产品 Top 5

资料来源：值得买科技消费大数据・免税消费产品调研，值得买科技整理制图。

（四）免税限额调整，为高奢首饰助长销售空间

首饰依然广受欢迎，在免税新政中，取消单件商品 8000 元免税额度规定引人瞩目，提升了消费者对高价产品（如首饰类产品）的购买欲望，也为高端首饰品牌助长了销售空间。

如图 12 所示，在 cdf 海南免税官方商城显示的数据中，卡地亚品牌的 8000 元以下单品数量仅占总数的 9.8%。对奢侈品的钟情与免税优惠相结合，往往催生了消费者更为强烈的购买欲望，但过去由于免税额度的规定，且奢侈品牌的高单价商品居多，消费者只能望而却步。取消免税额度的规定，对消费者的购物行为来说达成了某种程度上的释放，今后高奢品的销售空间将会得到更高的提升。

图 11　首饰品类高端品牌 Top5

资料来源：值得买科技消费大数据・免税消费品牌调研，值得买科技整理制图。

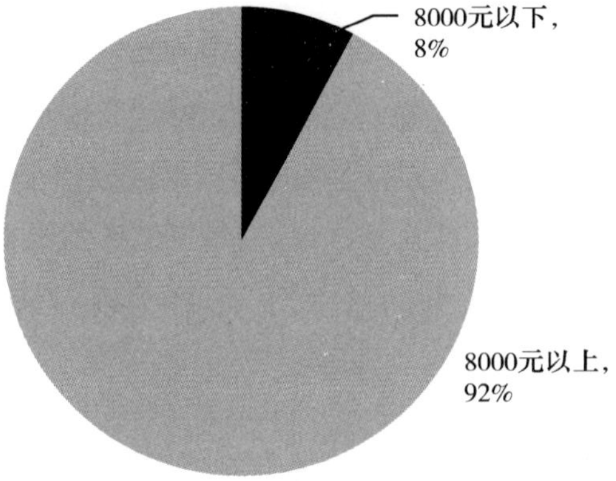

图12 卡地亚单品占比情况

资料来源：cdf海南免税官方商城，值得买科技整理制图。

（五）新增品类中，电子产品备受青睐

新政实施后，手机、平板电脑等电子产品关注度问询度明显增长。凭借免税优惠，琼版iPhone走热，优惠力度高于苹果官网，极大提升了消费者的购物热情。另外美容仪头部品牌雅萌荣登电子品牌热度榜单第四位，可见，当下热门电子产品已经不局限于3C数码，呈现出多元发展趋势。

图13 电子品牌Top5

资料来源：值得买科技消费大数据·免税消费品牌调研，值得买科技整理制图。

三 产品图景——产品力+品牌力双驱动

结合大数据分析，报告通过各品类热销品呈现出的数据分布，解读了其背后的消费趋势。

（一）“成分党”崛起，为品牌发展带来新机遇

护肤品类占据销售榜首，关注产品的成分和功效的消费者越来越多。“成分党”对美妆护肤的知识更加丰富，也对高品质产品、富含高技术成分产品有所追求。

图 14　成分党关注品牌 Top5

资料来源：cdf 值选店销售数据，值得买科技整理制图。

如图 15 消费排行显示，这些品牌拥有独创的专业技术和成分，受到成分党的青睐。

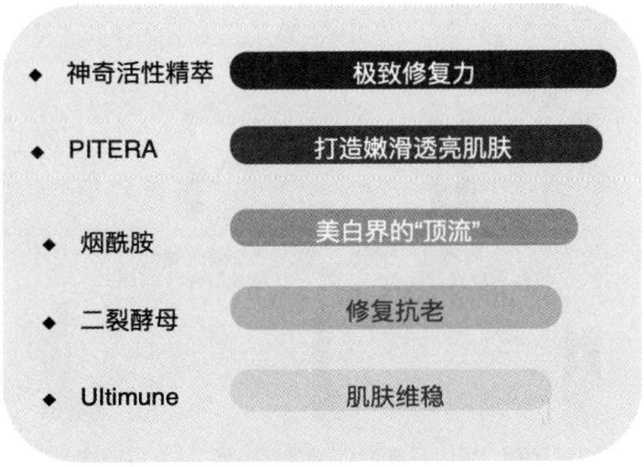

图 15　受关注产品成分 Top5

资料来源：cdf 值选店销售数据，值得买科技整理制图。

（二）颜值经济时代，彩妆消费释放新活力

“半面妆”“口罩妆”成为一时热点，港风妆、复古妆、秋日妆、明星同款亦成为大众纷纷效仿的妆容。时下流行的妆容虽然各异，但都离不开基础打底产品。在彩妆产品销量榜单 Top5 中，多款热门大牌底妆产品上榜。

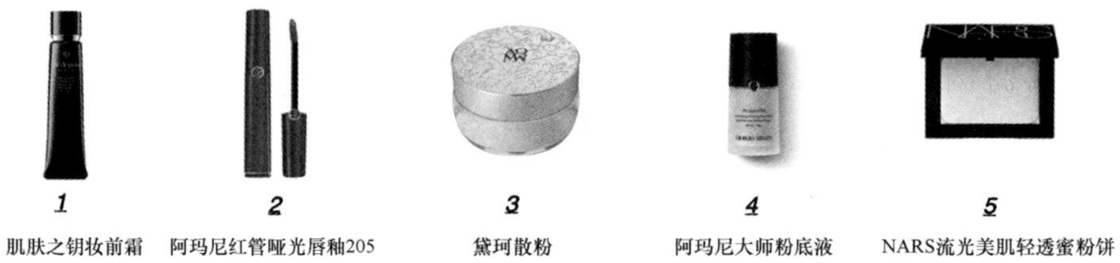

图 16 彩妆销量产品榜单 Top5

资料来源：cdf 值选店销售数据，值得买科技整理制图。

（三）口红成彩妆品类之王

在彩妆细分领域，口红作为入门产品和女性刚需，是消费者的首选品类。根据不同的消费需求，各大品牌打造多元化、个性化的口红品类矩阵，并通过明星代言、网红效应、社群种草等多样化的营销手段，助推口红成为真正的彩妆一哥。

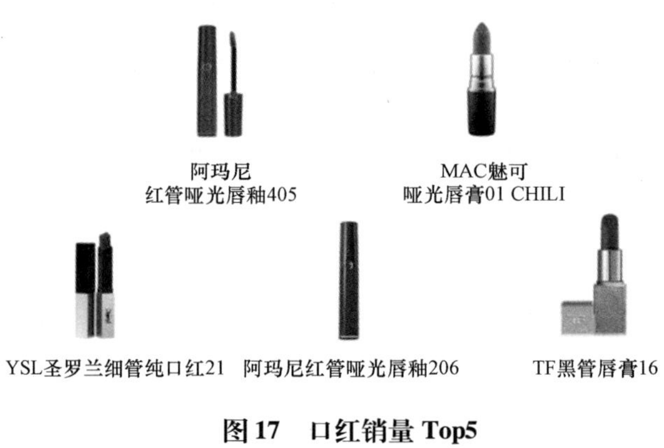

图 17 口红销量 Top5

资料来源：值得买科技消费大数据 · 免税消费品牌调研，值得买科技整理制图。

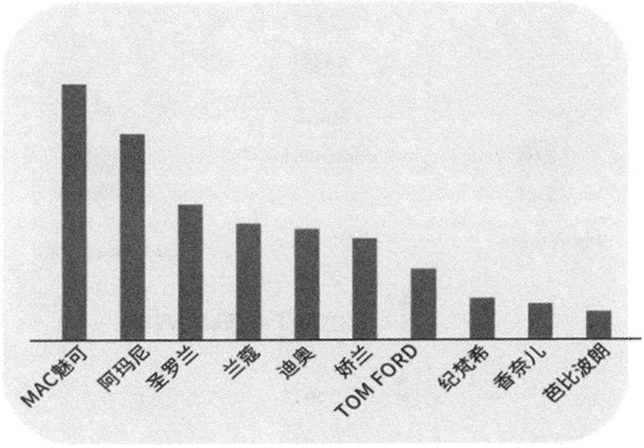

图 18　畅销口红 Top10

资料来源：值得买科技消费大数据·免税消费品牌调研，值得买科技整理制图。

（四）年轻世代新技能：闻香识人

新一代消费者对香水的消费已逐渐养成习惯。启蒙香、斩男香、斩女香、禁欲香等备受推崇，“闻香识人”已成为年轻人表达个性自我的重要载体。

图 19　香水销量产品榜单 Top5

资料来源：值得买科技消费大数据·免税消费产品调研，值得买科技整理制图。

（五）新政后的销售“新秀”，苹果手机销量亮眼

在免税新政新增品类中，手机产品最为抢手，成为免税购物“新宠”。其中苹果手机价格优势明显，销量最好，华为手机次之。

图 20 手机销量最高产品榜单

资料来源：值得买科技消费大数据·免税消费产品调研，值得买科技整理制图。

（六）酒类免税品优惠力度大，备受追捧

酒水纳入海南离岛免税品类，每次可购买 1500 毫升，每年 10 万元额度。新政实施后，酒类免税品因折扣大、优惠多，激发了广大消费者的购物热情。

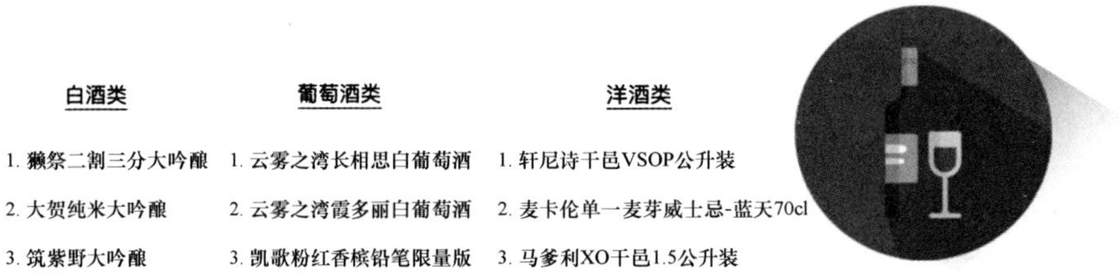

图 21 酒类热度最高产品

资料来源：值得买科技消费大数据·免税消费产品调研，值得买科技整理制图。

四 免税消费行业展望——未来可期

在持续引导消费回流、加速免税市场扩容背景下，中国免税行业整体受益。而搭载海南自贸港建设的快车，在离岛免税新政助力下，2020 年海南离岛免税迎来里程碑式发展：2020 年 12 月 30 日，在已有 4 家实体免税店基础上，海南省陆续于三亚、海口增设 6 家离岛免税店。其中，中免集团两家机场免税店——三亚凤凰机场、海口美兰机场店即将开业，与市区店形成联动。届时海南全岛迎来十家实体免税店并存的局面，成为真正的境内免税集中地和购物天堂，进一步推进国际旅游消费中心建设。

（一）离岛免税成绩显著

2020 年可谓海南离岛免税发展分水岭，离岛免税购物销售额持逐年递增态势。

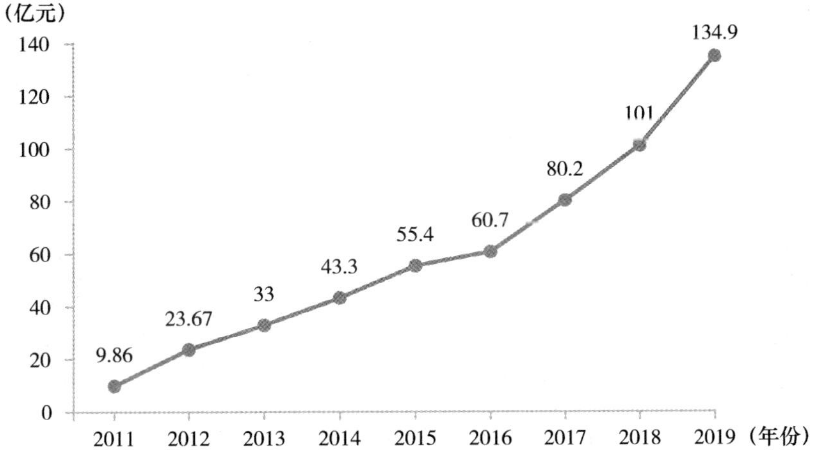

图 22 离岛免税购物销售额趋势

资料来源：海南省商务厅，值得买科技整理制图。

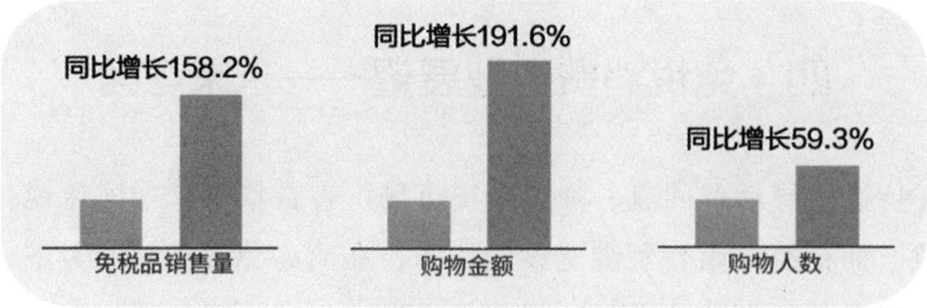

图 23 离岛新政实施后效果

资料来源：海南省商务厅，值得买科技整理制图。

海南省商务厅数据显示，2020 年 7 月 1 日至 2020 年 12 月 31 日，海口海关共监管销售免税品 2382 万件、销售金额 199.9 亿元、购物人数 299.3 万人次，较 2019 年同期相比分别增长 158.2%、191.6%和 59.3%。

离岛免税作为境内免税业的风向标和集中地，正承载着更多可能。

（二）政策提升带动商品结构优化，驱动购物环境优化

离岛新政发布后，手表、箱包、首饰、医美、电子产品等多种高客单价产品，销量实现显著增长。同时，海南省商务厅发布的《海南省促消费七条措施》中明确提出，将引进更多高端、贵价商品品牌，丰富经营品种，完善商品结构。2021 年海南省还将推动离岛免税“邮寄送达”“本岛居民返岛提取”等措施尽快落实。

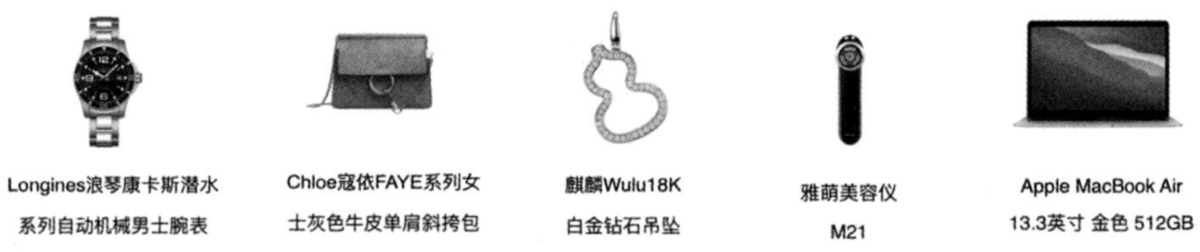

图 24 离岛免税单件 8000 元以上产品 Top5

资料来源：值得买科技消费大数据 · 免税消费产品调研，值得买科技整理制图。

未来，商品结构优化将进一步驱动免税零售业发展，实现免税商品品类扩容。政策提升所带来的商品结构优化，驱动了购物环境的优化，

进而为消费升级创造更大空间。

（三）多元化供给，提升消费幸福感

离岛免税经营主体的增加，也将直接带动免税品供给渠道增加和服务质量的提升。

未来，消费者自由选择的机会将大大增多，不仅可以购买到质优价廉的免税品，还可以享受到更好的国际化服务。

海南也将进一步营造更丰富的消费场景、更佳的消费体验和立体的消费层次，提升旅客购物的便利性、幸福感。

（四）旅游、免税相互促进，建设国际旅游消费中心

引导中国免税消费由“海外购”转为“海南购”，是海南建设国际旅游消费中心的雄心。

后疫情时代，海南离岛免税新政成为带动海南旅游业复苏的重要支撑；未来离岛免税和海南旅游业将相互促进，共同推动海南打造世界级的国际旅游消费中心。

（五）离岛免税驱动产业发展，购物体验升级

国家税务总局发布《海南离岛免税店销售离岛免税商品免征增值税和消费税管理办法》（以下简称《管理办法》）于 2020 年 11 月 1 日开始施行。

《管理办法》将对离岛免税商品免征增值税和消费税，进一步规范和促进离岛免税和自贸港的发展。

此举将刺激游客购物消费水平的提高，促进免税购物与其他旅游产业或将成为良性循环的关系，购物带动餐饮、航空、酒店等产业，这些产业又将为旅客的购物体验提供更优质的服务。

下　　篇

新媒体时代的谣言研究

谣言研究的“路线图”

黄　艾　曾国华*

摘要：本文以国内外学界关于谣言研究的相关文献为样本，从媒介技术变迁的角度梳理了信息传播媒介的发展与谣言传播模式演变互为交织的过程。学界主要从谣言的功能与类别、谣言的传播动因与传播机制以及网络谣言的防控与治理等方面对谣言进行了研究。研究发现，已有研究虽然从宏观层面指出了谣言治理的方向，但从理论层面和实践层面都未形成系统的治理体系。因此，各学科研究者应加强合作，探索从多学科视角设计出切实可行的谣言治理策略，是今后谣言研究面临的最大挑战。

关键词：网络谣言；谣言传播机制；谣言传播路径；谣言治理策略；谣言公式

一　谣言的概念与研究历程

谣言是最古老的大众传播媒介。在出现文字之前，口传媒介便是社会唯一的交流渠道。“谣言传递消息，树立或毁坏名声，促发暴动或战

* 黄艾，中国社会科学院新闻与传播研究所助理研究员；曾国华，中国社会科学院新闻与传播研究所助理研究员。

争。报纸和无线电广播的问世，以及视听视备的急剧发展，都未能使谣言烟消云散。大众传播媒介的出现远未能消灭谣言，它只是使谣言更加专业化而已。"① 谣言作为一种古老的传媒，在任何时代和任何社会背景之下都是不可避免的。

有研究者从"谣言"一词的起源出发，梳理了谣言的演变过程。研究认为，"谣言"一词源于《后汉书》，皆有褒贬之义。如《后汉书·杜诗传赞》中曰"诗守南楚，民作谣言"，"谣言"为"歌谣、颂赞"之意；《后汉书·刘焉传》中曰"在政烦忧，谣言远闻"，此处的"谣言"则有"诽谤、诋毁"之意②。在古代，有"大楚兴、陈胜王"这种谣传王朝更替的"大谣"，也有"三人成虎"和"曾参杀人"等成语故事背后市井恶作剧式的"小谣"。③ 谣言作为一种对官员的监督工具和政治工具，被赋予某种神秘性。

在西方历史中，谣言被描述成一个可怕的怪物，"她走路迅速，生着灵巧的双翼，真是个怪物，可怕又巨大……羽毛下仿佛奇迹般，有许多警惕的眼睛，还有那许多舌头，说话的嘴和偷听的耳朵"。④ 谣言传播不仅会给良性的信息环境带来困扰，也会为正常的社会发展带来不良影响。

谣言的学术研究起步较晚，肇始于第二次世界大战期间。第二次世界大战期间，沸沸扬扬的各种谣言不仅严重影响了民众的斗志，对部队和人民士气产生了消极影响，在某些情况下甚至成为敌方宣传的有力武器，因而引发社会学家和心理学家的研究兴趣和关注。首先对谣言进行研究的是美国人。⑤ 有研究者认为，美国谣言控制学派的代表人物是罗伯特·纳普（Robert H. Knapp）、戈登·奥尔波特（Gordon W. Allport）和

① ［法］让－诺埃尔·卡普费雷：《谣言：世界最古老的传媒》，郑若麟译，上海人民出版社 2008 年版。

② 程中兴：《谣言、流言研究：以话语为中心的社会互动分析》，博士学位论文，上海大学，2007 年。转引自雷霞《谣言：概念演变与发展》，《新闻与传播研究》2016 年第 9 期。

③ 刘雅辉等：《社交媒体中的谣言识别研究综述》，《计算机学报》2018 年第7 期。

④ ［德］汉斯—约阿希姆·诺伊鲍尔：《谣言女神》，顾牧译，中信出版社 2004 年版。

⑤ ［法］让—诺埃尔·卡普费雷：《谣言：世界最古老的传媒》，郑若麟译，上海人民出版社 2008 年版。

利奥·波斯特曼（Leo Postman）等人。[①] 早期的研究阐释了谣言产生的机制和谣言背后的社会学及心理学动因。纳普的《谣言心理学》一文开启了谣言研究的序端，他认为谣言是社会失序的一个结果，是社会态度和动机的一种投射，“谣言是一种旨在使人相信的宣言，它与当前时事有关，在未经官方证实的情况下广泛流传”。[②] 1947 年，谣言研究领域的两位奠基人奥尔波特与波斯特曼对谣言的起源和传播进行了第一次科学的解释。其研究认为，谣言是一个“与当时事件相关联的命题，是为了使人相信，一般以口传媒介的方式在人与人之间流传，但缺乏具体的资料以证实其确切性”。[③] 总之，学界对于谣言概念的界定不一而足，众说纷纭。谣言概念的发展逻辑大致遵循了“非理性—理性”的发展脉络。大体来说，目前相对全面的概念归纳，把谣言界定为未经证实的信息，具体是指某些人或团体、组织、国家，根据特定的动机和意愿，散布的一种内容没有得到确认的、缺乏基本事实根据的，通过自然发生的，在非组织的连锁性传播通路中所流传的信息。[④]

随着第二次世界大战的结束，谣言研究在 20 世纪 50 年代出现了短暂的停滞，但在随后的十年间又迎来了研究的新高潮，其研究内容涵盖谣言研究的方方面面。彼德森（Warren A. Peterson）与吉斯特（Noel P. Gist）认为，谣言是一种“在人们之间私下流传的、对公众感兴趣的事物、事件或问题的未经证实的阐述或诠释”。[⑤] 涩谷保（Tamotsu Shibutani）在《即兴新闻：谣言的社会学研究》一书中指出，谣言总是起源于一桩重要而扑朔迷离的事件，谣言是“在一群人议论过程中产生的即兴新闻，它是一群人智慧的汇总，以求对事件找出一个满意的答案”。[⑥] 因

① 胡泳：《谣言作为一种社会抗议》，《传播与社会学刊》2009 年第 9 期。

② R. A. Knapp, “A psychology of rumor”, *Public Opinion Quarterly*, Vol. 8, No. 1, 1944.

③ G. W. Allport, L. Postman, “An analysis of rumor”, *The Public Opinion Quarterly*, Vol. 10, No. 4, 1947.

④ 沙莲香：《社会心理学》，中国人民大学出版社 1987 年版。

⑤ Warren A. Peterson, Noel P. Gist, “Rumor and Public Opinion”, *American Journal of Sociology*, Vol. 57, No. 2, 1951.

⑥ T. Shibutani, *Improvised News: A Sociological Study of Rumor*, Indianapolis: The Bobbs Merrill Company, 1966.

此，谣言既是一种信息的扩散过程，又是一种解释和评论过程。卡普费雷（Kapferer）在《谣言：世界最古老的传媒》一书中探讨了人们信谣传谣背后所隐藏的文化和社会背景，他认为谣言是“在社会中出现并流传的未经官方公开证实或者已经被官方辟谣的信息”。[①] 此外，Daley 和 Kendall 提出了谣言传播的数学模型，Buckner 提出了谣言的传播理论。[②] 这些对谣言的定义传达出一种明确的信息：“谣言赋予与现实有关的某人或某事一些新的因素。谣言是为了使人相信，在这一点上，谣言与滑稽故事或童话泾渭分明。”[③]

20 世纪 90 年代，随着互联网的兴起，传播技术的日新月异和传播平台的迅猛发展极大拓展了传统时代谣言口耳相传的维度与模式，社交媒体的高度开放性、交互性以及传播速度快等特点为谣言的传播提供了不同于口传媒介时代和大众传播媒介时代的传播平台，从而引发研究者对网络谣言和社交媒体谣言传播的关注。有研究认为，信息传播媒介的发展深刻影响着谣言的传播模式，也使谣言的内涵不断发展变化，因而谣言的发展历程与媒介的演变过程互为交织。有研究者根据传播媒介的不同特点，将谣言研究分为传统媒体环境下的谣言研究、基于网络的谣言研究、基于社会化媒体的谣言研究、基于微信的谣言研究。[④]

表 1　　谣言研究的四个阶段[⑤]

	时间	过程
第一阶段	20 世纪 40 年代	第二次世界大战引发社会心理学家对谣言以及谣言控制的研究

---

① ［法］让—诺埃尔·卡普费雷：《谣言：世界最古老的传媒》，郑若麟译，上海人民出版社 2008 年版。

② 转引自刘雅辉等《社交媒体中的谣言识别研究综述》，《计算机学报》2018 年第 7 期。

③ ［法］让—诺埃尔·卡普费雷：《谣言：世界最古老的传媒》，郑若麟译，上海人民出版社 2008 年版。

④ 陈新华、龚立群：《微信谣言研究述评》，《图书馆学研究》2018 年第 18 期。

⑤ 刘雅辉等：《社交媒体中的谣言识别研究综述》，《计算机学报》2018 年第7 期。

续表

	时间	过程
第二阶段	20 世纪 60—80 年代	社会学和心理学领域发表大量谣言研究的论文，关于谣言研究的书籍出版
第三阶段	20 世纪 90 年代—21 世纪初	互联网的谣言传播
第四阶段	21 世纪初至今	社交媒体中的谣言传播机制

尤其是近年来，伴随着互联网在各领域各行业的广泛应用以及社交媒体的迅猛发展，微信、微博等社交媒体成为人们获取和分享信息的重要渠道，这种人人可以参与信息发布和传播的方式使互联网和社交媒体成为畅所欲言的沟通和交往平台，给人们的信息共享提供了更为便捷的的途径和方式，但与此同时也带来网络谣言滋生等严重问题。研究者聚焦于社交媒体的谣言传播机制、识别谣言的方法以及控制策略等。

二　主要成果综述

目前，国内外学者对于谣言的研究聚焦于谣言的功能与类别、谣言的传播路径、谣言的传播动因与传播机制以及网络谣言的防控与治理等方面。

（一）谣言的功能

关于谣言的功能，研究者持不同观点。有研究者认为谣言能够表达人们的对抗性诉求，而这些对抗性诉求恰好反应的是无法通过其他有效途径表达的诉求。[①] 有研究者认为，谣言反映群体的智慧，谣言是在群体议论过程中产生的即兴新闻，通过这种经常性的、融合了集体智慧的交流方式，人们试图对自己面临的威胁或模棱两可的处境构建出有意义的

① R. A. Knapp, “A Psychology of Rumor”, *Public Opinion Quarterly*, Vol. 8, No. 1, 1944.

解释。[①] 有研究认为，谣言是社会协调一致的有效媒介。[②] 对于个人来说，谣言是一种“公共的信息交流，反映了个人对某一社会现象的阐释，能帮助消除焦虑、获得平静”；[③] 对于社会来说，谣言“允许群体在充分互动的基础上获得集体记忆，解构并重构社会信任，最终推动社会发展”。[④] 有研究者认为，谣言是最古老的传播媒介，也是新媒体事件中常见的传播现象，它作为“一种社会抗议而出现”，[⑤] 它“反映人们内心真实的诉求”，[⑥] 谣言是“特殊语境下的‘异常’对话形式，是监测舆情的‘哈哈镜’”。[⑦]

（二）谣言传播路径

让—诺埃尔·卡普费雷通过对法国20世纪八九十年代普遍流行的谣言进行研究，梳理了谣言起源与传播的路径，以及谣言何以使得人们相信并得以传播，谣言如何被人们利用以达到其目的，以及谣言传播的普遍规律。其研究揭示了人们认识谣言及传播谣言的主动性。奥尔波特与波斯曼提出了谣言流传的基本法则：

谣言 =（问题的）重要性 ×（事实的）模糊性

谣言公式较直观地反映了谣言产生的重要因素。两位研究者认为，谣言的出现是因为同时满足了重要性和模糊性这两个条件，而它传播的持久性也与这两个变数相关。克罗斯在谣言公式中加进了公众判断力因

---

① Tomatsu Shibutani, *Improvised News: A Sociological Study of Rumor*, Indianapolis: The Bobbs-Merrill Company, 1966.

② ［法］让—诺埃尔·卡普费雷：《谣言：世界最古老的传媒》，郑若麟译，上海人民出版社2008年版。

③ Ralph L. Rosnow, "Rumor as Communication: A Contextualist Approach", *Journal of Communication*, Vol. 38, No. 1, 1988.

④ G. A. Fine, "Rumor, Trust and Civil Society: Collective Memory and Cultures of Judgement", *Diogenes*, 2007.

⑤ 胡泳：《谣言作为一种社会抗议》，《传播与社会学刊》2009年第9期。

⑥ 周裕琼：《谣言一定是洪水猛兽吗？——基于文献综述和实证研究的反思》，《国际新闻界》2009年第8期。

⑦ 王灿发、侯欣洁：《重大突发事件的谣言话语分析》，《新闻与传播研究》2012年第5期。

素，其将谣言公式拓展为：

谣言＝事件重要性×事件模糊性÷公众判断力①

张国良关注到技术对谣言传播的促进作用和权威公信力对谣言传播的阻断作用，因而把谣言公式进一步扩充为：

流言速率＝事件重要性×状况模糊性×技术先进性÷权威公信力÷公民判断力②

雷霞认为，传统媒体时代，信息源相对单一，大众接收信息渠道相对单一，事件的重要性容易被统一界定，而在新媒体时代，信息源的分化与大众接收信息渠道的多元化，使信息量呈爆发式增长，因而判定信息的重要性标准变得多样化，在更多时候，谣言生命力及传播活力已更多取决于事件对于传播者自身的相关性，相关性越高，越容易传播，这一点在有关环境污染、食品安全、灾难事故、人身安全等抗议性谣言中表现得尤为突出。她将事件的相关性、事件的娱乐性和事件的推送力度等要素引入谣言公式，重新定义了网络时代的谣言传播路径模型：

谣言的生命力＝（事件重要性＋事件相关性＋事件娱乐性）×事件模糊性×事件推送力度÷公众批判力③

然而，谣言的产生本身是一个很复杂的过程，尤其是在新媒体技术迅速发展的今天。

（三）网络谣言的类别

网络谣言所涉及的话题类别主要集中在健康类、实证类和社会类三个方面。有部分研究者对特定类型的微信谣言的特征和传播规律进行了研究。④

---

① 李献惠：《新媒介环境下突发事件谣言的传播学应对》，《现代传播》（中国传媒大学学报）2012 年第 11 期。转引自雷霞《新媒体时代抗议性谣言传播及其善治策略研究》，中国社会科学出版社 2016 年版。

② 转引自祝华新《打击谣言背景下的网络舆论新格局》，《中国改革》2013 年第 10 期。

③ 雷霞：《新媒体时代抗议性谣言传播及其善治策略研究》，中国社会科学出版社 2016 年版。

④ 陈新华、龚立群：《微信谣言研究述评》，《图书馆学研究》2018 年第 18 期。

有研究者分析司法网络谣言的传播特点，认为司法网络谣言是谣言发展的一种具体形式，造谣者利用互联网这一渠道去传播针对司法机关或司法案件的一系列未经证实的言论。司法网络谣言相较于传统司法谣言来说具有传播速度快、影响范围广、缺乏真实性、易引发共鸣的特点，使司法权威和公信力急剧下降、严重影响我国司法进程的健康发展。应加快完善辟谣措施、加快普法宣传、建立社会共治体系、做好信息把关以及提升媒体职业道德等有效途径来治理司法网络谣言。[①]

（四）网络谣言的成因

有研究者认为，网络谣言是通过互联网产生或传播的谣言，其本质上是一种信息交流的过程，但网络谣言的传播目的更为复杂，其传播主体具有隐匿性的特征。[②] 与一般谣言相比，网络谣言具有传播范围广、传播速度快、监测难度大、危害程度[③]和可控性弱[④]等特点。

有研究者认为，在任何一个地区，当人们希望了解某事而得不到官方答复时，谣言便会甚嚣尘上，“这是信息的黑市”。[⑤] 谣言既是一种信息的扩散过程，又是一种解释和评论的过程；Tomatsu Shibutani 认为谣言内容的演变并非源于记忆的失真，而是源于谣言在整个传播过程中的演变和添油加醋的评论。[⑥] 一项研究从媒介属性、传播主体、传播渠道和受众层面，将网络谣言的生成归因于社交媒体的自媒体属性、传播主体的利益考量、技术赋权以及网民媒介素养的参差不齐。首先，社交媒体的自媒体属性及其基于网络人际关系的闭合与半闭合的传播链条，使网络谣

---

① 金琴芳：《司法网络谣言传播特点及其治理措施》，《传播与版权》2018 年第 5 期。

② 马强：《新媒体环境下网络谣言的特点、影响与应对策略》，《新闻战线》2018 年第 3 期（下）。

③ 刘雅辉、靳小龙等：《社交媒体中的谣言识别研究综述》，《计算机学报》2018 年第 7 期。

④ 崔好：《传播网络谣言获罪和言论自由是否冲突》，《新闻研究导刊》2018 年第 16 期。

⑤ ［法］让—诺埃尔·卡普费雷：《谣言：世界最古老的传媒》，郑若麟译，上海人民出版社 2008 年版。

⑥ T. Shibutani, *Improvised News: A Sociological Study of Rumor*, Indianapolis: The Bobbs-Merrill Company, 1966.

言的传播通道更加隐蔽，而熟人社交圈中的高度信任让谣言信息呈现出“三人成虎”的传播效应，使网络谣言的扩散更为迅猛。技术赋权降低了信息发布的准入门槛，使信息传播主体更加多元，大量新媒体平台和自媒体账号的野蛮生长，以及缺少经过长期职业训练的从业人员，也造成了未经核实的谣言进入传播渠道的后果。[①] 在媒介经济市场化和高度商业化的环境下，信息转发量和浏览量成为新媒体从业人员的考核指标，从而诱使传播者主动或被动放弃对新闻专业主义的追求和对公共利益的考量，在信息传播中为博取眼球而造成不实信息的病毒式传播。

随着网络普及率的提升，网民数量可观，但是网民的媒介素养参差不齐，因而对谣言的辨识能力差，也容易使谣言泛滥。中国互联网络信息中心（CNNIC）发布的《第43次中国互联网络发展状况统计报告》显示，截至2018年12月，我国网民规模达8.29亿人，普及率达59.6%，较2017年底提升3.8个百分点，全年新增网民5653万人。我国手机网民规模达8.17亿人，网民通过手机接入互联网的比例高达98.6%。互联网的高普及率以及入网门槛的进一步降低，给了网络谣言更庞大的受众群、更广泛的传播通道和更多的“发挥”空间。社交媒体的开放性使其成为谣言的集散地，QQ群、网络贴吧、微博、微信群里，“草莓打了膨大剂”“香蕉致癌”“雾霾含硫酸铵等有毒物质，致人死亡”等各种谣言层出不穷，呈现“间歇性连贯性”的“常态”。[②]

有研究者认为，谣言传播者传播谣言的原因主要有四个方面：一是传播者并不知晓信息来源的真实性或并不想追究信息是否属实，只因为自身感兴趣的原因而传播了抗议性谣言；二是谣言涉及的信息与本人或周围环境密切相关，或与本人有关注需求的人或事物有关联；三是因为恶作剧的原因；四是为了追求点击率和吸引粉丝，故意留出“bug”（漏洞）来吸引网友质疑和澄清，俗称“钓鱼谣言”，自己则得到了关注。[③]

有研究者从政府公信力、传播技术的先进性、民众的判断力和社会

---

① 邵慧：《社交媒体时代网络谣言的治理策略分析》，《传媒》2018年第5期。

② 刘羽：《新媒体时代网络谣言的生成与防控研究》，《西部广播电视》2018年第1期。

③ 雷霞：《“信息拼图”在谣言传播中的作用研究》，《新闻与传播研究》2014年第7期。

心理等方面分析了政策谣言的生成原因。该研究表明，政府公信力不足会导致“塔西佗陷阱”，民众不信任官方和体制内的专家学者，甚至采用逆向思维和反向行动策略；互联网的匿名性、自媒体发布信息的便利性、微博微信和论坛等社交媒体的半私密性和碎片化特征使传播谣言的行动成本和被惩罚概率降低，从而催化了大量网络谣言的传播；互联网时代网民媒介素养的参差不一、阅读习惯的碎片化和思维习惯的浅层化，从某种程度降低了民众对于谣言信息的判断力和批判性接收，致使人们更易轻信谣言；此外，造谣者往往很会利用人们某种利益欲求、心理诉求或焦虑的社会心理来制造和传播谣言。以上四种因素在特定的时空情境中交织复合，为政策谣言的孕育和潜伏提供了基质和温床。① 有研究者认为，网络谣言的产生和传播容易误导网络舆论、引发民众的负面情绪、损害政府的公信力甚至提高影响社会稳定。②

（五）网络谣言传播的传播机制

有研究者以“红黄蓝”事件为例，运用使用与满足理论、网络群体传播心理、议程设置等相关理论，对于网络谣言形成的技术条件、传播机制、传播过程、传播特征以及传播效果进行分析，提出通过加强监管力度、制定相关法律法规严惩造谣者等措施治理网络谣言。③

有研究者从动力学的角度阐释造谣、传谣和信谣的动力机制。研究者认为，谣言分社会类谣言、司法类谣言和政策类谣言等，针对政策谣言而言，其风险较大，故而生造政策谣言的主要动机是谋取经济利益和实现政治企图，或发泄情绪、满足表达欲或博取眼球等。而有些人传谣和信谣，是因为他们并不知情或因自身乐见其成，或因谣言在某种程度上契合他们的主观愿望和满足他们的利益诉求，甚或是与他们的深层价值信念一致。④

---

① 李春成：《政策谣言因何而生》，《人民论坛》2018 年第 24 期。

② 刘雅辉等：《社交媒体中的谣言识别研究综述》，《计算机学报》2018 年第 7 期。

③ 马雅虹、许有为：《浅析融媒体时代网络谣言的传播机制——以“红黄蓝”事件为例》，《视听》2018 年第 3 期。

④ 李春成：《政策谣言因何而生》，《人民论坛》2018 年第 24 期。

一项研究从技术动因的角度探讨了新媒体时代谣言的传播机制。研究认为，在传统媒体时代，“口耳相传”的传播方式容易产生谣言，是因为口耳相传的方式难以存储和还原信息，容易导致信息的变异和扭曲，难免造成信息失真，产生带有不确定性的信息，从而形成谣言。从理论上说，新媒体时代信息存储、搜索技术和传播手段能有效地避免信息在传播过程中的失真，从而减少信息的不确定性。① 然而，从现实情况来看，先进的信息传播技术并没有减少谣言的产生和传播，大量谣言借助新媒体平台广泛传播、扩散，形成极大的聚合效应，并产生极大社会影响，网络谣言的炒作性、攻击性、隐蔽性、诱惑性和宣泄性等特点降低了网民传播谣言的责任风险，使网络谣言呈泛滥之势。一些网络谣言在突发事件中推波助澜，借助“病毒式”的传播方式，在微博、微信朋友圈中疯狂传播，致使许多小事件恶性化、扩大化为重大公共危机事件，给传播环境和舆论秩序造成严重影响。研究认为，随着新媒体和新技术的发展，新技术提供的存储手段和传播途径的保真性，使得谣言的编造更加“本真化”，文字、音频、视频和图像以“在场”的方式使受众“感觉更像是真的”和“在场的”，从而影响大众的判断和感知，极大地增加谣言的蛊惑性。② 比如有的通过改动原文的标题，让标题更具话题性和煽动性；将关键新闻要素进行模糊化处理，使旧闻变成新闻；有的利用以往的新闻事件或陈年旧帖，经过移花接木、张冠李戴的技术性改造，将流传的谣言重新包装，炮制成吸引眼球的“新闻”引发社会的广泛关注。

有研究者从内容修辞的角度分析了“简化”“强化”“曲解”“虚构”“同化”的政策谣言编辑策略。“简化”就是将官方政策言论断章取义、故意删减有助于了解事实真相的细节；“强化”就是将官方政策言论中一些细节进行不成比例的放大、细化、具象化；“曲解”则是有意无意地对公共政策的内容规定、目标与意义、背景与依据等进行错误性的理解和

① 雷霞：《虚拟的在场：新媒体时代谣言传播的技术动因》，《现代传播》（中国传媒大学学报）2015 年第 3 期。

② 雷霞：《虚拟的在场：新媒体时代谣言传播的技术动因》，《现代传播》（中国传媒大学学报）2015 年第 3 期。

猜测；“虚构”即无根据地捏造一些政策内容、目标、背景、依据、受益或受损对象；“同化”则是诉诸潜在传谣者和信谣者的历史体验、利益诉求、价值偏好和心理投射。①

刘建明指出，“谣言作为舆论出现，是众人传播虚假事件的行为，但多数传播都并不认为是假的”。② 以上对于谣言的定义和理解的共同点是在强调广泛流传的基础上，均认为“谣言”都是“未经证实”或没有根据的，因而偏向于认为是“假”的，但在很多情形下，谣言所传播的信息也可以在后来被证明是真实的。因而，简单地将谣言等同于虚假的信息，显然是不客观的。因此，以“真”或“假”的标准来判定谣言的定义显然不够，还应有一定的拓展和研究空间。

（六）网络谣言的防控与治理

新媒体时代，大众有了更多的表达渠道和平台，媒体与社会机构也有了更多的信息发布渠道，如何面对新媒体技术带来的机遇与挑战，发挥其积极正面的作用，避免其消极负面的作用，成为亟待研究的新课题。

有研究者跳出界定谣言的传统认知框架，创新性从“信息拼图”的角度来认识谣言信息的传播过程，从谣言信息拼接的角度来阐释谣言信息的制造过程：或通过谣言事件中的各个“点”的“点”“点”串联形成；或通过推手助推舆论；或通过大众媒体的跟进引向高潮；或通过被蛊惑的大众的“被卷入”过程完成。那么要阻断谣言信息经由“信息拼图”而形成的大范围传播，就要通过大量与该谣言信息相关的其他更加确定性的信息的入场，形成有效的对于该谣言信息传播的阻断，从而遏制谣言的传播与扩散。③

研究认为，新媒体环境下网络谣言的应对策略应从三方面着手：首先是制定信息公开制度，构建快速反应机制；其次是提升公众信息素养，强化公众判断能力；最后是通过完善相关法律法规体系，推动网络实名

---

① 李春成：《政策谣言因何而生》，《人民论坛》2018 年第 24 期。

② 刘建明：《谣言流瀑的幕后》，《人民论坛》2011 年第 4 期。

③ 雷霞：《“信息拼图”在谣言传播中的作用研究》，《新闻与传播研究》2014 年第 7 期。

制的深化，加大网络谣言法律法规执法力度，强化网络舆论管控。① 有研究者认为，治理网络谣言需要多主体联合共治，探求多元主体协作的治理模式：政府应宏观微观并重、软硬兼施，健全相关法律法规；社交媒体平台应努力构建用户行为规范体系，完善辟谣机制；媒体从业人员应加强自我约束，内化新闻职业道德，信息发布主体应当明晰权责利；同时应当提高网民的媒介批判意识和批判能力，提升网民的媒介素养，避免情绪化和非理性化的盲目跟风。

三　谣言研究的新挑战和新趋势

综上所述，当前国内外学界对于谣言研究的成果丰硕，同时也存在研究总量偏少、研究深度不够等问题。今后的谣言研究将面临如下的新挑战和新趋势。

（一）拓展对类别谣言的研究

当前的谣言研究，较多地从整体和宏观角度对谣言进行研究，对政治谣言、经济类谣言、食品安全类和商业类谣言等类别谣言研究不足。今后的谣言研究须从具体领域进行微观考察，更多地关注对人们的生产和生活产生重大影响的特定类别谣言的研究，如政策类谣言、食品安全类谣言、人身安全类谣言、经济类谣言、金融类谣言、商业类谣言和突发事件类谣言，探查各类谣言在价值认知、社会心态和社会影响方面的特殊性，对症下药，提出相应的应对策略。

（二）基于社交媒体情境下网络谣言传播模式的研究

从研究方法方面看，当前的谣言研究偏质化轻量化研究，对于谣言的研究以主观描述性的定性研究为主，大多数研究还停留在介绍性的层次上，且思辨性研究缺乏科学系统性的思考，采用定量方法进行谣言研

① 马强：《新媒体环境下网络谣言的特点、影响与应对策略》，《新闻战线》2018 年第 3 期。

究的寥寥无几。这主要因为微信等社交媒体的私密性增加了谣言传播真实数据的获取难度。因此，今后的谣言研究需要探索基于社交媒体平台和新媒体情境网络谣言传播的大数据的获取和分析，并基于这些数据进行网络谣言传播模式的研究，[①] 并考虑经典谣言理论在新媒体和社交媒体情境下的适用性问题。

（三）从理论和实践层面构建系统的谣言治理体系

从谣言的治理策略方面，既有研究较多地从宏观层面指出了谣言治理的方向，但谣言治理对策的系统性和操作性不强，今后的谣言研究应从实证案例入手，从微观视角分析谣言的演变机制和传播规律，有针对性地从理论层面和实践层面提出系统的治理体系。

（四）探索谣言研究的多学科研究路径

谣言研究涉及新闻传播学、计算机科学、社会学和心理学等多个学科，各学科对于谣言研究的侧重点各有不同：新闻传播学主要研究谣言的传播特点和传播模式等；政治学和行政学侧重于研究谣言的危害和治理策略；社会学从宏观层面探讨谣言形成的社会影响或从微观角度讨论个人社会心理因素；数学和计算机科学主要采用定量方法对于谣言的传播模型进行建模。[②] 各学科的研究方法和研究路径迥异，且研究结论存在差异，各个学科的研究缺乏合作和联动机制。因此，今后各个学科的研究者需要加强协调与合作，探索从多学科视角建构各研究领域的共通性，设计出切实可行的谣言治理策略，是今后谣言研究面临的最大挑战。

---

① 陈新华、龚立群：《微信谣言研究述评》，《图书馆学研究》2018 年第 18 期。

② 陈新华、龚立群：《微信谣言研究述评》，《图书馆学研究》2018 年第 18 期。

社会信心指数与谣言研究

季芳芳　刘晓红*

摘要：本研究基于中国社会科学院舆情实验室执行的季度在线调查构建了社会信心指数。该指数对于公共治理的意义在于，决策者可以通过社会信心指数来体察民众的社会信心水平，并在充分意识到社会信心水平与社会发展关系的情况下，改进公共服务以及更加合理地使用公共资源，以提升民众社会信心。大数据时代，信息提供者多元化也导致如何辨识真相成为一个挑战。那么大数据时代如何辨识谣言、对谣言进行研究，以及在方法上如何将调查和实验等方法与谣言大数据进行结合，也是需要探讨的方向。

关键词：社会信心指数；谣言；大数据

新媒体语境下，社交媒体成为人们获取信息的重要渠道来源。参与式的社交媒体空间生产出海量的信息，然而信息发布主体的多元化，让如何辨识真相成为一个挑战。舆论反转成为近些年互联网世界的热门现象，也成为学界的讨论热点。

大数据时代的到来，提供了洞察网民心理以及传播机制的机会。在谣言研究技术和方法层面，除了研发谣言识别的人工智能应用之外，如

---

* 季芳芳，中国社会科学院新闻与传播研究所副研究员；刘晓红，中国社会科学院新闻与传播研究所研究员。

何利用谣言数据进行研究成为网络时代谣言研究的新命题。与此同时，在线调查如何增进对网络时代谣言现象的理解，以及如何与谣言大数据进行结合，也成为谣言研究在方法层面需要考量的问题。

本报告将会结合中国社会科学院舆情实验室所执行的在线调查讨论社会信心指数的构建，与此同时，也会就在线调查以及谣言大数据可能结合的方向进行概要介绍。本报告将由几个部分组成：关于社会信心指数的构建；社会信心指数的题目以及克伦巴赫指数；社会信心指数数据结果报告；社会心态研究和谣言研究：研究的方向。

一　关于社会信心指数的构建

我们将基于中国社会科学院舆情实验室所执行有关网络舆情的季度性在线调查构建社会信心指数。这个调查从 2017 年开始，按照季度执行调查，迄今为止已经积累了六期样本。

社会信心指数之于社会治理的价值在于，决策者通过社会信心指数来体察民众的社会信心水平，并在充分意识到社会信心水平与社会发展关系的情况下，改进公共服务以及更加合理地使用公共资源，以提升民众社会信心。本报告认为，社会信心来自对社会形势（尤其是与自己关系紧密的社会形势）的判断——乐观/悲观，以及这种判断的确定程度也来自依据个人经历对未来的判断——乐观/悲观。

该社会信心指数，在概念化上延续了中社智库年度报告《中国微传播指数报告（2018）》中关于“社会情绪指数构建”的有关“情绪”的界定。[①] 虽然情绪（Mood）和社会情绪（Social Mood）存在多种概念化方式，但是在我们此前的报告中，已经将社会情绪从信念的角度进行概念化。我们指出，情绪与信念有关。Peter Atwater 指出个体情绪是我们潜在的信心，它是指我们对自己和对周遭世界的确定程度，不管我们对此

---

① 季芳芳、刘晓红：《社会情绪指数的构建》，载刘志明《中国微传播指数报告（2018）》，中国社会科学出版社 2018 年版，第 21 页。

是否有所体察。[①] 他进一步指出，这是一种前瞻性的测量，是关于对未来的确定/不确定的感觉，是对我们当下的决定在未来是否成功的感觉，所以情绪（Mood）和信心（Confidence）是同义词（synonym），情绪（Mood）/信心（Confidence）与对未来的确定性高度相关。[②]

与本研究比较相关的指数包括经济领域的消费者指数以及中国社会信心指数。目前各个机构已经推出若干消费信心指数，包括密歇根消费者调查、世企研消费者信心指数等，但这些指数往往以消费者信心为主要的测度目标，未触及社会、政治层面。

中国社会科学院社会发展研究院构建的社会景气和社会信心指数，主要是通过“社会景气”和“社会信心”两个概念来对社会发展的现状与趋势进行概括。在该指数中，社会信心是指“人们对国家的经济社会发展形势等社会事项以及个体的发展机会、收入状况等个体事项的未来预期与判断”。[③] “社会信心”为民众对未来有关社会福祉、社会公平、社会包容状况的发展预期，这是社会能否可持续发展的民众信心基础，包括对社会总体事项的信心度和对个体事项的信心。[④] 而本研究构建的社会情绪指数考察的不仅仅是受访者对未来状况的乐观程度，也包括对过去状况的比较，情绪指数构建的逻辑基础并不相同。

此外，需要解释的是我们对 social mood index 进行了调整。在此报告中，我们使用的是 citizen sentiment index。本文不再使用情感和情绪来构建指数，是不想在情感和情绪的多重界定以及在 emotion 和 mood 的多种译法中失去聚焦。情感在一些场合中被界定为短暂的七情六欲等，在另外一些场合中被界定为爱、恨等；而情绪在一些场合也会被界定为短暂的喜怒哀乐，但时而也以信念、态度等较为稳定的心理状态被定义。

而 emotion 和 mood 两个词语的中文译法已经产生许多的交叉。在很

---

① Peter Atwater, *Moods and Markets: A New Way to Invest in Good Times and in Bad*, Minyanville Media, 2012, p. 12.

② Peter Atwater, *Moods and Markets: A New Way to Invest in Good Times and in Bad*, Minyanville Media, 2012, p. 16.

③ 转引自张彦等《发展过程中的社会景气与社会信心》，《中国社会科学》2015 年第 4 期。

④ 张彦等：《发展过程中的社会景气与社会信心》，《中国社会科学》2015 年第 4 期。

多文献中，emotion 存在情绪和情感两种译法。马文·明斯基（Marvin Minsky）的 *The Emotion Machine*: *Commonsense Thinking*, *Artificial Intelligence*, *and the Future of the Human Mind* 一书的中文书名是《情感机器》，而在社会学研究中，"sociology of emotions" 这个日益受到关注的学科的中文译法是情感社会学，而"情绪商数"的英文为 Emotional Quotient，Emotion 则被翻译成了情绪。Emotion 可以表达各种复杂的人类情感，也可以表达多变的人类情绪。在传播学研究中，不少冠之为情绪研究的文献，追其英文引用文献，往往指向的是 emotion。与此同时，mood 这个词语往往被译作情绪，在诸多有关股票预测的情绪研究中，用来指代一种较为稳定的心理状态和预期，该词语也可以指向变化的心理状态等。比如，Bollen 课题组将情绪状态量表（POMS）扩展至大型文本分析，对 2008 年 8 月 1 日到 12 月 20 日 Twitter 中每天的推文进行了分析。最终将提取的情绪归类为六种类别：紧张（tension）、沮丧（depression）、愤怒（anger）、活力（vigor）、疲乏（figure）、困惑（confusion）。①

本文使用 sentiment 指代信心（confidence），则是参考了消费者信心指数在措辞上的一个变迁。在数据挖掘领域，Sentiment Analysis 在中文中既有可能以情绪分析出现，也有可能以情感分析的译法出现，但是在本文中，指向的是信念。Richard Curtin 曾撰文，特意声明使用 sentiment 来替代 confidence 的缘由，他认为消费者指数不仅是认知维度，也是情感维度（affective），他认为很少有消费者想到"通货膨胀"或者"失业"问题时不做出评价性判断。他同样指出，经济态度和消费期望的情感成分有助于整合各种经济消息。此外，正是情感因素（affective component）使得乐观或者悲观的浪潮能够以极快的速度横扫人群。②

同样，我们也认为我们的信心指数承载了人们对周遭世界的感受。

---

① J. Bollen, A. Pepe, H. Mao, "Modeling Public Mood and Emotion: Twitter Sentiment and Socio-Economic phenomena", *Computer Science*, Vol. 44, No. 12, 2009.

② Richard Curtin, "The University of Michigan's Consumer Sentiment Index", in Paul J. Lavrakas, ed., *Encyclopedia of Survey Research Methods*, Sage, 2008.

二 社会信心指数的题目以及克伦巴赫指数

前文已经提及，社会信心来自对社会形势（尤其是与自己关系紧密的社会形势）的判断——乐观/悲观，以及这种判断的确定程度也来自依据个人经历对未来的判断——乐观/悲观。社会形势包括以下方面：国家的宏观经济社会发展形势、就业、腐败、贫富差距、房价、污染、医改、食品安全等层面的问题，个人经历则包括将当年家庭经济状况与前一年对比等。

我们采用问卷调查方法，通过测量社会情绪——乐观/悲观及其确定程度来测量社会信心。问题由直接测量情绪的题目、判断未来以及比较过去等类别组成。直接测量情绪的题目包括社会整体的乐观程度、社会整体安全感、社会整体情绪；判断未来是指政治形势、经济形势，以及经济、外交、治安、就业、腐败、政治改革、贫富差距、房价、污染、医改、食品安全等问题；而比较过去的问题则是指经济状况。

在这个基础上，社会信心指数（Citizen Sentiment Index，CSI）是通过对公众问卷调查获得的结果采用特定的算法形成的一个数字——指数。调查内容包括公众对宏观社会形势和前景的判断，也包括对个体微观层面的评估。

有研究者曾经将情绪/信心的不同程度进行了区分，他将其区分为确定的不确定（self-assured uncertainty）、不确定（uncertain）、自在（at ease）、自信（confident）、确定的确定（self-assured certainty）。[①] 在这个情绪连续带上，也就是个体对确定感是能明确的和对不确定感也是能明确的，因此有所谓的“确定的确定”和“确定的不确定”。就本研究的量表而言，这些波动和程度各异构成了五级量表的理论基础。指数调查各测题均采用五级量表，量表中每题的测量为非常好（VG）、比较好（G）、一般（n）、比较差（B）和非常差（VB）。依据前文讨论的“社会情绪是

① Peter Atwater, *Moods and Markets: A New Way to Invest in Good Times and in Bad*, Minyanville Media, 2012, p. 20.

一个具有不同确定程度的连续体”，各测题分值的计算方式：$X_i = 2.0 \times VG\% + 0.5 \times G\% - 0.5 \times B\% - 2.0 \times VB\%$。

就指数各测题取值权重值的设定，依据“社会情绪是一个具有不同确定程度的连续体”，将表示最高程度值的权重设为2，将比较高程度值的权重设为0.5，将中间值的权重设为0。各测题分值计算公式：$X_i = 2.0 \times VG\% + 0.5 \times G\% + 0 \times n\% - 0.5 \times B\% - 2.0 \times VB\%$（最高值200，最低值-200，中间值0）。各测题分值合成——社会指数计算公式：$CSI = (\sum_{i=1}^{19} X_{-i})/19$（最高值200，最低值-200，中间值0）。将社会信心指数化便于长期比较，观察影响指数变化的因素。

本研究所用的数据来自中国社会科学院舆情实验室执行的2018年第一期、第二期、第三期以及第四期舆情数据。

我们也使用克伦巴赫Alpha系数来测量情绪的测题是否具有内部一致性。Alpha信度系数法用来考虑量表的内在信度——项目之间是否具有较高的内在一致性。表1所示19个测题的内在一致性信度系数，研究设计的量表具有相对比较高的稳定性和一致性。

表1　情绪测题的Alpha系数

	第一期	第二期	第三期	第四期
N	2000	3000	3000	2000
Alpha信度系数	0.867	0.905	0.917	0.899
Alpha N	1573	2536	2535	1656

三　社会信心指数数据结果报告

根据前文所述的各测题分值，我们对测题分值进行了合成。我们使用的指数计算公式：$CSI = (\sum_{i=1}^{19} X_{-i})/19$（最高值200，最低值-200，中间值0）。0是中间值，表示处于乐观与悲观之间。-200和200表示

"确定不乐观"或者"确定乐观"。若指数为 -50，表示没有信心但不是那么确定；若指数为 50，则表示有信心但不是那么确定。

基于舆情实验室在 2018 年执行的 4 次舆情调查采集数据，根据社会信心指数公式，我们得到四期结果，分别是第一期：$CSI = (\sum_{i=1}^{19} X_{-i}) / 19 = 61.03$，第二期是 55.28，第三期是 58.07，第四期是 59.03。

表 2　　2018 年四期社会信心指数结果

	第一期	第二期	第三期	第四期
X_ F_ B3	32.55	29.80	25.15	23.91
X_ F_ B4	42.95	35.60	35.90	43.51
X_ B5_ 1	69.40	56.25	61.50	52.13
X_ B6_ 1	63.30	58.00	58.55	56.10
X_ B7_ 1	76.10	71.85	78.05	79.33
X_ B8_ 1	54.40	52.90	54.35	47.68
X_ C3_ 1	70.75	64.40	65.60	67.06
X_ C3_ 2	60.50	54.35	53.65	49.06
X_ C4_ 1	72.95	69.65	63.85	74.99
X_ C4_ 2	69.25	67.75	75.80	78.92
X_ C4_ 3	74.45	69.30	76.40	81.90
X_ C4_ 4	57.05	55.35	56.50	58.20
X_ C4_ 5	81.35	72.85	78.70	84.31
X_ C4_ 6	74.35	61.85	64.35	73.77
X_ C4_ 7	45.80	38.60	44.30	44.51
X_ C4_ 8	36.70	27.15	33.25	30.10
X_ C4_ 9	64.50	61.15	65.80	66.02
X_ C4_ 10	55.00	52.50	54.55	54.72
X_ C4_ 11	58.25	51.05	57.15	55.43
CSI	61.03	55.28	58.07	59.03

如果对四期各变量计算平均数并且进行排序，如表 3 所示。可以发现，测题的 X 值，最大值为 200，最小值为 -200，所有 19 个测题的 X 值

均大于0。对平均值进行从大到小排序可以发现，未来预期中解决贫富差距、解决高房价问题、个人事项中的经济状况变化（比一年前）和经济状况在未来一年如何，这四项的平均数位于后四位，低于50；而未来预期中反腐败的平均数得分排名第一。

表3　　四期变量平均数

X_ C4_ 5	对未来一年改进和继续发展预期：反腐败	79.30
X_ B7_ 1	给最近三个月的社会整体安全感打分	76.33
X_ C4_ 3	对未来一年改进和继续发展预期：搞好社会治安	75.51
X_ C4_ 2	对未来一年改进和继续发展预期：改善外交环境	72.93
X_ C4_ 1	对未来一年改进和继续发展预期：加快经济发展	70.36
X_ C4_ 6	对未来一年改进和继续发展预期：加快政治改革	68.58
X_ C3_ 1	对于未来一年中国的政治形势走向预期	66.95
X_ C4_ 9	对未来一年改进和继续发展预期：治理大气污染	64.37
X_ B5_ 1	我对个人和社会的发展充满了信心和美好期待	59.82
X_ B6_ 1	给最近三个月的社会整体的乐观程度打分	58.99
X_ C4_ 4	对未来一年改进和继续发展预期：增加就业机会	56.78
X_ C4_ 11	对未来一年改进和继续发展预期：食品安全问题	55.47
X_ C3_ 2	对于未来一年中国的经济形势走向预期	54.39
X_ C4_ 10	对未来一年改进和继续发展预期：医疗改革	54.19
X_ B8_ 1	给最近三个月的社会整体情绪打分	52.33
X_ C4_ 7	对未来一年改进和继续发展预期：解决贫富差距问题	43.30
X_ F_ B4	您及家人的经济状况在未来一年里会	39.49
X_ C4_ 8	对未来一年改进和继续发展预期：解决高房价问题	31.80
X_ F_ B3	您及家人的经济状况比一年前	27.85

如果对四期各项变量计算标准差，可以发现几期调查中差异比较大的几项：我对个人和社会的发展充满了信心和美好期待，对未来一年加快政治改革改进和发展预期，对未来外交环境改进和改善发展预期；差异比较小的后几项：对未来一年治理大气污染改进和继续发展预期，对未来一年增加就业机会改进和继续发展预期，对未来一年医疗改革改进和继续发展预期等。

四 社会心态研究和谣言研究：研究的方向

如前文所述，新媒体语境下，社交媒体成为人们获取信息的重要渠道来源。社交媒体时代，信息发布渠道的多元化，让辨识真相成为一个挑战。在传统大众媒介社会中，新闻业逐渐确立了一套事实核查制度，对真相的确证成为其获得公信力的重要来源。新闻推送平台也以内容质量作为自己的努力方向之一。根据《3·15 今日头条资讯打假报告》，今日头条于 2016 年 12 月上线了精准辟谣功能。今日头条副总编辑徐一龙在报告中指出，“通过技术，我们可以明确识别看过谣言文章的用户并将辟谣文章准确地在他的信息流里展示，这也意味着有多少人看过谣言文章，就有多少人看过辟谣文章”。根据公开报道，针对谣言内容，今日头条平台采取“人工＋技术”手段拦截谣言、建立谣言库识别归档谣言等多种手段和举措。此外今日头条推出了“谣零零”计划。截至 2018 年 12 月，平台上已经有 400 个辟谣和科普账号，涵盖科普中国、人民网科普、果壳网、健康时报客户端等知名账号。①

对于研究而言，大数据时代的到来，提供了洞察网民心理以及传播机制的机会。如何利用谣言数据进行研究成为网络时代谣言研究的新命题。已有基于大数据的研究向我们展示了大数据可以展示网民有某个议题的对话以及情感（sentiment）（比如 crimson hexagon 的系列研究）。与此同时，为了能够回答更多的研究问题，建立相关关系，也出现了越来越多的调查、实验方法以及大数据文本分析方法相结合的研究。比如，有研究者通过网络浏览数据、事实核查网站数据以及在线调查数据，估算了社交网站上流传的假新闻的数量，以及构建了选民的信念倾向模型。② 也有文章讨论了谣言的转发机制，用了实验的方法来检测社交媒体

---

① 《今日头条推出“谣零零”反谣言计划》，2018 年 11 月 27 日，证券日报网，http://www.zqrb.cn/gscy/yqgc/2018－11－27/A1543274524806.html。

② Hunt Alcoott, Mattew Gentzkow, “Social Media and Fake News in the 2016 Election”, *Journal of Economic Perspectives*, Vol. 31, No. 2, 2017, pp. 211－236.

流行性指标（virality metrics）的规范性影响。[①]

在诸多的研究中，已经有研究将情感、情绪与谣言进行了连接。从谣言研究的早期阶段来看，焦虑降低等情感层面在谣言传播中的角色就已经被心理学家们关注，虽然当时的传播手段是人际传播。[②] 该研究阐发了公众处于某种心理状态时和谣言传播之间的关系。根据经典的谣言研究，谣言传播受两个重要因素影响：重要性和信息模糊性。在 20 世纪 70 年代，已经有研究者指出，“焦虑”这一情感范畴与谣言传播第一个因素“重要性”密切相关。研究者将“焦虑”作为“重要性”的代理变量，使用了心理学的焦虑量表来研究谣言传播和焦虑之间的关系。该研究运用实验数据表明，谣言在高焦虑组中的传播速度比在低焦虑组中的传播速度更快。[③] 在类似的研究中，谣言的言语实践被阐释成通过合理化模糊信息释放情感压力（焦虑）。

也有研究从集体行为层面研究谣言传播，认为自然灾害伴随着“集体焦虑”，这种情感压力会刺激某种信息寻求行为。[④] 在社会媒体时代，也有研究者专门探讨焦虑等情感与谣言传播的关系。有研究者指出，推特在极端情况下，成为传播社会危机信息的主要报道工具，也将在线公共社区提升到集体应对社会危机的第一响应者的地位。但是，社区生成的社会情报的可靠性也存在问题。研究者也分析了焦虑等因素对于谣言传播的影响。[⑤] 冲突、危机和灾难等极端状态被认为拥有谣言传播的最佳条件，也有诸多谣言研究是在各类自然灾害、恐怖主义、地震以及战争等极端状态中展开。

---

① Kim Ji Won, “Rumor Has It: The Effects of Virality Metrics on Rumor Believability and Transmission on Twitter”, *New Media & Society*, Vol. 20, No. 12, 2018, pp. 1 – 19.

② P. Donovan, “How Idle is Idle Talk? One Hundred Years of Rumor Research”, *Diogenes*, Vol. 54, No. 1, 2007, pp. 59 – 82.

③ S. Anthony, “Anxiety and Rumor”, *Journal of Social Psychology*, Vol. 89, No. 1, 1973, pp. 91 – 98.

④ B. E. Aguirre, K. J. Tierney, “Testing Shibutani's Prediction of Information Seeking Behavior in Rumor”, Disaster Research Center, University of Delaware, 2001.

⑤ Onook Oh, Manish Agrawal, Raghav Rao, “Community Intelligence and Social Media Services: A Rumor Theoretic Analysis of Tweets During Social Crises”, *MIS Quarterly*, Vol. 37, No. 20, 2013, pp. 407 – 426.

基于在线调查以及大数据测算，都能得出情绪指标。就可以探索的路径而言，除了将这两种指标进行相互观照以外，可以考量的问题是基于大数据的谣言数据如何与网民心态的关联进行论证。以现有在线调查的数据，从 2017 年到现在，总共执行了六期，共有六期样本点，需要更多样本数量进行关联。从已有研究来看，焦虑等情感与谣言传播之间的关系可以通过平台获得数据进行关联。

此外，为了建立相关关系以及因果关系，也可以将谣言大数据与在线调查或者实验进行结合来考察谣言传播和社会心态的关系。需要注意的是，对平台大数据的使用，也需要考虑到平台样本是否会存在偏差等问题。

眼见为虚：健康养生类短视频谣言的叙事特征与治理策略

——基于今日头条谣言数据库的量化分析

罗自文　支慧媛　林燕飞*

摘要：随着技术迭代，承载谣言的媒体形态不断升级，每个人都有可能接触到各式各样的健康养生类谣言。在移动社交时代，移动短视频的热潮使得谣言滋生的土壤不断扩张；短视频的视觉冲击力、欺骗性让“眼见”不一定为实。本文通过研究今日头条谣言数据库的300条健康养生类短视频谣言，综合分析了此类谣言的文字标题和视频内容的传播特征，运用叙事学、符号学、谣言心理学进行分析，发现谣言审查与谣言再生产的时间差大小、能否引导公众潜意识将成为控制谣言的两大关键性因素。在此基础上，本文分别从传播者、受众、平台治理、政府监管四个层面提出了相关治理策略。

关键词：短视频；谣言；叙事；治理

根据中国互联网络信息中心（CNNIC）的《第43次中国互联网络发展报告》（以下简称《报告》），中国手机网民数量已经占整体网民数的

* 罗自文，中国社会科学院大学教授，主要研究新媒体和视觉传播；支慧媛，中国社会科学院大学研究生，主要研究新媒体和广告传播；林燕飞，中国社会科学院大学研究生，主要研究新媒体和影像传播。

98.6%，移动终端高度渗透到了人们的生活。移动互联网讲求社交化、场景互动、沉浸体验。前所未有的移动通信速度，以及各类爆款App，将人们裹挟进移动社交的洪潮之中。拍摄、浏览、分享视频已成为当下最为火爆的社会现象之一。可以说，在移动社交时代的背景下，视觉影像的传播已经发展到前所未有的广度和深度。《报告》显示，截至2018年12月，短视频的网民使用率达到78.2%。

一　短视频谣言：研究缘起与研究意义

作为一种最古老的大众传播媒介，谣言无处不在。神秘莫测的谣言有时候会转化为危言耸听的有害信息，混淆视听；有时候则被视为消除个人“不确定感”的焦虑，获得集体认知、舒缓社会情绪的有效工具。[①] 从远古时期的口耳相传到信息社会的多媒体“寄生”，谣言从未远离人类生活。

最早明确定义谣言的，是美国人奥尔波特和波斯特曼。他们认为，所谓谣言就是一种通常以口头形式在人群中传播，目前没有可靠证明标准的特殊陈述。[②] 但是，随着信息载体的不断发展，对谣言的认识不断深入，研究者发现口头形式不再是谣言传播的唯一渠道，其定义又多了新的内涵和外延。其中，让—诺埃尔·卡普费雷提出“谣言是在社会中出现并流传的未经官方公开证实或者已经被官方所辟谣的信息”。[③] 结合当今的谣言形态，对比不同定义的异同和适用性，本研究采取我国学者胡钰的定义：“谣言是指在特定的环境下，以公开或非公开渠道传播的对公众感兴趣的事物、事件或问题的未经证实的阐述或诠释。”[④]

谣言的泛滥和更新与技术发展和文化变迁紧密相连。从技术条件来

---

① 周裕琼：《谣言一定是洪水猛兽吗？——基于文献综述和实证研究的反思》，《国际新闻界》2009年第8期。

② ［美］奥尔波特等：《谣言心理学》，刘水平等译，辽宁教育出版社2003年版。

③ ［法］让—诺埃尔·卡普费雷：《谣言：世界最古老的传媒》，郑若麟译，上海人民出版社2008年版。

④ 胡钰：《大众传播效果》，新华出版社2000年版。

看，近年来移动短视频热潮不断，这种通过移动互联网传播，通常在1—3分钟内的视频文本融合了图、文、声、像，具有制作成本低廉、传播范围广泛、娱乐程度高等特征。根据2018年Mary Meeker的互联网报告，中国移动互联网媒体娱乐使用时长同比增长22%，网络视频增速最快，其中抖音、快手短视频的日均活跃用户数均超过1亿。[①] 在该背景下，短视频记录和观赏已经成为人们日常生活的重要组成部分。移动短视频使得公众接触谣言方式更为多样、便捷，诸如"塑料紫菜""纸制肉馅包子"等谣言短视频因此不断在网上流传。[②] 短视频的内容审核较之文章来说，难度更大，加上短视频具有视觉冲击力的优势，可以预见这片包容开放的空间，很可能成为滋生谣言的泛泛"沃土"。

从文化条件来看，我们生活在视觉转向的后现代。根据叙事学的角度，在当前移动社交的时代背景下，存在大量UGC[③] 视听文本。尽管民众自制的视频影像没有多机位、分镜头等拍摄技巧，但是这种技巧的粗糙恰好保留了影像信息在时空上的连续性，反而增强了"叙事客观性和真实感"。[④] 国际反虚假信息组织"初稿"（First Draft）负责人克莱尔·沃德尔（Claire Wardle）表示，人们会对视觉性（图片、视频）内容缺乏批判性，从而进一步支持既有观念。原因在于信息过载，人们的大脑筋疲力尽，变得更容易受虚假信息的影响。结果人们很容易相信自己看到的，很少会思考：视频内容有没有经过剪辑和处理？有没有科学依据？

综合技术、文化条件，短视频谣言滋生的土壤在持续扩张，其所蕴含的风险与日俱增。与此同时，生活质量的提升使人们的健康诉求不断升级，对健康养生类信息的关注和需求不断增大。如果健康类谣言大量掺杂在短视频中，这种"眼见为虚"的视觉文本不仅会威胁社会真实，破坏人与人之间的信任，还会给人们的生活增添诸多误导，甚至引发生

---

① 《2018年互联网趋势报告》，2018年5月31日，腾讯科技，http：//www.sohu.com/a/233563380_174744。

② 佘宗明：《莫让短视频为谣言提供寄生土壤》，《中国报业》2018年第21期。

③ UGC（User Generated Content）指用户原创内容，即用户将自己原创的内容通过互联网平台进行展示或者提供给其他用户，摘自百度百科。

④ 周勇：《影像背后：网络语境下的视觉传播》，中国传媒大学出版社2014年版。

命危险。因此本文希望通过以健康养生类短视频谣言为数据基础，研究短视频谣言的叙事特征。结合文本分析，梳理其背后的社会心理动因，并提出相对应的系统化、高效化的治理措施与建议。

二 研究对象与方法选择

2018 年中国青年报社社会调查中心对 2006 名受访者进行调研，有 87.7% 的受访者表示在网上遇到过小视频谣言，认为小视频谣言在明星八卦（54.7%）、生活健康（43.4%）等领域较多。① 2018 年《3·15 今日头条资讯打假报告》显示，健康养生类谣言占头条谣言库内容类别分布的 Top2。而在头条的短视频谣言库中，健康养生类短视频占谣言总数的 48.6%。通过比较受众的谣言感知和谣言类别分布，可以发现，受众对健康养生领域虚假信息感知与目前资讯平台谣言现状保持一致。由于健康养生类信息更容易让受众形成刻板印象，辟谣难度大、科普周期长，故“短视频 + 健康养生”也逐渐成为学界与业界亟待研究的一大重要课题。

（一）数据来源

在大数据时代，互联网中每日有海量的信息发布，为了能够达到在谣言被大规模转发前，及时发现并处理谣言的负面效果，作为国内最大的个性化推荐平台之一，今日头条发挥自己在人工智能识别内容上的优势，开发了针对谣言的智能算法检测模型，采取先审后发的机制。以谣言事件为中心设计谣言数据库，其中反谣言算法的准确率和召回率也依托谣言数据库的支撑。将谣言文章先与谣言事件相匹配，再与该事件下的每篇谣言文章相对比，以此提升审核效率。同时，反谣言模型所拦截下来的谣言内容会被收录至谣言数据库，反哺于模型改进和后续研究。②

---

① 王品芝、高卿雯：《眼见未必为实！小初频成谣言传播新渠道》，《中国青年报》2018 年 11 月 20 日第 7 版。

② 夏津京：《大数据时代的谣言治理——今日头条反谣言工程》，《守望者 TechKind》（字节跳动内刊）2019 年 2 月。

为探究目前资讯平台中“健康养生类”短视频谣言的内容特征与叙事逻辑，本研究以今日头条通过谣言检测模型所拦截的短视频谣言为基础，在“健康、生活、育儿”三类与健康养生议题相关的短视频谣言类别下抽取样本数据。健康类视频则采取方便抽样原则，从总库中抽取健康类谣言200条；生活类视频因占比低、样本量稀缺，从总库中抽取所有生活类谣言。最终共抽取2017年至2018年健康养生类短视频谣言数据300条，约占数据库中健康养生类短视频谣言总数的20%。同步抓取“视频发布时间、视频类别、标题、视频内容”等具体信息，作为对“视频谣言文本”进行研究的重点。

（二）研究方法

根据本文所收集的数据，可划分为标题文本和视频文本两层面。针对标题文本，使用ROST软件进行高频词统计、文本分析；视频文本则涉及谣言的具体表现形式，主要是通过人工细读的方法进行统计分析。在此基础上，结合今日头条的谣言治理模式与叙事学、符号学、谣言心理学等相关理论，探索移动社交时代下短视频谣言的叙事特征与治理策略。

（三）叙事特征的分析框架

在经典叙事学中，以话语层面作为主要的研究对象，其中以热奈特为代表的叙事学家重视故事的表述方式，主要包括时间、空间、语态、语序、人物话语表达方式等。① 符号学作为研究“意义”的学科，着重意义生成的过程，并将解析意义作为符号的用途。符号学与叙事学相结合，从宏观到微观，从故事到意义，可以使我们清晰地解读谣言文本。另外，谣言心理学是奥尔波特开创的一种研究视角，结合心理学来分析谣言的传播，能更深层次地把握其本质。

本研究从文本、内容、意义三个维度，从叙事学、符号学、谣言心理学的范畴，有针对地进行文本技术统计以及学理性剖析。重点关注标

① 唐伟胜：《范式与层面：国外叙事学研究综述——兼评国内叙事学研究现状》，《外国语》（上海外国语大学学报）2003年第5期。

题背后的文化内涵以及叙事策略、关注话语所指涉的意义、关注叙事画面符号与主题的联系等。

三　分析结果

（一）标题文本统计与发现

1. 标题的三种表现形式

健康养生类短视频谣言的标题长度平均约为 22 字。对标题文本进行分词统计并去掉虚词后，形成词云图（见图 1）。词频数排名前三的依次是白发（163 次）、变黑（90 次）、洗头（65 次）。86% 的标题采用非人称叙事，避免出现人称；10% 的标题采用第二人称叙事；第一、第三人称叙事合计仅占标题总数的 3%。

图 1　健康养生类谣言标题文本词

2. 标题结构类型分析

在300条谣言的文字标题中，大多对视频内容进行高度地提炼，使受众能够通过标题获取足够的信息。甚至有些作品本末倒置，标题句子完整，结构清晰，但相对应的视频内容却极其简短，视频文本信息匮乏。在300条文字标题中，我们根据标题的叙事内容划分了三种主要的表现形式：妙方型、迷信型、恐吓型。

（1）“妙方型”追求强烈对比，体现“小”物品“大”疗效

这类标题占总数的82%，最为常见，共有246条。通常描述了使用某种日常用品可以达到出其不意的效果，水果蔬菜、普通的油盐酱醋等都可以被当成妙方，例如“白发长满头，白醋加两物洗头。不论多久的白发3次就变黑，收藏”“自制果蔬杀虫剂无毒无害，让虫子死光光”。其一，成本与效果之间的强烈对比，表现出“小”物品的奇特之处；提高标题的渲染力度，短时间内能诱发人们强烈的好奇心。其二，这类标题反映出了人们憧憬存在类似“用妙方解决烦恼”的心态，这种心态表现为个体妄求低成本地满足自身需求，试图通过捷径来实现内心的愿望。

（2）“迷信型”迎合传统想象，论证方式简单粗暴

迷信是指“追求以超自然的力量实现对现实事物的预测和控制的思想和活动”。[①] 在该界定下，谣言标题中的“迷信型”有35条，占12%。这类标题集中表现为，盲目相信因果关系，在神秘力量的作用下能导致特定的结果。比如，“都说左手有川字的人会离婚，挺准，快了!”“特别准!‘生男还是生女’，从手上就能看出”。中国文化博大精深、源远流长，在几千年的封建社会所形成的迷信思想，反映在民众生活的方方面面。以占卜、看相、算命为主的传统迷信至今仍然拥有很大市场。事实上，这类标题只是利用人们对传统的刻板印象、迎合大众对预知未来、男女性别的迷信诉求。通过某种迹象可预知未来的迷信类谣言，在移动互联网时代披上了短视频的外衣，以简短的论断、肯定的口吻，不断忽悠受众。

---

① 叶青春：《中国社会迷信盛行成因分析》，《西南民族大学学报》（人文社会科学版）2005年第3期。

（3）“致癌型”诉诸恐怖，多出现夸张禁令性语言

“致癌型”是指含有致癌或者罹患重病类关键词，叙事具有恐吓性质的谣言标题。这类“致癌型”标题有19条，大约占6%。这类标题通常会直接明确断定某种东西会对身体产生极度负面影响，多出现禁止、禁令用语。标题在对事物进行强烈抨击的同时，缺乏现代医学的科学和严谨，肯定论断的口吻使人产生强烈的冲突感。例如，“这种酱油会致癌家庭主妇请注意!”“这种隔夜菜不能吃，会致癌、会死人，打死也不能吃!”。中国人的饮食文化一向对健康养生极为重视，古人重视“病从口入”，疾病和饮食习惯紧密挂钩，讲究“食疗”。因此，在致癌类谣言当中通常会出现各类食材、配料，它们与“妙方型”刚好形成两个极端，前者极力渲染食材恐怖、致癌，后者则牵强、夸大食材功效。

3. 文本与意义：白发、叙事拼贴与大众认知

分析标题文本过程中，本文发现这些健康养生类短视频谣言的标题关键词明显集中在头发的护理方面。那么“白发”作为一个关键词，究竟体现出何种谣言叙事特征呢?

从社会心理来看，在中国文化传统中，头发有着重要地位。从“身体发肤，受之父母，不敢毁伤”，到清朝初期推行剃发令——留头不留发，留发不留头，都显示出头发对中国人的意义。著名民俗学家江绍原在《发须爪——关于它们的风俗》中提到，发须爪的颜色、生长速度都和本人的强弱寿夭相关，同时是人身上不容易消减的部分，相比其他身体部分不能重生，这二者是可以恢复的。[①] 头发对人体的特殊意义在于它的再生特性，民间对长生不老的迷信、身体衰老的恐慌，成了头发这一象征符号背后的所指，也因此使其变身为健康养生类谣言的重灾区。

从词云分布图来看，谣言议题出现频率最高的是“白发”，如“洋葱可以让头发由白变黑”，这个句子当中，就其符号表意指涉过程来看，涉及了隐喻和转喻。[②] 所谓隐喻就是基于相似性，可以用本质不同的一种事物暗喻另外一种事物的修辞手法。而转喻则是一种基于主体和代用词之

① 江绍原：《发须爪——关于它们的风俗》，上海文艺出版社1987年版。

② 孙秀蕙、陈仪芬：《结构符号学与传播文本——理论与研究实例》，正中书局2011年版。

间的接近性，借用代用词来代替主体的修辞方法。在“洋葱可以让头发由白变黑”这一标题中，假设A代表洋葱、B代表白发变黑，那么A作为一个符号，这个符号指向是A1“使用了神奇秘方”。同样，B白发变黑可以寓意B1“扭转衰老”或者B2“永葆青春”。

A洋葱=A1使用神奇秘方

B白发变黑=B1扭转衰老=B2永葆青春

在众多谣言文本中，A处于可以随意置换的位置，可以是洋葱，也可以是生姜、小苏打、黑枣等，它们之间的相似性预示着某种替换的可能，健康类谣言标题总是在替换对象当中，变幻出不同的表现形态，使其衍生出屡禁不止的谣言模式。A所代表的符号能被相关事物取代，新文本的谣言也就相当于叙事拼贴。

而B白发变黑，则是将头发与人体的接近性作为基础，代表生命力由衰转盛的过程。从谣言心理学的观点来看，“头发”谣言作为一种个人的心理投射，会不自知地将自身的情绪和希望（恐惧衰老、希望青春）代入自身对事物的解释当中。这类“头发”谣言的表征则适应了受众的认知结构，在个体加工的心理表征得以生成的过程中，个体会根据社会情景做出种种改造，这种心理表征因个体不同的感染程度转化为不同程度的传播，诉诸大众。① 也就是说，谣言的再表征、再生产很大程度上有赖于本身的叙事意义是否符合大众原有的心理想象。

（二）视频文本统计与发现

麦克卢汉为说明传播媒介对人类感觉中枢的影响，曾提出“媒介即人的延伸”，任何媒介都不外乎是人的不同感觉和器官的扩展或延伸。② 人们在观看视频时，由于过多依赖直观的视觉思维与听觉思维，不需投入太多思考，故而可能出现思辨力、独立思考能力和探求事实真相的主动性等下降的问题。在享受新媒体时代短视频为大众带来的轻松与便捷

① 赵旭东、张文潇：《魔发之“魔”：〈从身体之发看表征的转换与文化逻辑〉》，《广西民族大学学报》（哲学社会科学版）2018年第2期。

② 郭庆光：《传播学教程》，中国人民大学出版社2011年版。

的同时，人们更应当积极抵抗人为的虚假信息或视觉暴力，培养自身对视听信息的批判性思维。在探究如何抵抗之前，首先对一系列“视频谣言”文本进行全方位的解读，分析其内部结构与逻辑。

1. 视频时长的统计与分析

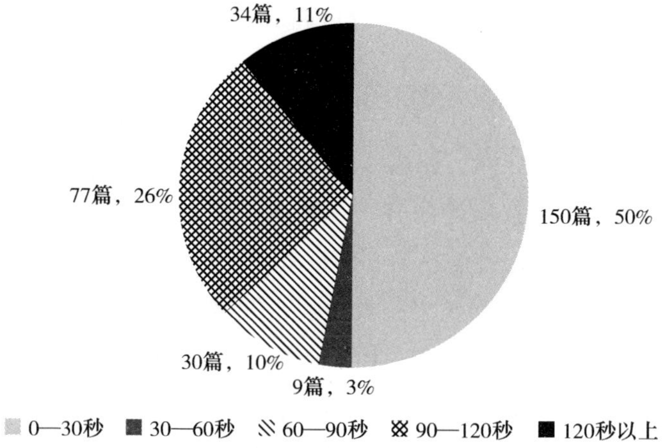

图2 健康养生类短视频谣言的时长分布

对健康养生类的300则短视频谣言的时长进行统计后发现（见图2），0—30秒的时长占据了谣言视频的50%，其次较多的视频长度在90—120秒，占据26%。其中0—30秒的短视频中，近40%的视频内容在10—15秒。对视频内容研读可以发现，15秒内的短视频谣言叙事受时间限制，视频内容本身大多不具有完整的叙事功能；单纯从内容看，并不完全具备谣言特质。大部分只是对一个场景进行简单呈现，视频缺乏完整性。当视频可容纳的信息较少时，标题则需要承载更丰富的信息。例如“祖传生男孩秘方、痛风秘方，有求必应”“修水青钱柳降糖茶，天然的植物胰岛素，糖尿病的克星”等，通过强化标题叙事中的“诉求”来吸引受众。这类视频的审核成本，较之14秒以上的视频的审核成本来说更低，仅对标题进行审核便可大致判断其是否为谣言。

2. 视觉符号的运用分析

300则健康养生类短视频谣言中，用手机竖屏拍摄的短视频占43%，视频时间短，场景单一，画面抖动幅度大，主要通过“标题介绍成效+视频拍摄材料+语音介绍做法”的模式建构内容，例如《自制驱蚊液，驱蚊效果特别好，还不伤身体》一则视频，画面展示材料，语音介绍方法，展示驱蚊液的制作过程；非竖屏拍摄的视频有171条，占57%，其中“白发变黑”议题又占非竖屏短视频的绝大多数，多达118条。传播者一般会对非竖屏拍摄的内容进行剪辑和拼贴，表现形式主要有三种：幻灯片播放式、卡通动画式、生活场景展现式。

（1）“接地气”的视觉呈现：场景生活化、逻辑简单化

和其他口语文化一样，谣言少有长篇、渐入高潮式的线性情节，也少有精心设计来组织叙事的内容，它倾向于使用极为简单的方式，来满足人们迫切渴望了解相关信息的心理欲求。[①] 在涉及“虽不致命，却令人头疼”的健康议题中，例如“头发、瘦身”等，人们坚信药物治疗、化学试剂等方法不健康、不治本，而更愿意相信“成本低、健康绿色、可操作性强”的民间偏方。故而在健康养生类短视频谣言的制作中，传播者倾向于选择在生活场景中拍摄，利用“接地气”的表达方式来迎合人们内心的期待，简单的逻辑中会包含人们最关心的核心信息：“困扰+做法+效果”，其视听呈现内容也围绕这三部分构成。

（2）“门槛低”的传播内容：拍摄成本低，内容可模仿

健康养生类的短视频谣言不局限于告知受众“哪些食物能吃/哪些食物致癌”，还会涉及大量“健康生活小技巧”之类的议题，该类视频多选取日常生活用品充当拍摄道具，如普通的器具、食材、药物等，拍摄成本低。且制作技术粗略，无过多编辑痕迹，视频画面质量参差不齐，达到高清的短视频数量极少。另外，视频内配音叙事的可重复性高，语言直白、简洁、口音较为浓重者多，配音随意，尤其缺乏明显的个性化风格。如“自制蚊香液/自制胶水/自制杀虫剂”等视频，传播者竞相模仿拍摄，画面雷同，文案相似，甚至在视频的传播过程中，有传播者会自行修改原有的配方，进行二次传播。因此可见健康养生类谣言短视频的拍摄与发布的门槛相当低。

---

① 果壳 Guokr. com：《谣言粉碎机》，新星出版社2012年版，序二。

从对标题文本与视频文本的分析中可以看出，传播者通过对人们的困扰问题进行放大、对问题的应对方法进行简化、对秘方的效果进行夸张等处理，完成谣言的制作，吸引受众点击与再传播。这一系列手段形成了模式、形象与符码，逐渐消弭着“虚假”与“真实”的边界，使得健康养生类短视频迷惑性更强，真实性难以判断。周勇认为冲突是网络影像传播的原动力，这里的“冲突”包括了视觉冲突、心理冲突、利益冲突。“白发与黑发”“生发与脱发”“胖与瘦”“有害的蚊香与自制的偏方”……这些相互冲突的元素会对视听者产生影响，进而借由网络传播中的情感发酵，成为一个具有普遍性的典型形象，通过现实社会场域的互动，从而反映出某种特定的社会现象和社会问题。① 主题的相关性、信息的可视性、内容的通俗性极大地满足了普通大众日常生活的欲求与期望，再加上新媒体时代传播方式的瞬时性与重复性，阅听人很难在浏览信息的同时展开自己的联想与思考，长期的读屏浏览使人们习惯性地用他人编织好的被动视听，去代替自己的主观感受和判断。

四 对短视频谣言治理机制的思考

健康养生类短视频谣言的标题贴近大众原有心理想象、题材选择生活化；视频内容简单拼接、操作可复制性高，使得造谣视频的再生产成本降低，影响更广。结合短视频谣言内容的特征与今日头条平台目前提出的反谣言治理机制，本文对健康养生类短视频的谣言治理作进一步的分析与思考。

不管是哪一个资讯平台，内容的分发在某种程度上都依赖于内容后台的数据，例如“点击率、用户阅读时长、点赞评论转发”等，这些可量化的指标数据，在算法推荐模型中仍占有很高的比重。健康养生类信息所裹挟的人性弱点与欲求较之其他信息，更容易获取用户注意力，因此在这些可量化的指标中，谣言就有了传播优势，越来越多的传播者趋之若鹜，追求那份“眼球经济”。

① 周勇：《影像背后：网络语境下的视觉传播》，中国传媒大学出版社 2014 年版。

人工智能技术在今日头条反谣言领域的应用，为谣言的监测、过滤提供了良好的数据基础，结合平台先审后发的机制，共同保障清朗的内容生态环境。通过“机器识别 + 人工核查”这一模式，大部分简单易识别的短视频谣言在发布前便被识别出具有谣言特征，无法进一步传播和扩散。从目前传播平台的治理模式来看，以拥有强大算法能力的今日头条为例，在技术层面，将 NLP[①] 等人工智能技术用于反谣言，借助算法在流程上针对可疑信息，并及时启动人的介入；[②] 在运营层面，则通过认证权威消息源，建立辟谣作者联盟，利用全线产品发声，壮大辟谣队伍的力量。两者相互结合，对预防、识别、治理谣言起到了重要作用。在谣言库的记录中，平台早期有少数内容发布之初未被第一时间拦截，经过部分阅读和转发后，才通过处理被拦截下。例如“食醋这样吃会导致骨质疏松，还有哪些人不能吃，你知道吗?”“糖尿病将大蒜、鸡蛋这样吃，1 星期餐后血糖降了 5 个点”等内容，针对这些“漏网之鱼”，平台也通过设立“回查组”来复审和清理“老谣言”，及时阻止谣言的影响进一步扩散。以往“造谣一张嘴，辟谣跑断腿”，如今依靠算法与人工的结合，互联网平台辟谣内容精准投放技术的实现，在很大程度上缓解了辟谣难的问题，各大健康科普类账号也主动生产科普信息，利用趣味化的短视频、贴近生活的解读传播真相。但健康养生类短视频谣言涉及的议题集中性较强，很多谣言早已成为社会集体记忆的一部分。因此即便是辟谣信息到位，人们还是难以改变最先相信的“事实”。

随着时代的发展与社会问题的更迭，谣言内容会随时更新，而随着互联网平台的不断增加，谣言滋生的土壤也在持续扩张。正如密歇根大学信息学院副教授梅俏竹所言，“利用先进的人工智能技术不难过滤已被证伪的谣言，但影响最大的往往是新谣言。它们的出现鲜有征兆，也很难被发现。如何快速有效地发现，判别和控制谣言也成为学界与业界共同面对的课题”。[③] 可见控制单一谣言，并不是一件难事，机器迅速识别

---

① NLP（Natural Language Processing），自然语言处理，是人工智能的一个子领域。

② 《3·15 今日头条资讯打假报告》，2018 年。

③ 《3·15 今日头条资讯打假报告》，2018 年。

再生谣言的能力却是稀缺资源。

综上，本研究认为，能否纠正公众潜意识、谣言审查与谣言再生产的时间差大小将成为反谣言研究的两大关键性因素。一方面造谣者会很快根据审核机制的特点，有针对性地在原有的谣言文本上衍生出新的文本，需要平台进一步提升机器与人工审查的速度；另一方面，公众对秘术、看相、风水等的盲目迷信难以在短期消解，尤其是中老年网民鉴别谣言能力弱，更容易受到谣言的影响，也更容易传谣，需要政府、社会、企业加强科学知识的宣传，及时有力度地辟谣。

五　应对策略

随着新媒体行业的迅速发展，各类短视频 App 与资讯平台技术的进步，使得数字技术凭借自身优势打造的视觉文化在不经意间形成一种文化霸权。在短视频发展势头迅猛的当下，“眼见为实”成了一个危险的生活直觉，质量参差不齐的视觉信息需要人们去认真辨别。如何有效识别与抵御人为的虚假信息？在此背景下，本文分别从传播者、受众、平台治理、政府监管等四个方面提出了相关建议。

（一）传播者

当下自媒体在资讯平台占据着越来越突出的地位，由于信息发布门槛的降低、信息传播速度的加快，每个人都可以成为“媒体”，进而传播信息。“传播者”在谣言的生成中，扮演着“发起”与“扩散”两大角色。按照不同的目的进行分类，谣言传播者主要可分为“利己型”与“利他型”，针对不同的群体，应当有不同的应对方式。

“利己型”传播者看重的是谣言背后隐藏的注意力经济。对于这一类传播者，应当“严格把关，堵住源头”。此类恶意传播造成的影响较为恶劣，创作者一般会在信息最后采取“导流”的形式，将自己的微信号或其他联系方式公布，以达到获取流量进而获利的目的。而“利他型”传播者，认为应当将健康知识“科普”给大众，自己传播或转发的行为是“出于好心”。这样的心理使得健康养生信息抑或是健康养生类谣言容易呈几何级数传播，也令更多人产生谣言数量变多的感觉。① 针对这一群体，应当“辟谣为先，疏大于堵”。

（二）受众

第一，需要重视受众接受视觉素质、媒介素质教育的必要性，在信息时代，每个人都可以是传播者，也必然都是受众。人们之所以更关注、易轻信健康养生类资讯，是因为在很大程度上健康养生类资讯折射着人们的希望、恐惧与焦虑。在对信息有需求和期待的时候，人们的情绪、记忆和想象就很容易被调动。尽管这些信息未被证实，但是仍然会抱着“试一试”的态度选择相信。在谣言感知的调查中，过半数的受访者认为受谣言影响，他们对事件的真相总是感到困惑，并认为受教育程度越低，承受困扰的用户比例越大。而且大多数人在面对有争议的信息时，只有较低的求证意愿。

第二，必须针对视觉素养教育、媒介素养教育的推广策略进行充分的考量。每个人的知识储备与科普知识的理解能力都是有限的，“素养教育”的最终目的不是让受众成为“百晓生”，上知天文下知地理，而是培养一种对未经证实的信息进行合理怀疑与批判的思维方式。既往的素养教育之所以不够成功，在于只是停留于“我们看到了什么”“我们应当怎样”的学习层面，而没有抓住信息内容或媒介中的核心要素与结构关系，当大众知晓这些要素是如何被某种特定的结构关系编织为谣言后，才能对谣言信息有真正的理解。消除谣言最好的办法，并不是直接告诉人们正确答案与真相，而是让人们知晓如何获取真相。让科普信息走在辟谣信息前，避免谣言倒逼真相，或许是一个可以参考的方向。

（三）平台治理

第一，平台内部建立多元审查机制，提高从谣言出现到识别下架的反应速度，尤其是利用技术针对健康类新谣言可能出现的形式和方式做

---

① 陈少波：《当谣言邂逅微博，是自净还是泛滥——自媒体环境下微博谣言的传播学分析及辟谣方略》，《新闻界》2012 年第 15 期。

出一定的预判，强化对民生内容质量的整体把控。外部与其他平台共享谣言数据，联合建立强大的谣言库，以点带面。在移动互联网时代，众多平台作为信息汇集的分发中心，理应共同对整体互联网的信息质量负责，对民众的健康观念负责。

第二，构建反谣言互联网生态，平台作为中坚力量，应当联合组织政府、专家学者、传统媒体和自媒体组织、公众共同参与到反谣言行动当中。诸如“丁香医生”“小泽健康”“老爸测评”等专业辟谣信源，不仅具有权威性、科学性，还能充分发挥辟谣主力军的作用。平台需要整合各个主体的资源，给予适当的流量和经费支持。

第三，分层引导，提高中老年人对健康类谣言的警惕性，增强平台自净能力。健康、养生、食品等相关谣言的目标群体主要是中老年人，这部分受众随着移动互联网时代的到来，“入网”的人数逐年上升，其中接触到这类信息的概率也越来越高。因此平台需要对用户进行分层引导，多向这部分特征较为明显的中老年人群体推送权威的可信度高的健康、养生信息，给他们注入“谣言疫苗”，提高对该类信息的敏感度，使他们能自主加入辟谣队伍。

（四）政府监管

第一，明确谣言传播的主体责任，组织法学界厘清谣言传播的模糊地带，建立健全相关法律制度，提高造谣者造谣的成本。健康养生类谣言造谣手段多样，成本低下，且大多数情况下情节轻微，仅涉及一些错误的健康养生观念，多数是在违法的边缘游走，无法具体落实造谣者的法律责任，使得“微造谣”成为一种常态。在这种情况下，亟须政府监管部门为企业、平台提供较明确可行的法律指导意见。

第二，政府监管部门创新辟谣行动的方式和方法，线下可以进入社区、养老院、学校等地方进行科普宣传，增强面对面的引导和沟通，尤其在中老年人密集的社区，需要更大力度、更频繁地推广辟谣行动。在线上可以举办辟谣短视频大赛等奖励活动，通过趣味性、实用性的方法，吸引有能力、有知识的辟谣生产者与普通群众共同参与其中。

第三，加强对食品、健康类企业生产的规范。社会上层出不穷的食品安全、生产质量等负面新闻，持续地打击着群众对食品、健康类产品的信心，造成了心理上的隔阂。这也是健康养生类谣言得以滋生的现实土壤。因此，政府监管部门需要从源头上减少公众对这类产品的焦虑和恐慌，及时对涉事企业进行治理整顿，进而针对谣言进行澄清，以帮助公众树立对食品安全、健康养生的信心。

结 语

互联网的出现使得视觉信息泛滥，视觉文化成为“快餐式”的消费品，受众容易沉溺在轻松易理解的图片与视频中，进而放弃阅读需要更多理性思考的文字。短视频的视觉冲击力、欺骗性也让如今“眼见”不一定为实，每个人都有可能接触到各式各样的健康谣言。本文通过研究今日头条谣言数据库的 300 条健康养生类短视频谣言，综合运用叙事学、符号学、谣言心理学进行分析，发现谣言标题叙事主要是为了满足受众原有的心理想象，呈现隐喻转喻效果，谣言短视频的内容叙事则围绕视觉上的生活化、编码上的简单化进行，导致谣言短视频成本偏低，却能取得较好效果，并且能催生各类新谣言。本文认为，谣言审查与谣言再生产的时间差大小、能否纠正公众潜意识将成为控制谣言的两大关键性因素。只要针对传播者、受众、平台与政府制定相关策略，就能构建起一个协同治理谣言的体系，形成多方合力，从而对健康养生类谣言说不。

社交软件谣言的根源和评析

燕志华*

摘要：谣言是个古老的事物，而假新闻则是现代社会的产物。关于两者的区别，学界并无统一的说法和界定。近年来，西方社会频频使用“假新闻”一词来描述和“后真相”概念高度相关的一种社交媒体现象，使其使用频率大为增加。

在中国，谣言和假新闻都存在，但是官方更倾向于使用“谣言”一词来涵盖所有的网络谣言、假新闻、不实传言和流言，并强化了一系列的“辟谣”话语和技术运用。因为“谣言”的说法更具负面色彩，更强调“扰乱社会、淆乱人心”的后果，也更能整合社会人心。

关键词：谣言；社交软件；舆情；社会治理

互联网技术推动社会取得了巨大进步，但是也出现明显的双刃剑效应，显示了人们在驾驭这种全新的技术方面依然力不从心。人们对于这种社会“新空间”一直有较为复杂的看法。不过，至少有一种古老的事物因此获得了全新的生命力，这就是作为人类社会最古老的叙事形式和传播形式的谣言，在网络时代尤其是社交时代，的确获得了新生。这无疑为社会治理带来了很大的挑战。

---

* 燕志华，江苏紫金传媒智库研究员，《新华日报》高级记者。

一 社交时代“辟谣难”背后的网络空间形态变迁

在传统的互联网时代，因为网络传播的匿名式表达、病毒式传播等特征，谣言虽然找到了一个更适合大规模、爆发性传播的土壤，却还有一定的限制。人们对于传统互联网实践了一个“池子理论”。这种理论认为，如果将整个互联网空间视作一个巨大的信息池塘，只要其中保持自然的健康的生态：有芦苇、水草、鱼虾等净化池塘水质的生态环境要素，即使有“信息污水”流入，也迟早会被净化。代之以信息来说，即使谣言和假消息进入复杂舆论场，来自各方的信息形成对冲机制，真相迟早会浮出水面。

这种具有鲜明辩证色彩的“清者自清，浊者自浊”的理论，在门户网站时代和微博时代，几乎被验证为正确的理论。因为在论坛时代、门户网站时代和微博时代，整个网络空间是开放相通的公共空间，互联网舆论场表现为一个相对活跃的思想市场和开放的大型信息广场。任何一种观点、思潮在理论上有受到关注和聚焦的可能性，从而引发正反两方的辩论，最终的结果，是有助于形成多数民众认可的、符合当时发展水平和认知水平的网络舆论的结晶。

但是进入社交时代，也就是微信崛起之后，这个“池子理论”处于一种非常尴尬的境地。众所周知，微博和微信是截然不同的两种技术平台架构，前者表现为一种虚拟的公共广场，后者则表现为私密的“聊天室”，从而形成迥然有异的传播原理和传播效果。微信的朋友圈有一层坚硬的“准入”外壳，只有内部的参与者而没有围观者和传播者，除非内部出现了泄密截图或者主动传播。

微信朋友圈整体上是指价值观相近、志趣相投、利益相通的人们形成的关系圈层，但是细分起来，至少分为两种：一种是作为费孝通先生提出的中国人“差序格局”社会学理论在社交时代的体现，即每个人根据关系的亲密程度形成的亲友圈、同学群、兴趣小组等；另一种就是社会利益群，这包括固定的单位同事群、职业身份群、临时性的群体议事群等。前一种类的群是以差异格局结构中的个体为中心，而后一种类则是以价值观、共同利益为纽带。这就如同一个人握着多个气球，虽然个体可以直接和气球发生联系，但是气球之间其实并不相连，呈现为多个独立的存在空间。

美国《国家》杂志1992年在一篇文章中使用了“后真相”一词，赋予其“情绪的影响力超过事实”的语义，此后这一含义成为主流。“后真相”（post truth）获选牛津词典2016年年度词语，“假新闻”（fake news）则是2017年柯林斯词典的年度词语。我们由此可以看出，社交媒体现象在西方世界引发的普遍困惑。

社交时代的问题，已经成为全球性的治理难题。随着Facebook和微信的用户达到数十亿级的规模，总用户数超过了全球人口的一大半，世界同步跨入了社交软件时代。中国和世界其他各国一样，在公众舆论、网络管理、社会管理等领域遭遇了社交软件的挑战。国家和社会、政府和民众的关系处于动态的变动和重构之中。美国2016年的总统选举、英国脱欧事件，构成了社交时代影响全球的著名“黑天鹅”事件。在总统大选中，Facebook因为被认为助长了假新闻的传播而受到广泛的批评，这种批评在5000多万用户资料遭泄密后达到高潮。Facebook和谷歌为了取信于公众，并遏制假新闻的传播，先后出台了多项治理措施，但并未明显解决社交软件带来的社会问题。

二　如何看待中国网络空间的独特特征?

“后真相”“假新闻”作为舶来词，准确描述了发生在美国和欧洲的一系列关于社交软件的现象，但是是否符合中国的社交媒体现象，可能需要进一步的考察研究。

现在看来，就谣言和假新闻的研究来说，社交软件链接人心和人性，中外社交软件很多现象具有共性：社交软件更适合谣言和假消息的生产和传播；人群更加分化，精英阶层和底层社会发生撕裂；一旦谣言击中某个群体就会导致爆发式传播，并加剧社会分裂；“后真相”现象普遍存在，辟谣更加困难，真相不再重要；等等。

因为媒体环境、信息披露状况等不一样，我们在借鉴来自美国和欧洲等发达国家和地区的“后真相”“假新闻”社交媒体现象的理论的时候，不能全盘照搬，我们需要在研究社交软件普遍性规律的基础上，深入结合中国的特色环境，这离不开研究中国网络舆情发生、发展的根源和规律。

三 中国网络舆情、谣言和假新闻的根源考察

研究中国社交软件的谣言和假新闻，我们可以从网络舆情发生、发展的视角来探究前两者发生、发展的根源和可能的治理渠道。

中国从网络社区论坛时代开始爆发网络舆情，它们基本上是在网络空间爆发、传播，而传统媒体的版面和镜头几乎对此视若无睹。舆情生产和传播的主体几乎都是普通网民，舆情中存在大量的谣言和假消息，我们完全可以从网络舆情中追溯和考察中国社交软件上的谣言的部分根源。

网络舆情客观的倒逼机制，经由中央政府问责机制的传导，迫使地方政府加快建设服务型政府，中国社会变迁和社会发展因此快速进步。不过，尽管网络舆情的倒逼机制产生了较大的变革力量，从论坛时代到门户时代，再到如今的“两微一端”时代，却未能从本质上改变中国网络舆情生产发展的土壤和环境。也就是说，谣言爆发的社会基础、社会心理和内容基本上没有改变，变化的只是传播的环境，变得更加易于传播、负面影响更大了。

在研究舆情的过程中，我们会发现，只要涉及政治和体制的内容，舆情就会爆发得更为强烈，舆情人物，如官员、城管、警察、公务员等，舆情事件，如腐败、粗暴执法、司法不公、收入分配不平等，都可以成为油锅里的水滴。

谣言的爆发和传播，有着极为复杂的机理。古今中外，世界各国都遭受到各式谣言的困扰。我们可以对如下两个典型的谣言进行分析。

抢盐风波 2011 年 3 月，日本东海岸的地震造成日本福岛核泄

漏事故，出人预料的是该事件在中国引起了一场匪夷所思的抢盐风波。从3月16日开始，中国部分地区不少群众疯狂抢购食盐，出现了不少“抢盐帝”，许多地方商店和库存的食盐被一抢而空，市场秩序一片混乱。

响水逃城 2011年2月10日凌晨，江苏盐城响水县有传言说，陈家港化工园区大和化工企业要大爆炸，导致该地区数万群众产生恐慌，开始陆续逃亡，造成4人死亡、多人受伤。经查，此事始于2月9日晚，刘某发现厂区一车间冒热气，即告诉朋友氯气泄漏、尽快逃跑，恐慌就此蔓延。事件严重程度也在传播中被无限夸大，最终导致了一场罕见的大逃亡。

这两个事件，都折射了地方政府在关键时刻公信力缺失的严重后果。

门户时代的网络舆情和谣言在长驱直入社交时代后，借助社交软件能够获得更大的传播力和影响力，但是也因此带有较为鲜明的社交平台的特点。

四 社交时代的网络谣言和假新闻特点评析

在网络舆情爆发的初始阶段，社会底层和弱势群体是舆情主体，舆情内容主要是针对官员态度恶劣、城管执法粗暴、土地房屋强拆强征、收入分配失衡等问题。他们倾向于夸大事实甚至制造和传播谣言，为的是吸引围观人群并推动问题解决。此阶段的谣言，推动地方政府和相关部门主动出面辟谣，局部问题成为社会议题，最终得以解决。

在论坛、网络门户和微博阶段，只要地方政府和官员提高认识水平、改善社会治理方式方法，很多问题基本可以改善或者解决。网络治理的手段相对简单，也相对有效，比如对于被认为是谣言和假新闻的帖文，可以直接进行删除或者屏蔽。在抑制谣言和假新闻大规模传播方面，有明显的效果。但是删帖本身导致了一个意料之外的后果，那就是“删帖即证实”——任何被认为是谣言的帖文，一旦被删除就被网民认为坐实了该事件为真实的。这实际是地方政府和部分官员公信力陷入“塔西佗陷阱”的后果，老百姓成了“老不信”。

进入社交时代，也就是微信崛起的时代，相当多的舆情“遁入”微信朋友圈，并且采用了视频、音频、图片等形式，技术软件监测出现大量盲区，舆情变得不可捉摸。而同时，舆情主体除了弱势的底层百姓，中产阶层也逐渐增多，并发出越来越强烈的声音。这种状况可以概述如下。

社交软件和此前的各种论坛、门户、传统媒体、微博等存在无缝衔接的途径，传统的舆情、谣言和假新闻继续存在，并顺利进入社交平台。

社交软件的圈层化特征重构网络空间，网民以圈层方式生存，他们之间愈加分化和区隔化。

中产阶层形成中产者社区，价值观成为凝聚阶层的主要力量，他们越来越体现为一股政治、经济和文化中坚力量，舆情诉求越来越超越简单的低层次物质利益诉求，价值诉求如健康、法治等方面增多。

社交平台每篇 10 万 + 的文章大多有一个前提，就是需要精准击中某个群体心理，利用他们的恐惧、好奇、追求真相等心理，吸引他们主动转发分享。这个分享链接会不断进入群体的无数个圈层，引发链条式反应。

上述的社交软件特征，让我们理解这样一个现象，当一个养老健康类的假消息、谣言进入老年群体的时候，几乎没办法辟谣，“池子理论”完全失效。因为这个独立的圈层里缺乏必要的健全的信息生态，信息对冲机制难以建立。

比如，多年前一张由“@哎呀有微博了”发表的照片，因为被认为是养老压力而被加工为《一张恐怖的全家福照片》的文章，在微博和微信疯狂传播，虽经博主辟谣，2018 年依然在多个微信公众号传播，并收获巨大的阅读量、转发量，这就是一个明证。这个假新闻击中了部分老年人、年轻人群体内心关于养老的恐惧和成见，所以人们大量转发。

一项研究可以证明社交软件里的谣言和假新闻，很大部分依然来自微信之外的微博和传统互联网。2015 年，中国社会科学院新闻与传播研究所在北京发布《新媒体蓝皮书》（以下简称蓝皮书）。蓝皮书的调查显示近六成假新闻首发于微博，首发于网络媒体的假新闻占比32%，首发于微信的假新闻只有7%。也就是说，微信这样典型的社交软件，主要是充当了谣言和假新闻的传播加速器和能量聚变器的作用。

我们还可以用研究者的量化数据来考察微信朋友圈的谣言和假新闻。

> 2015年6月，中国社会科学院对2014年11月3日至2015年2月28日微信中被多人举报为“诈骗和虚假信息”的625篇文章共17周数据进行了分析，发现七类主题的“谣言”数量最多：食品安全（284篇）、人身安全（278篇）、疾病相关（259篇）、健康养生（179篇）、防骗（133篇）、金钱（60篇）、亲子（52篇）。其中，食品安全类、人身安全类、疾病相关类主题的“谣言”文章占了“谣言”文章总数的大部分。

> 2016年4月，中山大学大数据传播实验室联合微信安全团队发布《微信年度谣言分析报告》，将谣言归为九大类主题：健康养生、人身安全、财产安全、政经和社会秩序、爱心转发、广告营销、奇闻趣事、色情和其他。

> 2018年12月，《广州日报》对微信谣言过滤器公众号公布的前1个月的十大谣言进行统计发现，排名靠前的类别为养生健康类、社会奇事类、时政消息类、微信安全类、爱心接力类、名人类和国际类等。

我们对比谣言类别，发现比重最大的是食品健康类、人身安全类、时政秩序类，而这些领域恰恰暗合了这样一个现实：上述几个类别正是中国眼下问题最为集中、网络舆情爆发最为激烈的若干领域之一。这也在一定程度上验证了谣言的一个社会正功能，就是倒逼真相、倒逼有关部门推动问题的解决。

但我们更需要关注社交软件中的中产阶层现象。中国出现了世界上规模最大的中产阶层群体，他们中间将产生与其财富、思想和社会行动相适配的思想家、社会学家、经济学家、政治学家和未来学家，后者将在社会发展中，给社会心理设定思想之锚。微信集中了中国大部分的中产阶层，中产网络社交和中产价值观必然会生产出一些不一样的东西。

食品健康类、人身安全类、时政秩序类作为微信谣言和假新闻集中的领域，却也是富裕之后追求食品安全、法治安全、政治文明的中产阶层所关注的领域。那么，我们能否这样说：眼下社交软件上的谣言和假新闻，带着一种典型而强烈的中产阶层色彩，背后也反映了中产阶层的焦虑和利益，很多是“中产式谣言和假新闻”？

与美国和欧洲的社交软件很多被应用于政治领域——如美国2016年大选、英国脱欧等不同，中国的社交软件的力量更多被引入经济、社会等领域，从而在这些领域产生变革性的力量。中产阶层色彩的谣言和假新闻，或许具有这样的社会功能。

五 社交软件谣言和假新闻的治理之策

社交时代的谣言和假新闻变得泛滥，并且更加难于辟谣。美国麻省理工学院的数据科学家Soroush Vosoughi多年研究社交软件虚假新闻，他发现，在Twitter上，虚假新闻总是打败真相，而且还能更深入、更快速地渗透到社交网络中。现在研究者倾向于认为，这不仅关乎新闻和技术，还关乎人性。或许社交软件本身契合了人性中好奇、八卦、反抗权威等久已存在的一个侧面，使得飘洒数千年的谣言种子终于落户到了一个更为合适的温床。谣言和假新闻是毒瘤，但人类或许不得不学会和它长期共处。

在眼下，我们对于谣言和假新闻，除了要关注它们带来的困扰和危害，也要看到它们的社会“正功能”，那就是对于真相的逼问、对于信息公开的渴望。因此，相关部门应该意识到网络舆情、网络谣言和假新闻对于社会进步、透明施政、信息公开、建设服务型政府的倒逼功能，借助上述信息倒逼机制，推动社会获得整体性的进步。按照一些专家的研究结果，要提高信息传播的有效性，缓和沟通的态度或许是一种高效的办法。

谣言和假新闻对于社会总体来说会产生较大的负面影响，有关部门和微信平台也一直在探索治理之策。社交时代的谣言和假新闻治理，如果遵循传统门户时代的治理方式，可能效果欠佳。采用人工加智能等技术手段筛查和识别谣言和假新闻，虽然是眼下可以依赖的方式方法，但是不能不承认其收效并不显著。我们可能还是需要重建信息对冲机制，将整个网络空间视作一个巨大的舆论场，让信息本身产生自净功能。

关于这一点，我们可以借鉴网络舆情的治理路径，那就是在“双微”占据优势的时代，重建信息对冲机制。微博是个广场式的公开舆论场，而微信则是一个封闭的私密会议室。前者的舆情、谣言和假新闻可以有一个较为完善的信息对冲机制，而后者则是信息的“地下河”，不为外界所知。应该更大程度地打通微博和微信平台，让平台之间的信息自由流动起来，除了健康正常的信息，也可以将谣言、假新闻吸引到更为公开的微博、网络和论坛上来，让它们曝光于广场式的舆论场之中，从而让各种生态要素成长，营造一个健康的“信息池子”，为对冲机制的建立营造生态环境。

为此需要网络管理部门以更为包容的心态对待开放的舆论场，对于一般的批评性的帖文以宽容为主。因为任何一种严格的管制措施，都可能将敏感的信息“吓”回微信朋友圈，回到“地下河”状态，对冲机制就不可能完整建立。

总之，面对社交时代的困惑，或许我们应该带着开放包容的心态，重新认识我们的时代，以及谣言、假新闻对于社会进步至关重要的另一面特征。

国内外内容平台谣言治理的实践及对比

夏津京*

摘要： 在信息时代，互联网成了谣言传播的主要场域。网络不但改变了谣言的传播方式和渠道，更进一步影响了谣言的内容、形态和人们与谣言的互动。互联网内容平台作为信息传播的枢纽，也承担着谣言治理的重要责任。本文整理了国内外大型互联网内容平台在谣言治理方面的背景和举措并进行对比，借此探讨大数据时代谣言治理的特点、挑战与前景。

关键词： 谣言治理；互联网内容平台；不实信息；内容审核

谣言是人类社会古已有之的现象。传统的谣言通过口耳相传、稗官野史、街头小报等方式滋生和传播。在信息时代，互联网成了谣言传播的主要场域。网络不但改变了谣言的传播方式和渠道，更进一步影响了谣言的内容、形态和人们与谣言的互动。

比如在 2016 年的英国脱欧和美国大选事件中，关于政治人物的不实信息在社交网络甚嚣尘上。甚至有人怀疑，网络谣言和水军有可能影响

---

* 夏津京，研究方向是互联网平台治理、企业社会责任。本文写于 2019 年 4 月。

了两大政治事件的结果。[①] 因此，《牛津词典》当年的年度词语为“后真相”（post-truth），意指“客观事实在塑造公共意见的影响力上不如诉诸情感和个人信仰的情景”。[②]

网络谣言不但通过使人上当受骗带来损失，也会降低人们对外界信息的整体信任感。作为网络信息生态的重要相关方，互联网内容平台在信息传播中扮演着枢纽角色，因此也承担着谣言治理的相应责任。本文整理了国内外大型互联网内容平台在谣言治理方面的背景与举措并进行对比，在此基础上探讨了产业界在海量信息时代治理谣言的挑战与前景。希望能借此与政策制定者、研究学者和社会公众等相关方对话，共同探讨互联网时代谣言治理的新方向。

本文主要分为五部分。第一部分介绍互联网内容平台上谣言传播背后的传媒生态背景，及其带来的谣言传播新特点。第二部分介绍内容平台采取谣言治理行动的背景，解释其作为谣言治理行动者的动机和目的。第三部分基于互联网内容平台的动机和目的，分析“谣言”及其相关概念在内容平台治理中的具体定义和外延，进一步明确内容平台谣言治理的对象。第四部分通过案例的形式，介绍几种有代表性的互联网内容平台谣言治理的综合举措。第五部分通过对比，总结和概括互联网内容平台谣言治理的方式、面临的挑战和未来的趋势，借此为后续的实践推进、研究拓展和跨部门交流提供基础。

一　网络谣言现象的原因及特征

谣言并不是网络时代的新产物。然而，互联网平台创造了不同以往的内容传播机制，不仅改变了谣言传播的方式和路径，也影响了人与信息、个人与社交网络的关系，从而进一步影响了谣言滋生和进化的生态。因此，网络谣言虽然具备谣言所共有的特征，但将传统的谣言治理方法

---

① A. Bessi, E. Ferrara, “Social Bots Distort the 2016 US Presidential Election Online Discussion”, *First Monday*, Vol. 21, No. 11 –7, November 2016.

② “Word of the Year 2016”, Oxford Dictionaries, https://en.oxforddictionaries.com/word – of – the – year/word – of – the – year – 2016.

照搬到互联网内容平台是不够的。只有在了解网络内容生产和传播机制的基础上，才能更好地理解网络谣言传播的原因，从而结合互联网平台的特点，进行更有效的谣言治理。

在这一部分，笔者将简介网络谣言在互联网内容平台上产生和传播的背景，试图分析这些背景下网络谣言传播的原因和特点，从而为互联网平台上的谣言治理工作厘清框架。

（一）互联网内容平台的信息基于非专业用户

在互联网时代，尤其是在移动互联网趋势之下，人们走进“自媒体”时代，每个个体都可以在网络上发表自己的意见。2018 年第三季度，Facebook 的日活跃用户数已达到 22.7 亿,[①] 微信的日活跃用户数也于 2018 年 8 月达到 10 亿。[②] 无数用户通过这些互联网产品交流和分享信息。

除了个人用户间的信息交流与传播，专门的自媒体内容生产者也越来越多。根据《2017 年微信经济数据报告》，2017 年活跃的微信公众号数量超过 350 万个。截至 2018 年 7 月，今日头条的头条号数量也已超过 150 万个，每天发布内容超过 60 万条。

在大众传媒时代，主流媒体充当了信息质量的“把关人”角色。他们在生产内容时须基于新闻传媒行业的规范，为读者提供经过核实的信息，而这些规范为内容的真实性、准确性、公信力等提供了基本保证。而在自媒体时代，用户产生了海量内容，其中大部分是未经专业训练的普通用户生产的内容（User-Generated Content，UGC）。这些内容在丰富性、多样性、人格化上有独特的优势，但大部分内容贡献者的信息素养与专业媒体人有较大差距，比如核实信息真假的能力、辨别事实与观点的能力不足等。非专业用户为互联网平台贡献了海量内容，随之带来了大量未经核实的信息，为谣言提供了内容基础。

---

① “Facebook Reports Third Quarter 2018 Results”，Facebook，https：//investor. fb. com/investor – news/press – release – details/2018/Facebook – Reports – Third – Quarter – 2018 – Results/default. aspx.

② 《张小龙 4 小时“拖堂”演讲，全面总结微信 8 年（官方完整版）》，2019 年 1 月 10 日，腾讯，https：//mp. weixin. qq. com/s/pLmuGoc4bZrMNl7MSoWgiA。

（二）互联网内容平台为谣言传播提供载体

在互联网时代，人们信息获取的途径发生了改变。根据艾媒咨询2017 年的调查，人们从电视、广播等传统媒体获取知识的比例为31.1%，报纸杂志类传统纸媒仅占15%。在美国，传统媒体还面临公信力下降的挑战。据盖乐普调查显示，2016 年美国人对大众媒体的信任程度仅有32%，创历史新低，且有继续下降的趋势。[①]

与之相对的是越来越多的人从互联网内容平台上获取信息。艾媒咨询的调查显示，53.9%的中国网民以手机、电脑等互联网媒介作为获取信息的主要途径。[②] 而人民网对上海大学生的一项调查也显示，社交媒体是他们获取新闻的主要渠道（66.87%），选择报纸、杂志作为新闻获知来源的大学生已经不足25%。[③] 而据皮尤研究中心2017 年的调查，67%的美国人曾从社交媒体上获取新闻信息，比2016 年上升了5 个百分点。[④]

在大众传媒时代，主流媒体是最重要的信息传播渠道，谣言的传播往往只能依赖于口头交流和私自印刷，其传播在时间和空间上都受到了很大的限制，因而传播效率有限。在网络时代，主流媒体无论从影响力还是公信力上都受到了冲击，信息的主要传播媒介逐渐转向互联网平台。在这种背景下，原本很少被正式记录下来的谣言在网络平台上以文字、图片、视频等形式被存储和发布，获得了远胜于口耳相传的生命力。

（三）互联网内容平台的传播放大效应

无论在大众传媒时代还是在互联网时代，人们传播谣言的动机大多

---

① A. Swift, "Americans' Trust in Mass Media Sinks to New Low", 2016, Gallup News, www. gallup. com/poll/195542/amecicans – trust – mass – sinks – new – low. aspx. Google.

② 《艾媒报告丨2017 年中国新媒体行业全景报告》，2017 年3 月29 日，艾媒咨询，http：//www. iimedia. cn/50347. html。

③ 陈哲：《社交媒体上的新闻分享行为研究——以上海大学生为例》，2017 年1 月10 日，人民网（http：//media. people. com. cn/n1/2017/0110/c409677 –29012776. html）。

④ E. Shearer, J. Gottfried, "News Use Across Social Media Platforms 2017", Pew Research Center, Journalism and Media, 2017.

是相似的。比如，Jung[①]、Rosnow[②]等认为谣言的流行源于个体在不确定的环境中产生的焦虑与恐惧。Bordia 和 DiFonzo 认为谣言的传播源于群体想要了解模糊事实的需求。[③] 在 Allport 和 Postman 提出的谣言传播公式 $R \sim I \times a$中，谣言传播的广度 R（Rumor）与谣言的重要性 I（importance）和事件的模糊性 a（ambiguity）息息相关。[④] 中国学者胡钰提出，谣言描述的事件越反常，传播的影响力将越广。[⑤]

这些观点对互联网时代的谣言传播同样适用。比如人民网发布的《2016 网络谣言传播以及成年人认知情况研究报告》指出，网民对相关政策解读不清晰、参与公共事务和表达社会心态的愿望强烈以及强大的底层安全需求，是谣言传播的主要原因。[⑥] 而新加坡的一项研究也表明，大学生在社交网络上会主动转发引发争议或者抓人眼球的不实信息。[⑦]

尽管人们在模糊中对信息的渴求和猎奇心态是谣言传播不变的社会心理基础，但互联网内容平台的信息推荐方式可能放大了这些因素的传播效应。谣言反常态的争议内容更容易被用户点击、阅读和分享。在社交网络上，一个人的分享可以被指数级地传播。而在信息分发平台和搜索平台，被更多人点击和阅读的内容也会获得优先推荐，让更多用户看见。

这种传播放大效应还可能被恶意造谣者利用。比如，许多平台会根据用户点击量和页面停留时间为内容创作者提供收益，这更激发了恶意

---

① C. G. Jung, "Contribution to the Psychology of Rumour", *Indiana Association for Health Physical Education Recreation & Dance Journal*, Vol. 18, No. 1, 1909, pp. 1 –26.

② R. L. Rosnow, "Rumor as Communication: A Contextualist Approach", *Journal of Communication*, Vol. 38, No. 1, 1988, pp. 12 –28.

③ P. Bordia, N. DiFonzo, "Problem Solving in Social Interactions on the Internet: Rumor as Social Cognition", *Social Psychology Quarterly*, Vol. 67, No. 1, 2004, pp. 33 –49.

④ G. W. Allport, L. Postman, "An Analysis of Rumor", *Public Opinion Quarterly*, No. 10, 1947.

⑤ 胡钰：《大众传播效果：问题与对策》，新华出版社 2000 年版。

⑥ 《2016 网络谣言传播以及成年人认知情况研究报告》，2016 年 8 月 1 日，人民网，http://yuqing.people.com.cn/n1/2016/0801/c364391 –28600847.html。

⑦ X. Chen et al., "Why Do Social Media Users Share Misinformation", in Proceedings of the 15th ACM/IEEE –CS Joint Conference on Digital Libraries, ACM.

造谣者编造虚假信息，从而骗取用户点击量来牟利。① 在2016年美国大选期间，机器人水军编造的政治谣言被情绪激动的民众大量转发，给选举舆情造成了极大混乱。②

综上所述，互联网内容平台一方面改变了信息生产的方式和传播的渠道，使海量非专业用户生产的内容有机会在网络上获得大量传播，为谣言的滋生和传播提供了更多可能；另一方面会放大人们在不确定中渴求信息的焦虑和对异常信息的关注，让谣言有机会迅速在大量用户中传播。针对这样的背景，传统的辟谣方式，即对每条谣言信息进行辟谣是不够的。针对互联网内容平台的信息传播特点，平台需要在海量信息中自动识别谣言、谣言信息迅速下架、谣言传播有效截断、辟谣信息精准送达等方面发力，才能真正有效地回应谣言问题。

二　内容平台反谣言的背景

作为谣言治理的重要相关方，内容平台对谣言的打击既有和其他行动者共同的目的（打击不实内容、维护信息环境等），也有自己独特的背景和诉求。这些目的共同塑造了内容平台谣言治理的动机和策略，进而影响了内容平台的反谣言行动。因此，了解这些背景和动机，是理解平台反谣言动作的基础。

（一）内容生态和用户体验

对于互联网内容平台来说，内容质量是其内容生态的重要部门。有价值的内容吸引新用户使用平台型产品，用户参与又会带来更活跃的内容生态和更多内容产出，持续不断地吸引新用户，让平台成为更活跃、更受欢迎的产品。

---

① N. Shavit, "Data on Facebook's Fake News Probl em", 2016, http: //www. jumpshot. com/data – facebook – fake – news – problem, Jumpshot.

② O. Solon, S. Siddiqui, "Russia-backed Facebook Posts' Reached 126m Americans' during US El ection", October 30, 2017, The Guardian, https: //www. theguardian. com/technology/2017/oct/30/facebook – russia – fake – accounts – 126 – million.

好的内容质量和内容生态是平台留存用户的基础，而内容质量的下降则可能造成用户活跃度下降甚至流失。谣言提供的是未经证实甚至会造成危害的内容，会直接影响用户体验，从而影响公司的长期收益。研究表明，如果平台不对虚假信息进行标注，会降低用户对内容质量和平台本身的信任感，从而降低使用活跃度。①

（二）法律与政策监管

除了市场利益和社会责任的考虑，来自监管部门的法律政策要求是内容平台加大力度进行谣言治理的重要原因。比如，2017 年德国议会通过一条法律规定，社交网络若不能及时处理包括不实信息在内的严重违法信息，将会面临最高五千万欧元的罚款。2018 年，Facebook 的创始人和首席执行官扎克伯格因用户数据滥用和假新闻问题分别被美国国会和欧洲议会质询，Facebook 公司迅速出台了打击虚假新闻、保护用户隐私的新规定。②

2016 年 7 月，中国国家网信办印发《关于进一步加强管理制止虚假新闻的通知》（以下简称《通知》），针对网络虚假新闻对互联网平台加强了管理。《通知》指出，互联网平台需要对网上信息管理负主体责任，对自身和来源于第三方的信息均应起到及时监管的作用。2018 年 8 月 29 日，中国国家网信办违法和不良信息举报中心发起了中国互联网联合辟谣平台，今日头条、百度、腾讯、新浪微博等互联网平台纷纷加入。目前，国内各大互联网内容平台也都成立了自己的辟谣团队。

可以看出，互联网内容平台的谣言治理行为受到来自市场、社会和监管层的制约。对于网络谣言，这三种力量对网络谣言问题有共同关切，也有不同的立足点，因而也分别从不同层面对内容平台的谣言治理提出了要求。

---

① O. Candogan, K. Drakopoulos, "Optimal Signaling of Content Accuracy: Engagement vs. Misinformation", Working Paper, 2018.

② A. Gesenhues, "Facebook CEO's Set List for EU Parliament Sounded a lot Like His Performance for Congress Last Month", May 23, 2018, https://martech.org/facebook-ceos-set-list-for-eu-parliament-sounded-a-lot-like-his-performance-for-congress-last-month/.

（三）品牌形象与社会责任

除了对用户体验的直接影响，谣言也会影响内容平台的产品形象，进而损害技术公司的长期价值。比如，Facebook、Twitter、Google 等巨型互联网平台都曾因为在 2016 年美国大选中反谣言不力而遭受批评。① 在剑桥分析公司利用 Facebook 的用户数据操纵选举的传言爆出后，Facebook 的公司股价受到了极大影响。②

此外，企业在提供产品和服务时，也应该承担相应的社会责任。用户使用内容平台提供的信息匹配服务的基础是对平台上信息质量的信任，因此，内容平台也须承担相应的信息把关人的责任。

三　网络谣言的定义和特点

在谣言治理问题中，首先要面对的问题是如何定义“谣言”。Knapp 在 1944 年给出了一个对谣言的学术定义：旨在使人相信的宣言，它与当前时事有关，在未经官方证实的情况下广泛流传。③ Allport 和 Postman 则将谣言定义为“旨在使人相信的说法，它与当前时事有关，在未经官方证实的情况下广泛流传，但是缺乏具体的资料已证实其确切性”。④ 前文中提到的 Rosnow⑤、Bordia 和 DiFonzo⑥ 对谣言的定义更强调谣言的社会心理学特征及其社会功能。

尽管在关于谣言是不是虚假信息、是否需要“官方”证实、是否刻

---

① B. Carey, “How Fiction Becomes Fact on Social Media”, October 20, 2017, https://www.nytimes.com/2017/10/20/health/social-media-fake-news.html.

② F. Vogelsteon, “Facebook Just Learned the True Cost of Fixing Its Problems”, July 25, 2018, https://www.wired.com/story/facebook-just-learned-the-true-cost-of-fixing-its-problems/.

③ R. H. Knapp, “A Psychology of Rumor”, *Public Opinion Quarterly*, Vol. 8, No. 1, 1944.

④ G. W. Allport, L. Postman, *The Psychology of Rumor*, Oxford: Henry Holt, 1947.

⑤ R. L. Rosnow, “Rumor as Communication: A contextualist Approach”, *Journal of Communication*, Vol. 38, No. 1, 1988, pp. 12-28.

⑥ P. Bordia, N. DiFonzo, “Problem Solving in Social Interactions on the Internet Rumor as Social Cognition”, *Social Psychology Quarterly*, Vol. 67, No. 1, 2004, pp. 33-49.

意捏造、影响范围大小等方面，不同研究者对谣言的定义尚有争论，但总结而言，在各种定义中，谣言均具备的特征：（1）内容关于一部分社会现实；（2）真实性缺乏依据；（3）在人群中广泛传播。

然而，在内容平台的谣言治理实践中，这些学术标准并不能被直接应用。特别是在海量信息时代，内容平台往往要借助人工智能协助谣言识别。尽管目前的自然语言处理技术已经具备一定的语言"理解"能力，但"真实性缺乏依据""未经官方证实"等标准对于机器来说仍然过于模糊，不能适应行业应用的需求。

在互联网内容平台的谣言治理实践中，相比于"谣言"这个相对模糊的定义，更常被使用的是不实信息（misinformaiton）、虚假信息（disinformation）和假新闻（fake news）等术语。不实信息即与事实相违背或编造的信息，比如编造从未发生的事件、编造大事件中的虚假细节、编造与事实相反的信息等。[①] 虚假信息（disinformation）也是不实信息，但更强调信息制造者的主观恶意，是以欺骗和掩盖为目的的不实信息。假新闻（fake news）同时也是虚假信息，一般指刻意模仿新闻的表现形式、让人误以为是经过核实的新闻的假信息。[②] 有些平台也会用不实新闻（false news）这个词，它与假新闻的意义基本相同，但更强调信息与事实不符，以避免假新闻中的"假"（fake）字可能包含的价值判断和预设立场。[③]

可以看出，内容平台所治理的谣言范围小于学术讨论中"谣言"所指的对象，因为内容平台的谣言治理一般针对的是已被明确证伪的信息，而学术定义中的谣言还包括未经证实但不能完全确定为假的信息。

互联网内容平台倾向于使用"不实信息"而不是"谣言"，正是

---

① S. Antoniadis, I. Litou, V. Kalogeraki, "A Model for Identifying Misinformation in Online Social Networks", in OTM Confederated International Conferences "On the Move to Meaningful Internet Systems", 2015, pp. 473 – 482.

② D. M. Lazer et al., "The Science of Fake News", *Science*, Vol. 359, No. 6380, 2018, pp. 1094 – 1096.

③ C. Wardle, H. Derakhshan, "Information Disorder Toward an Interdisciplinary Framework for Research and Policy Making", Council of Europe report, DGI, 2017, p. 9.

因为前一个概念更具有实践中的可操作性：一件事情是否为假是相对比较容易核实的，而这件事是否足够“真”却是比较难判定的，因为“足够真实”不仅包含对事实的核查，也取决于判断者的立场和价值观。

总的来说，明显的虚假信息是内容平台一致打压的目标，专业的造谣账号也是内容平台的打击对象。而对于未经核实、真假不明的信息，平台的处理则更为灵活，比如降低有争议的内容的展示机会，或者提醒用户该内容未经核实，而不是像对虚假信息那样直接删除。有些未经核实的信息虽然不能被判定为虚假信息，但有可能因为违反了平台的其他规则——如反歧视、反低俗等而被清理。还有一些内容虽然难以确定一定为假，但因为关系到安全、政治等影响较大的领域，平台也会出于风险控制的考虑，将这些内容比照不实信息来处理。

四　内容平台谣言治理的举措

在这一部分，笔者将列举几大互联网内容平台的反谣言举措，并总结业界普遍的做法和规律。

（一）各大互联网内容平台反谣言举措

1. Facebook

Facebook 既是全球用户数量最多的平台型产品，[①] 也是近年来因谣言问题受到最多争议的产品。不过，Facebook 所受到的争议不一定意味着其反谣言行动无力，其实 Facebook 在广受批评的 2016 年之前就已经有一些反谣言行动。不如说，正因为 Facebook 是用户量最大的 UGC 平台，在其海量内容中天然存在大量不实信息，而这些信息经过社交网络进一步传播，带来了不良影响。

---

① “Most Popular Social Networks Worldwide as of October 8, Ranked by Number of Active Users”, 2018, Statista, https://www.statista.com/statistics/272014/global - social - networks - ranked - by - number - of - users/.

Facebook 治理谣言主要有三个步骤。

第一个步骤，在内容发出后，Facebook 通过人工智能技术检测信息的特征，来判断该信息的可信度。其中，谣言的典型特征包括大量用户举报、病毒式传播、负面评论多、被大量用户删除[①]、来自虚假网站、被辟谣网站收录等。[②] 一旦一条信息被人工智能检测到符合上述谣言特征，则进入第二个步骤，该信息被发送至人工审核员判断是否为不实信息。对于一些专业领域的内容，Facebook 也会邀请有专业资质的第三方审核机构或专家协助审核。如果信息被专业人工审核判定为不实信息，则进入第三个步骤，Facebook 会减少该信息的展现次数，让它没有机会被更多人看见。同时也停止在该信息下投放广告，通过停止虚假信息广告收入的方式来减少恶意造谣。Facebook 还会根据不实信息的内容，向用户推荐相关事件的真实信息和辟谣信息，让用户通过了解更多真相来学会辨别信息的真假。如果用户想要转发谣言信息，Facebook 还会弹出信息可信度低的提醒。

目前，这套谣言治理流程已经被 Facebook 全面应用，能处理文字、图片、视频等多种谣言。[③] 除此之外，针对恶意造谣、大规模造谣、传谣的用户，Facebook 也采取了相应措施。通过人工智能检测账号行为，Facebook 会识别出恶意造谣的水军账号并将之封禁。[①]

此外，Facebook 还与多种外部相关方合作辟谣。比如，吸取了 2016 年美国大选期间谣言泛滥的教训，在重要的政治事件之前，Facebook 会主动与当地政府、新闻机构、政治人物合作，封禁造谣账号，并更加迅

---

① Facebook 的用户如果在 NewsFeed 中看到自己不喜欢的内容，可以点击“删除”按钮，该内容和类似的内容不会在之后的信息流中出现。类似国内一些信息流产品中的“不喜欢”按钮。

② J. Weedon, W. NuLand, A. Stamos, “Information Operations and Facebook”, April 27, 2017, Facebook, https://i2.res.24o.it/pdf2010/Editrice/ILSOLE24ORE/ILSOLE24ORE/Online/_Oggetti_Embedded/Documenti/2017/04/28/facebook-and-information-operations-v1.pdf.

③ J. Kang, “Facebook Plans to Use AI to Start Factchecking Photos and Videos”, September 13, 2018, Slate, https://slate.com/technology/2018/09/facebook-ai-fact-check-videos-photos.html.

速地发布和推荐辟谣信息和真实新闻。① 前文中也提到了其与国际事实核查网络（International Fact-Checking Network）等第三方事实核查平台的合作。

Facebook 还在提升用户信息素养方面发力，比如曾与亚利桑那州立大学新闻与大众传播学院合办 News Co/Lab + 活动帮助公众找到参与和理解新闻的新方法，举办 News Literacy Project 帮助中学生提高信息素养，② 成立 News Integrity Initiative 基金资助反谣言项目等。③

在以上举措中，提供不实信息相关的真实信息被评论为 Facebook 辟谣措施中最有用的功能，因此，该功能后来被扩展。目前，Facebook 所有的新闻类、广告类信息后都附有对信息来源的介绍。④ 在用户想转发虚假信息时弹出提醒，也是这些措施中非常有效的功能。但因为 Facebook 对不实信息采取了较为克制的处理而不是直接清除，因此在谣言的处理速度上仍面临一些批评。另外，也有不少用户批评 Facebook 给了审核人员过大的权力，所谓打击谣言成了另一种形式的言论审查，侵犯了言论自由。⑤

---

① M. Zuckerberg, "Protecting Democracy is an Arms Race. Here's How Facebook Can Help", September 4, 2018, https: //www. washingtonpost. com/opinions/mark – zuckerberg – protecting – democracy – is – an – arms – race – heres – how – facebook – can – help – win – it/2018/09/04/53b3c8ee – b083 – 11e8 – 9a6a – 565d92a3585d_ story. html.

② C. Brown, "The Facebook Journalism Project Partners with the News Literacy Project to Expand its News Literacy Classroom for Students", August 15, 2018, Adweek, https: //www. adweek. com/performance – marketing/the – facebook – journalism – project – and – news – literacy – project – are – beefing – up – checkology/.

③ D. Cohen, "The News Integrity Initiative Launches With Facebook as One of Its Founding Funders", April 3, 2017, Adweek, https: //www. adweek. com/performance – marketing/news – integrity – initiative/.

④ K. Leswing, "Facebook is Finally Launching a New Feature to combat Fake News after Six Months of Testing-here's how it Works, Business Insider", April 4, 2018, https: //www. businessinsider. in/Facebook – is – finally – launching – a – new – feature – to – combat – fake – news – after – six – months – of – testing – heres – how – it – works/articleshow/63603421. cms.

⑤ D. Tynan, "Facebook Accused of Censorship after Hundreds of US Political Pages Purged", October 16, 2018, The Guardian, https: //www. theguardian. com/technology/2018/oct/16/facebook – political – activism – pages – inauthentic – behavior – censorship.

2. 微信

微信是中文互联网中用户量最大的社交产品，微信群、朋友圈、公众号等共同构成了十分活跃的信息生态，但同时也为谣言的滋生和高效传播提供了土壤。[①] 对此，微信通过专业团队核实、用户举报、外部合作等多种方式开展了辟谣工作。

作为中国用户重要的通信应用，微信的谣言治理工作注重与用户使用功能的结合。2014 年 10 月，微信公众号“谣言过滤器”诞生，定期发布微信上热门谣言的辟谣信息，并普及辟谣常识。[②] 2015 年，微信成立辟谣中心，引进网信办、国家食药监机构、专业媒体等第三方权威机构共同辟谣，并查处造谣的公众账号。2016 年 6 月，“微信辟谣助手”上线，该功能收集了微信上的不实信息及其辟谣信息，如果用户阅读过这些不实信息，则会收到相关的提醒，并自动推送给该用户对应的辟谣信息。[③]

2018 年 1 月，腾讯新闻的事实核查团队较真辟谣平台在微信上推出了“较真辟谣神器”小程序。相比于对不实信息的处理，较真辟谣平台更注重事实核查和对假新闻的辟谣。较真团队的专业成员与第三方辟谣机构合作进行事实核查，并发布辟谣文章、视频等内容。用户可以在“较真辟谣神器”小程序上核查一条信息是不是虚假信息，并阅读相关的辟谣知识。[④]

腾讯发布的《2018 年网络谣言治理报告》显示，2018 年，微信平台与网信、公安、食药监等政府机关、学会、科普机构、媒体等 774 家权威机构形成辟谣合作，微信平台全年共拦截谣言 8.4 万条，“微信辟谣助手”小程序累计访问数达 2.3 亿，超过 100 万人次网友用“较真辟谣神器”查实过信息的真伪。

---

① 郭小安、薛鹏宇：《微信朋友圈会让我们更相信谣言吗？——论微信谣言的三个传播特征》，《电子政务》2015 年第 2 期。

② 《微信联合人民网等设立辟谣公众号“谣言过滤器”》，2014 年 10 月 17 日，人民网，http：//society. people. com. cn/n/2014/1017/c1008－25855333. html。

③ 《国家食药监体系 98 家单位接入微信辟谣中心，携手打击网络谣言》，2017 年 9 月 6 日，腾讯科技，https：//tech. qq. com/a/20170906/100389. htm。

④ 《较真辟谣小程序重磅更新，五大亮点，你不得不看！全民较真》，2018 年 7 月 5 日，腾讯新闻，https：//mp. weixin. qq. com/s/BTq2H3slB6B33ycp1vZCNg。

3. Twitter、微博

Twitter是全球主流的社交媒体之一，截至2018年10月已拥有3.35亿活跃用户。[①] 与Facebook相似，Twitter也因为2016年美国大选期间平台上不实信息泛滥而广受批评，并于之后对平台上的不实信息采取更加具有针对性的措施。

对普通用户发布的信息，Twitter通过算法模型的判断将其中内容敏感或被大量用户举报的信息进行折叠，减少展示。[②] 此外，针对重大事件中不实信息泛滥的问题，Twitter开启了重大事件新闻直播功能，为人们关心的事件提供来自权威机构和可靠媒体的真实报道，从侧面抑制不实信息和流言的传播。[③]

在面对较大政治风险时，Twitter也会采取一定的强制措施。比如在重大政治事件期间，Twitter通过机器检测大量造谣、转发、带节奏的水军和造谣账号并直接封杀。[④] 此外，如果用户的推文内容违反当地法律法规并受到来自国家机构的直接反对，该内容也会被移除。[⑤]

不过，Twitter在谣言治理方面的行动效果和力度受到了较大质疑。一项调查显示，直到2018年，Twitter上80%在2016年美国大选期间的机器人造谣水军账号仍未被处理。[⑥]

---

① "Most Popular Social Networks Worldwide as of October 8, Ranked by Number of Active Users", 2018, Statista, https://www.statista.com/statistics/272014/global-social-networks-ranked-by-number-of-users/.

② E. Dwoskin, "Twitter is Looking for Ways to Let Users Flag Fake News, Offensive Content", June 29, 2017, Washington Post, https://www.washingtonpost.com/news/the-switch/wp/2017/06/29/twitter-is-looking-for-ways-to-let-users-flag-fake-news/.

③ C. Velasco, "Twitter Is Fighting Fake News By Livestreaming Local News Stations During Breaking News Events", February 16, 2017, Tech Times, https://www.techtimes.com/articles/221197/20180216/twitter-is-fighting-fake-news-by-livestreaming-local-news-stations-during-breaking-news-events.htm.

④ C. Crowell, "Our Approach to Bots and Misinformation", June 14, 2017, Twitter, https://blog.twitter.com/en_us/topics/company/2017/Our-Approach-Bots-Misinformation.

⑤ "About Country Withheld Content", 2017, Twitter, https://help.twitter.com/en/rules-and-policies/tweet-withheld-by-country.

⑥ M. Hindman, V. Barash, "Disinformation, "Fake News" and Influence Campaigns on Twitter", October 4, 2018, Knight Foundation, https://knightfoundation.org/reports/disinformation-fake-news-and-influence-campaigns-on-twitter/.

新浪微博与 Twitter 的产品形态相似，是中国社交媒体中影响力巨大的平台。微博在成立之初的 2009 年就成立了专门的信息过滤和监控功能。随着微博功能和网络社交的不断发展，逐渐形成了自己的辟谣体系。

微博辟谣最大的特点是充分联合各生态相关方合作辟谣，从而提升辟谣的效果。微博主要通过四个方式进行联合辟谣。其一，微博与公安部推出了“全国辟谣平台”，接入全国网警巡查官微和各地公安局平安系列微博，用户可以通过首页公告栏或者@微博辟谣举报谣言，“全国辟谣平台”上的网警官微和各地公安局的平安系列官微会对网友举报进行核查处理，并通过发布#微博辟谣#内容进行官方辟谣。① 其二是微博与政务机关和专业媒体合作的媒体政务辟谣平台，政务机关和专业媒体账号可以在媒体辟谣平台对任意一条谣言微博进行标记。被政务机关和媒体标记为谣言的微博下方是相关辟谣信息的聚合页，用户可以自行查阅辟谣信息。② 其三是微博监督员机制，招募微博用户在业余时间对虚假、低俗、色情等有害信息进行举报，被举报的用户会被扣除一定信用评分，评分过低则无法被关注和转发。③ 其四是普通用户可以直接对信息进行举报，被举报的信息将由微博平台核查。

目前，全国辟谣平台、媒体辟谣平台已成为微博上不实信息的有力治理措施，但业余用户监督员的角色引起了很大争议。一些用户批评监督员滥用举报权，举报内容随意而严苛，严重影响用户体验。④

4. 今日头条

以今日头条为代表的聚合类信息平台日渐成为资讯类产品的主流，其特点是运用推荐算法系统，根据用户的个性化需求推送相应的信息。用户也可以评论、转发、主动搜索信息和订阅自己喜爱的信息源，但总

---

① 《微博联合公安部推出“全国辟谣平台”网络辟谣可跨平台》，2016 年 5 月 11 日，新浪科技，https：//tech. sina. com. cn/i/2016 – 05 – 11/doc – ifxryhhh1905469. shtml。

② 《“媒体政务辟谣共治平台”上线》，2018 年 11 月 2 日，微博，https：//weibo. com/ttarticle/p/show？ id = 2309404301864752577864#_ 0。

③ 《微博监督员工作条例》，2017 年，微博，https：//weibo. com/ttarticle/p/show？ id = 2309404157006679294095。

④ 《名博大号频频被封 微博监督员风波愈演愈烈》，2017 年 10 月 10 日，搜狐网，https：//www. sohu. com/a/197172492_ 99974791。

体上社交传播的属性并不强。

目前，今日头条通过对平台上的所有内容“先审后发”来应对包括谣言在内的信息质量问题，即所有内容通过平台审核后才能被公开发表。基于人工智能技术和内容大数据，今日头条开发了人工智能谣言检测模型。在创作者发布内容后，先由智能检测模型进行第一轮审核。若内容符合不实信息的特征，则发送给人工审核员再次审核，审核通过的内容才能在平台上发布，而未能通过审核的不实信息将会被收录入今日头条谣言数据库，帮助人工智能模型进一步提升检测正确率。

内容在平台上被发布后，如果负面评论、用户举报过多，或者传播量大，将由人工审核员复审，确保信息真实。在复审中被审核为不实信息的内容会被下架、进入谣言库。之后，今日头条还会向所有阅读过该不实信息的用户发送相应的辟谣信息，进行精准辟谣。对于发出过不实信息的创作者，今日头条会根据谣言内容的危害性扣除作者的信用评分，信用评分过低的用户所发出的内容将不会被推荐，也不能获得广告收益。

此外，今日头条还开辟了专门的辟谣频道，联合专业媒体和权威机构，对网络上常见的不实信息进行辟谣和相关知识的科普。如果用户看过的某条信息后来被证实为谣言，今日头条的人工智能技术还能将辟谣文章定向发送给看过谣言的用户，实现精准辟谣。2018 年 11 月，今日头条发起了“谣零零”活动，号召有专业水平的用户对常见谣言创作辟谣文章，并对优质的辟谣文章进行奖励。今日头条也开展了与学术研究机构的合作，比如在计算机协会（Association for Computing Machinery）举办的第 12 届网络搜索与数据挖掘国际大会上（International Conference on Web Search and Data Mining）发起了人工智能谣言识别的技术大赛，邀请来自世界各地的技术团队共同挑战机器识别谣言的难题，促进反谣言技术的行业交流。

5. Google

作为搜索引擎的 Google 应对不实信息的主要方式是通过推荐算法减少不实信息的展现机会。具体来说，Google 也采取了算法模型与人工结合的审核机制。通过信息来源是否权威、是否刻意隐瞒国籍信息、是否与已知的谣言类似等特征，算法模型检验出真实性可疑的信息，并发送给专业人员审核，审核人员全部来自第三方的专业机构。[①]

专业审核后，Google 会根据审核结果采取相应的措施。如果审核确认该信息的来源是恶意造谣的假新闻网站，则该来源进入黑名单，无法通过 Google 获得广告点击收益。[②] 如果经审核确认该信息刻意隐瞒国籍，则用户的搜索结果中不会展示这条信息。如果审核确认该信息为真，信息还会被标注“已经过审核”以及审核机构的名称。[③] 而对专业媒体、权威消息来源等机构提供的信息，还会在相关搜索结果页面获得优先展示。

此外，为了应对突发的重大事件，Google 在显示热点新闻的搜索结果时，会展示多则来自不同立场的新闻媒体的意见，帮助用户作出更全面的判断。[④] Google 还于 2015 年 6 月联合成立并资助了专业的事实核查组织 first draft，目前已有 Twitter、Buzzfeed 等互联网内容平台、多家专业媒体机构和研究机构加入。[⑤]

（二）互联网内容平台谣言治理措施小结

总的来说，各互联网内容平台在用户生产海量内容、谣言通过社交迅速传播、主流媒体和权威机构影响力下降的背景下，采取了一些普遍的谣言治理措施。

第一，在内容审核上，无论是先审后发还是先发后审，互联网内容平台都运用了人工智能检测与人工审核相结合的方式，这也是大数据时

① F. Lardinois, “Google’s Fact Check Feature Goes Global and Comes to Google Search”, April 7, 2017, Tech Crunch, https: //techcrunch. com/2017/04/07/fact – check – the – world – is – flat/.

② “Google to Ban Fake News Sites from Its Advertising Network”, November 14, 2016, LA Times, https: //www. latimes. com/business/technology/la – fi – tn – google – fake – news – 20161114 – story. html.

③ J. Kosslyn, C. Yu, “Fact Check Now Available in Google Search and News around the World”, April 7, 2017, Google, https: //blog. google/products/search/fact – check – now – available – google – search – and – news – around – world/.

④ S. Lewis, E. Nechushtai, “Google News Serves Conservatives and Liberals Similar Results but Favors Main Stream Media”, 2018, The Conversation, https: //theconversation. com/google – news – serves – conservatives – and – liberals – similar – results – but – favors – mainstream – media – 102389.

⑤ “About First Draft”, 2017, First Draft, https: //firstdraftnews. org/about/.

代的必然趋势。比如Facebook用机器识别和第三方查证结合的方式识别谣言，今日头条也利用智能算法加人工审核的方式来检测不实信息。一方面，面对用各专业领域用户产生的海量数据，传统的人工审核无论在效率上还是内容专业性上都难以完全胜任目前的内容生产和阅读需求，需要借助人工智能的算力协助人力。另一方面，目前机器审核在理解复杂丰富的人类语言、检测新内容上仍有技术瓶颈，不能完全取代人工审核的作用。机器审核提高人工效率、人工审核进行内容把关的人机协作方式，成为互联网内容平台谣言治理的核心。

第二，在不实信息识别上，注重用户反馈，通过用户评论和举报进行"众包式"辟谣。"众包式"辟谣指的是除了专业审核人员和第三方专家之外，用户用业余时间在平台上举报不实信息和辟谣。除了企业内部的审核，互联网内容平台也更注重用户反馈。各大互联网内容平台都有用户举报入口，当信息受到大量负面评价和用户举报时，能及时跟进核实。"众包式"辟谣是互联网内容时代独特的互动性特征，让更多用户参与辨别不实信息，提升了辟谣的效果。

第三，在遏制谣言传播上，互联网平台往往直接对造谣账号进行处理，截断谣言传播的源头。在互联网社交媒体上，不实信息会借助社交关系链进行病毒式传播。哪怕在社交性较弱的搜索引擎和聚合性信息平台，如果不实信息被大量点击，也会因为热度高而被推荐给更多用户。这种情况下，在处理不实信息之外，还须截断社交关系链和停止协同效应。互联网内容平台对不实信息的打压策略不尽相同，但都注重对造谣账号的打击，通过降低广告收益甚至封禁账号的形式，从源头遏制谣言的生产。

第四，在辟谣目的上，不仅限于遏制不实信息在平台上的传播，也注重谣言对用户的影响。比如，今日头条会向看过谣言的用户发送辟谣信息，Google向用户提供多种可信赖的信息源等方式，降低谣言对用户的负面影响，提升用户辨别谣言的能力和信息素养。为用户提供高质量的信息不仅是企业服务和社会责任的一部分，长期看来，提高用户的批判性思维能力是减轻谣言传播的根本措施之一。互联网内容平台将谣言治理延伸到用户信息素养的提高，也是在信息时代参与共建良好信息生态的重要部分。

第五，在谣言治理生态上，互联网内容平台往往注重与用户、第三方核查组织、专业媒体、监管部门、研究机构等生态相关方的合作。这一方面是因为不实信息的判断需要更多专业力量的协助，另一方面，如何判断不实信息、如何恰如其分地处理不同性质的谣言，也需要各相关方的共同讨论。毕竟，谣言的表现虽然只是网络平台上的不实信息，但对“谣言”的判断关乎对真相的理解，对不实信息的处理也关乎个人的信息权利。只有生态中的各方共同协作，才能真正达成大数据时代的信息文明。

五 内容平台谣言治理的实践对比

（一）平台类型差异

尽管互联网内容平台普遍面临着传统媒体影响力下降、用户原创内容暴涨、社交传播影响迅速等背景，但由于平台提供的服务和与用户互动的方式不同，在谣言处理的发力点上也会有明显的区别。根据内容平台主要的运作模式，可以将其分为社交型平台、内容聚合型平台和搜索型平台。

社交型平台包括以 Twitter、微博为代表的社交媒体和以 Facebook、微信为代表的社交网络。尽管在社交关系的性质上有所不同，但在信息传播上，社交型平台都十分依赖社交关系链。关系网络中一个人的转发能被所有关注者看见，带来的指数级传播可以造成“刷屏”现象，不实信息可以借此辐射大量人群。另外，社交网络上信息的即时性也很强，内容与时间高度相关，因此不实信息的滋生和传播与重大事件节点有高度相关性。针对这些特点，社交型平台在谣言治理中更注重用户与不实信息的互动，对不实信息的病毒式传播和用户举报等有较快的反馈。比如 Facebook、Twitter 的机器检测模型都会把病毒式传播当作谣言的重要特征，而微信、微博都会对用户举报进行快速反馈和联合。而在重大时间节点前，平台也会与权威机构、专业媒体等加强合作，对可能产生的谣言重点预防。

内容聚合型平台以今日头条、Buzz Feed 等资讯类产品为代表，用户可以在 App 内读到根据个人需求定制的信息，也可以对内容进行点赞、转发、评论或举报等互动。资讯类平台上的内容可以先审后发，能极大降低不实信息的发布机会。因此，训练更好的谣言检测机器模型和建设反馈更及时的人工审核团队，是这类平台谣言治理的特点。在这个过程中，被确认的不实信息不仅会被移除，还能被收录进谣言库，进一步提升机器检测的准确率。与社交型平台类似，内容聚合型平台的内容也有较高的时效性，比如今日头条在重大时间节点前会对人工审核团队进行专项培训，对可能出现的谣言进行重点预防。

搜索型平台以 Google、百度等搜索引擎为代表，为用户提供他们搜索的信息，互动性和社交性都较弱。不过，因为搜索型平台往往是人们主动获得网络信息和知识的入口，其结果排序对用户的认知和行为会产生更大的影响。因此，这类平台更注重搜索结果的质量和排序。比如，Google 通过优化算法提高新闻媒体的排序，并展示多样化的信息源，从而尽量打造开放信息环境，供用户选择和鉴别。

（二）地区差异

不同国家和地区的新闻环境、法律政策和互联网内容社区氛围的差异，也会造成互联网内容平台辟谣措施的不同。比如，中文互联网内容平台与西方主流的内容平台的虚假信息内容不同，相应的，平台的审核、处理力度与监管部门和主流媒体的合作方式也有区别。

中国和西方的互联网内容平台上不实信息的主要内容不一样。中国互联网内容平台上的不实信息主要以健康类、娱乐类为主。截至 2019 年 1 月，今日头条谣言库中收录的娱乐类不实信息占 37%、健康类不实信息占 25%，是谣言占比最高的两大领域。《2017 腾讯公司谣言治理报告》也指出，健康与养生、奇闻趣事、食品安全类谣言文章占比最大。而西方互联网内容平台上的谣言主要集中在政治和社会两类。一项统计了 Twitter 上 2007—2016 年假新闻的研究显示，Twitter 上流传政治类假新闻占 36%，是占比最大的谣言类别。Facebook、Google 等平台上的不实信息泛滥也与西方政治大事件的节点有紧密联系。

由于不实信息的内容不一样，平台处理虚假信息的方式也有不同。对于社会类、健康类、娱乐类不实信息，中国的内容平台会联合新闻媒体、各领域专家、权威机构等对不实信息进行辟谣，并直接删去虚假信息的内容。而西方的内容平台对内容的直接干预较为克制，采取的是降低展现机会、提醒用户该信息很可能为假并提供相关话题的真实信息等方式，引导用户自行判断谣言的真假。中国的自媒体内容平台对平台上的内容处理有更高的权限，对内容质量也负有更多责任。

另外，自媒体平台与监管部门的合作方式也不一样。在中国，监管部门既是互联网内容的管理者，也是辟谣的直接参与者。许多党政机关和公立机构在自媒体平台上开设官方账号，如江苏网警、中央网信办举报中心等机构的官方微博，吉林四平公安局抖音号“四平警事”，等等。这些监管部门的官方账号能对社会民生类和政策类谣言直接辟谣，同时对网民进行辟谣常识科普，这种“接地气”的辟谣方式很受用户们的欢迎。而西方的监管部门对内容平台的管理主要通过间接监管平台措施，很少直接影响平台上的谣言内容。

本文探讨了互联网内容平台上谣言现象的背景、内容平台治理谣言的动机、网络谣言的定义，并在此基础上根据全球几大平台谣言治理的实践，对互联网平台之间的差异进行对比。

如文中所述，各大互联网内容平台的谣言治理有相似的背景和立场。互联网为海量的用户原创内容提供了交流和分享的平台，同时也让未经核实的信息有了公开发布和传播的机会；互联网还取代了传统媒体在信息分发渠道上的主流地位，大量信息在发布前后都缺乏专业人士把关；互联网平台的社交性提升了信息传播的效率，也让谣言有可能病毒式传播。这些影响因素彻底改变了信息的生产、分发、传播和互动，是互联网时代谣言传播的大背景。

针对互联网时代海量非专业内容、缺乏把关人、社交指数级传播的特点，互联网内容平台采取了新的谣言治理方式。一方面通过内部的机器识别模型与人工审核结合，在人类审核标准上利用人工智能提升不实信息审核效率。另一方面通过与用户、专业媒体、权威机构、政府监管部门等外部相关方合作，共同打造信息时代谣言治理的新生态。

不同的互联网内容平台在谣言治理上也会有所区别。社交性平台更注重信息的社交关系传播和用户反馈，聚合型信息平台更注重对信息质量的审核，而搜索型平台更注重对信息的合理排序。另外，不同地区的内容平台处理谣言的做法也有区别。中国的平台上社会类、健康类、娱乐类谣言更多，而西方内容平台上政治类谣言更多。相应的，中国的平台对不实信息的处理更及时有力，也更能与监管机构形成配合。西方的内容平台对谣言内容很难直接删除，监管方也很少对谣言内容直接干预，更多的是通过要求内容平台来采取措施。

尽管互联网内容平台都针对谣言传播的新背景发展出了新的治理方式，但仍然面临着普遍的难题。对于内容平台来说，哪怕仅把谣言限定于“不实信息”这个相对较清晰的范围，对谣言的判定和处理也很难有一以贯之的标准。比如对公共事件的猜测和情绪化评论并不等同于不实信息或造谣，再比如一些事件的真实性可能难以证实甚至无法证实。如果对这些内容采取宽松的审核标准，其传播可能会带来不必要的焦虑和恐慌；但如果对这些内容采取严格的审核标准，又可能对正常的讨论造成误伤，影响用户体验和平台活跃程度。内容平台需要始终在创作者和读者的用户体验、公司利益、社会影响和监管压力间平衡，并没有一蹴而就的捷径。此外，尽管计算机谣言检验模型能大大提高审核效率，但造谣者也会采用更隐蔽的内容和难以追踪的方式躲过机器审核。造谣者与人工智能反谣言技术的博弈，也是一场持久的较量。

今日头条谣言治理实践

刘竹溪

一　今日头条的工作模式

“今日头条”是由字节跳动公司研发的一款资讯应用，第一个版本在2012年8月上线。在今日头条上线时，中文互联网上的资讯流通渠道主要有以下几种。

表1　　　　今日头条主要资讯流通渠道

类型	消息源	传播模式
门户网站	传统媒体 + 部分网站自采内容	编辑选择
社交媒体	传统媒体 + 自媒体	用户主动关注
算法分发引擎	传统媒体 + 自媒体	机器推荐

第一种是门户网站，以新浪、搜狐、网易、腾讯为代表。它们的模式比较接近传统的报刊，文章大多来自传统媒体授权或自采（自采内容限于非时政和社会类），网站编辑决定文章出现在网站的位置和展示面积。除了各个地区的专属频道之外，所有用户看到的内容完全一致。门户网站的内容大多来自操作流程比较规范的传统媒体，而且页面展示内容更新频率很低，出现谣言问题的概率也不高，但这种模式的效率低下，已经渐渐不符合市场需求。

第二种是社交媒体，以新浪微博为代表。社交媒体上的消息源包括传统媒体和自媒体，用户在页面上看到的是自己关注的对象发布或转发的内容，按更新时间排列。即便是传统媒体，在社交媒体平台上也可能因为采编流程变得更短而出现信息失实的风险。另外，社交媒体上用户选择关注对象时，会受到自身知识、经验的影响，可能带来“信息茧房”的问题。

而今日头条和前两者的最大区别在于内容的组织形式。在今日头条上，信息来源同样也包括了传统媒体和自媒体，但关注关系并不是决定信息展示的主要标准。当一篇文章被发出后，首先经历算法和人工审核，算法程序会分析它的内容主题、创作者等级、时效性、内容优质程度等，将相关特征生成一个向量。同时，对于每一位用户，依据其历史上对不同类型的文章的搜索、打开、停留时长、阅读完成率、点赞、分享等互动数据，也会得出某位特定用户对不同主题的兴趣向量。再加上读者的地理位置等外部信息后，计算文章和读者两个向量的匹配程度，将文章推送到和它匹配程度较高的读者的页面上。例如，《春运期间机票难求》更可能在春节前夕被推送给大城市中关注职场信息的读者；《春节档电影市场竞争激烈》则更可能被推送给电影爱好者。

在推送之后，每篇文章的反馈情况都会影响到它的后续被推荐可能性，一般来说，读者整体上反响越好的文章越可能得到更多推荐，持续反响优秀的作品就会成为“爆款文”；反过来，对不同文章的反馈不同也会让算法持续调整对用户的判断，进而影响到用户在后续使用时看到的内容。

对每个用户的个性化推荐极大增加了信息分发效率，今日头条的用户规模经历了快速增长。头条模式取得成功的原因，一方面在于推荐算法模型的先进；另一方面得益于智能手机的普及：一台手机通常只有一个用户，基于该用户的过往行为而预判未来会比较准确。

不过头条模式也有一定的局限性，例如，以用户打开、停留等行为的数量来判断文章是否应该得到更多推荐，会让低俗、标题党等问题凸显出来；基于过往来预判未来也可能会让一些媒体素养相对较低的用户陷于“信息洼地”，接受低质甚至虚假的信息。

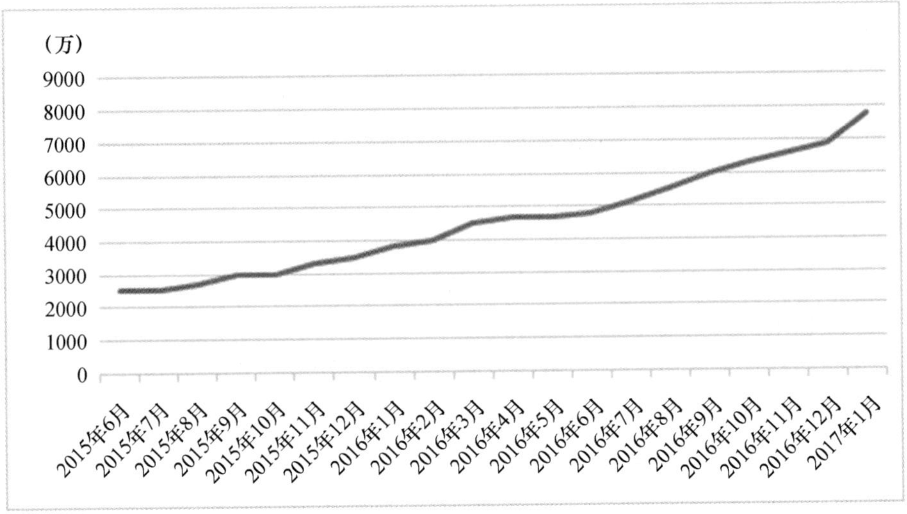

图1　2015 年中到 2017 年初的今日头条日活用户增长曲线

今日头条一直在通过加强机器算法过滤和人工审核和运营来解决前述问题，提升今日头条的信息流中的信噪比。自 2018 年初起，今日头条开启了打击谣言的专门项目。

二　具体策略——拦截谣言

今日头条的谣言处理模式分为发布前检验和发布后检验两种。发布前检验的工作流程如下。

作者点下发布按钮时，新的文章无法即刻被读者看到，它会首先进入内容质量模型的评估阶段。低俗、色情、标题党和谣言等 180 余个风控算法模型会分别对同一篇文章进行打分，一旦任何一种模型认为一篇文章已经涉嫌违规，就会将其提交至对应的人工审核队列，如果审核编辑人工审核后也认为其涉嫌违规，则该文章会被禁止发出，不会被推荐给用户。今日头条还会视情节对违规文章的作者进行处罚，包括但不限于扣除积分、禁言、停止广告权限乃至封号。

具体到谣言领域，发布前检验的算法模型的核心思维是利用自然语言处理（Natural Language Processing）技术去判断它是否和已经被收录在谣言数据库中的某一条谣言相似。这个工作分为两部分：一部分是用来作为对照标准的谣言数据库，另一部分是用来进行对比的算法模型。

谣言数据库方面，在建库的初始阶段，今日头条从官方媒体、党政机关、科普作者辟谣以及用户举报等渠道积累了超过30000条谣言文章。在此基础上，内容质量中心的审核编辑和各个垂直频道的运营人员协作，以初始的谣言数据库为基础，对今日头条站内已有的文章进行了回溯查询，将与这些文章相似度较高的文章也做了下架处理，并收录到数据库中。

在建立专门的谣言处理工作流程的过程中，很重要的一步是对谣言数据库进行规范。在数据库建立的初始阶段，内容质量中心耗时约两个月，为数据库中每一条谣言文章添加了主题类型、谣言事件描述、关键词，以及对应的辟谣信息链接。

截至2019年1月30日，今日头条谣言数据库已经收录了逾40万条谣言文章，对应超过5万个谣言事件。从统计数据来看，娱乐和健康类是谣言信息比较集中的领域，绝大多数谣言是由评级较低的自媒体账号发布。

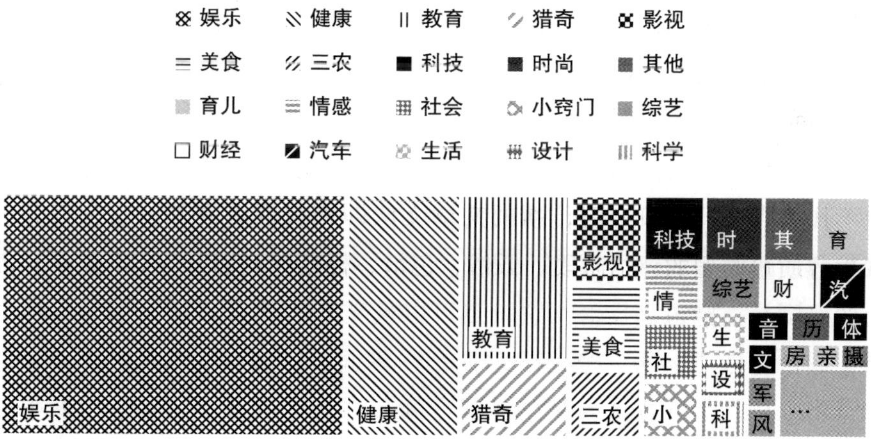

图2　谣言文章数量分布

在识别算法方面，来自字节跳动人工智能实验室与自然语言处理部的算法工程师对谣言识别算法持续进行了改善。在项目初成立的第一个版本的谣言识别算法相对简单：以句子或短语的形式从已经收录的谣言文章中总结出构成谣言的关键信息，当新文章发布时，比对新文章标题是否包含了已经收录的某个谣言句子或者短语。这种算法在目标句子或短语中被插入了一些其他词语时仍然有效，但比较依赖目标句子或短语中的各个词语全都存在。

后续工程师先后进行了两次版本升级。当下使用的第三版算法主要分为三个步骤。

第一步，候选召回。这一步的关键是快速地从海量的新文章中大致挑选出有谣言嫌疑的那些。对于每一篇新文章，一个综合了雅卡尔指数（Jaccard index，一种判定两个不同集合的重叠程度的算法）、词频—逆向文件频率（TF－IDF，一种根据词语本身的常见程度和它特定文章中的出现频率来判断文章内容）、余弦相似性（Cosine Similarity，将两篇文章向量化，通过计算两向量的夹角来判定相似性的方法）等计算方法的算法模型的程序会对新文章的标题和正文进行分析，判断它是否和既存的某个谣言类似，相似程度达到一定阈值的文章会进入第二步，没有的放行。

第二步，相似性计算。第一步中认为有嫌疑的文章会和被认为和它相似的谣言被单独挑选出来，彼此计算相似程度。在这一步里起作用的主要是文章标题，在这一步计算后仍然被认为和谣言相似度太高的文章会进入第三步。

第三步，倾向性判断。即便一篇文章完整地包含了谣言信息，这也并不代表它一定也是一篇传播谣言的文章，它也可能是引用谣言内容以便批驳的辟谣文章。为了防止误伤，算法模型还需要判断这篇文章对谣言的态度是支持还是反对。这一点可以从文章的语言风格（例如辟谣文章中通常包括“辟谣”“实验”“谣言”等词语）和对文章观点本身来进行分析。如果文章被认为是反对谣言的，将会被放行，如果是倾向于谣言的，将被判定为疑似谣言，进入审核编辑的工作流程。

发布前检验可以拦截那些经常以各种方式改头换面反复出现的谣言（例如“某水果和某海鲜同吃会有剧毒”等），算法模型会大大降低审核编辑的工作负荷。但是它无法对新出现的谣言（例如“今天上午某市发生一起谋杀案”）进行及时响应，这就需要发布后检验的工作流程。

发布后检验的第一个途径是可信信源的辟谣。例如 2019 年 1 月 30 日，北京一名市民在微博编造外卖员因被差评而谋杀顾客的谣言，就被海淀区公安分局官方辟谣。今日头条的运营团队会实时监控各种可信信源，及时对谣言内容进行下架处理；同时利用发现的各种线索，利用算法模型去寻找是否有针对同样谣言事件的文章在站内流传。

第二个途径是评论模型。当读者在文章的评论区留言，指出文章的各种问题时，评论模型会监控这些留言，当某一类型留言达到一定数量时会触发审核。以谣言问题为例，如果有过多“假的吧?”“楼主在骗人!”之类的留言，就会触发评论模型中的欺诈/虚假信息的条件，将文章送入一个专门的审核队列。审核期间不影响文章的正常显示，但一旦经核实的确为谣言的，文章将被做下架处理。

三　具体策略——提升用户媒介素养

在发布前和发布后拦截谣言文章，是在供给侧减少谣言的发布和传播。但还有另一件事同样重要：提升用户对谣言的“免疫力”。今日头条在这方面采取的策略包括如下几个方面。

第一点，在“头条辟谣”的品牌下，建立“头条辟谣”头条号、抖音号等新媒体矩阵，专门发布辟谣信息。“头条辟谣”头条号 2018 年全年累计阅读量 7836 万，用户评论 11 万条，积累了 53.9 万关注者。在 App 内建立专门的辟谣频道，聚合各类辟谣信息，2018 年全年累计推送超过 2.7 万条辟谣信息，阅读量达 4.1 亿，用户评论 135 万条。发起“谣零零”项目，签约优秀的科普作者创作高质量辟谣文章，第一期签约 300 位优秀辟谣作者。发起辟谣知识问答小游戏，吸引了超过 400 万用户参加，在 10 分制的游戏中，75% 的用户得分 6 分以上。

第二点，与学术机构合作，研究谣言的文本特征、传播规律、易感人群。2018 年，与中国人民大学新闻学院合作研究项目“公共领域虚假信息甄别与管控”；在第 12 届国际计算机学会的网络搜索和数据挖掘会议（ACM International Conference on Web Search and Data Mining）上发起挑战赛，开放平台数据，鼓励世界各地的人工智能研究者训练更好的谣言识别模型；2018 年发布 315 辟谣报告、重阳节辟谣报告等谣言传播趋势数据报告。

四 未来的计划

与谣言的战斗将是一个漫长的过程。对于今日头条来说，无论是拦截谣言还是提升用户的媒介素养方面都还有许多需要提高的部分。

首先，是继续扩充谣言数据库，同时持续改善谣言识别算法的召回率和准确率。其次，对谣言的产生和传播进行更多研究，更积极地从源头打击谣言。最后，以小程序、互动游戏为手段，辅以精确的分发能力，锻炼更多用户的判别能力。建设美好的内容生态是一项系统工程，平台有责任有义务持续付出努力，并联合社会大众完善反谣言协同机制建设，共同为科技责任和社会福祉努力。